科创板
STAR
MARKET

科创板股票发行上市审核实务手册

行之——主编

法律出版社 | LAW PRESS

序·言

2019年是中国证券市场注册制的开局之年，6月5日首批科创板企业完成注册、7月22日科创板正式开市，至今已平稳运行一年有余，作为中国IPO注册制的试验田，科创板的稳步推出、有序运行对于中国资本市场全面市场化改革意义深远。

2020年是不平凡的一年，以始料未及的新冠疫情开场，并迅速漫延全球，至今未能有效扼制。世界局势因此出现百年未有之变局，一切都似乎充满变数……而中国资本市场的改革步伐并未因此停顿。3月1日，新《证券法》实施，随之公司债注册制、创业板IPO注册制、新三板精选层等新政亦陆续落地，资本市场更加开放、包容……

我们这本书也正是诞生于国内疫情最汹涌的阶段——春节期间，因疫情影响，复工计划一再拖延，工作无法正常开展，于是利用在线办公的时间对科创板上市公司进行重点研究。

本书旨在从全方位、多维度对2019年度已在科创板上市的公司进行生动记录和刻画、并作深入分析，以期让读者了解即将全面实行注册制之下中国市场经济六大科创主题的先锋力量，具体所涉内容包括："科创板全景图""科创板公司上市条件规则流程""科创板所涉行业代表案例分析""科创板上市公司审核关注要点""科创板首次公开发行股票估值定价及上市交易"等章节。

第一章科创板全景图部分，我们对科创板从上市公司家数及融资规模、股票发行及后市表现、财务数据、研发能力等维度进行了展示，以期读者对科创板上市公司有较为直观的、全面的认识。第二章科创板上市条件、规则、流程部分，我们对科创板的定位、发行审核以及科创板上市的司法保障做了系统的介绍。第三章科创板所涉行业代表案例分析部分，我们从六大行业各挑选了一个案例进行分析，包括华润微电子 、心脉医疗、世纪空间、微芯生物、华特气体、中国通号。第四章科创板上市公司审核关注要点部分，我们对科创板审核问询函中的高频问题进行了梳理总结，并分不同行业分别总结，同时下沉到各行业具体的案例进行个案分析，鉴于科创板上市较少，所以我们的案例涵盖了截至2019年12月31日的全部科创板上市公司。第五章科创板首次公开发行股票估值定价及上市交易部分，我们对科创板发行上市流程、估值定价原理、投资者及交易规则进行了系统的介绍，注册制下发行上市的重点就是发行上市，投行的估值定价能力将是核心竞争力。

本书撰写过程中，大华会计师事务所（“大华”）质量管理执行合伙人季丰、合伙人徐芳、合伙人刘国清为本书的研究结构、撰写思路提供了非常宝贵的指导意见；大华审计创新部王旭以及杨晋新法律顾问、李立柱律师团队为本书的撰写贡献了重要篇章；中央财经大学刘洋同学、董文静同学、史翔宇同学为本书的撰写及修订付出了辛勤工作，北京光耀嘉瑞管理咨询有限公司为本书撰写提供了重要的数据支持。

感谢各位的倾力相助与真诚付出，疫情肆虐的日子里，虽然无法见面交流，但大家仍然热情饱满、加班加点地通过云端进行资料搜集、数据分析、案例讨论，正是大家的认真、自律与坚持，使得我们的研究成果得以付梓。

上士闻道，勤而行之，未来我们将继续秉持认真、严谨、勤勉、自律的态度做好专业工作，并以本书为基础，陆续推出研究成果续篇，欢迎各位读者继续关注我们。

行 之

2020年12月4日于北京

目·录

第一章

科创板全景图

第一节　科创板上市公司家数及融资规模 / 001

一、科创板上市公司家数 / 001

二、科创板上市公司融资规模 / 004

第二节　科创板股票发行及后市表现 / 005

一、发行价及 PE / 006

二、上市当日表现 / 007

三、上市后表现 / 007

第三节　科创板公司财务数据 / 012

一、科创板公司总资产情况 / 012

二、科创公司总负债情况 / 016

三、科创板公司资产负债率情况 / 020

四、科创板公司营业收入情况 / 025

五、科创板公司净利润情况 / 030

第四节　科创板公司的研发能力 / 034

一、研发人员 / 034

二、研发投入 / 036

第二章

科创板公司上市条件、规则、流程

第一节 科创板定位 / 041
一、新一代信息技术 / 041
二、高端装备制造 / 055
三、新材料 / 059
四、新能源 / 063
五、节能环保 / 065
六、生物医药 / 067
第二节 科创板发行审核 / 074
一、关于科创板上市条件的法规依据 / 074
二、关于科创板上市条件 / 075
三、科创板上市条件解读 / 077
四、会后事项 / 128
五、复审 / 130
第三节 关于科创板上市的司法保障 / 130
一、新《证券法》的修订要点分析 / 130
二、新《证券法》对提供证券服务的相关中介机构的新要求 / 133
三、最高人民法院印发《关于为设立科创板并试点注册制改革提供司法保障的若干意见》（法发〔2019〕17号） / 134

第三章

科创板所涉行业代表案例分析

华润微电子有限公司
——“IDM模式”的佼佼者 / 142
一、公司基本情况 / 143
二、公司股权结构 / 144
三、主营业务及经营业务模式 / 144
上海微创心脉医疗科技股份有限公司
——专注主动脉及外周血管介入医疗器械 / 156
一、公司基本情况 / 157
二、公司股权结构 / 157

三、主营业务及经营业务模式 / 158
二十一世纪空间技术应用股份有限公司
——商业卫星遥感的开拓者 / 166
一、公司基本情况 / 167
二、公司股权结构 / 168
三、主营业务及经营业务模式 / 169
深圳微芯生物科技股份有限公司
——原创新药“西达本胺” / 180
一、公司基本情况 / 181
二、公司股权结构 / 182
三、主营业务及经营业务模式 / 183
广东华特气体股份有限公司
——实现“尖端领域气体材料”国产化 / 191
一、公司基本情况 / 192
二、公司股权结构 / 193
三、主营业务及经营业务模式 / 193
中国铁路通信信号股份有限公司
——募集资金“巨无霸” / 201
一、公司基本情况 / 202
二、公司股权结构 / 203
三、主营业务及经营业务模式 / 204

第四章
科创板上市公司审核关注要点
一、审核问询高频问题整体概览 / 219
二、计算机、通信和其他电子设备制造业 / 226
三、专用设备制造业 / 280
四、软件和信息技术服务业 / 334
五、医药制造业 / 396
六、化学原料和化学制品制造业 / 427
七、铁路、船舶、航空航天和其他运输设备制造业 / 444

第五章

科创板首次公开发行股票估值定价及上市交易

第一节　科创板首次公开发行股票估值定价及上市 / 458
一、科创板发行上市流程 / 458
二、发行前股票估值与定价原理 / 460
第二节　科创板投资者及交易规则 / 476
一、科创板投资者相关规则 / 476
二、科创板交易规则 / 479

第一章

科创板全景图

截至2020年3月31日，已有96家公司在科创板完成首次公开发行（其中94家公司已上市）。本章将对前述科创板公司从融资概况、IPO发行及后市表现、关键财务指标、研发能力等角度进行展示。

第一节　科创板上市公司家数及融资规模

一、科创板上市公司家数

（一）科创板上市公司家数

自2019年6月5日首批科创板企业微芯生物、安集科技和天准科技过会，到7月22日科创板正式开市，直至2020年3月31日，已发行成功的科创板股票共96只（见图1-1），其中涉及新一代信息技术（43家）、高端装备制造（11家）、新材料（13家）、节能环保（4家）、生物医药（24家）、相关服务业（1家）六个科创主题，适用上市标准一84家、上市标准二1家、上市标准三1家、上市标准四6家、上市标准五2家、特殊表决权上市标准二1家、红筹股上市标准二1家。（见图1-2）

1. 按科创主题分类

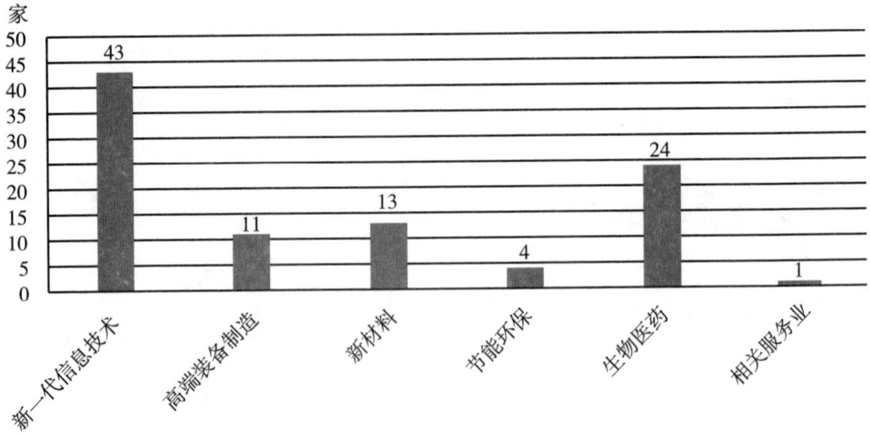

图 1-1　按科创主题分类

关于六大科创主题分别所涉行业、业务领域以及对应的科创板上市公司及其主营业务和产品，请详见本书第二章相关内容。

2. 按适用上市标准分类

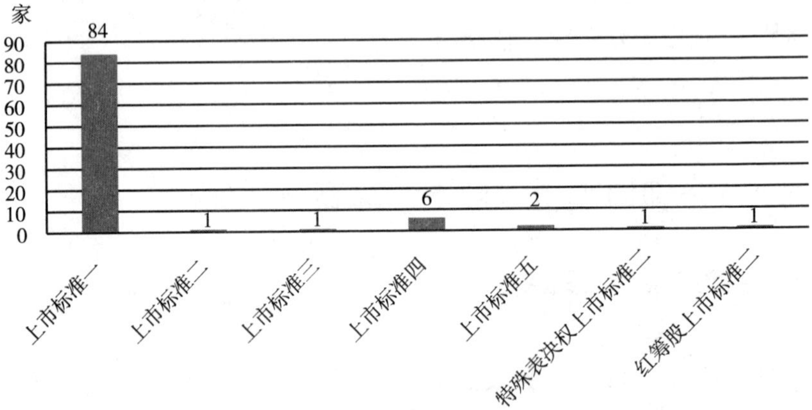

图 1-2　按上市标准分类

科创板上市标准如下：

标准一："市值+净利润"或"市值+净利和营收"

预计市值不低于10亿元（人民币，下同），最近两年净利润均为正且累计净利润不低于5000万元，或者预计市值不低于10亿元，最近一年净利润为正且营业收入不低于1亿元。

标准二：市值+营收+研发投入占比

预计市值不低于15亿元，最近一年营业收入不低于2亿元，且最近三年累计研发投入占最近三年累计营业收入的比例不低于15%。

标准三：市值+营收+经营活动净现流

预计市值不低于20亿元，最近一年营业收入不低于3亿元，且最近三年经营活动产生的现金流量净额累计不低于1亿元。

标准四：市值+营收

预计市值不低于30亿元，且最近一年营业收入不低于3亿元。

标准五：市值

预计市值不低于40亿元，主要业务或产品需经国家有关部门批准，市场空间大，目前已取得阶段性成果。医药行业企业需至少有一项核心产品获准开展二期临床试验，其他符合科创板定位的企业需具备明显的技术优势并满足相应条件。

特殊表决权上市标准一：市值

预计市值不低于100亿元。

特殊表决权上市标准二：市值+营收

预计市值不低于50亿元，且最近一年营业收入不低于5亿元。

红筹股上市标准一：市值

预计市值不低于100亿元。

红筹股上市标准二：市值+营收

预计市值不低于50亿元，且最近一年营业收入不低于5亿元。

前述净利润以扣除非经常性损益前后的孰低者为准，前述净利润、营业收入、经营活动产生的现金流量净额均指经审计的数值。

（二）上市公司家数对比

截至2020年3月，沪深两市（主板、中小板、创业板）共有上市公司3815家，其中，上交所1601家、深交所主板460家、中小板949家、创业板805家。科创板上市公司共94家。

前述为累计数据，如果按同时期对比（2019年7月至2020年3月），则主板上市36家、深交所中小板上市19家、创业板上市39家，相较之下，科创板上市94家，恰好等于主板、中小板、创业板上市家数总和。可见科创板作为资本市场融资新兴领域颇受企业青睐。（见图1–3）

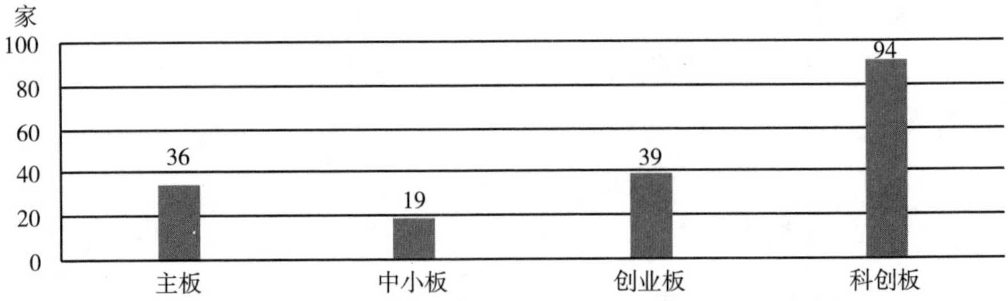

图 1-3　同时期各板块上市家数对比（2019 年 7 月至 2020 年 3 月）

二、科创板上市公司融资规模

为便于比较，关于融资规模，我们采用2019年度的数据。

2019年度，在科创板上市的公司共有70家，共募集资金824.27亿元，较之主板、中小板、创业板合计融资规模15,413.25亿元，以及非金融企业债券市场融资规模115,435.03亿元，虽然算不上大体量，但其对股权资本市场的影响力却颇为深远。在79家科创板上市公司中，中国通号融资规模最高，达到105.30亿元；其次是金山办公的46.32亿元和传音控股的28.12亿元。（见表1-1）

表 1-1　2019 年科创板上市公司融资规模统计

单位：亿元

主板、中小板、创业板	IPO	2532.48
	增发	6887.70
	配股	133.88
	优先股	2550.00
	可转债	2477.81
	可交债	831.38
	合计	15,413.25
非金融企业债券市场	企业债	3624.39
	公司债	25,438.63
	中期票据	20,308.10
	短期融资券	36,254.19
	定向工具	6181.02
	资产支持证券	23,628.70
	合计	115,435.03
科创板	IPO	824.27

目前科创板的融资能力还没有完全释放、市场定价也尚未回归理性。科创板普遍出现超募现象，融资规模和市场影响力逐渐增大，投资者对新成立的科创板热情高涨，助推了机构投资者涌向科创板。加之科创板实行五套IPO标准，这将使科创板比其他板块更具包容性，也更有弹性和活力。（见图1–4）

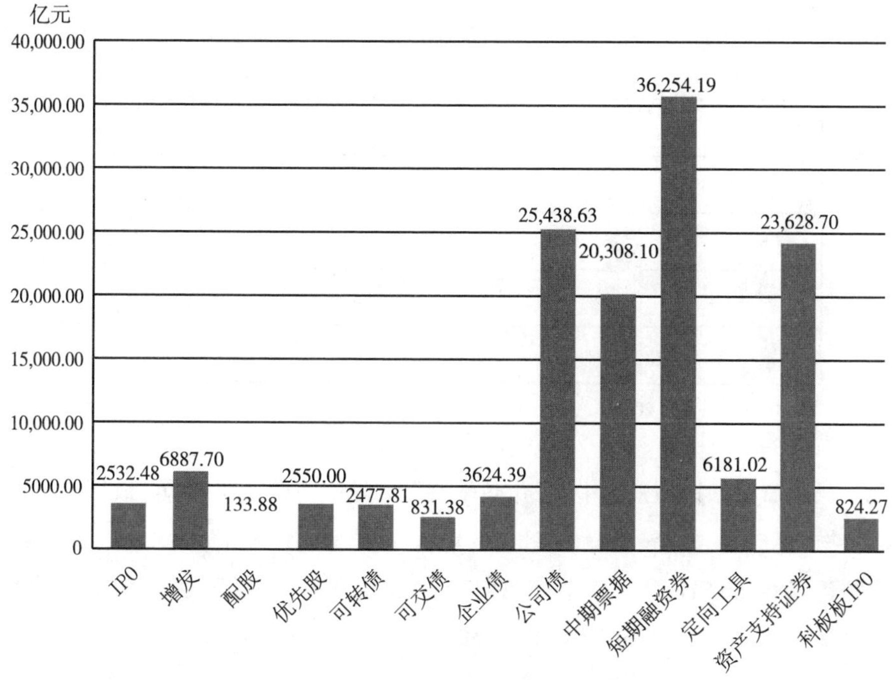

图 1–4　科创板与股权、债券融资金额对比

第二节　科创板股票发行及后市表现

在本节中我们对截至2020年3月31日已完成上市的94只股票发行价、上市首日收盘价、上市后30日的收盘价以及2020年3月31日收盘价进行多维度对比，以向读者呈现注册制实施之初，股票发行与交易市场对科创板股票的反映状况。

一、发行价及 PE

已上市科创板的公司中，发行价最低的是中国通号（688009.SH）5.85元、最高的是石头科技（688169.SH）271.12元。大部分上市公司（89家，占比95%）的发行价格在0～60元。（见图1-5）

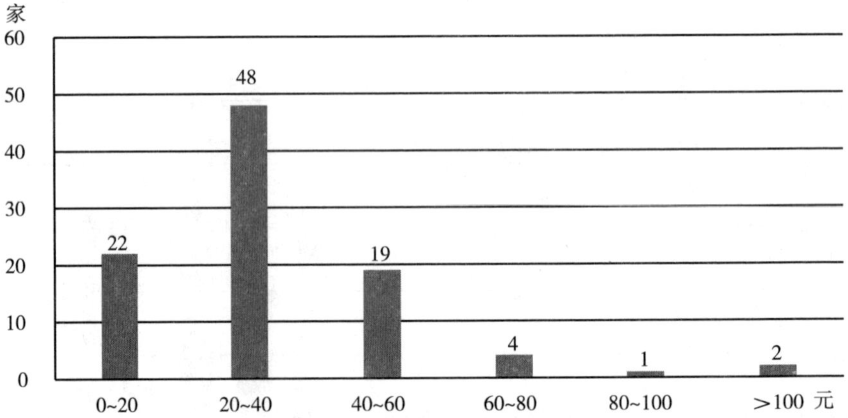

图 1-5　发行价格统计

已上市科创板的公司中，发市盈率最低的是中国通号18.80元、最高的是微芯生物467.51元。87只股票（占比95%）发行市盈率在18.8倍至89.05倍。由于泽璟制药（688266.SH）和百奥泰（688177.SH）出现亏损，市盈率为负数，市盈率指标失真，不能作为参考的指标，故对该2只股票不做统计。（见图1-6）

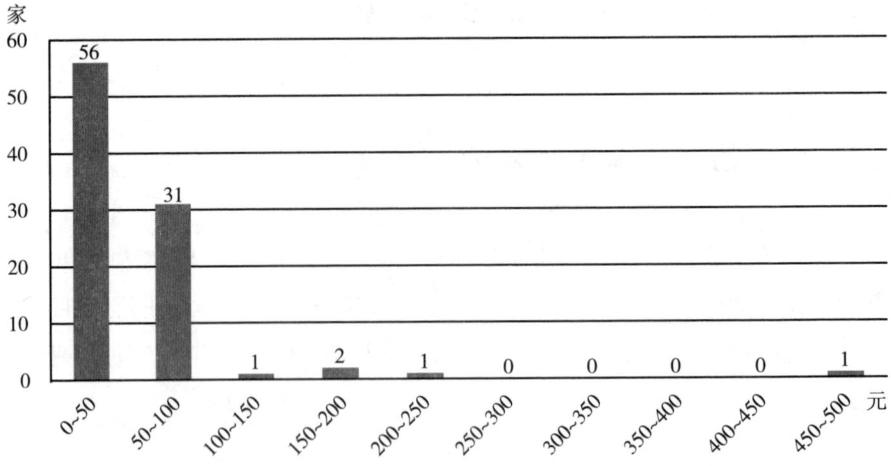

图 1-6　发行市盈率统计

二、上市当日表现

96只已发行股票中，94只已完成上市，该94只股票中93只股票上市当日上涨，1只股票上市当日下跌。其中，涨幅最大的是东方生物、涨幅最小的是祥生医疗，下跌的是建龙微纳。具体情况如表1-2所示：

表 1-2　上市当日表现

股票名称	发行价 / 元	上市当日收盘价 / 元	上市当日均价 / 元	上市当日涨幅 /%	科创主题
建龙微纳	43.28	42.35	42.84	−2.15	新材料
祥生医疗	50.53	51.56	52.09	2.04	生物医药
东方生物	21.25	145.98	99.64	586.96	生物医药

根据对上市当日涨幅统计，可以发现，上市首日涨幅在0～50%的共16家，涨幅在50%～100%的有25家，涨幅在100%～150%的有23家，涨幅超过150%的有29家。（见图1-7）

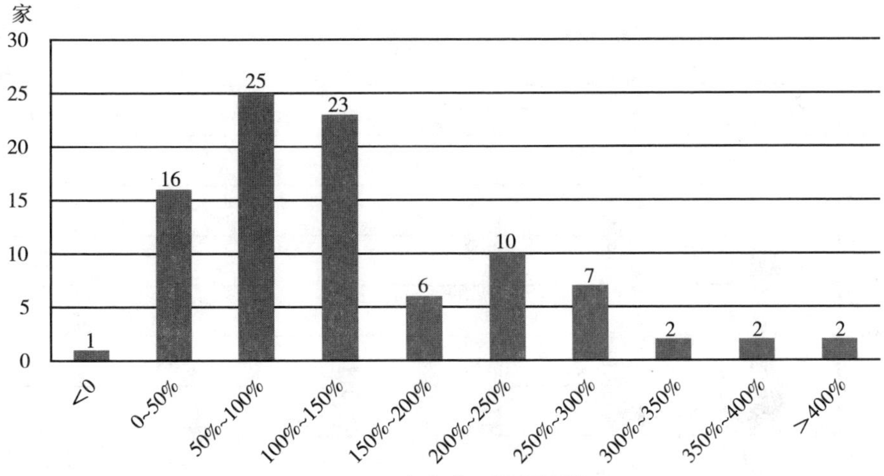

图 1-7　上市当日涨幅统计

三、上市后表现

1. 上市首日收盘价与上市后30日收盘价

94只已上市股票中，91只股票上市时间超过30天。对该91只股票上市后30日的涨跌幅进行统计：平均跌幅最大的是申联生物−58.98%；平均涨幅最大的是芯源微129.77%，具体情况如表1-3所示：

表 1-3　上市首日收盘价与上市后 30 日收盘价

股票名称	发行价 / 元	上市当日收盘价 / 元	上市当日涨幅 /%	上市后 30 日收盘价 / 元	平均涨跌幅 /%	科创主题
申联生物	8.80	36.81	318.30	15.10	−58.98	生物医药
芯源微	26.97	64.50	139.15	148.20	129.77	新一代信息技术

该91只股票上市后30日平均涨跌幅<0的有57只，占比62.64%，其中，平均跌幅在−60%～−30%的有19只，平均跌幅在−30%～0的有38只；上市后30日平均涨跌幅>0的有34只，占比37.36%，其中，平均涨幅在0～30%的有25只，涨幅在30%～60%的有7只，涨幅高于60%的有2只。（见图1-8）

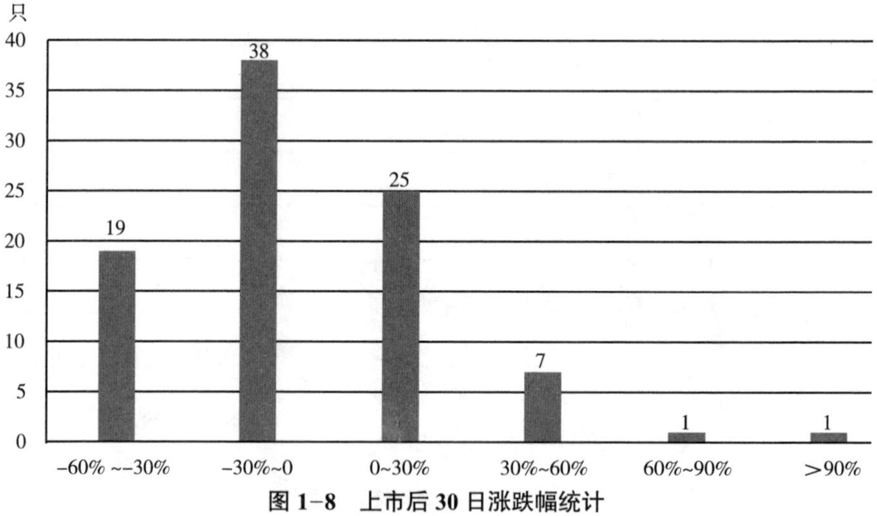

图 1-8　上市后 30 日涨跌幅统计

2. 发行价与上市后30日收盘价

特别关注的是，91只上市时间超过30天的股票中，上市后30日收盘价与发行价对比，有4只股票跌破发行价，分别是久日新材、杰普特、昊海生科和卓越新能。与发行价相比，跌幅最大的是久日新材−8.44%，涨幅最大的是芯源微449.50%。具体情况如表1-4所示：

表 1-4　发行价与上市后 30 日收盘价

股票名称	发行价 / 元	上市当日收盘价 / 元	上市当日涨幅 /%	上市后 30 日收盘价 / 元	与发行价比涨跌幅 /%	科创主题
久日新材	66.68	70.96	6.42	61.05	-8.44	新材料
芯源微	26.97	64.50	139.15	148.20	449.50	新一代信息技术

对该91只股票上市后30日收盘价与发行价对比统计，可发现跌破发行价的有4只，涨幅在0～50%的有17只，涨幅在50%～100%的有25只，涨幅在100%～150%的有21只，涨幅高于150%的有24只。具体统计情况见图1-9：

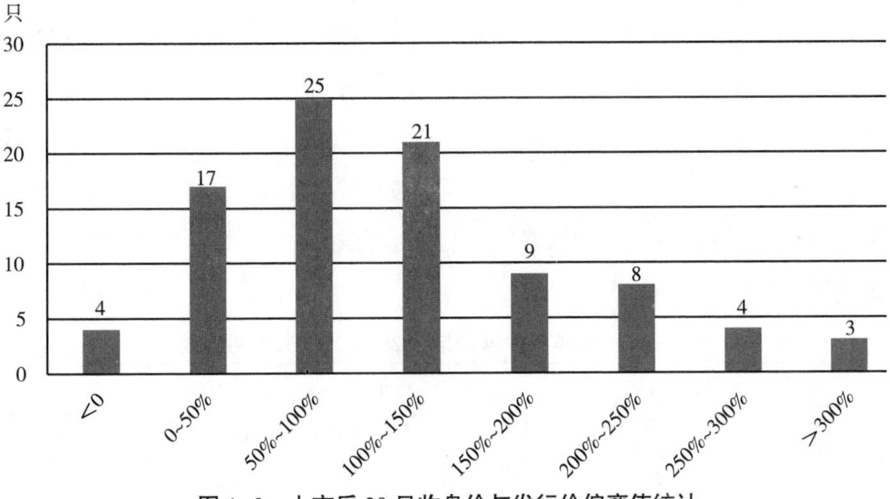

图 1-9　上市后 30 日收盘价与发行价偏离值统计

3. 上市首日收盘价与2019年12月31日收盘价

94只已上市股票中，上市时间早于2019年12月31日的有70只。通过对比上市首日收盘价与2019年12月31日收盘价，发现有52只股票（占比74.3%）2019年12月31日收盘价低于上市首日收盘价，其中，收盘价变动在-90%～-60%的有1只，在-60%～-30%的有14只，在-30%～0的有37只；有18只股票（占比25.7%）2019年12月31日收盘价高于上市首日收盘价，其中，收盘价变动在0～30%的有15只，在30%～60%的有2只，在60%～90%的有1只。具体统计情况见图1-10：

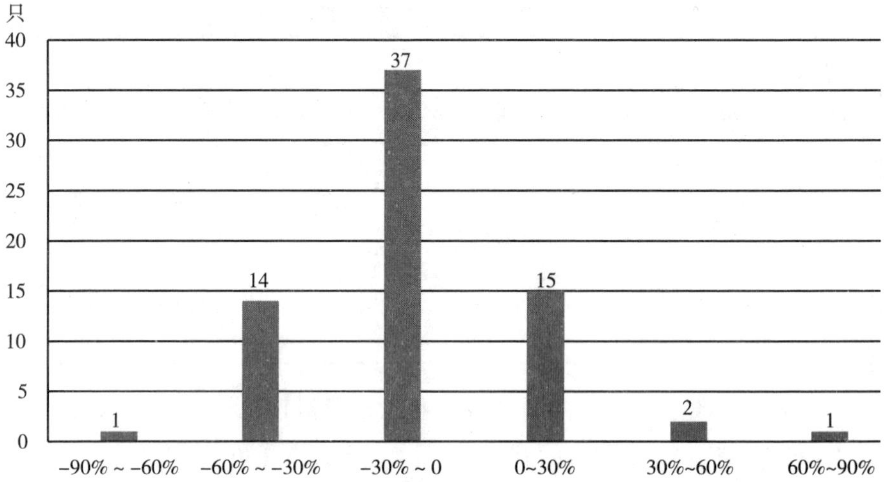

图 1-10　2019 年 12 月 31 日收盘价与上市首日收盘价变动幅度统计

4. 上市首日收盘价与2020年3月31日收盘价

值得注意的是，94只已上市股票，有67只股票（占比71%）2020年3月31日收盘价低于上市首日收盘价，有27只股票（占比29%）2020年3月31日收盘价高于上市首日收盘价。通过以上数据，在一定程度上说明科创板整体表现不佳，多数股票股价整体呈下跌趋势。其中，股票价格降低幅度最大的是晶晨股份（688099.SH），降幅-64.37%；股票价格上涨幅度最大的是安恒信息（688023.SH），涨幅184.85%。（见表1-5）

表 1-5　上市首日收盘价与 2020 年 3 月 31 日收盘价

股票名称	发行价 / 元	上市当日收盘价 / 元	上市当日涨幅 /%	2020 年 3 月 31 日收盘价 / 元	与首日收盘价比涨跌幅 /%	科创主题
晶晨股份	38.5	143.36	272.36	51.08	-64.37	新一代信息技术产业
安恒信息	56.5	79.06	39.93	225.2	184.85	新一代信息技术产业

通过对比94只已上市股票的上市首日收盘价与2020年3月31日收盘价，有83只股票（占比88%）2020年3月31日收盘价与首日收盘价比涨跌幅在-60%～30%。具体统计情况见图1-11：

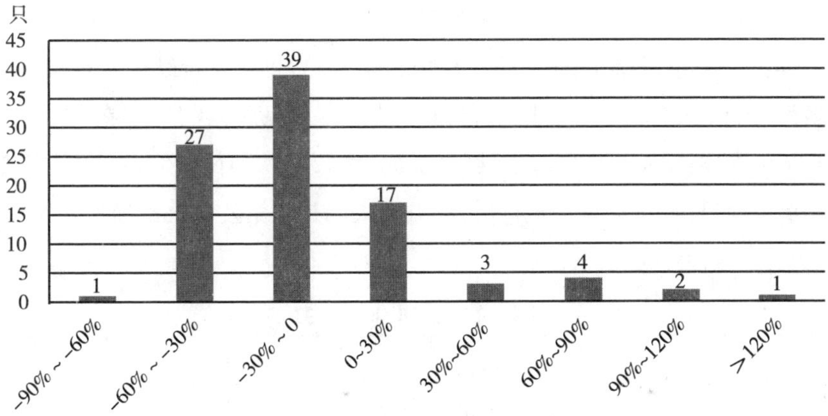

图 1-11　2020 年 3 月 31 日收盘价与上市首日收盘价变动幅度统计

5. 发行价与2019年12月31日收盘价

94只已上市股票中，上市时间早于2019年12月31日的有70只。通过对比发行价与2019年12月31日收盘价，发现有4只股票跌破发行价，分别是久日新材、杰普特、昊海生科和卓越新能，跌幅均小于10%。其余66只股票2019年12月31日收盘价均高于发行价，其中，涨幅在0～50%的有14只，涨幅在50%～100%的有19只，涨幅在100%～150%的有16只，涨幅高于150%的有17只。具体统计情况见图1-12：

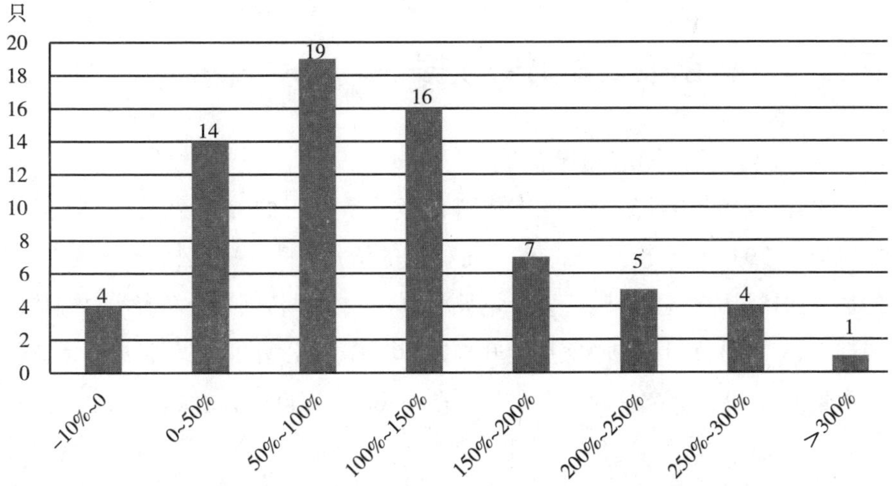

图 1-12　2019 年 12 月 31 日收盘价与发行价变动幅度统计

6. 发行价与2020年3月31日收盘价

94只已上市股票中，有4只股票2020年3月31日收盘价跌破发行价，分别是昊海生科、久日新材、卓越新能和中国电研，4只股票的幅度在−1.60%～−16.06%，跌幅最大的是昊海生科（688366.SH），下跌−16.06%。有90只股票票2020年3月31日收盘价高于发行价，涨幅最大的是中微公司（688012.SH），涨幅454.98%。（见表1−6）

表1−6　发行价与2020年3月31日收盘价

股票名称	发行价/元	上市当日收盘价/元	上市当日涨幅/%	2020年3月31日收盘价/元	与发行价比涨跌幅/%	科创主题
昊海生科	89.23	130.7	46.48	74.9	−16.06	生物医药
中微公司	29.01	81.03	179.32	161	454.98	新一代信息技术产业

第三节　科创板公司财务数据

一、科创板公司总资产情况

截至2020年3月31日，已完成科创板股票发行的96家公司中，95家公司2016～2018年资产总额都有不同程度的增加，只有1家公司（新光光电）2016～2018年资产总额减少，复合增长率为−9.65%。科创板公司资产总额整体表现良好，多数公司资产总额呈上升趋势，其中76家公司（占科创板成功发行公司数量的79.2%）资产总额复合增长率在0～60%。具体情况如图1−13、表1−7所示：

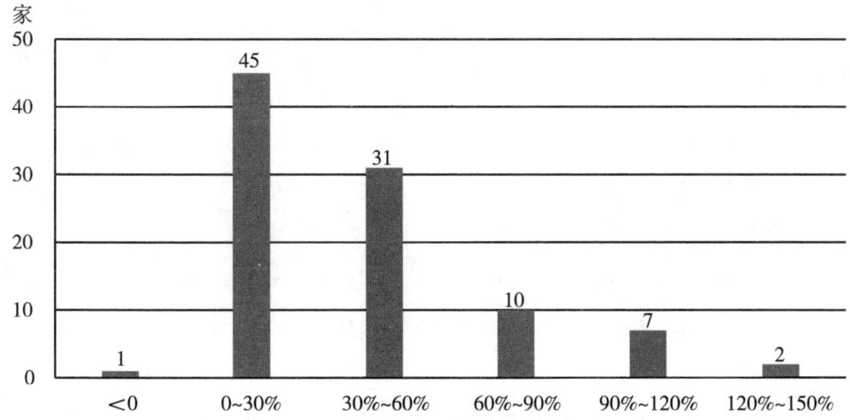

图 1-13　资产总额复合增长率统计

表 1-7　已完成科创板股票发行的 96 家公司 2016 ～ 2018 年资产总额统计

序号	代码	名称	2018 年资产总额 / 万元	2017 年资产总额 / 万元	2016 年资产总额 / 万元	复合增长率 /%
1	688001.SH	华兴源创	124,325.71	94,973.34	70,947.98	32.38
2	688002.SH	睿创微纳	119,127.50	50,030.05	30,673.35	97.07
3	688003.SH	天准科技	63,509.94	40,457.67	24,531.87	60.9
4	688005.SH	容百科技	426,313.47	218,757.05	79,750.15	131.21
5	688006.SH	杭可科技	230,789.49	183,646.95	125,278.49	35.73
6	688007.SH	光峰科技	207,347.15	103,766.06	49,309.22	105.06
7	688008.SH	澜起科技	418,065.74	147,469.33	112,134.41	93.09
8	688009.SH	中国通号	7,967,853.76	6,124,464.46	5,029,500.66	25.87
9	688010.SH	福光股份	93,983.20	89,915.02	81,734.70	7.23
10	688011.SH	新光光电	44,402.55	72,465.96	54,394.62	−9.65
11	688012.SH	中微公司	353,267.90	227,602.14	107,852.84	80.98
12	688015.SH	交控科技	209,975.98	149,070.65	133,474.74	25.43
13	688016.SH	心脉医疗	26,881.63	22,426.16	18,859.62	19.39
14	688018.SH	乐鑫科技	37,748.39	24,611.05	15,595.89	55.58
15	688019.SH	安集科技	43,331.46	35,354.72	31,263.86	17.73
16	688020.SH	方邦股份	45,258.01	37,780.35	27,528.89	28.22
17	688021.SH	奥福环保	57,730.91	48,599.47	32,732.89	32.8
18	688022.SH	瀚川智能	48,729.13	30,975.64	16,269.01	73.07

续表

序号	代码	名称	2018 年资产总额 / 万元	2017 年资产总额 / 万元	2016 年资产总额 / 万元	复合增长率 /%
19	688023.SH	安恒信息	89,189.45	62,324.25	39,074.96	51.08
20	688025.SH	杰普特	83,213.26	57,260.05	24,627.97	83.82
21	688026.SH	洁特生物	32,822.33	22,982.38	20,153.90	27.62
22	688028.SH	沃尔德	38,116.81	33,644.96	28,622.69	15.4
23	688029.SH	南微医学	96,922.10	71,832.59	54,050.49	33.91
24	688030.SH	山石网科	74,677.17	40,229.16	32,300.09	52.05
25	688033.SH	天宜上佳	135,806.54	111,345.16	106,013.92	13.18
26	688036.SH	传音控股	1,035,319.93	874,816.31	674,924.55	23.85
27	688037.SH	芯源微	37,970.28	33,513.85	29,732.71	13.01
28	688039.SH	当虹科技	44,575.65	35,400.99	11,292.65	98.68
29	688051.SH	佳华科技	83,891.11	71,707.53	61,222.41	14.03
30	688058.SH	宝兰德	19,097.16	13,961.73	11,214.78	30.49
31	688066.SH	航天宏图	78,015.19	56,543.19	31,667.01	56.96
32	688068.SH	热景生物	26,711.80	18,965.17	16,011.65	29.16
33	688078.SH	龙软科技	22,175.70	20,377.00	17,518.61	12.51
34	688080.SH	映翰通	32,133.74	27,863.14	14,811.43	47.29
35	688081.SH	兴图新科	29,218.38	23,862.02	16,923.67	31.4
36	688085.SH	三友医疗	38,858.16	33,583.17	17,777.18	45.84
37	688086.SH	紫晶存储	114,021.06	59,644.92	42,850.73	63.12
38	688088.SH	虹软科技	121,784.98	50,184.02	26,054.76	116.2
39	688089.SH	嘉必优	58,119.45	50,636.75	47,677.60	10.41
40	688090.SH	瑞松科技	124,136.51	88,572.68	82,561.40	22.62
41	688096.SH	京源环保	41,835.02	29,065.12	16,287.26	52.27
42	688098.SH	申联生物	101,312.15	69,219.31	60,779.07	29.11
43	688099.SH	晶晨股份	164,619.45	115,297.85	51,961.61	77.99
44	688100.SH	威胜信息	190,396.52	165,750.68	147,085.13	13.77
45	688101.SH	三达膜	239,860.71	197,870.43	175,882.60	16.78
46	688108.SH	赛诺医疗	80,610.23	71,032.59	28,081.23	69.43

续表

序号	代码	名称	2018 年资产总额 / 万元	2017 年资产总额 / 万元	2016 年资产总额 / 万元	复合增长率 /%
47	688111.SH	金山办公	162,737.97	127,925.09	94,395.79	31.3
48	688116.SH	天奈科技	85,076.41	77,011.87	27,131.83	77.08
49	688118.SH	普元信息	39,330.53	38,344.80	34,433.99	6.87
50	688122.SH	西部超导	399,439.47	350,037.88	331,510.40	9.77
51	688123.SH	聚辰股份	40,217.89	27,433.88	22,206.45	34.58
52	688128.SH	中国电研	263,581.77	239,057.85	181,123.12	20.63
53	688138.SH	清溢光电	68,674.56	61,184.98	50,285.70	16.86
54	688139.SH	海尔生物	222,775.18	119,067.95	94,927.14	53.19
55	688158.SH	优刻得	215,581.21	163,858.09	162,648.01	15.13
56	688159.SH	有方科技	74,588.85	45,909.50	28,636.00	61.39
57	688166.SH	博瑞医药	87,532.70	52,491.54	38,419.45	50.94
58	688168.SH	安博通	31,163.37	24,736.62	12,371.27	58.71
59	688169.SH	石头科技	127,715.20	60,435.92	26,131.71	121.07
60	688177.SH	百奥泰	102,075.95	61,894.12	70,828.96	20.05
61	688178.SH	万德斯	88,583.58	39,396.59	22,087.25	100.27
62	688181.SH	八亿时空	67,623.02	58,920.35	37,926.43	33.53
63	688186.SH	广大特材	254,645.26	192,703.08	170,564.37	22.19
64	688188.SH	柏楚电子	36,605.35	27,147.64	15,769.15	52.36
65	688189.SH	南新制药	69,605.24	60,674.54	61,452.87	10.03
66	688196.SH	卓越新能	81,794.38	69,405.57	60,326.90	16.44
67	688198.SH	佰仁医疗	21,004.89	14,662.99	12,352.00	30.4
68	688199.SH	久日新材	123,164.54	105,041.47	98,487.77	11.83
69	688200.SH	华峰测控	28,608.14	20,925.41	16,322.06	32.39
70	688202.SH	美迪西	47,769.53	39,265.32	34,701.16	17.33
71	688208.SH	道通科技	132,765.37	94,593.70	82,577.37	26.8
72	688218.SH	江苏北人	80,987.06	62,504.39	35,574.55	50.88
73	688228.SH	开普云	26,506.47	23,608.16	10,891.84	51.82
74	688233.SH	神工股份	36,096.62	17,551.99	9741.17	92.5

续表

序号	代码	名称	2018 年资产总额 / 万元	2017 年资产总额 / 万元	2016 年资产总额 / 万元	复合增长率 /%
75	688258.SH	卓易信息	35,849.35	29,997.80	28,512.26	12.13
76	688266.SH	泽璟制药	45,488.24	14,763.02	13,720.23	82.08
77	688268.SH	华特气体	75,201.75	70,889.87	66,798.20	6.1
78	688278.SH	特宝生物	70,776.64	63,712.15	64,258.10	4.95
79	688288.SH	鸿泉物联	30,668.17	25,314.87	16,584.33	35.99
80	688298.SH	东方生物	33,764.77	25,931.82	24,099.81	18.37
81	688299.SH	长阳科技	131,741.43	114,896.95	100,866.25	14.28
82	688300.SH	联瑞新材	41,373.11	30,309.07	24,417.89	30.17
83	688310.SH	迈得医疗	32,892.57	28,333.31	22,963.65	19.68
84	688321.SH	微芯生物	71,633.90	65,601.99	40,312.68	33.3
85	688333.SH	铂力特	83,965.87	59,875.21	48,711.26	31.29
86	688357.SH	建龙微纳	60,568.08	50,516.18	46,441.50	14.2
87	688358.SH	祥生医疗	32,350.33	23,778.91	15,303.79	45.39
88	688363.SH	华熙生物	207,100.41	188,304.85	168,419.10	10.89
89	688366.SH	昊海生科	443,635.26	410,932.25	369,341.28	9.6
90	688368.SH	晶丰明源	39,201.17	36,666.45	27,758.16	18.84
91	688369.SH	致远互联	75,960.39	63,851.58	36,688.69	43.89
92	688388.SH	嘉元科技	101,335.67	79,874.23	56,773.42	33.6
93	688389.SH	普门科技	81,192.70	71,039.57	49,751.66	27.75
94	688396.SH	华润微	999,205.34	974,674.33	749,618.38	15.45
95	688398.SH	赛特新材	43,965.25	36,477.49	32,347.81	16.58
96	688399.SH	硕世生物	39,556.41	31,064.40	28,598.92	17.61

二、科创公司总负债情况

截至2020年3月31日，已完成科创板股票发行的96家公司中，23家公司（占比24%）2016～2018年负债总额总体减少，73家公司（占比76%）2016～2018年负债总额总体增加。说明多数公司愿意采取负债融资的方式增加公司资本以达到快速发展的目的。具体情况如图1-14、表1-8所示：

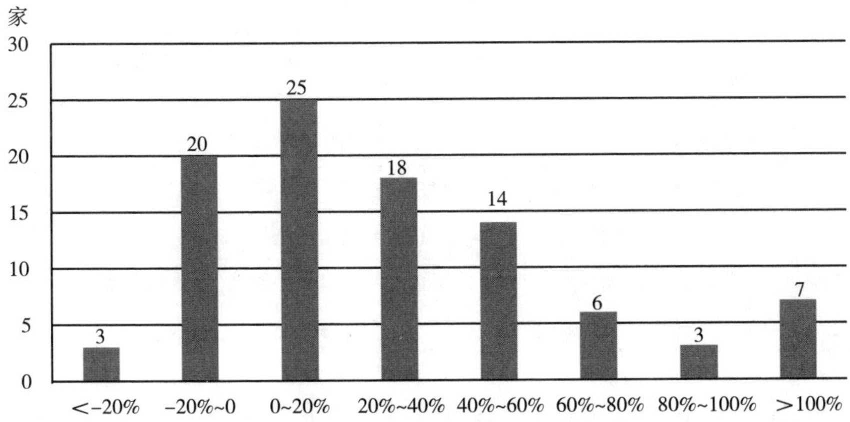

图 1-14　2016 ～ 2018 年负债总额增长率统计

表 1-8　已完成科创板股票发行的 96 家公司 2016 ～ 2018 年负债总额统计

序号	代码	名称	2018 年负债总额 / 万元	2017 年负债总额 / 万元	2016 年负债总额 / 万元	复合增长率 /%
1	688001.SH	华兴源创	33,195.60	28,261.13	7559.33	109.56
2	688002.SH	睿创微纳	18,527.73	13,947.47	5158.52	89.52
3	688003.SH	天准科技	21,579.53	13,596.59	4975.55	108.26
4	688005.SH	容百科技	113,179.51	64,636.02	55,760.61	42.47
5	688006.SH	杭可科技	139,635.51	117,614.26	76,657.76	34.96
6	688007.SH	光峰科技	124,657.25	90,618.64	40,328.40	75.81
7	688008.SH	澜起科技	56,490.76	28,768.56	23,832.01	53.96
8	688009.SH	中国通号	4,940,645.61	3,602,004.70	2,760,453.43	33.78
9	688010.SH	福光股份	16,769.53	21,839.99	17,849.65	−3.07
10	688011.SH	新光光电	14,606.02	31,040.61	34,176.86	−34.63
11	688012.SH	中微公司	141,630.56	200,980.99	194,937.10	−14.76
12	688015.SH	交控科技	169,477.08	114,570.66	102,485.76	28.59
13	688016.SH	心脉医疗	5266.12	3624.49	6521.84	−10.14
14	688018.SH	乐鑫科技	6624.18	3633.52	3475.16	38.06
15	688019.SH	安集科技	8655.68	5177.46	5063.33	30.75
16	688020.SH	方邦股份	2234.49	2103.86	1877.90	9.08
17	688021.SH	奥福环保	25,474.65	20,062.36	17,487.15	20.7

续表

序号	代码	名称	2018 年负债总额 / 万元	2017 年负债总额 / 万元	2016 年负债总额 / 万元	复合增长率 /%
18	688022.SH	瀚川智能	30,008.94	19,468.90	12,581.28	54.44
19	688023.SH	安恒信息	38,477.31	19,131.98	15,311.87	58.52
20	688025.SH	杰普特	24,127.01	24,263.88	10,897.83	48.79
21	688026.SH	洁特生物	4626.24	4403.39	5587.44	−9.01
22	688028.SH	沃尔德	3552.53	3610.47	3202.32	5.33
23	688029.SH	南微医学	34,885.18	25,213.72	18,156.98	38.61
24	688030.SH	山石网科	33,043.67	18,470.89	11,628.43	68.57
25	688033.SH	天宜上佳	12,797.57	7869.26	6516.94	40.13
26	688036.SH	传音控股	643,118.21	553,788.80	479,893.39	15.76
27	688037.SH	芯源微	15,982.59	14,195.95	15,097.46	2.89
28	688039.SH	当虹科技	6249.97	3465.12	1194.90	128.7
29	688051.SH	佳华科技	63,791.40	58,063.69	51,232.60	−6.09
30	688058.SH	宝兰德	2306.46	1311.33	1042.23	48.76
31	688066.SH	航天宏图	30,065.88	14,833.67	10,441.08	69.69
32	688068.SH	热景生物	5668.00	2800.13	2914.01	39.47
33	688078.SH	龙软科技	6413.67	6732.17	6893.83	−3.55
34	688080.SH	映翰通	6614.16	7019.66	4217.11	25.24
35	688081.SH	兴图新科	8232.29	9347.56	7924.55	1.92
36	688085.SH	三友医疗	4833.67	4677.66	1958.46	79.71
37	688086.SH	紫晶存储	37,056.45	16,178.57	20,907.41	33.13
38	688088.SH	虹软科技	18,954.78	21,141.67	10,323.46	35.5
39	688089.SH	嘉必优	5499.18	4197.52	7417.40	−13.9
40	688090.SH	瑞松科技	76,089.61	50,633.20	50,794.34	22.39
41	688096.SH	京源环保	15,687.44	7573.67	7210.56	41.72
42	688098.SH	申联生物	18,118.20	14,291.90	14,232.20	12.83
43	688099.SH	晶晨股份	52,017.13	32,366.22	28,653.78	34.74
44	688100.SH	威胜信息	56,614.95	49,684.86	66,012.02	−7.39
45	688101.SH	三达膜	94,915.38	71,494.44	68,229.12	17.95

续表

序号	代码	名称	2018 年负债总额 / 万元	2017 年负债总额 / 万元	2016 年负债总额 / 万元	复合增长率 /%
46	688108.SH	赛诺医疗	10,482.64	10,362.40	7806.43	15.88
47	688111.SH	金山办公	44,044.70	24,018.20	12,813.55	85.4
48	688116.SH	天奈科技	20,795.29	23,956.37	9172.08	50.57
49	688118.SH	普元信息	11,530.83	12,009.25	12,333.61	−3.31
50	688122.SH	西部超导	201,492.75	154,085.13	139,959.22	19.99
51	688123.SH	聚辰股份	6942.61	4835.92	5130.15	16.33
52	688128.SH	中国电研	159,916.39	139,313.57	142,984.81	5.76
53	688138.SH	清溢光电	15,607.55	14,383.45	7389.58	45.33
54	688139.SH	海尔生物	111,400.38	57,592.40	22,646.48	121.79
55	688158.SH	优刻得	43,474.81	46,337.46	168,499.93	−49.21
56	688159.SH	有方科技	31,936.67	22,814.84	10,699.12	72.77
57	688166.SH	博瑞医药	10,552.22	7889.19	16,404.74	−19.8
58	688168.SH	安博通	5447.00	3976.60	2042.46	63.31
59	688169.SH	石头科技	57,776.47	33,496.26	11,557.98	123.58
60	688177.SH	百奥泰	21,943.64	27,138.88	17,386.03	12.35
61	688178.SH	万德斯	45,251.00	15,847.24	13,333.53	84.22
62	688181.SH	八亿时空	14,009.96	16,756.20	20,452.62	−17.24
63	688186.SH	广大特材	163,401.62	140,645.85	137,720.19	8.93
64	688188.SH	柏楚电子	7591.06	9164.32	5695.05	15.45
65	688189.SH	南新制药	43,123.20	40,436.15	44,334.53	1.34
66	688196.SH	卓越新能	16,650.28	15,650.04	13,052.94	12.94
67	688198.SH	佰仁医疗	1400.99	1298.35	2967.28	−31.29
68	688199.SH	久日新材	44,637.69	43,569.39	42,074.92	3
69	688200.SH	华峰测控	5042.62	3202.81	2370.66	45.85
70	688202.SH	美迪西	12,437.67	10,176.38	9880.58	12.2
71	688208.SH	道通科技	29,321.24	24,495.31	22,069.87	15.26
72	688218.SH	江苏北人	45,926.39	39,200.61	27,160.66	30.04
73	688228.SH	开普云	9425.51	10,790.59	7464.12	25.4

续表

序号	代码	名称	2018 年负债总额 / 万元	2017 年负债总额 / 万元	2016 年负债总额 / 万元	复合增长率 /%
74	688233.SH	神工股份	2661.47	1699.16	487.2721	133.71
75	688258.SH	卓易信息	6421.62	5727.84	7549.64	−7.77
76	688266.SH	泽璟制药	17,324.20	7460.55	2776.46	149.79
77	688268.SH	华特气体	19,851.93	20,676.85	19,973.73	−0.31
78	688278.SH	特宝生物	20,850.67	15,386.49	16,449.30	12.59
79	688288.SH	鸿泉物联	5574.84	11,675.31	7357.21	−12.95
80	688298.SH	东方生物	12,961.79	12,120.15	14,228.10	−4.55
81	688299.SH	长阳科技	70,526.17	62,591.66	81,911.08	−7.21
82	688300.SH	联瑞新材	9418.61	11,010.95	8145.06	7.53
83	688310.SH	迈得医疗	7545.47	5463.38	5696.58	15.09
84	688321.SH	微芯生物	23,944.13	20,546.81	18,972.78	12.34
85	688333.SH	铂力特	43,764.44	25,522.16	18,034.22	55.78
86	688357.SH	建龙微纳	39,020.93	46,184.52	41,091.02	−2.55
87	688358.SH	祥生医疗	11,433.17	9361.33	7671.63	22.08
88	688363.SH	华熙生物	35,356.14	24,535.47	42,352.79	−8.63
89	688366.SH	昊海生科	60,090.66	72,406.03	70,755.30	−7.84
90	688368.SH	晶丰明源	13,944.56	15,851.19	17,825.19	−11.55
91	688369.SH	致远互联	44,751.41	38,112.71	30,252.20	21.63
92	688388.SH	嘉元科技	31,002.17	27,183.84	12,358.83	58.38
93	688389.SH	普门科技	14,353.45	12,314.72	12,669.31	6.44
94	688396.SH	华润微	497,225.67	527,622.17	476,560.85	2.15
95	688398.SH	赛特新材	18,064.13	15,550.12	11,945.38	22.97
96	688399.SH	硕世生物	7146.43	5036.89	3409.37	44.78

三、科创板公司资产负债率情况

按证监会行业划分，已完成科创板股票发行的96家公司分布在19个行业。其中15个行业的资产负债率低于50%，占行业总数量的78.9%，科创板企业整体资产负债率较低，负债水平表现良好。具体来看，食品制造业资产负债率最低，只有11.10%；其次是仪器仪表制造业和废弃资源综合利用业也都低于25%。专业技术服务业和金属制品业资产负债率较高，均超过60%。具体情况如表1-9所示：

表 1-9　科创板公司资产负债率情况

行业	股票数量 / 只	资产负债率 /%
食品制造业	1	11.10
仪器仪表制造业	1	21.32
废弃资源综合利用业	1	21.51
非金属矿物制品业	3	26.13
研究和试验发展	1	26.81
医药制造业	12	29.79
软件和信息技术服务业	18	34.53
计算机、通信和其他电子设备制造业	21	34.59
专用设备制造业	22	37.64
橡胶和塑料制品业	2	41.70
通用设备制造业	1	43.92
化学原料和化学制品制造业	4	44.97
有色金属冶炼和压延加工业	1	45.56
铁路、船舶、航空航天和其他运输设备制造业	3	48.08
电气机械和器材制造业	1	48.30
生态保护和环境治理业	1	50.56
互联网和相关服务	1	50.68
专业技术服务业	1	65.96
金属制品业	1	72.63

已完成科创板股票发行的96家公司中，61家公司（占比64%）2016～2018年资产负债率的平均值低于40%，科创板企业整体资产负债率较低，负债水平表现良好，风险水平较低。具体情况如图1-15、表1-10所示：

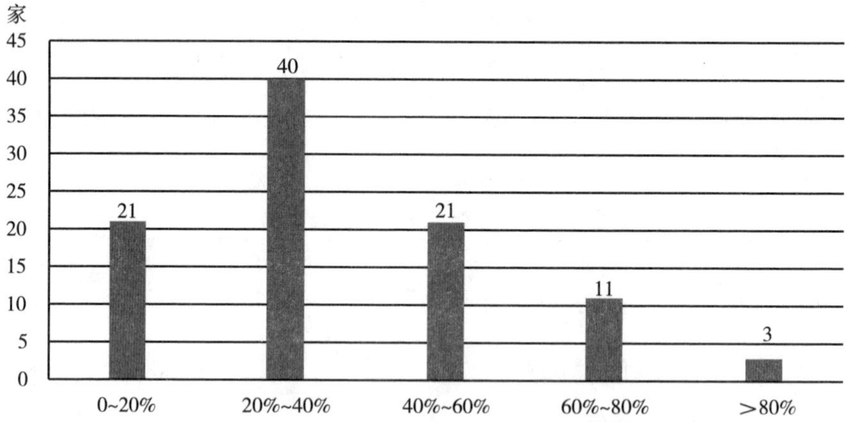

图 1-15　2016～2018 年资产负债率平均值统计

表 1-10　已完成科创板股票发行的 96 家公司 2016 ～ 2018 年资产负债率统计表

序号	代码	名称	2018 年负债 /%	2017 年负债 /%	2016 年负债 /%	平均值
1	688001.SH	华兴源创	26.70	29.76	10.65	22.37
2	688002.SH	睿创微纳	15.55	27.88	16.82	20.08
3	688003.SH	天准科技	33.98	33.61	20.28	29.29
4	688005.SH	容百科技	26.55	29.55	69.92	42.00
5	688006.SH	杭可科技	60.50	64.04	61.19	61.91
6	688007.SH	光峰科技	60.12	87.33	81.79	76.41
7	688008.SH	澜起科技	13.51	19.51	21.25	18.09
8	688009.SH	中国通号	62.01	58.81	54.89	58.57
9	688010.SH	福光股份	17.84	24.29	21.84	21.32
10	688011.SH	新光光电	32.89	42.83	62.83	46.19
11	688012.SH	中微公司	40.09	88.30	180.74	103.05
12	688015.SH	交控科技	80.71	76.86	76.78	78.12
13	688016.SH	心脉医疗	19.59	16.16	34.58	23.44
14	688018.SH	乐鑫科技	17.55	14.76	22.28	18.20
15	688019.SH	安集科技	19.98	14.64	16.20	16.94
16	688020.SH	方邦股份	4.94	5.57	6.82	5.78
17	688021.SH	奥福环保	44.13	41.28	53.42	46.28
18	688022.SH	瀚川智能	61.58	62.85	77.33	67.26

续表

序号	代码	名称	2018 年负债 /%	2017 年负债 /%	2016 年负债 /%	平均值
19	688023.SH	安恒信息	43.14	30.70	39.19	37.67
20	688025.SH	杰普特	28.99	42.37	44.25	38.54
21	688026.SH	洁特生物	14.09	19.16	27.72	20.33
22	688028.SH	沃尔德	9.32	10.73	11.19	10.41
23	688029.SH	南微医学	35.99	35.10	33.59	34.90
24	688030.SH	山石网科	44.25	45.91	36.00	42.05
25	688033.SH	天宜上佳	9.42	7.07	6.15	7.55
26	688036.SH	传音控股	62.12	63.30	71.10	65.51
27	688037.SH	芯源微	42.09	42.36	50.78	45.08
28	688039.SH	当虹科技	14.02	9.79	10.58	11.46
29	688051.SH	佳华科技	76.04	80.97	83.68	80.23
30	688058.SH	宝兰德	12.08	9.39	9.29	10.25
31	688066.SH	航天宏图	38.54	26.23	32.97	32.58
32	688068.SH	热景生物	21.22	14.76	18.20	18.06
33	688078.SH	龙软科技	28.92	33.04	39.35	33.77
34	688080.SH	映翰通	20.58	25.19	28.47	24.75
35	688081.SH	兴图新科	28.18	39.17	46.83	38.06
36	688085.SH	三友医疗	12.44	13.93	11.02	12.46
37	688086.SH	紫晶存储	32.50	27.12	48.79	36.14
38	688088.SH	虹软科技	15.56	42.13	39.62	32.44
39	688089.SH	嘉必优	9.46	8.29	15.56	11.10
40	688090.SH	瑞松科技	61.30	57.17	61.52	59.99
41	688096.SH	京源环保	37.50	26.06	44.27	35.94
42	688098.SH	申联生物	17.88	20.65	23.42	20.65
43	688099.SH	晶晨股份	31.60	28.07	55.14	38.27
44	688100.SH	威胜信息	29.74	29.98	44.88	34.86
45	688101.SH	三达膜	39.57	36.13	38.79	38.17
46	688108.SH	赛诺医疗	13.00	14.59	27.80	18.46
47	688111.SH	金山办公	27.06	18.78	13.57	19.80

续表

序号	代码	名称	2018年负债/%	2017年负债/%	2016年负债/%	平均值
48	688116.SH	天奈科技	24.44	31.11	33.81	29.79
49	688118.SH	普元信息	29.32	31.32	35.82	32.15
50	688122.SH	西部超导	50.44	44.02	42.22	45.56
51	688123.SH	聚辰股份	17.26	17.63	23.10	19.33
52	688128.SH	中国电研	60.67	58.28	78.94	65.96
53	688138.SH	清溢光电	22.73	23.51	14.70	20.31
54	688139.SH	海尔生物	50.01	48.37	23.86	40.74
55	688158.SH	优刻得	20.17	28.28	103.60	50.68
56	688159.SH	有方科技	42.82	49.70	37.36	43.29
57	688166.SH	博瑞医药	12.06	15.03	42.70	23.26
58	688168.SH	安博通	17.48	16.08	16.51	16.69
59	688169.SH	石头科技	45.24	55.42	44.23	48.30
60	688177.SH	百奥泰	21.50	43.85	24.55	29.96
61	688178.SH	万德斯	51.08	40.22	60.37	50.56
62	688181.SH	八亿时空	20.72	28.44	53.93	34.36
63	688186.SH	广大特材	64.17	72.99	80.74	72.63
64	688188.SH	柏楚电子	20.74	33.76	36.12	30.20
65	688189.SH	南新制药	61.95	66.64	72.14	66.91
66	688196.SH	卓越新能	20.36	22.55	21.64	21.51
67	688198.SH	佰仁医疗	6.67	8.85	24.02	13.18
68	688199.SH	久日新材	36.24	41.48	42.72	40.15
69	688200.SH	华峰测控	17.63	15.31	14.52	15.82
70	688202.SH	美迪西	26.04	25.92	28.47	26.81
71	688208.SH	道通科技	22.09	25.90	26.73	24.90
72	688218.SH	江苏北人	56.71	62.72	76.35	65.26
73	688228.SH	开普云	35.56	45.71	68.53	49.93
74	688233.SH	神工股份	7.37	9.68	5.00	7.35
75	688258.SH	卓易信息	17.91	19.09	26.48	21.16
76	688266.SH	泽璟制药	38.09	50.54	20.24	36.29

续表

序号	代码	名称	2018 年负债 /%	2017 年负债 /%	2016 年负债 /%	平均值
77	688268.SH	华特气体	26.40	29.17	29.90	28.49
78	688278.SH	特宝生物	29.46	24.15	25.60	26.40
79	688288.SH	鸿泉物联	18.18	46.12	44.36	36.22
80	688298.SH	东方生物	38.39	46.74	59.04	48.06
81	688299.SH	长阳科技	53.53	54.48	81.21	63.07
82	688300.SH	联瑞新材	22.77	36.33	33.36	30.82
83	688310.SH	迈得医疗	22.94	19.28	24.81	22.34
84	688321.SH	微芯生物	33.43	31.32	47.06	37.27
85	688333.SH	铂力特	52.12	42.63	37.02	43.92
86	688357.SH	建龙微纳	64.42	91.43	88.48	81.44
87	688358.SH	祥生医疗	35.34	39.37	50.13	41.61
88	688363.SH	华熙生物	17.07	13.03	25.15	18.42
89	688366.SH	昊海生科	13.55	17.62	19.16	16.77
90	688368.SH	晶丰明源	35.57	43.23	64.22	47.67
91	688369.SH	致远互联	58.91	59.69	82.46	67.02
92	688388.SH	嘉元科技	30.59	34.03	21.77	28.80
93	688389.SH	普门科技	17.68	17.34	25.47	20.16
94	688396.SH	华润微	49.76	54.13	63.57	55.82
95	688398.SH	赛特新材	41.09	42.63	36.93	40.21
96	688399.SH	硕世生物	18.07	16.21	11.92	15.40

四、科创板公司营业收入情况

已完成科创板股票发行的96家公司中，95家公司2016～2018年营业收入都有不同程度的增加，只有1家公司（百奥泰）2016～2018年营业收入减少，复合增长率为−27.31%。科创板公司营业收入整体发展较为良好，多数公司营业收入呈增长趋势，其中58家公司（占科创板上市公司数量的60%）资产总额增长率在0～40%。具体情况如图1-16、表1-11所示：

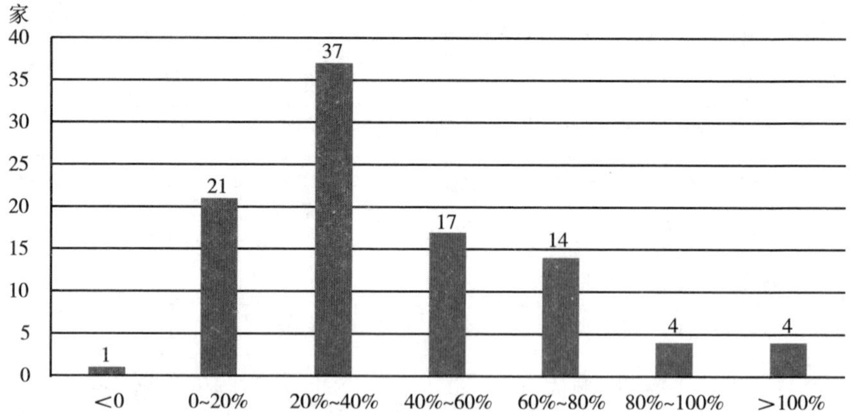

图 1-16　2016 ～ 2018 年营业收入增长率统计

表 1-11　已完成科创板股票发行的 96 家公司 2016 ～ 2018 年营业收入统计

序号	代码	名称	2018 年营业收入 / 万元	2017 年营业收入 / 万元	2016 年营业收入 / 万元	复合增长率 /%
1	688001.SH	华兴源创	100,508.35	136,983.42	51,595.44	39.57
2	688002.SH	睿创微纳	38,410.47	15,572.23	6025.06	152.49
3	688003.SH	天准科技	50,828.00	31,920.12	18,084.96	67.65
4	688005.SH	容百科技	304,126.01	187,872.66	88,519.23	85.36
5	688006.SH	杭可科技	110,930.62	77,098.28	41,021.53	64.44
6	688007.SH	光峰科技	138,572.72	80,558.79	35,495.47	97.58
7	688008.SH	澜起科技	175,766.46	122,751.49	84,494.46	44.23
8	688009.SH	中国通号	4,001,260.13	3,458,593.36	2,977,019.66	15.93
9	688010.SH	福光股份	55,199.71	58,021.51	46,906.65	8.48
10	688011.SH	新光光电	20,840.99	18,204.89	15,856.55	14.64
11	688012.SH	中微公司	163,928.83	97,192.06	60,952.84	64
12	688015.SH	交控科技	116,252.05	87,961.98	88,650.20	14.51
13	688016.SH	心脉医疗	23,112.75	16,513.48	12,532.67	35.8
14	688018.SH	乐鑫科技	47,492.02	27,200.70	12,293.86	96.55
15	688019.SH	安集科技	24,784.87	23,242.71	19,663.92	12.27
16	688020.SH	方邦股份	27,470.74	22,625.45	19,028.26	20.15

续表

序号	代码	名称	2018 年营业收入 / 万元	2017 年营业收入 / 万元	2016 年营业收入 / 万元	复合增长率 /%
17	688021.SH	奥福环保	24,827.21	19,611.71	9286.87	63.5
18	688022.SH	瀚川智能	43,601.76	24,384.91	15,022.64	70.36
19	688023.SH	安恒信息	62,658.68	43,039.81	31,671.38	40.66
20	688025.SH	杰普特	66,625.42	63,333.93	25,348.67	62.12
21	688026.SH	洁特生物	20,747.96	16,704.31	12,402.29	29.34
22	688028.SH	沃尔德	26,224.92	23,346.44	17,472.35	22.51
23	688029.SH	南微医学	92,210.93	64,067.30	41,430.97	49.19
24	688030.SH	山石网科	56,227.68	46,305.86	32,652.26	31.23
25	688033.SH	天宜上佳	55,789.62	50,713.40	46,842.18	9.13
26	688036.SH	传音控股	2,264,588.12	2,004,362.64	1,163,675.75	39.5
27	688037.SH	芯源微	20,999.05	18,988.50	14,760.31	19.28
28	688039.SH	当虹科技	20,355.19	13,898.42	10,151.33	41.6
29	688051.SH	佳华科技	38,903.51	33,227.61	30,649.99	18.87
30	688058.SH	宝兰德	12,237.00	8666.82	8011.40	23.59
31	688066.SH	航天宏图	42,333.04	29,634.74	19,498.58	47.35
32	688068.SH	热景生物	18,712.31	14,208.90	12,219.58	23.75
33	688078.SH	龙软科技	12,547.74	10,726.90	7933.49	25.76
34	688080.SH	映翰通	27,643.32	22,922.59	14,459.99	38.26
35	688081.SH	兴图新科	19,813.64	14,884.48	7955.46	57.82
36	688085.SH	三友医疗	22,231.29	13,996.92	7528.61	67.58
37	688086.SH	紫晶存储	40,159.63	31,292.49	14,938.43	63.96
38	688088.SH	虹软科技	45,807.13	34,592.40	26,100.11	32.48
39	688089.SH	嘉必优	28,610.56	22,855.92	18,980.31	22.78
40	688090.SH	瑞松科技	73,637.75	70,510.38	65,490.33	6.04
41	688096.SH	京源环保	25,322.18	16,604.14	9671.82	49.61
42	688098.SH	申联生物	27,513.74	30,207.60	26,770.54	1.38
43	688099.SH	晶晨股份	236,906.94	169,048.76	114,953.32	43.56

续表

序号	代码	名称	2018 年营业收入 / 万元	2017 年营业收入 / 万元	2016 年营业收入 / 万元	复合增长率 /%
44	688100.SH	威胜信息	103,864.10	99,509.34	68,031.43	23.56
45	688101.SH	三达膜	58,990.88	58,594.17	54,446.47	4.09
46	688108.SH	赛诺医疗	38,042.21	32,200.47	26,561.42	19.68
47	688111.SH	金山办公	112,968.11	75,326.50	54,252.27	44.3
48	688116.SH	天奈科技	32,759.49	30,795.67	13,380.69	56.47
49	688118.SH	普元信息	34,019.16	31,727.42	31,537.06	3.86
50	688122.SH	西部超导	108,839.05	96,733.16	97,776.26	5.51
51	688123.SH	聚辰股份	43,219.22	34,385.79	30,675.37	18.7
52	688128.SH	中国电研	259,779.69	194,236.26	158,106.11	28.18
53	688138.SH	清溢光电	40,736.44	31,938.37	31,466.32	13.78
54	688139.SH	海尔生物	84,166.86	62,140.75	48,198.16	32.15
55	688158.SH	优刻得	118,743.32	83,979.97	51,646.84	51.63
56	688159.SH	有方科技	55,713.56	49,896.93	32,803.75	30.32
57	688166.SH	博瑞医药	40,750.33	31,677.05	20,092.48	42.41
58	688168.SH	安博通	19,534.65	15,075.63	10,633.75	35.54
59	688169.SH	石头科技	305,125.04	111,881.76	18,312.70	308.19
60	688177.SH	百奥泰	—	200.89	276.366	−27.31
61	688178.SH	万德斯	49,256.42	28,254.64	14,635.76	83.45
62	688181.SH	八亿时空	39,403.24	23,075.39	13,250.87	72.44
63	688186.SH	广大特材	150,746.89	112,663.11	87,067.77	31.58
64	688188.SH	柏楚电子	24,526.41	21,037.84	12,220.33	41.67
65	688189.SH	南新制药	70,052.07	34,751.75	27,819.57	53.91
66	688196.SH	卓越新能	101,753.60	87,287.70	46,582.00	47.8
67	688198.SH	佰仁医疗	11,064.80	9234.71	7845.99	18.75
68	688199.SH	久日新材	100,515.88	73,977.96	63,859.03	25.46
69	688200.SH	华峰测控	21,867.67	14,857.30	11,193.75	39.77
70	688202.SH	美迪西	32,493.69	24,927.48	23,232.27	18.26

续表

序号	代码	名称	2018 年营业收入 / 万元	2017 年营业收入 / 万元	2016 年营业收入 / 万元	复合增长率 /%
71	688208.SH	道通科技	90,025.46	72,162.32	58,464.22	24.09
72	688218.SH	江苏北人	41,262.45	25,084.23	18,275.88	50.26
73	688228.SH	开普云	22,803.43	15,668.13	10,577.17	41.25
74	688233.SH	神工股份	28,253.57	12,642.07	4419.81	152.83
75	688258.SH	卓易信息	17,569.40	15,235.66	11,981.65	21.09
76	688266.SH	泽璟制药	131.1158	—	20.0334	155.83
77	688268.SH	华特气体	81,754.37	78,682.96	65,728.76	11.53
78	688278.SH	特宝生物	44,828.27	32,308.15	28,037.05	26.45
79	688288.SH	鸿泉物联	24,790.23	27,071.45	15,217.69	27.63
80	688298.SH	东方生物	28,589.28	22,423.74	18,225.51	25.25
81	688299.SH	长阳科技	69,103.99	46,746.02	38,037.74	34.79
82	688300.SH	联瑞新材	27,810.60	21,096.02	15,363.27	34.54
83	688310.SH	迈得医疗	21,489.57	17,338.90	13,943.06	24.15
84	688321.SH	微芯生物	14,768.90	11,050.34	8536.44	31.53
85	688333.SH	铂力特	29,147.92	21,994.84	16,634.33	32.37
86	688357.SH	建龙微纳	37,821.33	24,448.23	13,000.90	70.56
87	688358.SH	祥生医疗	32,696.57	27,162.44	16,695.05	39.94
88	688363.SH	华熙生物	126,314.57	81,804.92	73,312.26	31.26
89	688366.SH	昊海生科	155,845.27	135,444.75	86,121.23	34.52
90	688368.SH	晶丰明源	76,659.12	69,437.85	56,749.33	16.23
91	688369.SH	致远互联	57,809.25	46,691.52	37,659.28	23.9
92	688388.SH	嘉元科技	115,330.56	56,622.86	41,877.41	65.95
93	688389.SH	普门科技	32,342.93	25,082.97	17,453.62	36.13
94	688396.SH	华润微	627,079.65	587,558.97	439,676.34	19.42
95	688398.SH	赛特新材	30,788.28	20,515.13	11,223.59	65.63
96	688399.SH	硕世生物	23,070.03	18,728.62	12,914.20	33.66

五、科创板公司净利润情况

成功在科创板发行的96家公司中，百奥泰和泽璟制药2家公司2016～2018年连续亏损；7家公司2016～2018年转亏为盈；87家公司2016～2018年均有盈利。在均有盈利的87家公司中，特宝生物、西部超导和海尔生物3家公司营业收入总体下降，84家公司净利润总体增加。科创板公司整体发展较为良好，多数公司三年来均有盈利且营业利润呈增长趋势。科创板不同的IPO标准，使科创板比其他板块更具包容性，也更有弹性和活力。具体情况如图1-17、表1-12所示：

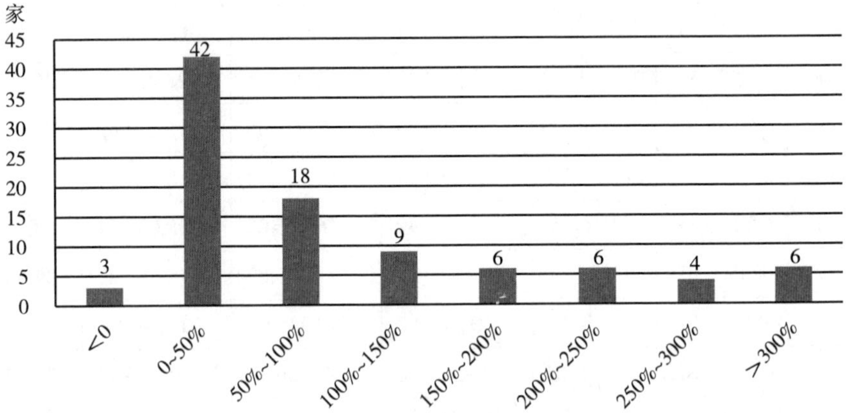

图 1-17　净利润增长率统计

表 1-12　成功在科创板发行的 96 家公司 2016 ～ 2018 年净利润统计

序号	代码	名称	2018 年净利润 / 万元	2017 年净利润 / 万元	2016 年净利润 / 万元	复合增长率 /%
1	688001.SH	华兴源创	24,328.60	20,966.91	18,029.70	16.16
2	688002.SH	睿创微纳	12,516.81	6435.09	969.3312	259.34
3	688003.SH	天准科技	9447.33	5158.07	3148.98	73.21
4	688005.SH	容百科技	21,288.97	3112.78	687.7016	456.39
5	688006.SH	杭可科技	28,623.75	18,058.71	8970.66	78.63
6	688007.SH	光峰科技	17,697.11	10,539.34	1394.36	256.26
7	688008.SH	澜起科技	73,687.84	34,691.60	9280.43	181.78
8	688009.SH	中国通号	340,854.55	322,248.36	304,500.03	5.8
9	688010.SH	福光股份	9138.64	9125.60	7198.86	12.67

续表

序号	代码	名称	2018 年净利润 / 万元	2017 年净利润 / 万元	2016 年净利润 / 万元	复合增长率 /%
10	688011.SH	新光光电	7267.61	4019.80	6684.17	4.27
11	688012.SH	中微公司	9086.92	2991.87	−23,878.92	203.72
12	688015.SH	交控科技	6639.52	4487.42	5369.67	11.2
13	688016.SH	心脉医疗	9064.79	6338.62	4111.38	48.49
14	688018.SH	乐鑫科技	9388.26	2937.19	44.9338	1345.46
15	688019.SH	安集科技	4496.24	3973.91	3709.85	10.09
16	688020.SH	方邦股份	11,715.53	9629.11	7989.87	21.09
17	688021.SH	奥福环保	4676.14	5566.46	612.4718	176.31
18	688022.SH	瀚川智能	7025.66	3219.68	216.867	469.18
19	688023.SH	安恒信息	7687.47	5213.53	−47.8537	47.45
20	688025.SH	杰普特	9336.10	8766.91	618.0731	288.65
21	688026.SH	洁特生物	5283.49	4035.61	2607.23	42.35
22	688028.SH	沃尔德	6629.79	5814.12	4208.69	25.51
23	688029.SH	南微医学	19,269.90	10,118.20	−3645.41	90.45
24	688030.SH	山石网科	6891.17	6005.22	118.4981	662.59
25	688033.SH	天宜上佳	26,311.03	22,193.09	19,454.23	16.3
26	688036.SH	传音控股	65,737.80	67,145.42	6279.70	223.55
27	688037.SH	芯源微	3047.79	2626.81	492.8457	148.68
28	688039.SH	当虹科技	6389.81	4068.12	3567.41	33.83
29	688051.SH	佳华科技	6401.89	3576.51	2866.23	60.66
30	688058.SH	宝兰德	5144.75	3449.85	3659.34	18.57
31	688066.SH	航天宏图	6359.43	4759.61	3274.83	39.35
32	688068.SH	热景生物	4814.08	3007.23	2879.95	29.29
33	688078.SH	龙软科技	3114.73	2160.19	302.0134	221.14
34	688080.SH	映翰通	4654.60	3229.81	2271.30	43.15
35	688081.SH	兴图新科	4221.38	3115.34	460.9779	202.61
36	688085.SH	三友医疗	6213.74	520.2069	312.9631	215
37	688086.SH	紫晶存储	10,493.12	5363.85	3307.83	78.11

续表

序号	代码	名称	2018年净利润/万元	2017年净利润/万元	2016年净利润/万元	复合增长率/%
38	688088.SH	虹软科技	15,755.18	8633.25	8036.39	40.02
39	688089.SH	嘉必优	9698.60	6577.91	4696.34	43.71
40	688090.SH	瑞松科技	5707.98	5035.61	2583.72	48.63
41	688096.SH	京源环保	5352.10	2902.11	1690.32	53.6
42	688098.SH	申联生物	8758.03	9867.80	7347.18	9.18
43	688099.SH	晶晨股份	28,253.09	7809.13	7301.65	96.71
44	688100.SH	威胜信息	17,705.46	14,874.50	8050.50	48.3
45	688101.SH	三达膜	18,132.17	18,523.10	12,871.67	18.69
46	688108.SH	赛诺医疗	8919.04	6614.58	2865.05	76.44
47	688111.SH	金山办公	31,066.66	21,433.73	12,992.74	54.63
48	688116.SH	天奈科技	6758.49	−1479.97	975.1244	163.27
49	688118.SH	普元信息	4803.14	4235.18	4493.73	3.39
50	688122.SH	西部超导	13,495.36	14,198.43	15,880.90	−7.82
51	688123.SH	聚辰股份	7611.53	2488.22	3511.92	47.22
52	688128.SH	中国电研	20,691.01	11,190.07	13,099.59	25.68
53	688138.SH	清溢光电	6265.48	3865.80	4573.60	17.04
54	688139.SH	海尔生物	11,395.77	6039.15	12,320.97	−3.83
55	688158.SH	优刻得	7721.23	7098.31	−20,173.32	8.78
56	688159.SH	有方科技	4349.52	5157.78	2094.79	44.1
57	688166.SH	博瑞医药	7320.20	4587.64	1706.10	107.14
58	688168.SH	安博通	6154.96	3604.75	995.597	148.64
59	688169.SH	石头科技	30,758.78	6699.62	−1123.99	359.11
60	688177.SH	百奥泰	−55,311.12	−23,550.95	−13,658.41	
61	688178.SH	万德斯	7783.23	6975.42	1493.83	128.26
62	688181.SH	八亿时空	11,448.91	5334.39	1680.83	160.99
63	688186.SH	广大特材	13,437.89	8650.17	4701.74	69.06
64	688188.SH	柏楚电子	13,927.63	13,109.21	7516.72	36.12
65	688189.SH	南新制药	5352.55	2714.93	1460.68	84.32

续表

序号	代码	名称	2018 年净利润 / 万元	2017 年净利润 / 万元	2016 年净利润 / 万元	复合增长率 /%
66	688196.SH	卓越新能	13,368.58	6481.56	5045.02	62.78
67	688198.SH	佰仁医疗	3339.97	4220.15	3117.24	3.51
68	688199.SH	久日新材	17,592.76	5059.23	4140.94	106.12
69	688200.SH	华峰测控	9072.93	5281.14	4120.82	48.38
70	688202.SH	美迪西	6077.26	4162.07	4340.95	18.32
71	688208.SH	道通科技	33,578.15	9136.40	−7418.32	267.52
72	688218.SH	江苏北人	4836.12	3405.00	2428.88	41.11
73	688228.SH	开普云	6277.39	3590.35	1351.34	79.6
74	688233.SH	神工股份	10,657.60	4585.28	1069.73	215.64
75	688258.SH	卓易信息	5157.78	3307.33	2862.40	34.24
76	688266.SH	泽璟制药	−44,008.90	−14,646.84	−12,826.79	—
77	688268.SH	华特气体	6784.84	4851.03	3837.17	32.97
78	688278.SH	特宝生物	1600.29	516.8603	2931.41	−26.11
79	688288.SH	鸿泉物联	5711.87	4779.57	3231.82	32.94
80	688298.SH	东方生物	6536.96	3335.66	3562.70	35.46
81	688299.SH	长阳科技	8887.54	2532.36	2674.40	82.3
82	688300.SH	联瑞新材	5836.65	4224.89	3270.90	33.58
83	688310.SH	迈得医疗	5601.01	5584.04	2339.69	54.72
84	688321.SH	微芯生物	3116.48	2407.39	524.432	143.77
85	688333.SH	铂力特	5718.36	3425.54	3132.71	35.11
86	688357.SH	建龙微纳	4707.25	−1018.82	1039.57	112.79
87	688358.SH	祥生医疗	9506.31	6404.28	3046.55	76.65
88	688363.SH	华熙生物	42,386.00	22,226.89	26,942.90	25.43
89	688366.SH	昊海生科	41,454.04	37,241.40	30,505.12	16.57
90	688368.SH	晶丰明源	8133.11	7611.59	2991.53	64.89
91	688369.SH	致远互联	7297.77	4466.02	1753.33	104.02

续表

序号	代码	名称	2018年净利润/万元	2017年净利润/万元	2016年净利润/万元	复合增长率/%
92	688388.SH	嘉元科技	17,643.11	8519.25	6252.98	67.97
93	688389.SH	普门科技	8114.40	4758.55	987.9285	186.59
94	688396.SH	华润微	42,944.13	7028.29	−30,269.76	511.02
95	688398.SH	赛特新材	4066.25	524.9347	689.038	142.93
96	688399.SH	硕世生物	6382.46	4266.84	836.0838	176.29

第四节　科创板公司的研发能力

科创板的全称是“科技创新板”，是专为科技型和创新型中小企业服务的板块，重点面向没有进入成熟期但具有成长潜力，满足有关规范且具有科技型、创新型特征的中小企业。因此，科创板上市公司有一个较为突出的特点就是研发投入占比、研发人员占比较多，具有更多的培养、跟踪和长期投资价值。

一、研发人员

成功在科创板发行的96只股票中（截至2020年3月31日），研发人数最多的三只股票分别为中国通号3676人、传音控股1517人、金山办公1410人。研发人数不足10人的有21只，研发人数在10～100人的有24只，研发人数在100～200人的有23只，研发人数在200～300人的有14只，研发人员在300～400人的有7只，研发人数大于400人的有7只。具体情况如表1-13、图1-18所示：

表1-13　研发人员

股票名称	研发人数/人	研发人数占员工人数比/%	研发支出/万元	研发支出占营收比/%	科创主题
中国通号	3676	19.13	137,951.80	3.45	新一代信息技术产业
传音控股	1517	10.60	71,179.14	3.14	新一代信息技术产业
金山办公	1410	73.78	42,753.58	37.85	新一代信息技术产业

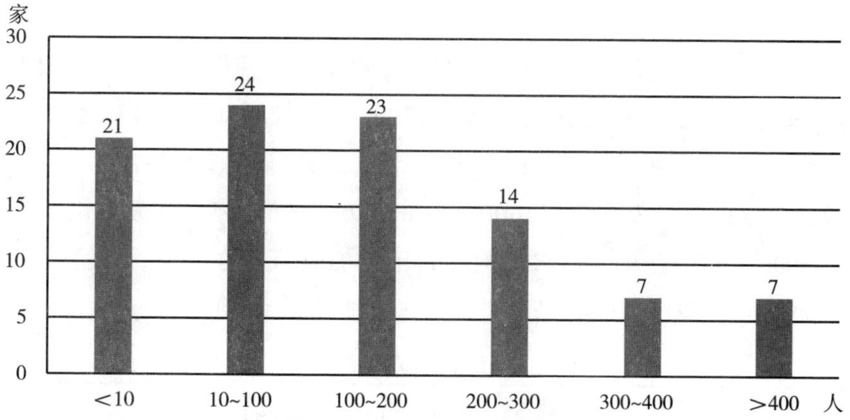

图 1-18 研发人员数量统计

成功在科创板发行的96只股票中（截至2020年3月31日），研发人数占员工人数比最大的三只股票分别为晶晨股份81.13%、金山办公73.78%、卓易信息72.81%。研发人数占员工人数比不足5%的有32只，占比在5%～25%的有31只，占比在25%～45%的有16只，占比在45%～65%的有10只，占比在65%～85%的有7只。具体情况如表1-14、图1-19所示：

表 1-14 研发人员

股票名称	研发人数 / 人	研发人数占员工人数比 /%	研发支出 / 万元	研发支出占营收比 /%	科创主题
晶晨股份	619	81.13	37,629.31	15.88	新一代信息技术产业
金山办公	1410	73.78	42,753.58	37.85	新一代信息技术产业
卓易信息	241	72.81	2039.45	11.61	新一代信息技术产业

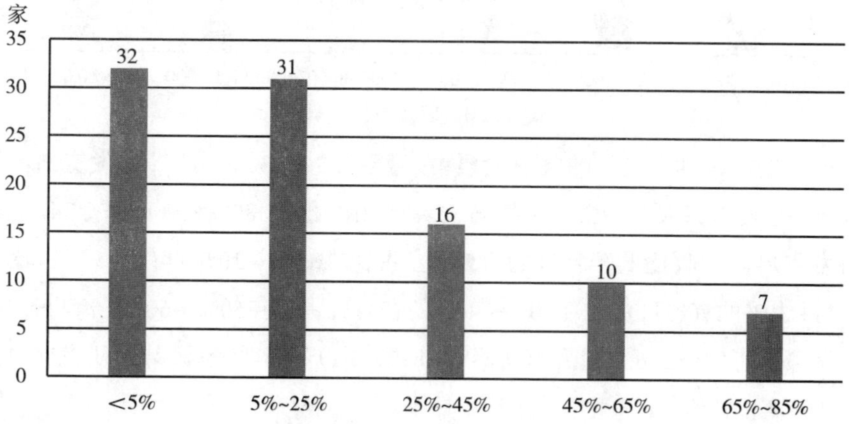

图 1-19 研发人员占比统计

二、研发投入

成功在科创板发行的96只股票中（截至2020年3月31日），研发支出最多的三只股票分别为中国通号137,951.80万元、传音控股71,179.14万元、百奥泰54,168.94万元。研发支出低于2000万元的有23只，研发支出在2000万～4000万元的有23只，研发支出在4000万～6000万元的有15只，研发支出在6000万～8000万元的有9只，研发支出在8000万～10,000万元的有5只，研发支出高于10,000万元的有21只。具体情况如表1–15、图1–20所示：

表 1–15　研发投入

股票名称	研发人数 / 人	研发人数占员工人数比 /%	研发支出 / 万元	研发支出占营收比 /%	科创主题
中国通号	3676	19.13	137,951.80	3.45	新一代信息技术产业
传音控股	1517	10.60	71,179.14	3.14	新一代信息技术产业
百奥泰	—	—	54,168.94	—	生物医药

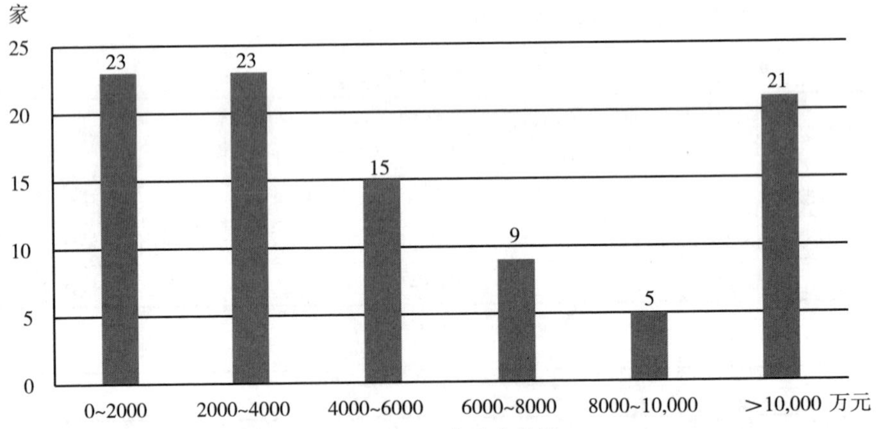

图 1–20　研发支出统计

成功在科创板发行的96只股票中（截至2020年3月31日），研发支出占营收比最多的三只股票为微芯生物55.85%、金山办公37.85%和赛诺医疗34.17%。研发支出占营收比低于10%的有56只，占比在10%–20%的有27只，占比在20%～30%的有7只，占比在30%～40%的有3只，占比在50%～60%的有1只。由于泽璟制药（688266.SH）和百奥泰（688177.SH）的营收较低，导致研发支出营收比偏离正常值，在这里不做统计。具体情况如表1–16、图1–21所示：

表 1-16　研发支出占营收比

股票名称	研发人数 / 人	研发人数占员工人数比 /%	研发支出 / 万元	研发支出占营收比 /%	科创主题
微芯生物	104	28.03	8248.20	55.85	生物医药
金山办公	1410	73.78	42,753.58	37.85	新一代信息技术产业
赛诺医疗	56	12.15	13,000.06	34.17	生物医药

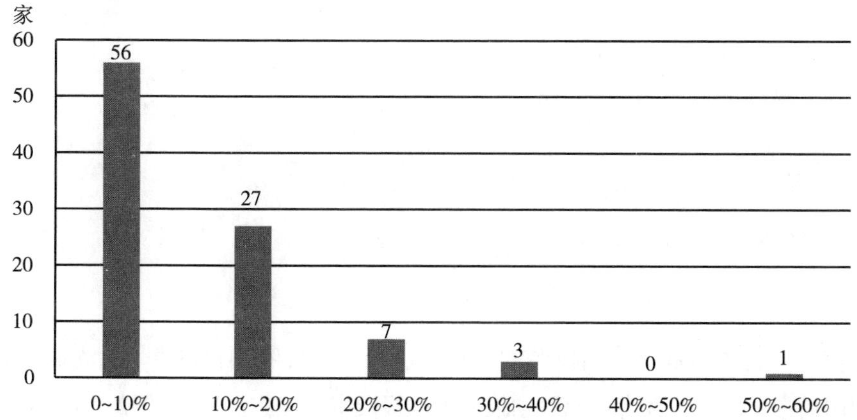

图 1-21　研发支出占营收比统计

第二章

科创板公司上市条件、规则、流程

为了清晰地展示科创板上市条件、规则及流程，我们在本章伊始先通过流程图的形式向各位读者展示科创板上市申报及审核工作流程（见图2-1）：

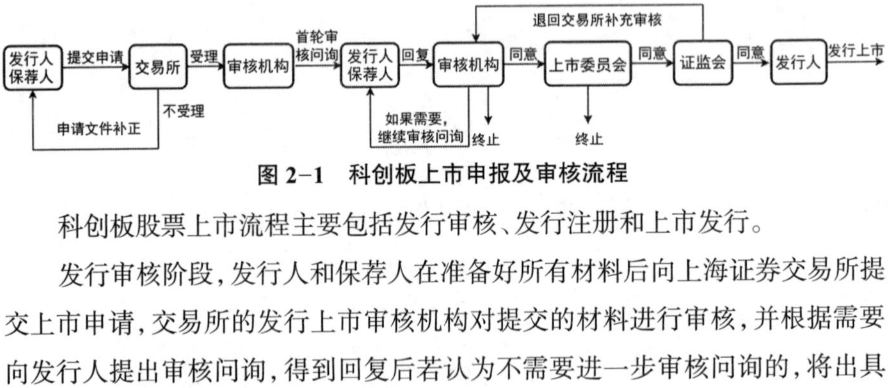

图 2-1　科创板上市申报及审核流程

科创板股票上市流程主要包括发行审核、发行注册和上市发行。

发行审核阶段，发行人和保荐人在准备好所有材料后向上海证券交易所提交上市申请，交易所的发行上市审核机构对提交的材料进行审核，并根据需要向发行人提出审核问询，得到回复后若认为不需要进一步审核问询的，将出具审核报告并提交上市委员会审议。

发行注册阶段，取得上市委员会审议通过之后，发行人向中国证监会报送同意发行上市的审核意见、相关审核资料和发行人的发行上市申请文件，申请注册，中国证监会在注册程序中，决定同意股票注册或退回交易所补充审核。

上市发行阶段，取得证监会同意注册决定之后，发行人将启动股票发行上市。

为了推进“注册制”的落地，科创板设计了与普通上市不同的审核流程，由上海证券交易所受理科创板上市申请，并完成发行上市审核，经上海证券交易所审核通过的企业，向中国证监会申请股份注册，注册完成后，企业即可申请科创板上市。

根据《上海证券交易所科创板股票发行上市审核规则》（以下简称《审核规则》）和《科创板首次公开发行股票注册管理办法（试行）》及相关文件的规定，图2-1中多个主要阶段的相关内容如下：

1.提交申请前的预沟通：在提交发行上市申请文件前，对于重大疑难、无先例事项等涉及上交所业务规则理解与适用的问题，发行人及保荐人可以通过上交所发行上市审核业务系统进行咨询；确需当面咨询的，可以通过上交所发行上市审核业务系统预约。

2.提交申请：发行人申请股票首次发行上市，应当按照规定聘请保荐人进行保荐，并委托保荐人通过上交所发行上市审核业务系统报送中国证监会规定的招股说明书、发行保荐书、审计报告、法律意见书、公司章程、股东大会决议等注册申请文件，上市保荐书以及上交所要求的其他文件。该等文件应当满足《上海证券交易所科创板上市保荐书内容与格式指引》《上海证券交易所科创板股票发行上市申请文件受理指引》等规定的内容与格式要求。

3.受理：上交所在收到发行上市申请文件后5个工作日内，对文件进行核对，作出是否受理的决定，若需补正的，发行人应当补正。

4.预披露：受理发行上市申请文件当日，发行人应当在上交所网站预先披露招股说明书、发行保荐书、上市保荐书、审计报告和法律意见书等文件。在上交所受理发行上市申请后至中国证监会作出注册决定前，发行人应当按照本规则的规定，对预先披露的招股说明书、发行保荐书、上市保荐书、审计报告和法律意见书等文件予以更新并披露。

5.首轮问询：上交所发行上市审核机构自受理之日起20个工作日内，通过保荐人向发行人提出首轮审核问询。在首轮审核问询发出前，发行人及其保荐人、证券服务机构及其相关人员不得与审核人员接触，不得以任何形式干扰审核工作。

6.首轮问询回复：在首轮审核问询发出后，发行人及其保荐人对上交所审核问询存在疑问的，可以通过上交所发行上市审核业务系统进行沟通；确需当面沟通的，可以通过上交所发行上市审核业务系统预约。

7.多轮问询：首轮审核问询后，存在下列情形之一的，上交所发行上市审核机构收到发行人回复后10个工作日内可以继续提出审核问询：

（1）首轮审核问询后，发现新的需要问询事项；

（2）发行人及其保荐人、证券服务机构的回复未能有针对性地回答上交所发行上市审核机构提出的审核问询，或者上交所就其回复需要继续审核问询；

（3）发行人的信息披露仍未满足中国证监会和上交所规定的要求；

（4）上交所认为需要继续审核问询的其他情形。

8.出具审核报告：上交所发行上市审核机构收到发行人及其保荐人、证券服务机构对上交所审核问询的回复后，认为不需要进一步审核问询的，将出具审核报告并提交上市委员会审议。

9.上市委员会审议：上市委员会召开审议会议，对上交所发行上市审核机构出具的审核报告及发行上市申请文件进行审议。5名委员（其中法律、会计专家至少各1名）就审核报告的内容和发行上市审核机构提出的初步审核意见发表意见，按少数服从多数原则形成同意或者不同意发行上市的审议意见。

10.出具审核意见或终止审核：上交所结合上市委员会的审议意见，出具同意发行上市的审核意见或者作出终止发行上市审核的决定。

11.报送审核意见：上交所审核通过的，向中国证监会报送同意发行上市的审核意见、相关审核资料和发行人的发行上市申请文件，并通知发行人及其保荐人。

12.证监会问询：中国证监会要求上交所进一步问询的，上交所向发行人及保荐人、证券服务机构提出反馈问题。

13.证监会注册：证监会在 20 个工作日内对发行人的注册申请作出同意注册或不予注册的决定。发行人根据要求补充、修改注册申请文件，中国证监会要求交易所进一步问询，以及中国证监会要求保荐人、证券服务机构等对有关事项进行核查的时间不计算在内。

“6个月”的冷静期：根据《审核规则》第 78 条，上交所审核不通过，作出终止发行上市审核的决定或中国证监会作出不予注册决定的，自决定作出之日起6个月后，发行人方可再次向上交所提交发行上市申请。

此外，根据《审核规则》，科创板上市审核流程原则上不超过6个月，审核时间不超过3个月，发行人及中介机构回复问询的时间总计不超过3个月。

本章将对“发行审核”和“发行注册”的内容进行详细阐述，具体内容涉及科创板上市条件、科创板审核程序以及上市审核中的信息披露等。

第一节　科创板定位

发行人申请股票首次发行上市，应当符合科创板定位，即“面向世界科技前沿、面向经济主战场、面向国家重大需求……符合国家战略，拥有关键核心技术，科技创新能力突出，主要依靠核心技术开展生产经营，具有稳定的商业模式，市场认可度高，社会形象良好，具有较强成长性”。

具体来说，科创板共有六大科创主题“新一代信息技术、高端装备制造、新材料、新能源、节能环保、生物医药”六个科创主题，下面我们分别阐述：

一、新一代信息技术

新一代信息技术产业，主要包括半导体和集成电路、电子信息、下一代信息网络、人工智能、大数据、云计算、新兴软件、互联网、物联网和智能硬件等。

截至2020年1月31日，科创板上市公司中新一代信息技术科创主题的公司共41家，具体企业名单及主营业务如表2−1所示：

表 2−1　科创板上市公司中新一代信息技术科创主题的公司

序号	公司名称	股票代码	主营业务
1	苏州华兴源创科技股份有限公司	688001	公司是国内检测设备与整线检测系统解决方案提供商，主要从事平板显示及集成电路的检测设备研发、生产和销售，公司主要产品应用于 LCD 与 OLED 平板显示、集成电路、汽车电子等行业。 主要产品分为检测设备、检测治具等。  触控检测设备  测试机

续表

序号	公司名称	股票代码	主营业务
2	烟台睿创微纳技术股份有限公司	688002	公司从事非制冷红外热成像与 MEMS 传感技术开发的集成电路芯片，致力于专用集成电路、MEMS 传感器及红外成像产品的设计与制造。 公司产品主要包括非制冷红外热成像 MEMS 芯片、红外热成像探测器、红外热成像机芯、红外热像仪及光电系统。  军事用途 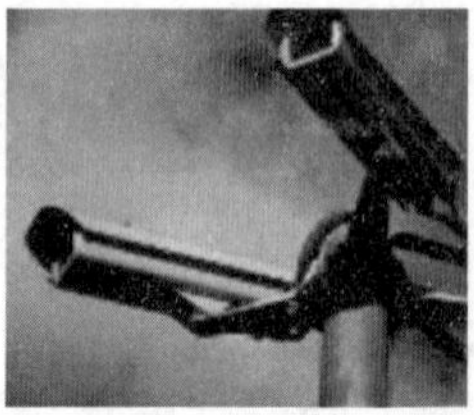 民事用途
3	浙江杭可科技股份有限公司	688006	公司致力于各类可充电电池，特别是锂离子电池生产线后处理系统的设计、研发、生产与销售。 公司主要产品为充放电设备和内阻测试仪等其他设备。  方形电池充放电设备 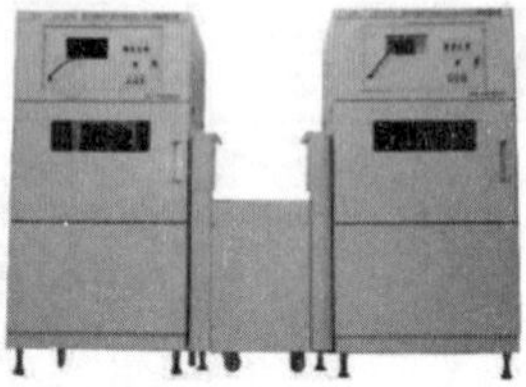 内阻电压自动测试设备
4	澜起科技股份有限公司	688008	公司的主营业务是为云计算和人工智能领域提供以芯片为基础的解决方案。 主要产品包括内存接口芯片、津逮服务器 CPU 以及混合安全内存模组。  津逮服务器 CPU  混合安全内存模组

续表

序号	公司名称	股票代码	主营业务
5	中国铁路通信信号股份有限公司	688009	公司是轨道交通控制系统解决方案提供商，为客户提供轨道交通控制系统全产业链一体化服务。 主要提供轨道交通控制系统的制造、安装、维修服务。
6	深圳光峰科技股份有限公司	688007	公司是激光显示科技企业，致力于激光显示技术和产品的研究创新。 公司主要产品是激光显示核心器件激光光学引擎，并将该核心器件与电影、电视、教育、展示等显示场景相结合，开发了众多激光显示产品及系统解决方案。  激光电影放映机
7	宁波容百新能源科技股份有限公司	688005	公司主要从事锂电池正极材料及其前驱体的研发、生产和销售。 主要产品包括NCM523、NCM622、NCM811、NCA等系列三元正极材料及其前驱体。三元正极材料主要用于锂电池的制造，并主要应用于新能源汽车动力电池、储能设备及电子产品等领域。 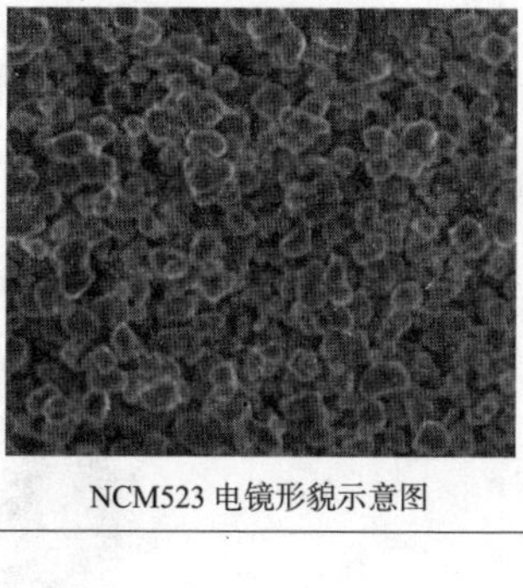 NCM523 电镜形貌示意图

续表

序号	公司名称	股票代码	主营业务
8	中微半导体设备（上海）股份有限公司	688012	公司是高端半导体微观加工设备公司，主要从事半导体设备的研发、生产和销售。 公司主要为集成电路、LED 芯片、MEMS 等半导体产品的制造企业提供刻蚀设备、MOCVD 设备及其他设备。  电容性等离子体刻蚀设备  MOCVD 设备
9	福建福光股份有限公司	688010	公司主要从事军用特种光学镜头及光电系统、民用光学镜头、光学元组件等产品的科研生产。 公司产品包括激光、紫外、可见光、红外系列全光谱镜头及光电系统。  航天工程系列镜头  红外探测系列镜头
10	乐鑫信息科技（上海）股份有限公司	688018	公司是一家集成电路设计企业，主要从事物联网 Wi-Fi MCU 通信芯片及其模组的研发、设计及销售。 主要产品 Wi-Fi MCU 是智能家居、智能照明、智能支付终端、智能可穿戴设备、传感设备及工业控制等物联网领域的核心通信芯片。  ESP8089 系列芯片  ESP8266 系列模组

续表

序号	公司名称	股票代码	主营业务
11	哈尔滨新光光电科技股份有限公司	688011	公司致力于服务国防科技工业先进武器系统研制等领域，主要提供光学目标与场景仿真、光学制导、光电专用测试和激光对抗等方向的高精尖组件、装置、系统和解决方案。 主要产品服务于以精确制导武器为代表的国防科技工业先进武器系统研制等领域。  红外成像制导系统  光学标定仪
12	安集微电子科技（上海）股份有限公司	688019	公司主营业务为关键半导体材料的研发和产业化。 公司产品包括不同系列的化学机械抛光液和光刻胶去除剂，主要应用于集成电路制造和先进封装领域。
13	虹软科技股份有限公司	688088	公司致力于视觉人工智能技术的研发和应用，为智能手机、智能汽车、物联网（IoT）等智能设备提供一站式视觉人工智能解决方案。 公司主要服务是为客服提供智能手机视觉解决方案，智能驾驶视觉解决方案，以及其他 IoT 智能设备视觉解决方案。  驾驶员身份识别

续表

序号	公司名称	股票代码	主营业务
14	上海柏楚电子科技股份有限公司	688188	公司从事激光切割控制系统的研发、生产和销售，主营业务是为各类激光切割设备制造商提供以激光切割控制系统为核心的各类自动化产品。 公司产品以自主软件开发为核心，并与板卡、总线主站、电容调高器等硬件集成后进行销售。   总线控制系统 板卡控制系统
15	晶晨半导体(上海)股份有限公司	688099	公司主营业务为多媒体智能终端 SoC 芯片的研发、设计与销售，芯片产品主要应用于智能机顶盒、智能电视和 AI 音视频系统终端等科技前沿领域。 公司主要产品包括多媒体智能终端应用处理器芯片和其他。   智能机顶盒芯片 智能摄像头芯片
16	北京安博通科技股份有限公司	688168	公司主营业务为网络安全核心软件产品的研究、开发、销售以及相关技术服务，为网络安全行业网络安全系统平台与安全服务提供商。 公司主要产品是安全网关产品、安全管理产品和网络安全服务。 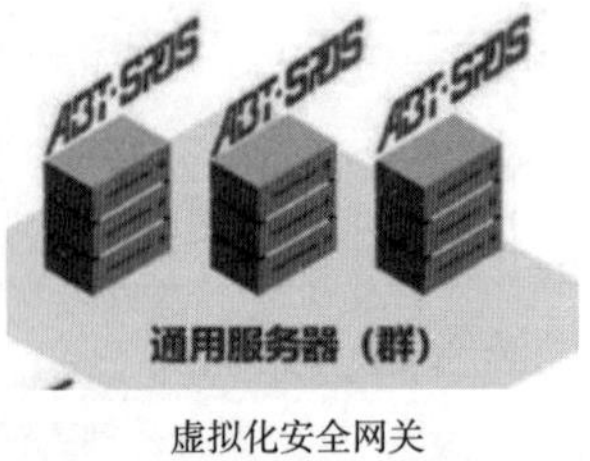 虚拟化安全网关

续表

序号	公司名称	股票代码	主营业务
17	山石网科通信技术股份有限公司	688030	公司主营业务是提供包括边界安全、云安全、数据安全、内网安全在内的网络安全产品及服务。  E 系列下一代防火墙 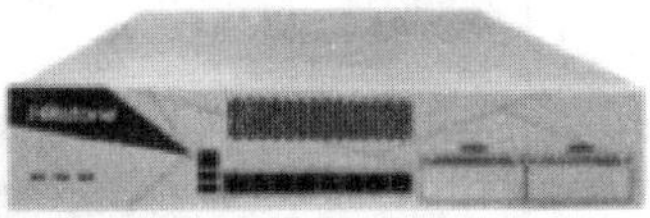 IPS 入侵防御系统
18	深圳传音控股股份有限公司	688036	公司主要从事以手机为核心的智能终端的设计、研发、生产、销售和品牌运营。 公司主要产品为 TECNO、itel 和 Infinix 三大品牌手机。  TECNO 品牌手机  智能手表
19	上海晶丰明源半导体股份有限公司	688368	公司主营业务为电源管理驱动类芯片的研发与销售。 公司主要产品包括 LED 照明驱动芯片、电机驱动芯片等电源管理驱动类芯片。
20	北京致远互联软件股份有限公司	688369	公司主营业务是协同管理产品的设计、研发、销售及服务，为客户提供协同管理软件产品、解决方案、协同管理平台及云服务。 公司主要产品是协同管理软件产品，并提供相应的运维服务和驻场服务。

续表

<table>
<tr><th>序号</th><th>公司名称</th><th>股票代码</th><th>主营业务</th></tr>
<tr><td>21</td><td>深圳市杰普特光电股份有限公司</td><td>688025</td><td>公司主营业务为研发、生产和销售激光器以及主要用于集成电路和半导体光电相关器件精密检测及微加工的智能装备。
公司的主要产品包括激光器，激光 / 光学智能装备和光纤器件。
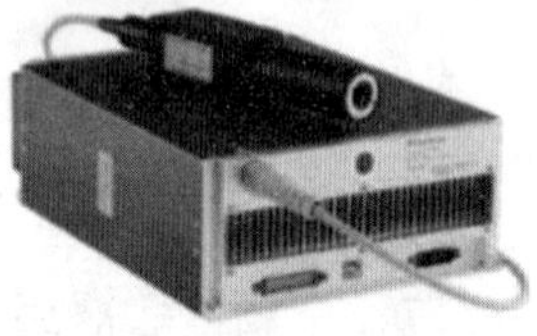
脉冲光纤激光器

智能光谱检测机</td></tr>
<tr><td>22</td><td>北京宝兰德软件股份有限公司</td><td>688058</td><td>公司主营业务为基础软件中的中间件软件产品以及云管理平台软件、应用性能管理软件等智能运维产品的研发和销售，并提供配套专业技术服务。
公司主要产品为应用服务器、消息中间件、交易中间件、云管理平台、容器管理平台、应用性能管理软件。</td></tr>
<tr><td>23</td><td>杭州安恒信息技术股份有限公司</td><td>688023</td><td>公司主营业务为网络信息安全产品的研发、生产及销售，并为客户提供专业的网络信息安全服务。
公司主要产品为网络信息安全防护产品、网络信息安全检测产品、云安全平台、大数据安全平台、物联网安全平台。</td></tr>
<tr><td>24</td><td>北京金山办公软件股份有限公司</td><td>688111</td><td>公司主营业务为 WPS Office 办公软件产品及服务的设计研发及销售推广。
公司产品主要包括 WPS Office 办公软件和金山词霸等。

WPS Office 办公软件
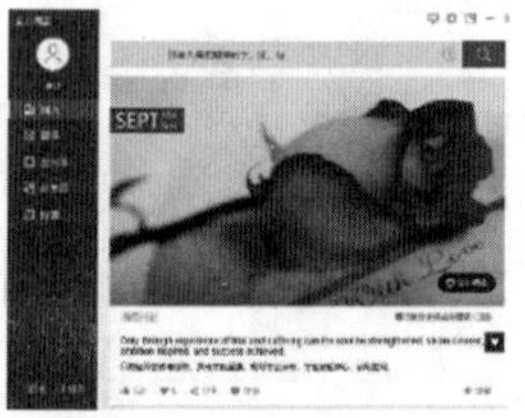
金山词霸</td></tr>
</table>

续表

序号	公司名称	股票代码	主营业务
25	深圳清溢光电股份有限公司	688138	公司的主营业务为掩膜版的研发、设计、生产和销售业务。 公司主要产品为掩膜版，主要应用于平板显示、半导体芯片、触控、电路板等行业，是下游行业产品制程中的关键工具。 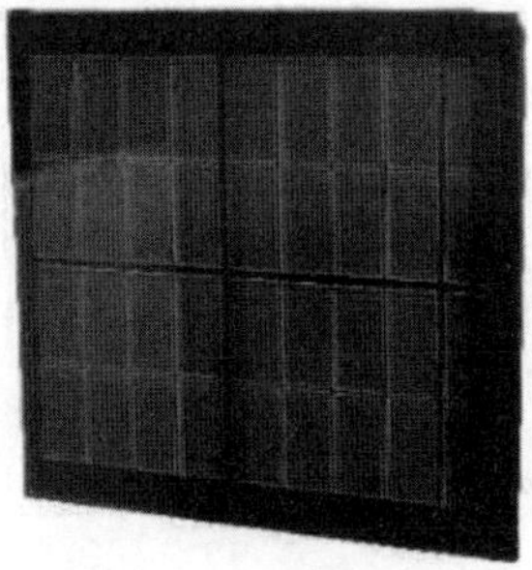 石英掩膜版
26	普元信息技术股份有限公司	688118	公司是软件基础平台提供商，面向金融、政务、能源、电信、制造业等行业大中型用户，提供自主可控、安全可靠的软件基础平台及应用软件开发服务。 公司主要产品包括云应用平台软件、大数据中台软件及 SOA 集成平台软件。
27	江苏卓易信息科技股份有限公司	688258	公司主营业务是云计算设备核心固件（BIOS、BMC）技术与云平台技术的开发和销售。 公司主要产品为云计算设备核心固件，提供云服务业务。  BIOS 固件  运中心 SaaS 层

续表

序号	公司名称	股票代码	主营业务
28	杭州当虹科技股份有限公司	688039	公司主营业务为智能视频技术的算法研究，面向传媒文化和公共安全等领域，提供智能视频解决方案和视频云服务。 公司主要产品为视频直播产品、内容生产产品、互动运营产品、公共安全产品，并提供相应的技术服务。
29	沈阳芯源微电子设备股份有限公司	688037	公司主营业务为半导体专用设备的研发、生产和销售。 公司主要产品包括光刻工序涂胶显影设备（涂胶 / 显影机、喷胶机）和单片式湿法设备（清洗机、去胶机、湿法刻蚀机）。 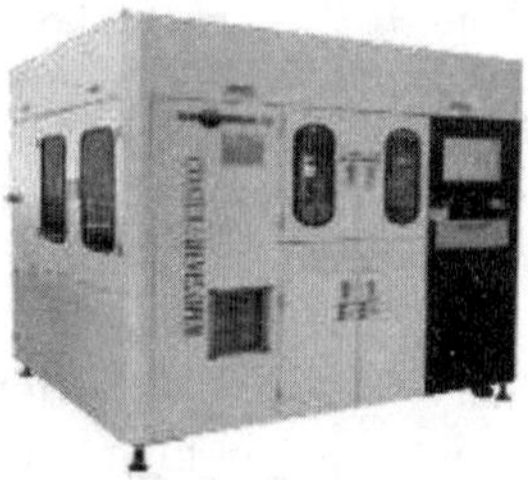 涂胶 / 显影机  湿法刻蚀机
30	聚辰半导体股份有限公司	688123	公司主营业务为集成电路产品的研发设计和销售，并提供应用解决方案和技术支持服务。 公司的主要产品包括 EEPROM、音圈马达驱动芯片和智能卡芯片。

续表

序号	公司名称	股票代码	主营业务
31	北京龙软科技股份有限公司	688078	公司主营业务是以自主研发的专业地理信息系统平台为基础，利用物联网、大数据、云计算等技术，为煤炭工业的安全生产、智能开采提供工业应用软件及全业务流程信息化整体解决方案；为政府应急和安全监管部门、科研院所、工业园区提供现代信息技术与安全生产深度融合的智能应急、智慧安监整体解决方案。公司主要产品包括 LongRuan GIS、LongRuan GIS “一张图”、LongRuan 安全云三大基础技术平台及在其基础上开发的系列专业应用软件。  LongRuan GIS 平台
32	武汉兴图新科电子股份有限公司	688081	公司是一家基于网络通信的军队专用视频指挥控制系统提供商，专注于视音频领域的技术创新和产品创新。公司主要产品包括视频指挥控制系统、视频预警控制系统，重点应用于国防军队，并延伸至监狱、油田等行业。 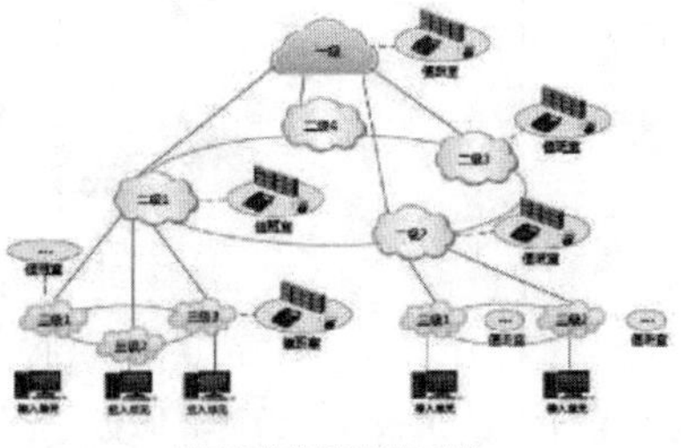 网络化视频指挥系统

续表

序号	公司名称	股票代码	主营业务
33	北京八亿时空液晶科技股份有限公司	688181	公司主营业务是液晶显示材料的研发、生产和销售。 公司主要产品为高性能薄膜晶体管 TFT（Thin Film Transistor）等多种混合液晶材料，广泛应用于高清电视、智能手机、电脑、车载显示、智能仪表等终端显示器领域。 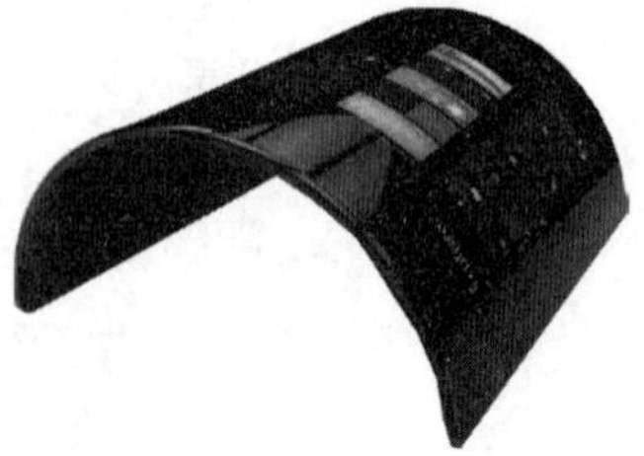 OLED 材料
34	威胜信息技术股份有限公司	688100	公司主营业务为电监测终端、水气热传感终端、通信网关、通信模块、智慧公用事业管理系统软件等物联网各层级软硬件产品的研发、生产和销售，并基于上述产品为客户提供智慧公用领域整体解决方案。 公司主要产品覆盖物联网各层级，其中感知层主要包括电监测终端和水气热传感终端等系列产品，网络层主要包括通信模块和通信网关等系列产品，应用层主要包括智慧公用事业管理系统等系列产品。  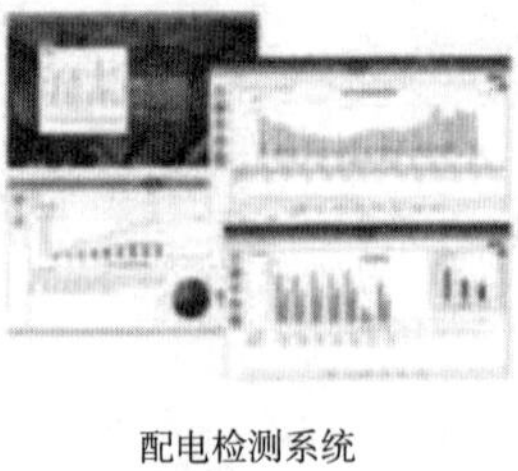 多功能电力检测仪　配电检测系统
35	优刻得科技股份有限公司	688158	公司是第三方云计算服务商，主营业务是为客户提供云计算服务平台。 公司主要产品为 IaaS 和基础 PaaS 产品，以及大数据、人工智能等产品，通过公有云、私有云、混合云三种模式为用户提供服务。其中，公有云是公司的核心业务。

续表

序号	公司名称	股票代码	主营业务
36	深圳市有方科技股份有限公司	688159	公司是物联网接入通信产品和服务提供商，主营业务为物联网无线通信模块、物联网无线通信终端和物联网无线通信解决方案的研发、生产（外协加工方式实现）及销售。 公司主要产品为物联网无线通信模块、物联网无线通信终端和物联网无线通信解决方案。 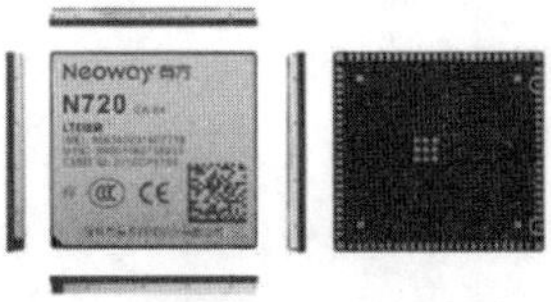 无线通信功能模块 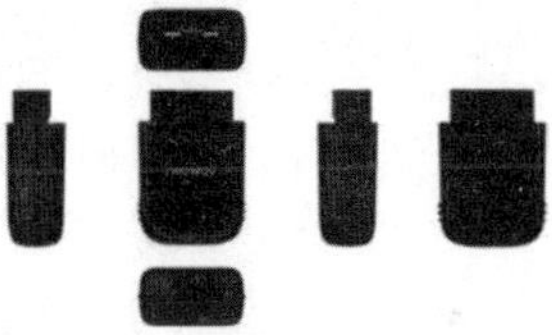 4G 智能 OBD
37	北京映翰通网络技术股份有限公司	688080	公司主营业务为工业物联网技术的研发和应用，为客户提供工业物联网通信（M2M）产品以及物联网（IoT）领域“云 + 端”整体解决方案。 公司主要产品为工业物联网通信产品、智能配电网状态监测系统产品、智能售货控制系统产品和智能物联网空调系统产品。  工业无线路由器 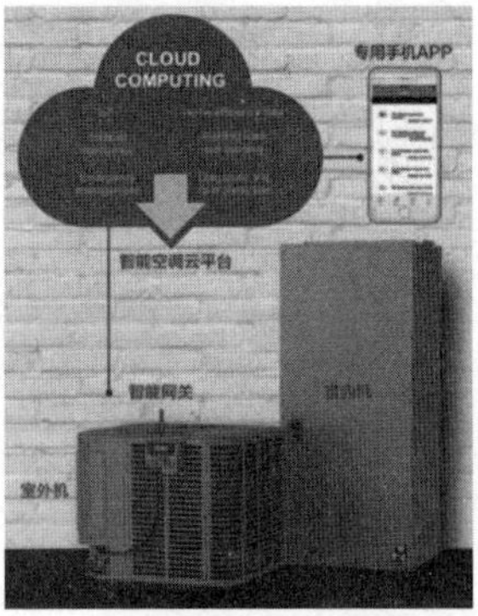 智能物联网空调系统

续表

序号	公司名称	股票代码	主营业务
38	北京华峰测控技术股份有限公司	688200	公司主营业务为半导体自动化测试系统的研发、生产和销售。 公司主要产品为半导体自动化测试系统和测试系统配件，产品主要用于模拟及混合信号类集成电路的测试。 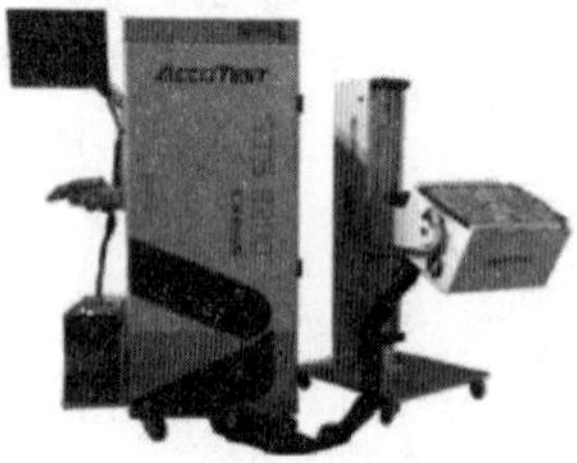 半导体自动化测试系统
39	广东紫晶信息存储技术股份有限公司	688086	公司主营业务为蓝光数据存储系统核心技术的研发、设计、开发，提供基于蓝光数据存储系统核心技术的光存储介质、光存储设备和解决方案的生产、销售和服务。 发行人基于蓝光数据存储系统核心技术的主要产品（服务）包括光存储介质、光存储设备和光存储解决方案。 发行人通过销售产品实现收入，不从事施工、建设、运维。 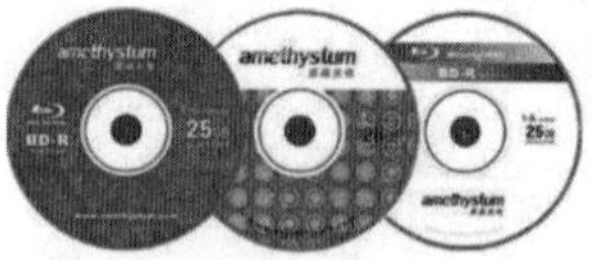 一次性记录蓝光光盘  光存储设备
40	华润微电子有限公司	688396	公司是拥有芯片设计、晶圆制造、封装测试等全产业链一体化经营能力的半导体企业，产品聚焦于功率半导体、智能传感器与智能控制领域，为客户提供丰富的半导体产品与系统解决方案。 公司产品为功率半导体、智能传感器与智能控制、分立器件产品及应用、IC 产品及应用。

续表

序号	公司名称	股票代码	主营业务
41	锦州神工半导体股份有限公司	688233	公司主营业务为集成电路刻蚀用单晶硅材料的研发、生产和销售，是集成电路刻蚀用单晶硅材料供应商。 主要产品为大尺寸高纯度集成电路刻蚀用单晶硅材料。   大尺寸硅棒　刻蚀设备

二、高端装备制造

高端装备领域，主要包括智能制造、航空航天、先进轨道交通、海洋工程装备及相关技术服务等。"高端"主要表现在三个方面：第一，技术含量高，表现为知识、技术密集，体现多学科和多领域高精尖技术的继承；第二，处于价值链高端，具有高附加值的特征；第三，在产业链占据核心部位，其发展水平决定产业链的整体竞争力。

截至2020年1月31日，科创板上市公司中高端装备制造科创主题的公司共11家，具体企业名单及主营业务如表2-2所示：

表 2-2　科创板上市公司中高端装备制造科创主题的公司

序号	公司名称	股票代码	主营业务
1	苏州瀚川智能科技股份有限公司	688022	公司是智能制造装备整体解决方案供应商，主要从事汽车电子、医疗健康、新能源电池等行业智能制造装备的研发、设计、生产、销售及服务，助力制造行业客户实现智能制造。 公司产品为涵盖装配、检测、校准、包装等单项或者一体化的柔性化、个性化的智能生产线。  全自动高速柔性化连接器生产线

续表

序号	公司名称	股票代码	主营业务
2	迈得医疗工业设备股份有限公司	688310	公司的主营业务为智能装备的研发、生产、销售和服务，公司的智能装备主要用以组装安全输注类和血液净化类医用耗材。 公司的主要产品为医用耗材智能装备，主要用以组装安全输注类和血液净化类医用耗材，涉及的装配环节主要包括部装、总装、检验、包装等环节。  安全输注类智能装备
3	广州瑞松智能科技股份有限公司	688090	公司主营业务为机器人系统集成与智能制造领域的研发、设计、制造、应用、销售和服务，为客户提供成套智能化、柔性化制造系统解决方案。 公司的主要产品包括机器人自动化生产线、机器人工作站、机器人配件销售等，主要应用于汽车行业，同时扩展到汽车零部件、3C、机械、电梯、摩托车、船舶等行业。  地板焊装生产线
4	苏州天准科技股份有限公司	688003	公司的主营业务为工业视觉装备的研究、制造、销售和服务。 公司主要产品包括精密测量仪器、智能检测设备、智能制造系统、无人物流车等。   VMU 系列影响测量仪　锂电池在线检测装备

续表

序号	公司名称	股票代码	主营业务
5	江苏北人机器人系统股份有限公司	688218	公司的主营业务为提供工业机器人自动化、智能化的系统集成整体解决方案，主要涉及柔性自动化、智能化的工作站和生产线的研发、设计、生产、装配及销售。 公司主要产品分为焊接用工业机器人系统集成、非焊接用工业机器人系统集成以及工装夹具。 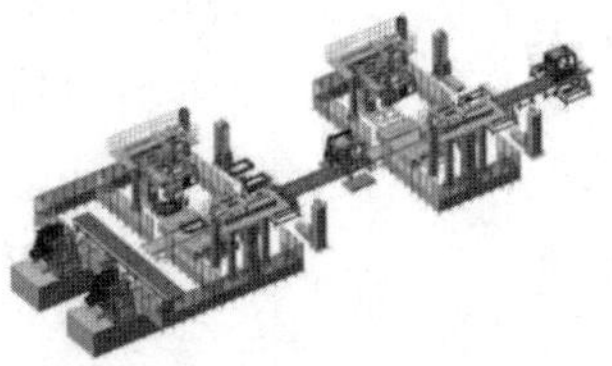 智能化焊接装备及生产线
6	交控科技股份有限公司	688015	公司的主营业务是以具有自主知识产权的 CBTC 技术为核心，专业从事城市轨道交通信号系统的研发、关键设备的研制、系统集成以及信号系统总承包。 公司主要产品包括三种：基础 CBTC 系统 CBTC 互联互通列车运行控制系统（I–CBTC 系统）、全自动运行系统（FAO 系统）。
7	北京天宜上佳高新材料股份有限公司	688033	公司主要从事高铁动车组用粉末冶金闸片及机车、城轨车辆闸片、闸瓦系列产品的研发、生产和销售。 公司主要产品包括粉末冶金闸片和合成闸片 / 闸瓦等。 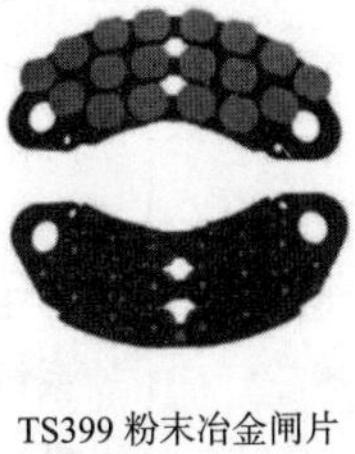 TS399 粉末冶金闸片 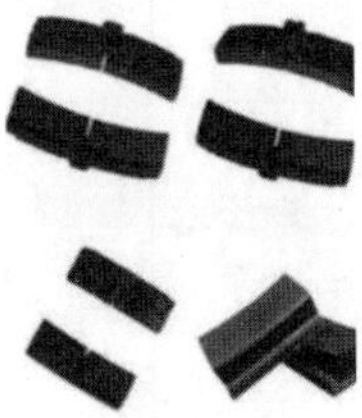 合成闸瓦

续表

序号	公司名称	股票代码	主营业务
8	北京航天宏图信息技术股份有限公司	688066	公司是遥感和北斗导航卫星应用服务商，致力于卫星应用软件国产化、行业应用产业化、应用服务商业化，研发并掌握了具有完全自主知识产权的基础软件平台和核心技术，为政府、企业以及其他有关部门提供基础软件产品、系统设计开发和数据分析应用服务。 公司的主要产品（或服务）为 PIE 基础软件、PIE-Map 基础软件、行业应用系统，为客户提供信息系统咨询设计，包括遥感卫星地面应用系统解决方案和行业信息化应用的整体解决方案。  遥感图像处理基础软件平台 PIE
9	深圳市道通科技股份有限公司	688208	公司的主营业务为汽车智能诊断、检测分析系统及汽车电子零部件的研发、生产、销售和服务。 公司的主要产品包括汽车综合诊断产品、TPMS 系列产品、ADAS 系列产品和其他产品以及在各类产品中提供汽车智能维修云服务。
10	杭州鸿泉物联网技术股份有限公司	688288	公司主营业务为利用人工智能技术和大数据技术，研发、生产和销售智能增强驾驶系统和高级辅助驾驶系统等汽车智能网联设备，主要应用于商用车（载货汽车、客车、专项作业车等）领域。 公司主要产品包括代表智能化技术路径的高级辅助驾驶系统和代表网联化技术路径的智能增强驾驶系统、人机交互终端、车载联网终端、智慧城市政务管理平台。 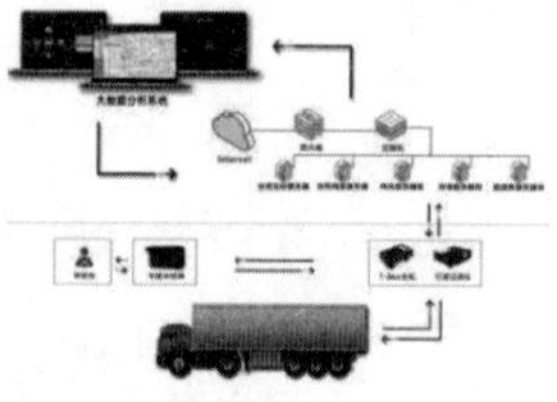 智能增强驾驶系统

续表

序号	公司名称	股票代码	主营业务
11	北京石头世纪科技股份有限公司	688169	公司主营业务为智能清洁机器人等智能硬件的设计、研发、生产（以委托加工生产方式实现）和销售。 公司主要产品为小米定制品牌“米家智能扫地机器人”“米家手持无线吸尘器”，以及自有品牌“石头智能扫地机器人”和“小瓦智能扫地机器人”。  石头扫地机器人云石白 T60

三、新材料

新材料领域，主要包括先进钢铁材料、先进有色金属材料、先进石化化工新材料、先进无机非金属材料、高性能复合材料、前沿新材料及相关技术服务等。

截至2020年1月31日，科创板上市公司中新材料科创主题的公司共13家，具体企业名单及主营业务如表2–3所示：

表 2–3　科创板上市公司中新材料科创主题的公司

序号	公司名称	股票代码	主营业务
1	三达膜环境技术股份有限公司	688101	公司主营业务为膜材料研制、膜组件生产、膜软件开发、膜设备制造、膜系统集成、膜技术应用以及环保水处理技术。 公司主要产品为工业料液分离膜设备、膜法水处理设备。   纳滤芯材料　卷式反渗透膜设备

续表

序号	公司名称	股票代码	主营业务
2	北京沃尔德金刚石工具股份有限公司	688028	公司主要从事超高精密和高精密超硬刀具及超硬材料制品的研发、生产和销售业务。 公司主要产品为超硬刀具和超硬材料制品。 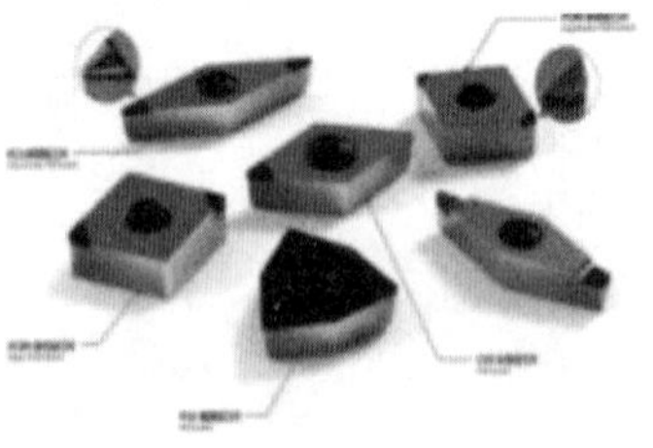 高精密刀具  超硬复合片
3	西部超导材料科技股份有限公司	688122	公司主要从事高端钛合金材料、超导产品和高性能高温合金材料的研发、生产和销售。 公司主要产品有高端钛合金材料、超导产品和高性能高温合金材料。  高端钛合金大棒材 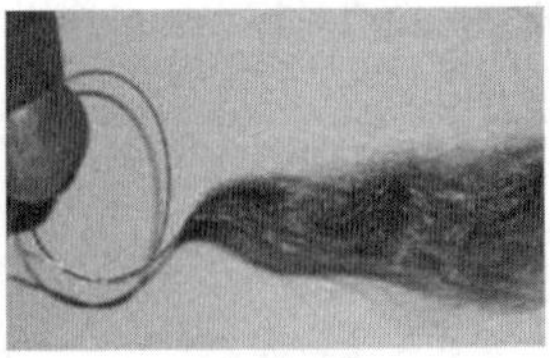 NbTi 超导线
4	宁波长阳科技股份有限公司	688299	公司主要从事反射膜、背板基膜、光学基膜及其他特种功能膜的研发、生产和销售。 公司主要产品有反射膜、背板基膜、光学基膜等多种特种功能膜，产品广泛应用于液晶显示、半导体照明、新能源、半导体柔性电路板等领域。

续表

序号	公司名称	股票代码	主营业务
5	西安铂力特增材技术股份有限公司	688333	公司的主营业务为金属 3D 打印原材料的研发及生产、金属 3D 打印设备的研发及生产、金属 3D 打印定制化产品服务、金属 3D 打印工艺设计开发及相关技术服务（含金属 3D 打印定制化工程软件的开发等）。 公司主要产品及服务包括金属 3D 打印设备、金属 3D 打印定制化产品、金属 3D 打印原材料、金属 3D 打印技术服务、代理销售设备及配件。  激光立体成形设备  航空航天高温合金
6	张家港广大特材股份有限公司	688186	公司主营业务为特殊钢材料的研发、生产和销售。 公司的核心产品主要包括齿轮钢、模具钢，以及以上述特钢材料为基础制成的特钢制品。  高铁齿轮箱  保险杠模具

续表

序号	公司名称	股票代码	主营业务
7	广州方邦电子股份有限公司	688020	公司主营业务为高端电子材料的研发、生产及销售，专注于提供高端电子材料及应用解决方案。 公司主要产品包括电磁屏蔽膜、导电胶膜、挠性覆铜板、超薄铜箔等。  电磁屏蔽膜  超薄铜箔
8	广东嘉元科技股份有限公司	688388	公司主要从事各类高性能电解铜箔的研究、生产和销售。 公司主要产品为超薄锂电铜箔和极薄锂电铜箔，主要用于锂离子电池的负极集流体，是锂离子电池行业重要基础材料。  极薄铜箔
9	天津久日新材料股份有限公司	688199	公司主要从事系列光引发剂的研发、生产和销售，是全国光引发剂生产供应商。 公司主要产品为光引发剂，产品广泛用于木器涂装、塑料制品涂装、装饰建材涂装、纸张印刷、包装印刷、汽车部件、电器/电子涂装、印刷线路板制造、光纤制造、3D 打印等多种行业。
10	洛阳建龙微纳新材料股份有限公司	688357	公司主要从事无机非金属多孔晶体材料分子筛吸附剂相关产品研发、生产、销售及技术服务的业务。 公司主要产品为分子筛原粉、分子筛活化粉和成型分子筛。

续表

序号	公司名称	股票代码	主营业务
11	广东华特气体股份有限公司	688268	公司的主营业务以特种气体的研发、生产及销售为核心，辅以普通工业气体和相关气体设备与工程业务。 公司主要产品包括特殊气体（高纯四氟化碳等）、普通工业气体（氧、氮、氩、工业氨等气体）、气体设备与工程。
12	江苏天奈科技股份有限公司	688116	公司主要从事纳米级碳材料及相关产品的研发、生产及销售。 公司主要产品包括碳纳米管粉体、碳纳米管导电浆料、石墨烯复合导电浆料、碳纳米管导电母粒等。  多壁碳纳米管结构示意图
13	江苏联瑞新材料股份有限公司	688300	公司的主营业务为硅微粉的研发、生产和销售。 主要产品包括结晶硅微粉、熔融硅微粉和球形硅微粉。  结晶硅微粉

四、新能源

新能源领域，主要包括先进核电、大型风电、高效光电光热、高效储能及相关技术服务等。

截至2020年1月31日，科创板上市公司中尚无新能源产业公司，值得关注的是，已有2家新能源汽车公司处于科创板审核过程中，另有2家新能源汽车和2家新能源公司已中止科创板审核，具体情况如表2–4所示：

表 2-4　新能源

序号	公司名称	审核状态	科创主题	主营业务
1	北京亿华通科技股份有限公司	已回复（第二次）	新能源汽车产业	公司主营业务为氢燃料电池发动机系统技术研发与产业化。 公司主要产品包括氢燃料电池发动机、燃料电池电压变换器、压缩气态氢系统、整车控制器和固定式电源。 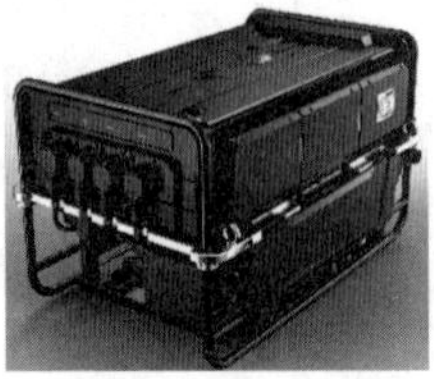 氢燃料电池发动机
2	河南科隆新能源股份有限公司	已问询	新能源汽车产业	公司主营业务为高性能二次电池材料的研发、生产和销售。 公司主要产品包括三元材料、前驱体和高性能球形氢氧化镍。
3	孚能科技（赣州）股份有限公司	中止审查	新能源汽车产业	公司主要从事高科技、新能源、车用动力锂离子电池系统生产，为即将大规模产业化的新型电动汽车提供动力电池配套。 公司主要产品包括锂离子动力电池、锂离子圆柱电池和特殊锂电池。
4	天能电池集团股份有限公司	中止审查	新能源汽车产业	公司主要从事新能源汽车锂电池、汽车起动启停电池、风能太阳能储能电池的研发、生产、销售，以及城市智能微电网建设、绿色智造产业园建设。 公司主要产品和服务包括动力电池、储能电池、启动电池和城市智能微电网建设、绿色智造产业园建设。  电动汽车电源  应急电源

续表

序号	公司名称	审核状态	科创主题	主营业务
5	江苏固德威电源科技股份有限公司	中止审查	新能源产业	公司主要从事光伏逆变器的研发、生产、销售产品，满足户用/扶贫/工商业及大型电站需求。 公司主要产品包括并网逆变器、储能产品、SEMS系统和配套产品。  并网逆变器  SB系列储能逆变器
6	青岛高测科技股份有限公司	中止审查	新能源产业	公司主要从事高硬脆材料切割设备和切割耗材的研发、生产和销售。 公司主要产品包括线切设备与工具、轮胎测试设备和磁材蓝宝石线切设备与工具，产品主要应用于光伏行业硅片制造环节。  GC-GP850单晶磨倒一体机

五、节能环保

节能环保产业是指为节约能源资源、发展循环经济、保护生态环境提供物质基础和技术保障的产业。节能环保领域，主要包括高效节能产品及设备、先进环保技术装备、先进环保产品、资源循环利用、新能源汽车整车、新能源汽车关键零部件、动力电池及相关技术服务等。

截至2020年1月31日，科创板上市公司中节能环保科创主题的公司共3家，具体企业名单及主营业务如表2-5所示：

表 2-5　科创板上市公司中节能环保科创主题的公司

序号	公司名称	股票代码	主营业务
1	山东奥福环保科技股份有限公司	688021	公司主营业务为蜂窝陶瓷技术的研发与应用，以此为基础面向大气污染治理领域为客户提供蜂窝陶瓷系列产品及以蜂窝陶瓷为核心部件的工业废气处理设备。 公司主要产品包括蜂窝陶瓷系列产品和 VOCs 废气处理设备。   车用蜂窝陶瓷载体　VOCs 废气处理设备
2	南京万德斯环保科技股份有限公司	688178	公司主营业务为垃圾污染削减及修复业务、高难度废水处理业务等，提供先进环保技术装备开发、系统集成与环境问题整体解决方案。 公司主要产品包括垃圾污染削减成套装备、垃圾污染修复成套装备、高难度废水处理成套装备，以及相关配套服务。   垃圾污染削减装备　高难度废水处理装备
3	福建赛特新材股份有限公司	688398	公司的主营业务为真空绝热材料的研发、生产和销售。 公司的主要产品为真空绝热板，主要由芯材、阻隔膜和吸附剂三部分构成。  真空绝热板

六、生物医药

生物医药产业由生物技术产业与医药产业共同组成。生物医药领域，主要包括生物制品、高端化学药、高端医疗设备与器械及相关技术服务等。

截至2020年1月31日，科创板上市公司中生物医药科创主题的公司共22家，具体企业名单及主营业务如表2-6所示：

表 2-6　科创板上市公司中生物医药科创主题的公司

序号	公司名称	股票代码	主营业务
1	深圳普门科技股份有限公司	688389	公司主营业务为治疗与康复产品、体外诊断设备及配套试剂的研发、生产和销售。 公司主要产品包括治疗与康复类产品线和体外诊断类产品线。 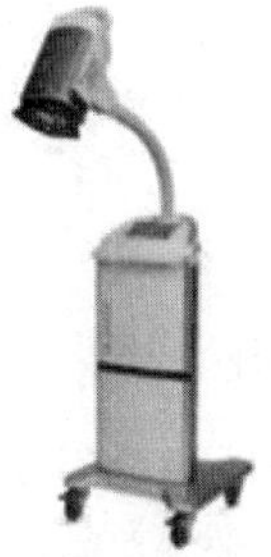 光子治疗仪  免疫荧光层析检测平台
2	无锡祥生医疗科技股份有限公司	688358	公司是超声医学影像设备及相关技术提供商，主营业务为超声医学影像设备的研发、制造和销售。 公司的主要产品包括便携式彩超、推车式彩超和黑白超声。  推车式彩超  黑白超声

续表

序号	公司名称	股票代码	主营业务
3	南微医学科技股份有限公司	688029	公司主营业务为研发、生产及销售配合内镜使用的检查及微创手术器械、微波消融所需的设备及耗材。 公司主要产品为六类内镜诊疗产品和肿瘤消融产品。内镜诊疗产品包括：活检类、止血及闭合类、EMR/ESD 类、扩张类、ERCP 类、EUS/EBUS 类；肿瘤消融产品主要包括微波消融治疗仪和微波消融针等。  活检钳 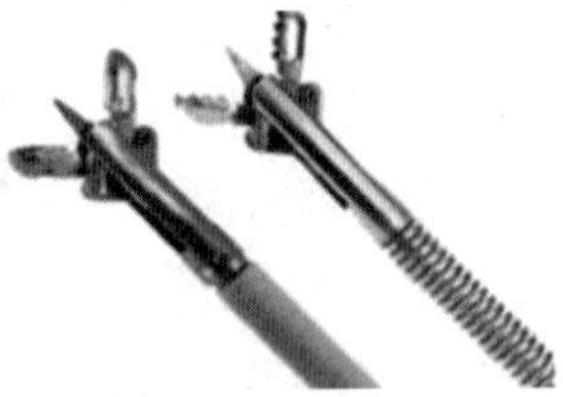 FNB 穿刺活检针
4	北京佰仁医疗科技股份有限公司	688198	公司主营业务为动物源性植介入医疗器械研发与生产。 公司主要产品包括 12 个Ⅲ类医疗器械产品，按治疗用途可分为三大类：外科软组织修复、先天性心脏病植介入治疗、心脏瓣膜置换与修复。  人工生物心脏瓣膜 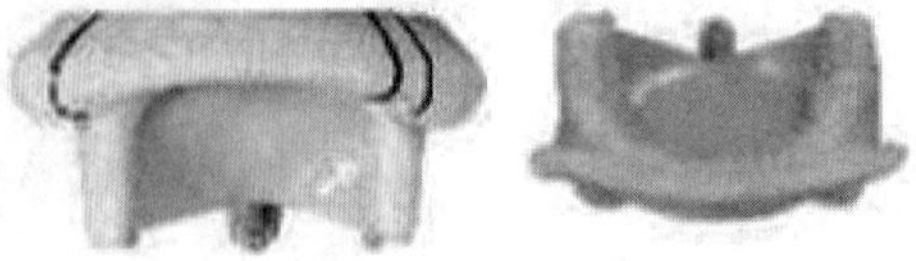 动脉导管未闭封堵器

续表

序号	公司名称	股票代码	主营业务
5	上海微创心脉医疗科技股份有限公司	688016	公司主要从事主动脉及外周血管介入医疗器械的研发、生产和销售。 公司主要产品包括主动脉覆膜支架类、术中支架类及其他产品。 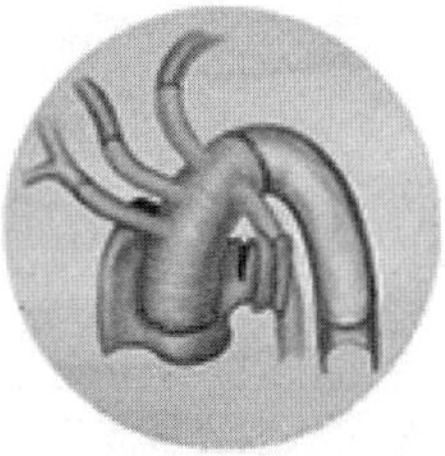 Castor 分支型 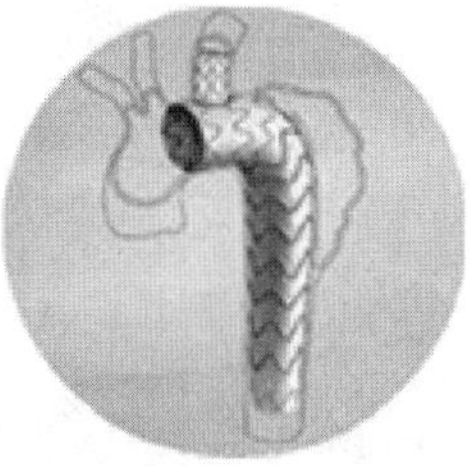 CRONUS 术中支架 主动脉覆膜支架
6	赛诺医疗科学技术股份有限公司	688108	公司主营业务为高端介入医疗器械研发、生产、销售。 公司的主要产品产品包括冠状动脉支架系统和球囊扩张导管（冠脉及神经）两大类。  生物降解药物涂层冠脉支架 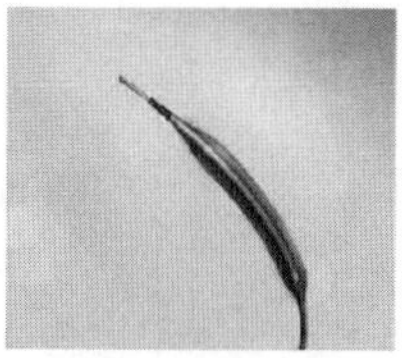 非顺应性 PTCA 球囊扩张导管
7	青岛海尔生物医疗股份有限公司	688139	公司主营业务为生物医疗低温存储设备的研发、生产和销售，是基于物联网转型的生物科技综合解决方案服务商。 公司主要产品涵盖五大领域：生物样本库、药品与试剂安全、血液安全、疫苗安全、第三方实验室产品。  超低温保存箱  物联网恒温转运箱

续表

序号	公司名称	股票代码	主营业务
8	北京热景生物技术股份有限公司	688068	公司主要从事研发、生产和销售体外诊断试剂及仪器。 公司主要产品包括临床类试剂产品、公共安全类试剂产品、临床类仪器、公共安全类仪器。  心脑血管疾病药物  上转发光免疫分析仪
9	博瑞生物医药（苏州）股份有限公司	688166	公司从事高技术壁垒的医药中间体、原料药和制剂产品的研发和生产业务。 公司的主要产品为抗真菌、抗病毒、心脑血管、抗肿瘤等系列产品。
10	申联生物医药（上海）股份有限公司	688098	公司主要从事兽用生物制品研发、生产、销售的高新技术企业。 公司主要产品为猪口蹄疫疫苗。  猪口蹄疫 O 型疫苗
11	江苏硕世生物科技股份有限公司	688399	公司主要从事体外诊断试剂、配套检测仪器等体外诊断产品的研发、生产和销售。 公司主要产品包括核酸分子诊断试剂、核酸纯化试剂、干化学诊断试剂。 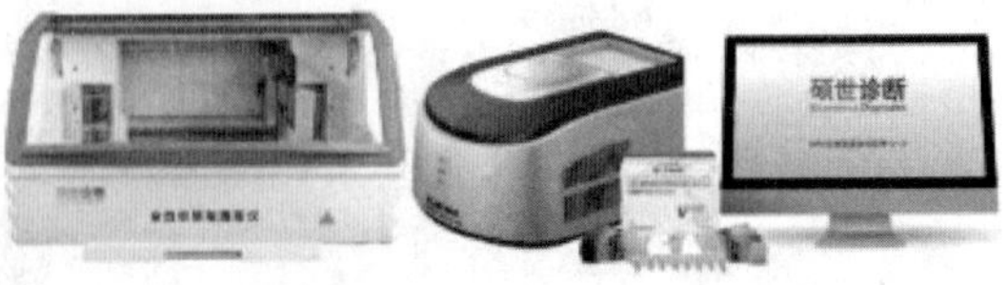 瘤病毒核酸分型检测试系统

续表

序号	公司名称	股票代码	主营业务
12	厦门特宝生物工程股份有限公司	688278	公司主要从事重组蛋白质及其长效修饰药物研发、生产及销售。 公司已上市产品包括生物制品国家1类新药——聚乙二醇干扰素 α-2b 注射液、注射用重组人粒细胞巨噬细胞刺激因子、重组人粒细胞刺激因子注射液和注射用重组人白介素-11。 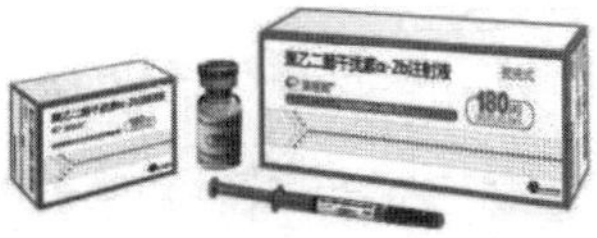 派格宾（聚乙二醇干扰素 α-2b 注射液）
13	上海昊海生物科技股份有限公司	688366	公司主要从事应用生物医用材料技术和基因工程技术进行医疗器械和药品研发、生产和销售。 公司的主要产品包括眼科产品、整形美容与创面护理产品、骨科产品、防黏连及止血产品。 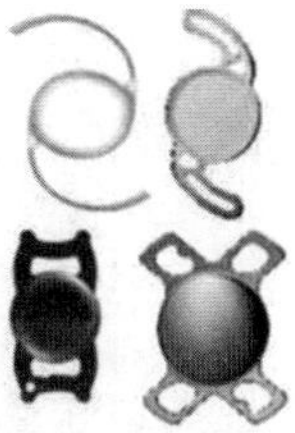 人工晶状体  玻尿酸
14	深圳微芯生物科技股份有限公司	688321	公司主要从事新分子实体药物的临床开发、产业化、学术推广及销售。 公司主要产品为新分子实体原创药物，包括国家1类原创新药西达本胺、已完成Ⅲ期临床试验的国家1类原创新药西格列他钠等。

续表

序号	公司名称	股票代码	主营业务
15	华熙生物科技股份有限公司	688363	公司主要从事透明质酸产品的研发、生产和销售。 公司主要产品为透明质酸原料及其他生物活性物质、医疗终端产品和功能性护肤品。  医用透明质酸钠凝胶
16	浙江东方基因生物制品股份有限公司	688298	公司主要从事体外诊断产品研发、生产与销售。 公司的主要产品为 POCT 即时诊断试剂。  毒品即时诊断试剂
17	苏州泽璟生物制药股份有限公司	688266	公司主要从事肿瘤、出血及血液疾病、肝胆疾病等多个治疗领域的创新驱动型化学及生物新药研发。 公司的产品包括肿瘤（包括实体肿瘤及血液肿瘤）、出血及血液疾病、肝胆疾病等疾病领域药物。
18	百奥泰生物制药股份有限公司	688177	公司主要从事创新药和生物类似药研发。 公司尚无处于上市销售状态的产品，研发中的药物主要包括自身免疫性疾病类药物、肿瘤类药物和心血管类药物。
19	上海美迪西生物医药股份有限公司	688202	公司主营业务是为国内大型制药企业和创新生物技术企业提供全方位新药临床前研发服务。 公司主要服务内容为药物发现、药学研究和临床前研究。

续表

序号	公司名称	股票代码	主营业务
20	广州洁特生物过滤股份有限公司	688026	公司是主要从事细胞培养类及与之相关的液体处理类生物实验室一次性塑料耗材研发、生产和销售。 公司主要产品为生物实验室一次性塑料耗材，分为生物培养类、液体处理类和其他类别。 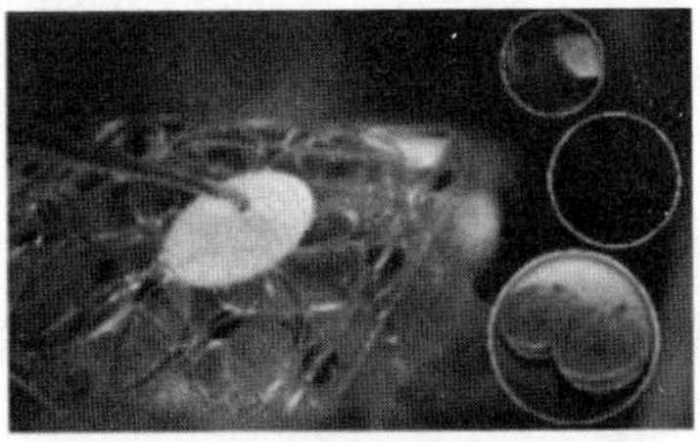 3D 细胞培养支架 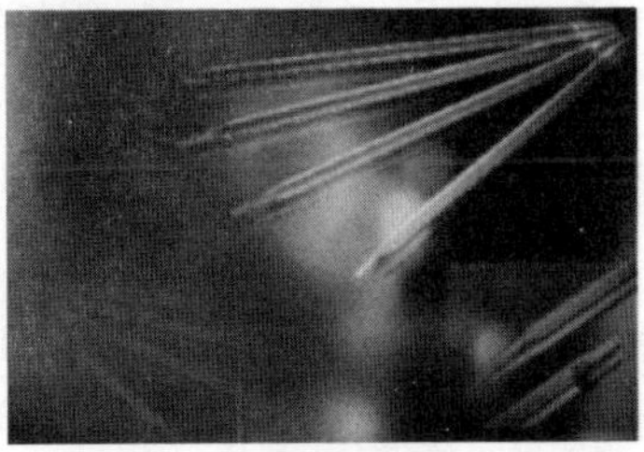 抽吸移液管
21	嘉必优生物技术（武汉）股份有限公司	688089	公司的主营业务包括多不饱和脂肪酸 ARA、藻油 DHA 及 SA、天然 β－胡萝卜素等多个系列产品的研发、生产与销售。 公司主要产品包括 ARA、藻油 DHA 等营养素，广泛应用于婴幼儿配方食品、健康食品及膳食营养补充剂等领域。
22	龙岩卓越新能源股份有限公司	688196	公司主要从事以废油脂（地沟油、酸化油等）为原料进行生物柴油生产，并将副产物提炼为工业甘油，同时将产业链逐步延伸至生物酯增塑剂、水性醇酸树脂等深加工产品。 公司主要产品包括生物柴油、生物酯增塑剂、工业甘油以及即将新增的水性醇酸树脂等。

第二节　科创板发行审核

一、关于科创板上市条件的法规依据（见表 2-7）

表 2-7　科创板上市审核法律依据

序号	规则名称	文号
1	关于在上海证券交易所设立科创板并试点注册制的实施意见	证监会公告〔2019〕2 号
2	科创板首次公开发行股票注册管理办法（试行）	证监会令第 153 号
3	公开发行证券的公司信息披露内容与格式准则第 42 号——首次公开发行股票并在科创板上市申请文件	证监会公告〔2019〕7 号
4	上海证券交易所关于发布《上海证券交易所科创板股票发行上市审核规则》的通知	上证发〔2019〕18 号
5	上海证券交易所关于发布《上海证券交易所科创板股票发行上市审核问答》的通知	上证发〔2019〕29 号
6	上海证券交易所关于发布《上海证券交易所科创板股票发行上市审核问答（二）》的通知	上证发〔2019〕36 号
7	上海证券交易所关于发布《上海证券交易所科创板企业上市推荐指引》的通知（已失效）	上证发〔2019〕30 号
8	关于科创板发行人财务信息披露有关事项的通知（已失效）	上证发〔2019〕78 号
9	公开发行证券的公司信息披露内容与格式准则第 41 号——科创板公司招股说明书	证监会公告〔2019〕6 号
10	上海证券交易所关于发布《上海证券交易所科创板上市保荐书内容与格式指引》的通知	上证发〔2019〕24 号
11	上海证券交易所关于发布科创板公司董事（监事、高级管理人员、控股股东、实际控制人）声明及承诺书的通知	上证函〔2019〕934 号

续表

序号	规则名称	文号
12	公开发行证券的公司信息披露编报规则第24号——科创板创新试点红筹企业财务报告信息特别规定	证监会公告〔2019〕8号
13	上海证券交易所关于发布《上海证券交易所科创板股票上市委员会管理办法》的通知	上证发〔2019〕19号
14	上海证券交易所科技创新咨询委员会工作规则	上证发〔2019〕20号
15	上海证券交易所关于发布《保荐人通过上海证券交易所科创板股票发行上市审核系统办理业务指南》的通知	上证函〔2019〕436号
16	上海证券交易所关于发布《上海证券交易所科创板股票发行上市申请文件受理指引》的通知	上证发〔2019〕25号
17	《科创板上市公司持续监管办法（试行）》	中国证券监督管理委员会令第154号

二、关于科创板上市条件（见表 2-8）

表 2-8　根据《上海证券交易所科创板股票发行上市审核规则》（《上市审核规则》），科创板上市的简要条件

条件类别	条件简述	具体内容
发行条件	持续经营3年以上的股份有限公司	发行人是依法设立且持续经营3年以上的股份有限公司，具备健全且运行良好的组织机构，相关机构和人员能够依法履行职责。有限责任公司按原账面净资产值折股整体变更为股份有限公司的，持续经营时间可以从有限责任公司成立之日起计算
	会计基础工作规范	发行人会计基础工作规范，财务报表的编制和披露符合企业会计准则和相关信息披露规则的规定，在所有重大方面公允地反映了发行人的财务状况、经营成果和现金流量，并由注册会计师出具标准无保留意见的审计报告
	内部控制制度健全	发行人内部控制制度健全且被有效执行，能够合理保证公司运行效率、合法合规和财务报告的可靠性，并由注册会计师出具无保留结论的内部控制鉴证报告

续表

条件类别	条件简述	具体内容
发行条件	发行人业务完整，具有直接面向市场独立持续经营的能力	（一）资产完整，业务及人员、财务、机构独立，与控股股东、实际控制人及其控制的其他企业间不存在对发行人构成重大不利影响的同业竞争，不存在严重影响独立性或者显失公平的关联交易。 （二）发行人主营业务、控制权、管理团队和核心技术人员稳定，最近2年内主营业务和董事、高级管理人员及核心技术人员均没有发生重大不利变化；控股股东和受控股股东、实际控制人支配的股东所持发行人的股份权属清晰，最近2年实际控制人没有发生变更，不存在导致控制权可能变更的重大权属纠纷。 （三）发行人不存在主要资产、核心技术、商标等的重大权属纠纷，重大偿债风险，重大担保、诉讼、仲裁等或有事项，经营环境已经或者将要发生重大变化等对持续经营有重大不利影响的事项
	发行人生产经营符合法律、行政法规的规定，符合国家产业政策	最近3年内，发行人及其控股股东、实际控制人不存在贪污、贿赂、侵占财产、挪用财产或者破坏社会主义市场经济秩序的刑事犯罪，不存在欺诈发行、重大信息披露违法或者其他涉及国家安全、公共安全、生态安全、生产安全、公众健康安全等领域的重大违法行为。 董事、监事和高级管理人员不存在最近3年内受到中国证监会行政处罚，或者因涉嫌犯罪被司法机关立案侦查或者涉嫌违法违规被中国证监会立案调查，尚未有明确结论意见等情形
股本	发行后股本	发行后股本总额不低于人民币3000万元
	公开发行比例	公开发行的股份达到公司股份总数的25%以上；公司股本总额超过人民币4亿元的，公开发行股份的比例为10%以上
市值及财务指标	市值+净利润	预计市值不低于人民币10亿元，最近两年净利润均为正且累计净利润不低于人民币5000万元
	市值+净利+营收	预计市值不低于人民币10亿元，最近一年净利润为正且营业收入不低于人民币1亿元
	市值+营收+研发投入占比	预计市值不低于人民币15亿元，最近一年营业收入不低于人民币2亿元，且最近3年累计研发投入占最近3年累计营业收入的比例不低于15%

续表

条件类别	条件简述	具体内容
市值及财务指标	市值＋营收＋经营活动净现流	预计市值不低于人民币 20 亿元，最近一年营业收入不低于人民币 3 亿元，且最近 3 年经营活动产生的现金流量净额累计不低于人民币 1 亿元
	市值＋收入	预计市值不低于人民币 30 亿元，且最近一年营业收入不低于人民币 3 亿元
	市值＋批准	预计市值不低于人民币 40 亿元，主要业务或产品需经国家有关部门批准，市场空间大，目前已取得阶段性成果。医药行业企业需至少有一项核心产品获准开展二期临床试验，其他符合科创板定位的企业需具备明显的技术优势并满足相应条件
红筹企业市值及财务指标	市值	预计市值不低于人民币 100 亿元
	市值＋营收	预计市值不低于人民币 50 亿元，且最近一年营业收入不低于人民币 5 亿元
表决权差异安排企业的市值及财务指标	市值	预计市值不低于人民币 100 亿元
	市值＋营收	预计市值不低于人民币 50 亿元，且最近一年营业收入不低于人民币 5 亿元

三、科创板上市条件解读

为便于读者更进一步理解表2-8中所述科创板上市条件，我们解读如下：

（一）发行人系依法设立且持续经营 3 年以上的股份有限公司

法条原文：

《科创板首次公开发行股票注册管理办法（试行）》第10条：发行人是依法

设立且持续经营3年以上的股份有限公司，具备健全且运行良好的组织机构，相关机构和人员能够依法履行职责。

有限责任公司按原账面净资产值折股整体变更为股份有限公司的，持续经营时间可以从有限责任公司成立之日起计算。

解读：

关于持续经营3年以上的发行条件，与主板、中小板、创业板的规定基本相似，结合上交所发布的两则发行审核问答，此处需要特别解读的是：

1. 发行人整体变更时存在累计未弥补亏损的信披要求及中介核查要求

部分科创企业因前期技术研发、市场培育等方面投入较大，在有限责任公司整体变更为股份有限公司前，存在累计未弥补亏损。此类发行人可以依照发起人协议，履行董事会、股东会等内部决策程序后，以不高于净资产金额折股，通过整体变更设立股份有限公司方式解决以前累计未弥补亏损，持续经营时间可以从有限责任公司成立之日起计算。整体变更存在累计未弥补亏损，或者因会计差错更正追溯调整报表而致使整体变更时存在累计未弥补亏损的，发行人可以在完成整体变更的工商登记注册后提交发行上市申请文件，不受运行36个月的限制。

发行人应在招股说明书中充分披露其由有限责任公司整体变更为股份有限公司的基准日未分配利润为负的形成原因，该情形是否已消除，整体变更后的变化情况和发展趋势，与报告期内盈利水平变动的匹配关系，对未来盈利能力的影响，整体变更的具体方案及相应的会计处理、整改措施（如有），并充分揭示相关风险。

保荐机构及发行人律师应对下述事项进行核查并发表核查意见：整体变更相关事项是否经董事会、股东会表决通过，相关程序是否合法合规，改制中是否存在侵害债权人合法权益情形，是否与债权人存在纠纷，是否已完成工商登记注册和税务登记相关程序，整体变更相关事项是否符合《中华人民共和国公司法》等法律法规规定。

2. 历史出资瑕疵或改制瑕疵的中介核查要求

保荐机构和发行人律师应关注发行人是否存在股东未全面履行出资义务、抽逃出资、出资方式等存在瑕疵，或者发行人历史上涉及国有企业、集体企业改制存在瑕疵的情形。

（1）历史上存在出资瑕疵

历史上存在出资瑕疵的，应当在申报前依法采取补救措施。保荐机构和发行人律师应当对出资瑕疵事项的影响及发行人或相关股东是否因出资瑕疵受到过行政处罚、是否构成重大违法行为及本次发行的法律障碍，是否存在纠纷或潜在纠纷进行核查并发表明确意见。发行人应当充分披露存在的出资瑕疵事项、采取的补救措施，以及中介机构的核查意见。

（2）历史上存在改制瑕疵

对于发行人是国有企业、集体企业改制而来的或历史上存在挂靠集体组织经营的企业，若改制过程中法律依据不明确、相关程序存在瑕疵或与有关法律法规存在明显冲突，原则上发行人应在招股说明书中披露有权部门关于改制程序的合法性、是否造成国有或集体资产流失的意见。国有企业、集体企业改制过程不存在上述情况的，保荐机构、发行人律师应结合当时有效的法律法规等，分析说明有关改制行为是否经有权机关批准、法律依据是否充分、履行的程序是否合法以及对发行人的影响等。发行人应在招股说明书中披露相关中介机构的核查意见。

案例：

华熙生物（688363）的反馈意见中就涉及本条所述的问题，具体反馈问题为：

2019年3月5日，华熙生物召开创立大会，以净资产值折股整体变更设立股份公司的方式，依法变更为股份有限公司。华熙福瑞达以截至2018年9月30日经审计净资产账面值折股。请保荐机构、发行人律师、申报会计师核查申报基准日发行人的组织形式是否符合《科创板首次公开发行股票注册管理办法（试行）》的相关规定，并发表明确意见。另请发行人提供股份有限公司最近3年及一期的财务报表和审计报告，并以股份有限公司作为发行主体更新全套申请文件。

回复：

（1）发行人3年一期审计报告提供及全套申报材料更新情况

发行人已按照审核问询函的要求，安排申报会计师以 2019年 3月 31日为审计基准日，对公司财务报表进行了审计，并出具了3年及一期的财务报表及审计报告，并据此更新了全套申请文件。

（2）保荐机构、发行人律师及申报会计师核查情况

1）法规要求

《科创板首次公开发行股票注册管理办法（试行）》第10条规定："发行人是依法设立且持续经营 3 年以上的股份有限公司，具备健全且运行良好的组织机构，相关机构和人员能够依法履行职责。有限责任公司按原账面净资产值折股整体变更为股份有限公司的，持续经营时间可以从有限责任公司成立之日起计算。"

《上海证券交易所科创板股票发行上市审核问答（二）》"2.发行人申报前后新增股东的，应当如何进行核查和信息披露？股份锁定如何安排？"规定："最近一年末资产负债表日后增资扩股引入新股东的，申报前须增加一期审计。"

2）发行人整体变更及申报日的情况

发行人系华熙福瑞达于 2019 年 3 月整体变更设立的股份有限公司，2019 年 3月 6 日取得股份有限公司营业执照。华熙福瑞达成立于 2000 年 1 月 3 日，因此发行人持续经营时间满足 3 年以上的要求。2019 年 4 月 2 日，发行人向上海证券交易所提交了科创板首次公开发行申请，因此在申报日，发行人满足按原账面净资产值折股整体变更、依法设立且持续经营 3 年以上的股份有限公司的法规要求。

根据《上海证券交易所科创板股票发行上市审核问答（二）》的规定，最近一年末资产负债表日后增资扩股引入新股东的，申报前须增加一期审计。2018 年 12月 31 日后，发行人存在通过老股转让方式引入新股东、并在股份公司创立大会召开之日按照注册资本/股本/股东不变的原则，完成整体变更设立股份公司，不属于"最近一年末资产负债表日后增资扩股引入新股东"的情形，因此在申报前未增加一期审计。

3）发行人加期审计及申报材料更新情况

根据问询函的要求，发行人已按照 2019年 3月 31日为审计基准日，增加一期股份公司设立后的审计报告，并按照新的财务报表基准日，以股份有限公司作为发行主体更新全套申请文件。

4）保荐机构、发行人律师及申报会计师核查意见

经核查，保荐机构、发行人律师、申报会计师认为：在申报材料申请之日（2019 年 4 月 2 日），发行人组织形式为股份有限公司，满足按原账面净资产值

折股整体变更、依法设立且持续经营3年以上的股份有限公司的法规要求；申报材料的审计基准日后，发行人未发生通过增资方式引入新股东的情况，因此未按照相关规则增加一期审计。发行人已增加以2019年3月31日为审计基准日的财务报告及审计报告，并以股份有限公司作为发行主体更新全套申请文件。

（二）会计基础工作规范

法条原文：

《科创板首次公开发行股票注册管理办法（试行）》第11条：发行人会计基础工作规范，财务报表的编制和披露符合企业会计准则和相关信息披露规则的规定，在所有重大方面公允地反映了发行人的财务状况、经营成果和现金流量，并由注册会计师出具标准无保留意见的审计报告。

解读：

关于会计基础工作规范的发行条件，与主板、中小板、创业板的规定基本相似，结合上交所发布的两则发行审核问答，此处需要特别解读的是：

1.申请科创板上市的企业尚未盈利或最近一期存在累计未弥补亏损的信息披露要求

（1）发行人信息披露要求

1）原因分析

尚未盈利或最近一期存在累计未弥补亏损的发行人，应结合行业特点分析并披露该等情形的成因，如产品仍处研发阶段，未形成实际销售；产品尚处于推广阶段，未取得客户广泛认同；产品与同行业公司相比技术含量或品质仍有差距，未产生竞争优势；产品产销量较小，单位成本较高或期间费用率较高，尚未体现规模效应；产品已趋于成熟并在报告期内实现盈利，但由于前期亏损较多，导致最近一期仍存在累计未弥补亏损；其他原因。发行人还应说明尚未盈利或最近一期存在累计未弥补亏损是由偶发性因素，还是经常性因素导致。

2）影响分析

发行人应充分披露尚未盈利或最近一期存在累计未弥补亏损对公司现金流、业务拓展、人才吸引、团队稳定性、研发投入、战略性投入、生产经营可持续性等方面的影响。

3）趋势分析

尚未盈利的发行人应当披露未来是否可实现盈利的前瞻性信息，对其产品、服务或者业务的发展趋势、研发阶段以及达到盈亏平衡状态时主要经营要素需要达到的水平进行预测，并披露相关假设基础；存在累计未弥补亏损的发行人应当分析并披露在上市后的变动趋势。披露前瞻性信息时应当声明其假设的数据基础及相关预测具有重大不确定性，提醒投资者进行投资决策时应谨慎使用。

4）风险因素

尚未盈利或最近一期存在累计未弥补亏损的发行人，应充分披露相关风险因素，包括但不限于：未来一定期间无法盈利或无法进行利润分配的风险，收入无法按计划增长的风险，研发失败的风险，产品或服务无法得到客户认同的风险，资金状况、业务拓展、人才引进、团队稳定、研发投入等方面受到限制或影响的风险等。未盈利状态持续存在或累计未弥补亏损继续扩大的，应分析触发退市条件的可能性，并充分披露相关风险。

5）投资者保护措施及承诺

尚未盈利或最近一期存在累计未弥补亏损的发行人，应当披露依法落实保护投资者合法权益规定的各项措施；还应披露本次发行前累计未弥补亏损是否由新老股东共同承担以及已履行的决策程序。尚未盈利企业还应披露其控股股东、实际控制人和董事、监事、高级管理人员、核心技术人员按照相关规定作出的关于减持股份的特殊安排或承诺。

（2）中介机构核查要求

保荐机构及申报会计师应充分核查上述情况，对发行人尚未盈利或最近一期存在累计未弥补亏损是否影响发行人持续经营能力明确发表结论性意见。

2.研发支出资本化的会计处理、信披要求及中介机构核查要求

（1）研发支出资本化的会计处理要求

发行人内部研究开发项目的支出，应按照《企业会计准则——基本准则》《企业会计准则第6号——无形资产》等相关规定进行确认和计量。研究阶段的支出，应于发生时计入当期损益；开发阶段的支出，应按规定在同时满足会计准则列明的条件时，才能确认为无形资产。

在初始确认和计量时，发行人应结合研发支出资本化相关内控制度的健全性和有效性，对照会计准则规定的相关条件，逐条具体分析进行资本化的开发支出是否同时满足上述条件。在后续计量时，相关无形资产的预计使用寿命和

摊销方法应符合会计准则规定，按规定进行减值测试并足额计提减值准备。

（2）发行人信息披露要求

发行人应在招股说明书中披露：

1）与资本化相关研发项目的研究内容、进度、成果、完成时间（或预计完成时间）、经济利益产生方式（或预计产生方式）、当期和累计资本化金额、主要支出构成，以及资本化的起始时点和确定依据等内容；

2）与研发支出资本化相关的无形资产的预计使用寿命、摊销方法、减值等情况，并说明是否符合相关规定。

发行人还应结合研发项目推进和研究成果运用时可能发生的内外部不利变化、与研发支出资本化相关的无形资产规模等因素，充分披露相关无形资产的减值风险及其对公司未来业绩可能产生的不利影响。

（3）中介机构核查要求

保荐机构及申报会计师应关注以下事项，并对发行人研发支出资本化相关会计处理的合规性、谨慎性和一贯性发表核查意见：

1）研究阶段和开发阶段的划分是否合理，是否与研发活动的流程相联系，是否遵循了正常研发活动的周期及行业惯例，并一贯运用，研究阶段与开发阶段划分的依据是否完整、准确披露。

2）研发支出资本化的条件是否均已满足，是否具有内外部证据支持。重点从技术上的可行性，预期产生经济利益的方式，技术、财务资源和其他资源的支持等方面进行关注。

3）研发支出的成本费用归集范围是否恰当，研发支出的发生是否真实，是否与相关研发活动切实相关，是否存在为申请高新技术企业认定及企业所得税费用加计扣除目的虚增研发支出的情形。

4）研发支出资本化的会计处理与可比公司是否存在重大差异。

3.有关科研项目相关政府补助非经常性损益列报的信披要求及中介机构的核查要求

发行人科研项目相关政府补助的非经常性损益列报应当符合以下要求：

（1）会计处理要求

发行人将科研项目政府补助计入当期收益的，应结合补助条件、形式、金额、时间及补助与公司日常活动的相关性等，说明相关会计处理是否符合《企业会计准则第 16 号——政府补助》的规定。

（2）非经常性损益列报要求

发行人应结合承担科研项目是否符合国家科技创新发展规划、相关政府补助的会计处理方法、补助与公司正常经营业务的相关性、补助是否具有持续性等，说明将政府补助相关收益列入经常性损益、而未列入非经常性损益是否符合《公开发行证券的公司信息披露解释性公告第 1 号——非经常性损益》的规定。

（3）发行人信息披露要求

发行人应结合国家科技创新发展规划、公司承担科研项目的内容、技术创新水平、申报程序、评审程序、实施周期和补助资金来源等，说明所承担的科研项目是否符合国家科技创新规划。

发行人应在招股说明书中披露所承担科研项目的名称、项目类别、实施周期、总预算及其中的财政预算金额、计入当期收益和经常性损益的政府补助金额等内容。

（4）中介机构核查要求

保荐机构及申报会计师应对发行人上述事项进行核查，并对发行人政府补助相关会计处理和非经常性损益列报的合规性发表核查意见。

4.同一控制权下企业合并的认定应当重点关注哪些内容？红筹企业如存在协议控制或类似特殊安排，在与合并报表编制相关的信息披露和核查方面有哪些要求？

对于同一控制下企业合并，发行人应严格遵守相关会计准则规定，详细披露合并范围及相关依据，对特殊合并事项予以重点说明。

（1）总体要求

1）发行人企业合并行为应按照《企业会计准则第 20 号——企业合并》相关规定进行处理。其中，同一控制下的企业合并，参与合并的企业在合并前后均受同一方或相同的多方最终控制且该控制并非暂时性的。

根据《〈企业会计准则第20 号——企业合并〉应用指南》的解释，“同一方”是指对参与合并的企业在合并前后均实施最终控制的投资者。“相同的多方”通常是指根据投资者之间的协议约定，在对被投资单位的生产经营决策行使表决权时发表一致意见的两个或两个以上的投资者。“控制并非暂时性”是指参与合并的各方在合并前后较长的时间内受同一方或相同的多方最终控制。较长的时间通常指一年以上(含一年)。

2)根据《企业会计准则实施问题专家工作组意见第1期》解释,通常情况下,同一控制下的企业合并是指发生在同一企业集团内部企业之间的合并。除此之外,一般不作为同一控制下的企业合并。

3)在对参与合并企业在合并前控制权归属认定中,如存在委托持股、代持股份、协议控制(VIE模式)等特殊情形,发行人应提供与控制权实际归属认定相关的充分事实证据和合理性依据,中介机构应对该等特殊控制权归属认定事项的真实性、证据充分性、依据合规性等予以审慎判断、妥善处理和重点关注。

(2)红筹企业协议控制下合并报表编制的信息披露与中介机构核查要求

《企业会计准则第33号——合并财务报表》第7条规定"合并财务报表的合并范围应当以控制为基础确定"。第8条规定"投资方应在综合考虑所有相关事实和情况的基础上对是否控制被投资方进行判断"。

部分按相关规定申请科创板发行上市的红筹企业,如存在协议控制架构或类似特殊安排,将不具有持股关系的主体(以下简称被合并主体)纳入合并财务报表合并范围,在此情况下,发行人应:

1)充分披露协议控制架构的具体安排,包括协议控制架构涉及的各方法律主体的基本情况、主要合同的核心条款等;

2)分析披露被合并主体设立目的、被合并主体的相关活动以及如何对相关活动作出决策、发行人享有的权利是否使其目前有能力主导被合并主体的相关活动、发行人是否通过参与被合并主体相关活动而享有可变回报、发行人是否有能力运用对被合并主体的权利影响其回报金额、投资方与其他各方的关系;

3)结合上述情况和会计准则规定,分析披露发行人合并依据是否充分,详细披露合并报表编制方法。

保荐机构及申报会计师应对上述情况进行核查,就合并报表编制是否合规发表明确意见。

5.报告期内存在会计政策、会计估计变更或会计差错更正情形的要求

(1)总体要求

发行人在申报前的上市辅导和规范阶段,如发现存在不规范或不谨慎的会计处理事项并进行审计调整的,应当符合《企业会计准则第28 号——会计政

策、会计估计变更和差错更正》和相关审计准则的规定，并保证发行人提交首发申请时的申报财务报表能够公允地反映发行人的财务状况、经营成果和现金流量。申报会计师应按要求对发行人编制的申报财务报表与原始财务报表的差异比较表出具审核报告并说明差异调整原因，保荐机构应核查差异调整的合理性与合规性。

同时，报告期内发行人会计政策和会计估计应保持一致性，不得随意变更，若有变更应符合企业会计准则的规定。变更时，保荐机构及申报会计师应关注是否有充分、合理的证据表明变更的合理性，并说明变更会计政策或会计估计后，能够提供更可靠、更相关的会计信息的理由；对会计政策、会计估计的变更，应履行必要的审批程序。如无充分、合理的证据表明会计政策或会计估计变更的合理性，或者未经批准擅自变更会计政策或会计估计的，或者连续、反复地自行变更会计政策或会计估计的，视为滥用会计政策或会计估计。

发行人应在招股说明书中披露重要会计政策、会计估计变更或会计差错更正情形及其原因。

（2）首发材料申报后变更、更正的具体要求

首发材料申报后，发行人如存在会计政策、会计估计变更事项，应当依据《企业会计准则第28号——会计政策、会计估计变更和差错更正》的规定，对首次提交的财务报告进行审计调整或补充披露，相关变更事项应符合专业审慎原则，与同行业上市公司不存在重大差异，不存在影响发行人会计基础工作规范性及内控有效性情形。保荐机构和申报会计师应当充分说明专业判断的依据，对相关调整变更事项的合规性发表明确的核查意见。在此基础上，发行人应提交更新后的财务报告。

首发材料申报后，发行人如出现会计差错更正事项，应充分考虑差错更正的原因、性质、重要性与累积影响程度。对此，保荐机构、申报会计师应重点核查以下方面并明确发表意见：会计差错更正的时间和范围，是否反映发行人存在故意遗漏或虚构交易、事项或者其他重要信息，滥用会计政策或者会计估计，操纵、伪造或篡改编制财务报表所依据的会计记录等情形；差错更正对发行人的影响程度，是否符合《企业会计准则第28号——会计政策、会计估计变更和差错更正》的规定，发行人是否存在会计基础工作薄弱和内控缺失，相关更正信息是否已恰当披露等问题。

首发材料申报后，如发行人同一会计年度内因会计基础薄弱、内控不完善、必要的原始资料无法取得、审计疏漏等原因，除特殊会计判断事项外，导致会计差错更正累积净利润影响数达到当年净利润的20%以上（如为中期报表差错更正则以上一年度净利润为比较基准）或净资产影响数达到当年（期）末净资产的20%以上，以及滥用会计政策或者会计估计以及因恶意隐瞒或舞弊行为导致重大会计差错更正的，应视为发行人在会计基础工作规范及相关内控方面不符合发行条件。

案例1：

泽璟制药（688266）的反馈意见中就涉及本条所述的问题，具体反馈问题为：

请发行人补充披露整体变更时母公司和合并报表层面分别的会计处理方式。请发行人补充报送股改时的审计报告。请保荐机构、发行人律师核查并就公司整体变更时是否需要履行减资程序，是否与债权人存在争议或潜在纠纷，是否符合《公司法》相关规定发表明确意见。请发行人按照《上海证券交易所科创板股票发行上市审核问答》第二个问答的要求，补充披露相关原因分析、影响分析、趋势分析、风险因素、投资者保护措施及承诺等；并请保荐机构及会计师充分核查上述情况，对发行人最近一期存在累计未弥补亏损是否影响发行人持续经营能力明确发表结论性意见。请发行人按照《上海证券交易所科创板股票发行上市审核问答》第十三个问答的要求进行信息披露，由保荐机构及发行人律师对相关事项进行核查并发表核查意见，就发行人未来持续经营能力发表意见。

回复：

鉴于篇幅较长，仅针对会计基础方面做如下化简阐述：

整体变更时母公司和合并报表层面分别的会计处理方式

发行人整体变更时母公司的会计处理为：

借：实收资本 40,421,373.53

资本公积 983,392,969.26

未分配利润-786,282,243.29

贷：股本 180,000,000.00

资本公积——股本溢价 57,532,099.50

发行人在编制合并报表时，以母公司及子公司个别报表为基础，相应保留与母公司一致的会计处理。

案例2：

微芯生物（688321）的反馈意见中就涉及本条所述的问题，具体反馈问题为：

请发行人补充说明：（1）销售商品、提供劳务收到的现金与销售收入的勾稽分析；（2）支付给职工以及为职工支付的现金与计入成本和费用的职工薪酬的勾稽分析；（3）收到其他与经营活动有关的现金以及支付其他与经营活动有关的现金的明细构成；（4）与开发支出相关的现金流量和与政府补助相关的现金流量在现金流量表的科目列支情况、具体金额以及与其他报表科目的勾稽关系。

回复：

（1）关于销售商品、提供劳务收到的现金与销售收入的勾稽分析如表2-9、2-10所示。

表 2-9　销售商品、提供劳务收到的现金与销售收入的勾稽分析

单位：万元

项目	2018 年	2017 年	2016 年
销售商品、提供劳务收到的现金	16,056.42	8756.49	10,984.84
小计	16,056.42	8756.49	10,984.84
营业收入	14,768.90	11,050.34	8536.44
应交税费—增值税销项税	3293.61	1593.73	966.32
应收账款及应收票据变动（期初 – 期末）	−2228.47	−2225.51	−179.07
预收账款变动（期末 – 期初）	222.38	−1662.08	1661.14
小计	16,056.42	8756.48	10,984.83
差异金额	—	—	—

从表2-9数据可知，公司报告期内现金流量表中销售商品、提供劳务收到的现金与营业收入及应收账款变化情况具有勾稽关系。

（2）关于付给职工以及为职工支付的现金与计入成本和费用的职工薪酬的勾稽分析如表2-10所示。

表 2-10 付给职工以及为职工支付的现金与计入成本和费用的职工薪酬的勾稽分析

单位：万元

项目	2018 年	2017 年	2016 年
支付给职工以及为职工支付的现金	6330.10	4584.54	3499.21
小计	6330.10	4584.54	3499.21
计入成本和费用中的薪酬金额	6776.69	4688.26	3655.71
应付职工薪酬变动（期初 - 期末）	−440.14	−100.10	−152.29
小计	6336.55	4588.16	3503.42
差异金额	−6.45	−3.62	−4.21

从表2-10数据可知，公司报告期内现金流量中支付给职工以及为职工支付的现金与计入成本和费用的职工薪酬具有勾稽关系。

（3）收到其他与经营活动有关的现金以及支付其他与经营活动有关的现金的明细构成如表2-11、2-12所示。

1）关于报告期内，公司现金流量中收到其他与经营活动有关的现金的主要明细项目列示如表2-11所示：

表 2-11 报告期内，公司现金流量中收到其他与经营活动有关的现金的主要明细项目列示

单位：万元

项目	2018 年	2017 年	2016 年
政府补助	1934.32	3054.21	3520.82
利息收入	226.69	25.13	17.51
个人备用金	50.34	15.74	19.77
人才住房补助	36.00	78.00	—
其他	16.22	8.22	6.20
合计	2263.57	3181.30	3564.30

2）关于报告期内，公司现金流量中支付其他与经营活动有关的现金的主要明细项目列示如表2-12所示：

表 2-12　公司现金流量中支付其他与经营活动有关的现金的主要明细项目列示

单位：万元

项目	2018 年	2017 年	2016 年
支付学术推广费	1193.61	755.82	611.68
支付中介机构费	322.92	66.69	363.15
人才住房补助	118.00	—	—
支付其他各项付现费用等	3272.11	2930.11	2496.70
合计	4906.64	3752.62	3471.53

（4）与开发支出相关的现金流量和与政府补助相关的现金流量在现金流量表的科目列支情况、具体金额以及与其他报表科目的勾稽关系。

1）与开发支出相关的现金流量在现金流量表购建固定资产、无形资产和其他长期资产支付的现金列支，具体金额及与其他报表科目的勾稽关系如表2-13所示：

表 2-13　与开发支出相关的现金流量在现金流量表购建固定资产、无形资产和其他长期资产支付的现金列支

单位：万元

项目	2018 年	2017 年	2016 年
购建固定资产、无形资 产和其他长期资产支付的现金	14,179.97	13,519.53	6917.17
其中：为开发支出支付的现金	3935.77	2877.17	2875.12
小计	3935.77	2877.17	2875.12
其他报表科目列式情况：	—	—	—
开发支出变动（增加）	4038.08	3331.17	2264.30
其他非流动资产 - 预付 项目款变动	36.22	-499.15	503.99
其他应付款 - 应付项目款变动	-138.53	45.15	106.83
小计	3935.77	2877.17	2875.12
差异金额	—	—	—

2）报告期内，公司与政府补助相关的现金流量在现金流量表中收到其他与经营活动有关的现金列支，具体金额及与其他报表科目的勾稽关系如表2-14所示：

表 2-14 公司与政府补助相关的现金流量在现金流量表中收到其他与经营活动有关的现金列支

单位：万元

项目	2018 年	2017 年	2016 年
收到其他与经营活动有关的现金 - 政府补助	1934.32	3054.21	3520.82
小计	1934.32	3054.21	3520.82
其他报表科目列式情况：	—	—	—
其中：递延收益变动	772.43	1667.32	3402.66
其他收益	1161.88	1386.90	—
营业外收入 - 政府补助	—	—	118.16
小计	1934.31	3054.22	3520.82
差异金额	—	—	—

从表2-14数据可知，公司报告期内与政府补助相关的现金流量与其他报表科目的勾稽。

（三）内部控制制度健全，具有直接面向市场独立持续经营的能力

法条原文：

《科创板首次公开发行股票注册管理办法（试行）》第11条：发行人内部控制制度健全且被有效执行，能够合理保证公司运行效率、合法合规和财务报告的可靠性，并由注册会计师出具无保留结论的内部控制鉴证报告。

解读：

关于内部控制制度的发行条件，与主板、中小板、创业板的规定基本相似，结合上交所发布的两则发行审核问答，此处需要特别解读的是：

部分企业在提交申报材料的审计截止日前存在财务内控不规范情形，主要包括：为满足贷款银行受托支付要求，在无真实业务支持情况下，通过供应商等取得银行贷款或为客户提供银行贷款资金走账通道（简称“转贷”行为）；为获得银行融资，向关联方或供应商开具无真实交易背景的商业票据，进行票据贴现后获得银行融资；与关联方或第三方直接进行资金拆借；因外销业务结算需要，通过关联方或第三方代收货款（内销业务应自主独立结算）；利用个人账户对外收付款项；出借公司账户为他人收付款项；等等。

（1）发行人整改要求

发行人应当严格按照现行法规、规则、制度要求对涉及的财务内控不规范情形进行整改或纠正。在提交申报材料前，保荐机构在上市辅导期间，应会同申报会计师、发行人律师，帮助发行人强化内部控制制度建设并执行有效性检查。具体要求可从以下方面把握：

1）首发企业申请上市成为上市公司，需要建立、完善并严格实施相关财务内部控制制度，保护中小投资者合法权益。发行人在报告期内作为非上市公司，在财务内控方面存在上述不规范情形的，应通过中介机构上市辅导完成整改或纠正（如收回资金、结束不当行为等措施）和相关内控制度建设，达到与上市公司要求一致的财务内控水平。

2）对首次申报审计截止日前报告期内存在的财务内控不规范情形，中介机构应根据有关情形发生的原因及性质、时间及频率、金额及比例等因素，综合判断是否构成对内控制度有效性的重大不利影响，是否属于主观故意或恶意行为并构成重大违法违规。

3）发行人已按照程序完成相关问题整改或纠正的，中介机构应结合此前不规范情形的轻重或影响程度的判断，全面核查、测试并确认发行人整改后的内控制度是否已合理、正常运行并持续有效，出具明确的核查意见。

4）首次申报审计截止日后，发行人原则上不能再出现上述内控不规范和不能有效执行情形。

5）发行人的销售结算应自主独立，内销业务通常不应通过关联方或第三方代收货款，外销业务如确有必要通过关联方或第三方代收货款且能够充分提供合理性证据的，最近一年（期）收款金额原则上不应超过当年营业收入的30%。

（2）中介机构核查要求

中介机构对发行人财务内控不规范情形及整改纠正、运行情况的核查，一般需注意以下方面：

1）关注发行人前述行为信息披露充分性，如对相关交易形成原因、资金流向和使用用途、利息、违反有关法律法规具体情况及后果、后续可能影响的承担机制、整改措施、相关内控建立及运行情况等。

2）关注前述行为的合法合规性，由中介机构对公司前述行为违反法律法规规章制度（如《票据法》《贷款通则》《外汇管理条例》《支付结算办法》等）的事实情况进行说明认定，是否属于主观故意或恶意行为并构成重大违法违规，是否存在被处罚情形或风险，是否满足相关发行条件的要求。

3）关注发行人对前述行为财务核算是否真实、准确，与相关方资金往来的实际流向和使用情况，是否通过体外资金循环粉饰业绩。

4）不规范行为的整改措施，发行人是否已通过收回资金、纠正不当行为方式、改进制度、加强内控等方式积极整改，是否已针对性建立内控制度并有效执行，且申报后未发生新的不合规资金往来等行为。

5）前述行为不存在后续影响，已排除或不存在重大风险隐患。

中介机构应根据上述核查要求明确发表结论性意见，确保发行人的财务内控在提交申报材料审计截止后能够持续符合规范性要求，不存在影响发行条件的情形。

审计截止日为最近一期经审计的财务报告资产负债表日。

案例：

昊海生科（688366）的反馈意见中就涉及本条所述的问题，具体反馈问题为：

请发行人结合报告期内产品质量、环保问题、发票丢失、报关申报不实等事项，说明报告期内发行人的相关内部控制制度是否健全且得到有效执行。请保荐机构和发行人律师核查并发表意见。

回复：

（1）关于报告期内产品质量、环保问题、发票丢失、报关申报不实等事项及接受行政处罚的具体情况如表2-15所示：

表 2-15　报告期内产品质量、环保问题、发票丢失、报关申报不实等事项及接受行政处罚的具体情况

序号	受罚主体	处罚部门	行政处罚决定书文号	处罚事由	处罚	处罚时间
1	珠海艾格	国家税务总局珠海高新技术产业开发区税务局	珠高国税简罚〔2016〕132 号	丢失增值税专用发票 2 张	罚款 50 元	2016 年 12 月 6 日

续表

序号	受罚主体	处罚部门	行政处罚决定书文号	处罚事由	处罚	处罚时间
2	深圳新产业	深圳市市场稽查局	深市稽罚字〔2018〕29 号	购进的 434 盒人工晶状体（规格：SOFTEC）不符合 YY0290.22009 中 4.2 光焦度项目的要求	没收违法经营的人工晶状体 406 盒	2018 年 2 月 5 日
3	深圳新产业	中华人民共和国沙湾海关	沙关缉字〔2018〕0016 号	122 票进口报关单存在申报不实行为；漏报运输费用 36.56 万元，漏缴税款 7.92 万元	罚款 1.19 万元	2018 年 3 月 9 日
4	发行人	上海市环境保护局	第 2120180104 号	在废气治理设施因故障而未使用的情况下，未停止相关生产经营活动的行为	责令立即改正并处罚款 13 万元	2018 年 7 月 10 日

珠海艾格收到珠高国税简罚〔2016〕132 号《行政处罚决定书》后，及时足额缴纳了罚款并积极进行了整改。根据《中华人民共和国发票管理办法》第36条的规定，表2-15第一项行政处罚所涉行为不属于情节严重的违法违规行为。

深圳新产业作为医疗器械经营企业，就涉案的 434 盒人工晶状体（货值 277,760 元）履行了进货查验等义务；并主动召回涉案产品 406 盒，根据《医疗器械监督管理条例（2017 年修订）》第66条第1款第1项、第2款的规定，表2-15第二项行政处罚所涉行为不属于重大违法违规行为。

深圳新产业已足额补缴税款及滞纳金并主动缴纳罚款，表2-15第三项行政处罚所涉金额较小，相关行为不属于重大违法违规行为。根据上海市生态环境局于2019年2月25日出具的《关于上海昊海生物科技股份有限公司环保处罚情况的说明》，报告期内，上海市生态环境局对发行人作出1次行政处罚，经执法人员现场检查后发现，发行人已落实整改要求，并主动缴纳罚款；表2-15第四项行政处罚不属于情节严重的行政处罚。

发行人及其子公司收到相应处罚决定后，积极落实相关部门的整改要求，报告期内未再次受到同类行政处罚。

(2)发行人业务及财务的内部控制情况

发行人已经根据《企业内部控制基本规范》(财会〔2008〕7号)及企业内部控制配套指引,以及相关国家法律法规,并结合实际情况和管理需要,制定了较为完善、合理的内部控制制度,内部控制制度贯穿于公司经营活动的各层面和各环节。其中,与生产管理、产品质量、财务管理等相关的内控制度,具体如表2-16所示:

表2-16 发行人业务及财务的内部控制情况

文件名称	内控制度的作用
《质量管理制度》及质量管理体系文件	内容涵盖了药品、医疗器械设计与开发、生产、销售及售后服务等全过程,确保产品生产符合GMP、相关质量管理体系的要求。其中关于污水处理系统、尾气处理系统等的操作规程,也防范了发行人在生产过程中可能对环境造成的不利影响
《财务管理制度》	内容包括会计核算管理、现金管理、发票管理、资产管理、纳税申报管理等二十多项管理制度,保证发行人财务报告的可靠性、生产经营的合法性,以及营运的效率与效果

发行人形成了较为有效的内部控制体系。发行人的内部控制工作由董事会、审核委员会、审计部、管理层共同参与。其中,董事会负责确保维持稳健有效的风险管理及内部监控系统,通过审核委员会每年评估上述系统的有效性,评估范围涵盖财务、营运以及风险管理职能等重大监控;审核委员会负责协助董事会监察发行人风险管理及内部监控系统,并向董事会作出建议;审计部作为审计监控部门,通过开展内部审计工作,定期或不定期检查发行人内部控制制度的实施情况,协助董事会及审核委员会履行其相关内部控制职责;管理层则负责组织制定、实施具体的内部控制制度,并领导各业务部门在实施各项内部控制制度的过程中,对日常业务中的风险进行识别跟踪。

综上所述,发行人已经建立较为完整、合理的内部控制制度,并能够通过信息沟通与反馈,对内部控制体系进行不断完善,各项内部控制制度的执行情况总体较好,不存在重大内部控制缺陷。

(3)保荐机构、发行人律师核查情况

1)核查程序

a.查阅了发行人关于内部控制的相关制度;

b.对发行人内部审计部门的负责人进行了访谈；

c.对发行人生产部门的负责人进行了访谈；

d.查阅了发行人在联交所网站上的相关年度报告；

e.查阅了安永出具的相关《内部控制审核报告》。

2）核查意见

经核查，保荐机构及发行人律师认为：

报告期内发行人的相关内部控制制度健全且得到有效执行。

（四）发行人业务完整，具有直接面向市场独立持续经营的能力

1. 资产完整

法条原文：

《科创板首次公开发行股票注册管理办法（试行）》第11条：（一）资产完整，业务及人员、财务、机构独立，与控股股东、实际控制人及其控制的其他企业间不存在对发行人构成重大不利影响的同业竞争，不存在严重影响独立性或者显失公平的关联交易……

解读：

关于资产完整的发行条件，与主板、中小板、创业板的规定基本相似，结合上交所发布的两则发行审核问答，此处需要特别解读的是：

（1）发行人“与控股股东、实际控制人及其控制的其他企业间不存在对发行人构成重大不利影响的同业竞争”中的“重大不利影响”

申请在科创板上市的企业，如存在同业竞争情形，认定同业竞争是否构成重大不利影响时，保荐机构及发行人律师应结合竞争方与发行人的经营地域、产品或服务的定位，同业竞争是否会导致发行人与竞争方之间的非公平竞争、是否会导致发行人与竞争方之间存在利益输送、是否会导致发行人与竞争方之间相互或者单方让渡商业机会情形，对未来发展的潜在影响等方面，核查并出具明确意见。竞争方的同类收入或毛利占发行人该类业务收入或毛利的比例达30%以上的，如无充分相反证据，原则上应认定为构成重大不利影响。

发行人应在招股说明书中，披露以下内容：一是竞争方与发行人存在同业竞争的情况，二是保荐机构及发行人律师针对同业竞争是否对发行人构成重大不利影响的核查意见和认定依据。

(2)发行人的部分资产来自上市公司，中介机构核查重点

如发行人部分资产来自上市公司，保荐机构和发行人律师应当针对以下事项进行核查并发表意见：

1)发行人取得上市公司资产的背景、所履行的决策程序、审批程序与信息披露情况，是否符合法律法规、交易双方公司章程以及证监会和证券交易所有关上市公司监管和信息披露要求，是否存在争议或潜在纠纷。

2)发行人及其关联方的董事、监事和高级管理人员在上市公司及其控制公司的历史任职情况及合法合规性，是否存在违反竞业禁止义务的情形；上述资产转让时，发行人的董事、监事和高级管理人员在上市公司的任职情况，与上市公司及其董事、监事和高级管理人员是否存在亲属及其他密切关系。如存在上述关系，在相关决策程序履行过程中，上述人员是否回避表决或采取保护非关联股东利益的有效措施。

3)资产转让完成后，发行人及其关联方与上市公司之间是否就上述转让资产存在纠纷或诉讼。

4)发行人及其关联方的董事、监事、高级管理人员以及上市公司在转让上述资产时是否存在损害上市公司及其中小投资者合法利益的情形。

5)发行人来自上市公司的资产置入发行人的时间，在发行人资产中的占比情况，对发行人生产经营的作用。

6)境内外上市公司分拆子公司在科创板上市，是否符合相关规定。

案例：

江苏北人(688218)的反馈意见中就涉及本条所述的问题，具体反馈问题为：

《审核问询函》之“关于发行人业务”第16题：招股说明书披露，发行人拥有1处房产、2宗土地使用权，其中1宗土地使用权用于抵押；发行人子公司共租赁第三方房产2处。请发行人补充披露：(1)土地使用权抵押的基本情况，包括被担保债权情况、担保合同约定的抵押权实现情形、抵押权人是否有可能行使抵押权及其对发行人生产经营的影响；(2)租赁房产的权属信息、证载用途或规划用途、用地性质。请保荐机构、发行人律师核查：(1)发行人及其下属企业生产经营用房及相关土地使用权是否均已办理权属登记，实际用途与证载用途或规划用途是否相符，是否存在违法违规情形，是否存在受到行政处罚的法律风

险；（2）未办证房产取得权属证书是否存在法律障碍，是否存在被要求拆除的法律风险，对发行人正常生产经营是否存在不利影响；（3）发行人所租赁房屋的权属是否存在纠纷，是否办理租赁备案手续、相关租赁合同是否合法有效，是否存在不能续租的风险；（4）该等租赁的出租方与发行人股东、董监高及主要客户、供应商是否存在关联关系，租赁价格是否公允；（5）发行人是否存在占用国有划拨地或集体土地的情形；（6）该等事项是否影响发行人的资产完整性和独立持续经营能力，是否构成本次发行上市的法律障碍，并发表核查意见。

回复：鉴于篇幅，仅侧重相关内容节选如下：

（1）土地使用权抵押的基本情况，包括被担保债权情况、担保合同约定的抵押权实现情形、抵押权人是否有可能行使抵押权及其对发行人生产经营的影响

因公司一期厂区建设需要，2016 年 4 月 19 日，公司与交通银行股份有限公司苏州工业园区支行签订《抵押合同》，约定公司以苏工园国用（2015）第00156号土地使用权［对应后取得的苏（2018）苏州工园区不动产权第 0000070号不动产权证书］作为抵押物，为交通银行股份有限公司苏州工业园区支行（以下简称“交通银行”）与公司在 2016 年 4 月 19 日至 2023 年 4 月 18 日签订的。截至本审核问询函回复签署日，公司在交通银行的借款均按时足额偿还，公司控股股东、实际控制人朱振友及其配偶刘芳已为公司提供担保，且《抵押合同》《保证合同》的合计最高债权额足以覆盖公司在交通银行的全部借款，因此不存在抵押权人行使抵押权的情形，不会对公司生产经营产生不利影响。

（2）关于租赁房产的权属信息、证载用途或规划用途、用地性质（见表 2-17）

表 2-17　租赁房产的权属信息、证载用途或规划用途、用地性质

权利人	不动产权证号	证载用途	权利性质
上海虞富电器制品有限公司	沪房地嘉字（2008）第 017266 号	工业	出让
宣城市巷口桥投资发展有限公司	皖（2019）宣城市不动产权第 0017856 号	工业用地 / 工业	出让 / 其他

（3）未办证房产取得权属证书是否存在法律障碍，是否存在被要求拆除的法律风险，对发行人正常生产经营是否存在不利影响

2018 年 11 月 23 日，发行人子公司上海研坤与巷口桥投资签订《标准化厂

房租赁合同》，上海研坤向巷口桥投资租入标准化钢构厂房及场地。租赁合同签订时，该厂房仅办理土地使用权证书，尚未办理房屋所有权证书。在该房屋所有权证取得之前，上海研坤未开展生产经营活动。2019年4月17日，巷口桥投资已经取得宣城市国土资源局核发的皖（2019）宣城市不动产权第0017856号《不动产权证书》。

截至本审核问询函回复签署日，发行人及其下属企业生产经营用房及相关土地使用权均已办理权属登记，不存在被要求拆除的法律风险，不会对发行人正常生产经营产生不利影响。

（4）发行人所租赁房屋的权属是否存在纠纷，是否办理租赁备案手续、相关租赁合同是否合法有效，是否存在不能续租的风险

1）发行人所租赁房屋的权属是否存在纠纷（见表2–18、2–19）

表2–18　截至本审核问询函回复签署日，公司控股子公司上海研坤租赁房屋建筑物情况

出租方	租赁方	坐落地址	建筑面积/m^2	租赁期限	租赁用途
上海彤晨实业发展有限公司	上海研坤	上海嘉定区兴文路885号	5400.00	2017年8月8日至2022年7月7日	办公、生产、仓储
宣城市巷口桥投资发展有限公司	上海研坤	宣城高新技术产业开发区松泉东路与竹塘路交叉口东南2#生产车间	6687.30	2019年1月23日至2023年1月22日	办公、生产、仓储

表2–19　上述租赁房屋建筑物均已办理权属登记，相关权属信息、证载用途、用地性质情况

权利人	不动产权证号	证载用途	权利性质
上海虞富电器制品有限公司	沪房地嘉字（2008）第017266号	工业	出让
宣城市巷口桥投资发展有限公司	皖（2019）宣城市不动产权第0017856号	工业用地/工业	出让/其他

上海研坤向上海彤晨实业发展有限公司（以下简称“彤晨实业”）租赁的厂房系彤晨实业转租。根据《中华人民共和国合同法》第224条的规定，承租人经

出租人同意，可以将租赁物转租给第三人。2011 年 3 月 11 日，彤晨实业与上海虞富电器制品有限公司（以下简称“虞富电器”）签署了《房屋租赁合同》，约定虞富电器将嘉定区兴文路 885 号第 3 幢、第 4 幢、第 5 幢 1 楼共计租赁面积 14,880.83 平方米租赁给彤晨实业，租赁期限自 2011 年 6 月 1 日至 2026 年 5 月 31 日，并同意彤晨实业将部分厂房转租给第三方使用。

根据国家企业信用信息公示系统网站、全国法院被执行人信息网站、全国法院失信被执行人网站、中国裁判文书网站等查询以及彤晨实业、巷口桥投资出具的承诺函，上海研坤租赁房屋的权属不存在任何纠纷。

因此，发行人所租赁房屋的权属不存在纠纷。

2）是否办理租赁备案手续、相关租赁合同是否合法有效、是否存在不能续租的风险

发行人子公司上海研坤租赁的两处房屋均未办理房屋租赁备案手续。根据《中华人民共和国合同法》及《最高人民法院关于审理城镇房屋租赁合同纠纷案件具体应用法律若干问题的解释》等有关规定，租赁合同不因尚未履行租赁备案登记手续而无效，上海研坤未履行租赁合同备案手续不影响租赁合同的效力。

发行人控股股东、实际控制人朱振友出具承诺：“如发行人子公司因房屋租赁备案事项被处罚款等行政处罚，本人将无条件全额承担该等处罚的金额以及为此所产生的相关费用；如发行人子公司因上述房屋租赁产生纠纷而导致其不能继续使用该等场所，本人将无条件支持发行人子公司立即搬移至其他合法租赁的场所继续经营业务，包括但不限于积极为发行人子公司寻找新的经营场所提供必要协助等事项。”

彤晨实业、巷口桥投资分别出具承诺：“若上海研坤到期有意愿续租，本公司愿在同等条件下优先将上述房屋租赁给上海研坤。”

因此，上述房屋租赁合同系双方真实意思表示，合同内容不违反相关法律法规的规定，租赁合同合法有效，不存在不能续租的风险。

（5）该等事项是否影响发行人的资产完整性和独立持续经营能力，是否构成本次发行上市的法律障碍，并发表核查意见。

1）发行人及其下属企业生产经营用房及相关土地使用权均已办理权属登记，实际用途与证载用途或规划用途相符，不存在违法违规情形，不存在受到行

政处罚的法律风险；

2）发行人及其下属企业生产经营用房及相关土地使用权均已办理权属登记，不存在被要求拆除的法律风险，不会对发行人正常生产经营产生不利影响；

3）发行人子公司上海研坤所租赁房屋的权属不存在纠纷，相关租赁合同虽未办理租赁备案登记，但不影响租赁合同的有效性，相关租赁合同合法有效，不存在不能续租的风险；

4）该等租赁的出租方与发行人股东、董监高及主要客户、供应商不存在关联关系，租赁价格公允；

5）发行人不存在占用国有划拨地或集体土地的情形。

综上所述，该等事项不会影响发行人的资产完整性和独立持续经营能力，不构成本次发行上市的法律障碍。

2. 控制权稳定、核心人员稳定

法条原文：

《科创板首次公开发行股票注册管理办法（试行）》第12条：……（二）发行人主营业务、控制权、管理团队和核心技术人员稳定，最近2年内主营业务和董事、高级管理人员及核心技术人员均没有发生重大不利变化；控股股东和受控股股东、实际控制人支配的股东所持发行人的股份权属清晰，最近2年实际控制人没有发生变更，不存在导致控制权可能变更的重大权属纠纷。

解读：

关于控制权稳定、核心人员稳定的发行条件，与主板、中小板、创业板的规定基本相似，结合上交所发布的两则发行审核问答，此处需要特别解读的是：

（1）控股股东、实际控制人位于国际避税区且持股层次复杂的核查及信息披露

对于控股股东、实际控制人设立在国际避税区且持股层次复杂的，保荐机构和发行人律师应当对发行人设置此类架构的原因、合法性及合理性、持股的真实性、是否存在委托持股、信托持股、是否有各种影响控股权的约定、股东的出资来源等问题进行核查，说明发行人控股股东和受控股股东、实际控制人支配的股东所持发行人的股份权属是否清晰，以及发行人如何确保其公司治理和内控的有效性，并发表核查意见。

(2)最近 2 年内“董事、高级管理人员及核心技术人员均没有发生重大不利变化”

申请在科创板上市的企业,应当根据企业生产经营需要和相关人员对企业生产经营发挥的实际作用,确定核心技术人员范围,并在招股说明书中披露认定情况和认定依据。原则上,核心技术人员通常包括公司技术负责人、研发负责人、研发部门主要成员、主要知识产权和非专利技术的发明人或设计人、主要技术标准的起草者等。

对发行人的董事、高级管理人员及核心技术人员是否发生重大不利变化的认定,应当本着实质重于形式的原则,综合两方面因素分析:一是最近2年内的变动人数及比例,在计算人数比例时,以上述人员合计总数作为基数;二是上述人员离职或无法正常参与发行人的生产经营是否对发行人生产经营产生重大不利影响。

变动后新增的上述人员来自原股东委派或发行人内部培养产生的,原则上不构成重大不利变化。发行人管理层因退休、调任等原因发生岗位变化的,原则上不构成重大不利变化,但发行人应当披露相关人员变动对公司生产经营的影响。

如果最近 2 年内发行人上述人员变动人数比例较大或上述人员中的核心人员发生变化,进而对发行人的生产经营产生重大不利影响的,应视为发生重大不利变化。

(3)历史上存在工会、职工持股会持股或者自然人股东人数较多等情形的规范及中介机构的核查

1)工会及职工持股会持股的规范要求

考虑发行条件对发行人控股权权属清晰的要求,发行人控股股东或实际控制人存在职工持股会或工会持股情形的,应当予以清理。

对于间接股东存在职工持股会或工会持股情形的,如不涉及发行人实际控制人控制的各级主体,发行人不需要清理,但应予以充分披露。

对于工会或职工持股会持有发行人子公司股份,经保荐机构、发行人律师核查后认为不构成发行人重大违法违规的,发行人不需要清理,但应予以充分披露。

2)自然人股东人数较多的核查要求

对于历史沿革涉及较多自然人股东的发行人,保荐机构、发行人律师应当

核查历史上自然人股东入股、退股（含工会、职工持股会清理等事项）是否按照当时有效的法律法规履行了相应程序，入股或股权转让协议、款项收付凭证、工商登记资料等法律文件是否齐备，并抽取一定比例的股东进行访谈，就相关自然人股东股权变动的真实性、所履行程序的合法性，是否存在委托持股或信托持股情形，是否存在争议或潜在纠纷发表明确意见。对于存在争议或潜在纠纷的，保荐机构、发行人律师应就相关纠纷对发行人控股权权属清晰稳定的影响发表明确意见。发行人以定向募集方式设立股份公司的，中介机构应以有权部门就发行人历史沿革的合规性、是否存在争议或潜在纠纷等事项的意见作为其发表意见的依据。

（4）申报前后新增股东的核查及信息披露

1）申报前新增股东

对IPO前通过增资或股权转让产生的股东，保荐机构、发行人律师应主要考察申报前一年新增的股东，全面核查发行人新股东的基本情况、产生新股东的原因、股权转让或增资的价格及定价依据，有关股权变动是否是双方真实意思表示，是否存在争议或潜在纠纷，新股东与发行人其他股东、董事、监事、高级管理人员、本次发行中介机构负责人及其签字人员是否存在亲属关系、关联关系、委托持股、信托持股或其他利益输送安排，新股东是否具备法律、法规规定的股东资格。发行人在招股说明书信息披露时，除满足招股说明书信息披露准则的要求外，如新股东为法人，应披露其股权结构及实际控制人；如为自然人，应披露其基本信息；如为合伙企业，应披露合伙企业的基本情况及普通合伙人的基本信息。最近一年末资产负债表日后增资扩股引入新股东的，申报前须增加一期审计。

股份锁定方面，控股股东和实际控制人持有的股份上市后锁定3年；申报前6个月内进行增资扩股的，新增股份的持有人应当承诺：新增股份自发行人完成增资扩股工商变更登记手续之日起锁定3年。在申报前6个月内从控股股东或实际控制人处受让的股份，应比照控股股东或实际控制人所持股份进行锁定。控股股东和实际控制人的亲属所持股份应比照该股东本人进行锁定。

2）申报后新增股东

申报后，通过增资或股权转让产生新股东的，原则上发行人应当撤回发行上市申请，重新申报。但股权变动未造成实际控制人变更，未对发行人控股权的稳定性和持续经营能力造成不利影响，且符合下列情形的除外：新股东产生系因继承、离婚、执行法院判决或仲裁裁决、执行国家法规政策要求或由省级及以上人民政府主导，且新股东承诺其所持股份上市后36个月之内不转让、不上市交易（继承、离婚原因除外）。在核查和信息披露方面，发行人申报后产生新股东且符合上述要求无需重新申报的，应比照申报前一年新增股东的核查和信息披露要求处理。除此之外，保荐机构和发行人律师还应对股权转让事项是否造成发行人实际控制人变更，是否对发行人控股权的稳定性和持续经营能力造成不利影响进行核查并发表意见。

（5）实际控制人的认定

1）实际控制人认定的基本要求

实际控制人是拥有公司控制权的主体。在确定公司控制权归属时，应当本着实事求是的原则，尊重企业的实际情况，以发行人自身的认定为主，由发行人股东予以确认。保荐机构、发行人律师应通过对公司章程、协议或其他安排以及发行人股东大会（股东出席会议情况、表决过程、审议结果、董事提名和任命等）、董事会（重大决策的提议和表决过程等）、监事会及发行人经营管理的实际运作情况的核查对实际控制人认定发表明确意见。

发行人股权较为分散但存在单一股东控制比例达到30%的，若无相反的证据，原则上应将该股东认定为控股股东或实际控制人。存在下列情形之一的，保荐机构应进一步说明是否通过实际控制人认定而规避发行条件或监管并发表专项意见：①公司认定存在实际控制人，但其他股东持股比例较高与实际控制人持股比例接近的，且该股东控制的企业与发行人之间存在竞争或潜在竞争的；②第一大股东持股接近30%，其他股东比例不高且较为分散，公司认定无实际控制人的。

2）共同实际控制人

法定或约定形成的一致行动关系并不必然导致多人共同拥有公司控制权的情况，发行人及中介机构不应为扩大履行实际控制人义务的主体范围或满足发行条件而作出违背事实的认定。通过一致行动协议主张共同控制的，无合理理由的（如第一大股东为纯财务投资人），一般不能排除第一大股东为共同控制人。实际控制人的配偶、直系亲属，如其持有公司股份达到5%以上或者虽未超过5%但是担任公司董事、高级管理人员并在公司经营决策中发挥重要作用，除非有相反证据，原则上应认定为共同实际控制人。

共同实际控制人签署一致行动协议的，应当在协议中明确发生意见分歧或纠纷时的解决机制。对于作为实际控制人亲属的股东所持的股份，应当比照实际控制人自发行人上市之日起锁定36个月。保荐机构及发行人律师应重点关注最近3年内公司控制权是否发生变化，存在为满足发行条件而调整实际控制人认定范围嫌疑的，应从严把握，审慎进行核查及信息披露。

3）实际控制人变动的特殊情形

实际控制人为单名自然人或有亲属关系多名自然人，实际控制人去世导致股权变动，股权受让人为继承人的，通常不视为公司控制权发生变更。其他多名自然人为实际控制人，实际控制人之一去世的，保荐机构及发行人律师应结合股权结构、去世自然人在股东大会或董事会决策中的作用、对发行人持续经营的影响等因素综合判断。

4）实际控制人认定中涉及股权代持情形的处理

实际控制人认定中涉及股权代持情况的，发行人、相关股东应说明存在代持的原因，并提供支持性证据。对于存在代持关系但不影响发行条件的，发行人应在招股说明书中如实披露，保荐机构、发行人律师应出具明确的核查意见。如经查实，股东之间知晓代持关系的存在，且对代持关系没有异议、代持的股东之间没有纠纷和争议，则应将代持股份还原至实际持有人。发行人及中介机构通常不应以股东间存在代持关系为由，认定公司控制权未发生变动。对于以表决权让与协议、一致行动协议等方式认定实际控制人的，比照代持关系进行处理。

（6）没有或难以认定实际控制人的，发行人股东所持股票的锁定期安排

根据《上海证券交易所科创板股票上市规则》的有关规定，发行人控股股东和实际控制人所持股份自发行人股票上市之日起36个月内不得转让。对于发行人没有或难以认定实际控制人的，为确保发行人股权结构稳定、正常生产经营不因发行人控制权发生变化而受到影响，要求发行人的股东按持股比例从高到低依次承诺其所持股份自上市之日起锁定36个月，直至锁定股份的总数不低于发行前A股股份总数的51%。

位列上述应予以锁定51%股份范围的股东，符合下列情形之一的，不适用上述锁定36个月规定：员工持股计划；持股5%以下的股东；非发行人第一大股

东且符合一定条件的创业投资基金股东。其中，“符合一定条件的创业投资基金股东”是指符合《私募基金监管问答——关于首发企业中创业投资基金股东的认定标准》的创业投资基金。

对于存在刻意规避股份限售期要求的，本所将按照实质重于形式的原则，要求相关股东参照控股股东、实际控制人的限售期进行股份锁定。

（7）发行人租赁控股股东、实际控制人房产或者商标、专利、主要技术来自控股股东、实际控制人的授权使用，中介机构核查要求

发行人存在从控股股东、实际控制人租赁或授权使用资产的，中介机构应当予以关注。存在以下两种情况的：一是生产型企业的发行人，其生产经营所必需的主要厂房、机器设备等固定资产系向控股股东、实际控制人租赁使用；二是发行人的核心商标、专利、主要技术等无形资产是由控股股东、实际控制人授权使用，中介机构应结合相关资产的具体用途、对发行人的重要程度、未投入发行人的原因、租赁或授权使用费用的公允性、是否能确保发行人长期使用、今后的处置方案等，充分论证该等情况是否对发行人资产完整和独立性构成重大不利影响，督促发行人做好信息披露和风险揭示，并就发行人是否符合科创板发行条件审慎发表意见。

（8）发行人在经营中存在与其控股股东、实际控制人或董事、监事、高级管理人员的相关共同投资行为，发行人的披露以及中介机构核查要求

发行人如存在与其控股股东、实际控制人、董事、监事、高级管理人员及其亲属直接或者间接共同设立公司情形，发行人及中介机构应主要披露及核查以下事项：

1）发行人应当披露相关公司的基本情况，包括但不限于公司名称、成立时间、注册资本、住所、经营范围、股权结构、最近一年又一期主要财务数据及简要历史沿革。

2）中介机构应当核查发行人与上述主体共同设立公司的背景、原因和必要性，说明发行人出资是否合法合规、出资价格是否公允。

3）如发行人与共同设立的公司存在业务或资金往来的，还应当披露相关交易的交易内容、交易金额、交易背景以及相关交易与发行人主营业务之间的关系。中介机构应当核查相关交易的真实性、合法性、必要性、合理性及公允性，是否存在损害发行人利益的行为。

4）如公司共同投资方为董事、高级管理人员及其近亲属，中介机构应核查说明公司是否符合《公司法》第148条规定，即董事、高级管理人员未经股东会或者股东大会同意，不得利用职务便利为自己或者他人谋取属于公司的商业机会，自营或者为他人经营与所任职公司同类的业务。

（9）发行人在全国股份转让系统挂牌期间形成契约性基金、信托计划、资产管理计划等“三类股东”的核查和披露要求

发行人在全国股份转让系统挂牌期间形成“三类股东”持有发行人股份的，中介机构和发行人应从以下方面核查披露相关信息：

1）核查确认公司控股股东、实际控制人、第一大股东不属于“三类股东”。

2）中介机构应核查确认发行人的“三类股东”依法设立并有效存续，已纳入国家金融监管部门有效监管，并已按照规定履行审批、备案或报告程序，其管理人也已依法注册登记。

3）发行人应根据《关于规范金融机构资产管理业务的指导意见》（银发〔2018〕106号）披露“三类股东”相关过渡期安排，以及相关事项对发行人持续经营的影响。中介机构应当对前述事项核查并发表明确意见。

4）发行人应当按照要求对“三类股东”进行信息披露。保荐机构及律师应对控股股东、实际控制人，董事、监事、高级管理人员及其近亲属，本次发行的中介机构及其签字人员是否直接或间接在“三类股东”中持有权益进行核查并发表明确意见。

5）中介机构应核查确认“三类股东”已作出合理安排，可确保符合现行锁定期和减持规则要求。

案例：

佰仁医疗（688198）的反馈意见中就涉及本条所述的问题，具体反馈问题为：

招股说明书披露，2017年8月3日，佰仁有限召开股东会，形成如下决议：同意收购长春佰奥辅仁90%股权。其中包括北京佰奥辅仁、张玉清、朱迅、金森分别持有的长春佰奥辅仁150万元、10万元、10万元、10万元的出资，本次股权收购价格为1元/单位出资额。请发行人说明：（1）发行人收购长春佰奥辅仁的定价是否合理，除实际控制人外的少数股东均以1元/单位出资额转让的原因；（2）对照《证券期货法律适用意见第3 号》，核查上述兼并收购有关定价的公允性和会

计处理的合规性以及报告期主营业务是否发生重大变化。请保荐机构发表核查意见。

回复：

（1）发行人收购长春佰奥辅仁的定价是否合理，除实际控制人外的少数股东均以 1 元/单位出资额转让的原因。

根据中水致远资产评估有限公司《资产评估报告》（中水致远评报字〔2017〕第010115号），资产基础法下长春佰奥辅仁截至 2017年 5月 31日股东全部权益的市场价值为-69.39 万元。本次股权转让价格对应长春佰奥辅仁估值 200 万元，高于经评估股东全部权益价值，主要考虑长春佰奥辅仁未来协助公司进行原材料采购的重要性，且具备发展前景，公司综合考虑并经各方协商后以出资额作价，定价合理。

（2）对照《证券期货法律适用意见第 3 号》，核查上述兼并收购有关定价的公允性和会计处理的合规性以及报告期主营业务是否发生重大变化。

长春佰奥辅仁自设立起即为实际控制人控制的企业，本次收购长春佰奥辅仁是基于其协助发行人进行核心原材料采购的重要性以及未来发展前景而做出的收购决定，有利于提高发行人资产完整性，收购价格定价合理；本次收购按同一控制下合并进行会计处理，长春佰奥辅仁合并前的净损益计入非经常性损益并单独列示，符合会计准则相关规定；本次收购整合系同一控制下的资产业务整合，长春佰奥辅仁合并前 2016年度末的资产总额及 2016年营业收入、利润总额均不超过发行人当期相关指标的 50%，且已运行一个会计年度以上，主营业务没有发生重大变化。

（3）保荐机构核查过程及核查意见。

保荐机构履行了如下核查程序：查阅了长春佰奥辅仁工商资料，取得发行人与长春佰奥辅仁、长春皓月签署的相关业务协议，访谈了发行人生产负责人，查阅了《资产评估报告》，取得股权转让协议及转让价款支付记录等文件，对照《证券期货法律适用意见第 3 号》进行了分析。

经核查，保荐机构认为：长春佰奥辅仁自设立起即为实际控制人控制的企业，本次收购长春佰奥辅仁是基于其协助发行人进行核心原材料采购的重要性以及未来发展前景而做出的收购决定，有利于提高发行人资产完整性，收购价格定价合理；本次收购按同一控制下合并进行会计处理，长春佰奥辅仁合并前的净损益计入非经常性损益并单独列示，符合会计准则相关规定；本次收购整合系同一控制下的资产业务整合，长春佰奥辅仁合并前 2016 年度末的资产总额及 2016 年营业收入、利润总额均不超过发行人当期相关指标的50%，且已运行一个会计年度以上，主营业务没有发生重大变化。

3. 主要资产、核心技术、商标等权属清晰

法条原文：

《科创板首次公开发行股票注册管理办法（试行）》第12条：……（三）发行人不存在主要资产、核心技术、商标等的重大权属纠纷，重大偿债风险，重大担保、诉讼、仲裁等或有事项，经营环境已经或者将要发生重大变化等对持续经营有重大不利影响的事项。

解读：

关于主要资产、核心技术、商标等权属清晰的发行条件，与主板、中小板、创业板的规定基本相似，结合上交所发布的两则发行审核问答，此处需要特别解读的是：

（1）部分投资机构在投资时约定有估值调整机制（对赌协议），发行人及中介机构的把握

PE、VC等机构在投资时约定估值调整机制（一般称为对赌协议）情形的，原则上要求发行人在申报前清理对赌协议，但同时满足以下要求的对赌协议可以不清理：一是发行人不作为对赌协议当事人；二是对赌协议不存在可能导致公司控制权变化的约定；三是对赌协议不与市值挂钩；四是对赌协议不存在严重影响发行人持续经营能力或者其他严重影响投资者权益的情形。保荐人及发行人律师应当就对赌协议是否符合上述要求发表专项核查意见。

发行人应当在招股说明书中披露对赌协议的具体内容、对发行人可能存在的影响等，并进行风险提示。

（2）影响发行人持续经营能力的重要情形

发行人存在以下情形的，保荐机构和申报会计师应重点关注是否影响发行人持续经营能力，具体包括：

1）发行人所处行业受国家政策限制或国际贸易条件影响，存在重大不利变化风险；

2）发行人所处行业出现周期性衰退、产能过剩、市场容量骤减、增长停滞

等情况；

3）发行人所处行业准入门槛低、竞争激烈，相比竞争者发行人在技术、资金、规模效应方面等不具有明显优势；

4）发行人所处行业上下游供求关系发生重大变化，导致原材料采购价格或产品售价出现重大不利变化；

5）发行人因业务转型的负面影响导致营业收入、毛利率、成本费用及盈利水平出现重大不利变化，且最近一期经营业绩尚未出现明显好转趋势；

6）发行人重要客户本身发生重大不利变化，进而对发行人业务的稳定性和持续性产生重大不利影响；

7）发行人由于工艺过时、产品落后、技术更迭、研发失败等原因导致市场占有率持续下降、重要资产或主要生产线出现重大减值风险、主要业务停滞或萎缩；

8）发行人多项业务数据和财务指标呈现恶化趋势，短期内没有好转迹象；

9）对发行人业务经营或收入实现有重大影响的商标、专利、专有技术以及特许经营权等重要资产或技术存在重大纠纷或诉讼，已经或者未来将对发行人财务状况或经营成果产生重大影响；

10）其他明显影响或丧失持续经营能力的情形。

保荐机构和申报会计师应详细分析和评估上述情形的具体表现、影响程度和预期结果，综合判断是否对发行人持续经营能力构成重大不利影响，审慎发表明确核查意见，并督促发行人充分披露可能存在的持续经营风险。

案例：

沃尔德（688028）的反馈意见中就涉及本条所述的问题，具体反馈问题为：

根据申报材料，北京希波尔与发行人之间存在业务、资产、技术和人员的转移及承继。请发行人说明核心技术人员的主要成果是否涉及职务发明，是否存在侵害发行人或第三方合法权益的情形，发行人的知识产权是否存在纠纷或潜在纠纷，发行人新研发的产品是否依赖于核心技术人员之前的技术积累。请发行人披露专利的来源，是原始取得还是受让取得。请保荐机构、发行人律师核查，并就发行人的知识产权是否存在瑕疵、纠纷和潜在纠纷，是否对发行人持续经营存在重大不利影响发表意见。

回复：

鉴于篇幅较长，节选重点阐述如下

(1)请发行人说明核心技术人员的主要成果是否涉及职务发明，是否存在侵害发行人或第三方合法权益的情形，发行人的知识产权是否存在纠纷或潜在纠纷。

发行人核心技术人员陈继锋作为发明人的已授权专利共 28 项，唐文林作为发明人的已授权专利共 41 项，张宗超作为发明人的已授权专利共 36 项。《专利法》第6条规定：“执行本单位的任务或者主要是利用本单位的物质技术条件所完成的发明创造为职务发明创造。职务发明创造申请专利的权利属于该单位；申请被批准后，该单位为专利权人。非职务发明创造，申请专利的权利属于发明人或者设计人；申请被批准后，该发明人或者设计人为专利权人。”

利用本单位的物质技术条件所完成的发明创造，单位与发明人或者设计人订有合同，对申请专利的权利和专利权的归属作出约定的，从其约定。《专利法实施细则(2010 年修订)》第12条规定：“专利法第六条所称执行本单位的任务所完成的职务发明创造，是指：(一)在本职工作中作出的发明创造；(二)履行本单位交付的本职工作之外的任务所作出的发明创造；(三)退休、调离原单位后或者劳动、人事关系终止后 1 年内作出的，与其在原单位承担的本职工作或者原单位分配的任务有关的发明创造。专利法第六条所称本单位，包括临时工作单位；专利法第六条所称本单位的物质技术条件，是指本单位的资金、设备、零部件、原材料或者不对外公开的技术资料等。”发行人核心技术人员陈继锋、唐文林、张宗超的主要成果中，“一种 CVD金刚石与 PCD 金刚石复合刀具”实用新型专利、“一种复合结构的 CVD 金刚石拉丝模芯”实用新型专利、“一种镶嵌式金刚石拉丝模芯坯料”实用新型专利系上述人员在北京希波尔任职期间的职务发明。发行人及其子公司已通过申请权或专利权受让的方式取得上述专利的所有权。除以上外，发行人核心技术人员其他主要成果不涉及《专利法》第6条及《专利法实施细则》第12条所规定的除发行人外其他单位的职务发明，不存在违反其本人与其他单位所签署的劳动合同、保密协议、竞业禁止协议或类似协议的情形，不存在侵害发行人或第三方合法权益的情形，不存在纠纷或潜在纠纷。

(2)发行人新研发的产品是否依赖于核心技术人员之前的技术积累。

发行人核心技术人员陈继锋、唐文林、张宗超三人在发行人前身昊奇创新设立前均就职于北京希波尔，主要从事超硬材料制品的研发、生产和销售工作。2006年 8 月昊奇创新成立，主要从事超硬刀具的生产和销售工作。2010 年 12 月，发行人控股股东、实际控制人陈继锋拟对其控制的公司进行业务整合，同意发行人与北京希波尔签订《资产及股权收购协议》，收购并承接北京希波尔主要的资产、人员。发行人在吸纳上述核心技术人员后，新产品的开发情况如下：

发行人核心技术人员在北京希波尔工作期间，通过多年自主研发和市场调研，掌握了部分玻璃切割钻石刀轮的设计和生产的相关技术。上述核心技术人员进入沃尔德有限后，基于自身技术积累和市场需求，不断改进产品参数和生产工艺，完善产品设计，研发出新型的玻璃切割刀轮。发行人新研发的钻石刀轮源自核心技术人员在北京希波尔期间确定的研发方向，但是主要基于沃尔德期间形成的技术积累，与核心技术人员在北京希波尔期间获取的技术不存在依赖关系。同时，发行人设立以来重视自身技术开发与积累，通过自主研发，逐步掌握了超高精密非标刀具、高精密 PCD/PCBN 刀具的研发与制造技术，自主研发出多种超高精密非标刀具、标准型 PCD/PCBN 刀具、特殊涂层刀具、断屑刀具等，并取得了相应的知识产权。上述新产品丰富了公司的产品种类，拓展了公司产品的适用范围，加深公司的技术积累，与核心技术人员在北京希波尔期间获取的技术不存在依赖关系。

（3）请保荐机构、发行人律师核查，并就发行人的知识产权是否存在瑕疵、纠纷和潜在纠纷，是否对发行人持续经营存在重大不利影响发表意见。

1）核查过程

① 取得了发行人关于核心技术人员主要成果的说明；

② 取得了发行人核心技术人员关于职务成果的声明；

③ 查阅了发行人目前境内已授权专利的专利证书、专利副本；

④ 登录国家知识产权局专利检索及分析系统对发行人已授权专利情况进行了复核检索；

⑤ 查阅了发行人注册商标的商标证书及商标档案；

⑥ 登录国家知识产权局商标网对发行人持有的注册商标进行了复核检索；

⑦ 查阅了发行人提供的企业信用报告；

⑧ 登录中国裁判文书网站、全国法院被执行人信息查询数据库进行了检索；

⑨ 取得了发行人关于知识产权瑕疵及纠纷情况的声明；

⑩ 查阅了发行人核心技术人员的简历。

2）核查意见

发行人对其持有的知识产权的占有及使用合法、有效，不存在担保或其他权利受到限制的情形。发行人的知识产权不存在权属纠纷或潜在纠纷，不存在对发行人持续经营构成重大不利影响的情形。

（五）发行人生产经营符合法律、行政法规的规定，符合国家产业政策

法条原文：

《科创板首次公开发行股票注册管理办法（试行）》第13条：最近3年内，发行人及其控股股东、实际控制人不存在贪污、贿赂、侵占财产、挪用财产或者破坏社会主义市场经济秩序的刑事犯罪，不存在欺诈发行、重大信息披露违法或者其他涉及国家安全、公共安全、生态安全、生产安全、公众健康安全等领域的重大违法行为。

董事、监事和高级管理人员不存在最近3年内受到中国证监会行政处罚，或者因涉嫌犯罪被司法机关立案侦查或者涉嫌违法违规被中国证监会立案调查，尚未有明确结论意见等情形。

解读：

关于发行人生产经营的发行条件，与主板、中小板、创业板的规定基本相似，结合上交所发布的两则发行审核问答，此处需要特别解读的是：

“其他涉及国家安全、公共安全、生态安全、生产安全、公众健康安全等领域的重大违法行为”的理解。

最近3年内，发行人及其控股股东、实际控制人在国家安全、公共安全、生态安全、生产安全、公众健康安全等领域，存在以下违法行为之一的，原则上视为重大违法行为：被处以罚款等处罚且情节严重；导致严重环境污染、重大人员伤亡、社会影响恶劣等。

有以下情形之一且中介机构出具明确核查结论的，可以不认定为重大违法：违法行为显著轻微、罚款数额较小；相关规定或处罚决定未认定该行为属于情节严重；有权机关证明该行为不属于重大违法。但违法行为导致严重环境污染、重大人员伤亡、社会影响恶劣等并被处以罚款等处罚的，不适用上述情形。

案例：

博瑞医药（688166）的反馈意见中就涉及本条所述的问题，具体反馈问题为：

招股说明书披露，发行人子公司广泰生物曾因危险化学品渗漏事件，未将事故隐患排查治理情况如实记录，受到行政处罚，处罚金额为2.20万元。发行人子公司博瑞泰兴曾因可燃气体报警探测器未按规定维护保养，受到行政处罚，处罚金额为3.875万元。请发行人补充披露：（1）广泰生物的危险化学品渗漏事件是否导致严重环境污染；（2）发行人日常生产经营是否存在安全隐患，报告期内是否发生重大安全生产事故；（3）发行人有关安全生产的内控制度是否健全并得到有效执行；（4）江苏省危险化学品安全专项巡察工作对发行人及子公司生产经营的影响。请保荐机构、发行人律师对上述事项进行核查，并按照《上海证券交易所科创板股票发行上市审核问答》的相关规定，对发行人报告期内所发生的安全事故是否属于重大安全生产事故、是否构成重大违法行为、发行人的相关内控制度是否健全有效发表明确意见。

回复：

鉴于篇幅所限，节选相关阐述如下

（1）广泰生物的危险化学品渗漏事件是否导致严重环境污染

1）公司的环境保护措施

公司高度重视环境污染防治工作，在生产中严格遵守国家和地方的环保法律法规。公司在生产经营中产生的主要污染物包括废水、废气和噪声等，公司不断加大资金和设备方面的投入，优化产品生产流程，主要污染物均得到了有效处理。公司建立了“三废”管理制度、环保事故管理制度、废弃化学品管理制度、环保奖惩管理制度等内控制度，并在日常生产中贯彻执行，对危险废弃物的处理，公司聘请了具备专业资质的供应商进行处理，以保障生产产生的污染物的处理符合相关法律法规、国家和行业标准要求。

2）广泰生物的危险化学品渗漏事件

2018年6月，发行人子公司广泰生物曾收到苏州工业园区安全生产监督管理局行政处罚，处罚金额2.20万元。2019年1月17日，苏州工业园区安全生产监督管理局出具证明，证明其已按要求整改，不属于重大违法违规事项。

（2）发行人日常经营是否存在安全隐患，报告期内是否发生严重安全生产事故公司在日常生产中已依据其指定的《安全检查管理制度》《隐患排查治理管理制度》，对可能发生的事故、事件以及不符合事项进行调查、分析和处理，并及时采取隐患整改措施，以消除现实的、潜在的事故隐患，从而减少和预防事故的发生，确保安全生产。

（3）发行人安全生产的内控制度是否得到有效执行

公司建立了安全生产的有关制度，报告期内严格执行，未出现重大安全事故，相关制度已得到有效实施。

（六）市值及财务指标

法条原文：

《上海证券交易所科创板股票上市规则》第2.1.2条：发行人申请在本所科创板上市，市值及财务指标应当至少符合下列标准中的一项：

（一）预计市值不低于人民币10亿元，最近两年净利润均为正且累计净利润不低于人民币5000万元，或者预计市值不低于人民币10亿元，最近一年净利润为正且营业收入不低于人民币1亿元；

（二）预计市值不低于人民币15亿元，最近一年营业收入不低于人民币2亿元，且最近三年累计研发投入占最近三年累计营业收入的比例不低于15%；

（三）预计市值不低于人民币20亿元，最近一年营业收入不低于人民币3亿元，且最近三年经营活动产生的现金流量净额累计不低于人民币1亿元；

（四）预计市值不低于人民币30亿元，且最近一年营业收入不低于人民币3亿元；

（五）预计市值不低于人民币40亿元，主要业务或产品需经国家有关部门批准，市场空间大，目前已取得阶段性成果。医药行业企业需至少有一项核心产品获准开展二期临床试验，其他符合科创板定位的企业需具备明显的技术优势并满足相应条件。

本条所称净利润以扣除非经常性损益前后的孰低者为准，所称净利润、营业收入、经营活动产生的现金流量净额均指经审计的数值。

解读：

1.多套上市标准，发行人选择方式、保荐机构把关尺度以及申报后变更处理

为增强科创板的包容性，《上市规则》以市值为核心，结合净利润、营业收入、研发投入和经营活动产生的现金流量等财务指标，设置了多套上市标准。

其中，第2.1.2 条规定了通用上市标准，第2.1.3条规定了红筹企业适用的上市标准，第2.1.4条规定了具有表决权差异安排的发行人适用的上市标准。

（1）发行人应当选择一项具体上市标准

根据《上海证券交易所科创板股票发行上市审核规则》（以下简称《上市审核规则》）相关规定，发行人申请股票首次公开发行并在科创板上市的，应当在相关申请文件中明确说明所选择的一项具体上市标准，即《上市规则》第2.1.2条中规定的五项标准之一。红筹企业应选择第2.1.3 条规定的标准之一。具有表决权差异安排的发行人应选择第2.1.4条规定的标准之一。

发行人应当结合自身财务状况、公司治理特点、发展阶段以及上市后的持续监管要求等因素，审慎选择适当的上市标准。

保荐机构应当为发行人选择适当的上市标准提供专业指导，审慎推荐，并在上市保荐书中就发行人选择的上市标准逐项说明适用理由，其中对预计市值指标，应当结合发行人报告期外部股权融资情况、可比公司在境内外市场的估值情况等进行说明。

（2）发行人申请上市标准变更的处理

科创板股票上市委员会召开审议会议前，发行人因更新财务报告等情形导致不再符合申报时选定的上市标准，需要变更为其他标准的，应当及时向本所提出申请，说明原因并更新相关文件；不再符合任何一项上市标准的，可以撤回发行上市申请。

保荐机构应当核查发行人变更上市标准的理由是否充分，就发行人新选择的上市标准逐项说明适用理由，并就发行人是否符合上市条件重新发表明确意见。

2.“最近三年累计研发投入占最近三年累计营业收入的比例不低于 15%”，其中“研发投入”的认定、内控和信息披露

（1）研发投入认定

研发投入为企业研究开发活动形成的总支出。研发投入通常包括研发人员工资费用、直接投入费用、折旧费用与长期待摊费用、设计费用、装备调试费、无形资产摊销费用、委托外部研究开发费用、其他费用等。

本期研发投入为本期费用化的研发费用与本期资本化的开发支出之和。

（2）研发相关内控要求

发行人应制定并严格执行研发相关内控制度，明确研发支出的开支范围、标准、审批程序以及研发支出资本化的起始时点、依据、内部控制流程。同时，应按照研发项目设立台账归集核算研发支出。发行人应审慎制定研发支出资本化的标准，并在报告期内保持一致。

（3）发行人信息披露要求

发行人应在招股说明书中披露研发相关内控制度及其执行情况，并披露研发投入的确认依据、核算方法、最近三年研发投入的金额、明细构成、最近三年累计研发投入占最近三年累计营业收入的比例及其与同行业可比上市公司的对比情况。

（4）中介机构核查要求

1）保荐机构及申报会计师应对报告期内发行人的研发投入归集是否准确、相关数据来源及计算是否合规进行核查，并发表核查意见。

2）保荐机构及申报会计师应对发行人研发相关内控制度是否健全且被有效执行进行核查，就以下事项作出说明，并发表核查意见：

a.发行人是否建立研发项目的跟踪管理系统，有效监控、记录各研发项目的进展情况，并合理评估技术上的可行性；

b.是否建立与研发项目相对应的人财物管理机制；

c.是否已明确研发支出开支范围和标准，并得到有效执行；

d.报告期内是否严格按照研发开支用途、性质据实列支研发支出，是否存在将与研发无关的费用在研发支出中核算的情形；

e.是否建立研发支出审批程序。

3.《上市规则》规定的上市标准中包含市值，针对市值指标，发行上市审核及监管要求

发行人在提交发行上市申请时，应当明确所选择的具体上市标准，保荐机构应当对发行人的市值进行预先评估，并在《关于发行人预计市值的分析报告》中充分说明发行人市值评估的依据、方法、结果以及是否满足所选择上市标准中的市值指标的结论性意见等。保荐机构应当根据发行人特点、市场数据的可获得性及评估方法的可靠性等，谨慎、合理地选用评估方法，结合发行人报告期外部股权融资情况、可比公司在境内外市场的估值情况等进行综合判断。

在初步询价结束后，发行人预计发行后总市值不满足所选择的上市标准的，应当根据《上海证券交易所科创板股票发行与承销实施办法》的相关规定中止发行。对于预计发行后总市值与申报时市值评估结果存在重大差异的，保荐机构应当向上海证券交易所说明相关差异情况。上海证券交易所在对保荐机构执业质量进行评价时，将考量上述因素。

案例：

（1）洁特生物（688026），符合市值+净利润（10亿元+5000万元），合计64家。

发行价格确定后发行人上市时市值为16.49亿元，发行人2017年和2018年经审计的归属于母公司股东的净利润（以扣除非经常性损益前后较低者为计算依据）分别为3367.80万元和4720.83万元，最近两年净利润均为正且累计净利润不低于人民币5000万元，选择此标准。

（2）赛特新材（688398），符合市值+净利+营收（10亿元+1亿元），合计15家。

发行价格确定后发行人上市时市值为19.296亿元，发行人最近一年净利润（注：2018年度经审计的扣除非经常性损益前后孰低的净利润）为4066.25万元，营业收入为30,788.27万元，选择此标准。

（3）赛诺医疗（688108），符合市值+营收+研发投入占比（15亿元+2亿元+15%），合计1家。

发行价格确定后发行人上市时市值为28.66亿元，发行人最近一年营业收入为3.80亿元，最近三年累计研发投入占最近三年累计营业收入的比例为33.68%，满足此标准。

（4）天准科技（688003），符合市值+营收+经营活动净现流（20亿元+3亿元+1亿元），合计1家。

发行价格确定后发行人上市时市值为49.37亿元，最近一年营业收入为50,828.00万元，且最近三年经营活动产生的现金流量净额累计16,541.53万元。选择此标准。

（5）容百科技（688005），符合市值+收入（30亿元+3亿元），合计6家。

发行价格确定后发行人上市时市值为118.00亿元，最近一年营业收入为30.41亿元，选择此标准。

（6）百奥泰（688177），符合市值+批准（40亿元），合计2家。

发行价格确定后发行人上市时市值约为135.65亿元。截至目前，发行人有

1个产品获得上市批准，有20个主要在研产品，其中1个产品已经提交NDA申请，3个产品处于Ⅲ期临床研究阶段，1个产品处Ⅱ期临床研究阶段，4个产品处于I期临床研究阶段，同时储备多项处于临床前研究阶段的在研项目。

（七）红筹企业市值及财务指标

法条原文：

《上海证券交易所科创板股票上市规则》第2.1.3条：

符合《国务院办公厅转发证监会关于开展创新企业境内发行股票或存托凭证试点若干意见的通知》（国办发〔2018〕21号）相关规定的红筹企业，可以申请发行股票或存托凭证并在科创板上市。

营业收入快速增长，拥有自主研发、国际领先技术，同行业竞争中处于相对优势地位的尚未在境外上市红筹企业，申请在科创板上市的，市值及财务指标应当至少符合下列标准之一：

（一）预计市值不低于人民币100亿元；

（二）预计市值不低于人民币50亿元，且最近一年营业收入不低于人民币5亿元。

案例：

（1）标准一：尚无案例

（2）标准二：华润微（688396），符合市值+营收（50亿元+5亿元），合计1家。

发行人为《国务院办公厅转发证监会关于开展创新企业境内发行股票或存托凭证试点若干意见的通知》（国办发〔2018〕21 号）所规定的尚未在境外上市的红筹企业。根据《华润微电子有限公司首次公开发行股票并在科创板上市招股说明书（申报稿）》和《招股意向书》的披露，发行人选择的具体上市标准为此标准。

（八）表决权差异安排企业的市值及财务指标

法条原文：

《上海证券交易所科创板股票上市规则》第2.1.4条：

发行人具有表决权差异安排的，市值及财务指标应当至少符合下列标准中的一项：

（一）预计市值不低于人民币100亿元；

（二）预计市值不低于人民币50亿元，且最近一年营业收入不低于人民币5亿元。

发行人特别表决权股份的持有人资格、公司章程关于表决权差异安排的具体规定，应当符合本规则第四章第五节的规定。

本规则所称表决权差异安排，是指发行人依照《公司法》第一百三十一条的规定，在一般规定的普通股份之外，发行拥有特别表决权的股份（以下简称特别表决权股份）。每一特别表决权股份拥有的表决权数量大于每一普通股份拥有的表决权数量，其他股东权利与普通股份相同。

案例：

（1）标准一：尚无案例。

（2）标准二：优刻得（688158），符合市值+营收（50亿元+5亿元），合计1家。发行价格确定后发行人上市时市值约为140.41亿元，2018年度营业收入达到118,743.32万元，满足此标准。

（九）其他条件

1. 关于科创板定位

（1）《上市审核规则》规定发行人应当符合科创板定位。对此应如何把握？

《上市审核规则》规定，本所对发行上市进行审核。审核事项包括三个方面：一是发行人是否符合发行条件；二是发行人是否符合上市条件；三是发行人的信息披露是否符合要求。在对上述事项进行审核判断时，将关注发行人是否符合科创板定位。发行人应当对其是否符合科创板定位进行审慎评估，保荐机构应当就发行人是否符合科创板定位进行专业判断。

1）发行人自我评估的考虑因素

发行人进行自我评估时，应当尊重科技创新规律、资本市场规律和企业发展规律，并结合自身和行业科技创新实际情况，准确理解、把握科创板定位，重点考虑以下因素：

a. 所处行业及其技术发展趋势与国家战略的匹配程度；

b. 企业拥有的核心技术在境内与境外发展水平中所处的位置；

c. 核心竞争力及其科技创新水平的具体表征，如获得的专业资质和重要奖项、核心技术人员的科研能力、科研资金的投入情况、取得的研发进展及其成果等；

d. 保持技术不断创新的机制、技术储备及技术创新的具体安排；

e. 依靠核心技术开展生产经营的实际情况等。

2）对保荐机构的相关要求

保荐机构应当根据《上海证券交易所科创板企业上市推荐指引》的相关要求，围绕科创板定位，对发行人自我评估涉及的相关事项进行核查，并结合尽职调查取得的充分证据、资料等，对其是否符合科创板定位作出专业判断，出具专项意见，说明理由和依据、具体的核查内容、核查过程等，并在上市保荐书中简要说明核查结论及依据。

3）上海证券交易所审核中关注的重点

审核问询中，上海证券交易所发行上市审核机构将关注发行人的评估是否客观，保荐人的判断是否合理；根据需要，可以向科技创新咨询委员会提出咨询，将其作出的咨询意见作为审核参考。

（2）《上市审核规则》规定，发行人应当主要依靠核心技术开展生产经营，对此应当如何理解？信息披露有哪些要求？中介机构应当如何进行核查？

1）主要依靠核心技术开展生产经营的理解

主要依靠核心技术开展生产经营，是指企业的主要经营成果来源于依托核心技术的产品或服务。一是发行人能够坚持科技创新，通过持续的研发投入积累形成核心技术。二是发行人主要的生产经营能够以核心技术为基础，将核心技术进行成果转化，形成基于核心技术的产品（服务）。如果企业核心技术处于研发阶段，其主要研发投入均应当围绕该核心技术及其相关的产品（服务）。三是核心技术的判断主要结合发行人所处行业的国家科技发展战略和政策、整体技术水平、国内外科技发展水平和趋势等因素综合判断。

2）发行人信息披露要求

发行人应在招股说明书中披露以下信息：

a. 报告期内通过核心技术开发产品（服务）的情况，报告期内核心技术产品（服务）的生产和销售数量，核心技术产品（服务）在细分行业的市场占有率；

b. 报告期内营业收入中，发行人依靠核心技术开展生产经营所产生收入的构成、占比、变动情况及原因等。

3）保荐机构核查要求

保荐机构应结合发行人所处的行业、技术水平和产业应用前景，重点核查以下事项：

a. 发行人的研发投入是否主要围绕核心技术及其相关产品（服务）；

b. 发行人营业收入是否主要源于依托核心技术的产品（服务），营业收入中是否存在较多的与核心技术不具有相关性的贸易等收入，核心技术能否支持公司的持续成长；

c. 发行人核心技术产品（服务）收入的主要内容和计算方法是否适当，是否为偶发性收入，是否来源于显失公平的关联交易；

d. 其他对发行人利用核心技术开展生产经营活动产生影响的情形。

保荐机构应当就发行人是否“主要依靠核心技术开展生产经营”发表明确意见。保荐机构在全面核查并发表明确核查意见的基础上，应审慎选择并推荐符合科创板定位的企业上市，督促发行人做好相关信息披露和风险揭示。

2. 关于豁免信息披露

解读：

关于豁免信息披露的发行条件，与主板、中小板、创业板的规定基本相似，结合上交所发布的两则发行审核问答，此处需要特别解读的是：

《上市审核规则》规定，发行上市申请文件和对本所发行上市审核机构审核问询的回复中，拟披露的信息属于国家秘密、商业秘密，披露后可能导致其违反国家有关保密的法律法规或者严重损害公司利益的，发行人及其保荐机构可以向本所申请豁免披露。对此在审核中应当如何处理？

发行人有充分依据证明拟披露的某些信息涉及国家秘密、商业秘密的，发行人及其保荐机构应当在提交发行上市申请文件或问询回复时，一并提交关于信息豁免披露的申请文件（以下简称豁免申请）。

（1）豁免申请的内容

发行人应在豁免申请中逐项说明需要豁免披露的信息，认定国家秘密或商业秘密的依据和理由，并说明相关信息披露文件是否符合招股说明书准则及相关规定要求，豁免披露后的信息是否对投资者决策判断构成重大障碍。

（2）涉及国家秘密的要求

发行人从事军工等涉及国家秘密业务的，应当符合以下要求：

1）提供国家主管部门关于发行人申请豁免披露的信息为涉密信息的认定文件；

2）提供发行人全体董事、监事、高级管理人员出具的关于首次公开发行股票并上市的申请文件不存在泄密事项且能够持续履行保密义务的声明；

3）提供发行人控股股东、实际控制人对其已履行和能够持续履行相关保密义务出具承诺文件；

4）在豁免申请中说明相关信息披露文件是否符合《军工企业对外融资特殊财务信息披露管理暂行办法》及有关保密规定；

5）说明内部保密制度的制定和执行情况，是否符合《保密法》等法律法规的规定，是否存在因违反保密规定受到处罚的情形；

6）说明中介机构是否根据国防科工局《军工涉密业务咨询服务安全保密监督管理办法》取得军工企业服务资质；

7）对审核中提出的信息豁免披露或调整意见，发行人应相应回复、补充相关文件的内容，有实质性增减的，应当说明调整后的内容是否符合相关规定、是否存在泄密风险。

（3）涉及商业秘密的要求

发行人因涉及商业秘密提出豁免申请的，应当符合以下要求：

1）发行人应当建立相应的内部管理制度，并明确相关内部审核程序，审慎认定信息豁免披露事项；

2）发行人的董事长应当在豁免申请文件中签字确认；

3）豁免披露的信息应当尚未泄露。

（4）中介机构核查要求

保荐机构及发行人律师应当对发行人信息豁免披露符合相关规定、不影响投资者决策判断、不存在泄密风险出具专项核查报告。

申报会计师应当对发行人审计范围是否受到限制、审计证据的充分性、豁免披露相关信息是否影响投资者决策判断出具核查报告。

3. 关于发行人商业模式

（1）发行人客户集中度较高，中介机构应当重点关注哪些方面？

发行人存在客户集中度较高情形的，保荐机构应重点关注该情形的合理性、客户的稳定性和业务的持续性，督促发行人做好信息披露和风险揭示。

对于非因行业特殊性、行业普遍性导致客户集中度偏高的，保荐机构在执业过程中，应充分考虑该单一大客户是否为关联方或者存在重大不确定性客户；该集中是否可能导致其未来持续经营能力存在重大不确定性。

对于发行人由于下游客户的行业分布集中而导致的客户集中具备合理性

的特殊行业（如电力、电网、电信、石油、银行、军工等行业），发行人应与同行业可比上市公司进行比较，充分说明客户集中是否符合行业特性，发行人与客户的合作关系是否具有一定的历史基础，是否有充分的证据表明发行人采用公开、公平的手段或方式独立获取业务，相关的业务是否具有稳定性以及可持续性，并予以充分的信息披露。

针对因上述特殊行业分布或行业产业链关系导致发行人客户集中情况，保荐机构应当综合分析考量以下因素的影响：一是发行人客户集中的原因，与行业经营特点是否一致，是否存在下游行业较为分散而发行人自身客户较为集中的情况及其合理性。二是发行人客户在其行业中的地位、透明度与经营状况，是否存在重大不确定性风险。三是发行人与客户合作的历史、业务稳定性及可持续性，相关交易的定价原则及公允性。四是发行人与重大客户是否存在关联关系，发行人的业务获取方式是否影响独立性，发行人是否具备独立面向市场获取业务的能力。

保荐机构如发表意见认为发行人客户集中不对持续经营能力构成重大不利影响的，应当提供充分的依据说明上述客户本身不存在重大不确定性，发行人已与其建立长期稳定的合作关系，客户集中具有行业普遍性，发行人在客户稳定性与业务持续性方面没有重大风险。发行人应在招股说明书中披露上述情况，充分揭示客户集中度较高可能带来的风险。

（2）关于第三方回款，发行人及中介机构应当重点关注哪些方面？

第三方回款通常是指发行人收到的销售回款的支付方（如银行汇款的汇款方、银行承兑汇票或商业承兑汇票的出票方式或背书转让方）与签订经济合同的往来客户不一致的情况。

1）第三方回款应当符合的条件

企业在正常经营活动中存在的第三方回款，通常情况下应考虑是否符合以下条件：

a. 与自身经营模式相关，符合行业经营特点，具有必要性和合理性，例如境外客户指定付款等；

b. 第三方回款的付款方不是发行人的关联方；

c. 第三方回款与相关销售收入勾稽一致，具有可验证性，不影响销售循环内部控制有效性的认定，申报会计师已对第三方回款及销售确认相关内部控制有效性发表明确核查意见；

a. 能够合理区分不同类别的第三方回款，相关金额及比例处于合理可控范围，最近一期通常不高于当期收入的15%。

2）可以不纳入第三方回款统计的情形

以下情况可不作为最近一期第三方回款限制比例的统计范围：

a. 客户为个体工商户或自然人，其通过家庭约定由直系亲属代为支付货款，经中介机构核查无异常的；

b. 客户为自然人控制的企业，该企业的法定代表人、实际控制人代为支付货款，经中介机构核查无异常的；

c. 客户所属集团通过集团财务公司或指定相关公司代客户统一对外付款，经中介机构核查无异常的；

d. 政府采购项目指定财政部门或专门部门统一付款，经中介机构核查无异常的；

e. 通过应收账款保理、供应链物流等合规方式或渠道完成付款，经中介机构核查无异常的。

3）中介机构核查要求

如发行人报告期存在第三方回款，保荐机构及申报会计师通常应重点核查以下方面：

a. 第三方回款的真实性，是否存在虚构交易或调节账龄情形；

b. 第三方回款形成收入占营业收入的比例；

c. 第三方回款的原因、必要性及商业合理性；

d. 发行人及其实际控制人、董监高或其他关联方与第三方回款的支付方是否存在关联关系或其他利益安排；

e. 境外销售涉及境外第三方的，其代付行为的商业合理性或合法合规性；

f. 报告期内是否存在因第三方回款导致的货款归属纠纷；

g. 如签订合同时已明确约定由其他第三方代购买方付款，该交易安排是否具有合理原因；

h. 资金流、实物流与合同约定及商业实质是否一致。

同时，保荐机构及申报会计师还应详细说明对实际付款人和合同签订方不一致情形的核查情况，包括但不限于：抽样选取不一致业务的明细样本和银行对账单回款记录，追查至相关业务合同、业务执行记录及资金流水凭证，获取相关客户代付款确认依据，以核实和确认委托付款的真实性、代付金额的准确性及付款方和委托方之间的关系，说明合同签约方和付款方存在不一致情形的合理原因及第三方回款统计明细记录的完整性，并对第三方回款所对应营业收入的真实性发表明确核查意见。保荐机构应当督促发行人在招股说明书中充分披露第三方回款相关情况。

4. 关于发行人股权激励

（1）发行人在首发申报前实施员工持股计划的，信息披露有哪些要求？中介机构应当如何进行核查？

1）首发申报前实施员工持股计划应当符合的要求

发行人首发申报前实施员工持股计划的应当体现增强公司凝聚力、维护公司长期稳定发展的导向，建立健全激励约束长效机制，有利于兼顾员工与公司长远利益，为公司持续发展夯实基础。原则上应当符合下列要求：

a. 发行人实施员工持股计划，应当严格按照法律、法规、规章及规范性文件要求履行决策程序，并遵循公司自主决定、员工自愿参加的原则，不得以摊派、强行分配等方式强制实施员工持股计划。

b. 参与持股计划的员工，与其他投资者权益平等，盈亏自负，风险自担，不得利用知悉公司相关信息的优势，侵害其他投资者合法权益。

员工入股应主要以货币出资，并按约定及时足额缴纳。按照国家有关法律法规，员工以科技成果出资入股的，应提供所有权属证明并依法评估作价，及时办理财产权转移手续。

c. 发行人实施员工持股计划，可以通过公司、合伙企业、资产管理计划等持股平台间接持股，并建立健全持股在平台内部的流转、退出机制，以及股权管理机制。

参与持股计划的员工因离职、退休、死亡等原因离开公司的，其间接所持股份权益应当按照员工持股计划的章程或相关协议约定的方式处置。

2）员工持股计划穿透计算的“闭环原则”

员工持股计划符合以下要求之一的，在计算公司股东人数时，按一名股东计算；不符合下列要求的，在计算公司股东人数时，穿透计算持股计划的权益持有人数。

a. 员工持股计划遵循“闭环原则”。员工持股计划不在公司首次公开发行股票时转让股份，并承诺自上市之日起至少36 个月的锁定期。发行人上市前及上市后的锁定期内，员工所持相关权益拟转让退出的，只能向员工持股计划内员工或其他符合条件的员工转让。锁定期后，员工所持相关权益拟转让退出的，按照员工持股计划章程或有关协议的约定处理。

b. 员工持股计划未按照“闭环原则”运行的，员工持股计划应由公司员工持有，依法设立、规范运行，且已经在基金业协会依法依规备案。

3）发行人信息披露要求

发行人应在招股说明书中充分披露员工持股计划的人员构成、是否遵循“闭环原则”、是否履行登记备案程序、股份锁定期等内容。

4）中介机构核查要求

保荐机构及发行人律师应当对员工持股计划是否遵循“闭环原则”、具体人员构成、员工减持承诺情况、规范运行情况及备案情况进行充分核查，并发表明确核查意见。

（2）发行人存在首发申报前制定的期权激励计划，并准备在上市后实施的，信息披露有哪些要求？中介机构应当如何进行核查？

1）发行人首发申报前制定、上市后实施的期权激励计划应当符合的要求

发行人存在首发申报前制定、上市后实施的期权激励计划的，应体现增强公司凝聚力、维护公司长期稳定发展的导向。原则上应符合下列要求：

a. 激励对象应当符合《上市规则》第10.4条相关规定；

b. 激励计划的必备内容与基本要求，激励工具的定义与权利限制，行权安排，回购或终止行权，实施程序等内容，应参考《上市公司股权激励管理办法》的相关规定予以执行；

c. 期权的行权价格由股东自行商定确定，但原则上不应低于最近一年经审计的净资产或评估值；

d. 发行人全部在有效期内的期权激励计划所对应股票数量占上市前总股本的比例原则上不得超过15%，且不得设置预留权益；

e. 在审期间，发行人不应新增期权激励计划，相关激励对象不得行权；

f. 在制订期权激励计划时应充分考虑实际控制人稳定，避免上市后期权行权导致实际控制人发生变化；

g. 激励对象在发行人上市后行权认购的股票，应承诺自行权日起三年内不减持，同时承诺上述期限届满后比照董事、监事及高级管理人员的相关减持规定执行。

2）发行人信息披露要求

发行人应在招股说明书中充分披露期权激励计划的有关信息：

a. 期权激励计划的基本内容、制订计划履行的决策程序、目前的执行情况；

b. 期权行权价格的确定原则，以及和最近一年经审计的净资产或评估值的差异与原因；

c. 期权激励计划对公司经营状况、财务状况、控制权变化等方面的影响；

d. 涉及股份支付费用的会计处理等。

3）中介机构核查要求

保荐机构及申报会计师应对下述事项进行核查并发表核查意见：

a. 期权激励计划的制订和执行情况是否符合以上要求；

b. 发行人是否在招股说明书中充分披露期权激励计划的有关信息；

c. 股份支付相关权益工具公允价值的计量方法及结果是否合理；

d. 发行人报告期内股份支付相关会计处理是否符合《企业会计准则》相关规定。

四、会后事项

（一）会后重大事项

公司发行前，审核员应督促发行人提供会后重大事项说明，要求主承销商及发行人律师、会计师对公司在通过发审会审核后是否发生重大事项分别出具专业意见。

发行人如果满足以下全部条件，不再提交发审会审核。

1. 注册会计师出具了无保留意见的审计报告。

2. 主承销商出具的专项说明和发行人律师出具的法律意见书中没有影响公司发行新股的情形出现。

3. 公司无重大违法违规行为。

4. 公司的财务状况正常，报表项目无异常变化。

5. 公司没有发生重大资产置换、股权变动、债务重组等公司架构变化的情形。

6.公司的主营业务没有发生变更。

7.公司的管理层及核心技术人员稳定，没有出现对公司的经营管理有重大影响的人员变化。

8.公司没有发生未履行法定程序的关联交易，且没有发生未在申报的招股说明书中披露的重大关联交易。

9.经办公司业务的主承销商、会计师和律师未受到有关部门的处罚，或未发生更换。

10.公司的盈利状况与盈利预测（如有）趋势基本相符。

11.公司及其董事长、总经理、主要股东没有发生重大的诉讼、仲裁和股权纠纷，也不存在影响公司发行新股的潜在纠纷。

12.没有发生大股东占用公司资金和侵害小股东利益的情形。

13.没有发生影响公司持续发展的法律、政策、市场等方面的重大变化。

14.公司的业务、资产、人员、机构、财务的独立性没有发生变化。

15.公司主要财产、股权没有出现限制性障碍。

16.上市公司不存在违反信息披露要求的事项。

17.公司不存在其他影响发行上市和投资者判断的重大事项。

（二）发生重大事项后处理办法

情况一：交易所受理发行上市申请后至股票上市交易前，发生重大事项的，发行人及其保荐人应当及时向交易所报告，并按要求更新发行上市申请文件。发行人的保荐人、证券服务机构应当持续履行尽职调查职责，并向交易所提交专项核查意见。

情况二：上市委员会审议会议后至股票上市交易前，发生重大事项，对发行人是否符合发行条件、上市条件或者信息披露要求产生重大影响的，发行上市审核机构经重新审核后决定是否重新提交上市委员会审议。 重新提交上市委员会审议的，应当向中国证监会报告，并按照相关规定办理。

情况三：中国证监会作出注册决定后至股票上市交易前，发生重大事项，可能导致发行人不符合发行条件、上市条件或者信息披露要求的，发行人应当暂停发行；已经发行的，暂缓上市。交易所发现发行人存在上述情形的，有权要求发行人暂缓上市。（见图2-2）

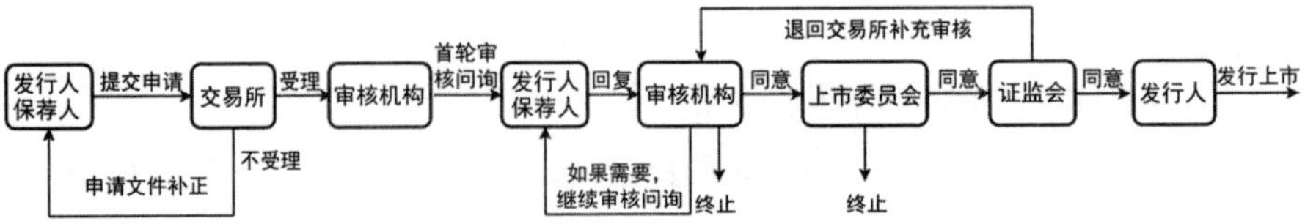

图 2-2　发生重大事项后处理办法

五、复审

交易所对发行上市申请不予受理或者终止审核的，发行人可以在收到交易所相关文件后五个工作日内，向交易所申请复审。但因发行人撤回发行上市申请或者保荐人撤回保荐终止审核的，发行人不得申请复审。

发行人根据规定申请复审的，应当向交易所提交下列申请文件：

1. 复审申请书；

2. 保荐人就复审事项出具的意见书；

3. 律师事务所就复审事项出具的法律意见书；

4. 交易所规定的其他文件。

第三节　关于科创板上市的司法保障

一、新《证券法》的修订要点分析[1]

2019年12月28日，第十三届全国人大常委会第十五次会议审议通过了修订后的《中华人民共和国证券法》（以下简称《证券法》），已于2020年3月1日起施行。本次证券法修订，按照顶层制度设计要求，进一步完善了证券市场基础制度，体现了市场化、法治化、国际化方向，为证券市场全面深化改革落实落地，有效防控市场风险，提高上市公司质量，切实维护投资者合法权益，促进证券市场服务实体经济功能发挥，打造一个规范、透明、开放、有活力、有韧性的资本市场，提供了坚强的法治保障，具有非常重要而深远的意义。

本次证券法修订，系统总结了多年来我国证券市场改革发展、监管执法、风险防控的实践经验，在深入分析证券市场运行规律和发展阶段性特点的基础

〔1〕 文件来自中国证券监督管理委员会官网。

上，作出了一系列新的制度改革完善：

一是全面推行证券发行注册制度。在总结上海证券交易所设立科创板并试点注册制的经验基础上，新证券法贯彻落实十八届三中全会关于注册制改革的有关要求和十九届四中全会完善资本市场基础制度要求，按照全面推行注册制的基本定位，对证券发行制度做了系统的修改完善，充分体现了注册制改革的决心与方向。同时，考虑到注册制改革是一个渐进的过程，新证券法也授权国务院对证券发行注册制的具体范围、实施步骤进行规定，为有关板块和证券品种分步实施注册制留出了必要的法律空间。

二是显著提高证券违法违规成本。新证券法大幅提高对证券违法行为的处罚力度。如对于欺诈发行行为，从原来最高可处募集资金5%的罚款，提高至募集资金的1倍；对于上市公司信息披露违法行为，从原来最高可处以60万元罚款，提高至1000万元；对于发行人的控股股东、实际控制人组织、指使从事虚假陈述行为，或者隐瞒相关事项导致虚假陈述的，规定最高可处以1000万元罚款等。同时，新证券法对证券违法民事赔偿责任也做了完善。如规定了发行人等不履行公开承诺的民事赔偿责任，明确了发行人的控股股东、实际控制人在欺诈发行、信息披露违法中的过错推定、连带赔偿责任等。

三是完善投资者保护制度。新证券法设专章规定投资者保护制度，作出了许多颇有亮点的安排。包括区分普通投资者和专业投资者，有针对性地做出投资者权益保护安排；建立上市公司股东权利代为行使征集制度；规定债券持有人会议和债券受托管理人制度；建立普通投资者与证券公司纠纷的强制调解制度；完善上市公司现金分红制度。尤其值得关注的是，为适应证券发行注册制改革的需要，新证券法探索了适应我国国情的证券民事诉讼制度，规定投资者保护机构可以作为诉讼代表人，按照"明示退出""默示加入"的诉讼原则，依法为受害投资者提起民事损害赔偿诉讼。

四是进一步强化信息披露要求。新证券法设专章规定信息披露制度，系统完善了信息披露制度。包括扩大信息披露义务人的范围；完善信息披露的内容；强调应当充分披露投资者作出价值判断和投资决策所必需的信息；规范信息披露义务人的自愿披露行为；明确上市公司收购人应当披露增持股份的资金来源；确立发行人及其控股股东、实际控制人、董事、监事、高级管理人员公开承诺的信息披露制度等。

五是完善证券交易制度。优化有关上市条件和退市情形的规定；完善有关内幕交易、操纵市场、利用未公开信息的法律禁止性规定；强化证券交易实名制要求，任何单位和个人不得违反规定，出借证券账户或者借用他人证券账户从事证券交易；完善上市公司股东减持制度；规定证券交易停复牌制度和程序化交易制度；完善证券交易所防控市场风险、维护交易秩序的手段措施等。

六是落实“放管服”要求，取消相关行政许可。包括取消证券公司董事、监事、高级管理人员任职资格核准；调整会计师事务所等证券服务机构从事证券业务的监管方式，将资格审批改为备案；将协议收购下的要约收购义务豁免由经证监会免除，调整为按照证监会的规定免除发出要约等。

七是压实中介机构市场“看门人”法律职责。规定证券公司不得允许他人以其名义直接参与证券的集中交易；明确保荐人、承销的证券公司及其直接责任人员未履行职责时对受害投资者所应承担的过错推定、连带赔偿责任；提高证券服务机构未履行勤勉尽责义务的违法处罚幅度，由原来最高可处以业务收入5倍的罚款，提高到10倍，情节严重的，并处暂停或者禁止从事证券服务业务等。

八是建立健全多层次资本市场体系。将证券交易场所划分为证券交易所、国务院批准的其他全国性证券交易场所、按照国务院规定设立的区域性股权市场等三个层次；规定证券交易所、国务院批准的其他全国性证券交易场所可以依法设立不同的市场层次；明确非公开发行的证券，可以在上述证券交易场所转让；授权国务院制定有关全国性证券交易场所、区域性股权市场的管理办法等。

九是强化监管执法和风险防控。明确了证监会依法监测并防范、处置证券市场风险的职责；延长了证监会在执法中对违法资金、证券的冻结、查封期限；规定了证监会为防范市场风险、维护市场秩序采取监管措施的制度；增加了行政和解制度，证券市场诚信档案制度；完善了证券市场禁入制度，规定被市场禁入的主体，在一定期限内不得从事证券交易等。

十是扩大证券法的适用范围。将存托凭证明确规定为法定证券；将资产支持证券和资产管理产品写入证券法，授权国务院按照证券法的原则规定资产支持证券、资产管理产品发行、交易的管理办法。同时，考虑证券领域跨境监管的现实需要，明确在我国境外的证券发行和交易活动，扰乱我国境内市场秩序，损害境内投资者合法权益的，依照证券法追究法律责任等。

此外，此次证券法修订还对上市公司收购制度、证券公司业务管理制度、证券登记结算制度、跨境监管协作制度等作了完善。

二、新《证券法》对提供证券服务的相关中介机构的新要求

根据新《证券法》第24条第2款的规定，股票的发行人在招股说明书等证券发行文件中隐瞒重要事实或者编造重大虚假内容，已经发行并上市的，国务院证券监督管理机构可以责令发行人回购证券，或者责令负有责任的控股股东、实际控制人买回证券。

新《证券法》第93条还规定了发行人因欺诈发行、虚假陈述或者其他重大违法行为给投资者造成损失的，发行人的控股股东、实际控制人、相关的证券公司可以予以先行赔付。

新《证券法》第163条规定广大证券服务机构尤其是证券公司、会计师和律师在出具相关意见、报告时“应当勤勉尽责，对所依据的文件资料内容的真实性、准确性、完整性进行核查和验证”，如“制作、出具的文件有虚假记载、误导性陈述或者重大遗漏，给他人造成损失的，应当与委托人承担连带赔偿责任”。

另外，根据新《证券法》第213条，违反上述规定的相关中介机构将面临高额罚款，相关机构直接负责的主管人员和直接责任人员也将同时受到处罚。情节严重的，甚至有被暂停或者禁止从事证券服务业务的可能。

可见，新《证券法》对发行人及为其提供证券服务的中介机构，特别是证券公司、会计师事务所及律师事务所的要求更加严格。发行人律师在承做科创板IPO项目时，应严格按照法律、法规的相关规定进行披露，做到勤勉尽责，对所依据的文件资料内容的真实性、准确性、完整性进行充分核查和验证，并留存相应工作底稿。在尽职调查过程中，应对律师工作底稿进行完整、充分地整理并归档，严禁进行虚假记载、误导性陈述或者重大遗漏。否则，根据新《证券法》的规定，律所及律师也将面临承担连带责任的法律风险。因此，发行人律师应严格按照律师职业道德和律师执业规范的要求开展相关的法律工作，真实准确地披露相关事实，维护发行人的合法权益。

三、最高人民法院印发《关于为设立科创板并试点注册制改革提供司法保障的若干意见》（法发〔2019〕17号）[1]

在上海证券交易所（以下简称上交所）设立科创板并试点注册制，是中央实施创新驱动发展战略、推进高质量发展的重要举措，是深化资本市场改革的重要安排。为充分发挥人民法院审判职能作用，共同促进发行、上市、信息披露、交易、退市等资本市场基础制度改革统筹推进，维护公开、公平、公正的资本市场秩序，保护投资者合法权益，最高人民法院就注册制改革试点期间人民法院正确审理与科创板相关案件等问题，提出如下意见。

1.提高认识，增强为设立科创板并试点注册制改革提供司法保障的自觉性和主动性

（1）充分认识设立科创板并试点注册制的重要意义。

习近平总书记在首届中国国际进口博览会开幕式上宣布在上海证券交易所设立科创板并试点注册制，充分体现了以习近平同志为核心的党中央对资本市场改革发展的高度重视和殷切希望。中央经济工作会议提出，资本市场在金融运行中具有牵一发而动全身的作用，要通过深化改革，打造一个规范、透明、开放、有活力、有韧性的资本市场。从设立科创板入手，稳步试点股票发行注册制，既是深化金融供给侧结构性改革、完善资本市场基础制度的重要体现，也有利于更好发挥资本市场对提升关键技术创新和实体经济竞争力的支持功能，更好地服务高质量发展。各级人民法院要坚持以习近平新时代中国特色社会主义思想为指导，认真落实习近平总书记关于资本市场的一系列重要指示批示精神，妥善应对涉科创板纠纷中的新情况、新问题，把保护投资者合法权益、防范化解金融风险作为证券审判的根本性任务，为加快形成融资功能完备、基础制度扎实、市场监管有效、投资者合法权益得到有效保护的多层级资本市场体系营造良好司法环境。

（2）准确把握科创板定位和注册制试点安排。

科创板是资本市场的增量改革，也是资本市场基础制度改革创新的“试验田”。科创板主要服务于符合国家战略、突破关键核心技术、市场认可度高的科

---

〔1〕 文件来自中华人民共和国最高人民法院官网。

技创新企业，发行上市条件更加包容，不要求企业上市前必须盈利，允许“同股不同权”企业和符合创新试点规定的红筹企业上市，实行更加市场化的发行承销、交易、并购重组、退市等制度。根据全国人大常委会授权，股票发行注册制改革过程中调整适用《证券法》关于股票公开发行核准制度的有关规定。本次注册制试点总体分为上交所审核和证监会注册两个环节，证监会对上交所的审核工作进行监督，建立健全以信息披露为中心的股票发行上市制度。各级人民法院要坚持稳中求进工作总基调，立足证券刑事、民事和行政审判实际，找准工作切入点，通过依法审判进一步落实中央改革部署和政策要求，推动形成市场参与各方依法履职、归位尽责及合法权益得到有效保护的良好市场生态，为投资者放心投资，科创公司大胆创新提供有力司法保障。

2.尊重资本市场发展规律，依法保障以市场机制为主导的股票发行制度改革顺利推进

（1）支持证券交易所审慎开展股票发行上市审核。

根据改革安排，上交所主要通过向发行人提出审核问询、发行人回答问题方式开展审核工作。在案件审理中，发行人及其保荐人、证券服务机构在发行上市申请文件和回答问题环节所披露的信息存在虚假记载、误导性陈述或者重大遗漏的，应当判令承担虚假陈述法律责任；虚假陈述构成骗取发行审核注册的，应当判令承担欺诈发行法律责任。为保障发行制度改革顺利推进，在科创板首次公开发行股票并上市企业的证券发行纠纷、证券承销合同纠纷、证券上市保荐合同纠纷、证券上市合同纠纷和证券欺诈责任纠纷等第一审民商事案件，由上海金融法院试点集中管辖。

（2）保障证券交易所依法实施自律监管。

由于科创板上市门槛具有包容性和科创公司技术迭代快、盈利周期长等特点，客观上需要加强事中事后监管。对于证券交易所经法定程序制定的科创板发行、上市、持续监管等业务规则，只要不具有违反法律法规强制性规定情形，人民法院在审理案件时可以依法参照适用。为统一裁判标准，根据《最高人民法院关于上海金融法院案件管辖的规定》（法释〔2018〕14号）第3条的规定，以上海证券交易所为被告或者第三人与其履行职责相关的第一审金融民商事案件和行政案件，仍由上海金融法院管辖。

（3）确保以信息披露为中心的股票发行民事责任制度安排落到实处。

民事责任的追究是促使信息披露义务人尽责归位的重要一环，也是法律能否“长出牙齿”的关键。在证券商事审判中，要按照本次改革要求，严格落实发行人及其相关人员的第一责任。发行人的控股股东、实际控制人指使发行人从事欺诈发行、虚假陈述的，依法判令控股股东、实际控制人直接向投资者承担民事赔偿责任。要严格落实证券服务机构保护投资者利益的核查把关责任，证券服务机构对会计、法律等各自专业相关的业务事项未履行特别注意义务，对其他业务事项未履行普通注意义务的，应当判令其承担相应法律责任。准确把握保荐人对发行人上市申请文件等信息披露资料进行全面核查验证的注意义务标准，在证券服务机构履行特别注意义务的基础上，保荐人仍应对发行人的经营情况和风险进行客观中立的实质验证，否则不能满足免责的举证标准。对于不存在违法违规行为而单纯经营失败的上市公司，严格落实证券法投资风险“买者自负”原则，引导投资者提高风险识别能力和理性投资意识。

（4）尊重科创板上市公司构建与科技创新特点相适应的公司治理结构。

科创板上市公司在上市前进行差异化表决权安排的，人民法院要根据全国人大常委会对进行股票发行注册制改革的授权和《公司法》第131条的规定，依法认定有关股东大会决议的效力。科创板上市公司为维持创业团队及核心人员稳定而扩大股权激励对象范围的，只要不违反法律、行政法规的强制性规定，应当依法认定其效力，保护激励对象的合法权益。

（5）加强对科创板上市公司知识产权司法保护力度。

依法审理涉科创板上市公司专利权、技术合同等知识产权案件，对于涉及科技创新的知识产权侵权行为，加大赔偿力度，充分体现科技成果的市场价值，对情节严重的恶意侵权行为，要依法判令其承担惩罚性赔偿责任。进一步发挥知识产权司法监督职能，积极探索在专利民事侵权诉讼中建立效力抗辩审理制度，促进知识产权行政纠纷的实质性解决，有效维护科创板上市公司知识产权合法权益。

3.维护公开公平公正市场秩序，依法提高资本市场违法违规成本

（1）严厉打击干扰注册制改革的证券犯罪和金融腐败犯罪，维护证券市场秩序。

依法从严惩治申请发行、注册等环节易产生的各类欺诈和腐败犯罪。对于

发行人与中介机构合谋串通骗取发行注册，以及发行审核、注册工作人员以权谋私、收受贿赂或者接受利益输送的，依法从严追究刑事责任。压实保荐人对发行人信息的核查、验证义务，保荐人明知或者应当明知发行人虚构或者隐瞒重要信息、骗取发行注册的，依法追究刑事责任。依法从严惩治违规披露、不披露重要信息、内幕交易、利用未公开信息交易、操纵证券市场等金融犯罪分子，严格控制缓刑适用，依法加大罚金刑等经济制裁力度。对恶意骗取国家科技扶持资金或者政府纾困资金的企业和个人，依法追究刑事责任。加强与证券行政监管部门刑事信息共享机制建设，在证券案件审理中发现涉嫌有关犯罪线索的，应当及时向侦查部门反映并移送相关材料。推动完善证券刑事立法，及时制定出台相关司法解释，为促进市场健康发展提供法律保障。

（2）依法受理和审理证券欺诈责任纠纷案件，强化违法违规主体的民事赔偿责任。

根据注册制试点安排，股票发行上市审核由过去监管部门对发行人资格条件进行实质判断转向以信息披露为中心，主要由投资者自行判断证券价值。在审理涉科创板上市公司虚假陈述案件时，应当审查的信息披露文件不仅包括招股说明书、年度报告、临时报告等常规信息披露文件，也包括信息披露义务人对审核问询的每一项答复和公开承诺；不仅要审查信息披露的真实性、准确性、完整性、及时性和公平性，还要结合科创板上市公司高度专业性、技术性特点，重点关注披露的内容是否简明易懂，是否便于一般投资者阅读和理解。发行人的高级管理人员和核心员工通过专项资产管理计划参与发行配售的，人民法院应当推定其对发行人虚假陈述行为实际知情，对该资产管理计划的管理人或者受益人提出的赔偿损失诉讼请求，不予支持。加强对内幕交易和操纵市场民事赔偿案件的调研和指导，积极探索违法违规主体对投资者承担民事赔偿责任的构成要件和赔偿范围。加大对涉科创板行政处罚案件和民事赔偿案件的司法执行力度，使违法违规主体及时付出违法违规代价。

（3）依法审理公司纠纷案件，增强投资者对科创板的投资信心。

积极调研特别表决权在科创板上市公司中可能存在的“少数人控制”“内部人控制”等公司治理问题，对于以公司自治方式突破科创板上市规则侵犯普通股东合法权利的，人民法院应当依法否定行为效力，禁止特别表决权股东滥用权利，防止制度功能的异化。案件审理中，要准确界定特别表决权股东权利边界，坚持“控制与责任相一致”原则，在“同股不同权”的同时，做到“同股不同责”。正确审理公司关联交易损害责任纠纷案件，对于通过关联交易损害公司利益的公司控股股东、实际控制人等责任主体，即使履行了法定公司决议程序也应承担民事赔偿责任；关联交易合同存在无效或者可撤销情形，符合条件的股东通过股东代表诉讼向关联交易合同相对方主张权利的，应当依法予以支持。

（4）依法界定证券公司投资者适当性管理民事责任，落实科创板投资者适当性要求。

投资者适当性管理义务的制度设计，是为了防止投资者购买与自身风险承受能力不相匹配的金融产品而遭受损失。科技创新企业盈利能力具有不确定性、退市条件更为严格等特点，决定了科创板本身有一定风险。对于证券公司是否充分履行投资者适当管理义务的司法审查标准，核心是证券公司在为投资者提供科创板股票经纪服务前，是否按照一般人能够理解的客观标准和投资者能够理解的主观标准向投资者履行了告知说明义务。对于因未履行投资者适当性审查、信息披露及风险揭示义务给投资者造成的损失，人民法院应当判令证券公司承担赔偿责任。

（5）依法审理股票配资合同纠纷，明确股票违规信用交易的民事责任。

股票信用交易作为证券市场的重要交易方式和证券经营机构的重要业务，依法属于国家特许经营的金融业务。对于未取得特许经营许可的互联网配资平台、民间配资公司等法人机构与投资者签订的股票配资合同，应当认定合同无效。对于配资公司或交易软件运营商利用交易软件实施的变相经纪业务，亦应认定合同无效。

4.有效保护投资者合法权益，建立健全与注册制改革相适应的证券民事诉讼制度

（1）推动完善符合我国国情的证券民事诉讼体制机制，降低投资者诉讼成本。

根据立法进程和改革精神，全力配合和完善符合我国国情的证券民事诉讼体制、机制。立足于用好、用足现行代表人诉讼制度，对于共同诉讼的投资者原告人数众多的，可以由当事人推选代表人，国务院证券监督管理机构设立的证券投资者保护机构以自己的名义提起诉讼，或者接受投资者的委托指派工作人

员或委托诉讼代理人参与案件审理活动的，人民法院可以指定该机构或者其代理的当事人作为代表人。支持依法成立的证券投资者保护机构开展为投资者提供专门法律服务等证券支持诉讼工作。按照共同的法律问题或者共同的事实问题等标准划分适格原告群体，并在此基础上分类推进诉讼公告、权利登记和代表人推选。代表人应当经所代表原告的特别授权，具有变更或者放弃诉讼请求等诉讼权利，对代表人与被告签订的和解或者调解协议，人民法院应当依法进行审查，以保护被代表投资者的合法权益。推动建立投资者保护机构辅助参与生效判决执行的机制，借鉴先行赔付的做法，法院将执行款项交由投资者保护机构提存，再由投资者保护机构通过证券交易结算系统向胜诉投资者进行二次分配。积极配合相关部门和有关方面，探索行政罚款、刑事罚金优先用于民事赔偿的工作衔接和配合机制。研究探索建立证券民事、行政公益诉讼制度。

（2）加强配套程序设计，提高投资者举证能力。

证券侵权案件中，投资者在取得和控制关键证据方面往往处于弱势地位。探索建立律师民事诉讼调查令制度，便利投资者代理律师行使相关调查权，提高投资者自行收集证据的能力。研究探索适当强化有关知情单位和个人对投资者获取证据的协助义务，对拒不履行协助取证义务的单位和个人要依法予以民事制裁。

（3）大力开展证券审判机制创新，依托信息化手段提高证券司法能力。

推动建立开放、动态、透明的证券侵权案件专家陪审制度，从证券监管机构、证券市场经营主体、研究机构等单位遴选专家陪审员，参与证券侵权案件审理。要充分发挥专家证人在案件审理中的作用，探索专家证人的资格认定和管理办法。研究开发建设全国法院证券审判工作信息平台，通过信息化手段实现证券案件网上无纸化立案，实现群体性诉讼立案便利化，依托信息平台完善群体诉讼统一登记机制，解决适格原告权利登记、代表人推选等问题。着力解决案件审理与证券交易数据的对接问题，为损失赔偿数额计算提供支持，提高办案效率。

（4）全面推动证券期货纠纷多元化解工作，推广证券示范判决机制。

坚持把非诉讼纠纷解决机制挺在前面，落实《关于全面推进证券期货纠纷多元化解机制建设的意见》，依靠市场各方力量，充分调动市场专业资源化解矛盾纠纷，推动建立发行人与投资者之间的纠纷化解和赔偿救济机制。对虚假陈述、内幕交易、操纵市场等违法行为引发的民事赔偿群体性纠纷，需要人民法院通过司法判决宣示法律规则、统一法律适用的，受诉人民法院可选取在事实认定、法律适用上具有代表性的案件作为示范案件，先行审理并及时作出判决，引导其他当事人通过证券期货纠纷多元化解机制解决纠纷，加大对涉科创板矛盾纠纷特别是群体性案件的化解力度。

（5）加强专业金融审判机构建设，提升证券审判队伍专业化水平。

根据金融机构分布和金融案件数量情况，在金融案件相对集中的地区探索设立金融法庭，对证券侵权案件实行集中管辖。其他金融案件较多的人民法院，可以设立专业化的金融审判合议庭。积极适应金融供给侧结构性改革和金融风险防控对人民法院工作的新要求，在认真总结审判经验的基础上，加强对涉科创板案件的分析研判和专业知识储备，有针对性地开展证券审判专题培训，进一步充实各级人民法院的审判力量，努力建设一支政治素质高、业务能力强的过硬证券审判队伍。

此次《最高人民法院关于为设立科创板并试点注册制改革提供司法保障的若干意见》（以下简称《科创板司法保障意见》）的发布，是最高法历史上首次为资本市场基础性制度改革安排而专门制定的系统性、综合性司法文件，从依法保障以市场机制为主导的股票发行制度改革顺利推进、依法提高资本市场违法违规成本、建立健全与注册制改革相适应的证券民事诉讼制度等方面提出了17条举措。《科创板司法保障意见》第17条对发行人的规定是重点，大致分为三个层面，围绕的中心都是信息披露。

首先，《科创板司法保障意见》对发行信息披露提出更高要求，司法机关将关注信息披露是否简明易懂、是否便于一般投资者理解。信息披露对资本市场的重要性不言而喻，资本市场上任何违法违规行为发生的本质都源于信息不对称或信息不透明。信息不透明，令投资者无法了解到上市企业的真实业绩情况，容易被虚假消息所骗，产生对股价的误判，导致投资失败、收益受损。一方面，投资者在一个充满不确定性的环境中投资，面临的风险会更大，上市企业的真实价值也不能在市场上得以体现；另一方面，信息不透明，会引发大量违法违规现象，特别是那些掌握信息优势的管理层，出于自身利益考虑，往往会刻意隐瞒对上市公司不利的“坏消息”，加剧信息不透明的现状。

《科创板司法保障意见》明确要求信披内容简明易懂，目的也是进一步提高市场透明度，如果上市公司公布的财务报表等信披内容晦涩难懂，甚至连专业机构都惊呼“看不懂”，就更不要说普通投资者了。提高披露信息的理解度，相当于变相降低资本市场参与门槛，让更多投资者有能力了解上市公司实际经营状况，有机会参与科创板交易，这对提高科创板的参与度可谓一举多得。

其次，《科创板司法保障意见》对市场各方的责任认定划好了底线。一是发行人控股股东等指使发行人从事欺诈发行、虚假陈述的，直接判定发行人的控股股东、实控人向投资者承担民事赔偿责任。二是在证券欺诈发行中，发行人的高管及核心人员通过专项资产管理参与配售的，如果发生欺诈发行，不能同一般投资者一样享有平等的赔偿权。这一规定，可从源头处抑制发行人欺诈发行、虚假陈述的冲动。

最后，《科创板司法保障意见》对惩罚力度予以规定，对于在申请发行注册等环节骗取发行等，不但要追究其刑事责任，还要严格控制缓刑适用，依法加大罚金等经济制裁力度，体现出管理层对金融犯罪“零容忍”的态度。经济问题必须用经济手段来解决，对违法违规者处以“市场禁入”或巨额罚金是最有效的治理手段之一。

除了对发行人的各项规定外，《科创板司法保障意见》还规定了保荐、投行等中介机构的责任，并对投资者和监管者的责任予以规定。更值得一提的是，《科创板司法保障意见》还规定，与科创板上市公司相关案件将集中由上海金融法院试点集中管辖。集中管辖可大大降低执法和维权成本，提升法律适用的一致性，实现司法判罚标准化，确保司法机关的公信力和权威性。

最高人民法院还表示，除了对科创板的特殊要求外，《科创板司法保障意见》的其余要求也适用于整个A股市场。科创板刚刚上线，最高人民法院的第17条就紧随其后，为科创板安全起航扫除障碍，体现出管理层对科创板试点寄予了厚望。

第三章

科创板所涉行业代表案例分析

华润微电子有限公司
——“IDM模式”的佼佼者

华润是我国央企中发展较为多元化的典型代表，在各大领域都有着不俗的表现。比如在地产领域有华润置地；在能源领域有华润电力；在消费领域有华润怡宝、华润万家；在健康领域有华润医疗；在金融领域有华润银行。与此同时，华润也是电子科技领域的佼佼者，旗下的华润微电子有限公司（以下简称华润微电子）目前是我国的十大半导体企业之一，也是我国唯一以IDM模式运营的半导体企业。2011年11月，华润微电子从香港联交所私有化退市。2020年2月27日，华润微电子正式挂牌上海交易所科创板。

华润微电子是中国领先的拥有芯片设计、晶圆制造、封装测试等全产业链一体化运营能力的半导体企业，目前公司主营业务可分为产品与方案、制造与服务两大业务板块。公司采用“IDM”经营模式，提供半导体领域的设计、制造、封装测试以及投向消费市场的全流程服务。

一、公司基本情况

名称：华润微电子有限公司

注册地：Cayman Islands

法定代表人：李福利

注册资本：1,215,925,195 HKD

成立日期：2003年1月28日

主营业务：晶圆制造、封装测试、掩膜制造及其他、分立器件、IC设计、配套支持等

主要财务指标（合并口径）见表3-1所示：

表 3-1　公司基本情况

单位：万元

项目	2018 年 12 月 31 日	2017 年 12 月 31 日	2016 年 12 月 31 日
资产总计	999,205.34	974,674.33	749,618.38
负债总计	497,225.67	527,622.17	476,560.85
所有者权益总计	501,979.67	447,052.15	273,057.53
归属于母公司所有者权益	414,818.33	383,232.16	271,754.35
营业收入	627,079.65	587,558.97	439,676.33
营业利润	58,560.82	−4588.88	−36,870.53
利润总额	59,057.97	−5853.34	−28,353.14
净利润	53,756.21	−10,268.81	−30,224.97
归属于母公司所有者净利润	42,944.13	7028.29	−30,269.76
归属于母公司所有者扣除非经常性损益后的净利润	32,218.94	717.52	−37,967.62

华润微电子原本系香港联交所上市公司，于2011年11月从香港联交所私有化退市。华润微电子共有16家境内控股子公司、20 家境外控股子公司。所有境外子公司均为100%控股，经由CRM HK对境内子公司华微控股和无锡华微实现100%控股，进而对境内其他14家子公司实现控股。

二、公司股权结构（见图 3-1）

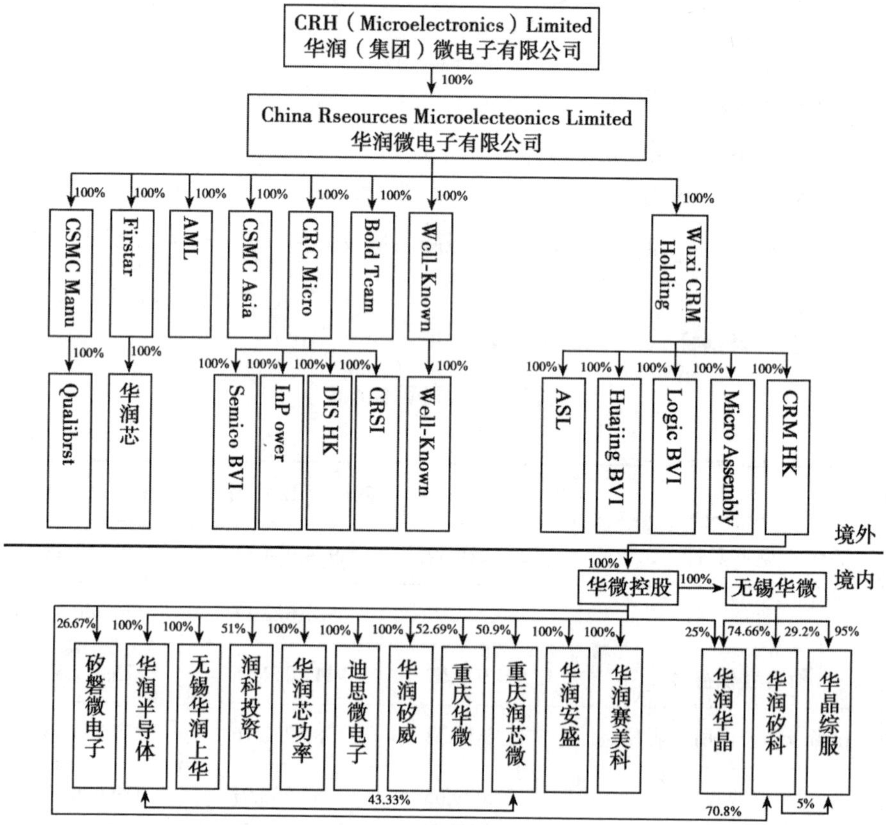

图 3-1　公司股权结构

三、主营业务及经营业务模式

（一）主营业务

公司的主营业务可分为产品与方案、制造与服务两大板块，具体如下：

1.产品与方案业务板块

公司产品与方案业务板块聚焦于功率半导体、智能传感器与智能控制领域，主要由华润华晶、重庆华微、华润矽科、华润矽威、华润半导体等子公司运营。其中，华润华晶和重庆华微主要负责分立器件产品及应用的研发、设计、生产与销售，华润矽科、华润矽威和华润半导体主要负责 IC 产品及应用的研发、设计与销售。产品与方案业务板块各产品及其用途如表3-2所示：

表 3-2　产品与方案业务板块

产品类别	种类		主要用途
功率半导体	功率器件	MOSFET	消费电子、工业控制、汽车电子等
		IGBT	消费电子、工业控制、新能源、汽车电子等
		SBD	消费电子、新能源等
		FRD	消费电子、汽车电子、智能电网等
	功率 IC	AC-DC	消费电子、工业控制等
		LED 驱动 IC	智慧照明、消费电子、工业控制等
		BMS IC	消费电子、工业控制等
		线性稳压 IC	消费电子等
		无线充电 IC	消费电子、物联网等
		电机驱动 IC	消费电子等
		音频功放 IC	消费电子等
智能传感器	MEMS 传感器		汽车电子、消费电子、工业控制、医疗等
	烟雾传感器		智慧消防等
	光电传感产品		汽车电子、消费电子、工业控制、医疗等
智能控制	人机交互 MCU		人机交互产品等
	计量计算 MCU		计量计算产品等
	通用型 MCU		消费电子、工业控制等

报告期内，产品与方案板块的具体收入情况如表3-3所示：

表 3-3　报告期内，产品与方案板块的具体收入情况

项目	2018 年度		2017 年度		2016 年度	
	金额 / 万元	占比 /%	金额 / 万元	占比 /%	金额 / 万元	占比 /%
功率半导体	241,885.78	90.14	206,857.89	88.44	108,118.07	81.19
智能传感器	13,764.40	5.13	9694.05	4.14	8535.64	6.4
智能控制	9937.33	3.70	12,750.40	5.45	11,638.61	8.74
其他 IC 产品	2761.23	1.03	4603.45	1.97	4880.93	3.67
合计	268,348.74	100.00	233,905.79	100.00	133,173.25	100.00

2.制造与服务业务板块

公司制造与服务业务主要提供半导体开放式晶圆制造、封装测试等服务，主要由控股子公司华润上华、华润安盛、华润赛美科运营。华润上华主要负责公司晶圆制造服务，华润安盛和华润赛美科主要负责公司的封装和测试服务。此外，公司新设的矽磐微电子，正在开发面板级封装技术。公司拥有中国领先的晶圆制造服务能力，为国内主要的半导体特种工艺平台之一，是国内前三的本土晶圆制造企业，如表3-4所示。

表 3-4 公司拥有的主要制造资源情况

资源	产线	主要工艺
晶圆制造	无锡 3 条 6 英寸线	Analog、BCD、MEMS、DMOS、Power Discrete
	无锡 1 条 8 英寸线	Advance、BCD、Analog、DMOS
	重庆 1 条 8 英寸线	中低压沟槽栅 MOS、屏蔽栅 MOS、超结 MOS、SBD
封装测试	圆片测试产线	数字芯片、模拟芯片、数模混合芯片和分立器件
	封装产线	QFP、QFN、PQFN、FC-QFN、TSSOP、SSOP、MSOP、IPM
	成品测试产线	数字芯片、模拟芯片、数模混合芯片和分立器件
掩模制造	掩模制造产线	光掩模板生产

关于报告期内，公司制造与服务业务板块的收入情况如表3-5所示：

表 3-5 公司制造与服务业务板块的收入情况

项目	2018 年度		2017 年度		2016 年度	
	金额 / 万元	占比 /%	金额 / 万元	占比 /%	金额 / 万元	占比 /%
晶圆制造	267,427.00	74.87	256,329.27	72.83	218,777.02	72.17
封装测试	78,568.04	22.00	82,011.16	23.30	72,936.51	24.06
掩模制造及其他	11,195.78	3.13	13,635.27	3.87	11,442.19	3.77
合计	357,190.82	100.00	351,975.70	100.00	303,155.72	100.00

3.报告期内，公司主营业务收入构成（见表3-6）

表 3-6 公司主营业务收入构成

项目	2018 年度		2017 年度		2016 年度	
	金额 / 万元	占比 /%	金额 / 万元	占比 /%	金额 / 万元	占比 /%
产品及方案	268,348.74	42.90	233,905.79	39.92	133,173.25	30.52
制造与服务	357,190.82	57.10	351,975.70	60.08	303,155.72	69.48
合计	625,539.56	100.00	585,881.49	100.00	436,328.97	100.00

报告期内，公司的产品与方案业务板块收入占比持续提高，从2016年度的30.52%增长到2018年度的42.90%；而制造与服务业务板块收入呈现下降的趋势。

（二）经营模式（见图 3-2）

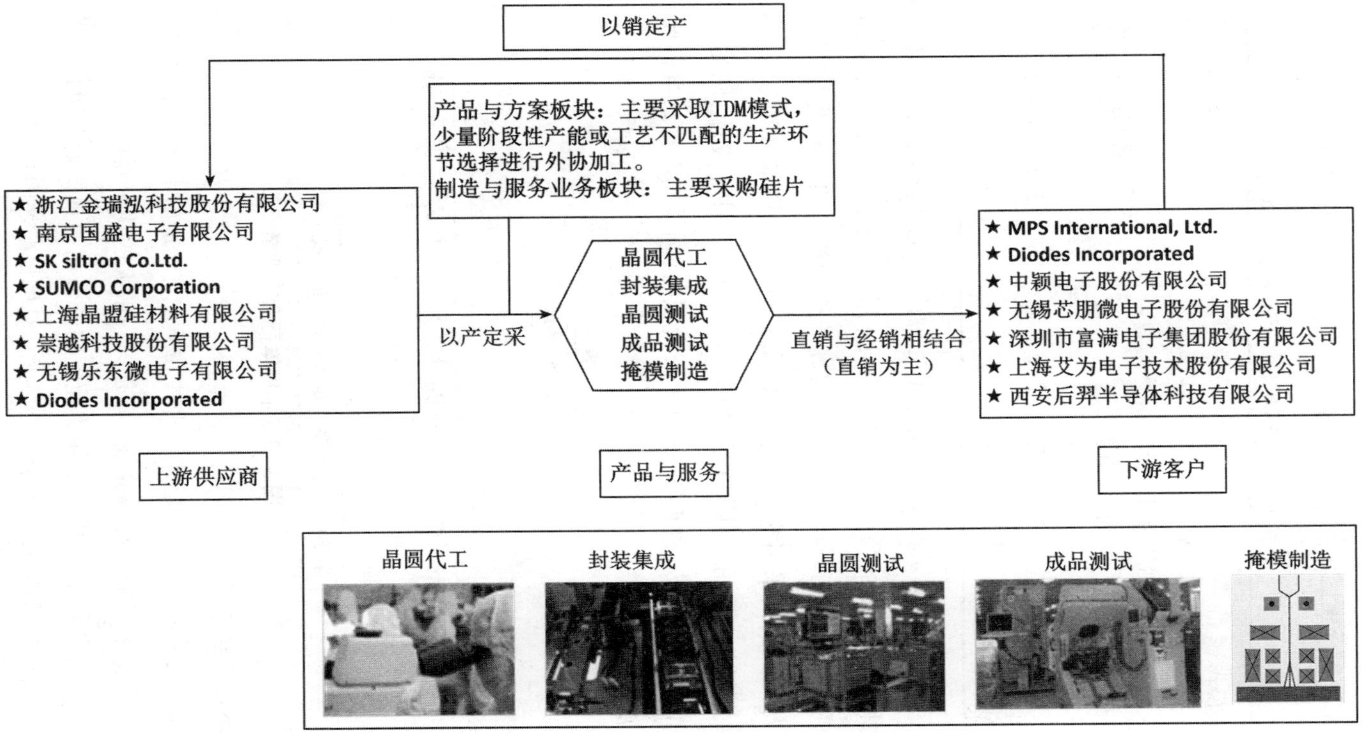

图 3-2　经营模式

1.全球半导体产业的经营模式

目前，全球半导体产业的经营模式大致可以分为以下两种类型：（见表3-7）

表 3-7　全球半导体产业的经营模式

业务模式	特点	代表企业
IDM 模式	可独立完成设计、制造、封装，投向消费市场	三星、德州仪器、英特尔
Fabless 模式	只专注于某个流程，例如，设计、圆晶代工、封测	高通（设计）；圆晶代工（台积电）；封测（长电科技）

如上表所示，第一种是“IDM模式”，即Integrated Design and Manufacture。采用这种业务模式的公司独立提供设计、制造、封装测试以及投向消费市场的全流程服务。由于半导体行业有较高的技术壁垒和资金投入需求，通常实力较为雄厚的公司采用这种业务模式，如三星、德州仪器和英特尔。第二种是“Fabless模式”。采用这种业务模式的公司往往只专注于设计、圆晶代工、封装测试中的某一个领域，例如高通（设计）、台积电（圆晶代工）、长电科技（封装测试）。（见图3-3）

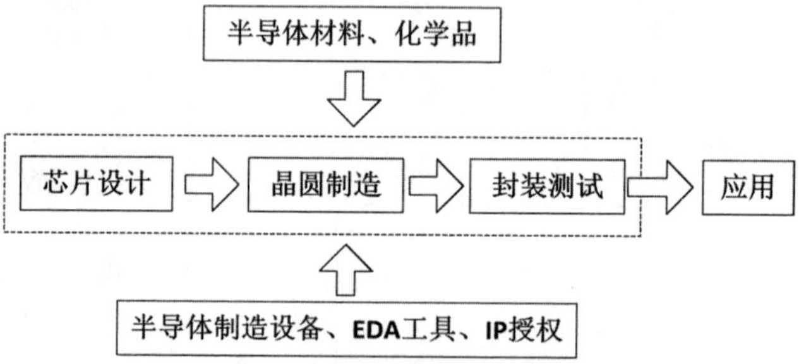

图 3-3　半导体行业产业链

2.公司的经营模式

公司在2018年中国半导体企业中位列第十，是前十名企业中唯一一家以IDM模式为主运营的半导体企业，亦是国内最大的功率器件厂商，其实力之雄厚可见一斑。公司下属开展半导体业务的子公司的具体业务可以分为产品设计、晶圆制造、封装测试、掩模制造四大类，具体情况如图3-4、3-5所示：

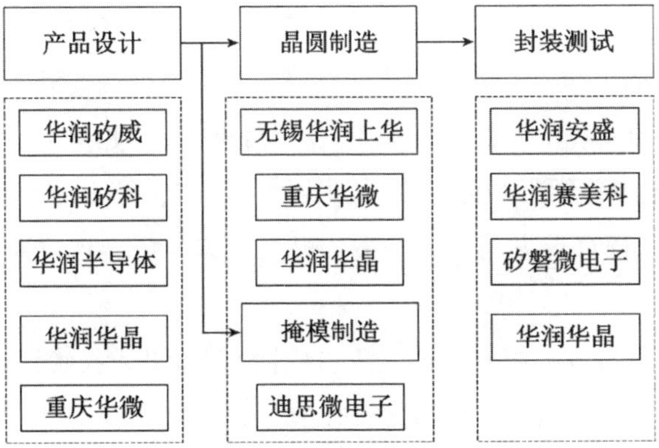

图 3-4 具体业务

公司半导体产品具体工艺流程如图3-5所示：

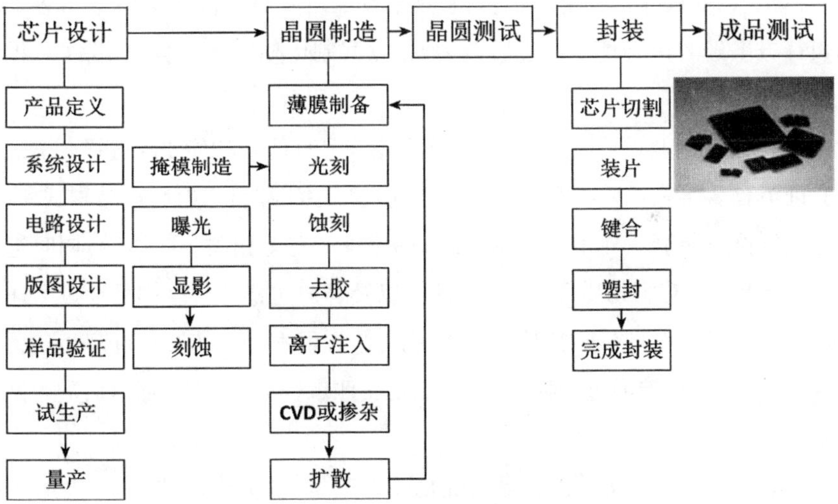

图 3-5 公司半导体产品具体工艺流程

公司作为中国领先的拥有芯片设计、晶圆制造、封装测试等全产业链一体化经营能力的半导体企业，是国内少数覆盖完整产业链业务的半导体企业。公司产品与方案板块业务目前主要采用 IDM 经营模式，制造与服务板块主要向国内外半导体企业提供专业化服务。公司主要经营模式如图3-6所示：

（1）产品与方案业务板块

1）研发模式（见图3-6）

图 3-6 研发模式

产品与方案板块的研发流程主要包括立项、设计、样品试制及评价、试生产和量产五个阶段，每个阶段均有专门的评审委员会进行评审。

①立项阶段：综合考量市场调研、客户需求、技术趋势等因素启动产品立项，立项评估报告包括市场可行性、技术可行性、工艺及生产可行性、财务可行性、项目计划及预算等方面。评估报告提交评审委员会评议通过后进入设计阶段。

②设计阶段：产品立项后，研发人员依据《设计开发技术评估报告》和《设计开发任务书》正式进入产品设计阶段，其中包括线路设计、版图设计、工艺设计及验证方案等步骤。在设计过程中，需要时可根据产品规模、设计难度等进行次数不定的设计审查。研发人员会围绕设计目标，进行芯片仿真、失效模式分析，确定产品的雏形，初步确定材料规格及工艺流程，进行单项工艺开发。产品设计方案经委员会评审通过后，将根据方案制作相应光刻版，准备工程批流片试验。

③样品试制及评价阶段：该阶段将依据产品性能与功能要求选择合适的设计验证流程。工程试验批在流通后对芯片进行中测评价与封装成品测试评价，若不达标则进行新一轮的工艺调整或版图调整，直至相关参数达标，同时进行可靠性评价、无有害物质评价、应用评价以及客户送样评价。样品通过上述全部评价后，进行扩批验证稳定性。在完成工艺流程固化、关键窗口拉偏完成、可靠性考核、客户认定通过等程序后，样品提交评审委员会评审，通过后进入试生产阶段。

④试生产阶段：研发人员继续优化改进产品，提升产品的良率，及时解决客户反馈，在达到一定产量后提交评审委员会评审，通过后进入量产阶段。

⑤量产阶段：运营中心按订单计划安排生产，工厂按照流程单、控制计划进行生产，在生产过程中各部门持续协同改进，通过技术革新与产品升级不断提升客户满意度。

2）采购和生产模式

产品与方案板块依托公司全产业链制造资源，主要采取 IDM 经营模式经营，同时根据实际需要，对少量阶段性产能或工艺不匹配的生产环节选择进行外协加工生产。（见图3-7）

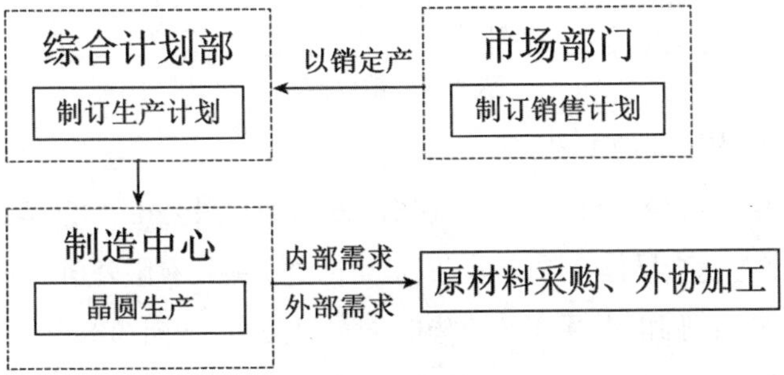

图 3-7　采购和生产模式

IDM 模式下，市场部门根据市场及客户需求制订销售计划，综合计划部根据销售计划制定生产计划。晶圆生产由公司制造中心完成，制造中心会根据内外部整体需求进行原材料采购计划。晶圆生产完成后通过公司封测平台进行封装测试。如有需要外协加工的情况，公司在严格遴选委外供应商的基础上，严格管理和跟踪外协加工全过程，保证产品的质量和性能要求，同时高度重视核心技术的保密工作。

3）销售模式

1）公司产品与方案板块采取直销与经销相结合的模式，公司制定了《营销业务管理规定》《经销商通用规则》《市场部订单管理规定》等制度，具体规定和流程如下：

①接受订单与计划：市场部门将客户订单录入系统，包括产品规格型号、订购数量、价格、交货日期等，市场部门与运营中心根据库存情况确认可达成的交期，确认后对客户进行回复。市场部门根据客户提供的计划，提交运营中心，由运营中心按照需求组织制造生产。

②发货：对于款到发货的客户，公司确认收到客户的付款单后进行发货；对于授信客户，在授信条件内发货。发货时产品直接由公司发送至客户指定地点。

③开具发票：发货后，系统根据发货单自动生成销售发票，市场部门审核后将发票发送客户。

④对账及收款：公司会每月与客户进行对账确认，对于授信客户，市场部门按照相应的授信账期在发货后跟踪货款结算情况，以保证按期收款，如图3-8所示。

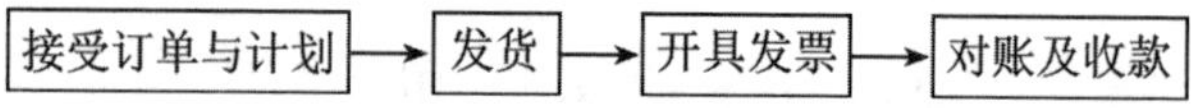

图 3-8　销售模式

2）报告期内公司的主要客户

华羿微电子股份有限公司、青岛华润发电子有限公司、江苏钧茂电子有限公司、无锡市芯途半导体有限公司、广东高标电子科技有限公司、西安后羿半导体科技有限公司、佛山市顺德区矽华电子有限公司、扬州扬杰电子科技有限公司、深圳市晶导电子有限公司、深圳市金碧电子科技有限公司等。

（2）制造与服务业务板块

1）研发模式

公司制造与服务板块工艺技术研发遵循业界标准的研发流程，具体包括立项评估、工程开发、产品验证、试生产、量产等重要环节，每个阶段均有专门的评审委员会进行评审。公司制造与服务板块工艺技术研发简要流程如图3-9所示：

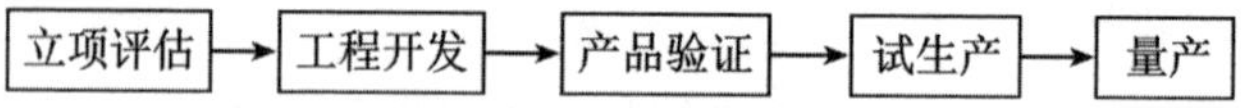

图 3-9　研发模式

①立项评估阶段：市场部门根据市场及客户发展需求以及公司产品发展战略需求，确立工艺技术发展目标，在公司内产、销、研等部门展开全面立项评估，针对市场、商业、技术、生产、财务等维度进行量化打分，最终由评审委员会进行评议后确定是否立项，并明确项目目标与负责人。

②工程开发阶段：基于立项需求及项目目标，项目负责人在公司范围内成立项目团队，规划项目开展计划与配套资源，组织实施项目研发工作。以晶圆制造为例，具体技术开发流程包括工艺物理设计规则文件定义、工艺流程架构定义、器件架构及参数目标定义、工程开发阶段工程掩模版的规划与制作、工程试验方案的制定与流片、工艺及器件开发结果测试与评价等工作。工艺及器件开发达标后，研发中心负责总结阶段成果并提交评审委员会评审阶段技术交付。通过技术评审后，由市场部门结合市场及客户发展状况判定项目是否进入下一研发阶段。

③产品验证阶段：基于工程开发阶段交付，由研发中心完成器件模型参数提取与设计服务套件文件建立，并提交给设计单位进行相应产品设计。产品导

入后由研发中心开展产品工程流片并保证工艺及器件参数达标。产品功能验证评价由设计单位负责，研发中心配合进行工程改善以及产品工程窗口验证。产品验证达标后，由研发中心负责总结阶段成果并提交评审委员会评审技术交付。通过技术评审后，市场部门结合市场及客户发展状况判定项目是否具备进入试生产阶段的条件。

④试生产阶段：通过工艺平台可靠性考核及客户产品可靠性考核，客户产品进入小批量生产阶段。该阶段主要包括产品良率提升、生产工艺能力提升、生产产能拓展等工作。产品试生产各项交付指标达标后，研发中心负责总结阶段成果，并提交评审委员会评审。通过技术评审后，公司结合市场及客户发展状况判定项目是否进入下一阶段。

⑤量产阶段：运营中心主要负责产品生产，并管控产品良率提升、生产能力改进、生产效率提升等工作，使研发效益最大化。

2）采购模式

公司制造与服务板块主要采用“以产定采”的采购模式。公司采购部门会根据市场供应情况、价格变化情况及供应商交货周期等因素，结合生产计划对主要的原材料安排适当的安全库存。

公司采购方式分为招标采购方式和非招标采购方式，公司经过多年发展，已和多数主要原材料供应商建立了良好的合作关系，建立了合格供应商名录，采购部门按采购计划在《合格供应商名录》中选择合格供应商进行采购。采购部门会根据采购类别和采购金额选择相应的采购方式，并与供应商签订相应的采购合同，内容包括采购金额、数量和供货日期等，货物经质检验收后入库。（见图3-10）

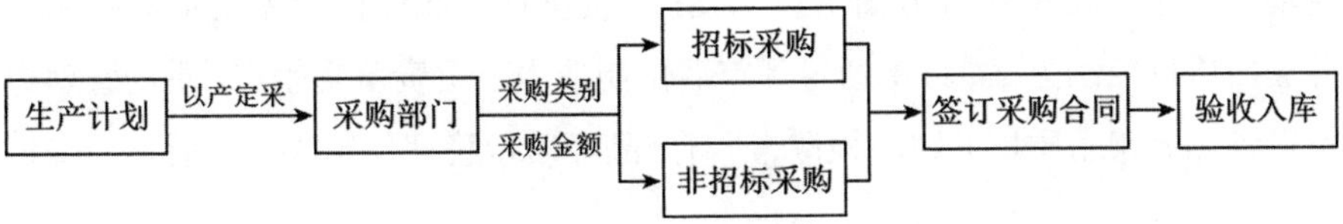

图 3-10　采购模式

晶圆制造服务主要采购原材料有硅片、化学品等；封装测试服务主要采购原材料有引线框、塑封料等。

3）生产模式

公司具备完善的生产运营体系，采取“以销定产”的生产模式，由运营中心综合考虑市场需求、原材料供应和产能情况制定生产计划。

对于晶圆制造业务，在接到客户的产品订单后，公司首先根据客户的需求确定客户产品所需的制程、规格并制定工艺路线和工艺流程等相关资料。综合计划部负责制造生产过程控制、订单交期确认和生产计划安排，智能与信息化部负责提供生产自动化及生产系统方面的技术支持，质量管理部评价产品质量控制能力并提出质量控制方案，订单通过评审后由制造部门负责落实生产。对于新客户或是新产品，制造中心与研发中心将协同公司相关部门进行立项评审，确定产品开发项目及相关的工艺路线、工艺流程，安排流片实验并完成相关的技术测试分析、封装测试分析、客户试用评估、可靠性考核评估等新品综合实验。通过客户验证评估后，公司对新产品进行试生产、小批量生产以评估产品的稳定性、一致性以及是否具备量产所需的工艺窗口。通过这些验证后，产品可以开始根据客户需求进入量产。公司质量管理部负责各环节产品质量的跟踪检测，所有产品经质量管理部验收合格后才会交付给客户。

对于封装测试业务，公司生产流程如下：客户有新产品封装测试需求，公司将先评估封测是否能承接并安排工程试验批，流程通过后进入量产阶段。客户提供封测代工需求计划，综合计划部依据产能情况评估计划承接量。公司在接到客户订单并收到客户圆片后，进行生产安排，并负责管理订单交期确认、生产计划安排、订单交付等事项。在具体的生产过程中，综合计划部负责封测生产过程控制、订单交期确认和生产计划安排，智能与信息化部负责提供生产自动化及生产支持系统方面等技术支持，质量管理部评价产品质量控制能力并提出质量控制方案，订单通过评审后由制造中心负责落实生产，质量管理部负责各环节产品质量的跟踪检测，所有产品经质量管理部验收合格后才会交付客户。

晶圆制造业务及封装测试业务中，客户新产品需求在进入量产前的验证环节，依然采用签署合同或订单采购的方式进行，公司承担验证环节的生产成本，客户支付外协加工费用。（见图3-11）

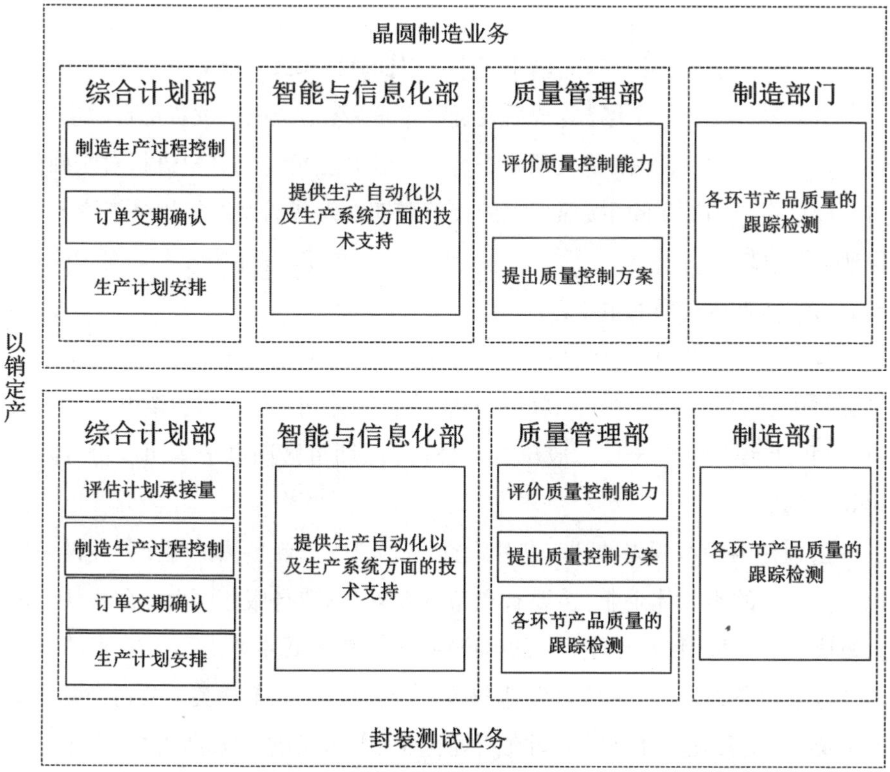

图 3-11　生产模式

4）销售模式

目前公司制造与服务板块以直销作为主要销售方式，由市场部门负责销售管理，公司制造与服务板块的主要客户是半导体企业，公司与国内众多半导体企业建立了稳定的合作关系，并与其在产品交期、质量控制、交货方式、付款方式等方面形成了标准化、系统化、合同化约束。（见图3-12）

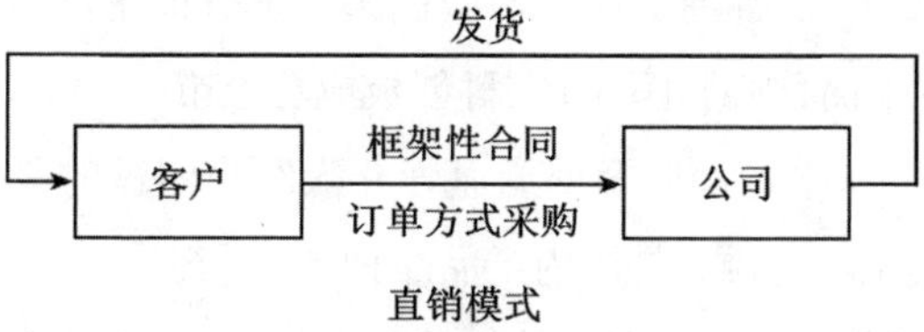

图 3-12　销售模式

①销售流程

客户一般会与公司签订框架性合同，根据具体的生产计划以订单方式向公司发出采购计划，公司生产完成后发货。发货后，系统根据发货单自动生成销售发票，市场部门审核后将发票发送客户。公司会每月与客户进行对账确认，对于授信客户，市场部门按照相应的授信账期在发货后跟踪货款结算情况，以保证按期收款。

②报告期内公司的主要客户

深圳市必易微电子有限公司、MPS International, Ltd.、Diodes Incorporated、华羿微电子股份有限公司、中颖电子股份有限公司、无锡芯朋微电子股份有限公司、上海艾为电子技术股份有限公司、深圳市富满电子集团股份有限公司等。

公司作为中国领先的拥有芯片设计、晶圆制造、封装测试等全产业链一体化经营能力的半导体企业，主要有产品与方案、制造与服务两大业务板块。两大板块业务均采用“以销定产”的生产模式；销售模式主要为“经销+直销”（产品与方案业务板块）、“直销”（制造与服务业务板块）。上述关于公司经营模式的定位，一定程度上体现了公司在所处行业中的市场地位及话语权，至于后市表现，我们拭目以待。

上海微创心脉医疗科技股份有限公司

——专注主动脉及外周血管介入医疗器械

2019年7月22日，由香港上市公司微创医疗拆分的上海微创心脉医疗科技股份有限公司（以下简称心脉医疗）在科创板成功上市。

心脉医疗主要从事主动脉及外周血管介入医疗器械的研发、生产和销售。在主动脉介入医疗器械领域，是国内产品品种齐全、规模领先、具有市场竞争力的企业之一。根据弗若斯特沙利文的相关研究报告，按照产品应用的手术量排名，2018年该公司在我国主动脉血管介入医疗器械市场份额排名第二，仅次于外资企业美敦力，在国产品牌中市场份额排名第一。

心脉医疗的采购计划主要按照年度经营计划以及预计市场需求来制定，生产遵循以销定产、适量备货的原则，销售模式包括直销模式、配送商模式以及直销与配送商相结合的模式。

一、公司基本情况

名称：上海微创心脉医疗科技股份有限公司

注册地址：上海市浦东新区康新公路3399弄1号

法定代表人：彭博

注册资本：71,978,147元

成立日期：2012年8月17日

主营业务：主动脉及外周血管介入医疗器械的研发、生产和销售

主要财务指标（合并口径）：（见表3-8）

表 3-8 公司基本情况

单位：万元

项目	2018 年 12 月 31 日	2017 年 12 月 31 日	2016 年 12 月 31 日
资产总计	26,881.63	22,426.16	18,859.62
负债总计	5266.12	3624.49	6521.84
所有者权益总计	21,615.52	18,801.67	12,337.78
归属于母公司所有者权益	21,615.52	18,801.67	12,337.78
营业收入	23,112.75	16,513.48	12,532.67
营业利润	10,484.68	7392.25	4485.50
利润总额	10,485.09	7403.91	4782.16
净利润	9064.79	6338.62	4111.38
归属于母公司所有者净利润	9064.79	6338.62	4111.38
归属于母公司所有者扣除非经常性损益后的净利润	8371.86	6221.91	3859.39

二、公司股权结构

微创医疗系香港联交所主板上市公司，合计间接持有发行人61.79%股份，

该公司不存在实际控制人。香港心脉系发行人的控股股东直接持有发行人60.96%股份，最近两年，发行人控股股东未发生变化且发行人无实际控制人。（见图3-13）

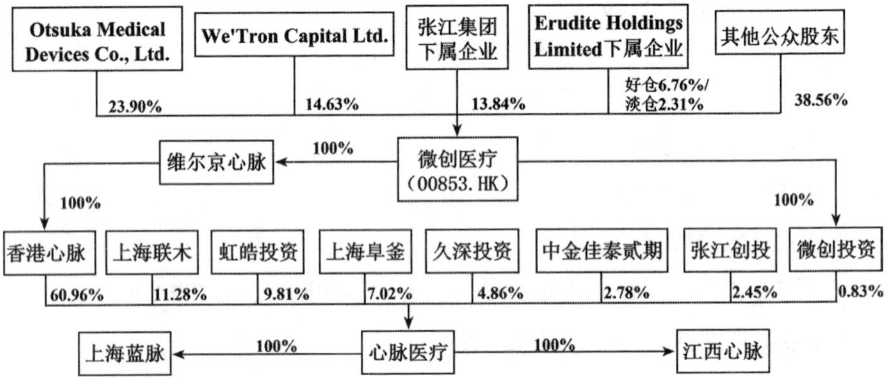

图 3-13　公司股权结构

三、主营业务及经营业务模式

（一）主营业务

发行人的主营业务为主动脉及外周血管介入医疗器械的研发、生产和销售。公司主要产品可分为主动脉覆膜支架类、术中支架类及其他产品。各产品及其用途如表3-9所示，报告期内发行人主营业务收入构成如表3-10所示：

表 3-9　主营业务

产品类别		种类	主要用途
主动脉支架类	胸主动脉覆膜支架系统	HerculesLP 直管型	使用微创伤介入技术和腔内隔绝原理，建立新的血流通道，治疗胸主动脉瘤、胸主动脉夹层病变
		Castor 分支型	
	腹主动脉覆膜支架系统	Hercules 分叉型	
		Aegis 分叉型	
		Minos	
术中支架类		CRONUS 术中支架系统	配合主动脉夹层治疗手术，使二次开胸手术简化为一次完成，降低全弓置换手术操作难度

表 3-10 报告期内发行人主营业务收入构成

产品	2018 年		2017 年		2016 年	
	金额 / 万元	比例 /%	金额 / 万元	比例 /%	金额 / 万元	比例 /%
主动脉支架类	18,852.08	82.21	13,088.22	81.18	9477.46	77.98
术中支架类	3824.90	16.68	2938.2	18.22	2620.32	21.56
其他	254.46	1.11	97.00	0.60	56.00	0.46
总计	22,931.44	100.00	16,123.42	100.00	12,153.79	100.00

（二）经营模式

1.采购模式

公司设置采购部实施采购管理，并利用SAP系统对采购过程进行控制和监督。公司生产部门、研发部门负责提供所需物品的采购申请，采购部主要负责产品生产研发所需相关原材料、耗材、工具、备件、固定资产和外协服务的采购管理工作，品质部负责采购商品和服务的检验，财务部门负责审核和监督采购预算及资金支付。采购部定期对合格供应商进行复评工作。

（1）采购流程

公司根据年度经营计划以及预计市场需求制定原材料的采购计划，与关键供应商签订框架采购合同，具体单笔采购金额系公司根据原材料库存、在研产品需求等制订相应采购计划并实施。

生产部门根据年度及月度生产计划、供应商供货的稳定性、采购物资清单、原材料现有库存情况及成品率计算月度生产原材料采购计划并提交采购申请。公司根据实时最新订单情况，进行采购计划的动态调整。采购申请经审批后，采购人员按照采购申请的数量、规格等要求，在合格供应商清单范围内进行物料的选购。采购原材料经检验合格后方可办理入库手续并用于产品生产。

研发部门根据在研产品不同阶段确定采购需求并提交采购申请，采购申请经审批后，采购人员按照采购申请的数量、规格等要求，优先在合格供应商清单范围内进行物料的选购。若合格供应商无法满足采购需求，则由采购部、研发部共同开发符合采购需求的供应商。

（2）供应商的管理

公司采购部对主要物料供应商进行资质评价，品质部再对供应商体系和性能进行专项评价，采购部最终生成综合评价报告。评价合格的供应商将纳入《合格供方清单》。公司根据物料的复杂程度和关键程度，对供应商进行分类管理。公司与主要供应商常年保持稳定的业务合作关系，同时通过保持供应商之间的竞争，保证了公司主要原材料的供应和价格的稳定。公司采购部门按照编码规则确定原材料批号，确保原材料批号的可追溯性。

采购部门对《合格供方清单》中的供应商在年初实施年度再评价。如果供应商评价符合标准，则保留合格供应商资格；如果供应商评价不符合标准，需在限期内完成整改，方可保留合格供应商资格，未能在限期内整改完成的，则从《合格供方清单》中剔除。

(3)报告期内公司采购的主要内容

覆膜、输送器管材、输送器管材、委托加工劳务、显影点、缝合材料等。

(4)报告期内公司的主要供应商

微创医疗、JOTECGmbH、江阴法尔胜佩尔新材料科技有限公司、上海亚尔光源有限公司、普霖医疗科技（广州）有限公司、Heraeus Deutschland GmbH&Co.KG、Johnson Matthey Pacific Limited、Mentice AB、上海医韵生物科技有限公司、TELEFLEXINC等。详细结构如图3-14所示。

2.生产模式

(1)生产流程

公司生产主要采取以销定产、适量备货的原则指导生产计划的制定。生产部门根据月度销售预测和当前库存情况，制订月度生产计划，在各部门的配合下，确保生产计划准时完成。生产部根据发货速度、当前成品库存量、半成品库存量、生产能力以及研发验证等需求制订各车间的周生产计划。根据产品类型的不同，成品库存量保持在合理的水平，一般为1～3个月。

对于库存无法满足的订单，如果缺货规格为常规备货规格，则由生产部门直接安排缺货规格的生产。如果缺货规格为非常用规格，则由销售部门提交缺货规格产品生产申请。生产部门收到生产申请后，安排紧急生产，确保以最短的生产周期入库发货。此外，为提高生产效率，公司将术中支架等产品的部分前序生产工序委托供应商加工或直接采购半成品。

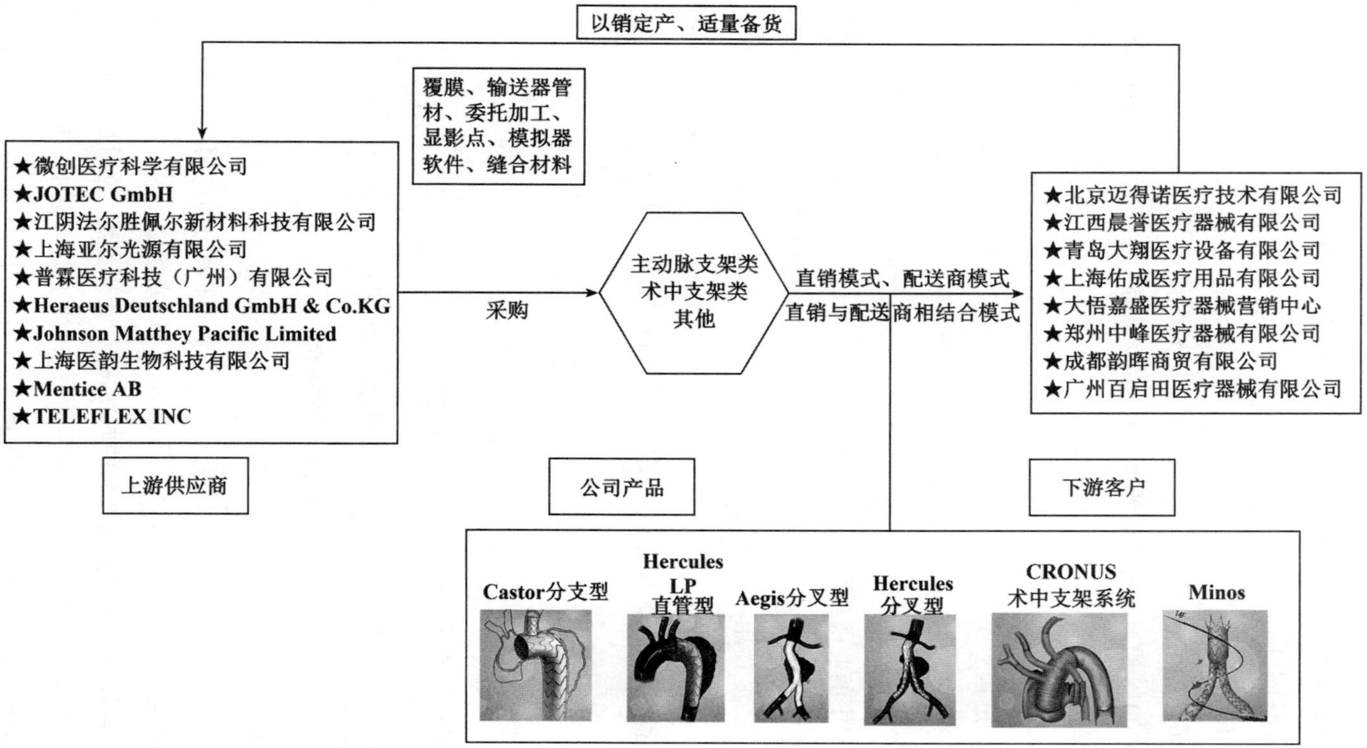

以销定产、适量备货
覆膜、输送器管材、委托加工、显影点、模拟器软件、缝合材料
★微创医疗科学有限公司
★JOTEC GmbH
★江阴法尔胜佩尔新材料科技有限公司
★上海亚尔光源有限公司
★普霖医疗科技（广州）有限公司
★Heraeus Deutschland GmbH & Co.KG
★Johnson Matthey Pacific Limited
★上海医韵生物科技有限公司
★Mentice AB
★TELEFLEX INC
上游供应商
采购
主动脉支架类
术中支架类
其他
公司产品
直销模式、配送商模式
直销与配送商相结合模式
★北京迈得诺医疗技术有限公司
★江西晨誉医疗器械有限公司
★青岛大翔医疗设备有限公司
★上海佑成医疗用品有限公司
★大悟嘉盛医疗器械营销中心
★郑州中峰医疗器械有限公司
★成都韵晖商贸有限公司
★广州百启田医疗器械有限公司
下游客户
Castor分支型
Hercules LP 直管型
Aegis分叉型
Hercules 分叉型
CRONUS 术中支架系统
Minos

图 3-14　经营模式

在库存满足订单需求的情形下，订单通过公司物流和财务审核后，生产部门负责制单和装箱出库，并根据当日的可发货订单，预约经销商指定的承运商提货（或经销商自提）。

（2）生产管理

公司严格按照YY/T0287—2017《医疗器械质量管理体系用于法规的要求》、GB/T1 9001《质量管理体系要求》、《无菌医疗器具生产管理规范》、《医疗器械生产企业质量管理体系规范——植入性医疗器械实施细则》等政策文件的要求制定了相关生产和品质检测制度。

公司生产过程形成各项生产记录文档，成品完工后由品质部门检验员进行全检或抽检，合格后由生产部门进行灭菌包装工作，灭菌后进行包装，产品再交品质部门检验员进行成品出厂前最终检验，检验合格后由生产部门办理入库。

生产过程中的监视和测量装置由品质部门根据《监测装置编码规则与分类管理制度》进行定期计量及校准控制，确保产品监视过程合法、合理、正确，以及计量器具可有效使用。针对生产设备的使用及管理，公司制定了《设备管理制度》并建立设备档案，对设备定期做验证及运行确认；同时，公司按照医疗器械生产质量管理规范的要求制定了相关的操作维护规程。（见图3-15）

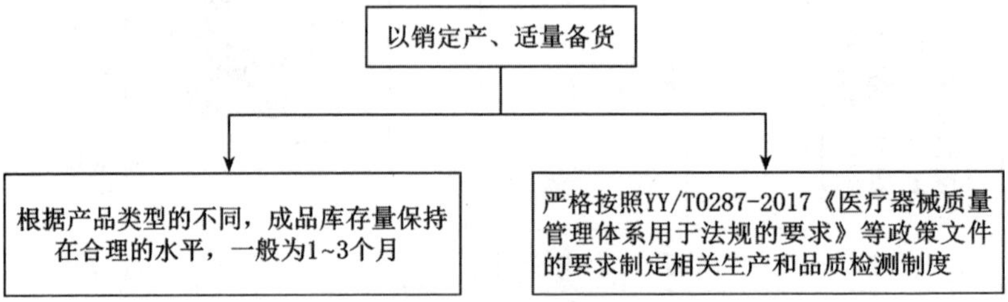

图 3-15　生产模式

3.销售模式

报告期内，公司主要采用经销模式进行销售，即公司向经销商销售产品，再由经销商销售至医院等医疗机构。公司通过组织或参加学术推广会、学术研讨会、行业展会等方式介绍公司产品的原理特点、使用方法、应用效果等，进行产品推广。经过多年积累，公司产品在国内市场中形成了良好的口碑。

在国内销售过程中，除为配合医院要求直接向汉中市中心医院销售外，公司均通过经销商将产品销售至医院；在国外销售过程中，公司通过国外经销商

将产品销售至国外医疗机构。(见图3-16)

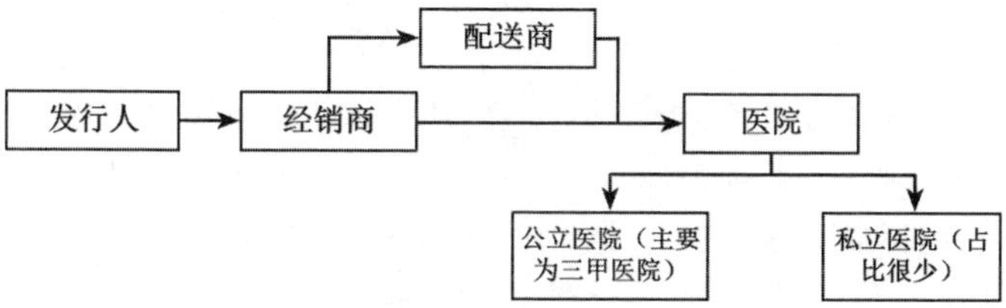

图 3-16　销售模式

2016年至2018年，公司对经销商的销售收入占主营业务收入的比例分别为100.00%、98.18%及98.48%。2017年及2018年，公司直接向汉中市中心医院销售产品收入分别为292.73万元及348.61万元，占主营业务收入的比例分别为1.82%及1.52%。2019年2月起，公司已通过经销商向汉中市中心医院销售产品。

2016年、2017年及2018年，公司经销商数量分别为74家、69家及90家。公司与经销商的合作模式均为买断式经销。

经销商采购公司产品后，直接或通过配送商销售给医院。一般情况下，医院不提前备货，在患者入院后，医院提出产品采购需求，经销商或配送商将产品运送至医院。为集中销售力量、强化营销功能，公司成立了市场部和销售部。市场部主要负责品牌宣传、学术推广、产品培训和招投标等工作；销售部主要负责经销商管理，并提供产品技术支持等工作。截至2018年12月31日，公司业务覆盖国内30个省、自治区和直辖市的700多家医院。报告期内与公司合作的经销商达100余家。

发行人主要产品的最终客户为各级公立医院及民营医院，主要销售给公立医院中的三甲医院。

（1）关于公司销售模式相关政策如表3-11所示：

表 3-11　公司销售模式相关政策

经销商管理制度	公司对经销商采取指定医院授权的管理模式；签订经销协议：确定经销商的经销范围和授权医院；约定经销商在产品投标、政府采购等商业活动以及其他推销公司产品的过程中，绝不采取不正当手段以获取商业机会和利益

续表

<table>
<tr><td>产品定价依据</td><td colspan="2">公司产品的终端销售价格主要通过省级采购平台投标或挂网方式来确定，公司投标价格主要参考行业内同类产品、可替代治疗方式费用、产品技术含量和先进程度综合确定。在经销模式下，公司根据产品成本，参考同行业平均毛利率和利润率，比对同类产品定价，并充分考虑经销商的合理利润，综合考量后制定向经销商的销售价格</td></tr>
<tr><td>收入确认依据</td><td colspan="2">对于国内销售，公司根据相关合同约定，在将商品交付给经销商或经销商指定的运输公司后，相关商品所有权上的主要风险和报酬即已转移给经销商。故本公司于发出商品后确认销售商品收入。
对于出口销售，公司根据销售合同中约定的贸易条款，在产品出库或将出口产品按规定办理出口报关手续，取得提单或由买方签收后，确认收入</td></tr>
<tr><td>退换货政策</td><td colspan="2">对于仍在有效期内的产品，经销商可以在以下情况下换货：①在产品有效期内，在临床使用时发现产品内包装未密封，不能保证产品处于无菌状态；②正常操作而未通过病变或产生其他异常情况的产品；③指定的不常用规格的产品。过期产品可以换货，已换货的产品不得进行再次换货。过期产品全年的换货数量不能超过上一年度同等价位产品经销商购货量的 5%，其中全年无偿换货数量不能超过上一年度同等价位产品经销商购货量的 3%，超过 3% 且在 5% 之内的过期产品，公司收取一定的换货费</td></tr>
<tr><td>信用期政策</td><td colspan="2">公司主要采取款到发货的方式进行销售。根据经销商的业务规模、信用水平以及合作情况，公司授予少量优质经销商不超过 180 天的信用期</td></tr>
<tr><td rowspan="2">经销商管理措施</td><td>尽职调查和资质审查</td><td>通过第三方专业机构或全国企业信用信息公示系统对经销商及其股东和管理人员的背景信息进行搜集、分析</td></tr>
<tr><td>经销协议与授权</td><td>对于通过尽职调查的经销商，公司销售部门负责与其签订《经销协议》并出具《授权书》。在候选经销商通过尽职调查前，任何人不得与该经销商签署经销合同或开展与合同有关的工作</td></tr>
</table>

续表

经销商管理措施	经销商考核指标	公司主要从销售指标完成情况、回款情况、退换货情况、植入量上报情况等指标对经销商进行考核
	在线订货及管理系统	公司建立了在线订货及管理系统，系用于订单及经销商管理的信息管理系统。经销商通过在线订货及管理系统提交采购申请订单，并及时向公司上报产品植入情况，且须对数据的真实性负责
	经销商合规培训	公司销售部门每年召开经销商大会。公司法务部在大会上对参会经销商及其代表集中进行反商业贿赂的合规培训，提高经销商的合规意识

（2）报告期内公司主要的客户

北京迈得诺医疗技术有限公司、江西晨誉医疗器械有限公司、青岛大翔医疗设备有限公司、上海佑成医疗用品有限公司、大悟嘉盛医疗器械营销中心、广州百启田医疗器械有限公司、成都韵晖商贸有限公司、郑州中峰医疗器械有限公司等。

4.研发模式

由于行业主管部门对第Ⅲ类医疗器械产品上市实施严苛的准入制度，一项新产品从规划设计到最终推向市场的周期可能长达5～10年。为合理规划中短期和长期的科研方向、合理分配各阶段项目的资金投入安排，公司始终践行“以市场需求为导向”的研发机制，自市场反馈及建议中确定产品研发方向，并结合“产品生命周期管理”“里程碑管理”等研发管理制度来管控技术更新迭代等技术风险，通过年度研发预算、定期预实分析等手段有效控制新产品研发及注册进程。

公司通过“产品生命周期管理”建立了极具前瞻性的研发体系，能够及时把握市场需求，保证持续的产品创新能力和高效的新产品迭代速度。而基于“里程碑管理”，公司能有效分解研发目标，通过每一阶段对各人员角色职责的考核和监管，保证项目开发过程的进度和质量。（见图3-17）

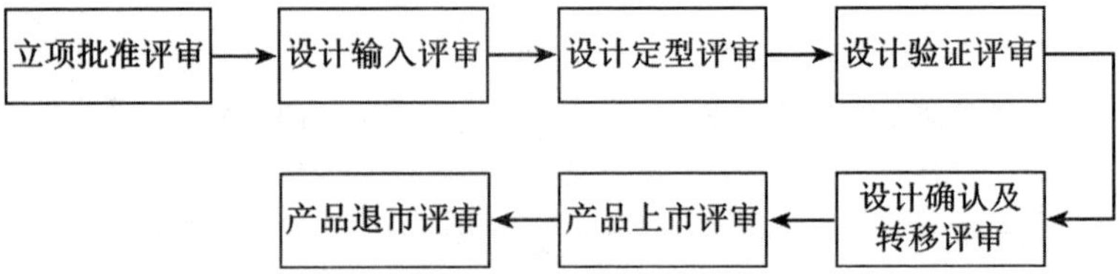

图 3-17　公司的研发模式

立项批准评审：确认项目具备可行性；

设计输入评审：确定已识别的市场需求、法规标准需求、风险相关需求以及其他必要的需求规范并转化为产品设计要求；

设计定型评审：产品设计和工艺设计定性，已准备进行正式的设计验证；

设计验证评审：完整的设计验证已完成，证明设计输出满足设计输入；

设计确认及转移评审：过程确认和设计确认已完成；

产品上市评审：明确产品完成上市前临床评价，能够实现大规模产业化；

产品退市评审：明确产品是否及何时终止生产。

综上所述，从心脉医疗的经营模式可以看出，其作为医疗器械行业的典型代表，主要采用“以销定产、适量备货”的生产模式，主要通过经销商将最终产品销售给全国的公立医院以及私立医院等医疗机构。在经销模式下，公司主要根据产品成本，并综合考虑同行业的平均毛利率、利润率以及经销商的合理利润，来确定公司产品的价格，进而实现公司的盈利。

二十一世纪空间技术应用股份有限公司

——商业卫星遥感的开拓者

2019年10月24日，二十一世纪空间技术应用股份有限公司（以下简称世纪空间）作为科创板拟上市公司收到了终止注册通知书。这是第二家过会后主动申请撤回科创板上市申请的企业，也是第3家过会后终止注册的企业。此前在2016年1月，该公司曾在新三板挂牌上市，但随后迅速在同年10月提交了上市辅导备案，并在12月从新三板摘牌。

世纪空间是一家面向中国及全球客户的自主遥感卫星运控及地球空间信息大数据服务商。主要通过提供卫星遥感大数据产品，空间信息综合服务及其他的方式取得收入。公司主营业务为基于自主运控自有遥感卫星的数据获取，处理分析及销售和空间信息综合应用服务，覆盖上、中、下游全产业链。公司拥有自主运控的“北京二号”遥感卫星星座系统，先发优势显著。业务覆盖了空间段，地面段及服务段，具备贯通产业链的业务服务能力，能够主动响应客户对卫星遥感大数据的规模化、定制化和差异化需求。公司是中国第一家与国际技术领先的卫星系统研建机构合作并自主拥有和独立运控商用遥感卫星系统的国家级高新技术企业，是国内商业卫星遥感的开拓者。

一、公司基本情况

名称：二十一世纪空间技术应用股份有限公司

注册地址：北京市海淀区建材城东路26号

法定代表人：吴双

注册资本：181,950,000元

成立日期：2001年6月6日

主营业务：卫星遥感大数据产品、空间信息综合应用服务、其他服务

主要财务指标（合并口径）：（见表3-12）

表 3-12　公司基本情况

单位：万元

项目	2018 年 12 月 31 日	2017 年 12 月 31 日	2016 年 12 月 31 日
资产总计	196,471.62	212,691.02	208,598.38
负债总计	86,716.81	107,112.23	104,384.04
所有者权益总计	109,754.81	105,578.80	104,214.34
归属于母公司所有者权益	108,036.86	104,177.54	103,027.57
营业收入	60,384.45	46,264.03	28,627.63
营业利润	3644.62	2944.15	−888.50
利润总额	3668.24	2949.81	952.75
净利润	3909.86	1391.82	−527.96
归属于母公司所有者净利润	3658.19	1108.09	−560.89
归属于母公司所有者扣除非经常性损益后的净利润	1771.81	−606.53	−2074.14

二、公司股权结构（见图 3-18）

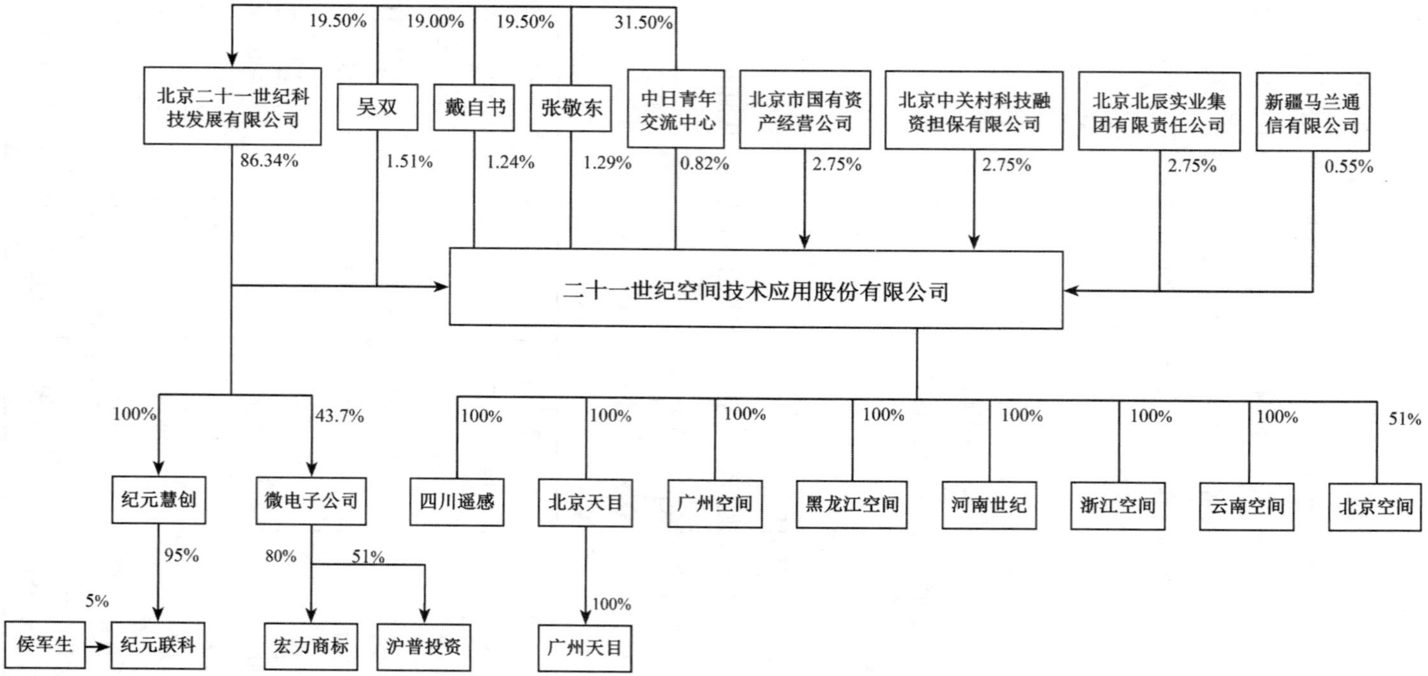

图 3-18　公司股权结构

三、主营业务及经营业务模式

（一）主营业务

公司主营业务为基于自主运控遥感卫星的数据获取、处理分析及销售和空间信息综合应用服务。公司提供的主要产品和服务情况如表3-13所示：

表 3-13　主营业务

业务类别	业务细分	产品和服务
卫星遥感大数据产品	自有卫星遥感数据产品	基于公司自主运控的北京系列遥感卫星为客户提供满足需求的卫星遥感数据产品
	代理卫星遥感数据产品	主要包括公司代理的数字地球公司卫星数据产品、空中客车防务及航天公司卫星数据产品等
空间信息综合应用服务	影像应用服务	主要包括基于卫星遥感数据产品为用户提供高级影像产品增值服务和金字塔影像服务
	软件应用服务	主要包括自主研发软件服务、代理软件服务、软件运行与租赁服务
	综合应用服务	主要包括遥感动态监测应用服务、大区域数据统筹服务、专项服务
其他	其他服务	包括信息系统集成服务和其他服务

1.卫星遥感大数据产品

卫星遥感大数据产品指通过遥感卫星获取的对地观测数据，进行遥感数据地面预处理后生产的初级数据产品。卫星遥感大数据产品包括自有卫星遥感数据产品和代理卫星遥感数据产品。（见表3-14）

表 3-14　卫星遥感大数据产品

产品名称	简介	形式	客户	示意
自有卫星遥感数据产品	本产品是指公司使用自主运控北京系列卫星获取具有自主知识产权的对地观测数据，利用自主研发的地面处理系统对卫星原始数据进行解码、辐射校正、去噪、CCD 拼接、波段配准、几何校正、MTFC 等处理，所生成的带有 RPC 文件的标准景数据产品。本产品面向全球客户服务	数据文件	主要面向具备数据深加工能力的终端用户和代理商	 自有卫星遥感数据产品

续表

产品名称	简介	形式	客户	示意
代理卫星遥感数据产品（数字地球公司）	WorldView 系列卫星 0.5 米分辨率数据产品、0.3 米分辨率数据产品、立体像对产品；GeoEye 卫星数据产品	数据文件	主要面向直接使用终端用户	 中国大陆地区一级代理权
代理卫星遥感数据产品（空中客车防务及航天公司）	Pléiades0.5 米分辨率数据产品、立体像对产品、立体三像对产品；Spot6/71.5 米分辨率数据产品、立体像对产品、立体三像对产品；TerraSAR-X 雷达基础数据产品、InSAR 数据包；12 米网格数字高程模型产品	数据文件	主要面向直接使用终端用户	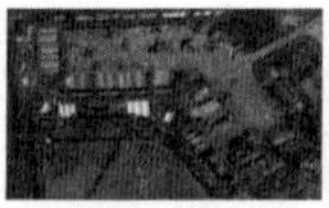 中国大陆地区一级代理权

2.空间信息综合应用服务

空间信息综合应用服务指基于卫星遥感大数据产品和公司研发、代理的软件等，为用户提供影像应用服务、软件应用服务和综合应用服务等。

（1）关于影像应用服务（见表3-15）

表 3-15 影像应用服务

产品名称	简介	形式	客户	示意
高级影像产品增值服务	本服务指按照客户要求，以特定的区域覆盖为目标，优选卫星遥感大数据产品，整合区域内多景影像，经正射校正、镶嵌、匀色、裁切等一系列技术处理所形成的遥感影像产品。公司提供的高级影像产品，具有分辨率高、覆盖能力强、数据保障性好等特点	数据文件	主要面向直接使用终端用户、具备遥感信息解译分析产品生产能力的终端用户和代理商	 高级影像产品（北京市）
金字塔影像服务	本服务指基于高级影像产品，按照标准格网或者用户自定义格网，采用重采样算法，逐级建立影像金字塔并对影像进行剖分，形成多级具有规则大小图片，提供高可用性在线影像底图服务，供用户在应用系统和工具中在线使用	金字塔影像切片文件	主要面向直接使用终端用户	 金字塔影像产品

（2）关于软件应用服务（见表3-16）

表 3-16 软件应用服务

名称	简介	形式	客户	示意
自主软件服务	本服务指基于公司自主研发的应用开发平台和业务组件，结合相关领域的遥感综合应用技术成果，通过对用户业务管理流程的调研，分析遥感和信息化在业务管理中的关键支撑点，从而形成融遥感信息、流程管理为一体的应用平台。公司基于多年的遥感应用和软件开发项目实施经验，积累了多个行业遥感综合应用系统定制开发解决方案，形成了多项具有自主知识产权的软件产品，可为政府机关、企事业单位提供遥感综合应用系统软件服务	计算机软件/软硬件一体化系统	主要面向特定领域的直接使用终端用户	 自主软件服务
代理软件服务（易康）	易康是由德国诺贝尔物理学奖获得者GerdBinning教授首创、全球首个基于对象的智能化影像分析软件。易康引领了图像处理技术的创新和发展，为业界领先的数据提供者、产品增值者以及遥感专家提供专业解决方案	计算机软件	主要面向直接使用终端用户	 昆士兰影像服务
代理软件服务（PCI软件）	遥感图像处理软件PCIGeomatica、地理成像加速器PCIGXL等全线产品在中国的独家经销合作伙伴，面向国土测绘、地质地调、林业、民政以及国防等行业提供遥感解决方案	计算机软件	主要面向直接使用终端用户	 中国大陆地区独家代理权
软件运行与租赁服务	本服务提供自主软件/代理软件的运行维护/升级服务以及软件租赁服务。本服务指为客户提供软件系统运行维护/升级，通常该类客户为曾购买过公司软件服务的用户；如果客户需要短时间需要使用本公司相关软件或专业设备，公司还提供相关的租赁服务	计算机软件/软硬件一体化系统或专业设备	主要面向直接使用终端用户	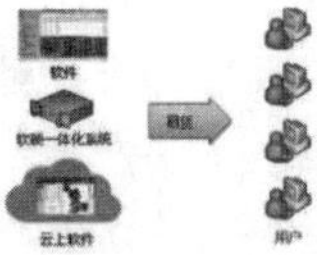 软件租赁服务

（3）关于综合应用服务（见表3-17）

表 3-17　综合应用服务

名称	简介	形式	客户	示意
空间大数据应用服务	本服务依托公司自主运控的“北京二号”高分辨率卫星星座，整合多源遥感数据，结合多种监测技术，面向自然资源管理、生态环境保护、城市规划建设等多领域应用需求，利用影像智能化解译和大数据综合分析，构建业务化监测流程，部署业务应用软件系统，实现基于遥感的动态监测，满足用户需求的空间大数据应用服务	计算机软件专题产品	主要面向特定领域的直接使用终端用户	 高级影像产品（北京市）
大区域影像覆盖统筹服务	本服务以“北京二号”遥感卫星星座为主，统筹其他多源商业遥感卫星提供联合拍摄服务，并以具备市场竞争力的价格为客户提供区域影像覆盖服务；基于互联网和云计算为客户建设大区域多源卫星遥感数据快速服务体系，部署多星源遥感影像查询系统，为用户提供全流程的数据统筹可视化跟踪服务	计算机软件数据产品	主要面向区域政府用户	 金字塔影像产品
专项服务	本服务根据客户对空间信息的特定需求，利用公司的数据资源、专用算法、软件工具，对空间数据进行有针对性的处理，形成相应的数据产品/专题产品，满足客户特殊的需求	计算机软件专业数据库	主要面向特定需求用户	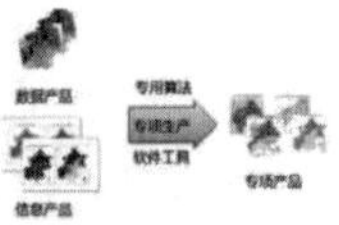 专项服务

3.其他（见表3-18）

包括信息系统集成服务和其他服务。

表 3-18　信息系统集成服务和其他服务

产品名称	简介	形式	客户	示意
信息系统集成服务	通过结构化的综合布线系统和计算机网络技术，将各个分离的设备、功能和信息等集成到相互关联的、统一和协调的系统之中，使资源达到充分共享，实现集中、高效、便利的管理，从而满足客户需求	集成后的软硬件系统	主要面向直接用户	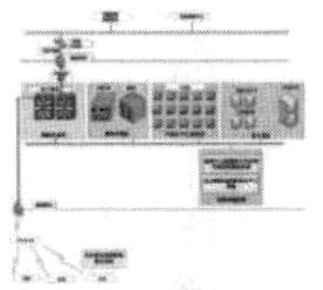 某系统集成部署图
其他服务	除公司主营业务外的相关业务	硬件、软件、数据、报告等	主要面向直接使用终端用户	—

4.报告期内发行人主营业务收入构成如表3-19所示：

表 3-19　报告期内发行人主营业务收入构成

产品	2018 年度		2017 年度		2016 年度	
	金额 / 万元	比例 /%	金额 / 万元	比例 /%	金额 / 万元	比例 /%
卫星遥感大数据产品	22,692.35	37.59	17,278.70	37.37	13,313.74	46.56
空间信息综合应用服务	37,334.73	61.85	28,615.86	61.88	14,739.85	51.55
其他服务	334.84	0.56	346.10	0.75	540.09	1.89
总计	60,361.92	100.00	46,240.66	100.00	28,593.68	100.00

（二）经营模式（见图 3-19）

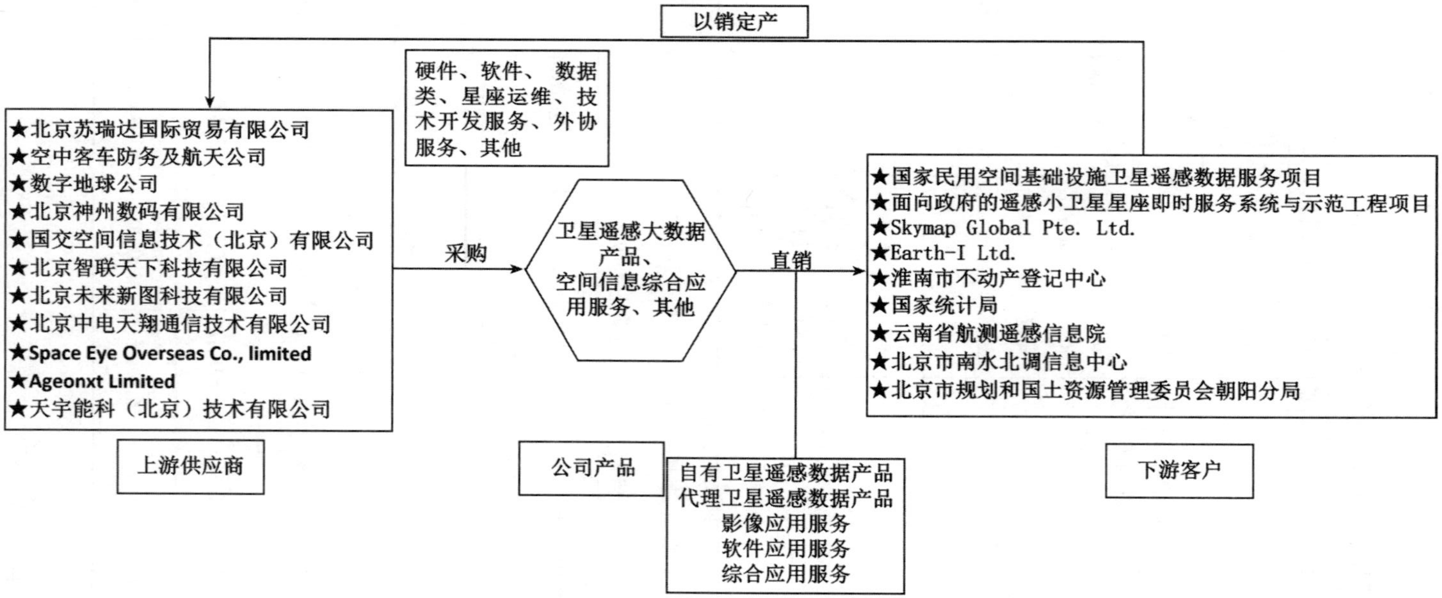

图 3-19　经营模式

1.采购模式

本公司业务管理中心负责采购公司生产经营所需的软硬件设备、原材料、物品以及外协服务等。经过多年的经营管理，公司制定了供应商管理体系和物资采购流程体系，确保采购物品的质量和控制成本的要求。公司的采购模式主要分为项目采购和日常采购。

项目采购模式是指合同客户指定公司采购与项目相关标准或型号的原材料、软硬件或者定制某些软件系统等。业务管理中心根据每个项目的具体需求确定采购方案，通过洽谈等方式寻找合格供应商。日常采购模式指公司对零星销售和自用等项目进行的采购，依据公司供应商管理制度，对供应商进行资格评审和询价，经过对价格和服务情况的综合考评，确定供应商。（见图3-20）

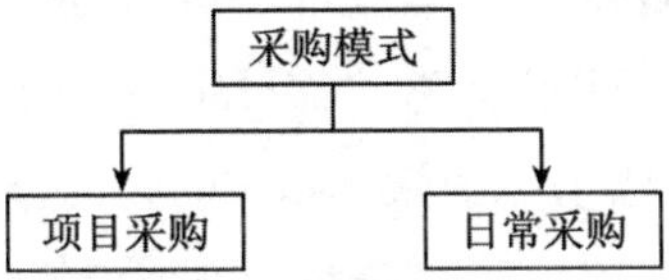

图 3-20　采购模式

此外，公司采购的外协服务主要包括外协数据采集、外协数据加工以及系统运维外协。公司为了提高生产效率，补充产能不足，在订单高峰期间公司会将技术含量较低且不涉及商业机密的工序委托外协企业。公司通过建立并执行严格的外协厂商选择标准、定期考评外协厂商等方式对外协产品和服务的质量进行严格控制。

（1）报告期内公司采购的主要内容

报告期内，公司采购的主要内容包括：硬件（计算机、处理器、服务器、存储等电子设备）、软件（PCI、易康等遥感专业软件）、数据类、星座运维、技术开发服务、外协服务以及其他相关产品和服务。

（2）报告期内公司的主要供应商

报告期内，公司的主要供应商包括：北京苏瑞达国际贸易有限公司、空中客车防务及航天公司、数字地球公司、北京神州数码有限公司、国交空间信息技术（北京）有限公司、北京智联天下科技有限公司、北京未来新图科技有限公司、北京中电天翔通信技术有限公司、Space Eye Overseas Co., limited、Ageonxt Limited、天宇能科（北京）技术有限公司等。

2.生产和服务的主要模式

（1）关于卫星遥感大数据产品生产模式（见图3-21）

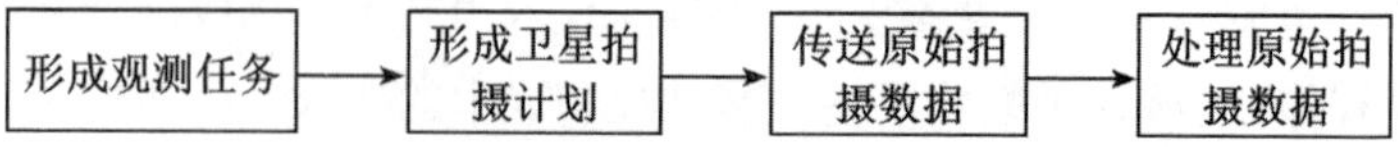

图 3-21　卫星遥感大数据产品生产模式

首先，卫星地面中心根据销售合同需求，确定卫星拍摄的范围、时间和技术要求，形成观测任务。其次，根据观测任务，通过观测任务规划系统，形成卫星拍摄计划，卫星地面中心根据拍摄计划编制拍摄指令发送至卫星；在轨卫星拍摄完成后，经过卫星地面中心时，通过无线电信号将原始拍摄数据传至地面站接收系统。最后，产品生产中心利用地面处理系统对卫星原始数据进行解码、辐射校正、去噪、CCD拼接、波段配准、几何校正、MTFC等处理，完成卫星遥感大数据产品的生产。同时，若客户需要定制化的卫星遥感大数据产品，相关业务部门则以用户对产品技术要求和指定的区域为依据，通过优选存档数据或发指令给卫星获取数据，完成一系列技术处理后生成满足客户需求的卫星遥感大数据产品。

（2）关于空间信息综合应用服务模式（见图3-22）

图 3-22　空间信息综合应用服务模式

空间信息综合应用服务是指基于公司自主研发的专有算法、模型、软件系统平台和应用业务组件，结合相关领域的遥感综合应用技术成果，为政府机关、企事业单位提供包括遥感影像、空间信息、动态监测和应用软件等方面的集成性、综合性服务。

公司空间信息综合应用服务一般按照需求管理、方案设计、服务实施、现场调试与服务验收、售后管理等流程执行，项目实施具体流程如下：

需求管理：成立项目组，对客户展开需求调研，在详细分析需求的基础上与用户沟通、调整并由用户确认。

方案设计：项目实施团队组合公司的遥感数据、影像以及空间信息管理、应用分析、展示等软件模块，进行总体设计，形成空间信息综合服务总体设计方案，包括遥感数据采集、遥感影像处理、空间信息分析、软件系统集成等部分。

同时，按需查询公司存档数据中该服务所需要的遥感数据，如果数据覆盖不完整，通过任务编程、指令卫星按需获取遥感数据或通过采购方式购买合格的遥感数据。如果用户有特殊要求，需要增加部分软件功能，则针对这部分软件开发进行软件设计，形成概要设计、详细设计等设计方案。

服务实施：系统设计与服务准备工作完成，项目实施团队将按照设计方案分别进行遥感影像生产、信息解译和分析、评价监测、报告编制、软件系统定制开发，各类实施工作将遵循公司内部的生产与研发流程。质量管理团队对遥感影像质量、空间信息质量进行检查或验证，核查相关报告，开展集成的应用软件功能满足度测试，如果该服务中有新开发的软件功能模块，还需对该部分功能进行公司级的测试，以保证系统运行的可靠性与运行服务效率。

现场调试与服务验收：项目组向用户移交该合同服务全部服务内容，包括遥感影像、空间信息、软件系统、项目文档等，在用户现场安装、测试和培训，并由用户组织验收工作，验收合格后由客户签署《验收报告》。

售后管理：由售后运维服务部负责售后管理，为客户提供诊断和技术咨询服务，迅速排除故障并提供系统升级等服务。

3.销售模式

（1）报告期内公司的销售模式（见图3-23）

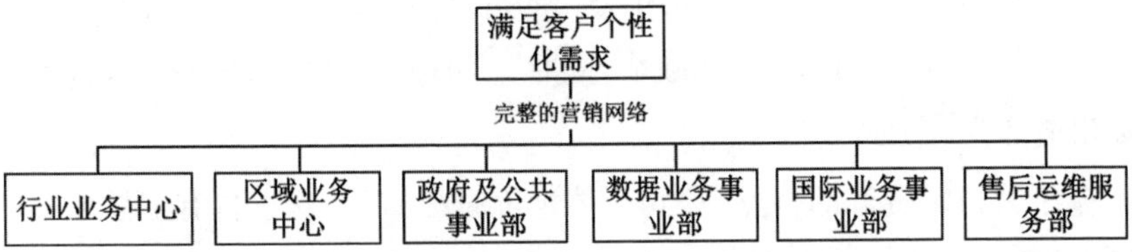

图 3-23　报告期内公司的销售模式

市场销售板块各业务部是负责本公司客户开发、销售和售后服务的部门。为了最大限度满足客户个性化需求，公司设立了行业业务中心、区域业务中心、政府及公共事业部、数据业务事业部、国际业务事业部和售后运维服务部。公司已组建了完整的营销网络和稳定的销售团队，形成了覆盖境内外主要区域和重点客户的、较为完善的销售体系。

公司主要向政府部门、科研院所及企事业单位等提供遥感大数据产品和空间信息综合应用服务，市场销售部门一般通过市场走访、参加展会、学术会议等方式开发新客户。对于需要投标的项目，公司按照招标要求组织投标工作，精心编制投标文件，并经过项目管理部门组织的可行性专业评审后统一组织进行投标；对于不需要投标的项目，公司根据客户需求形成针对性的解决方案，经过公司项目管理部门组织的可行性评审后与客户进行商业洽谈。随后，公司与客户签订正式合同，并根据合同约定向客户提供产品或服务。售后运维服务部在产品使用和服务提供过程中为客户提供专业技术支持，及时满足客户售后需求，维护客户关系。

（2）报告期内公司主要的客户

报告期内，公司的主要客户包括：国家民用空间基础设施卫星遥感数据服务项目、面向政府的遥感小卫星星座即时服务系统与示范工程项目、Skymap Global Pte.Ltd.、Earth−ILtd.、淮南市不动产登记中心、国家统计局、云南省航测遥感信息院、北京市南水北调信息中心以及北京市规划和国土资源管理委员会朝阳分局等单位。

4.定价模式

公司自主运控商用遥感卫星系统并拥有卫星100%成像载荷能力，主营业务为基于自主运控遥感卫星的数据获取、处理分析及销售和空间信息综合应用服务。截至2018年12月31日，公司固定资产、无形资产等长期资产占总资产比例为66.10%，属于重资产公司，每年公司的折旧摊销类支出金额较为稳定，报告期内占营业成本的平均比例为60%。同时，折旧摊销也是构成公司数据成本的主要组成部分。

基于公司重资产的特点，公司总体定价原则如下：对于自有卫星数据销售产品及使用自有卫星数据较多的业务（包括影像应用服务和综合应用服务），由于各年折旧摊销等固定成本比重较高，公司对外报价时，主要考虑市场拓展、客户重要程度及数据需求规模、可用数据获取难易程度、同行业的市场报价，客户黏度等因素，结合客户的报价方式（如直接报价、投标或最高限价）等确定对外报价，主要以扩大市场规模，提高市场占有率、摊薄固定成本为出发点；对于数据应用较少的业务（包括代理卫星数据和软件应用服务），由于受与该等业务直接相关的直接材料和直接人工等变动成本的影响较大，公司在报价时，会结合具体项目的各项成本因素，综合考虑后对外报价。

5.管理模式（见图3-24）

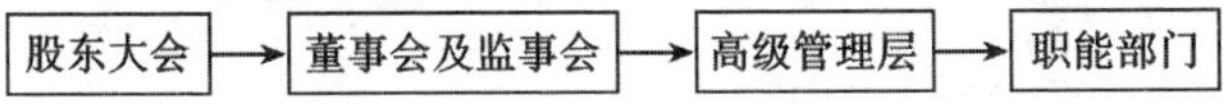

图 3-24　管理模式

公司建立了以股东大会、董事会、监事会和经理层为核心的现代企业法人治理结构和管理架构，并根据业务流程的特点设置了各职能部门，搭建了“股东大会—董事会及监事会—高级管理层—职能部门”的塔型结构，形成了自上而下的监督管理及自下而上的汇报沟通机制。

公司总经理作为公司全面经营管理的第一负责人，负责贯彻公司股东大会经营战略，执行日常经营决策；公司副总经理则在总经理授权范围内，自主分管市场销售、技术研发、产品生产与服务保障、运营管理、分支机构等职能部门，并向总经理汇报；在各职能部门或分支机构中，则根据各类职能的实际需要形成了不同层级的内部管理体系及部门规定，有章可循，奖罚有序；在不同部门之间，公司也建立了较为完备的业务协同机制及业务流转程序。

除设置标准的管理流程外，公司通过组织团队文化建设、日常培训、员工谈心、优秀员工评选等方式，提升员工对公司的归属感、认同感与凝聚力，保障经营高效、执行有力。

6.盈利模式

本公司主要通过提供卫星遥感大数据产品、空间信息综合服务及其他的方式取得收入。公司既可按照行业标准提供标准化的卫星遥感大数据产品，也可根据客户差异化需求提供定制化的卫星遥感大数据产品。公司提供的空间信息综合服务可根据用户需求的不同，运用公司相关的数据、分析工具、应用系统提供相应的解决方案并开展服务。其中，卫星遥感大数据产品的价格是由数据获取成本、数据规模（一般以面积平方公里或景为计量单位）、精度（分辨率、比例尺的高低）、加工处理成本等要素所决定的。对于提供给区域政府和行业部门等大客户的卫星遥感大数据产品，销售给该客户指定区域、指定时间的数据使用许可，通常允许客户在约定的范围内多客户端重复使用。对于提供给一般用户的卫星遥感大数据产品，通常仅允许该客户在约定的使用范围内单客户端使用。

空间信息综合应用服务的价格是以系统开发工作量、数据规模、空间信息生产、采购成本为基础，考虑前期营销成本、项目研发成本、客户开发潜力、合理利润率等多种因素，通过与客户商洽或参与竞标最终确定的。上述服务最终按合同约定向客户收取服务费用。

软件产品的价格根据客户选择的遥感应用软件功能的不同而有所区分，功能模块及软件应用终端的数量的多寡均会影响软件的具体价格。在客户开发过程中，先提供给客户一定的软件试用期，待试用期满，客户根据使用体验及实际需要，确定最终选择的软件功能和应用终端量，并在标准价格的基础上通过与客户商洽，形成最终的价格，同时签订正式的购买协议。

综上所述，从世纪空间的经营模式可以看出，其作为信息技术行业的典型代表，采购模式主要分为项目采购和日常采购，其销售主要围绕客户的特殊需求来展开。在“股东大会—董事会及监事会—高级管理层—职能部门”塔型结构的管理模式下，公司通过综合考虑市场拓展、客户重要程度、同行业的市场报价，客户黏度、与业务直接相关的直接材料和直接人工等因素后对外报价，进而实现公司的盈利。

深圳微芯生物科技股份有限公司

——原创新药“西达本胺”

深圳微芯生物科技股份有限公司（简称：微芯生物；公司）成立于2001年，是一家专注于恶性肿瘤、糖尿病等代谢性疾病及自身免疫性疾病，旨在为患者提供临床亟须的原创新分子实体药物的国家级高新技术企业。

公司的主要产品均为自主研发的新分子实体且作用机制新颖的原创新药。包括已上市的国家1类原创新药西达本胺，已完成Ⅲ期临床试验的国家1类原创新药西格列他钠，以及其他正处于临床实验或临床前研究的新分子实体候选药物。公司开发的西达本胺是全球第一个获批的亚型选择性组蛋白去乙酰化酶抑制剂，目前在外周T细胞淋巴瘤治疗领域属于中国唯一的二线治疗药物，在国内尚无竞争对手。

公司的经营模式为新药开发并申请上市，获批后通过学术推广及销售来获得盈利。公司是国家级高新技术企业，具有实力雄厚的研发团队，在研发策略、技术应用上积累了较强的竞争优势。

一、公司基本情况

名称：深圳微芯生物科技股份有限公司

注册地：广东省

法定代表人：XIANPING LU

注册资本：410,000,000 CNY

成立日期：2001年3月21日

主营业务：销售商品、技术授权许可等

主要财务指标（合并口径）：（见表3-20）

表 3-20 公司基本情况

单位：万元

项目	2018 年 12 月 31 日	2017 年 12 月 31 日	2016 年 12 月 31 日
资产总计	71,633.90	65,601.99	40,312.68
负债总计	23,944.13	20,546.81	18,972.78
所有者权益总计	47,689.77	45,055.18	21,339.90
归属于母公司所有者权益	47,689.77	45,055.18	21,339.90
营业收入	14,768.90	11,050.34	8536.44
营业利润	3264.00	2453.57	202.83
利润总额	3216.68	2365.74	524.43
净利润	3116.48	2407.39	524.43
归属于母公司所有者净利润	3116.48	2407.39	524.43
归属于母公司所有者扣除非经常性损益后的净利润	1791.68	892.97	166.28

深圳微芯生物科技股份有限公司对深圳微芯药业有限责任公司和成都微芯药业有限责任公司实现100%控股。其中，成都微芯药业有限责任公司主营药品开发、药品生产，并提供技术服务；深圳微芯生物科技股份有限公司主要负责原料药（西达本胺）的经营和硬胶囊剂的生产。

二、公司股权结构（见图 3-25）

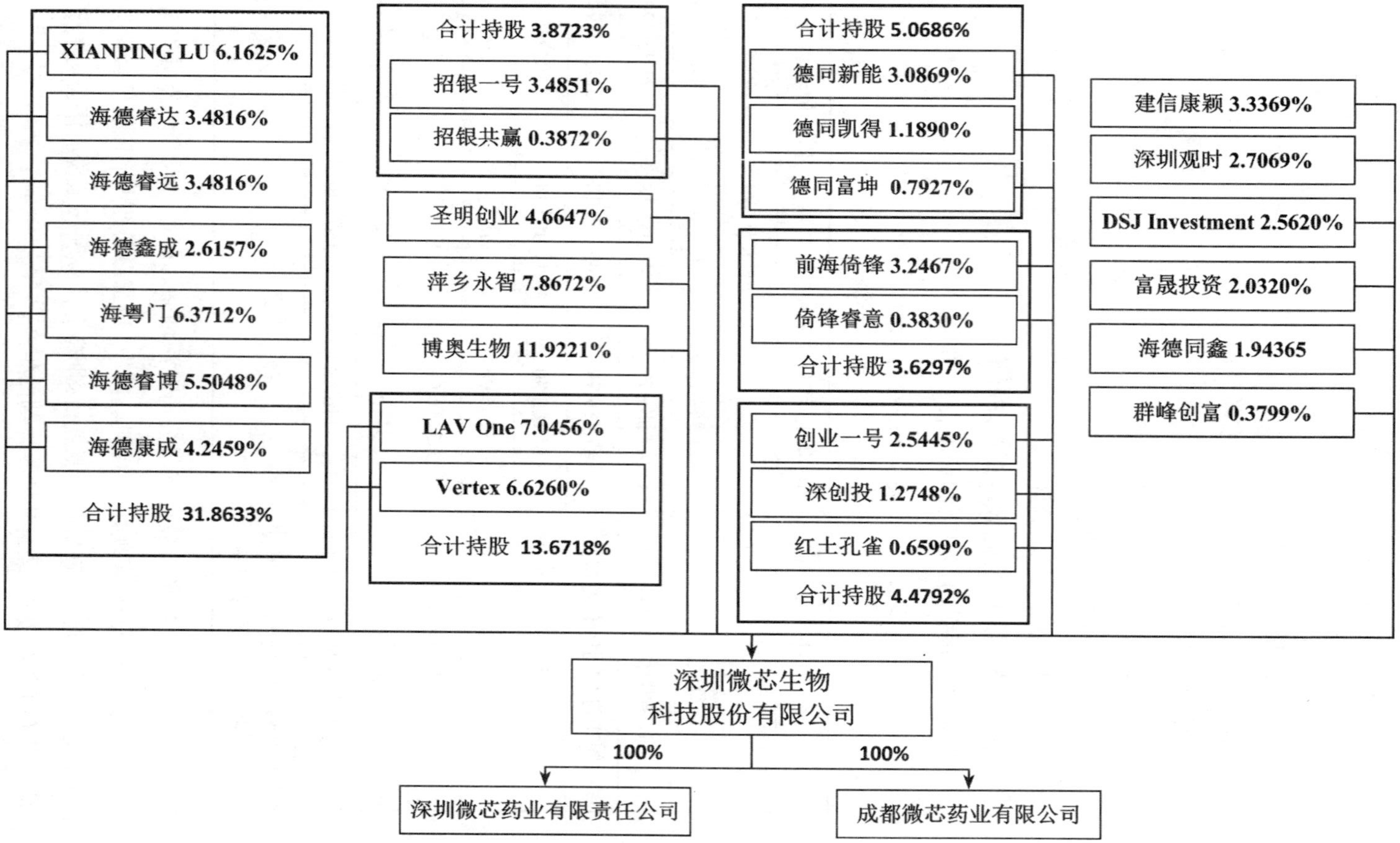

图 3-25　公司股权结构

三、主营业务及经营业务模式

（一）主营业务

公司是一家旨在为患者提供可承受的、临床亟须的原创新分子实体药物，具备完整的从药物作用靶点发现与确证、先导分子的发现与评价到新药临床开发、产业化、学术推广及销售能力的国家级高新技术企业。

公司针对新药研发周期长、投入高、风险大的特点，围绕公司产品链在化合物通式、制备方法、晶型、剂型和用途等方面，运用专利保护策略在境内外实施了全链条、全生命周期的专利布局，不断加固专利保护壁垒、延伸专利保护期限。通过公开信息查询，截至2019年8月5日，公司累计申请境内外发明专利百余项，已获得 59 项境内外发明专利授权（其中境外发明专利授权 42 项）。

公司主要产品均为自主研究发现与开发的新分子实体且作用机制新颖的原创新药。包括已正式上市销售的国家 1 类原创新药西达本胺（商品名为“爱谱沙®/Epidaza®”），其是全球首个亚型选择性组蛋白去乙酰化酶（HDAC）抑制剂；已完成Ⅲ期临床试验的国家 1 类原创新药西格列他钠，其是全球最早完成Ⅲ期临床试验的PPAR 全激动剂；已开展多个适应症Ⅱ期临床试验的国家 1 类原创新药西奥罗尼，其是一个机制新颖的多靶点多通路选择性激酶抑制剂。此外，公司尚有一系列独家发现的新分子实体的候选药物 CS12192、CS17919、CS24123、CS17938、CS27186 等，正在进行临床前与早期探索性研究。

截至2019年8月5日，公司研发管线的整体进展情况如表3–21所示：

表 3–21　公司研发管线的整体进展情况

通用名商用名 实验室代码	药物类型	适应症	进展情况
西达本胺 （爱谱沙） Chidamide	表观遗传调控剂亚型选择性 HDACi（HDAC Class 1&10）	复发或难治的外周 T 细胞淋巴瘤	2014 年 12 月 已上市
		激素受体阳性晚期乳腺癌（联合用药）	2018 年 11 月 上市申请
		晚期非小细胞肺癌（联合用药）	Ⅲ期
		弥漫性大 B 细胞淋巴瘤（联合用药）	Ⅱ期

续表

通用名商用名 实验室代码	药物类型	适应症	进展情况
西格列他钠 Chiglitazar	新型胰岛素增敏剂（non TZD PPAR Pan Agonist）	2 型糖尿病	Ⅲ期
		非酒精性脂肪肝	临床前
西奥罗尼 Chiauranib	三通路靶向激酶抑制剂 Auroa/VEGFRs/CSF1R	铂难治 / 铂耐药复发卵巢癌（联合用药）	Ⅱ期
		复发难治小细胞肺癌	Ⅱ期
		既往系统治疗失败或不能耐受晚期肝癌	Ⅱ期
		复发难治非霍奇金淋巴瘤	Ⅱ期
CS12192	JAK3/JAK1/TBK1 选择性激酶抑制剂	自身免疫性疾病	临床前
CS17919	ASK1 抑制剂	非酒精性脂肪肝	临床前
CS24123	IDO 抑制剂	肿瘤、免疫性疾病	临床前
CS17938	PD1/PD−L1 拮抗剂	肿瘤、免疫性疾病	临床前
CS27186	NR 选择性激动剂	非酒精性脂肪肝	临床前

关于报告期内，公司主营业务收入的构成情况如表3−22所示：

表 3−22　公司主营业务收入的构成情况

项目	2018 年度		2017 年度		2016 年度	
	金额 / 万元	占比 /%	金额 / 万元	占比 /%	金额 / 万元	占比 /%
西达本胺片销售收入	13,672.35	92.57	9268.30	83.88	5575.88	65.33
技术授权许可收入	978.79	6.63	1760.57	15.93	2954.08	34.61
其他	117.76	0.80	21.47	0.19	5.12	0.06
合计	14,768.90	100.00	11,050.34	100.00	8535.08	100.00

（二）经营模式（见图 3-26）

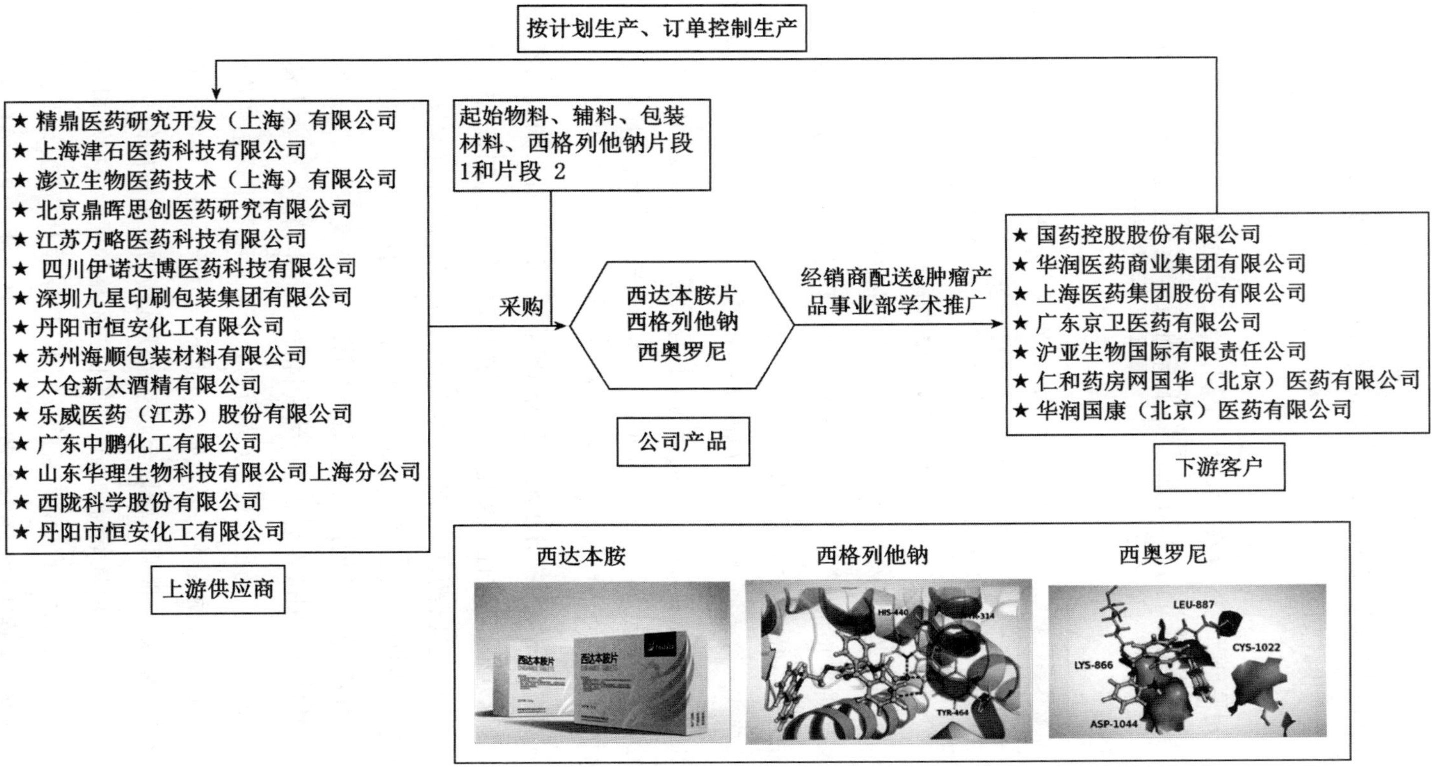

图 3-26　经营模式

公司是一家从药物发现、早期探索性研究、临床开发到生产和销售的全链条现代化的生物医药企业，拥有独立完整的研发、采购、生产和销售体系。公司的主要经营模式如下：

1.研发模式

公司原创新药的研发主要分为早期探索性研究阶段、化学基因组学评价阶段、临床前研究阶段、产品开发阶段、临床开发阶段和上市后持续研究阶段六部分：（见图3-27）

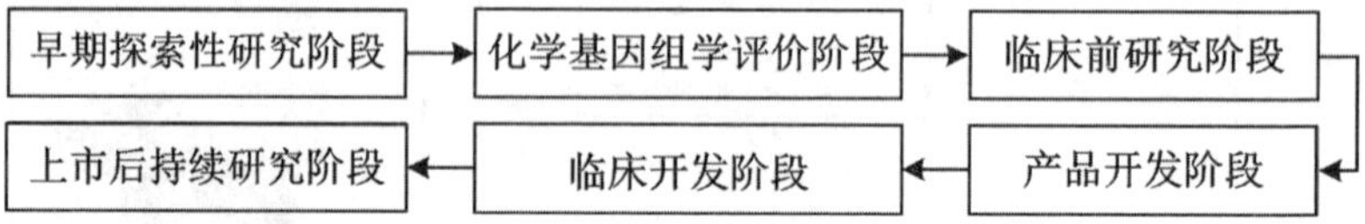

图 3-27　研发模式

公司创新药物的研发基于自主建立的“基于化学基因组学的集成式药物发现及早期评价平台”核心技术，首先通过基于现代生物医学发现所揭示的分子病理信息，利用化学基因组学及相关生物信息学技术等探索性研究进行靶点发现或确认。接着通过计算机辅助药物设计及基于片段的化学库合成，建立体外活性筛选（高通量筛选）、早期体内活性评价模型，结合基因组学及生物标志物研究等技术手段进行循环式的研发，最终得到活性适中、选择性高、毒副作用小、模式差异化大且可口服吸收的候选药物分子。

筛选出的先导药物分子随即进入临床前综合评价阶段，研究内容包括合成工艺、提取方法、理化性质及纯度、剂型选择、处方筛选、制备工艺、检验方法、质量指标、稳定性、药理、毒理、动物药代动力学研究等，以此发现候选药物分子。当候选药物经过充分的临床前综合评价，在动物或体外试验中证明了有效性和安全性后，公司开始按照《药品注册管理办法》规定如实报送研制方法、质量指标、药理及毒理试验结果等有关资料和样品，申请进入首次人体试验（临床Ⅰ期）。经国家药监局批准后，候选药物分子在志愿者上探索初步的人体药代动力学及安全性、耐受性特征。如果候选药物分子具有足够的安全及耐受性，将申请进入临床Ⅱ/Ⅲ期试验以全面考察候选药物在患者中的疗效和安全性。临床试验工作主要由具备药物临床试验机构资格的医疗机构承担，公司作为试验主办人负责提供清晰的治疗目的及需求、医学设计概况、试验药物、营运管理及资金等。在临床试验开展过程中，公司主要通过自建的临床医学和运营团队，对临床试验按照国际标准进行监督和管理，以确保关键性临床试验的规范性和数据质量，并委托昆泰医药研发（北京）有限公司、精鼎医药研究开发（上海）有限公司等合同研发组织（CRO）以及上海津石医药科技有限公司、杭州思默医药科技有限公司等临床机构管理组织（SMO）提供部分必要的研发服务。新药临床试验一般分为临床Ⅰ期、临床Ⅱ期和临床Ⅲ期。罕见病、特殊病种等情况，经申请人向国家药监局提出，可以减少试验病例数或免做临床试验。

临床试验结束后，公司根据临床试验情况，决定是否提出新药上市申请。新药上市后，公司需要根据安全性情况主动开展重点监测，并按要求对监测数据进行汇总、分析、评价和报告。

2.采购模式

公司下设采购部，按照 GMP 管理规范的要求对西达本胺及西达本胺片主要起始物料、辅料、包装材料进行采购。公司根据物料对产品质量影响程度的大小将物料分为关键物料 A 级、关键物料 B 级和一般物料等三类，其中对于关键物料 A 级和关键物料 B 级的采购需要选择经质量保证部门评估、审计、批准的合格供应商按批准的请购单进行采购；公司研发部门所用的化学试剂、关键耗材由研发部门自行按需采购；生产用的设施和设备、检验用的仪器由使用部门提出申请，审批后采购。（见图3-28）

图 3-28　采购模式

（1）供应商选择

公司质量保证部门按照 GMP 管理规范建立了《物料供应商的评估和批准规程》，明确物料供应商的评估标准和批准程序，确保供应商能够提供持续的、稳定的、符合质量标准要求的供应服务。公司成立供应商评估小组根据现行规章制度对公司供应商开展评估、审计，并据此建立了《合格供应商清单》和供应商档案，并定期审计。对于新增供应商，质量保证部门对新增供应商完成评估和审计（资质审计和现场审计）后更新至《合格供应商清单》。公司生产用的起始物料、辅料、包装材料的采购均与合格供应商进行。

（2）采购计划及实施

公司采购部建立《物料采购管理规程》，实行物料统一计划、统一购入，把采购分为计划内采购和计划外采购。对于计划内采购，公司采购部根据《年生产计划表》，结合每批生产用量及库存情况确定采购各A级和B级物料品种、规格、数量，填写《请购单》并报上级主管领导审核批准；此外，采购部根据上年度一般物料的使用情况，统计本年度一般物料需求量，报上级主管领导审核批准。对于计划外采购，采购员根据仓库人员每周分发的物料报表，结合每月大概需求量、各物料采购周期等因素，填写《请购单》报上级主管领导审核批准。

采购员在《请购单》获得批准之后，会根据《合格供应商清单》中供应商的供货范围，通过询价方式择优确定最后合格供应商。

（3）物料验收

公司仓库制定了《物料验收及物料货位卡管理规程》，分类为A级和B级的关键物料到达药品生产地后，采购员、仓管员和质量保证部人员依据合同对实物及随货文件进行检查（包括检查标识信息、检验报告书、包装及外观等方面），并由采购员及时填写《物料到货台账》；由仓管员依据合同进行物料验收工作，填写《物料验收记录》，并复核确认。

对于有检验要求需放行的物料，验收合格后需转移至待验区。仓管员应及时通知质量保证部和质量控制部物料来货信息，由质量保证部进行取样送检。对于经审核放行的物料，仓管员依据《物料入库、储存、出库、退库管理规程》办理入库手续，移入对应仓库的合格区，或挂上物料合格状态标识。对于经审核不放行的物料，仓管员告知采购员，由采购员进行后续退货处理。

（4）报告期内公司的主要采购内容

起始物料、辅料、包装材料、西格列他钠片段1和片段2等。

（5）报告期内公司的主要供应商

报告期内，公司的委外环节供应商主要为：精鼎医药研究开发（上海）有限公司、上海津石医药科技有限公司、澎立生物医药技术（上海）有限公司、北京鼎晖思创医药研究有限公司、江苏万略医药科技有限公司、美迪西普亚医药科技（上海）有限公司、上海康德弘翼医学临床研究有限公司、比逊（上海）医疗科技有限公司、成都华西海圻医药科技有限公司、昆皓睿诚医药研发（北京）有限公司、上海药明康德新药开发有限公司、西斯比亚（北京）医药技术研究有限责任公司、北京博诺威医药科技发展有限公司及北京欧格林咨询有限公司等公司；

报告期内，公司的原材料供应商主要为：四川伊诺达博医药科技有限公司、深圳九星印刷包装集团有限公司、丹阳市恒安化工有限公司、苏州海顺包装材料有限公司、太仓新太酒精有限公司、乐威医药(江苏)股份有限公司、广东中鹏化工有限公司、山东华理生物科技有限公司上海分公司、西陇科学股份有限公司、常州永和精细化学有限公司及深圳市优普惠药品股份有限公司等公司。

3.生产模式

公司采用按计划生产和订单控制生产相结合方式统筹安排,即生产部根据公司全年产品需求量制订全年生产品种及批次计划,同时根据公司销售需求及安全库存情况制定详细的批次计划。如遇到临时订单按照流程追加临时生产计划。(见图3-29)

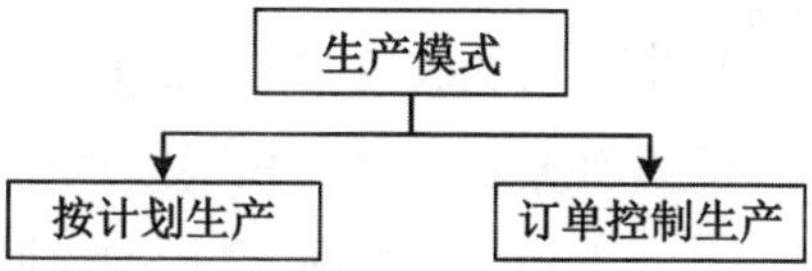

图 3-29　生产模式

公司生产过程中,质量保证部门全程参与质量保证活动,对关键的工序和中间产品严格执行审核、放行程序;组织各部门通过风险评估,及时发现和纠正潜在质量风险;对生产过程的偏差及时进行调查和必要的评估分级,制定适合的纠正与预防(CAPA)措施并监督执行;定期对质量体系进行回顾评估,保证质量体系能够持续有效地监督生产活动。

公司对每一批产品必须进行检验,检验合格、生产过程确认合格、质量控制环节确认合格后,方可放行,只有经过放行的产品才能对外销售。

4.销售模式

(1)销售部门设置

公司设立了肿瘤产品事业部和商务部专门负责西达本胺的学术推广和销售,其中肿瘤产品事业部下设四个大区(东区、南区、西区、北区)、市场部以及医学事务部:大区主要负责执行和完成学术推广任务以及上市后临床研究的辅助工作;市场部主要负责学术推广策略及方案制定;医学事务部主要负责上市后的临床研究,根据治疗领域的现状及药品的作用机理设计临床试验方案、开展基础实验支持临床工作等,为适应症的拓展和学术推广策略提供医学依据;商务部负责经销商的选择和管理、销售合同的签订、商业渠道的供货和回款。销售部门具体设置情况如图3-30所示:

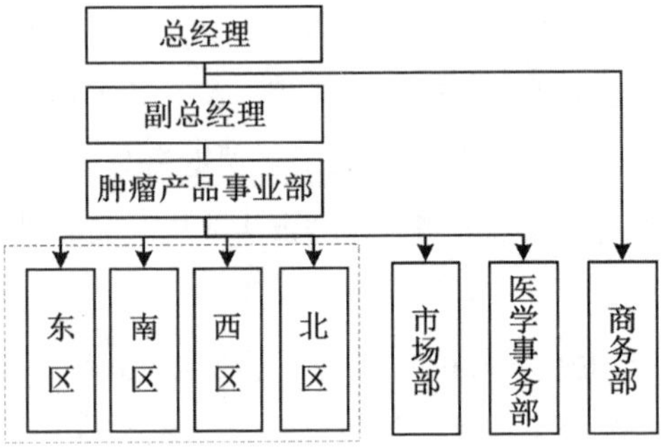

图 3-30 销售部门设置

（2）公司销售模式

公司主要产品西达本胺片（商品名称：爱谱沙®/Epidaza®）为国家 1 类新药，于 2015 年 3 月正式上市销售，为我国首个获批的适应症为复发或难治性外周 T细胞淋巴瘤（PTCL）的原创新药，公司采用了行业通行的由“经销商负责物流配送、肿瘤产品事业部负责专业化学术推广”的销售模式。由于西达本胺属于原创新药，需要对医生临床用药和患者安全性管理进行学术教育，因此公司拥有专业团队负责学术推广，与临床医生交流西达本胺药品特点、最新基础理论、临床疗效研究成果、安全性等信息。经销商则负责公司产品向终端医院、药店的配送。公司专业化学术推广模式下的销售流程图如图3-31所示：

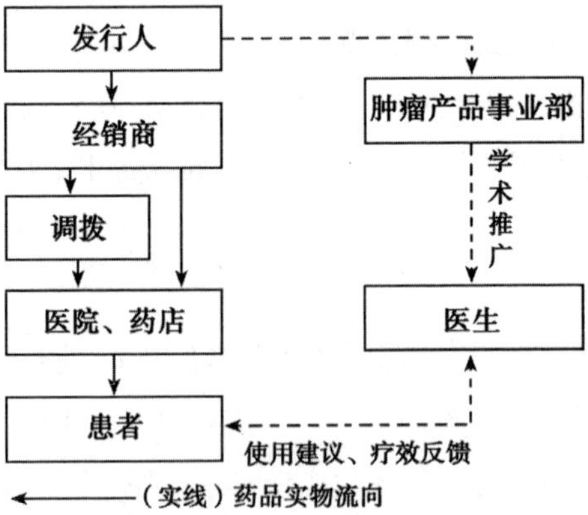

图 3-31 公司专业化学术推广模式下的销售流程

公司每年与多家具有GSP资质的经销商签订《产品经销协议》，将产品销售给经销商，再由经销商将药品在授权区域内调拨、配送至医院或者药店，并最终销售给患者。公司产品通过经销商配送进入医院或零售药店，由经销商各自与医院或者药店签署合同。

(3)学术推广

公司肿瘤产品事业部每年根据临床治疗的需求变化统一制订全年的市场计划,包括制定学术推广策略、推广主题、制作学术推广材料和组织全国性学术活动等;公司医学事务部提供学术推广需要的临床研究成果和资料,同时协助公司团队开展学术宣讲和提供学术支持。学术推广人员严格按照市场计划在公司的统一指导和规划下进行各项学术推广活动,严格履行审批程序。学术推广人员以其具有的产品专业知识和推广经验,在各地区开展学术活动,同时收集药品在临床使用过程中的相关反馈。

(4)定价原则及过程

在2017年9月之前,公司通过市场调研制定西达本胺片的统一零售价为13,280元/盒(含税价)。根据人力资源和社会保障部 2017 年 7 月发布的《人力资源社会保障部关于将36种药品纳入国家基本医疗保险、工伤保险和生育保险药品目录乙类范围的通知》,西达本胺片被纳入国家基本医保乙类目录。公司根据医保支付标准(385 元/片)制定西达本胺片的统一零售价为9240元/盒(含税价)。

(5)报告期内公司的主要客户

报告期内,公司的主要客户包括:国药控股股份有限公司、华润医药商业集团有限公司、上海医药集团股份有限公司、广东京卫医药有限公司、沪亚生物国际有限责任公司、仁和药房网国华(北京)医药有限公司、华润国康(北京)医药有限公司等。公司作为一家旨在为患者提供可承受的、临床亟须的原创新分子实体药物的国家级高新技术企业,其主要产品均为自主研发的新分子实体且作用机制新颖的原创新药。公司开发的西达本胺是全球第一个获批的亚型选择性组蛋白去乙酰化酶抑制剂,目前在外周T细胞淋巴瘤治疗领域属于中国唯一的二线治疗药物,在国内尚无竞争对手。

公司作为中国创新药史上的开拓者,正为越来越多的患者带去希望,我们期待它在更大的平台上迎接更广阔的未来。

广东华特气体股份有限公司
——实现“尖端领域气体材料”国产化

广东华特气体股份有限公司(原名:佛山市华特气体有限公司)位于珠三

角腹地佛山市南海区，创建于1999年，公司以广东佛山为产品研发基地，分别在广东、江西、浙江、陕西、湖北、湖南、香港特别行政区等地设立了十余家全资子公司。现已成为国内最大的民营特种气体及相关设备供应商之一，同时产品出口到50余个国家和地区。

公司是一家致力于特种气体国产化，并率先打破极大规模集成电路、新型显示面板等尖端领域气体材料进口制约的民族气体厂商，主营业务以特种气体的研发、生产及销售为核心，辅以普通工业气体和相关气体设备与工程业务，提供气体一站式综合应用解决方案。

一、公司基本情况

名称：广东华特气体股份有限公司

注册地：广东省

法定代表人：石平湘

注册资本：120,000,000 CNY

成立日期：1999年2月5日

主营业务：特种气体、普通工业气体、设备与工程等

主要财务指标（合并口径）：（见表3-23）

表 3-23　公司基本情况

单位：万元

项目	2018 年 12 月 31 日	2017 年 12 月 31 日	2016 年 12 月 31 日
资产总计	75,201.75	70,889.87	66,798.20
负债总计	19,851.93	20,676.85	19,973.73
所有者权益总计	55,349.82	50,213.02	46,824.47
归属于母公司所有者权益	55,349.82	50,213.02	46,824.47
营业收入	81,754.37	78,682.96	65,728.76
营业利润	8208.31	5800.86	3990.52
利润总额	8064.74	5666.13	4886.95
净利润	6784.84	4851.03	3837.17
归属于母公司所有者净利润	6784.84	4851.03	3837.17
归属于母公司所有者扣除非经常性损益后的净利润	6199.91	4693.86	3017.96

二、公司股权结构（见图 3-32）

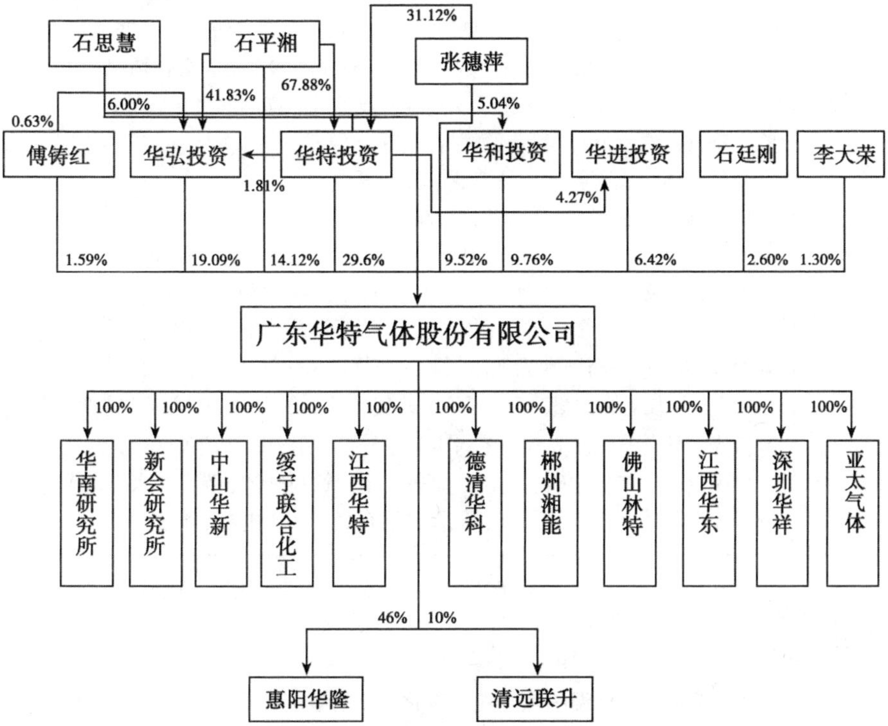

图 3-32　公司股权结构

华特气体股份有限公司对华南研究所、新会研究所、中山华新、绥宁联合化工、江西华特、德清华科、郴州湘能、佛山林特、江西华东、深圳华祥、亚太气体实现100%控股。

三、主营业务及经营业务模式

（一）主营业务

公司以特种气体的研发、生产及销售为核心，辅以普通工业气体和相关气体设备与工程业务，其中公司生产销售的特种气体主要包括高纯六氟乙烷、高纯四氟化碳、高纯二氧化碳、高纯一氧化碳、光刻气等230余种，普通气体10余种，气体设备与工程则主要包括低温绝缘气瓶等产品及配套的供气系统设计、安装服务。（见表3-24、表3-25）

表 3–24　公司提供的主要产品和服务情况

类别	简介及用途
特种气体	1. 广泛用于集成电路、显示面板、光伏能源、光纤光缆等电子产业的加工制造过程，主要包括清洗、蚀刻、光刻、外延、掺杂等，具体情况如下： ① 清洗、蚀刻：高纯四氟化碳、高纯六氟乙烷、高纯二氧化碳等； ② 光刻气：氪氖混合气、氟氖混合气等； ③ 外延气体、成膜气体：高纯氨、硅烷等； ④ 掺杂气体：乙硼烷、三氯化硼、磷烷等； ⑤ 其他：氮（6N）、氢气（6N）、氩（5.5N）、He（5N）等； 2. 除电子领域外，用于医疗、测量、食品等众多领域的产品： ① 医疗气体：医用氧、血气测定气等，用于诊断、手术、医学研究等； ② 标准气体：由高纯碳氢气体配制，在物理、化学、生物工程等领域中用于校准测量仪器和测量过程，评价准确度和检测能力，确定材料的特性量值； ③ 激光气体：氦氖激光气、密封束激光气等，用于国防建设、激光加工等； ④ 食品气体：二氧化碳、乙烯、氩等，用于饮料气体、蔬菜 / 水果保鲜等； ⑤ 电光源气体：氩、氪、氖、氙及其混合气，用于电器、灯具生产
普通工业气体	主要为氧、氮、氩、工业氨等气体，在金属冶炼、化工、机械制造、家电照明等众多产业领域
气体设备与工程	1. 气体设备包括低温绝热气瓶、汽化器、撬装装置等，可广泛用于气体的存储、充装等过程； 2. 气体工程主要是为客户提供的供气系统设计、安装、维修服务

表 3–25　公司主营业务收入按产品类别划分的情况

项目	2018 年度		2017 年度		2016 年度	
	金额 / 万元	比例 /%	金额 / 万元	比例 /%	金额 / 万元	比例 /%
特种气体	38,999.22	48.10	36,867.86	47.18	34,889.65	53.58
普通工业气体	25,051.64	30.90	26,070.86	33.36	21,499.82	33.02
设备与工程	17,033.59	21.01	15,212.48	19.47	8,727.75	13.40
合计	81,084.45	100.00	78,151.19	100.00	65,117.23	100.00

（二）经营模式（见图 3-33）

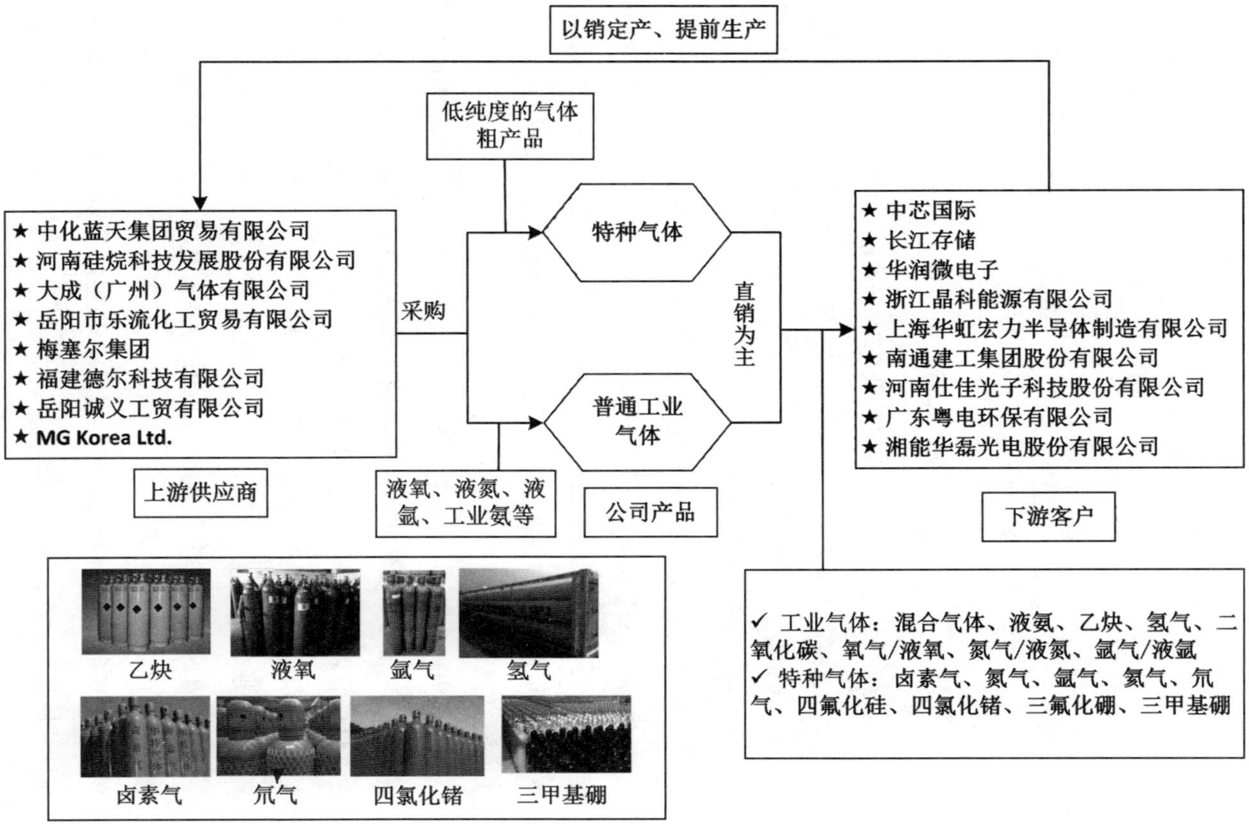

图 3-33　经营模式

1.采购模式

（1）关于报告期内公司的主要采购内容及采购流程（见图3-34）

1）特种气体

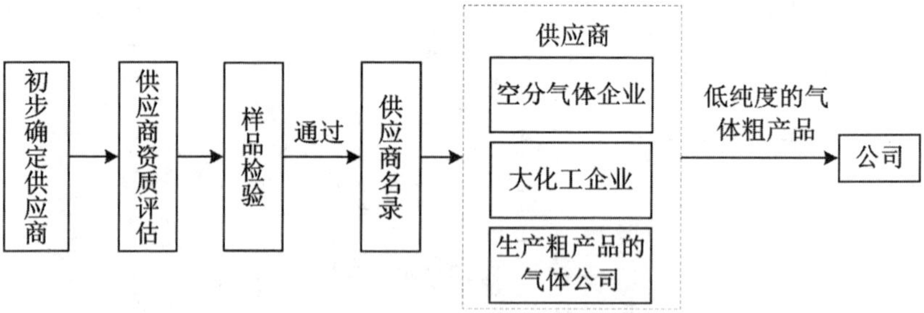

图 3-34 报告期内公司的主要采购内容及采购流程

特种气体的采购内容主要为低纯度的气体粗产品，供应商包括空分气体企业、大化工企业、生产粗产品的气体公司等。供应商选择方面，公司通过广泛调查全国乃至全球相关原料的供应商情况，经比对筛选，初步确定供应商，再对其经营资质、生产能力、质量及稳定性、服务能力、价格等多方面进行评估，评估通过后经样品检测合格方可纳入供应商名录，建立采购合作关系。建立正式合作关系后，公司仍将围绕交期、价格、品质、服务四方面对供应商定期考核，考核合格才可保持合作关系。通过严格、合理的供应商管理，公司保证了采购货源、质量的稳定以及采购价格合理。

采购方式方面，一般与主要供应商签订年度或更长期的框架协议，对产品的规格、价格、品质等要素进行约定，再根据具体的生产需求以订单形式采购，通常在下订单时需提前 1～3 天通知供应商备货，经供应商确认后货源充足后再下订单，在订单中再对采购价格、采购数量、交货地点、交货时间等进行明确约定。

2）普通工业气体

普通工业气体的采购内容主要为液氧、液氮、液氩、工业氨等，其中液氧、液氮、液氩的供应商主要为空分气体企业、金属冶炼企业等，工业氨等的供应商则包括化工企业、气体贸易商等。在供应商选择、采购方式上，普通工业气体与特种气体基本一致。

3）气体设备

气体设备的采购内容主要为气体容器、钢板、铝材、五金、阀门等，供应商即为相应产品的生产企业。供应商选择时亦是对比筛选后确定，采购时一般根据需求逐笔签订合同，并约定价格、数量、规格、交货等内容。

4）工程

公司工程业务的采购模式主要为以销定采，除了通用的零部件会进行常规备货，以及汽化器、撬装装置等设备由公司自主生产外，公司主要根据工程项目合同来确定具体采购内容，包括储罐、管材管道、管件、阀门、气瓶柜、气体分配盒等。公司根据工程项目的方案设计及技术要求，针对性地选择不同品牌、不同规格型号、不同性能的材料设备，材料设备的选型采购是公司工程业务的核心内容之一。

（2）报告期内公司的主要供应商

报告期内，公司的主要供应商包括：中化蓝天集团贸易有限公司、河南硅烷科技发展股份有限公司、大成（广州）气体有限公司、岳阳市乐流化工贸易有限公司、梅塞尔集团、福建德尔科技有限公司、岳阳诚义工贸有限公以及MG Korea Ltd.等公司。

2.生产模式（见图3-35）

（1）特殊气体

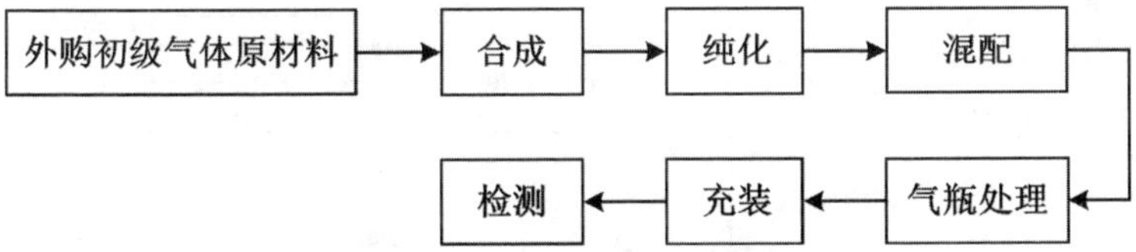

图 3-35　特殊气体生产过程

公司主要采取“以销定产”的生产模式，即公司会根据销售合同或订单制订生产计划、组织生产，并结合销售合同、过往销售状况及对销售订单的合理预测，确定合理库存量。

在生产过程方面，对于特种气体，一般需外购初级气体原材料后经合成、纯化、混配、气瓶处理、充装、检测等生产过程后再销售。由于特种气体的精细化特点，针对不同的客户在杂质参数、颗粒物含量等方面的不同要求，生产工序存在一定程度的定制化特点，即针对不同的产品、不同客户要求，生产过程和工艺会相应调整。

（2）普通工业气体

普通工业气体同样采取“以销定产”的生产模式，一般外购液态气体后充装至钢瓶、储罐等容器再销售。

（3）气体设备

气体设备会依据销售计划适当提前生产，生产的主要产品包括低温绝热气瓶、汽化器、撬等。

（4）工程

公司的生产模式为以销定产，即根据工程项目合同来全面组织工程项目的实施，包括具体方案设计、材料设备的选型采购、汽化器与撬装装置的生产、设备安装、管道安装、管道内壁处理、调试检测等。公司视工程项目安装施工周期及人手配置的具体情况，对部分工程项目，公司会将其中涉及的管道焊接、管道架设安装、设备安装等工作外包，公司则负责方案设计、材料设备的选型采购、汽化器与撬装装置的生产、管道内壁处理、整体调试检测等核心环节，在保证质量的基础上如期完成工程项目。

3.销售模式（见图3-36）

（1）报告期内公司各业务单元的销售模式

1）特殊气体

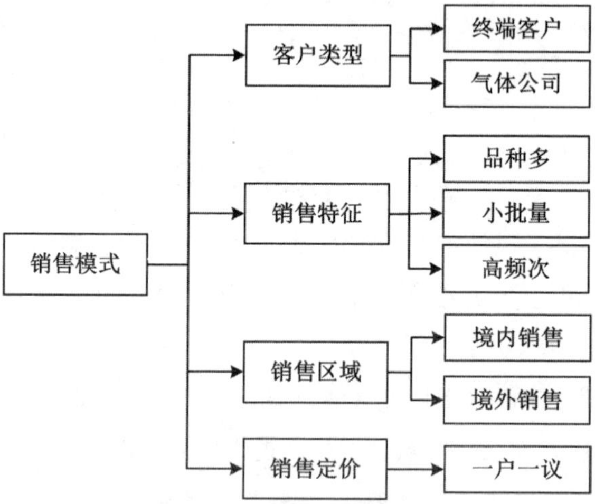

图 3-36　特殊气体销售模式

公司的销售以直销为主，按客户类型可分为终端客户和气体公司，气体公司之间采购属于行业内常见现象，其主要原因包括：①作为原料气体用于其合成、纯化、混配、充装等生产加工过程；②外购不自产的产品以满足客户的综合需求；③短期产能不足以满足订单需求时作为产能补充。

销售特征方面，由于特种气体的产品种类众多，且单一产品在下游客户的使用中均占比较小，其销售存在多品种、小批量、高频次的特点。

销售区域方面，分为境内销售和境外销售，境内业务主要通过自身销售团队进行国内市场开拓。境外业务方面，销售的产品主要是特种气体，且由于特种气体终端客户存在较长的审核认证周期，公司主要向海外大型气体公司销售产品。该模式有助于快速提升公司品牌影响力，加快进入全球领先的半导体企业的供应链体系，由此加强终端客户对公司的认可，促进特种气体的业务发展。

销售定价方面，由于特种气体定制化、高附加值等特点，销售定价多为一户一议，不同客户之间的定价差异化较大。此外，境外业务客户主要为大型气体公司，议价能力较强，且出于快速扩大境外销售规模和提升公司品牌影响力等方面考虑，其定价相对国内终端客户通常较低。

2）普通工业气体

普通工业气体亦以直销为主，客户主要为终端客户，但产品种类较少，单一产品销量较大，销售区域主要在境内，销售定价以成本加成为核心原则。

公司与少量客户签订了锁定价格的普通工业气体业务合同，由于普通工业气体作为大宗商品，其市场价格存在一定的波动性，因此公司的部分下游终端客户，尤其是对普通工业气体需求稳定的客户，为稳定原材料的购入渠道及采购成本，倾向于签订锁定价格的采购合同。此外，公司部分客户为通过招投标方式获取，如前述南海长海发电有限公司，其在招投标时要求对于产品销售价格有一定的锁定期。

公司对于该类客户的销售价格是在与客户谈判基础上形成的，确定销售价格时的考虑因素包括：

第一，与该客户的历史合作情况和未来该客户需求持续性。公司在与该类客户签订锁价协议时，会综合考虑该客户的需求量与持续性、与该客户历史合作过程中是否签订过类似锁价合同以及历史合同实际执行过程中的收益情况，评估合同价格的恰当性。

第二，当前市场价格及未来价格趋势情况。公司在确定合同价格时会综合考虑产品当时的市价价格情况及预计未来的市场走势情况，形成合理的价格判断。

第三，公司采购价格情况。公司在签订相关锁定销售价格的合同时，会考虑相关产品目前是否有同样锁定了采购价格或具有采购价格较为稳定的供应商，综合考虑其相关产品采购价格的波动幅度、采购时间、采购规模是否能够在一定程度上对冲锁定销售价格所带来的风险。

3）气体设备

气体设备的销售方式、客户类型与气体产品无明显区别，销售区域主要在境内，定价同样以成本加成为核心原则。

4）工程

公司主要通过招标网站、潜在客户走访及交流、老客户介绍等方式了解到相关项目信息后，与潜在客户展开洽淡，了解其需求。公司根据客户的需求进行项目方案设计，根据设计方案核算材料设备、施工安装、检测调试、后期维护等成本，结合采购、设备交付及施工安装等周期的结算，组织投标或报价，在中标或与客户达成合作意向后，签署工程项目合同。

（2）报告期内公司的主要客户

报告期内，公司的主要客户包括：中芯国际、长江存储、华润微电子、浙江晶科能源有限公司、上海华虹宏力半导体制造有限公司、南通建工集团股份有限公司、河南仕佳光子科技股份有限公司、广东粤电环保有限公司及湘能华磊光电股份有限公司等公司。

4.供气模式

公司的供气模式主要包括气瓶模式、槽车模式，其中气瓶模式针对用气规模较小的客户，将瓶装气销售至客户处；槽车模式主要针对中等用气规模的客户，用气方案一般为在客户现场装置储罐和汽化器等装置，公司通过槽车将低温液体产品运输至客户处并充装至客户的储罐中，客户再根据需求汽化使用。

（1）特种气体

由于特种气体的销售存在多品种、小批量、高频次的特点，因此对于特种气体，除高纯氨的部分客户需求量较大而采取了槽车模式外，公司多采用气瓶模式，且特种气体由于单位价值较高，基本无运输半径限制，客户更关注产品的质量和稳定性。

（2）普通工业气体

普通工业气体则根据客户的用气规模选择供气模式，由于单位价值相对较低，客户更着重于气体公司的配送和服务能力，并存在运输半径限制，其中气瓶模式下运输半径一般为 50km 左右，槽车模式下由于一次性运输量有所增加，运输半径亦有所扩大，一般为 200km 左右。

5.仓储和物流模式

（1）仓储模式

由于普通工业气体运输半径的限制，公司必须在销售地建立仓储物流中心，以此为基础扩大市场范围，同时特种气体、气体设备业务也可因此缩短运输距离，达到提高运输效率、降低运输成本、增强运输安全性的效果。

（2）物流模式

公司的物流模式以自主配送为主，同时以有资质的第三方配送为辅。自主配送方面，公司及子公司佛山林特、新会研究所、中山华新、江西华东作为运输主体，均已取得《道路运输经营许可证》，并拥有近百辆槽车、货车等运输车辆，半径 200 公里内均可一日送达；第三方配送方面，公司与多家有资质的物流公司签署了物流运输协议，对公司的配送能力进行有效补充。此外，公司的海外业务采用海陆联运模式，公司将货物运输至境内港口，此后由第三方船运公司进行运输，并根据双方约定的方式完成交货。

公司主要采用以销定产和提前生产相结合的生产模式；销售模式以直销为主；在供气模式方面，除针对极少部分客户需求量较大的高纯氨采取槽车模式供气外，公司多采用气瓶模式进行供气；公司的物流模式以自主配送为主，同时辅以有资质的第三方进行辅助配送。

考虑到特种气体是随着电子行业的兴起而发展起来的新兴产业，而华特气体又具备绝对的先发优势。因此，我们可以期待公司在集成电路、航空航天、环保、医疗等领域取得更为傲人的成就。

中国铁路通信信号股份有限公司
——募集资金“巨无霸”

2019年7月22日，中国领先的轨道交通控制系统解决方案提供商中国铁路通信信号股份有限公司（以下简称中国通号）在科创板成功上市。该公司首次公开发行股票募集资金达105.3亿元，堪称科创板“巨无霸”。中国通号是国务院国资委直接监管的大型中央企业，是以轨道交通控制技术为特色的高科技产业集团、全球最大的轨道交通控制系统提供商。该公司拥有集轨道交通控制系统设计研发、设备制造及工程服务于一体的完整产业链，是中国轨道交通控制系统设备制式、技术标准及产品标准的归口单位。

一、公司基本情况

名称：中国铁路通信信号股份有限公司

注册地址：北京市丰台区汽车博物馆南路1号院中国通号大厦A座20层

法定代表人：周志亮

注册资本：10,589,819,000元

成立日期：2010年12月29日

主营业务：设计集成、设备制造、系统交付

主要财务指标（合并口径）：（见表3-26）

表 3-26　公司基本情况

单位：万元

项目	2018年12月31日	2017年12月31日	2016年12月31日
资产总计	9,322,423.19	7,967,853.76	6,124,464.46
负债总计	5,147,988.61	4,940,645.61	3,602,004.70
所有者权益总计	4,174,434.57	3,027,208.15	2,522,459.76
归属于母公司所有者权益	4,085,562.80	2,890,839.67	2,401,905.09
营业收入	2,812,091.20	4,001,260.13	3,458,593.36
营业利润	367,897.89	453,283.32	418,614.30
利润总额	371,502.12	451,967.00	420,978.83
净利润	304,139.18	371,679.53	343,719.43
归属于母公司所有者净利润	281,228.30	340,854.55	322,248.36
归属于母公司所有者扣除非经常性损益后的净利润	257,757.08	329,519.07	309,181.56

二、公司股权结构（见图 3-37）

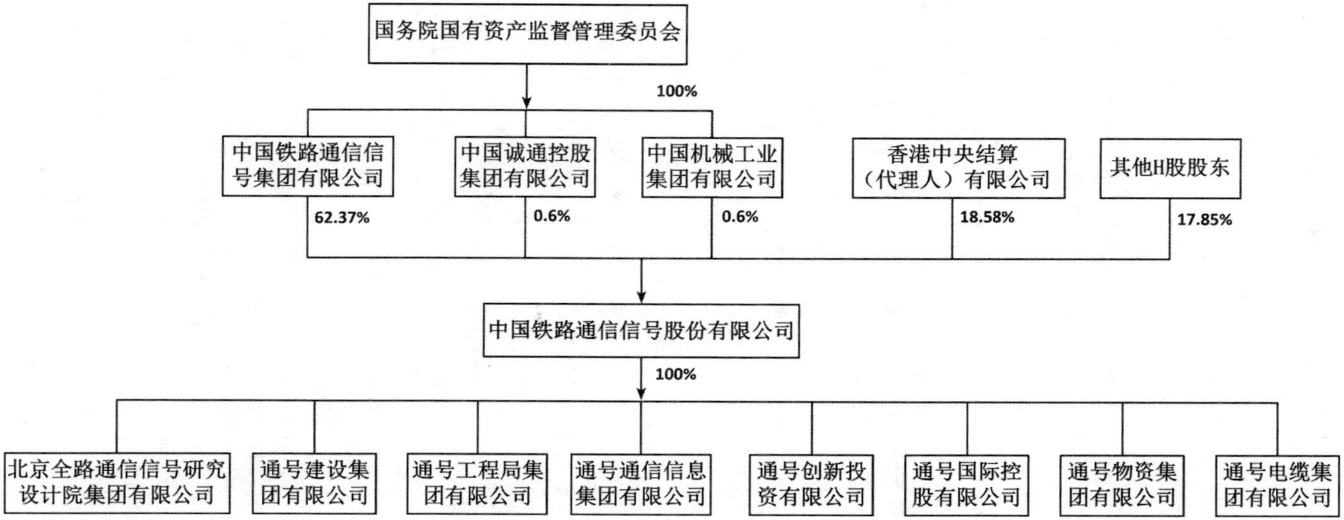

图 3-37　公司股权结构

发行人的控股股东为中国铁路通信信号集团有限公司（以下简称“通号集团”），实际控制人为国务院国资委，国务院国资委持有通号集团100%股权。

三、主营业务及经营业务模式

（一）主营业务

发行人的主营业务包括轨道交通控制系统领域相关业务、工程总承包及商品贸易业务。三类主营业务的主要产品及服务如表3-27所示：

表 3-27　主营业务

主营业务		种类	主要产品及服务
轨道交通控制系统领域相关业务	设计集成	系统集成服务	铁路列控系统、城轨列控系统、货运自动化系统、调度指挥自动化及检测系统、通信信息系统
		设计、咨询服务	技术方案和工程施工图纸的设计、计算确定主要工程设备、工程材料、工程总预算、咨询
	设备制造	信号系统产品	车站计算机联锁系统设备、列控中心设备、车载 ATP 设备、轨道电路、RBC 设备、CIPS 设备、道岔转换系统设备、应答器传输系统设备
		通信信息系统产品	铁路综合视频监控系统设备、旅服系统设备、机车综合无线通信设备、城市轨道交通专用无线通信系统设备、光纤直放站弱场覆盖设备
		其他产品	有轨电车、地铁屏蔽门、专用缆线、智能电源系统
	系统交付	铁路控制系统工程系统交付	
		城市轨道交通控制系统工程系统交付	
工程总承包	基础设施项目承包		
	相关建设服务		
其他业务	商品贸易		

1.系统集成业务所涉系统（见图3−38）

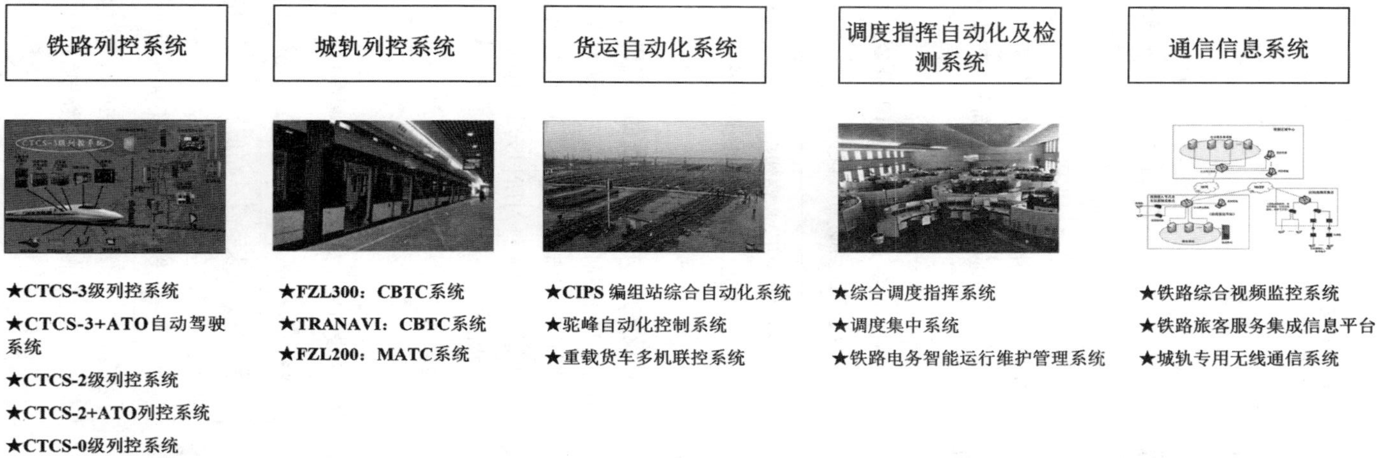

图 3−38　系统集成业务所涉系统

2.信号系统产品（见表3-28）

表 3-28 信号系统产品

产品名称	产品图片	产品描述
车站计算机联锁系统		车站计算机联锁系统设备用于使信号机、道岔和进路之间保持一定的相互制约，从而保证行车安全
列控中心设备		列控中心设备是可根据管辖范围内各列车位置、联锁进路以及线路临时限速状态等信息，控制轨道电路编码和有源应答器信息，向列车提供运行许可的系统
车载 ATP 设备	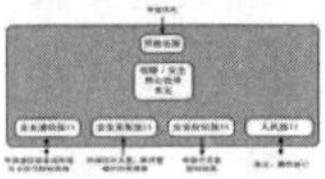	车载 ATP 设备是列车自动防护设备，列车超过规定速度时即自动制动的设备
轨道电路	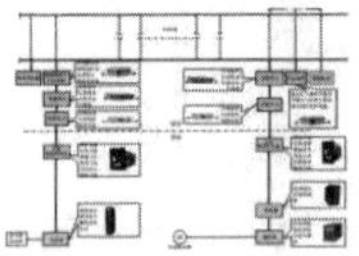	轨道电路是以一段铁路线路的钢轨为导体构成的电路，用于自动、连续检测该段线路是否被机车车辆占用
RBC 设备	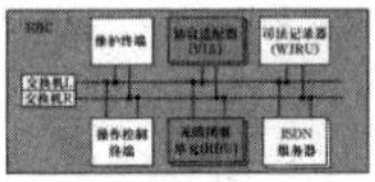	RBC 设备是 CTCS-3 系统的地面核心设备，根据列车 ATP 提供的列车状态、联锁装置提供的联锁径路状态、轨道占用状态、TSRS 提供的新路临时限速命令等产生针对所控列车的行车许可及线路描述、临时限速等控制信息，通过 GSM-R 网络传输给车载 ATP，实现对列车行进状态的控制
CIPS 设备	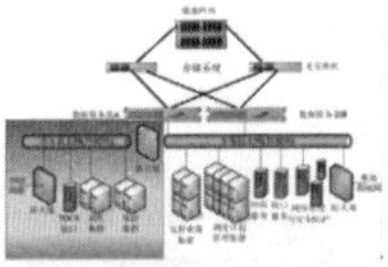	CIPS 设备用于集中监督和控制编组站作业
道岔转换系统设备		道岔转换系统设备是铁路信号系统基础装备，用来转辙、锁闭道岔，并给出转辙到位的表示信号，实现列车由一股轨道驶入另一股轨道
应答器传输系统设备	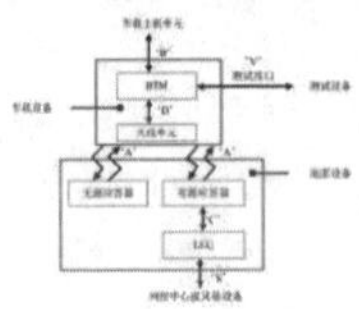	应答器传输系统是一种实现道旁设备或地面设备与车载设备之间的安全信息点式传输系统，设备包括应答器传输模块（BTM）及车载天线单元、有源应答器和无源应答器、地面电子单元（LEU）

3.通信信息系统产品（见表3-29）

表 3-29　通信信息系统产品

产品名称	产品图片	产品描述
铁路综合视频监控系统设备		铁路综合视频监控系统设备可实现实时视频监控、录像、报警联动、电子地图、设备管理、电视管理、系统日志等功能
旅服系统设备	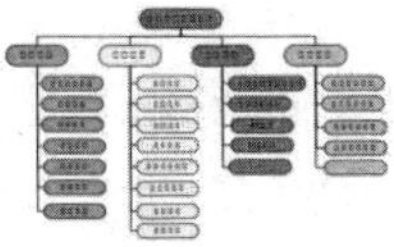	旅客服务系统设备以信息的自动采集为基础，以为旅客提供全方位信息服务为目标，通过对综合显示、广播、监控、查询、求助、应急、投诉、残障旅客服务和延伸服务等服务资源进行有机的整合，形成统一的旅客服务平台，为车站综合客运组织管理提供技术手段，在高铁车站得到了广泛的应用
机车综合无线通信设备		机车综合无线通信设备将列车无线通信业务统一管理，根据业务需求及网络情况选择合适的通道进行车地通信，为车地间的信号传输、数据传输提供服务
城市轨道交通专用无线通信系统设备	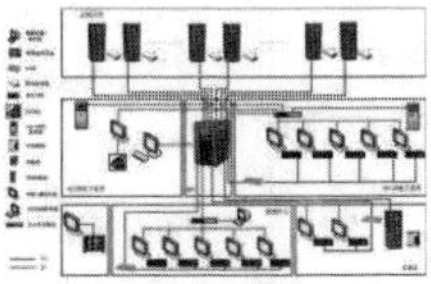	城市轨道交通专用无线通信系统设备集成专用无线通信系统中 TETRA 主系统和相关设备，并提供无线调度运营所需的二次开发设备和软件，以实现调度员对列车和维护人员的运营调度指挥
光纤直放站弱场覆盖设备		光纤直放站弱场覆盖设备用于弥补无线通信信号覆盖中弱区或盲区，保证无线通信信号区域的完全覆盖，在全国多条铁路、城市轨道交通线路、湖底、跨海隧道等领域得到广泛应用

4.其他产品（见表3-30）

表 3-30　其他产品

产品名称	产品图片	产品描述
五模块100%低地板有轨电车		五模块 100% 低地板有轨电车是公司的第一款已经商用的车型。五模块三转向架车型是目前有轨电车市场最流行的结构，配置两个动力转向架和一个非动力转向架，两节浮车的设计使车辆内部空间宽敞，超大景观玻璃的设计适合乘客观赏城市风景

续表

产品名称	产品图片	产品描述
屏蔽门		屏蔽门是一项集建筑、机械、材料、电子和信息等学科于一体的高科技产品，使用于地铁站台。屏蔽门/安全门将站台和列车运行区域隔开，通过控制系统控制其自动开启
专用缆线	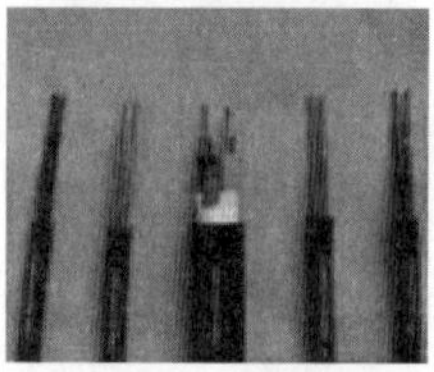	专用缆线主要包括铁路和城市轨道交通的信号电缆和通信电缆，代表性产品有铁路信号电缆、铁路数字信号电缆、应答器数据传输电缆、轨道交通计轴电缆、控制电缆、通信光缆等
智能电源系统		智能电源系统为铁路信号控制系统、通信系统提供智能化供电

5.报告期内发行人主营业务收入构成如表3-31所示：

表 3-31 报告期内发行人主营业务收入构成

产品	2018 年度		2017 年度		2016 年度	
	金额/万元	比例/%	金额/万元	比例/%	金额/万元	比例/%
轨道交通控制系统	2,842,204.05	71.03	2,474,122.47	71.54	2,376,901.73	79.84
设计集成	856,309.03	21.40	866,150.48	25.04	805,948.22	27.07
设备制造	662,818.08	16.57	585,242.47	16.92	721,937.63	24.25
系统交付服务	1,323,076.94	33.07	1,022,729.51	29.57	849,015.88	28.52
工程总承包	1,153,032.43	28.82	964,643.57	27.89	575,306.52	19.32
其他	6023.65	0.15	19,827.33	0.57	24,811.41	0.83
总计	6,843,464.18	171.04	5,932,715.83	171.53	5,353,921.39	179.83

（二）经营模式（见图 3-39）

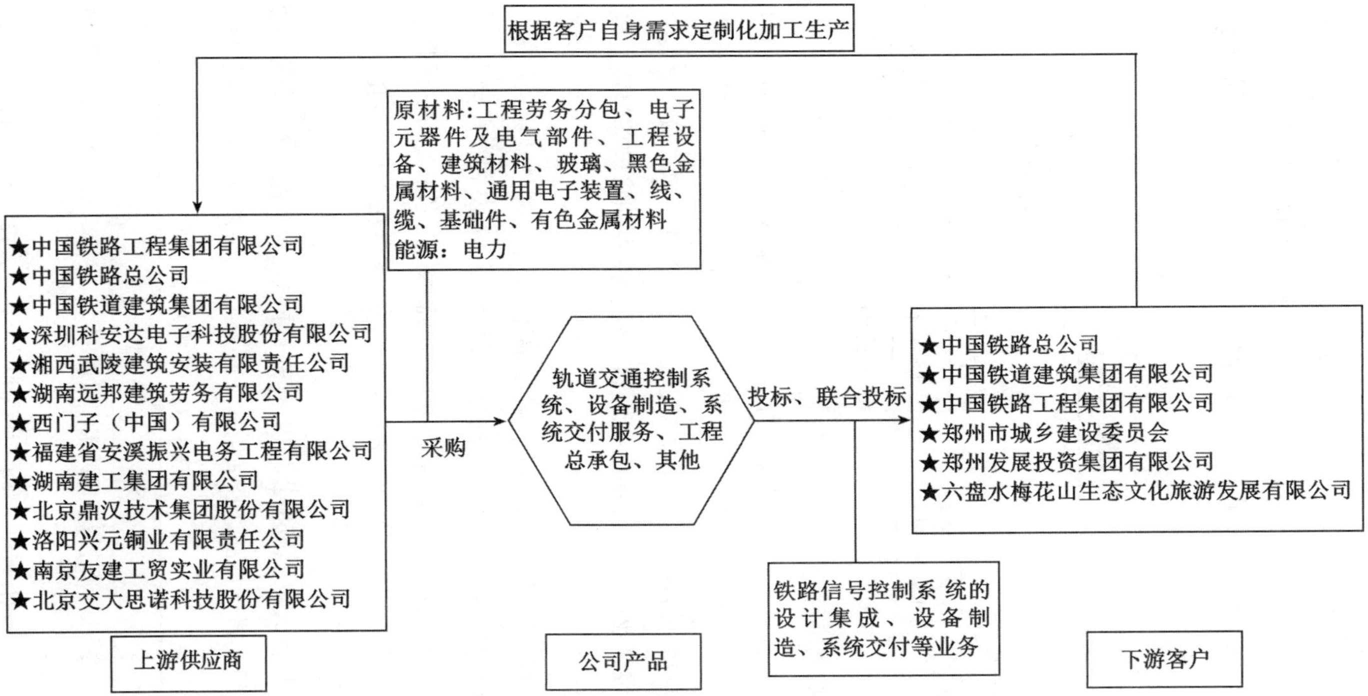

图 3-39　经营模式

1.采购模式

公司主营业务涉及大量的零部件、电子元器件及原材料等采购。为提升采购管理水平，规范采购流程，保证采购质量，实现降本增效，公司制定了《中国铁路通信信号股份有限公司采购管理办法》，统一规范公司开展的各类采购活动。（见图3-40）

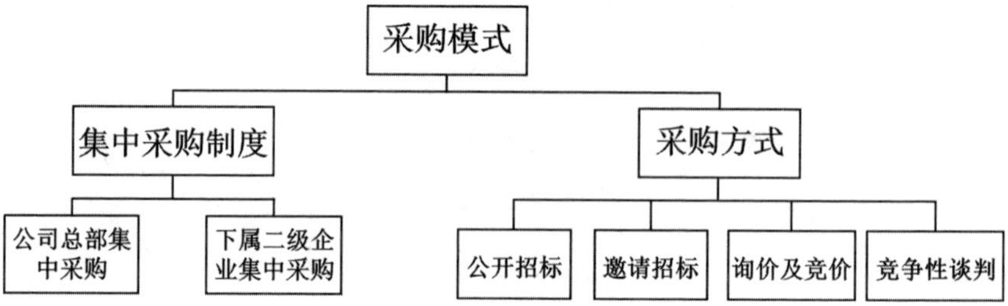

图 3-40　采购模式

（1）采购制度

公司主要推行集中采购制度，由公司运营管理部作为采购活动的归口管理部门，负责制定采购管理相关制度，并监督和检查各级公司采购活动。集中采购制度分为两级进行实施，包括公司总部集中采购和下属二级企业集中采购两种模式，二级企业亦存在完善的采购管理体制，由专职采购部门独立归口管理下属企业的采购活动。

公司日常生产经营涉及到大量的零部件、电子元器件及原材料等，种类繁多、涉及供应商范围广，集中采购制度可以有效地增加公司议价能力，规范采购流程，降低采购成本，是公司长期实行的采购制度，在未来公司主营业务及行业政策保持不变的情况下，公司集中采购制度预计不会发生重大变化。

（2）采购方式

公司采购方式主要包括公开招标、邀请招标、竞争性谈判、询价及竞价等。公司根据项目的具体情况选择适用的采购方式，确保采购效率。（见表3-32）

表 3-32　采购方式

采购方式	适用标准
公开招标	1. 依法必须进行招标的工程建设项目，包括工程以及与工程建设有关的物资、服务 2. 建设单位或甲方要求应当采取公开招标方式采购的项目

续表

采购方式	适用标准
邀请招标	1. 技术复杂、有特殊要求或者受自然环境限制，只有少量潜在投标人可供选择的项目 2. 采用公开招标方式的费用占项目合同金额的比例过大的项目
竞争性谈判	1. 招标后没有供应商投标或者没有合格标的或者重新招标未能成立的项目 2. 技术复杂或者性质特殊，不能确定详细规格或者具体要求的项目 3. 采用招标所需时间不能满足用户紧急需要的项目 4. 不能事先计算出价格总额的项目
询价	对于技术简单、标准化程度高且价格变化幅度小的采购项目
竞价	采购需求明确、质量判断方法（或标准）简易可行，价格变化幅度较大的采购项目

（3）采购流程

公司采购流程如表3-33所示，各级公司实际操作中根据自身需要进行相应合理调整：

表 3-33　采购流程

采购方式	采购流程
公开招标 邀请招标	1. 招标：根据《中华人民共和国招标投标法》及《中华人民共和国招投标法实施条例》，采取公开招标方式的通过发布招标公告进行招标，并通过国家指定的报刊、信息网络或者其他媒介发布；采取邀请招标的方式的，至少向三个以上具备承担招标项目的能力、资信良好的特定法人或者其他组织发出邀请书 2. 开标：招标文件收集后，由招标小组组建的评标委员会依据最低评标价法、综合评分法或者法律法规允许的其他评标办法进行评标 3. 中标：根据评标委员会的评标报告和推荐的中标候选人确定中标供应商
竞争性谈判	制定谈判文件、发出谈判文件、成立谈判小组、接收响应文件和谈判、确定供应商
询价	编制询价通知、发出询价通知、成立询价小组、接收报价函和评审、确定供应商
竞价	编制竞价通知、发出竞价通知、成立竞价小组、竞价、确定供应商

(4)报告期内公司采购的主要内容

工程劳务分包、电子元器件及电气部件、工程设备、建筑材料、玻璃、黑色金属材料、通用电子装置、线、缆、基础件、有色金属材料、电力等。

(5)报告期内公司的主要供应商

报告期内，公司的主要供应商包括：中国铁路工程集团有限公司、中国铁路总公司、中国铁道建筑集团有限公司、深圳科安达电子科技股份有限公司、湘西武陵建筑安装有限责任公司、湖南远邦建筑劳务有限公司、西门子(中国)有限公司、福建省安溪振兴电务工程有限公司、湖南建工集团有限公司、北京鼎汉技术集团股份有限公司、洛阳兴元铜业有限责任公司、南京友建工贸实业有限公司及北京交大思诺科技股份有限公司等公司。

2.生产及服务模式

(1)设计集成

1)系统集成项目流程主要包括项目启动、系统设计、产品实现、现场安装调试、开通收尾5个阶段。各阶段主要工作如图3-41所示：

图 3-41　设计集成

①项目启动阶段：组建专项项目组、形成项目策划书、形成生产质量及安全计划等；

②系统设计阶段：客户需求分析、方案设计、基本数据审核、软件配置设计、硬件配置设计等；

③产品实现阶段：自有产品生产、公司非自有产品采购、软件功能实现、产品功能测试、产品交付测试等；

④现场安装调试阶段：设备供货、安装督导、现场静态调试、系统运行测试等；

⑤开通收尾阶段：系统开通交接、培训、系统运营保障、项目总结、项目归档、售后维护交接等。

2)工程设计项目流程主要包括设计策划、设计资料准备、设计实现、设计审核、文印发送归档、设计服务、设计总结7个阶段。各阶段主要工作如图3-42所示：

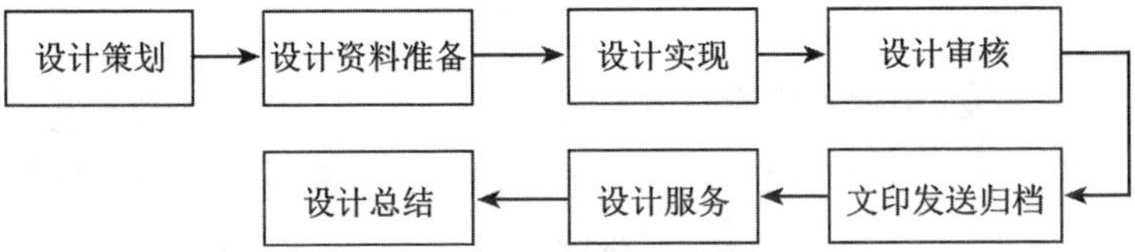

图 3-42 工程设计项目流程

①设计策划阶段：组建专项项目组、编制工程设计项目管理计划；

②设计资料准备阶段：收集设计资料、确认设计评审标准及机制；

③设计实现阶段：根据设计要求，编制工程设计文件；

④设计审核阶段：组织进行专业会审、咨询审查、审核问题统计等工作，同时建设单位对设计方案进行审批；

⑤文印发送归档阶段：设计成果文件盖章、发送给客户、内部归档等工作；

⑥设计服务阶段：施工图交付后至验收期间，进行施工图交底、解答和解决实施过程中的问题，参与重大施工方案和指导性施工组织方案研究，参加安全质量问题调查处理、工程验收等工作；

⑦设计总结阶段：编写工程设计项目总结，进行工程设计项目底稿的归档。

（2）设备制造

公司日常生产制造的设备主要包括：1）根据客户自身需求定制化加工生产产品，该类产品包括但不限于RBC设备、CTC设备、ATP设备等轨道交通控制系统核心设备；2）根据客户轨道交通控制系统建设工程所需工程量批量生产产品，多为统一制式，该类产品包括但不限于信号继电器、应答器、道岔转换设备、轨道电路设备、电缆等。（见图3-43）

图 3-43 设备制造

公司设备生产主要制造流程均在自有生产基地进行，设备制造流程主要包括生产准备阶段、生产实施阶段及产品交付阶段。各阶段主要工作如下：

1）生产准备阶段

①确定生产需求：根据合同定制需要、工程服务需求、新产品试制需要确定生产总需求；②安排生产计划：根据生产总需求制定科学合理的产品生产计划，形成月度排产计划表、产能分析报告、生产订单等；③生产准备：根据生产计划进行人力、生产物资、生产图纸、工艺文件、模具等的准备工作。

2）生产实施阶段

①生产实施：根据月度排产表、生产订单、生产图纸等按照公司规定的生产工艺和生产管理制度进行生产加工；②检验：产品检验包括首件检、自检、巡检、半成品完工检验、终检，检验不合格的产品需要重新生产；③产品防护及入库：产品包装、审核入库。

3）产品交付阶段：①产品出库；②产品运输；③现场安装；④产品调试等。

（3）系统交付

系统交付业务属于站后工程，待轨道建设站前工程结束后，公司进场进行弱电工程的设备铺设、安装、调试、维护等工作。公司轨道交通控制系统交付业务服务流程主要包括施工准备阶段、施工作业阶段及竣工验收阶段。各阶段主要工作如图3-44所示：

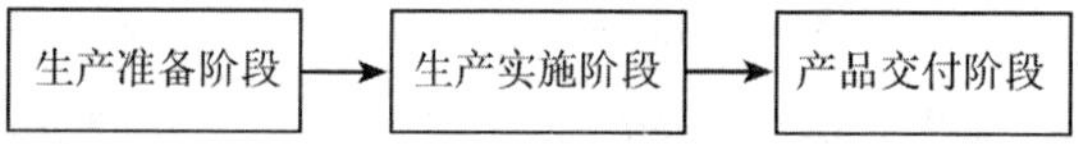

图 3-44　系统交付

1）施工准备阶段

①设立项目部，编制项目部标准化管理制度和管理流程；②施工现场设备接口检查；③与工程设计单位、工程施工各参与方参加设计交底工作；④编制和报批施工组织计划，完成施工组织编制，人员、设备等部分前期物资进场；⑤组织设备、材料采购；⑥主要设备及材料定标后，根据各供应商提供的设备差异性完善工程施工图。

2）施工作业阶段

①组织物资进场；②确定施工技术标准；③开展首件工程评估；④首件工程完成后，全线推广实施；⑤设备安装完毕后，组织或配合设备厂家调试。

3）竣工验收阶段

①配合开展静态验收工作，完成静态验收问题整改；②配合开展动态验收工作，完成动态验收问题整改；③配合开通达标评定工作；④初期运营阶段提供咨询和维护工作。

（4）工程总承包

公司工程总承包业务流程主要包括施工准备阶段、施工实施阶段及竣工验收阶段。各阶段主要工作如图3-45所示：

图 3-45 工程总承包

1）施工准备阶段

①成立项目部；②搭设临时驻地；③设计交底；④工程图纸会审等。

2）施工实施阶段

①项目部上报分包单位和物资采购计划，并进行招标、定标；②分包单位人员进场，工程物资进场；③进行现场交桩，对拟建的建筑物进行定位放线测量；④开展包括桩基、基础结构等基础工程施工；⑤开展包括混凝土结构、钢结构、砌筑结构等主体工程施工；⑥开展包括室内外装饰装修、水电管线和设备、屋面防水保温等室内工程施工；⑦开展包括室外园林绿化、室外道路桥梁、室外给排水等室外工程施工。

3）竣工验收阶段

①组织建设单位、设计单位、监理单位、勘察单位、施工单位进行竣工验收；②工程移交接管单位，分包单位退场，剩余物资退场，工程进入保修期。公司的设计集成、设备制造及系统交付业务采用的生产及服务模式主要是顺应中国铁路及城市轨道交通系统整体运行模式而形成的，经过多年运营已基本固定，报告期内没有明显变化，在未来中国铁路总公司、各客专公司及城市轨道交通公司招投标方式、投资规划等保持现状的情况下，公司的生产及服务模式预计不会发生重大变化。公司工程总承包业务亦属于成熟行业，生产及服务模式预计不会发生重大变化。

3.销售模式（见图3-46）

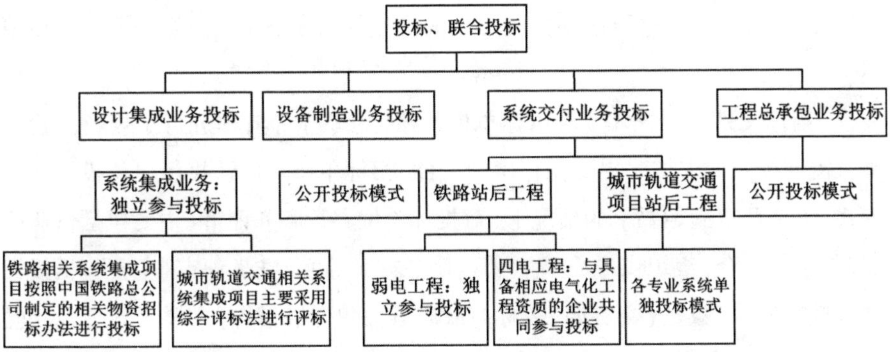

图 3-46 销售模式

公司核心主业围绕轨道交通控制系统行业，因此整体销售模式按照主要客户中国铁路总公司、各客专公司及各城市轨道交通公司的公开招标模式进行投标，具体投标方式根据客户要求不同和业务模式不同采取独立投标或联合投标的方式进行，公司制定了《中国铁路通信信号股份有限公司招投标管理办法》，对投标流程进行规范。公司的销售模式主要为市场化公开投标，报告期内没有明显变化，在未来轨道交通行业和建筑行业招投标模式和行业政策保持现状的情况下，公司的销售模式预计不会发生重大变化。

（1）设计集成

公司对设计集成业务中的系统集成服务独立参与投标，目前铁路相关系统集成项目主要按照中国铁路总公司制定的相关物资招标办法进行投标；城市轨道交通相关系统集成项目客户主要采用综合评标法进行评标，即综合考虑投标者技术水平、资质等级、国产化率及报价等因素进行评标。中国铁路总公司于2015年9月颁布了《中国铁路总公司关于发布铁路建设物资招标文件示范文本的通知》，并下发《铁路建设物资招标资格预审文件示范文本（试行）》（以下简称《资格预审文件示范文本》）及《铁路建设物资招标文件示范文本（试行）》（以下简称《招标文件示范文本》），其中规定各铁路局及客专公司在编制资格预审文件或招标文件时，只能根据招标项目的实际情况和有关要求填写、补充、完善示范文本空白部分，其他部分不得修改。

《资格预审文件示范文本》对投标单位的资格审查标准及流程进行了规范。招标单位需要组建由招标单位或其委托的招标代理机构熟悉相关业务的代表，以及有关技术、经济等方面专家组成的审查委员会。审查委员会根据投标单位生产、供应能力、财务能力、质量保证能力、业绩和履约信用，申请文件编制情况及其他要求进行打分，按得分由高到低的顺序确定通过资格预审的申请单位。

《招标文件示范文本》对招标单位的招标、评标等流程进行了规范。投标单位需要按照要求按时提交招标申请文件，招标单位在确认投标单位投标文件形式、资格预审满足要求的情况下，对投标单位进行商务评审（主要包括营业执照，投标保证金，组织供应、运输、售后服务方案等）及技术评审（主要包括投标物资规格型号、数量、交货期，投标产品质量检测合格报告，主要技术指标和性能等），并最终采用经评审的最低投标价法进行评标（通过评审且经评审的投标价最低的投标人为第一中标候选人的评标方法），但低于成本价的或超过招标人可以接受价格的除外。

公司参与铁路相关系统集成项目招标时，按照各铁路局及客专公司在上述标准下结合项目情况制定的资格预审及招标要求进行投标。公司拥有丰富的铁路系统集成项目投标经验，并拥有行业内领先的技术水平，为公司持续稳定地获得订单提供保障。

从高铁更新升级市场来看，截至招股说明书签署日，公司已实施完成的高铁控制系统更新升级项目为京津城际铁路列控系统技术改造工程。该工程采取公开招投标形式，原列控系统由西门子提供，本次改造工程项目发包人为中国铁路北京局集团有限公司北京工程项目管理部，承包人为中国通号全资子公司通号工程局集团有限公司。结合本行业通行销售模式以及已实施项目情况，公司原有项目下的系统更新升级需求需要履行招投标程序。

（2）设备制造

设备制造业务普遍采用公开投标模式，客户一般采取综合评标法进行评标。

（3）系统交付

目前铁路和城市轨道交通项目站后四电工程招标模式不同。铁路站后工程目前分为四电工程及弱电工程招标，公司目前具备四电工程中信号工程、通信工程和电力工程专业资质，四电工程招标时，公司通常与具备相应电气化工程资质的企业组建联合体共同参与投标；弱电工程招标时，公司可以独立参与投标。城市轨道交通项目站后工程建设通常采用各专业系统单独招投标模式，公司可以独立参与投标。

目前轨道交通控制系统交付项目主要采取综合评标法进行评标，即综合考虑投标者技术水平、资质等级、财务状况、类似项目业绩、报价等因素进行评标。

（4）工程总承包

工程总承包业务普遍采用公开投标模式，客户一般采取综合评标法进行评标。

（5）报告期内公司主要的客户

报告期内，公司的主要客户包括：中国铁路总公司、中国铁道建筑集团有限公司、中国铁路工程集团有限公司、郑州市城乡建设委员会、郑州发展投资集团有限公司及六盘水梅花山生态文化旅游发展有限公司等公司。

4.盈利模式

公司以提供轨道交通控制系统全产业链服务为核心主业，在我国轨道交通行业高速发展的历史机遇下，通过行业内多年积累的技术成果储备、技术研发优势、稳定的上下游客户和供应商关系、全产业链专业化服务，每年获得相对稳定增长的订单，并不断通过技术升级、产品改进、施工工艺改进降低生产和服务成本，形成稳定持续的盈利模式。

5.管理模式

公司实行两级经营管理模式，公司总部及各下属企业对其执行的项目分别负责。公司总部负责制定公司整体战略规划、统筹组织和协调下属企业的经营活动、进行重大决策并不断完善公司的经营管理制度，同样也是重大项目的管理实施主体；公司下属子公司负责制定本企业的经营管理制度，制定年度经营规划及目标等，同样也是其自揽项目的管理经营主体，可根据自身经营规划和经营状态设立经营管理机构具体负责自揽项目的管理。（见图3-47）

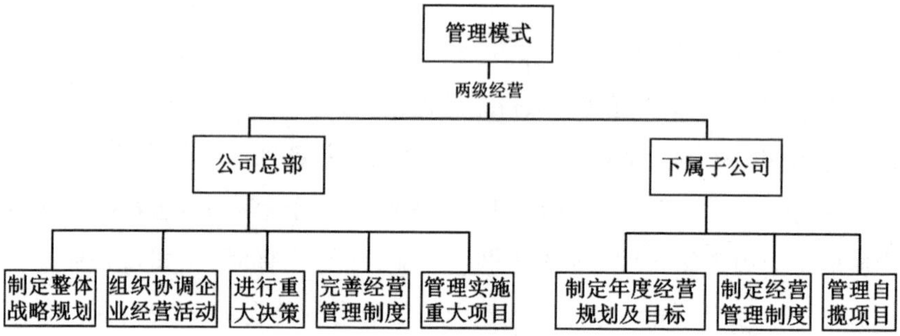

图 3-47　管理模式

综上所述，从中国通号的经营模式可以看出，其作为铁路、船舶、航空航天和其他运输设备制造业的典型代表，主要推行集中采购制度，其整体销售模式按照主要客户的公开招标模式进行投标或联合投标。在客户的公开招标模式下，公司通过行业内多年积累的技术成果储备、技术研发优势、稳定的上下游客户和供应商关系、全产业链专业化服务，每年获得相对稳定增长的订单，并不断通过技术升级、产品改进、施工工艺改进降低生产和服务成本，形成了稳定持续的盈利模式。

第四章

科创板上市公司审核关注要点

本章将对科创板上市公司审核问询的高频问题进行分类统计，列示行业分布情况；由于财务问题的类型集中性和出发点一致性，对财务方面的重点关注问题进行总结；并对科创板上市公司较为集中的6大行业进行梳理，具体包括3个方面：公司概况、审核问题概况和各公司典型问题。

一、审核问询高频问题整体概览

根据各行业审核问询高频问题的类型，分别整理财务类问题和非财务类问题的高频问题统计表，以截至2019年12月31日，6个行业通过上市委审核的公司为统计对象，综合各行业中前10大高频问题，汇总列示其分布情况。在本章后续内容中，逐个行业进行梳理，分析其具体情况。

（一）高频问题行业分布表

1.非财务问题行业分布表

截至2019年12月31日，6个行业各家公司接受问询所涉及的问题，前10大高频审核问题中属于非财务类问题的统计表：（见表4-1）

表 4-1　非财务问题行业分布

序号	行业	通过上市委审核的公司数/家	占比/%	关于产品的情况	关于核心技术的情况	关于信息披露的情况	关于关联交易的情况
1	计算机、通信和其他电子设备制造业	25	27.78	√	√	√	
2	专用设备制造业	23	25.56	√	√	√	√
3	软件和信息技术服务业	22	24.44	√	√	√	√
4	医药制造业	13	14.44	√	√		
5	化学原料和化学制品制造业	4	4.44	√	√	√	√
6	铁路、船舶、航空航天和其他运输设备制造业	3	3.33	√	√	√	√
合计		90	—	6	6	5	4

注：由于各行业公司业务类型和经营模式差别较大，部分非财务问题相对较为分散，因此，本表仅列示涉及2个以上行业的高频问题类型。

2.财务问题行业分布表

截至2019年12月31日，6个行业各家公司接受问询所涉及的问题，前10大高频审核问题中属于财务类问题的统计表：（见表4-2）

表 4-2　财务问题行业分布

序号	行业	通过上市委审核的公司数/家	占比/%	关于收入的情况	关于毛利率的情况	关于应收账款的情况	关于存货的情况	关于研发费用的情况
1	计算机、通信和其他电子设备制造业	25	27.78	√	√	√	√	√

续表

序号	行业	通过上市委审核的公司数/家	占比/%	关于收入的情况	关于毛利率的情况	关于应收账款的情况	关于存货的情况	关于研发费用的情况
2	专用设备制造业	23	25.56	√	√	√	√	
3	软件和信息技术服务业	22	24.44	√	√	√		
4	医药制造业	13	14.44	√				√
5	化学原料和化学制品制造业	4	4.44	√			√	
6	铁路、船舶、航空航天和其他运输设备制造业	3	3.33	√		√	√	
合计		90	—	6	3	4	4	2

注：由于各行业涉及的财务类高频问题较为集中，因此，本表筛除涉及行业2个以下的高频问题类型，以更全面地展示问题分布情况。

3.高频问题行业分布总结

从统计表中可以看出，计算机、通信和其他电子设备制造业，专用设备制造业，软件和信息技术服务业，这3个行业涵盖的公司数量最多，共计70家，占比77.78%。

非财务类问题方面，产品、核心技术、信息披露、关联交易是审核问询关注的普遍问题，其中，关于产品和核心技术方面的问题涉及面最广，这也反映了上市委对拟上市公司核心竞争力方面的关注。

财务类问题方面，关于收入的问题最普遍，各个行业的前10大高频问题均有涉及；此外，关于毛利率、应收款项、存货的问题，虽然只对于3～4个行业是高频涉及，但由于对应行业的公司数量占比重较高，也属于较为普遍的问题类型。

（二）财务类高频问题概述

虽然不同行业的公司业务千差万别，但是对于审核问询函中财务问题的关注，是较为集中和有章可循的。鉴于这种情况，我们可以抛开具体的财务数字，将注意力聚焦在财务问题的提出方式，梳理财务类审核问题的出发点和关注点，厘清监管机构对拟上市公司财务方面的审核逻辑。

上一节中，我们通过梳理6个行业的高频问题，发现收入、毛利率、应收款项、存货是涉及较为普遍的问题类型。另外，虽然只有2个行业的高频问题包含了研发支出，但是考虑到科创板的定位，对科技创新企业的自主研发能力有一定要求，因此，关于研发支出的问题需要纳入重点财务问题的考虑。

因此，在对问询函的文本进行统计分析的基础上，综合考虑科创板申报企业的特殊性，最终确定了5大类型的重点财务会计问题作为分析对象：收入、毛利率、应收款项、存货、研发支出。

整体来看，科创板上市公司审核问询中对于财务领域的关注点，逻辑出发点主要在4个方面：业绩真实性、业务合理性及持续性、会计及会计处理核算、科创板企业定位。在明确此逻辑的基础上，我们进一步对提问的角度进行整理，常见的财务问题提问角度包括：财务与业务数据匹配性、同行业可比公司数据、指标的对比、不同期间财务数据的变动合理性、不同科目财务数据之间的配比性、关键/异常科目的会计核算及会计处理。

接下来，我们将对5个审核重点关注类型的财务问题进一步说明。（见图4-1）

1.关于收入的问题

关于收入的问题，审核要点一般都会关注收入确认的方法是否合理，并根据公司的业务类型或产品类型有针对性地提问。需要注意的是，涉及以下情况时可能会引起格外关注——完工百分比法的确认收入的相关情况；销售模式涉及境外销售或经销商销售的情况；收入确认会计政策变更的情况。综合来看，关于收入的问题主要包括以下几个方面：

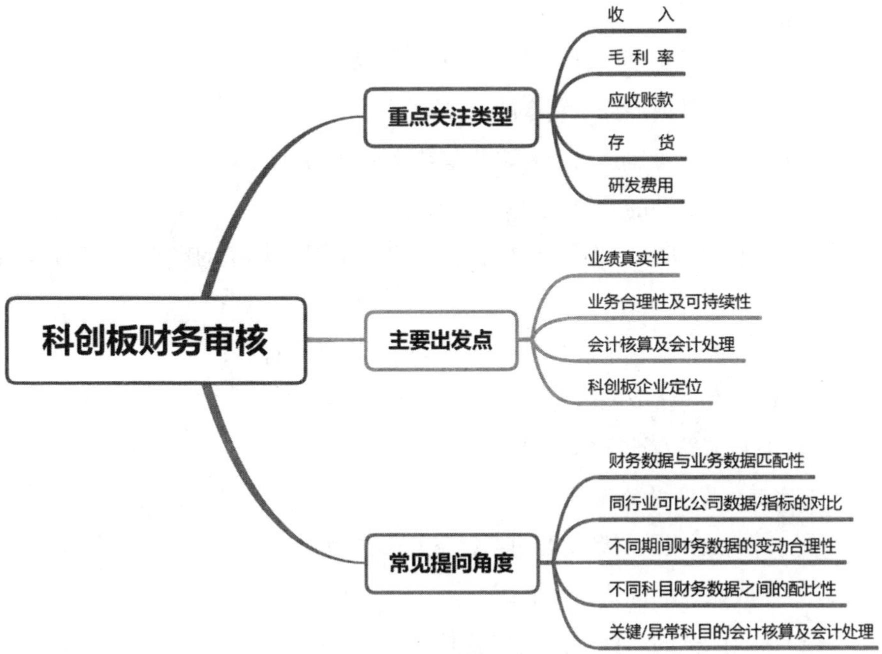

图 4-1　财务问题

（1）收入确认的方法（政策、时点、内控、依据、行业内对比）；收入确认的方式是否属于行业惯例，是否具有合理的商业理由；

（2）收入确认金额是否合理；重点合同的约定金额，收入金额占总收入的比例、收款方式等；

（3）收入结构合理性说明，收入结构变化的原因，未来的收入结构预计；

（4）是否存在或满足分期确认收入的情况（如有，结合具体业务或产品类型进行说明）；是否存在或满足按照完工百分比法确认收入的情况（如有，披露涉及的业务范围、占比以及对完工进度执行的核查程序）；按进度分段收款的情况与现金流入是否勾稽一致；

（5）是否存在收入调节的情况，是否存在提前确认收入的情况；

（6）变更收入确认方法的具体时点、具体原因和依据，对主要财务数据和财务指标的影响，对估值的影响，是否构成会计差错或会计政策变更，变更是否合理；

（7）外销收入的真实性核查，经销收入的真实性核查。

2.关于毛利率的问题

关于毛利率的问题主要包括以下几个方面：

（1）不同产品或业务毛利率的情况；

（2）与同行业可比公司毛利率的差异及原因；毛利率较高或较低的合理性；

（3）毛利率变动的原因、合理性和风险；

（4）毛利率的主要影响因素；销售价格变动对毛利率的影响，并做敏感性分析；

（5）经销模式与直销模式毛利率差异的原因及合理性；

（6）毛利率与主要购入原材料情况的匹配关系；

（7）毛利率异常情况的原因。

3.关于应收账款的问题

关于应收款项的问题主要包括以下几个方面：

（1）应收账款的确认和计量；

（2）应收账款的结算、确认、付款是否符合合同约定；

（3）应收账款的变动情况与信用政策的匹配性；

（4）应收账款周转率与同行业可比公司的差异；

（5）应收账款的账龄统计方法、账龄分布，坏账准备计提是否充分；

（6）期后回款的情况与进度；

（7）应收账款主要客户与销售主要客户的匹配性，新增客户的应收账款与新增收入的匹配性；

（8）应收账款变动与现金流量表之间的配比关系；

（9）应收账款余额与营业收入的配比性；

（10）应收账款转为商业承兑汇票结算的情况；

（11）应收账款逾期的金额及原因。

4.关于存货的问题

关于存货的问题主要包括以下几个方面：

（1）存货的构成情况；各期末存货主要项目的内容、余额以及变动原因；存货及各类项目的库龄结构；

（2）存货结构与同行业可比公司是否存在重大差异；存货余额变动与可比公司变动趋势差异；

（3）存货跌价准备计提的充分性；

（4）存货各明细分类的数量、金额、周转率的合理性；

（5）各期末存货余额与同期营业成本的比较，如有异常，说明原因；

（6）存货跌价准备或减值风险。

5.关于研发费用的问题

根据规定，拟在科创板发行上市的公司必须具备明显的科创属性，因此，与研发费用相关的会计处理问题的重要性不言而喻。

首先，研发费用率过低、过高以及年度变化趋势异常都很可能会被质疑存在研发内控制度缺失、费用归集不合理等问题，要求发行人、保荐机构和会计师事务所进行补充说明；

其次，部分公司还被要求提供研发费用的明细以及各个项目的占比，甚至每个项目消耗的具体材料；

再次，研发支出的费用化与资本化也是交易所在问询函中经常提及的问题；

最后，研发支出还涉及研发费用加计扣除的相关问题，特别是当金额较大或者加计扣除金额与他处列示金额不存在勾稽关系时。

概括而言，研发支出方面的审核问题常常包括几个方面：

（1）发行人研发相关的内控制度是否健全且被有效执行，比如是否建立研发项目的跟踪管理系统，是否有效监控、记录各研发项目的进展情况，是否建立与研发项目相对应的人、财、物管理机制，是否建立研发支出审批程序；

（2）发行人的研发支出归集是否准确，项目明细、数据来源及计算依据是否合规，是否与相关研发活动切实相关，是否严格按照研发开支用途、性质据实列支，是否存在为申请高新技术企业认定及企业所得税费用加计扣除目的虚增研发支出的情形；

（3）研究阶段和开发阶段的划分是否合理，是否与研发活动的流程相联系，是否遵循了正常研发活动的周期，划分依据是否完整、准确披露；

（4）研发支出资本化的条件是否均已满足，是否具有内外部证据支持，包括技术上的可行性，预期产生经济利益的方式，技术、财务资源和其他资源的支持等；

（5）研发支出相关的会计处理是否符合行业惯例，与可比公司是否存在重大差异及其存在差异的原因。

二、计算机、通信和其他电子设备制造业

计算机、通信和其他电子设备制造业包含计算机制造、通信设备制造、广播电视设备制造、雷达及配套设备制造、非专业视听设备制造、智能消费设备制造、电子器件制造、电子元件及电子专用材料制造以及其他电子设备制造9个行业中类，36个行业小类。按照证监会2012年10月26日发布的《上市公司行业分类指引（2012年修订）》，其隶属于“C39 计算机、通信和其他电子设备制造业”。

（一）公司概况

1.上市标准

计算机、通信和其他电子设备制造业的25家公司中除了国盾量子采用“上市标准二”，晶晨股份、容百科技、硅产业采用“上市标准四”，华润微采用“红筹股上市标准二”外，其余20家均采用“上市标准一”。

（1）20家公司“上市标准一”具体情况

“上市标准一”关注公司的市值、收入以及盈利情况。其具体要求是：预计市值不低于人民币10亿元，最近两年净利润均为正且累计净利润不低于人民币5000万元，或者预计市值不低于人民币10亿元，最近一年净利润为正且营业收入不低于人民币1亿元。计算机、通信和其他电子设备制造业中有20家公司采取上市标准一在科创板上市，20家公司均满足“预计市值不低于人民币10亿元，最近两年净利润均为正且累计净利润不低于人民币5000万元”的基本要求。（见表4–3）

表 4–3　20 家公司“上市标准一”具体情况

单位：万元

上市标准一	预计市值不低于人民币 10 亿元 最近两年净利润均为正 累计净利润不低于人民币 5000 万元				预计市值不低于人民币 10 亿元 最近一年净利润为正 营业收入不低于人民币 1 亿元		
项目	预计市值	2017 年度净利润 / 万元	2018 年度净利润 / 万元	上述累计净利润 / 万元	预计市值	2018 年度净利润	2018 年度营业收入
清溢光电	≥ 10 亿元	3865.80	6265.48	10,131.28			

续表

上市标准一	预计市值不低于于人民币10亿元 最近两年净利润均为正 累计净利润不低于于人民币5000万元				预计市值不低于于人民币10亿元 最近一年净利润为正 营业收入不低于于人民币1亿元		
项目	预计市值	2017年度净利润/万元	2018年度净利润/万元	上述累计净利润/万元	预计市值	2018年度净利润	2018年度营业收入
威胜信息	≥10亿元	15,335.67	17,715.74	33,051.41			
有方科技	≥10亿元	5157.78	4349.52	9507.30			
嘉元科技	26.01亿元	8519.25	17,643.11	26,162.36			
鸿泉物联	≥10亿元	4779.57	5711.87	10,491.44			
传音控股	≥10亿元	67,725.91	65,380.23	133,106.14			
杰普特	≥10亿元	8766.91	9336.10	18,103.01			
方邦股份	27亿～49亿元	8766.91	9336.10	18,103.01			
安集科技	≥10亿元	3973.91	4496.24	8470.15			
乐鑫科技	≥10亿元	2937.19	9388.26	12,325.45			
新光光电	26亿元	4019.80	7263.66	11,283.46			
澜起科技	≥120亿元	34,691.60	73,687.84	108,379.44			
光峰科技	≥10亿元	11,287.04	21,155.12	32,442.16			
睿创微纳	≥10亿元	6435.17	12,517.19	18,952.36			

续表

上市标准一	预计市值不低于于人民币 10 亿元 最近两年净利润均为正 累计净利润不低于人民币 5000 万元				预计市值不低于人民币 10 亿元 最近一年净利润为正 营业收入不低于人民币 1 亿元		
项目	预计市值	2017 年度净利润 / 万元	2018 年度净利润 / 万元	上述累计净利润 / 万元	预计市值	2018 年度净利润	2018 年度营业收入
紫晶存储	13.80 亿元	5363.85	10,493.12	15,856.97			
兴图新科	12.05 亿～16.06 亿元	3115.34	4221.38	7336.72			
聚辰股份	≥ 10 亿元	2488.22	7611.53	10,099.75			
八亿时空	10.13 亿～22.25 亿元	5334.39	11,448.91	16,783.30			
映翰通	≥ 10 亿元	3219.40	4602.65	7822.05			
道通科技	≥ 10 亿元	9136.40	33,578.15	42,714.55			

（2）国盾量子“上市标准二”具体情况

“上市标准二”关注公司的市值、收入和研发情况。其具体要求是：预计市值不低于人民币15亿元，最近一年营业收入不低于人民币2亿元，且最近三年累计研发投入占最近三年累计营业收入的比例不低于15%。国盾量子预计市值不小于15亿元，最近一年（2018年）营业收入为26,466.98万元，最近三年累计营业收入为77,548.51万元，累计研发投入为22,283.34万元，其最近三年累计研发投入占最近三年累计营业收入的比例为28.73%，由此可见，国盾量子满足“上市标准二”基本情况。（见表4–4）

表 4-4　国盾量子“上市标准二”具体情况

上市标准二	预计市值不低于人民币 15 亿元 最近一年营业收入不低于人民币 2 亿元 最近三年累计研发投入占最近三年累计营业收入的比例不低于 15%				
项目	预计市值	2018 年度营业收入	2016 ～ 2018 年度累计研发投入	2016 ～ 2018 年度累计营业收入	2016 ～ 2018 年度累计研发投入与累计营业收入的比例
国盾量子	≥ 15 亿元	26,466.98 万元	22,283.34 万元	77,548.51 万元	28.73%

（3）3家公司“上市标准四”具体情况

“上市标准四”关注公司的市值和收入。其具体要求是：预计市值不低于人民币30亿元，且最近一年营业收入不低于人民币3亿元。其中，晶晨股份，结合最近一年外部股权转让对应的估值情况以及可比公司在境内市场的近期估值情况，预计总市值不低于人民币 30 亿元；容百科技，基于报告期内公司的外部股权融资情况、同行业可比公司二级市场估值情况等因素综合分析，预计市值不低于 30 亿元；硅产业，预计市值不低于人民币30亿元。由此可见，计算机、通信和其他电子设备制造业中3家采取上市标准四在科创板上市的公司预计市值均不低于人民币30亿元。晶晨股份、容百科技、硅产业2018年度营业收入分别为236,906.94万元、304,126.01万元、101,044.55万元，均满足最近一年营业收入不低于人民币3亿元的标准。因此，以上三家公司均满足“上市标准四”的基本要求。（见表4-5）

表 4-5　三家公司“上市标准四”具体情况

上市标准四	预计市值不低于人民币 30 亿元，且最近一年营业收入不低于人民币 3 亿元	
项目	预计市值	2018 年度营业收入 / 万元
晶晨股份	≥ 30 亿元	236,906.94
容百科技	≥ 30 亿元	304,126.01
硅产业	≥ 30 亿元	101,044.55

（4）华润微“红筹股上市标准二”具体情况

“红筹股上市标准二”关注公司的市值和收入。其具体要求是预计市值不低于人民币50亿元，且最近一年营业收入不低于人民币5亿元。华润微预计市值不低于50亿元，最近一年（2018年）年营业收入为627,079.65万元，完全满足红

筹股上市标准二的基本要求。（见表4-6）

表 4-6　华润微"红筹股上市标准二"具体情况

红筹股上市标准二	预计市值不低于人民币 50 亿元，且最近一年营业收入不低于人民币 5 亿元	
项目	预计市值	2018 年度营业收入
华润微	≥ 50 亿元	627,079.65 万元

2.注册资本

根据计算机、通信和其他电子设备制造业在科创板审核通过的25家公司2018年12月31日的注册资本情况，注册资本最少为映翰通，仅为3932万元，最高的为硅产业186,019万元，各公司之间注册资本差异较大。上述注册资本在10,000万元以下的有9家，分别为映翰通、安集科技、国盾量子、有方科技、兴图新科、方邦股份、乐鑫科技、杰普特、八亿时空。（见图4-2）

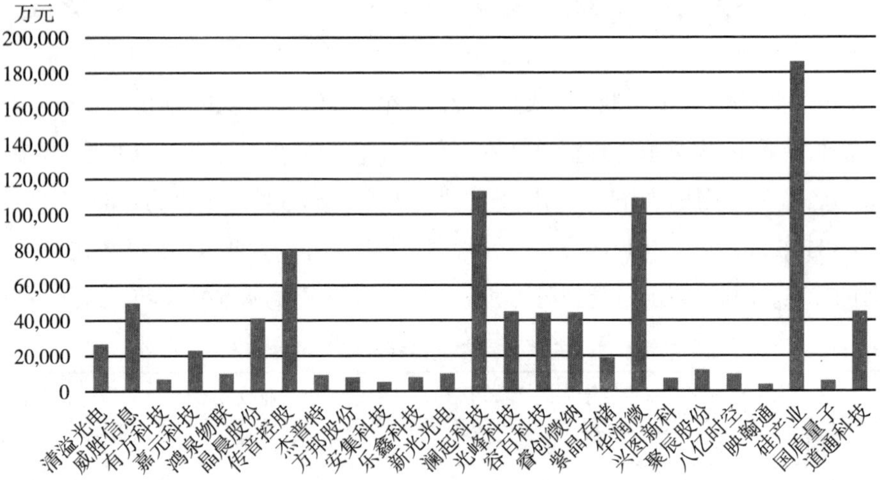

图 4-2　注册资本

3.注册地点

计算机、通信和其他电子设备制造业在科创板审核通过的25家公司中，36.00%的公司注册地为广东省、24.00%的公司注册地为上海市、8.00%的公司注册地为浙江省、8.00%的公司注册地为北京市；占比4.00%的注册地有安徽省、黑龙江省、湖北省、湖南省、江苏省、山东省，上述公司的区域分布均为我国经济发达的省份或地区。（见图4-3）

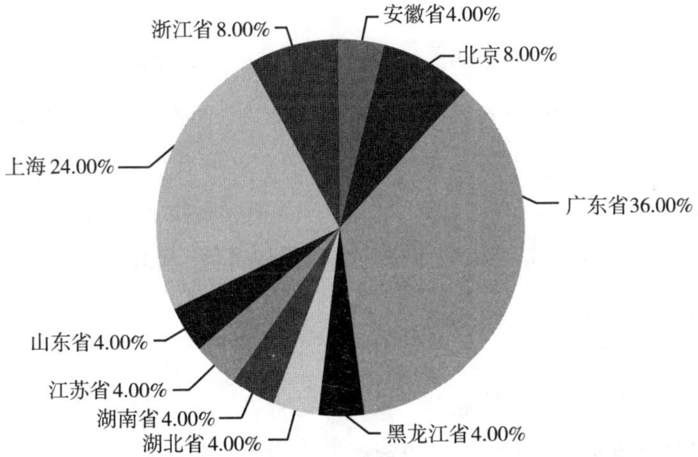

图 4-3　注册地点

4.主办券商

计算机、通信和其他电子设备制造业在科创板审核通过的25家公司中，有20.00%的公司主办券商为中信证券、16.00%公司的主办券商为中金公司、8.00%的公司的主办券商为中信建投，8.00%的公司的主办券商为华泰联合。剩余其他券商占比均为4.00%，分别是：东方花旗、东兴证券、光大证券、广发证券、国泰君安、国元证券、海通证券、华创证券、申万宏源、首创证券、招商证券、中泰证券。由此可见，计算机、通信和其他电子设备制造业在科创板上市的主办券商占比居前的涵盖了“三中一华”头部券商，同时中信证券拔得头筹，这也与该行业科创板上市公司的注册地以及中信证券的业务分布有一定的关系。（见图4-4）

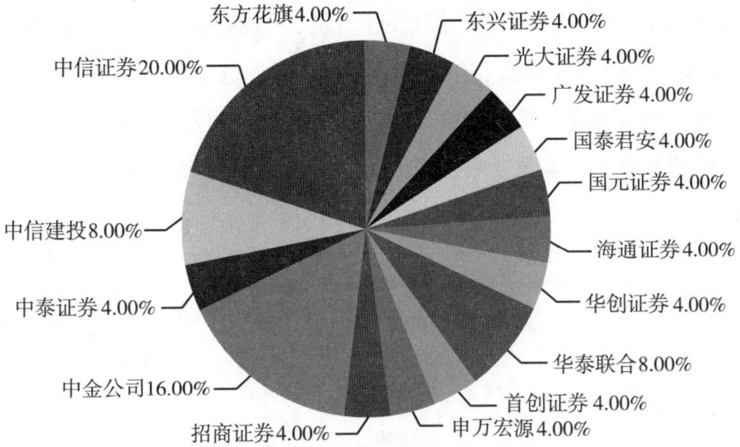

图 4-4　主办券商

5.资产总额

根据计算机、通信和其他电子设备制造业在科创板审核通过的25家公司2018年12月31日的资产总额情况，资产总额最少为兴图新科，仅为29,218.38万元，最高的为传音控股1,035,319.93万元，各公司之间资产总额差异较大。上述资产总额在100,000万元以上的有13家，分别为嘉元科技、紫晶存储、睿创微纳、国盾量子、道通科技、晶晨股份、威胜信息、光峰科技、澜起科技、容百科技、硅产业、华润微、传音控股。（见图4-5）

6.净资产

根据计算机、通信和其他电子设备制造业在科创板审核通过的25家公司2018年12月31日的净资产情况，净资产最少为兴图新科，仅为20,986.09万元，最高的为华润微501,979.67万元，各公司之间净资产差异较大。上述净资产在100,000万元以上的有9家，分别为睿创微纳、道通科技、晶晨股份、威胜信息、容百科技、硅产业、澜起科技、传音控股、华润微，净资产为别为100,599.77万元、103,444.13万元、112,602.32万元、133,781.57万元、313,133.96万元、359,502.83万元、361,574.98万元、392,201.72万元、501,979.67万元。（见图4-6）

7.收入总额

根据计算机、通信和其他电子设备制造业在科创板审核通过的25家公司2016～2018年度的收入总额情况，可以看出，传音控股三年来收入情况明显较其他公司更为乐观，且与其他公司拉开明显差距，其2016～2018年度的收入分别为1,163,676万元、2004,363万元、2264,588万元。连续三年收入总额均高于50,000.00万元的公司有7家，分别为威胜信息、晶晨股份、传音控股、澜起科技、容百科技、华润微、道通科技；连续三年收入总额均低于50,000.00万元的公司有13家，分别为清溢光电、鸿泉物联、方邦股份、安集科技、乐鑫科技、新光光电、睿创微纳、紫晶存储、兴图新科、聚辰股份、八亿时空、映翰通、国盾量子。（见图4-7）

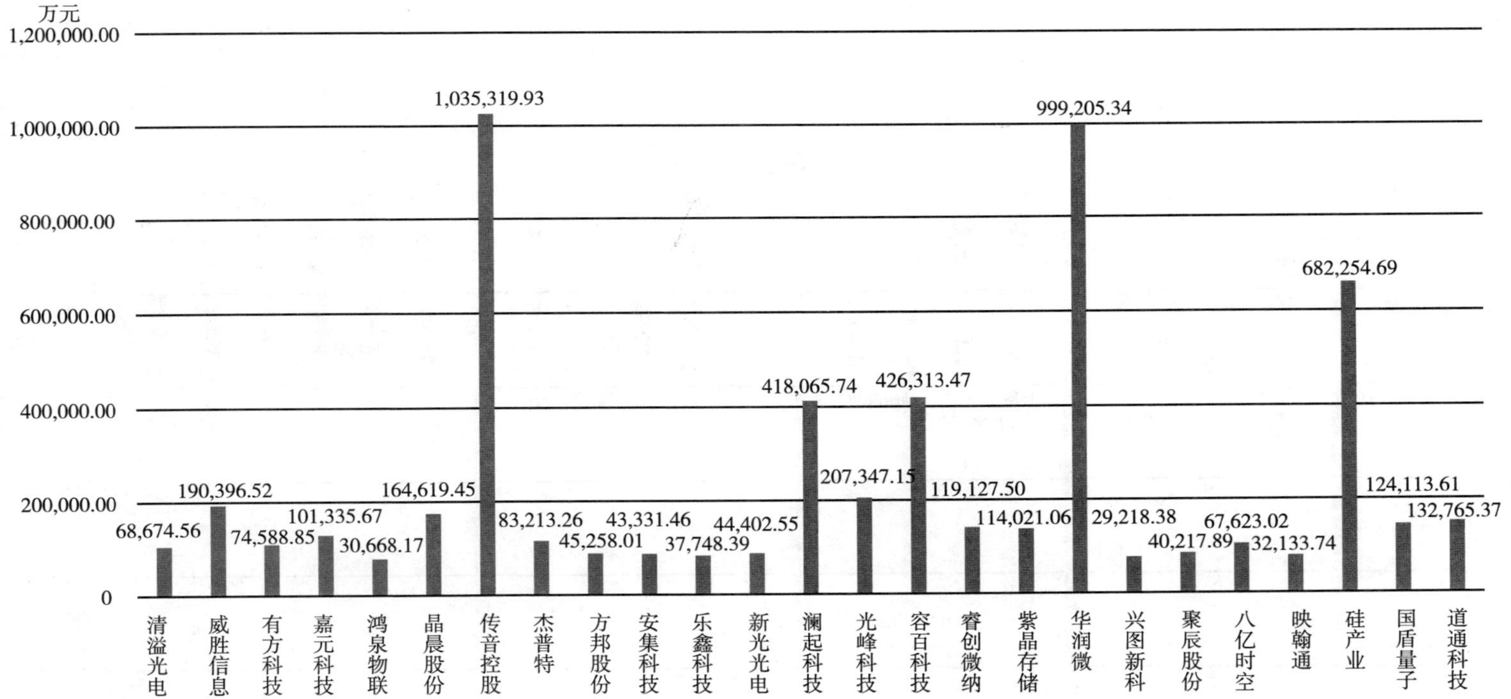
万元
1,200,000.00
1,000,000.00
800,000.00
600,000.00
400,000.00
200,000.00
0
68,674.56
190,396.52
74,588.85
101,335.67
30,668.17
164,619.45
1,035,319.93
83,213.26
45,258.01
43,331.46
37,748.39
44,402.55
418,065.74
207,347.15
426,313.47
119,127.50
114,021.06
999,205.34
29,218.38
40,217.89
67,623.02
32,133.74
682,254.69
124,113.61
132,765.37
清溢光电
威胜信息
有方科技
嘉元科技
鸿泉物联
晶晨股份
传音控股
杰普特
方邦股份
安集科技
乐鑫科技
新光光电
澜起科技
光峰科技
容百科技
睿创微纳
紫晶存储
华润微
兴图新科
聚辰股份
八亿时空
映翰通
硅产业
国盾量子
道通科技
图 4-5 资产总额

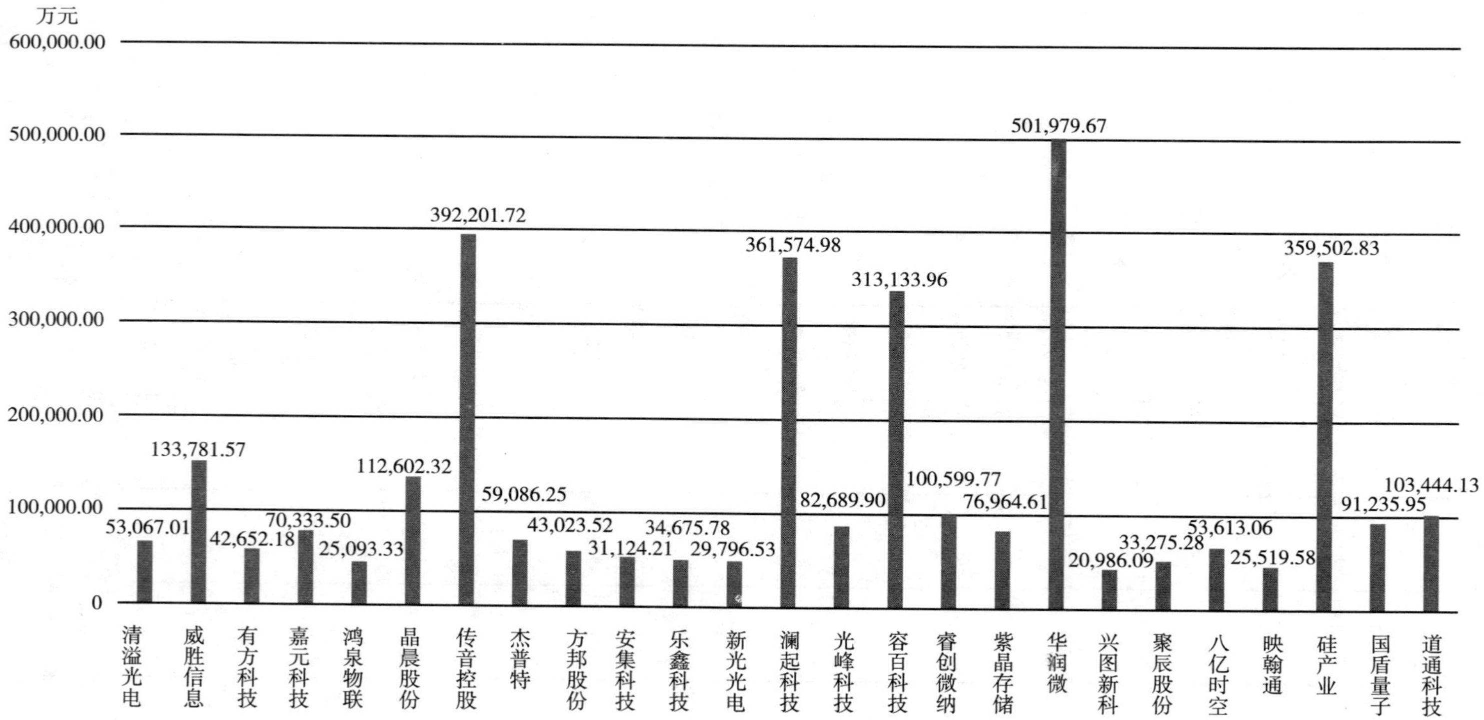
万元
600,000.00
500,000.00
400,000.00
300,000.00
200,000.00
100,000.00
0
53,067.01
133,781.57
42,652.18
70,333.50
25,093.33
112,602.32
392,201.72
59,086.25
43,023.52
31,124.21
34,675.78
29,796.53
361,574.98
82,689.90
313,133.96
100,599.77
76,964.61
501,979.67
20,986.09
33,275.28
53,613.06
25,519.58
359,502.83
91,235.95
103,444.13
清溢光电
威胜信息
有方科技
嘉元科技
鸿泉物联
晶晨股份
传音控股
杰普特
方邦股份
安集科技
乐鑫科技
新光光电
澜起科技
光峰科技
容百科技
睿创微纳
紫晶存储
华润微
兴图新科
聚辰股份
八亿时空
映翰通
硅产业
国盾量子
道通科技

图 4–6 净资产

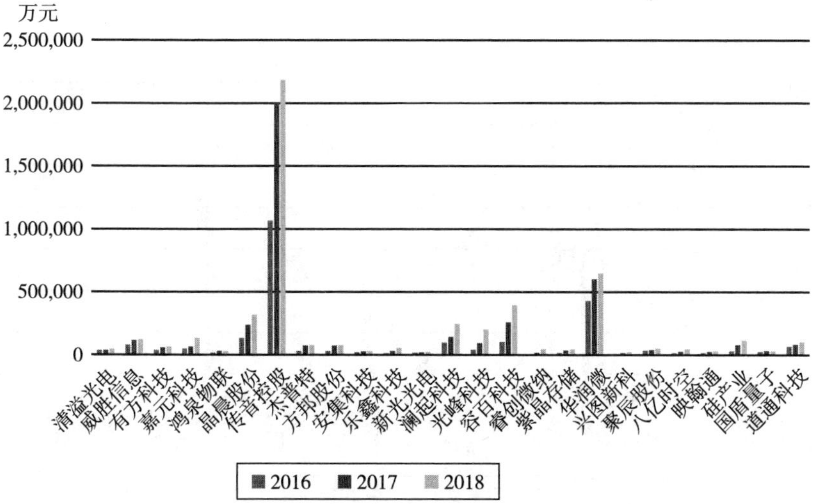

图 4-7　收入总额

8.研发能力

（1）研发费用

根据计算机、通信和其他电子设备制造业在科创板审核通过的25家公司2016～2018年度的研发费用支出情况，我们可以发现，2016～2018年度除了威胜信息、嘉元科技、鸿泉物联、新光光电、澜起科技、兴图新科、硅产业这7家公司外，其余各家公司的研发费用支出呈现逐年增长态势，其中三年间传音控股、华润微、晶宸股份的研发费用支出明显高于其他公司。2016～2018年度研发费用支出最高的为传音控股，分别为38,538万元、59,835万元和71,179万元。但是，衡量1家公司是否具备突出的研发能力时，我们不应简单地根据其历年研发支出的绝对数简单进行比较，应从相对数来进行比较，故选用下面的研发能力。（见图4-8）

（2）研发能力

我们采用各年度研发费用与当年营业收入的比值来衡量各公司的研发能力，这一比值在排除公司规模影响的前提下揭示了各公司的研发能力，而更高的研发能力往往指向更高、更持久的创新能力。通过计算各家公司2016～2018年度三年的研发能力均值发现，在以上度量标准下国盾量子的研发能力均值最高为28.55%，传音控股最低为3.15%。研发能力高于20.00%的公司仅有4家，分别为安集科技、睿创微纳、国盾量子和道通科技，其研发能力分别为21.74%、21.30%、28.55%和23.06%。（见图4-9）

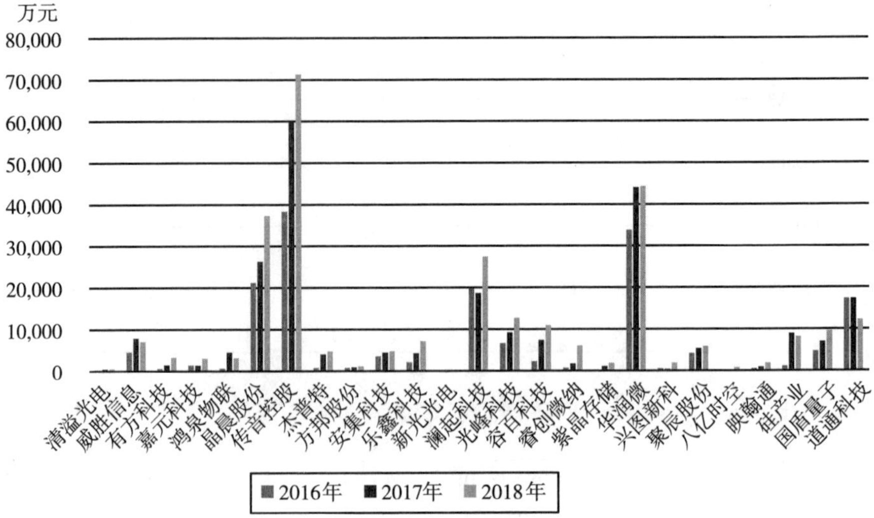

图 4-8　研发费用

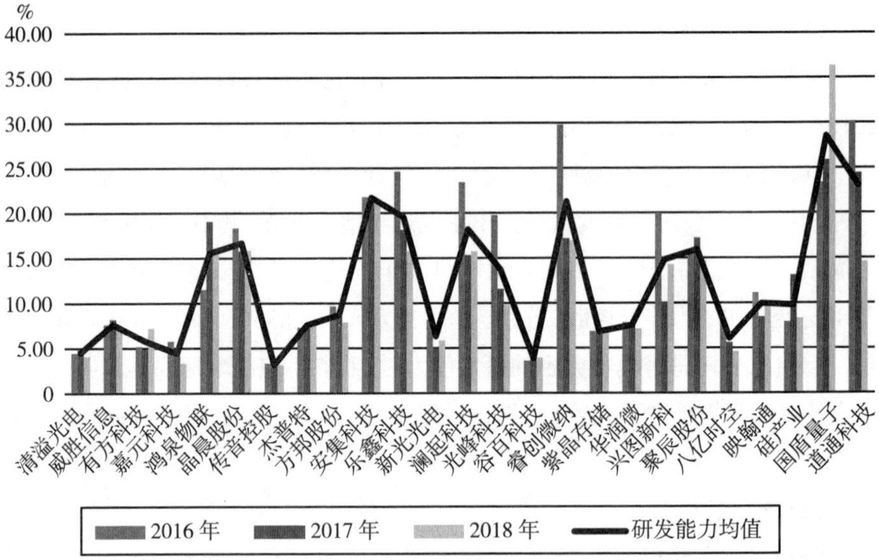

图 4-9　研发能力

9.净利润

根据计算机、通信和其他电子设备制造业在科创板审核通过的25家公司2016～2018年度的净利润情况，可以发现硅产业和通道科技均于2017年实现净利润由负变正，华润微于2018年实现净利润由负转正，其余公司三年间净利润均为正，澜起科技的净利润增长速度较快。2016～2018年度除了清溢光电、有方科技、传音控股、新光光电、聚辰股份、硅产业、国盾量子7家公司外，其余公司在3年内的净利润均处于上升的趋势。2016年度，净利润超过5000.00万元的公司有威胜信息、嘉元科技、晶晨股份、传音控股、方邦股份、新光光电、澜起科技和国盾量子，分别为8050.50万元、6221.98万元、7301.65万元、8628.05万元、8313.42万元、6684.17万元、9280.43万元和5875.36万元；净利润为负的公司分别为华润微、硅产业和道通科技。2017年度净利润超过10,000.00万元的公司有威胜信息、传音控股、方邦股份、澜起科技、光峰科技、硅产业，分别为15,335.67万元、67,725.91万元、10,025.51万元、34,691.60万元、11,287.04万元和21,761.12万元；净利润为负的公司仅有华润微。2018年净利润超过10,000.00万元的公司有威胜信息、嘉元科技、晶晨股份、传音控股、方邦股份、澜起科技、光峰科技、容百科技、睿创微纳、紫晶存储、华润微、八亿时空和道通科技，分别为17,715.74万元、17,643.11万元、28,233.95万元、65,380.23万元、12,297.03万元、73,687.84万元、21,155.12万元、21,097.04万元、12,517.19万元、10,493.12万元和53,756.21万元，无净利润为负的公司。2018年度，净利润增长速度最快的前五名公司分别为聚辰股份、乐鑫科技、晶晨股份、道通科技和容百科技，分别同比增长205.90%、219.63%、262.37%、267.52%、674.70%。（见图4-10）

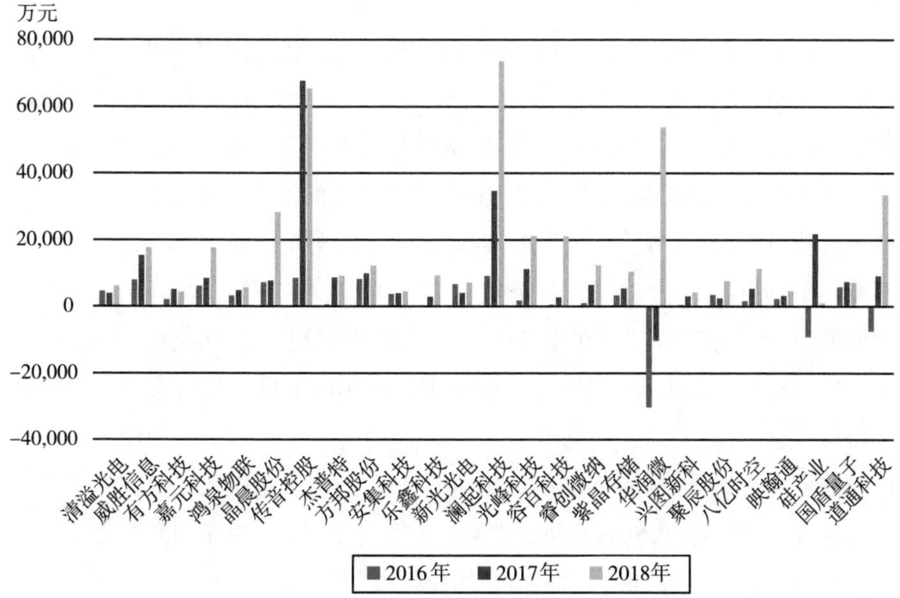

图 4-10　净利润

（二）审核问题概况

“计算机、通信和其他电子设备制造业”的25个公司接受的各轮问询共涉及1788个问题，以下仅列出前十大高频审核问题及其占比：（见图4-11）

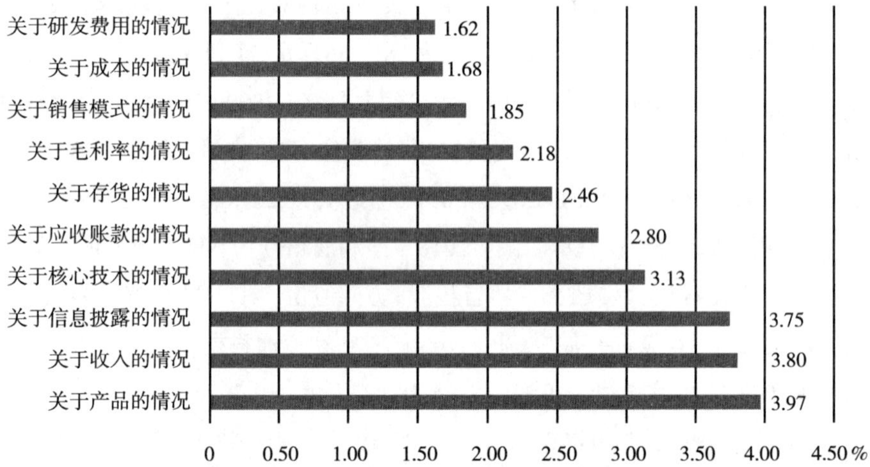

图 4-11　计算机、通信和其他电子设备制造业高频问题

（三）各公司典型问题

1.深圳清溢光电股份有限公司——国内成立最早、规模最大的掩膜版生产企业之一

（1）公司概况：公司主要从事掩膜版的研发、设计、生产和销售业务，是国内成立最早、规模最大的掩膜版生产企业之一。公司产品主要应用于平板显示、半导体芯片、触控、电路板等行业，是下游行业产品制程中的关键工具。公司始终坚持自主研发创新，代表了国内掩膜版企业的领先技术水平。凭借优质的产品及服务，公司与下游众多知名企业建立了良好的合作关系。在平板显示领域，公司拥有京东方、天马、华星光电、群创光电、瀚宇彩晶、龙腾光电、信利、中电熊猫、维信诺等客户；在半导体芯片领域，公司已开发中芯国际、英特尔、艾克尔、颀邦科技、长电科技、士兰微等客户。2018年3月，发行人荣获中国电子材料行业协会、中国光学电子行业协会液晶分会联合授予的“中国新型显示产业链特殊贡献奖（2017年度）”。2018年11月，发行人被纳入工信部电子信息制造业重点联系企业，每月提供经营数据为及时了解我国电子信息产业运行情况，分析判断行业发展态势，为行业决策提供参考和支撑。

（2）关于公司产品及主营业务构成的情况（见表4-7）

表4-7　公司产品及主营业务构成情况

<table>
<tr><td>公司产品</td><td colspan="3">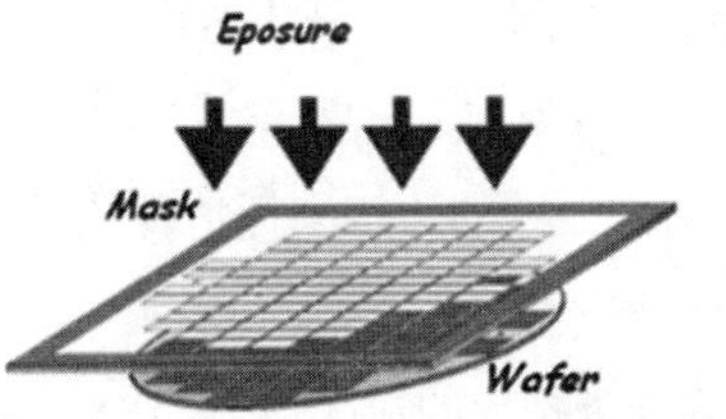

光掩膜
TFT Mask
Touch Panel Mask
IC Bumping Mask
IC mask
Copy mask</td></tr>
<tr><td rowspan="4">2018年度公司主营业务构成/万元</td><td>石英掩膜版</td><td>29,943.58</td><td rowspan="4">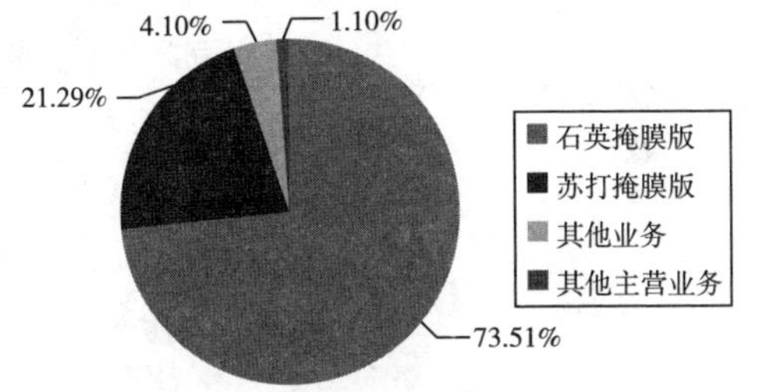
</td></tr>
<tr><td>苏打掩膜版</td><td>8673.49</td></tr>
<tr><td>其他业务</td><td>1669.65</td></tr>
<tr><td>其他主营业务</td><td>449.73</td></tr>
</table>

（3）公司重点问询问题

1）关于技术的先进性【问询函1—6；问询函2—4】关注点：技术的先进性；与同行业可比公司对比；是否存在技术迭代的风险。

2）关于代理销售【问询函1—8】关注点：约定的佣金比例、是否符合行业惯例、是否与竞争对手之间存在差异；自行开拓模式和代理商开拓模式具体情况。

3）关于前五大客户以及主要客户【问询函1—9、10】关注点：销售的具体情况；获客方式；合同签署；客户稳定性；交易定价。

4）关于前五大供应商【问询函1—11；问询函2—6、11】关注点：采购的具体情况；主要供应商基本情况；采购价格（公允性）；结算政策；返利政策；采购数量与产量、销量及存货数量的匹配关系。

2.威胜信息技术股份有限公司——聚焦于智慧公用事业领域的物联网综合应用解决方案提供商

（1）公司概况：公司是聚焦于智慧公用事业领域的物联网综合应用解决方案提供商，致力于以物联网技术重塑电、水、气、热等能源的管理方式，以提供智慧能源管理完整解决方案为核心，并逐步向智慧消防、智慧路灯等领域拓展，是国内最早专业从事智慧公用事业的厂商之一。主营业务产品包括电监测终端、水气热传感终端、通信网关、通信模块以及电、水、气、热等智慧能源管理、智慧消防、智慧路灯等应用管理系统，主营业务产品贯穿了物联网感知层、网络层与应用层。公司在通信技术、传感技术、嵌入式系统技术、边缘计算技术等领域有深入的研究和应用经验，并在部分关键技术方面处于行业领先地位。公司产品在行业内享有较高知名度，得到国家电网、南方电网、西门子等知名客户的广泛认可，根据国家电网和南方电网的历年中标情况统计结果，公司产品名列前茅，是行业内的第一梯队企业。

（2）关于公司产品及主营业务构成的情况（见表4-8）

表 4-8　公司产品及主营业务构成情况

<table>
<tr><td>公司产品</td><td colspan="3">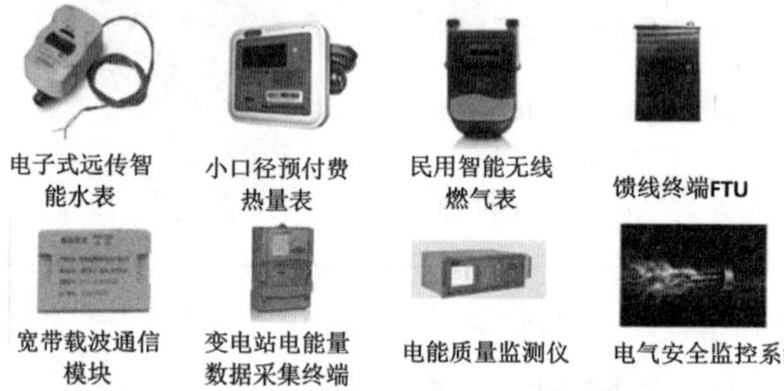
</td></tr>
<tr><td rowspan="4">2018 年度公司主营业务构成 / 万元</td><td>网络层业务</td><td>63,631.59</td><td rowspan="4">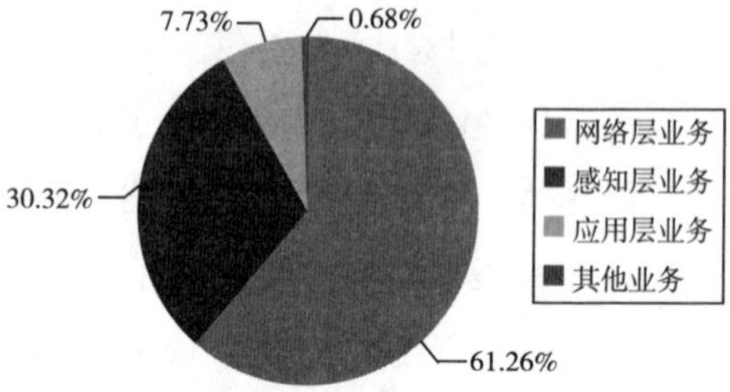
</td></tr>
<tr><td>感知层业务</td><td>31,495.51</td></tr>
<tr><td>应用层业务</td><td>8025.84</td></tr>
<tr><td>其他业务</td><td>711.16</td></tr>
</table>

（3）公司重点问询问题

1）关于应收、应付票据【问询函1—23；问询函2—4；问询函3—1】关注点：票据的具体情况；背书、转让、贴现；坏账准备的计提；交易背景；会计处理（附有追索权、信用风险未转移情况下）。

2）关于外协生产【问询函1—17、33】关注点：外协生产的具体情况；合作方的选择标准；外协商的基本情况；具体合作情况；相应内控措施；质量控制以及保密、会计处理。

3）关于技术先进性【问询函1—10、11；问询函2—9】关注点：科技创新能力；核心技术产品市场占有率、技术指标；产品的竞争优劣势。

4）关于前五大供应商【问询函1—16；问询函2—3；问询函3—2】关注点：

采购的具体情况；主要供应商基本情况、稳定性；采购价格（公允性）；结算政策；贸易供应商注册资本与交易金额是否相匹配；部分供应商成立不久即与发行人发生交易的合理性。

3.深圳市有方科技股份有限公司——专注于M2M物联网无线通信产品和服务的国家级高新技术企业

（1）公司概况：公司是一家专注于M2M物联网无线通信产品和服务的国家级高新技术企业。有方科技专注于无线应用需求的挖掘和实现，提供专业的LTE、WCDMA、EVDO、GPRS、CDMA1X、短距无线等多种通信制式的工业模块产品以及工业物联网解决方案，拥有产品规划、工业设计、结构、硬件、软件、测试、ID、物流等完整的研发及设计体系。有方科技是全球第一家推出GPRS单芯片工业模块的提供商。其中，M580是全球第一款单芯片GPRS工业模块，M590是全球第一款纯数据单芯片GPRS工业模块，AM812为全球第一款Android智能模块，2015年推出全球首款Windows10和Android双系统的LTE智能模块AM809,多个产品技术全球领先。

（2）关于公司产品及主营业务构成的情况（见表4–9）

表 4–9　公司产品及主营业务构成情况

<table>
<tr><td>公司产品</td><td colspan="3">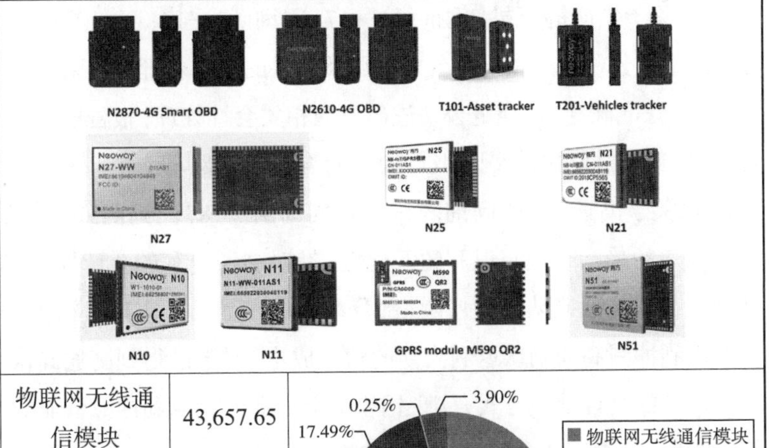
</td></tr>
<tr><td rowspan="4">2018 年度公司主营业务构成 / 万元</td><td>物联网无线通信模块</td><td>43,657.65</td><td rowspan="4">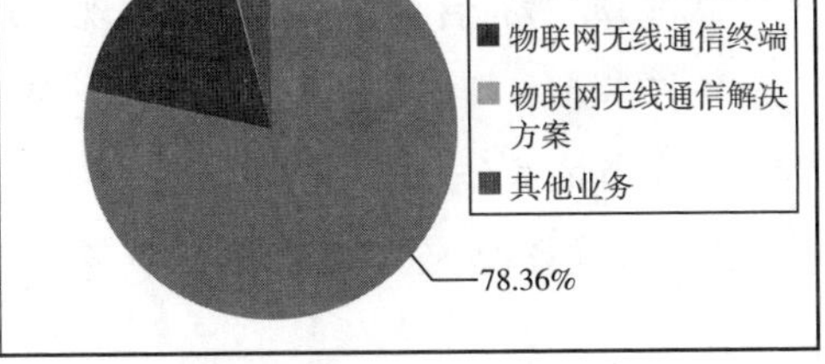
</td></tr>
<tr><td>物联网无线通信终端</td><td>9742.38</td></tr>
<tr><td>物联网无线通信解决方案</td><td>140.21</td></tr>
<tr><td>其他业务</td><td>2173.32</td></tr>
</table>

（3）公司重点问询问题：

1）关于委托加工【问询函1—18、19】关注点：外协加工的具体情况；外协厂商的基本情况；质量控制措施；外协厂商的合规性；业务完整性；公司有无自行生产的计划；外协厂商与公司客户重合（光弘科技）。

2）关于募投项目之"研发总部大楼"实施主体东莞有方100%股权被质押给东莞银行【问询函2—2；问询函3—3；问询函4—1】关注点：借款合同；东莞有方及公司的偿债能力及担保能力；消除东莞有方股权质押导致的募投项目实施风险的具体措施。

3）关于境外销售以及贸易摩擦【问询函1—15；问询函2—6；问询函3—4；问询函4—2】关注点：境外销售的具体情况；境外销售前五大客户的基本情况；与Harman之间的销售情况；中美贸易摩擦对公司是否符合上市条件及持续经营的影响。

4）关于技术先进性【问询函1—10；问询函2—4；问询函3—5；问询函4—3】关注点：技术来源；技术成果；与同行业可比公司的对比情况；是否在行业内具有先进性；研发方面是否具有行业竞争力；公司的产品价格与竞争对手同类产品相比是否存在差异。

5）关于供应链公司【问询函1—17；问询函2—12；问询函3—9；问询函4—7】关注点：公司通过供应链公司采购及销售的业务合理性及采购销售业务的真实性、入账准确性；供应链公司进出口的相关会计处理；报告期内采用供应链公司进出口垫付货款的情况及比例是否符合行业惯例。

6）关于高通返利【问询函1—29；问询函2—8；问询函3—6】关注点：报告期内高通的采购金额与返利的匹配性；针对高通返利的会计处理（若芯片的返利已经得到高通确认，且使用该部分芯片的产品已经实现了销售，则该部分芯片的返利冲减高通确认返利当期的营业成本（对于已得到高通确认但尚未实现销售返利的会计处理方式，实现销售的会计期间和返利冲减营业成本的会计期间不匹配，是否符合企业会计准则的规定）。

4.广东嘉元科技股份有限公司——从事各类高性能电解铜箔的研究生产和销售的高新技术企业

（1）公司概况：公司是一家从事各类高性能电解铜箔的研究生产和销售的

高新技术企业，主要产品为超薄锂电铜箔和极薄锂电铜箔，主要用于锂离子电池的负极集流体，是锂离子电池行业重要基础材料。最终应用在新能源汽车、3C数码产品、储能系统、通讯设备、汽车电子等终端应用领域。同时，公司生产少量PCB用标准铜箔产品，公司是国内高性能锂电铜箔行业领先企业之一，已与宁德时代、宁德新能源、比亚迪等知名电池厂商建立了长期合作关系，并成为其锂电铜箔的核心供应商，并于2018年度荣获宁德时代锂电铜箔优秀供应商称号。先后获评为高新技术企业、国家知识产权优势企业、广东省创新型企业、广东省战略性新兴产业骨干企业，是GB/T 31471—2015《印制电路用金属箔通用规范》国家标准主导起草单位，公司被中国电子信息材料行业协会电子铜箔分会认定为“国内锂离子动力电池用电子铜箔细分行业的骨干企业”“高成长性电子铜箔制造企业”。公司荣获“创新驱动发展先进企业”、“最具投资价值企业”和“梅州市政府质量奖”等荣誉。

（2）关于公司产品及主营业务构成的情况（见表4-10）

表 4-10　公司产品及主营业务构成情况

<table>
<tr><td>公司产品</td><td colspan="3"> 单面毛铜箔  双面毛铜箔  双面光铜箔  双面粗化铜箔</td></tr>
<tr><td rowspan="2">2018 年度公司主营业务构成 / 万元</td><td>铜箔</td><td>115,326.36</td><td rowspan="2">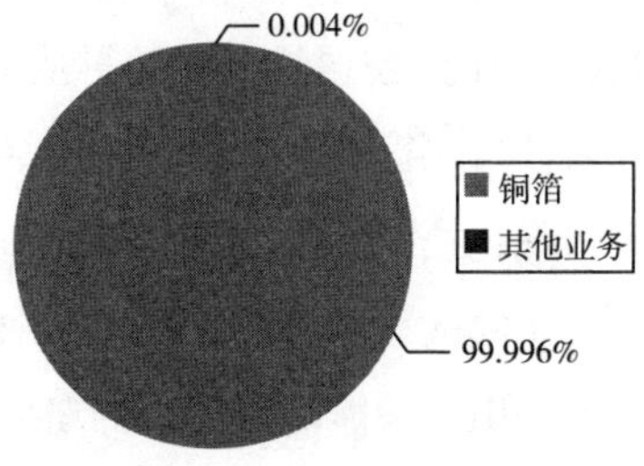</td></tr>
<tr><td>其他业务</td><td>4.19</td></tr>
</table>

（3）公司重点问询问题

1）关于供应商【问询函1—16；问询函2—2；问询函3—2】关注点：采购的具体情况；主要供应商基本情况、稳定性；采购价格（公允性）；结算方式及返利政策；贸易供应商注册资本与交易金额是否相匹配；更换原材料种类的商业合理性。

2）关于加工费【问询函2—4；问询函3—4】关注点：与主要客户关于加工费的具体约定情况；加工费或加工费率的变动情况及变动原因；“铜价+加工费”的销售定价方式是否导致公司不具有产品完整定价权，分析收入确认应采用总额法还是净额法，与同行业公司是否存在差异；各类产品加工费下降的持续性及其对发行人财务状况的具体影响程度。

3）关于资金往来【问询函2—3；问询函3—1】关注点：资金往来的具体情况、金额及原因；是否存在为发行人体外代垫费用的情况；廖平元与多名员工存在私人借款及其他资金往来的情况；实控人廖平元岳父控制的丰园建设与李美林控制的北京京创利源及天津万美泰之间存在资金拆借，与建筑供应商广东粤晟建设之间存在代付工程款，与发行人员工因员工代持事项存在资金往来；实控人廖平元岳父控制的好世实业与广东粤晟建设因购房款存在资金往来。

4）关于产能【问询函1—17；问询函3—3】关注点：产能数据来源及依据；各期产能增加与固定资产中生箔机金额增长是否相匹配；主要原材料的采购量、领用量、产量及销量的数量匹配情况；各类产品的产量与耗电量的匹配性；是否存在外协加工；报告期实际产能利用率各年均远高于100%的合理性。

5.杭州鸿泉物联网技术股份有限公司——智能驾驶领域的开拓者与先行者

（1）公司概况：公司是国内较早从事辅助驾驶研究的企业之一，是智能驾驶领域的开拓者与先行者。主要产品包括代表智能化技术路径的高级辅助驾驶系统和代表网联化技术路径的智能增强驾驶系统，人机交互终端，车载联网终端。公司于2016年收购全资子公司成生科技，业务范围拓展至智慧城市政务管理系统。公司在商用车智能网联领域的研发能力、生产能力、工艺技术、产品质量等方面均具有较强的竞争优势，各类产品在商用车细分市场占有率和技术水平均处于国内领先地位。

（2）关于公司产品及主营业务构成的情况（见表4-11）

表 4-11　公司产品及主营业务构成情况

<table>
<tr><td>公司产品</td><td colspan="3">
行驶记录仪

安卓屏

T-Box

系统应用</td></tr>
<tr><td rowspan="7">2018年度公司主营业务构成/万元</td><td>智能增强驾驶系统</td><td>14,290.17</td><td rowspan="7">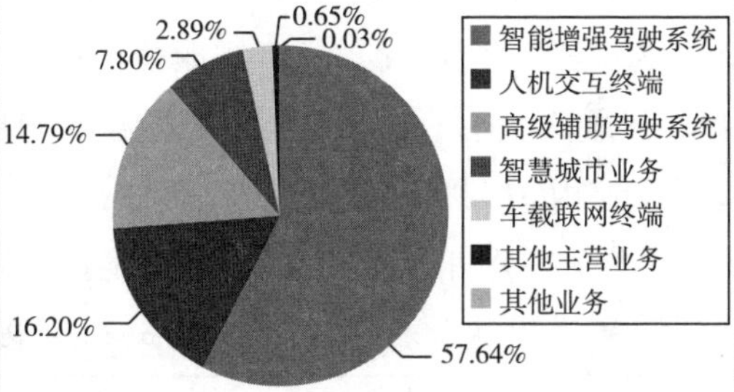</td></tr>
<tr><td>人机交互终端</td><td>4015.01</td></tr>
<tr><td>高级辅助驾驶系统</td><td>3666.73</td></tr>
<tr><td>智慧城市业务</td><td>1934.50</td></tr>
<tr><td>车载联网终端</td><td>716.69</td></tr>
<tr><td>其他主营业务</td><td>161.16</td></tr>
<tr><td>其他业务</td><td>5.97</td></tr>
</table>

（3）公司重点问询问题

1）关于销售模式【问询函1—15、21】关注点：两种销售模式（直销和经销）对应的主要产品、前五大客户情况、结算模式、退货条款、保证金收取政策，收入确认政策；经销商的相关情况；前装业务销售收入确认流程、标准、时点；报告期内发出商品与前装业务收入的匹配情况。

2）关于收入确认【问询函2—13；问询函3—5】关注点：智慧城市收入确认（市政应用系统开发：完成系统开发并经客户验收；定位服务业务：收入在服务期内分期确认）；智慧城市业务是否存在完工百分比方式确认收入的情况；定位服务业务直线法收款期限的确定依据、收款金额、收入确认时点、是否存在融资收益。

3）关于核心技术【问询函2—4；问询函3—1】关注点：核心技术与物联网行业主流技术是否契合、与同行业可比公司技术路线是否相符；高级辅助驾驶系统工艺流程中的核心部件与核心附件的具体内容；高级辅助驾驶系统成本的具体构成明细及供应商情况。

4）关于税收优惠【问询函1—19；问询函2—6】关注点：实行增值税即征即退优惠政策的申请过程；享受即征即退的软件产品内容、是否与整机一起整体销售；是否存在退税过期情况及预防、解决措施；软件和硬件销售额的分配方法。

6.晶晨半导体(上海)股份有限公司——国内领先的集成电路设计商

(1)公司概况:公司是全球布局,国内领先的集成电路设计商。公司属于典型的Fabless模式IC设计公司,将晶圆制造、芯片封装和芯片测试环节分别交给相关企业代工,自身则长期专注于多媒体智能终端SoC芯片的研发、设计与销售。公司的产品主要应用于智能机顶盒、智能电视和AI音视频系统终端等科技前沿领域,业务覆盖中国大陆、中国香港特别行政区、美国、欧洲等全球经济主要区域。公司率先在行业内采用最先进的12纳米技术制造工艺,形成面向超高清视频的SoC核心芯片、全格式音视频处理及编解码芯片等产品,科技创新能力突出。公司产品的技术先进性、市场覆盖率和性能稳定性位居行业前列。2018年,公司为国内OTT机顶盒芯片领军,零售市场市占率第一,运营市场市占率第二。

(2)关于公司产品及主营业务构成的情况(见表4-12)

表 4-12　公司产品及主营业务构成情况

<table>
<tr><td rowspan="2">公司产品</td><td colspan="3"> S912  T966  S905D  S905X</td></tr>
<tr><td colspan="3"> S905L  S905  S805  T968</td></tr>
<tr><td rowspan="4">2018 年度公司主营业务构成 / 万元</td><td>智能机顶盒芯片</td><td>131,763.39</td><td rowspan="4">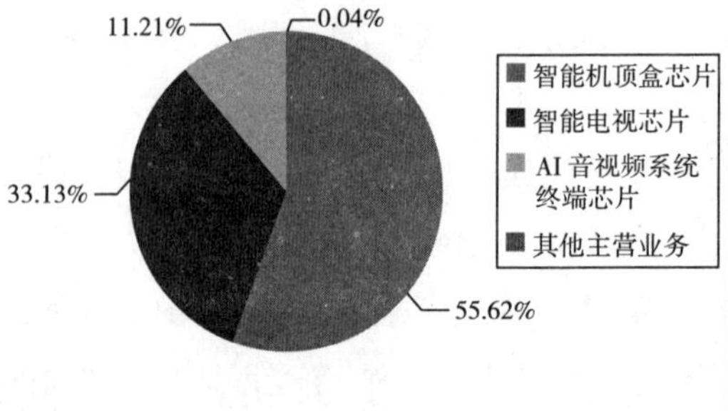</td></tr>
<tr><td>智能电视芯片</td><td>78,483.28</td></tr>
<tr><td>AI 音视频系统终端芯片</td><td>26,561.02</td></tr>
<tr><td>其他主营业务</td><td>99.26</td></tr>
</table>

(3)公司重点问询问题

1)关于存货【问询函1—43、45;问询函2—10;问询函4—1】关注点:存货的具体构成情况;对主要供应商采购返利的具体政策及变化;存货及各类项目的库龄结构;存货结构与同行业可比公司是否存在重大差异(委托加工物资的金额及占比较高的原因);存货跌价减值准备计提的充分性。

2)关于返利【问询函2—7;问询函3—4;问询函4—3】关注点:报告期内供应商返利的结算周期、具体结算方式(冲抵采购款/支付现金等),结算周期和计算方式是否符合行业惯例;报告期各期各种结算方式所对应的供应商返利金额及相关会计处理;报告期内对主要客户的销售产品结构及返利情况;报告期不同产品类型下不同产品型号的返利政策及其变动情况;返利比例下降对发行人经营业绩的具体影响。

3)关于销售模式【问询函2—3、4、5;问询函3—3】关注点:对同一客户既存在直销又存在经销的合理性、是否存在利益输送;经销模式下的终端销售(向前五大经销商的销售内容、销售金额及占比、下游终端客户及终端应用产品情况);销售模式的变动(2018年发行人对创维等客户的销售模式由直销转为经销,小米等客户由通过境外的经销商采购转变为直接向公司采购);主要产品经销模式毛利率远高于直销模式毛利率的合理性;与小米交易模式的合理性(经销、直销并存)。

4)关于产品【问询函1—16】关注点:智能机顶盒芯片、智能电视芯片及AI音视频系统终端芯片的主要产品系列、终端产品、品牌型号、终端产品出货量与发行人芯片产品销量的匹配性;三类产品芯片的技术迭代周期、国内外的最高技术水平、未来的技术进展方向。

7.深圳传音控股股份有限公司——以手机为核心的智能终端的设计、研发、生产高新技术企业

(1)公司概况:公司是一家以手机为核心的智能终端设计、研发、生产及品牌运营的高新技术企业,业务集中在非洲、南亚、东南亚等新兴市场国家。同时实施多元化战略,开发了数码配件、家用电器以及移动互联网服务。主要产品为TECNO、itel和Infinix三大品牌手机,另创立数码配件品牌Oraimo,家用电器品牌Syinix及售后服务品牌Carlcare,自主研发HIOS、itelOS、和XOS等智能终端操作系统。针对特定市场需求,完成了切合当地市场的研发成果,包括黑人肤

色摄像技术、防汗液USB端口等。2018年手机出货量全球市场占有率7.04%，排名第四；非洲市占率48.71%，排名第一；印度市占率6.72%，排名第四。

（2）关于公司产品及主营业务构成的情况（见表4-13）

表 4-13　公司产品及主营业务构成情况

<table>
<tr><td>公司产品</td><td colspan="3">itel　infinix　oraimo　syinix</td></tr>
<tr><td rowspan="3">2018 年度公司主营业务构成 / 万元</td><td>手机</td><td>2,142,891.50</td><td rowspan="3">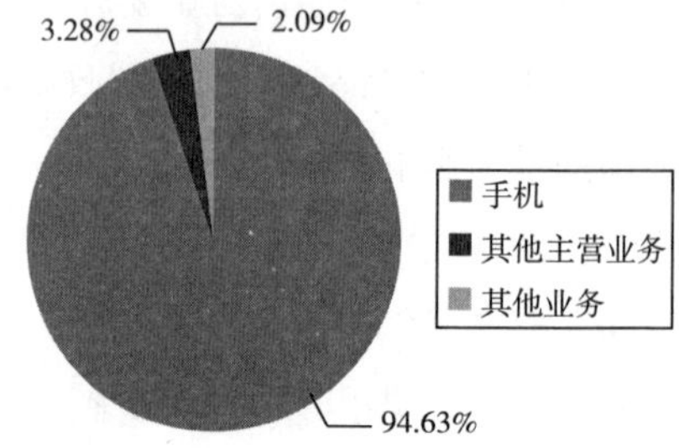</td></tr>
<tr><td>其他主营业务</td><td>74,304.58</td></tr>
<tr><td>其他业务</td><td>47,392.04</td></tr>
</table>

（3）公司重点问询问题

1）关于生产模式【问询函1—27；问询函2—6】关注点：自主生产、外协生产和ODM生产三种生产模式的具体情况；生产模式与同行业可比公司是否存在差异；具体会计处理方法、是否符合企业会计准则的规定；公司控制外协及ODM生产质量的主要措施；外协及ODM加工费定价是否公允；不同生产模式下的定价方式、与行业内是否一致；外协及ODM厂商是否稳定、与发行人是否存在关联关系；采取外协生产或ODM生产方式异地存放的存货是否完整纳入存货范围；外协厂商生产是否涉及关键技术；外协及ODM生产的稳定性。

2）关于销售模式【问询函1—28；问询函2—4；问询函3—1】关注点：经销商的具体情况（报告期内，公司采取以经销商销售为主，以少量运营商销售为辅的销售模式）；与经销商的合作模式以及通过经销商模式实现的销售比例及毛利率是否显著大于同行业可比公司；经销商和发行人是否存在关联关系；现金交易和第三方回款；经销商模式下的收入确认原则、费用承担原则及给经销商的补贴或返利情况；经销商模式下收入的真实性；境外销售主体以及境外销售情况（定价、收款、税收缴纳、盈利、利润使用计划、分红、物流费用、资金流、主要客户、毛利率等)；母公司及各子公司的业务框架及分工、境内外子公司的家数及其具体情况。

3)关于核心技术【问询函1—12；问询函2—2；问询函3—2】关注点：各项核心技术在各类产品中的具体应用情况；主要核心技术各自应用的主要产品及产业化时间、核心技术产品的生产和销售数量、核心技术产品在细分行业的市场占有率；销量大幅增长是否与技术先进性密切相关；依靠核心技术开展生产经营所产生收入的构成、占比、变动情况及原因等；核心技术及专利的形成过程；研发体系；研发成果；与核心技术相关的政府补助具体情况(具体项目、会计处理方式、各期金额、授予部门)；核心技术或产品是否国内或国际领先、是否存在被其他技术替代的风险。

4)关于产品【问询函1—18】关注点：智能机与功能机的具体分类依据、主要区别；功能机全面升级后是否对发行人功能机的销售造成实质影响；智能手机的高中低端分类依据；非洲市场、印度等主要市场的出货量和出货金额以及占比、排名情况。

5)关于产品出口方式【问询函2—7；问询函3—5】关注点：采用由供应链服务企业提供外贸综合服务模式的合理性；自主外贸出口和由供应链服务企业提供外贸综合服务的选择依据和占比、两种方式出口退税额比例大幅波动的具体原因；由供应链服务企业提供外贸综合服务的模式的相关风险；公司自主外贸出口能力、供应链服务效率、供应链服务风险变化。

8.深圳市杰普特光电股份有限公司——领先的光电精密检测及激光加工智能装备提供商

(1)公司概况：公司是中国首家商用“脉宽可调高功率脉冲光纤激光器(MOPA脉冲光纤激光器)”生产制造商和领先的光电精密检测及激光加工智能装备提供商。公司采用支持成就战略合作客户的业务模式，即利用公司在激光光源及光学检测方面的优势，对客户项目进行早期合作扶持，中后期提供帮助以获取业务订单。公司的主营业务为研发，生产和销售激光器以及主要用于集成电路和半导体光电相关器件精密检测及微加工的智能装备。自主开发了智能光谱检测机，VCSEL激光模组检测系统、硅光晶圆测试系统等多款激光、光学智能装备。专业人才储备，技术研发积累，满足多样化需求的产品结构以及优质的客户资源均是公司在行业竞争中的优势所在。

（2）关于公司产品及主营业务构成的情况（见表4-14）

表 4-14　公司产品及主营业务构成情况

<table>
<tr><td>公司产品</td><td colspan="2">
激光器</td><td>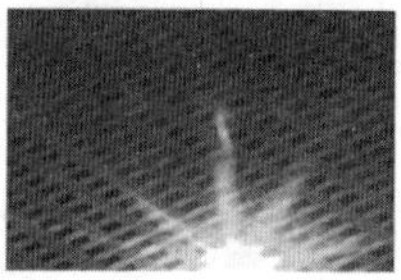
智能激光、光学装备

光纤器件</td></tr>
<tr><td rowspan="5">2018年度公司主营业务构成/万元</td><td>激光器</td><td>26,570.86</td><td rowspan="5">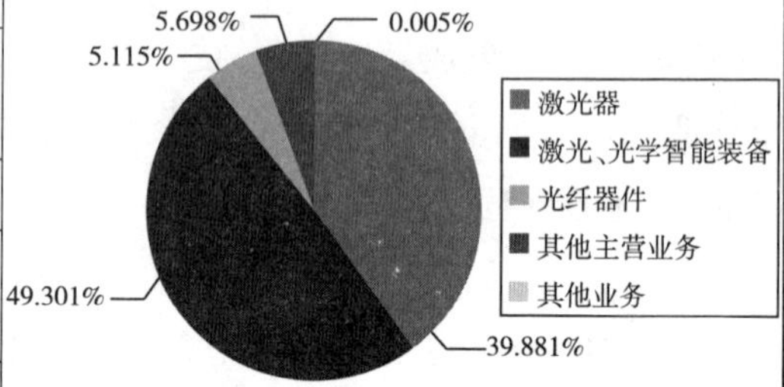</td></tr>
<tr><td>激光、光学智能装备</td><td>32,847.20</td></tr>
<tr><td>光纤器件</td><td>3408.18</td></tr>
<tr><td>其他主营业务</td><td>3796.10</td></tr>
<tr><td>其他业务</td><td>3.08</td></tr>
</table>

（3）公司重点问询问题

1）关于收入确认【问询函1—25；问询函2—2；问询函3—1】关注点：收入确认时点变更认定为会计政策变更而非会计差错更正的原因；与同行业可比公司收入确认时点是否存在差异；境外销售设备的收入确认（发货时间与验收时间的间隔情况、验收证据、收入真实性的核查）；境外智能装备的销量和收入情况；国外客户未能及时提供验收单的具体情况（原因、设备类型、数量、金额、催收的具体措施）、延迟验收是否导致收入跨期。

2）关于无偿借款【问询函3—3】关注点：黄治家无偿向刘健、唐明、董晖提供多次借款的原因和背景；唐明和董晖将其所持有的股权无偿转让给刘健，成清波以1元的价格将其所持有的股权转让给黄治家的原因和背景；发行人是否曾经存在股份代持或其他利益安排的情形、是否存在纠纷或潜在纠纷。

3）关于毛利率【问询函1—29；问询函2—4；问询函3—8、9】关注点：不同产品毛利率情况；与可比公司毛利率的差异及原因；连续光纤激光器毛利率变动较大的原因、风险；销售价格下降对激光智能装备毛利率的影响、并作敏感性分析；连续光纤激光器毛利率为负的原因。

4）关于业务模式【问询函1—15】关注点：模式创新中“为客户的重大项目早期研发过程中提供全面协助，在中后期提供必要的商务支持”的具体内容、协议条款；“支持成就战略合作客户”业务模式所取得的收入金额与占比、收入确认政策、与同行业可比公司差异；业务模式创新的商业实质、是否合法合规、是否存在纠纷、是否对发行人持续经营存在重大不利影响。

5）关于客户【问询函1—14；问询函3—10】关注点：客户集中度高的原因及合理性、是否与行业经营特点一致；与苹果公司和国巨股份合作的历史、业务稳定性、可持续性、相关交易的定价原则及公允性、是否存在重大不确定性风险；发行人与重大客户是否存在关联关系；取得苹果公司相关供应商认证的具体情况。

9.广州方邦电子股份有限公司——高端电子材料及解决方案供应商

（1）公司概况：公司是一家高端电子材料及解决方案供应商，主要产品包括电磁屏蔽膜、导电胶膜、极薄挠性覆铜板及超薄铜箔等，均属于高技术含量的产品。公司专注于电磁屏蔽膜等高端电子材料的研究和应用，经过多年的技术攻关和研究试验，已经掌握了聚酰亚胺表面改性处理、精密涂布技术及离型剂配方、聚酰亚胺薄膜离子源处理、卷状真空溅射、连续卷状电镀或电解、电沉积加厚和电沉积表面抗高温氧化处理等技术，并不断完善原料配方、产品设计和技术工艺，成为少数掌握超高电磁屏蔽效能、极低插入损耗（信号传输损耗）技术的电磁屏蔽膜生产厂商之一，完善了我国FPC产业链。公司拥有一支由通讯、机械自动化、材料学和化学等多学科人才组成的研发团队，获得国内外多项专利技术，在高端电子材料领域，特别是电磁屏蔽膜领域，积累了较大的核心技术优势。

（2）关于公司产品及主营业务构成的情况（见表4-15）

表4-15　公司产品及主营业务构成情况

<table>
<tr><td>公司产品</td><td colspan="3">
HSF系列电磁屏蔽膜　导电胶　极薄挠性覆铜板　自由接地膜</td></tr>
<tr><td rowspan="2">2018年度公司主营业务构成/万元</td><td>电磁屏蔽膜</td><td>27,135.03</td><td rowspan="2">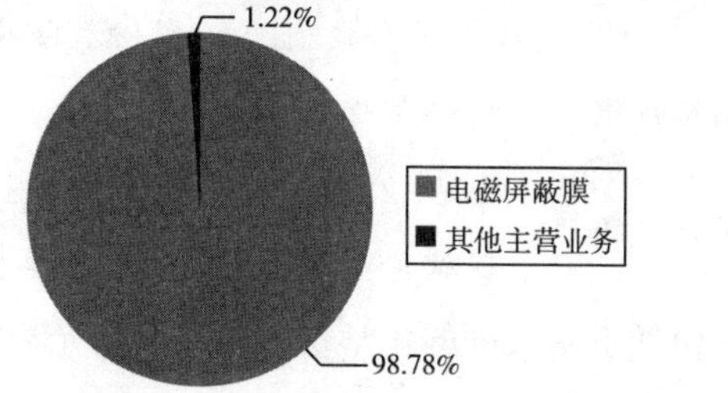
</td></tr>
<tr><td>其他主营业务</td><td>335.71</td></tr>
</table>

(3)公司重点问询问题

1)关于市场竞争【问询函1—34;问询函2—1】关注点:行业内新进企业情况;高毛利率及收入增长是否能持续;主要产品目前市场竞争情况;产品的核心竞争力;主要产品价格下降的原因;公司在技术储备、产品布局、销售与服务、成本控制等方面采取何种措施以应对产品结构单一以及行业竞争加剧的变化、技术迭代和竞争加剧带来的不利影响和风险。

2)关于客户【问询函1—13;问询函2—2】关注点:前五大客户采购的主要产品类型及各类产品销售收入;前五大客户变化的原因;与报告期新增主要客户的合作及业务开发情况;新增客户及主要客户与公司是否存在关联关系或其他利益约定;维护客户稳定性所采取的措施;与主要客户交易的可持续性;主要客户的信用政策、回款安排(公司客户普遍存在超过信用期付款);客户收入的真实性核查。

3)关于毛利率【问询函1—25、26;问询函2—4】关注点:毛利率较高的合理性;主要产品的毛利率是否会受到挤压;产品价格下降而毛利率保持稳定的原因;与同行业可比公司的产品价格、毛利率的比较情况。

4)关于生产模式【问询函1—29】关注点:存货构成是否合理;生产模式中"需求预测相结合"的具体方式、预测生产的依据、报告期内产品是否存在过期或退单情况、具体比例;存货的盘点;存货有关的成本费用的归集与结转是否与实际生产流转一致;存货跌价准备计提是否充分。

5)关于应收账款【问询函1—27、28;问询函2—3】关注点:应收账款主要客户与销售主要客户匹配性;新增客户应收账款与新增收入匹配性;应收账款金额较大、占营业收入比例较高的原因;期后回款情况;信用政策;应收账款的结算、确认、付款是否符合合同约定;应收账款的确认和计量是否符合企业会计准则的规定;应收账款坏账准备计提是否充分。

10.安集微电子科技(上海)股份有限公司——产销研为一体的自主创新型高科技微电子材料企业

(1)公司概况:公司是一家集研发、生产、销售、服务为一体的自主创新型高科技微电子材料企业,主营业务为关键半导体材料的研发和产业化。公司产品包括不同系列的化学机械抛光液和光刻胶去除剂,主要应用于集成电路制造和先进封装领域。公司主要采用直接面对终端客户的直销模式,当产品通过客户评价和测试后，生产部门再根据客户订单制定量产计划。公司成功打破了国外厂商对集成电路领域化学机械抛光液的垄断，实现了进口替代，在半导体材料行业取得了一定的市场份额和品牌知名度。公司拥有一系列具有自主知识产权的核心技术，涵盖了整个产品配方及工艺流程，并通过有效的管理降低了产品成本，从而可以给客户提供高性价比的产品。同时公司通过提供本土化、定制化、一体化的服务积累了众多优质客户资源，包括中芯国际、台积电等行业领先的集成电路制造商。

（2）关于公司产品及主营业务构成的情况（见表4-16）

表 4-16　公司产品及主营业务构成情况

<table>
<tr><td>公司产品</td><td colspan="3">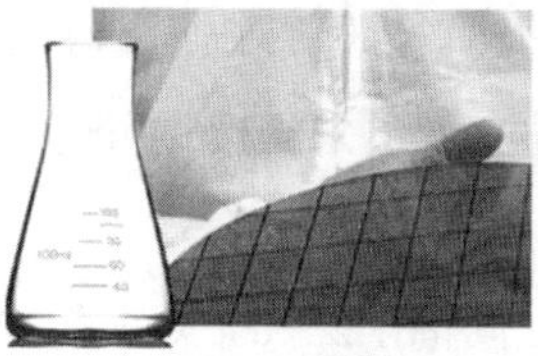
化学机械抛光液

光刻胶去除剂</td></tr>
<tr><td rowspan="4">2018 年度公司主营业务构成 / 万元</td><td>化学机械抛光液</td><td>20,516.44</td><td rowspan="4">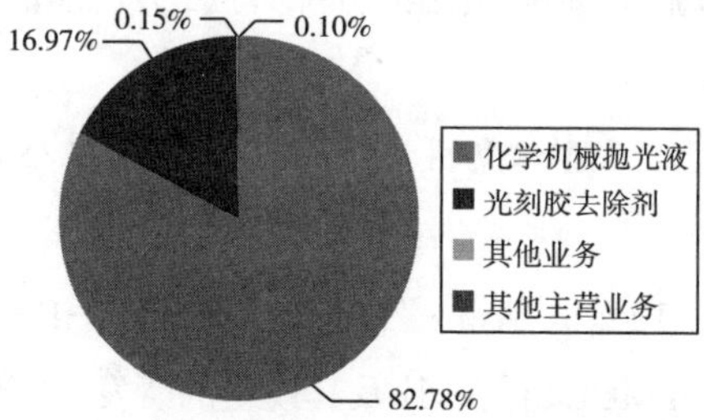</td></tr>
<tr><td>光刻胶去除剂</td><td>4205.34</td></tr>
<tr><td>其他业务</td><td>37.30</td></tr>
<tr><td>其他主营业务</td><td>25.79</td></tr>
</table>

（3）公司重点问询问题

1）关于客户【问询函1—22；问询函2—1】关注点：客户集中度较高是否具有行业普遍性；发行人产品与下游客户的技术发展路径适配性下降的风险；新增客户的基本情况（成立时间、注册资本、股权结构、实际控制人或主要股东、规模、经营状况等）；向前五名客户销售的具体产品类型及占其采购同类产品金额的比例；前五名客户是否对发行人产品具有依赖性、是否与发行人及其关联方存在关联关系、相关交易的定价是否公允；发行人为减少大客户依赖所采取的应对措施。

2）关于产品【问询函1—11；问询函2—2、5】关注点：如何利用核心技术改进产品性能和质量；产品技术水平、性能指标、生产成本、销售策略等与美国、日本竞争对手的差异；产品销售规模并未实现快速增长的原因；光刻胶去除剂产品与上海新阳相同产品的具体差异情况；产品单一风险；产品竞争力。

3）关于外协采购【问询函1—18；问询函2—3】关注点：发行人与外协厂商的具体合作模式及合作的必要性；外协采购价格的公允性；外协生产的会计处理原则；外协厂商的基本情况；是否存在售后质量纠纷；外协厂商是否主要或专门为发行人服务；外协厂商与发行人及其控股股东、董事、监事、高级管理人是否存在关联关系；发行人业务的独立性；外协采购模式，改为自行生产模式后成本上升的原因。

4）关于生产成本【问询函1—31；问询函2—8】关注点：2018年铜及铜阻挡层系列化学机械抛光液在生产成本上升的情况下调低销售价格的原因；晶圆级封装用光刻胶去除剂生产模式变化对生产成本的具体影响；产品成本核算的方法和流程、共同费用的分摊方法；分产品的成本构成情况；能源耗费与产量的匹配性。

11.乐鑫信息科技（上海）股份有限公司——物联网Wi-Fi解决方案专业供应商

（1）公司概况：公司是物联网Wi-Fi解决方案专业供应商，专注于物联网Wi-Fi MCU通信芯片及其模组的研发、设计及销售。公司主要产品Wi-Fi MCU是智能家居、智能照明、智能支付终端、智能可穿戴设备、传感设备及工业控制等物联网领域的核心通信芯片。公司产品在集成度、产品尺寸、计算能力、射频、内存、功耗、综合性价比等多个方面均拥有比较优势，公司产品具有较强的进口替代实力和国际市场竞争力。公司在物联网Wi-Fi MCU芯片领域具有较高的市场地位，与高通、德州仪器、美满、赛普拉斯、瑞昱、联发科等同属于第一梯队。公司还拥有独特的开源技术生态系统，以开源方式，创新地建立了开放、活跃的技术生态系统，在全球物联网开发者社群中拥有极高的知名度。

(2)关于公司产品及主营业务构成的情况(见表4-17)

表 4-17 公司产品及主营业务构成情况

<table>
<tr><td>公司产品</td><td colspan="3">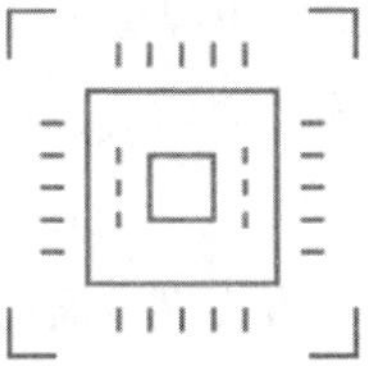
SoCs
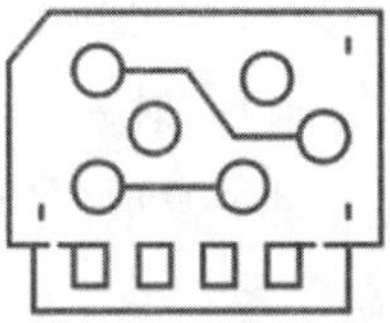
Modules
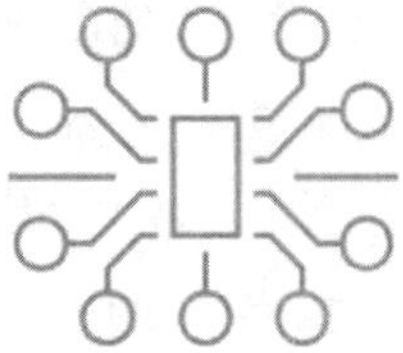
Development Boards</td></tr>
<tr><td rowspan="3">2018年度公司主营业务构成/万元</td><td>芯片</td><td>31,879.28</td><td rowspan="3">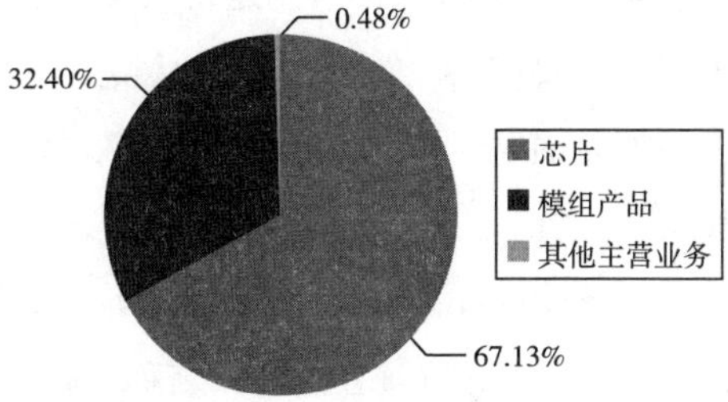
</td></tr>
<tr><td>模组产品</td><td>15,386.07</td></tr>
<tr><td>其他主营业务</td><td>226.67</td></tr>
</table>

(3)公司重点问询问题

1)关于客户【问询函1—25;问询函2—7;问询函3—2】关注点:是否存在倒签合同的情况,相关内部控制是否有效,"自动延期""长期有效""合作业务期间内有效"的条款是否符合商业逻辑;与已告解散、合同签署时间或合同期限异常、金额不匹配的客户交易的具体情况(交易品种、数量、价格、金额、结算方式、货物交付安排,实际执行时间、执行情况、执行比例);长期合作客户与发行人未来的合作方式是否会发生变化,长期合同是否具有实质效力;前五大客户认证的具体过程;部分客户成立当年即与发行人开展交易的原因,销售产品的最终流向和期后收款情况;交易价格是否公允,是否存在利益输送情形;对主要客户销售的具体情况(发行人向方案商客户、其他直接客户和经销客户销售的金额和占比);方案商客户是否实现最终销售;外销金额、报关金额和退税金额存在较大差异的原因;分季度的销售收入分布情况、是否存在跨期确认收入的情形。

2)关于市场地位【问询函1—20、21】关注点:国际领先地位的具体依据;

发行人开源数据在GitHub 平台上的受众范围及影响程度、与其他项目数据的对比情况；发行人产品在客户产品中的应用、占比情况；国内通信芯片市场的市场规模、发行人的市场占有率；发行人获得客户认可的具体表现；与国内外可比公司在集成度、产品尺寸、计算能力、射频、内存等多个方面的比较情况；主要产品是否存在被市场同类产品、5G产品取代的风险。

3）关于供应商【问询函1—27、28】关注点：是否为供应商的重要客户；交易价格是否公允；与供应商之间是否有长期供货安排；是否存在因无法及时供货等原因带来损失的风险；主要供应商进入和退出的原因和合理性；各类商品的采购政策、采购周期、采购定价政策、支付结算政策及其执行情况；境内和境外采购的主要内容、金额、占比，从境外采购的原因，主要结算货币；外币购销交易的汇兑损益；采购环节的内控有效性；与主要供应商之间是否存在采购返利政策。

4）关于销售模式【问询函1—24、32；问询函2—6】关注点：内外销、分产品、直经销模式下的前五大客户名称、地区、主要销售产品、交易金额及占比情况；客户依赖性；获得和保持客户的方式；主要客户向发行人采购增长的合理性；与主要客户的合作年限；客户结构和变化情况；销售增长是否具有可持续性；面向不同客户或市场的具体销售政策、定价政策和结算政策；境内和境外市场分别的直销和经销的具体情况；经销商的具体情况以及变化情况；对经销商是否存在折扣、返利及具体政策、金额及会计处理情况；经销商的选取标准、管理、定价、退换货；对同一客户或终端客户的销售模式是否发生变化；阶梯定价的具体制度。

5）关于IP授权【问询函1—36；问询函2—3、4】关注点：IP授权费的具体协议内容、收费方式、会计确认和计量方法、与同行业公司是否存在重大差异；固定部分IP金额的确认与哪些因素相关、每年持续增长的原因、相关新增IP的具体用途；发行人IP固定部分和变动部分IP成本偏低的原因；发行人自主化研发程度较高对IP费用的具体影响；是否存在发行人在原IP基础上二次开发的产品的后续销售风险。

12.哈尔滨新光光电科技股份有限公司——军民融合型高新技术企业，军用光学仿真领域的领军者

（1）公司概况：公司作为军民融合型高新技术企业，是国内军用光学仿真领

域的领军者。公司专注于提供光学目标与场景仿真、光学制导、光电专用测试和激光对抗等方向的高精尖组件、装置、系统和解决方案。产品主要用于军队和军工集团科研院所进行导弹武器系统的研制和测试工作。公司军用光学仿真系统覆盖可见光、红外、激光及毫米波等波段，技术水平达到国际先进、国内领先，已研制四代系列产品，部分指标超过国外同类产品，于2016年获得国防科技进步一等奖。公司具备多品种、系列化高端军用产品的研发和批产能力，在多个细分产品领域打破了国外对我国的技术封锁、填补了国内空白。公司研制的光电目标成像系统成功应用于“长征七号”运载火箭，解决了其发射过程中温度、气压的大范围变化下成像光线精确控制和成像质量问题，为我国国防科技工业的科技创新发挥了重要作用。

（2）关于公司产品及主营业务构成的情况（见表4-18）

表 4-18　公司产品及主营业务构成情况

<table>
<tr><td>公司产品</td><td colspan="3">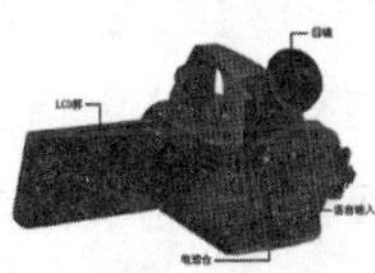
石化厂多光谱大数据云处理智能分析平台

高铁线路智能检测系统</td><td>
高铁线路智能检测系统

电力监测</td><td>
红外热成像智能预警监控系统

民用设备</td></tr>
<tr><td rowspan="3">2018年度公司主营业务构成/万元</td><td>研发产品销售</td><td>16,208.74</td><td colspan="3" rowspan="3">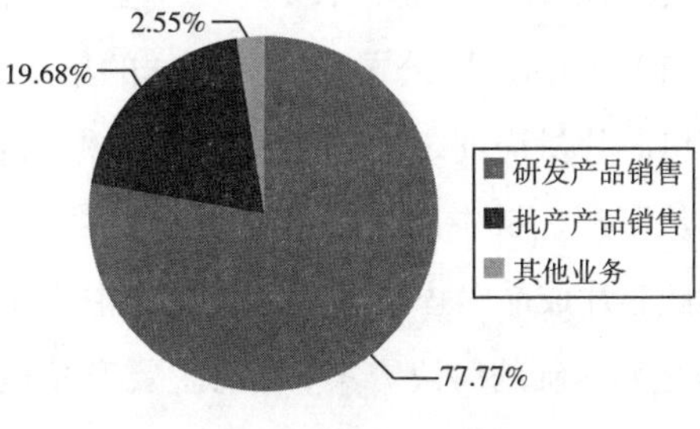
</td></tr>
<tr><td>批产产品销售</td><td>4101.71</td></tr>
<tr><td>其他业务</td><td>530.54</td></tr>
</table>

（3）公司重点问询问题

1）关于规避持股5%【问询函1—6；问询函2—3】关注点：穿透披露第三大股东科力北方的最终持股比例、若穿透之后持股比例超过5%则补充作出并披露相关承诺。

2）关于销售和客户【问询函1—20；问询函2—10】关注点：客户集中是否符合行业特性；主要客户的质量及其行业地位；客户对供应商的筛选制度；客户与发行人之间的合作历史、是否存在长期的合作关系、是否签署具有约束力的长期服务协议；采购产品的具体内容；既向相关供应商采购又向其销售产品的原因、采购和销售的内容、定价及公允性。

3）关于产品【问询函1—17；问询函2—11】关注点：批产产品和研发产品的定义、分类标准；两者经营模式、客户、定价、收入确认等方面的区别；研发产品销售涉及的项目数量、对应的客户、项目持续时间、合作协议。

4）关于收入【问询函1—32、33、34；问询函2—12、13】关注点：收入结构变化的原因；未来的收入结构；2017年以及2018年第四季度收入大幅度增长的原因、主要新增客户和收入情况、相应的信用政策和回款周期与其他客户是否存在差异；2016年军品补价收入较高的原因；审定价格与暂估价格较大差异的原因；补价收入是否符合行业惯例；2018年军品补价收入有对应成本的原因；相关会计处理是否符合会计准则。

5）关于存货【问询函1—40；问询函2—17】关注点：存货明细分类中包括生产成本的原因；按批产产品和研发产品分类的库存商品和在产品及其分析变动原因。

13.澜起科技股份有限公司——全球仅有的3家内存接口芯片供应商之一

（1）公司概况：公司是业界领先的集成电路设计公司，为全球仅有的3家内存接口芯片供应商之一。主要经营模式为Fabless模式，在该模式下企业仅需专注于从事产业链中的集成电路设计和营销环节，其余委托代工完成；由公司取得测试芯片成品销售给客户。公司的主营业务是为云计算和人工智能领域提供以芯片为基础的解决方案，目前主要产品包括内存接口、津逮服务器CPU以及混合安全内存模组。公司发明的DDR4全缓冲“1+9”架构被采纳为国际标准。现已成为全球可提供从DDR2到DDR4内存全缓冲/半缓冲完整解决方案的主要供应商之一，在内存接口芯片市场位列全球前二。

（2）关于公司产品及主营业务构成的情况（见表4–19）

表 4–19　公司产品及主营业务构成情况

<table>
<tr><td>公司产品</td><td colspan="3">

内存接口芯片
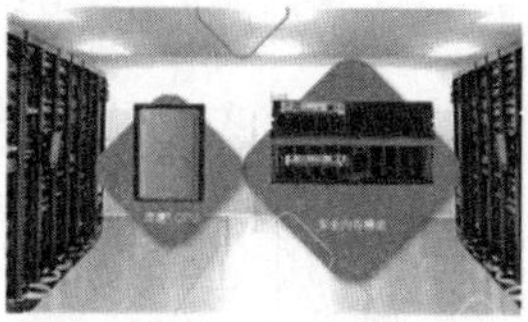
津逮服务器平台</td></tr>
<tr><td rowspan="2">2018 年度公司主营业务构成 / 万元</td><td>内存接口芯片</td><td>174,865.26</td><td rowspan="2">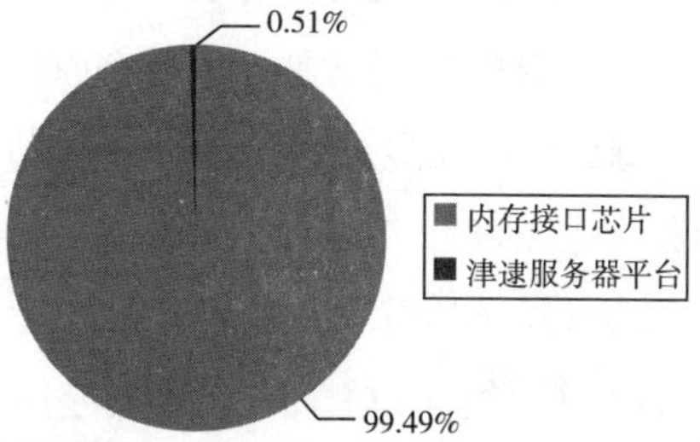
</td></tr>
<tr><td>津逮服务器平台</td><td>901.2</td></tr>
</table>

（3）公司重点问询问题

1）关于经营模式【问询函1—24】关注点：（发行人的主要经营模式是Fabless模式）与委外厂商的权利义务划分、定价机制、付款政策、产品质量控制措施；发行人的具体验收流程、验收项目、验收标准；与晶圆厂、封装厂、测试厂在验收环节的合作与分工，产品质量的责任划分与承担机制；存货“委外”保管的风险。

2）关于销售模式（直销、代销模式）【问询函1—32】关注点：产品的销量以及价格变化情况；内存接口芯片和消费电子芯片的直销、代销、经销收入及占比情况；采用代销模式的原因、主要代销商的基本情况、代销协议有关双方权利义务关系、风险承担方式、退换货等方面的约定、相关会计处理原则及是否符合企业会计准则的规定；收入的季节性波动。

3）关于供应商【问询函1—27】关注点：采购量与产品销售、库存的匹配关系；晶圆、封装测试的采购数量、平均单价、采购金额、变动趋势及原因；区分晶圆、封装测试前五名供应商基本情况（供应商名称、采购金额及占比）及变动情况；是否对单一供应商存在重大依赖；Intel 作为关联方既是客户又是供应商的商业合理性；采购定价的依据及公允性。

4）关于合作研发【问询函1—17；问询函2—3、12】关注点：与Intel、清华大学合作研发的情况（具体模式、合同签署、主要协议约定、研发主要项目、研发成果、研发成果所有权归属、相关利益安排）；合作研发成果是否属于发行人的核心技术；合作研发成果与发行人产品的对应关系；募投项目实施后，预计新增与Intel关联交易的规模，是否对发行人的独立性产生不利影响；与Intel、清华大学及其他合作伙伴有关利益分享或支付成本费用的安排；与GMT合作研发的背景、研发进度、潜在风险、预计投产时间、是否可能对发行人未来业务格局及业绩产生重大影响。

14.深圳光峰科技股份有限公司——全球领先的激光显示科技企业

（1）公司概况：公司是一家拥有原创技术、核心专利、核心器件研发制造能力的全球领先激光显示科技企业，致力于激光显示技术和产品的研究创新。主营业务为激光显示产品及系统解决方案，主要产品有立足于ALPD荧光激光显示技术的激光光学引擎和激光投影整机，产品领域主要包括激光显示核心器件在电影、电视、教育和工程等行业的应用。公司注重商业创新，兼顾租赁服务和销售业务，租赁收入占比逐渐上升。公司产品在国内激光显示多个细分市场具有突出的技术、市场以及品牌优势，公司激光电影放映机光源的国内市占率约60%，激光电视光机市占率超30%，激光商教投影机光机市占率约28%。

（2）关于公司产品及主营业务构成的情况（见表4-20）

表 4-20　公司产品及主营业务构成情况

<table>
<tr><td>公司产品</td><td colspan="3">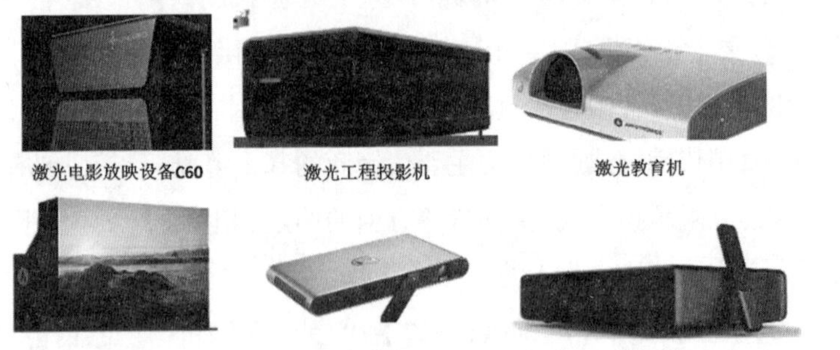</td></tr>
<tr><td rowspan="3">2018 年度公司主营业务构成 / 万元</td><td>销售业务</td><td>105,867.83</td><td rowspan="3">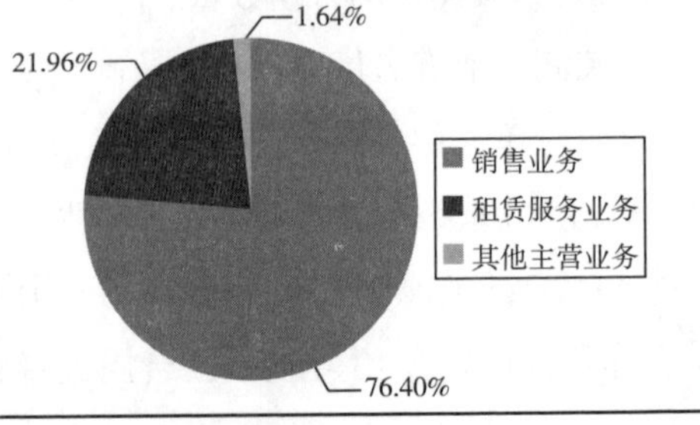</td></tr>
<tr><td>租赁服务业务</td><td>30,431.71</td></tr>
<tr><td>其他主营业务</td><td>2273.18</td></tr>
</table>

（3）公司重点问询问题

1）关于业务模式【问询函1—26；问询函2—5；问询函3—2】关注点：开展租赁模式的商业逻辑；租赁业务的定价原则及主要成本构成；影院选择租赁模式的原因及合理性；租赁业务的稳定性；合同期限；光源租赁的前五大客户情况（客户名称、收入金额及占比、开发模式、信用政策、期末应收账款或预收账款余额、是否为关联方）；光源租赁模式是否具有行业普遍性；中影器材及其关联公司既采购光源又租赁光源的合理性；中影器材及其关联方既是发行人的客户也是供应商的交易背景和商业合理性；租赁光源的实地核查情况；租赁光源的具体影院的基本情况；大地影院租赁光源的实地核查情况。

2）关于核心技术【问询函1—8、13、16；问询函2—4】关注点：激光显示领域的主流技术架构；与主要竞争对手的技术水平差异；核心技术产品或服务收入的计算口径、与最终产品或服务实现形式的对应关系；公司技术的可替代性；同行业公司产品与发行人产品的技术差别和竞争情况；公司核心技术实现产业化的时间进程。

3）关于股份支付【问询函1—37；问询函2—10；问询函3—3】关注点：公司是否涉及股份支付；股份支付的计算依据、方法、权益工具的公允价值及确定方法、是否计入非经常性损益；股份支付相关权益工具公允价值的计量方法及结果是否合理、与同期可比公司估值是否存在重大差异及原因；发行人报告期内股份支付相关会计处理是否符合企业会计准则的规定。

4）关于委外加工【问询函1—28】关注点：委外生产的具体内容、是否属于发行人产品的关键环节、合作模式及必要性；与委外厂商的权利义务划分、定价机制及付款政策；交易价格的公允性；委外生产的会计处理原则；委外加工的成本构成及期末应付账款情况；委外厂商的基本情况、与发行人的合作历史、是否与发行人及其关联方存在关联关系；委外生产的必要性和商业合理性、交易价格的公允性、是否存在利益输送；委外厂商的合法合规性。

15.宁波容百新能源科技股份有限公司——从事锂电池正极材料研发与经营的跨国型集团公司

（1）公司概况：公司是一家从事锂电池正极材料专业化研发与经营的跨国型集团公司。公司主要通过研发、制造与销售三元正极材料及其前驱体实现盈利。公司主要产品包括NCM523、NCM622、NCM811、NCA等系列三元正极材料及其前驱体，产品应用于高等客户前沿的高能量密度电池中，并主要用于新能源汽车、储能设备和电子产品等下游领域。公司三元正极材料产能处于国内第一梯队，主要客户包括宁德时代、比亚迪、LG化学、天津力神、孚能科技、比克动力等国内外知名大型锂电池厂商。公司具有国际领先的核心技术，是国内最早推出单晶NCM523、单晶NCM622的正极材料厂商之一，以及首家高镍NCM811大规模量产企业。公司的高镍产品率先通过国内外多家主流锂电池厂商的认证程序，在行业内形成了明显的先发优势和良好的市场口碑。

（2）关于公司产品及主营业务构成的情况（见表4-21）

表 4-21　公司产品及主营业务构成情况

<table>
<tr><td>公司产品</td><td colspan="3">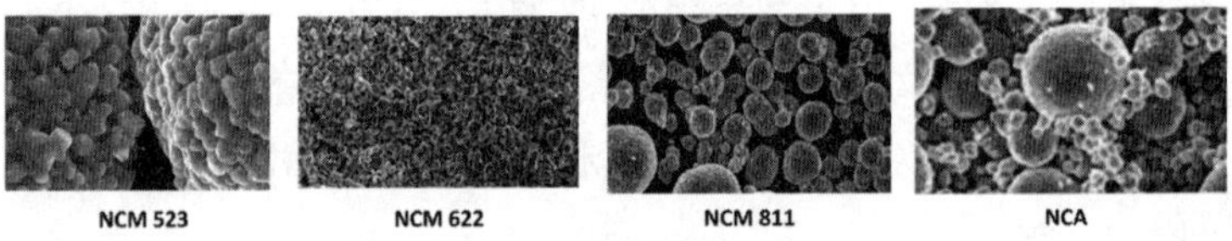
</td></tr>
<tr><td rowspan="4">2018 年度公司主营业务构成 / 万元</td><td>三元正极材料</td><td>263,003.15</td><td rowspan="4">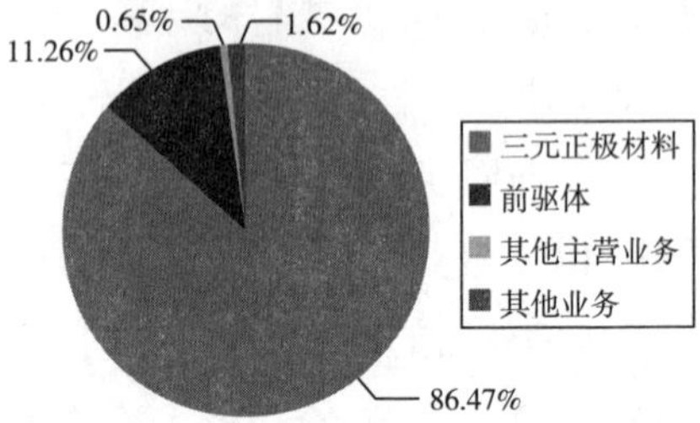
</td></tr>
<tr><td>前驱体</td><td>34,233.33</td></tr>
<tr><td>其他主营业务</td><td>1970.94</td></tr>
<tr><td>其他业务</td><td>4918.58</td></tr>
</table>

（3）公司重点问询问题

1）关于关联方资金拆借【问询函1—34；问询函2—2】关注点：资金拆借具体情况（逐笔的借款和还款发生时间、金额、原因、用途、余额及必要性等）；相关的利息确认标准是否公允；大部分资金拆借未收取利息的原因；未来是否会持续存在资金拆借行为；资金拆借是否履行审批程序以及对外付款内控；是否存在利用关联方进行体外循环的情况。

2）关于客户【问询函1—26；问询函2—7】关注点：不同产品类型收入金额

及占比情况（境内外）；前五大客户采购的主要产品类型及各类产品销售收入；前五大客户变化的原因；公司与主要客户交易的可持续性；公司维护客户稳定性所采取的措施；与宁德时代及比亚迪的业务开发与合作情况；新增客户合作及业务开发情况；新增客户采购的主要产品类型及各类产品销售收入；新增客户及主要客户与公司是否存在关联关系或其他利益约定；客户普遍存在超过信用期付款的情况；坏账风险；票据结算方式的比例高于同行业可比公司的合理性。

3）关于采购【问询函1—28、29；问询函2—8】关注点：主要原材料和能源的采购流程、采购数量及采购价格；主要原材料采购价格波动对经营业绩的影响、发行人的应对措施；影响原材料价格变动的重要因素；原材料采购和消耗情况、与各年度产量的匹配关系；前五大供应商的基本情况及变化情况；与TMR关联交易的必要性及合理性、公允性；与天津力神的采购情况。

4）关于经营现金流【问询函1—39；问询函2—11】关注点：经营活动现金流持续为负、波动较大、与净利润存在较大差异的原因；变动趋势是否符合行业特征、以及对发行人经营活动的影响；经营活动现金流量中主要项目的归集是否准确、勾稽关系是否一致。

16.烟台睿创微纳技术股份有限公司——从事非制冷红外热成像与MEMS传感技术开发的芯片企业

（1）公司概况：公司是一家专业从事非制冷红外热成像与MEMS传感技术开发的集成电路芯片企业，致力于专用集成电路、MEMS传感器及红外成像产品的设计与制造。公司产品主要包括非制冷红外热成像MEMS芯片、红外热成像探测器、红外热成像机芯、红外热像仪及光电系统。公司目前已具备先进的集成电路设计、传感器设计、器件封测、图像算法开发、系统集成等研发与制造能力。公司产品主要应用于军用及民用领域，其中军用产品主要应用于夜视观瞄、精确制导、光电载荷以及军用车辆辅助驾驶系统等，民用产品广泛应用于安防监控、汽车辅助驾驶、户外运动、消费电子、工业测温、森林防火、医疗检测设备以及物联网等诸多领域。公司已拥有的全系列产品可以满足绝大部分军品及民品客户需求。

（2）关于公司产品及主营业务构成的情况（见表4－22）

表4－22　公司产品及主营业务构成情况

<table>
<tr><td>公司产品</td><td colspan="3">
测温手机热像仪

在线式精确测温热像仪

户外热像望远镜

红外车载夜视系统</td></tr>
<tr><td rowspan="5">2018年度公司主营业务构成/万元</td><td>整机</td><td>11,270.59</td><td rowspan="5">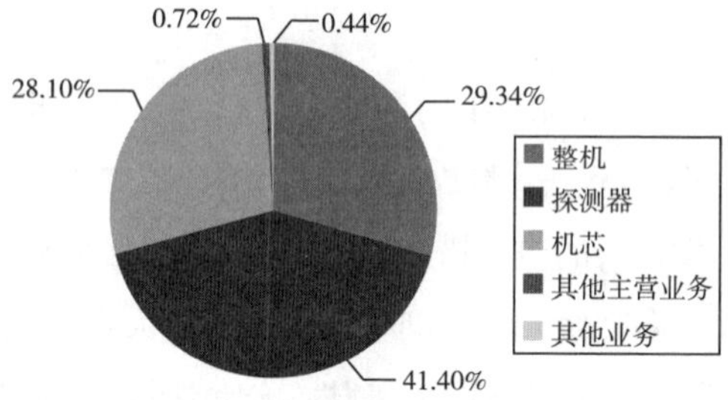</td></tr>
<tr><td>探测器</td><td>15,902.26</td></tr>
<tr><td>机芯</td><td>10,791.71</td></tr>
<tr><td>其他主营业务</td><td>277.56</td></tr>
<tr><td>其他业务</td><td>168.35</td></tr>
</table>

（3）公司重点问询问题

1）关于销售模式（军品直销；民品经销）【问询函1—20；问询函2—4；问询函3—1】关注点：军品业务的基本情况；军改政策的影响；经销收入大幅度增长的原因；可比公司采用经销商模式的情况；民品销售如何确定采用经销模式或直销模式；对直销客户和经销商，以及不同类型客户所采取的信用政策、结算政策，是否具有显著差异；与经销商之间的合作模式、稳定性；主要经销商基本情况、所在区域、是否与发行人及其关联方存在关联关系；直销、经销模式下产品销售价格、毛利率、销售费用率的差异情况及合理性；经销商的选取标准、定价机制、折扣返利政策、物流、退换货政策、销售回款政策、存货管理以及相关内部控制制度的建立与运行情况；经销模式下经销收入真实性的核查，换货及返修情况，是否存在突击销售的情况；经销商的最终销售情况。

2）关于生产成本【问询函2—8；问询函3—2】关注点：分产品的各类原材料占主营业务成本的比例；成本核算的完整性；主营业务成本与主要原材料价格变动之间的匹配性；相关内部控制制度能否保证产品成本计算、费用分摊的准确性和及时性。

3）关于存货【问询函1—44；问询函2—9；问询函3—3】关注点：存货构成；各期末存货主要项目的内容、余额以及变动原因；存货余额大幅度增长与可比公司变动趋势差异；各期末存货余额远超同期营业成本的原因；存货与在手订单的匹配情况；存货跌价准备计提的充分性；与海康威视签订的在手订单及期后销售实现情况；意向订单从确定意向到签订订单再到实际供货各阶段的历史数据情况。

4）关于应收款项【问询函1—43；问询函2—10；问询函3—4】关注点：商业承兑汇票方式结算是否与军改结算政策、行业变动趋势一致；是否存在由应收账款转为商业承兑汇票结算的情形；应收票据开具是否具有真实交易背景；应收账款的变动情况是否与信用政策相匹配；应收账款的期后回款进度；坏账准备计提是否充分；应收票据减值准备和应收账款坏账准备的计提政策是否一致。

5）关于供应商【问询函1—25；问询函2—6】关注点：供应商集中是否具有行业普遍性；供应商的选择标准；供应商的变动情况；采购定价的公允性。

17.广东紫晶信息存储技术股份有限公司——国内领先的光存储科技企业

（1）公司概况：公司是国内领先的光存储科技企业，开展光存储介质、光存储设备，以及基于光存储技术的数据智能分层存储及信息技术解决方案的研发、设计、开发、生产、销售和服务。沿着“介质—设备—解决方案”的技术及产业化发展路径，覆盖了政务、互联网、医疗、军工、金融、档案、教育、能源等领域。主要产品包括面向消费级市场的光存储介质，以及面向企业级市场的光存储设备及解决方案。产品存储密度高、能耗低，存储介质安全性强，具备较强的安全可控性。是唯一入选工信部“2018年工业强基工程存储器一条龙”的光存储上游材料、生产设备制造和光存储制造企业，也是唯一一家BD-R底层编码策略通过国际蓝光联盟认证的大陆地区光存储企业（全球仅九家）。

（2）关于公司产品及主营业务构成的情况（见表4-23）

表 4-23　公司产品及主营业务构成情况

<table>
<tr><td>公司产品</td><td colspan="3">
ZL系列光存储系统

MHL系列光存储系统

MBD系列光盘摆渡机系统</td></tr>
<tr><td rowspan="3">2018年度公司主营业务构成/万元</td><td>系统解决方案</td><td>31,966.02</td><td rowspan="3">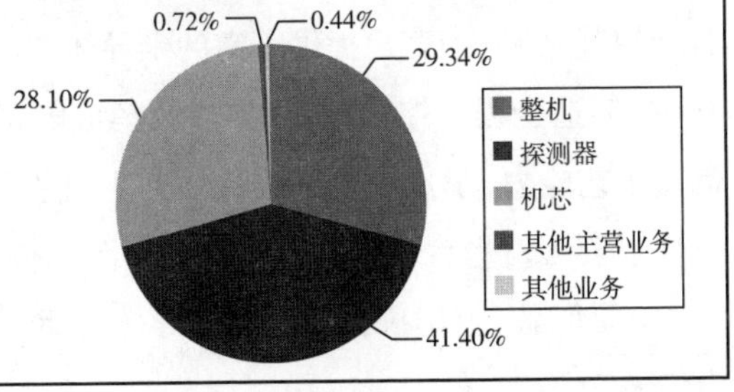</td></tr>
<tr><td>光盘存储设备</td><td>7818.87</td></tr>
<tr><td>其他业务</td><td>374.75</td></tr>
</table>

（3）公司重点问询问题

1）关于核心技术【问询函1—19；问询函2—2；问询函4—1】关注点：生产BD-R的核心技术是否需要境外专利池的授权许可使用；境内市场销售部分未与专利池拥有方签署授权协议也未支付专利授权费的原因、是否面临部分业务被迫停产的风险；如果境外专利池拥有方对发行人提起诉讼是否对发行人构成重大不利影响；蓝光存储系统技术是否涉及One-Blue，LLC.蓝光专利池的相关专利，如果涉及，是否取得相关专利授权，是否构成专利侵权。

2）关于业务【问询函1—22、23、32；问询函2—7】关注点：服务军民融合发展战略的具体业务情况、收入金额和占比、具体项目、服务方式、服务内容；发行人介质业务、设备销售业务和解决方案业务的经营模式是否存在重大差异；解决方案业务的具体情况（合同、领用设备数量和收入是否匹配、主要客户）；各期解决方案大型项目的具体情况；是否存在突击确认收入的情况。

3）关于收入【问询函1—30、33、39；问询函3—2；问询函4—4】关注点：存储设备销售相关收入确认时点是否与同行业公司一致；是否存在分期确认收入的情况；是否存在按照完工百分比法确认收入的情况；在第四季度集中确认收入涉及的主要业务类型、主要客户、是否属于行业惯例、是否具有合理的商业理由，收入确认的时点是否合理；发行人利润增幅和收入增幅不匹配的具体原因；集中在年底确认收入的原因，是否存在跨期确认收入的情形；收入确认时点的合理性。

4）关于经营模式【问询函3—8】关注点：经营模式中的生产模式的披露内容是否准确；光存储设备及解决方案业务采购模式、生产模式与境内外主要竞争对手是否存在明显差异、是否符合行业惯例；解决方案业务中是否存在贸易类收入。

18.华润微电子有限公司——中国领先的拥有全产业链一体化经营能力的半导体企业

（1）公司概况：公司是中国领先的拥有芯片设计、晶圆制造、封装测试等全产业链一体化经营能力的半导体企业，产品聚焦于功率半导体、智能传感器与智能控制领域，为客户提供丰富的半导体产品与系统解决方案。公司产品设计自主、制造全程可控，在分立器件及集成电路领域均已具备较强的产品技术与制造工艺能力，形成了先进的特色工艺和系列化的产品线。公司是华润集团半导体投资运营平台，始终以振兴民族半导体产业为己任，曾先后整合了华科电子、中国华晶、上华科技等中国半导体先驱。公司及下属相关经营主体曾建成并运营中国第一条4英寸晶圆生产线、第一条6英寸晶圆生产线，承担了多项国家重点专项工程。经过多年发展及一系列整合，公司已成为中国本土具有重要影响力的综合性半导体企业，自2004年起连续被工信部评为中国电子信息百强企业。公司已获得包括国家技术发明二等奖、“九五”国家重点科技攻关优秀科技成果奖、教育部技术发明一等奖、教育部技术发明二等奖、省级科技进步一等奖及国家级与省部级研发项目在内的多项重要奖项。

（2）关于公司产品及主营业务构成的情况（见表4-24）

表 4-24　公司产品及主营业务构成情况

<table>
<tr><td>公司产品</td><td colspan="3"> 晶圆代工  封装集成  晶圆测试  成品测试 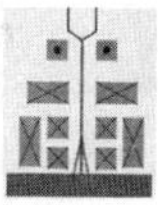 掩模制造</td></tr>
<tr><td rowspan="3">2018 年度公司主营业务构成 / 万元</td><td>制造与服务</td><td>357,190.81</td><td rowspan="3">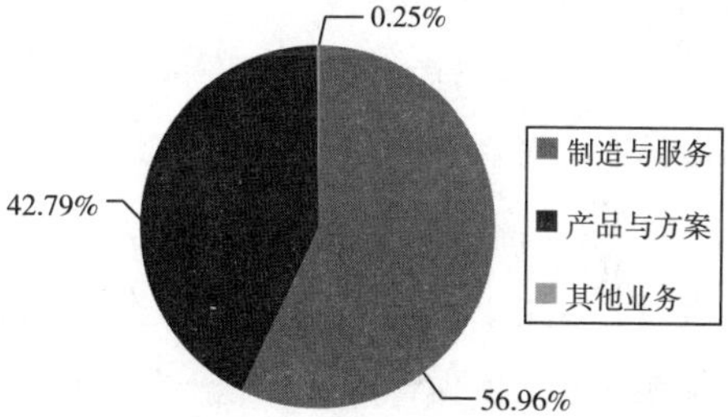
</td></tr>
<tr><td>产品与方案</td><td>268,348.74</td></tr>
<tr><td>其他业务</td><td>1540.1</td></tr>
</table>

（3）公司重点问询问题

1）关于红筹架构【问询函1—1】关注点：发行人境内上市是否依法履行有关程序；发行人私有化退市是否履行了法定程序；历次境外融资、股权转让、分红的外汇资金跨境调动情况；报告期内各年度境外上市架构相关企业的经营情况；本次发行上市相关重组的详细过程、合法合规性。

2）关于专利【问询函1—8、31】关注点：核心技术和专利的市场前景、是否存在较高替代性；主要知识产权的形成过程；IP授权的基本情况；境内取得的专利能否在境外申请专利；境外申请专利是否存在侵犯他人知识产权或者可能影响境外销售的情形；IP 专利授权方的固定费用和提成费用金额，相关会计处理以及是否符合企业会计准则的规定；IP授权费用、公允性、授权期限、到期后的续约安排。

3）关于销售模式（直销与经销相结合）【问询函1—14】关注点：直销模式下，发行人获取订单的主要方式；经销收入持续大幅度增长的原因及合理性；可比公司采用经销商模式的情况，该模式是否具有行业普遍性；经销商的选取标准、定价机制、折扣返利政策、物流、退换货政策、销售回款政策；直销、经销模式下产品销售价格、毛利率、销售费用率的差异情况及合理性；是否存在对同一客户同时采取直销、经销两种模式销售的情况；与经销商之间的合作模式、合作模式是否符合行业惯例；经销商的变动情况；与经销商之间的合作稳定性；主要经销商的基本情况；经销商的最终销售情况；是否存在向经销商压货提前确认收入的情形。

4）关于核心技术【问询函1—9；问询函2—13】关注点："国内处于领先地位"等类似表述是否具有充分依据、是否存在误导；相关产品、工艺、制程等与国内、外同行业公司的对比情况、技术先进性；依靠国际领先水平技术产生的收入、毛利及利润情况。

19.武汉兴图新科电子股份有限公司——基于网络通信的军队专用视频指挥控制系统提供商

（1）公司概况：公司是一家基于网络通信的军队专用视频指挥控制系统提供商，专注于视音频领域的技术创新和产品创新，主要产品包括视频指挥控制系统、视频预警控制系统，重点应用于国防军队，并延伸至监狱、油田等行业。经过多年不懈努力，公司深入视音频中间件技术、复杂环境网络适应技术、低延时编解码技术等核心技术的研究，形成了大规模视音频综合服务平台，具备了复杂网络下的可靠传输、低带宽下的更好图像、远程交互的更低延时、多网之间的业务互备、异地容灾等关键能力。同时，公司针对性地开发了特定应用环境下的窄带高清和多源处理的编码设备、解码设备、服务设备、终端设备等专用型嵌入式硬件，实现了视频指挥、视频会议、战场要素感知、图文情报分析、呈现与控制等业务功能，很好地满足了国防军队用户高质量、高实时、复杂网络、大容量的实战、实训等各类应用场景的指挥控制需求。截至2019年10月31日，发行人已取得31项专利（其中6项发明专利）、56项计算机软件著作权。

（2）关于公司产品及主营业务构成的情况（见表4–25）

表 4–25　公司产品及主营业务构成情况

<table>
<tr><td>公司产品</td><td colspan="3">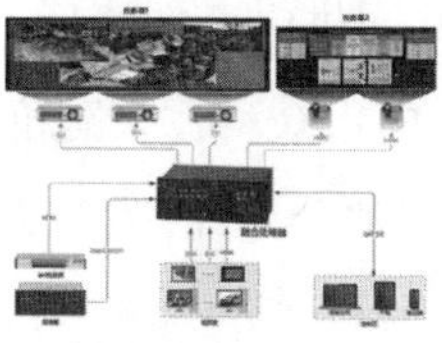
视频指挥控制类产品

视频预警控制系列产品</td></tr>
<tr><td rowspan="4">2018 年度公司主营业务构成 / 万元</td><td>视频指挥控制类产品</td><td>18,687.75</td><td rowspan="4">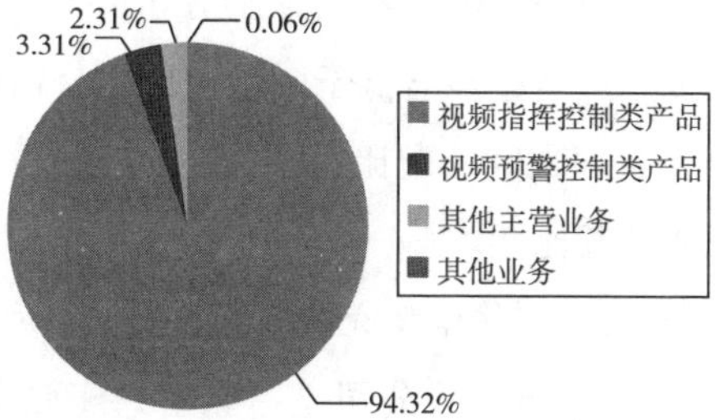</td></tr>
<tr><td>视频预警控制类产品</td><td>656.09</td></tr>
<tr><td>其他主营业务</td><td>458.64</td></tr>
<tr><td>其他业务</td><td>11.16</td></tr>
</table>

（3）公司重点问询问题

1）关于信息披露豁免【问询函1—36】关注点：（发行人是一家基于网络通信的军队专用视频指挥控制系统提供商）是否符合《上海证券交易所科创板股票发行上市审核问答》第16条有关信息披露豁免的规定。

2）关于收入【问询函1—8、18；问询函2—3】关注点：销售的具体情况，收入确认依据及具体时点；不同订单获取方式下收入金额及占比；军品审价是否为收入确认的必要条件、是否存在提前确认收入的情形；收入确认是否满足“收入的金额能够可靠地计量”的条件；销售收入及合同的收入确认情况（客户、最终客户、采购内容、合同金额、收入确认金额、成本构成明细、人员配置、收入确认依据和毛利率）。

3）关于税收优惠【问询函2—7】关注点：软件收入与增值税即征即退的配比关系及计算过程；经备案确认和未经备案确认的军品销售合同收入金额及占比、是否存在既构成软件销售又构成军品销售的情形、尚未备案确认的军品销售收入对发行人未来经营业绩的具体影响。

4）关于核心技术【问询函1—5、7；问询函2—1】关注点：“较为先进”等类似表述的依据是否充分；技术先进性及具体表征；发行人保持技术先进性的技术储备情况；发行人的相对竞争优势与劣势。

5）关于采购【问询函1—15】关注点：发行人采购额占雷众科技销售额的比重，是否存在与发行人存在共同客户或共同供应商的情形；雷众科技的生产能力、向发行人销售的产品是否均为自产；向雷众科技采购价格逐年上升的原因及合理性；采购产品的定价依据、采购价格的公允性；发行人与采购相关的内部控制制度是否健全并得到有效执行。

6）关于应收账款【问询函1—26；问询函2—10】关注点：各期末应收账款前五大客户的名称、金额、账龄分布情况、信用政策、结算方式和期后回款情况；应收账款周转率显著低于同行业可比公司的原因；应收账款和应收票据变动与现金流量表之间的配比关系；是否存在第三方回款的情况；应收账款余额与营业收入的配比性。

20.聚辰半导体股份有限公司——全球领先的EEPROM设计企业

（1）公司概况：公司是一家落户于张江高科技园区的集成电路设计企业。公司主要经营模式为Fabless模式，在该模式下只从事集成电路产业链中的芯片设计和销售环节。公司目前拥有EEPROM、音圈马达驱动芯片和智能卡芯片三条主要产品线，应用于智能手机，通信，汽车电子，工业控制等多种领域。公司拥有优秀的研发能力，在EEPROM细分领域技术储备深厚。优质的客户资源，丰富的产业链协同经验以及专业的技术人才都是公司的竞争优势。公司目前为全球领先的EEPROM设计企业，公司2018年市占率全球第三，国内排名第一。手机摄像头EEPROM领域市占率达43%。

（2）关于公司产品及主营业务构成的情况（见表4–26）

表4–26 公司产品及主营业务构成情况

2018年度公司主营业务构成/万元	EEPROM产品	38,551.52	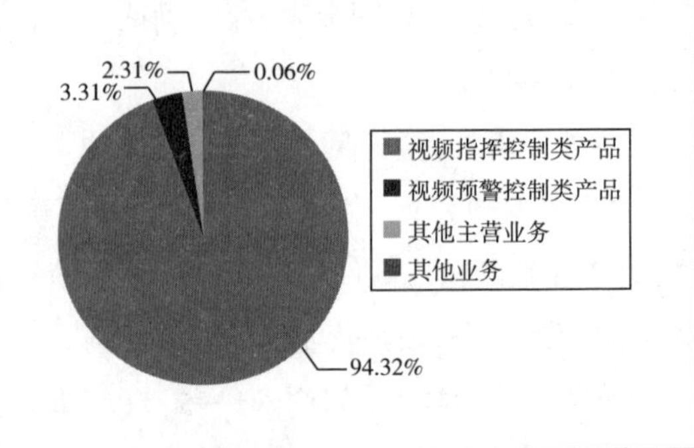
	智能卡芯片	3861.35	
	音圈马达驱动芯片	593.5	
	其他主营业务	212.86	

（3）公司重点问询问题

1）关于境外收购【问询函2—1；问询函3—1】关注点：是否存在规避境外投资备案或核准相关规定的情形；未办理境外投资备案或核准可能面临的处罚措施；境外股权发生变动时，相关股东是否办理外汇变更登记手续，如未办理，是否属于重大违法违规；江西和光通过富桥国际进行境外收购是否属于9号令第二条规定的“投资主体以提供融资或担保等方式通过其境外企业实施的境外投资项目”。

2）关于销售模式（经销为主）【问询函1—19；问询函2—2、3】关注点：定制化生产模式下以经销模式为主的合理性；报告期经销商的变动情况；经销商是否专门销售发行人产品；主要经销商的退换货情况、补贴、返利；终端销售的主要客户及其应用产品情况；报告期内境内外经销商模式下的收入确认原则、费用承担原则；是否存在现金回款；毛利率（海外、国内）；同行业可比上市公司采用经销商模式的对比情况、是否属于行业惯例；经销模式的最终销售情况；经销模式的转换的情况。

3）关于采购和供应商【问询函1—12；问询函2—5、8】关注点：前五大供应商基本情况（成立时间、注册资本、实际控制人或控股股东、主营业务及规模、公司采购金额占其营业收入比例、合作历史、报告期内采购金额发生变动的原因及合理性）；采购价格的定价依据及定价公允性；采购交易的稳定性、可持续性以及价格协调机制；供应商与发行人及其关联方是否存在关联关系、有无业务资金往来；委外供应商的具体情况（采购价格、质量纠纷、内控措施）。

4）关于股份支付【问询函2—6；问询函3—4；问询函4—1】关注点：涉及股份支付的具体计算过程；对应股份支付费用的确认金额是否准确；增资涉及股份支付费用的会计处理是否《企业会计准则》及相关问答的要求；2018年5月后股份支付参照2017年年末评估值确定公允价值的合理性；2018年5月后股份支付的授予时点及其公允价值、确定依据。

5）关于核心技术【问询函1—8；问询函2—11】关注点：公司核心技术的独特性和突破点；EEPROM等芯片的技术迭代周期、目前国内外的最高技术水平、未来技术进展方向；发行人目前最高技术水平、国内及国际竞争对手的最高技术水平、发行人与目前最高技术水平的差距、发行人针对目前技术差距拟采取的措施及可行性；主要产品EEPROM被取代的可能性。

21.北京八亿时空液晶科技股份有限公司——专业从事液晶材料研发、生产和销售的高新技术企业

（1）公司概况：公司是一家专业从事TN、STN、TFT型液晶显示材料以及PDLC智能薄膜、OLED液晶显示材料以及特殊用途液晶材料的研发、生产和销售的高新技术企业，拥有自营进出口许可权。公司技术力量雄厚，拥有一支优秀的研发队伍，研发带头人具有近二十年的液晶材料研发经验，拥有国内外最先进和完备的用于液晶材料研究所需的分析检测仪器和设备，拥有国际先进的液晶显示材料技术，现已研制出多种具有国内领先水平的高档液晶材料，已申报国家发明专利30多项。同时公司吸引了多位知名专家、教授及海外归国学者等高级技术人才加盟，并与清华大学、北京大学、北京化工大学、北京科技大学、安徽大学和中国科学院等国内多所院校建立了长期科研合作关系。公司始终坚持以客户为中心，以市场为导向，始终坚持“创新发展、诚信服务”的原则，为客户提供最优质的产品和服务。公司的奋斗目标是成为国际一流的液晶材料供应商。

（2）关于公司产品及主营业务构成的情况（见表4-27）

表4-27　公司产品及主营业务构成情况

公司产品	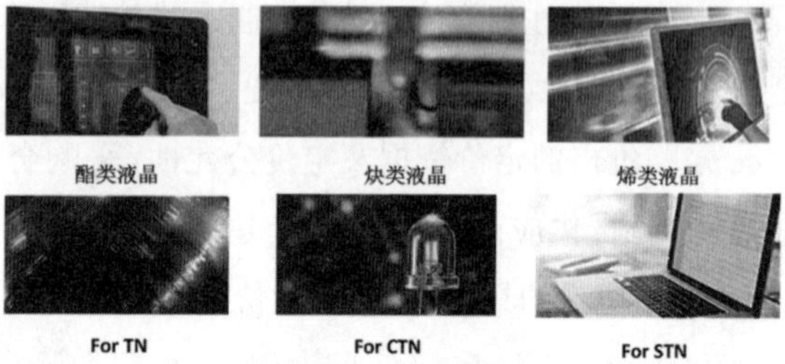		
2018年度公司主营业务构成/万元	销售产品收入	39,261.3	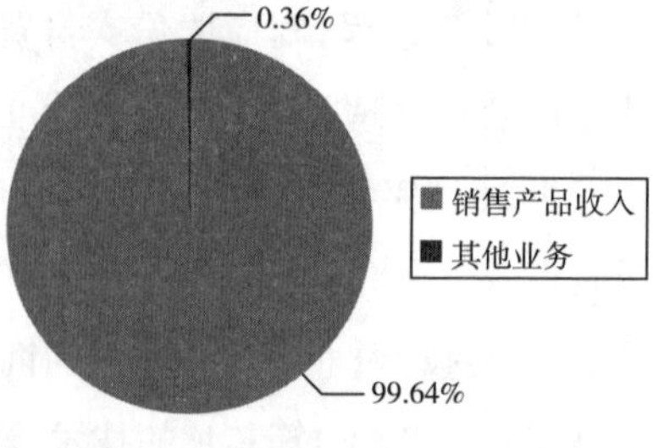
	其他业务	141.94	

（3）公司重点问询问题

1）关于核心技术【问询函1—13；问询函2—3；问询函3—1】关注点：发行

人在国内外的技术水平及竞争力；核心技术产品收入的统计口径；核心技术和非核心技术收入对应的具体产品、技术来源、专利及其到期时间、市场需求和未来发展情况、相关产品是否面临被快速淘汰的风险；发行人的核心技术是否具备先进性；发行人是否存在竞争劣势。

2）关于业务【问询函2—10；问询函3—5】关注点：定制化采购、生产、备货的业务模式的相关情况；关于发行人的定制化业务模式中“定制化”的具体含义、不同产品之间的投料类型、配方、比例是否存在差异；BHR三类产品能否应用于其他客户；单晶等定制化原料或产品除自用外还可直接销售给其他第三方的合理性。

3）关于客户【问询函1—17；问询函2—9；问询函3—4】关注点：京东方对发行人产品的具体应用领域、需求情况；为京东方提供同类产品的其他竞争对手在产品、技术、价格、服务等方面与发行人相比的竞争优劣势；发行人对京东方的具体销售情况（销售价格、折扣、销售回款）；发行人对京东方是否具有议价能力和谈判能力，是否存在对京东方的依赖。

4）关于销售模式（直销、经销）【问询函1—16】关注点：不同销售模式（内销/外销、直销/经销）下的具体销售政策、定价政策和结算政策；内外销、直经销的主要客户名称、地区、主要销售产品、交易金额及占比情况；发行人对客户的重要程度；是否与相关客户存在关联关系；是否存在对大客户的依赖；主要客户的具体情况。

22.北京映翰通网络技术股份有限公司——工业物联网通信产品及“云+端”整体解决方案提供商

（1）公司概况：公司是知名的工业物联网通信产品以及物联网领域“云+端”整体解决方案的提供商，主营产品包括工业无线路由器、无线数据终端、边缘计算网关、工业以太网交换机等工业物联网通信产品，以及智能配电网状态监测系统、智能售货控制系统等物联网创新解决方案。公司主营业务为工业物联网技术的研发和应用，为客户提供工业物联网通信（M2M）产品以及物联网（IoT）领域“云+端”整体解决方案。公司为定位于新一代信息技术领域，推动互联网、大数据、云计算、人工智能和制造业深度融合的科技创新型企业。公司致力于成为工业物联网行业的引领者，利用物联网前沿科技打造领先的工业大数据汇聚与云管理服务，帮助行业用户有效收集和利用生产运营过程中产生的海量数据，并通过掘取数据价值提高生产效率和决策能力，推动行业的智能化升级。

（2）关于公司产品及主营业务构成的情况（见表4–28）

表 4–28　公司产品及主营业务构成情况

<table>
<tr><td>公司产品</td><td colspan="3">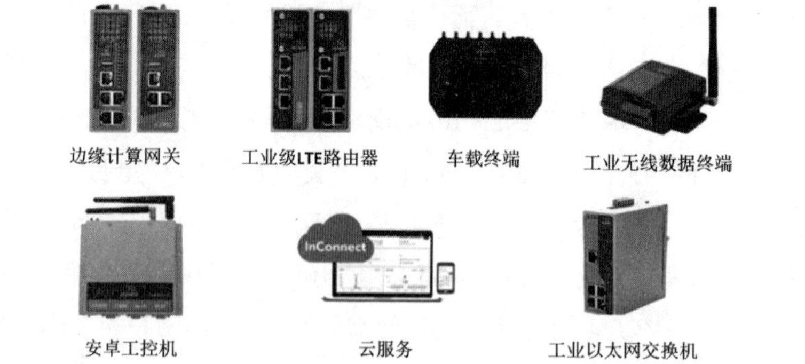
</td></tr>
<tr><td rowspan="4">2018 年度公司主营业务构成 / 万元</td><td>物联网通信产品销售收入</td><td>12,761</td><td rowspan="4">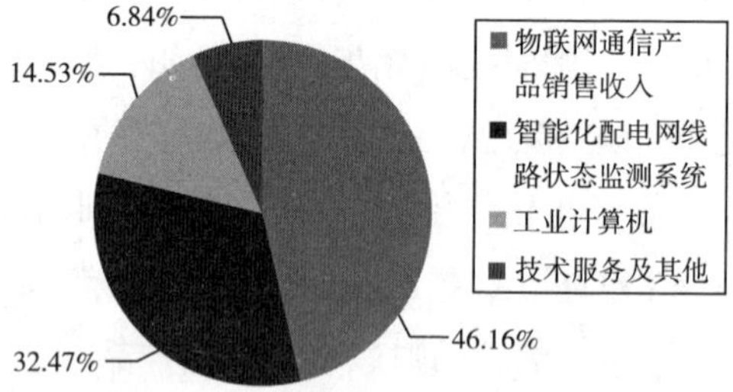
</td></tr>
<tr><td>智能化配电网线路状态监测系统</td><td>8975.16</td></tr>
<tr><td>工业计算机</td><td>4016.8</td></tr>
<tr><td>技术服务及其他</td><td>1890.36</td></tr>
</table>

（3）公司重点问询问题

1）关于销售模式（直销为主、经销为辅）【问询函1—33；问询函2—12；问询函4—10】关注点：经销商的定价模式、结算模式、信用政策、销售模式（买断/代理）和日常管理制度；对不同经销商是否采用了不同的模式；主要经销商的基本情况、主要经销的商品、采用经销模式销售产品的原因及必要性；经销商是否与公司存在关联关系；经销商的退货制度；经销商的终端销售情况；是否存在经销商渠道压货、突击进货的情况；是否存在第三方回款情况；ODM模式销售的具体情况；不同业务模式终端客户是否重合；针对经销商及ODM客户销售的真实性核查。

2）关于外协生产（自行生产为主、外协加工为辅）【问询函1—11、22；问询函2—8；问询函3—7；问询函4—8】关注点：委托加工环节占产品生产工序的比例、是否为核心环节；外协产品流程中公司向厂商提供的核心技术的内容；外协厂商是否固定；前十大OEM客户及外协厂商与公司及相关股东、自然人之间是否存在关联关系；是否存在因外协加工泄密的情况；公司在保护核心技术安全采取的措施；针对外协厂商及外协生产的真实性核查以及内控措施。

3）关于收入【问询函1—28；问询函2—11；问询函3—4】关注点：收入确认的具体方法、确认时点；收入确认方式与行业惯例是否存在差异；是否存在销售退回、质量保证、维修服务等；产品发货、收入确认、开票时间之间平均时长；是否存在突击销售；对发行人重要客户进行全面核查；是否存在收入调节的情况。

4）关于核心技术【问询函1—6、7、10；问询函3—2；问询函4—5】关注点：主要核心技术内容、技术来源、研发过程或形成过程、成熟或者批量应用的时点；公司技术对行业的贡献；公司核心技术的先进性及具体表征；现有核心技术中能衡量发行人核心竞争力或技术实力的关键指标、可比公司的比较情况；核心技术是否国内或国际领先，是否成熟或者存在替代、淘汰的风险。

5）关于募投项目【问询函1—59；问询函2—7；问询函3—6】关注点：本次募投项目的必要性；募投项目新增产能的消化能力；产品适销性；募投项目拟增加的固定资产、无形资产等长期资产情况对公司的影响；与公司目前主营业务、核心技术的关系；是否存在产能过剩的风险。

23.上海硅产业集团股份有限公司——中国少数具有一定国际竞争力的半导体硅片企业

（1）公司概况：公司目前已成为中国少数具有一定国际竞争力的半导体硅片企业，产品得到了众多国内外客户的认可。公司目前已成为多家主流半导体企业的供应商，提供的产品类型涵盖300mm抛光片及外延片、200mm及以下抛光片、外延片及SOI硅片。公司主要从事半导体硅片的研发、生产和销售，是中国大陆规模最大的半导体硅片制造企业之一，是中国大陆率先实现300mm半导体硅片规模化销售的企业。硅产业集团自设立以来，坚持面向国家半导体行业的重大战略需求，坚持全球化布局，坚持紧跟国际前沿技术，突破了多项半导体硅片制造领域的关键核心技术，打破了我国300mm半导体硅片国产化率几乎为0%的局面，推进了我国半导体关键材料生产技术“自主可控”的进程。公司的技术水平和科技创新能力国内领先，公司及控股子公司拥有已获授权的专利300项，其中中国大陆105项，中国台湾地区及国外195项；公司及控股子公司拥有已获授权的发明专利273项。

(2)关于公司产品及主营业务构成的情况(见表4-29)

表 4-29　公司产品及主营业务构成情况

<table>
<tr><td>公司产品</td><td colspan="3">
大尺寸硅片

SOI硅片
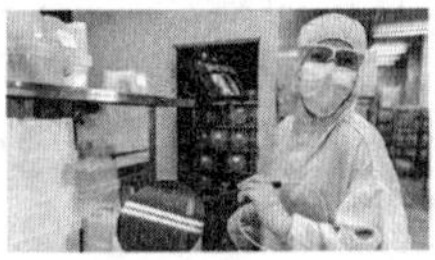
定制化硅片</td></tr>
<tr><td rowspan="2">2018年度公司主营业务构成/万元</td><td>产品销售收入</td><td>100,886.83</td><td rowspan="2">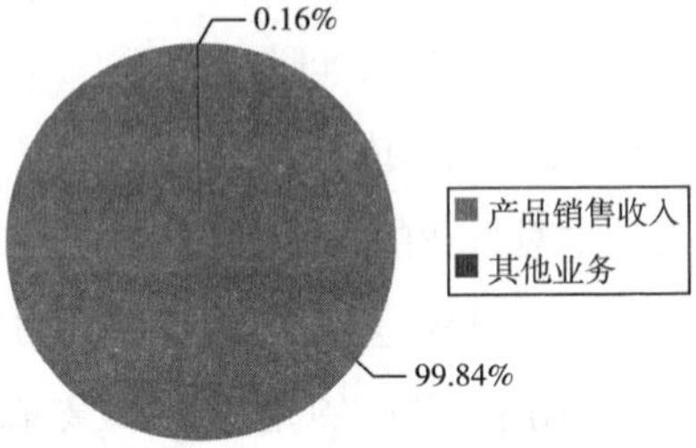
</td></tr>
<tr><td>其他业务</td><td>157.72</td></tr>
</table>

(3)公司重点问询问题

1)关于外延工厂【问询函1—46;问询函2—9;问询函3—1】关注点:出售外延工厂的原因、对发行人整体产能的影响;外延工厂的固定资产账面价值、生产和人员规模、出售期间的生产经营管理情况、会计处理过程、是否符合相关会计准则的规定;报告期内外延生产的具体情况以及终端销售情况。

2)关于外协生产【问询函1—23;问询函2—6】关注点:外协厂商的基本情况;外协生产的具体情况;外协加工的定价以及公允性(委托加工产品单位成本比自行生产产品单位成本高);外协产品的质量管控;委托外协厂商进行生产的必要性和合理性。

3)关于销售模式(直销为主、少量代销)【问询函1—24】关注点:是否存在通过经销商对外销售产品的情形;通过代理商开展客户接洽的原因及合理性;代理商及其关联方与发行人关联方、主要供应商和客户是否存在关联关系、资金往来或其他利益安排;是否存在以不正当手段违规获取客户的情况。

4)关于产品【问询函1—20;问询函2—21】关注点:硅片表面微粗糙度、硅单晶缺陷、金属杂质、晶体原生缺陷、表面颗粒尺寸和数量等产品技术指标情况;不同产品之间的具体差别、不同产品的下游市场范围是否存在重叠;不同产品的市场定位策略和销售策略;各类产品价格、技术水平、产品质量等方面与国际竞争对手之间的差异；各类产品的主要下游应用市场、销售规模，各细分市场的发展和竞争状况。

24.科大国盾量子技术股份有限公司——集量子通信产品的产销研及技术服务为一体的国内企业

（1）公司概况：公司主要从事量子通信产品的研发、生产、销售及技术服务。产品包括量子保密通信网络核心设备、量子安全应用产品、核心组件以及管理与控制软件四大门类。从硬件设备到管控软件，从QKD组网到下游行业应用，实现全产业链布局，成为全球极少数具有大规模量子保密通信网络设计、供货和部署全能力的企业。在基础研究向工程应用转化能力上达到了国际领先水平，并在组网控制、工程技术及核心组件等方面具有巨大的优势，同时在牵头或参与多项国际、国家及行业标准的制定。我国已建成的实用化光纤量子保密通信网络总长达7000余公里，其中超过6000公里使用了公司产品且处于在线运行状态。

（2）关于公司产品及主营业务构成的情况（见表4-30）

表 4-30　公司产品及主营业务构成情况

<table>
<tr><td>公司产品</td><td colspan="3">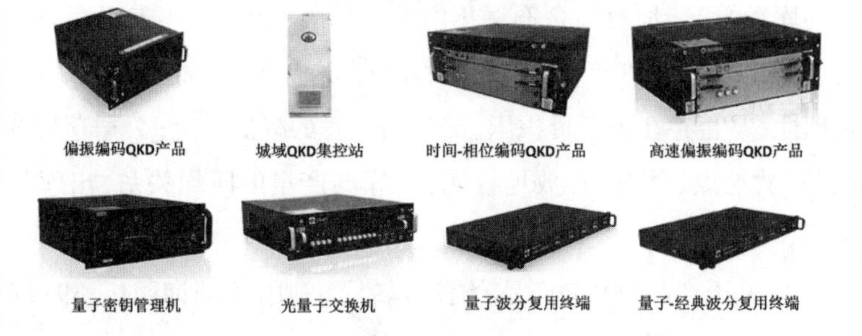
</td></tr>
<tr><td rowspan="3">2018年度公司主营业务构成/万元</td><td>量子保密通信产品</td><td>24,615.67</td><td rowspan="3">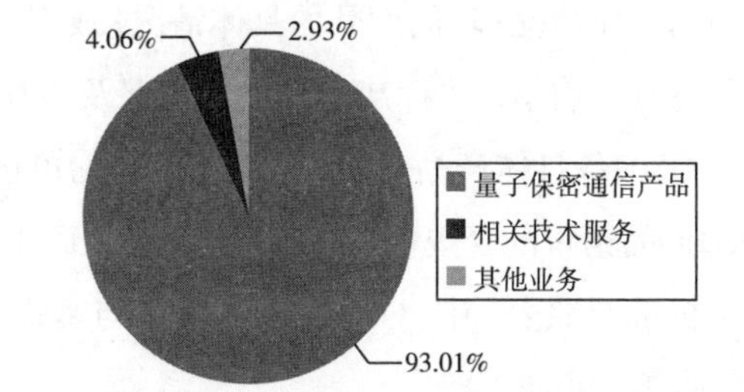
</td></tr>
<tr><td>相关技术服务</td><td>1075.21</td></tr>
<tr><td>其他业务</td><td>776.11</td></tr>
</table>

（3）公司重点问询问题

1）关于持续经营能力【问询函2—2；问询函3—1】关注点：发行人的业务

是否仍处于大规模商业化应用前的探索和推广阶段，大规模商业化应用面临哪些具体困难或障碍；目前发行人的软硬件能力；为达到大规模产业化采取的应对措施及具体效果；VPN、QKD和量子中继等产品是否通过国密局的前置测评审批、是否存在国密局不允许使用、未经审批生产销售的情况；发行人业务和产品是否能持续受益于国家发改委或地方政府的相关项目。

2）关于客户【问询函1—33；问询函2—5；问询函3—4】关注点：主要客户的基本情况（实际控制人、注册地址、注册资本、经营范围、规模、主要业务及销售情况、与公司业务建立及发展历史、公司在其同类产品采购体系中所处地位等）；部分客户是否应认定为关联方（神州数码系统集成服务有限公司、国科量网、武汉光谷航天三江激光产业技术研究院有限公司、中经云数据存储科技（北京）有限公司、南瑞集团有限公司）；相关交易是否公允（可比市场公允价格、第三方市场价格、关联方与其他交易方的价格）、是否存在对发行人或关联方的利益输送。

3）关于存货【问询函1—49；问询函2—12；问询函3—9】关注点：各存货项目的库龄情况；原材料余额逐年增长的原因；2018年年末库存商品期后销售情况；各期原材料、在产品、半成品和库存商品及发出商品数量、金额、周转率的合理性；是否存在因存货积压、滞销而引发的减值风险；公司存货的具体存放情况、存放地点、状态、存放地权属；入库与产量的匹配关系，出库与销量的匹配关系。

4）关于产品（QKD产品：销售、转固、领用）【问询函1—39；问询函2—11；问询函3—8；问询函4—5】关注点：利用自产产品相关的制度规定及流程；领用产品的具体情况；转固产品的具体情况；成本核算的规范性（各月领用和转固产品与各月平均单位入库成本的差异情况及各月之间单位产品金额差异巨大的原因）；QKD各具体产品平均单位售价、平均单位成本以及各期项目的具体情况；QKD产品销售的合规性（QKD尚未列入《商用密码产品主要类别及应遵循安全等级标准对照表》中，QKD产品、信道与密钥组网交换产品是否需通过国密局的前置测评审批）。

25.深圳市道通科技股份有限公司——全球领先的汽车智能诊断、检测和TPMS综合方案提供商

（1）公司概况：公司专注于汽车智能诊断、检测分析系统及汽车电子零部件

的研发、生产、销售和服务，产品主销美国、德国、英国、澳大利亚等50多个国家和地区，是全球领先的汽车智能诊断、检测和TPMS（胎压监测系统）产品及服务综合方案提供商之一。公司在全球汽车智能诊断、检测领域深耕十多年，通过紧密跟踪汽车发展趋势和持续进行产品创新，目前已构建了包括汽车综合诊断产品、针对汽车胎压监测系统的TPMS系列和针对汽车智能辅助驾驶系统的ADAS系列在内的三大产品线。从汽车综合诊断产品开始，公司持续迭代、推出纵向与横向产品，先后发展出TPMS系列、ADAS系列等专业化产品，并延伸出智能化的汽车电子零部件（如胎压传感器）的业务，同时基于多年积累的诊断维修数据与案例，开始提供一体化的智能维修云服务。

（2）关于公司产品及主营业务构成的情况（见表4-31）

表 4-31　公司产品及主营业务构成情况

公司产品	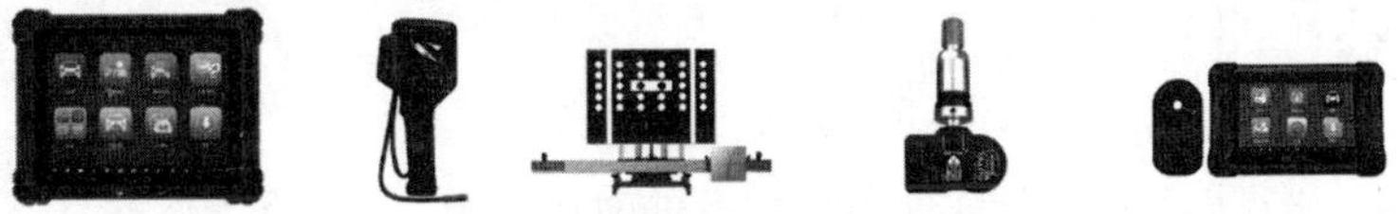 汽车智能诊断系统；汽车电子设备；高级驾驶辅助系统标定工具；专业胎压维修工具；全能型防盗匹配工具		
2018 年度公司主营业务构成 / 万元	汽车电子类	88,997.46	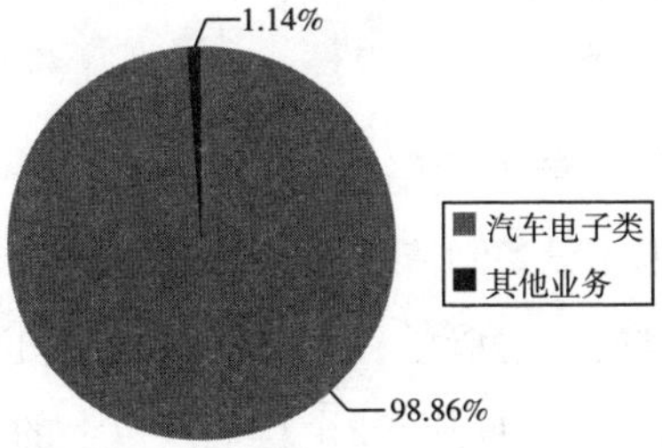
	其他业务	1028	

（3）公司重点问询问题

1）关于销售模式【问询函1—24；问询函2—7；问询函3—1】关注点：公司与经销商之间的买断式合作模式是否符合行业惯例、合作稳定性；经销模式下收入确认的具体方法及时点、运费承担方式、折扣政策、返利政策、结算政策、退换货政策、最终销售情况；向经销商销售产品的最终实现情况及经销商销售回款情况；是否存在向经销商压货确认收入的情形；是否存在新增及退出经销商较多情形；同类型产品同期在直销、一般经销、电商经销、大型连锁客户间的销售价格是否一致，销售定价的公允性及定价依据的合理性。

2）关于股份支付【问询函1—6；问询函2—10；问询函3—3、4】关注点：股份支付的形成原因、权益工具的公允价值及确认方法；股份支付的会计处理情况；发行人各股东是否存在发行人职工、客户、供应商等持股，发行人设立至今发生的股份变动是否适用《企业会计准则第11号——股份支付》，并对发行人是否存在应确认而未确认的股份支付、三次股份支付，相关会计处理是否符合企业会计准则的相关规定。

3）关于外协生产【问询函1—26】关注点：自产、外协生产占营业成本的比例、涉及的产品、工序；生产模式与同行业情况是否一致；具体会计处理方法；采用外协生产的具体模式、主要外协厂商的基本情况；合作是否稳定；控制外协生产质量的主要措施；外协加工费定价是否公允、与行业内是否一致；采取外协生产异地存放的存货是否完整纳入存货范围；外协生产是否会导致关键技术流失。

4）关于核心技术【问询函1—13】关注点：五大核心系统与发行人主要产品、主要发明专利及软件著作权等的对应关系；产品所掌握的具体核心技术内容、技术的独特性、市场地位的具体表征；核心技术的关键业务数据、指标等方面的竞争优势及其先进性。

三、专用设备制造业

专用设备制造业（Special equipment manufacturing），是相对通用设备制造业而言的。通俗意义上来说，专门为1个行业服务应用的设备称为专用设备制造业，而可以应用于2个行业及以上的设备归类于通用设备制造业。专用设备制造业的国标代码是35,在国民经济中具有举足轻重的地位和作用。子行业具体包括：矿山、冶金、建筑专用设备制造、化工、木材、非金属加工专用设备制造、食品、饮料、烟草及饲料生产专用设备制造、食品、饮料、烟草及饲料生产专用设备制造、电子和电工机械专用设备制造、农、林、牧、渔专用机械制造、医疗仪器设备及器械制造、环境保护专用设备制造等。按照证监会2012年10月26日发布的《上市公司行业分类指引（2012年修订）》，其隶属于“C35专用设备制造业”。

截至2019年12月31日，专用设备制造业中通过上市委员会审核的项目共23家（见表4-32）

表 4-32　专用设备制造业中通过上市委员会审核的项目

序列	企业名称	证券简称
1	无锡祥生医疗科技股份有限公司	祥生医疗
2	北京佰仁医疗科技股份有限公司	佰仁医疗
3	广东利元亨智能装备股份有限公司	利元亨（终止）
4	迈得医疗工业设备股份有限公司	迈得医疗
5	青岛海尔生物医疗股份有限公司	海尔生物
6	赛诺医疗科学技术股份有限公司	赛诺医疗
7	南京微创医学科技股份有限公司	南微医学
8	三达膜环境技术股份有限公司	三达膜
9	江苏北人机器人系统股份有限公司	江苏北人
10	北京沃尔德金刚石工具股份有限公司	沃尔德
11	苏州瀚川智能科技股份有限公司	瀚川智能
12	山东奥福环保科技股份有限公司	奥福环保
13	上海微创心脉医疗科技股份有限公司	心脉医疗
14	中微半导体设备（上海）股份有限公司	中微公司
15	浙江杭可科技股份有限公司	杭可科技
16	苏州天准科技股份有限公司	天准科技
17	苏州华兴源创科技股份有限公司	华兴源创
18	沈阳芯源微电子设备股份有限公司	芯源微
19	深圳市创鑫激光股份有限公司	创鑫激光
20	北京华峰测控技术股份有限公司	N 华峰
21	博众精工科技股份有限公司	博众精工
22	广州瑞松智能科技股份有限公司	瑞松科技
23	江苏京源环保股份有限公司	京源环保

对于上述23家公司，我们主要从上市标准、注册资本、注册地点、主办券商、资产总额、净资产金额、收入总额、研发能力、净利润等方面进行简要分析，具体情况如下：

（一）公司概况

1.上市标准

专用设备制造业的23家公司中，除了赛诺医疗采用了科创板“上市标准二”、天准科技采用了科创板“上市标准三”、中微公司采用了科创板“上市标准四”以外，其余20家公司均采用了科创板“上市标准一”。同股同权企业“上市标准一”的考察要点是公司的市值、收入和盈利情况；“上市标准三”的考察要点是公司的市值、收入和现金流情况，与“上市标准一”相比“上市标准三”没有对盈利进行硬性要求，但增加了对现金流的要求，除此之外还提高了对公司市值和收入的要求；“上市标准四”的考察要点是公司的市值和收入情况，与“上市标准一”相比，“上市标准四”同样没有对盈利进行硬性要求，但提高了对公司市值和收入的要求。（见表4-33）

表 4-33　二十家公司采用“上市标准一”的具体情况

上市标准一	预计市值不低于人民币 10 亿元 最近两年净利润均为正（万元） 累计净利润不低于人民币 5000.00 万元（万元）				预计市值不低于人民币 10 亿元 最近一年净利润为正（单位：万元） 营业收入不低于人民币1亿元(万元）		
项目	预计市值	2017 年度净利润	2018 年度净利润	上述累计净利润	预计市值	2018 年度净利润	2018 年度营业收入
祥生医疗	≥ 10 亿元	6404.28	9506.31	15,910.58			
佰仁医疗	≥ 10 亿元	4220.15	3339.97	7560.11			
利元亨(终止)	≥ 10 亿元	4158.15	12,900.76	17,058.91			
迈得医疗	≥ 10 亿元	5584.05	5601.01	11,185.06			
海尔生物				—	≥ 10 亿元	11,395.77	84,166.86

续表

上市标准一	预计市值不低于人民币 10 亿元 最近两年净利润均为正（万元） 累计净利润不低于人民币 5000.00 万元（万元）				预计市值不低于人民币 10 亿元 最近一年净利润为正（单位：万元） 营业收入不低于人民币 1 亿元（万元）		
项目	预计市值	2017 年度净利润	2018 年度净利润	上述累计净利润	预计市值	2018 年度净利润	2018 年度营业收入
南微医学	≥ 10 亿元	10,118.20	19,269.90	29,388.10			
三达膜	≥ 10 亿元	18,523.10	18,132.17	36,655.27			
江苏北人	20.2 亿元	3405.00	4836.12	8241.13			
沃尔德	≥ 10 亿元	5814.12	6629.79	12,443.91			
瀚川智能				—	≥ 10 亿元	7,025.66	43,601.76
奥福环保	≥ 10 亿元	5566.46	4676.14	10,242.60			
心脉医疗	≥ 10 亿元	6338.62	9064.79	15,403.41			
杭可科技	≥ 10 亿元	18,058.71	28,623.75	46,682.46			
华兴源创	≥ 10 亿元	20,966.91	24,328.60	45,295.51			
芯源微				—	≥ 10 亿元	3047.79	20,999.05
创鑫激光	≥ 10 亿元	7630.92	9587.08	17,218.00			
N 华峰	≥ 10 亿元	5281.15	9072.93	14,354.07			
博众精工	≥ 10 亿元	8038.89	32,300.63	40,339.52			
瑞松科技	≥ 10 亿元	5035.61	5707.98	10,743.58			
京源环保	≥ 10 亿元	2902.11	5352.10	8254.22			

海尔生物、瀚川智能、芯源微三家公司选择了“上市标准一”中“预计市值不低于人民币10亿元，最近一年净利润为正且营业收入不低于人民币1亿元”的标准。三家公司的市值均大于10亿元，2018年利润均为正，且2018年营业收入分别为8.42亿元、43,601.76万元、20,999.05万元，均不低于1亿元，因此满足其所选择的上市标准。

剩余17家公司选择了“上市标准一”中“预计市值不低于人民币10亿元，最近两年净利润均为正且累计净利润不低于人民币5000万元”的标准。17家公司的市值都大于10亿元，2017～2018年净利润均为正，且累计净利润均不低于人民币5000.00万元，满足其所选择的上市标准。

赛诺医疗选择了“上市标准二”——“预计市值不低于人民币15亿元，最近一年营业收入不低于人民币2亿元，且最近三年累计研发投入占最近三年累计营业收入的比例不低于15%”。其预计市值不低于15亿元，2018年营业收入为38,042.21 万元，大于2亿元，且2016～2018三年累计研发投入占最近三年累计营业收入的比例为101.23%，不低于15%，因此满足其所选择的上市标准。（见表4–34）

表 4–34　赛诺医疗采用“上市标准二”具体情况

<table>
<tr><td>上市标准二</td><td colspan="6">预计市值不低于人民币 15 亿元
最近一年营业收入不低于人民币 2 亿元（万元）
最近三年累计研发投入占最近三年累计营业收入的比例不低于 15%</td></tr>
<tr><td>项目</td><td>预计市值</td><td>2018 年度营业收入 / 万元</td><td colspan="4">2016 ～ 2018 年度累计研发投入与累计营业收入的比例</td></tr>
<tr><td rowspan="2">赛诺医疗</td><td rowspan="2">≥ 15 亿元</td><td rowspan="2">38,042.21</td><td>2016</td><td>2017</td><td>2018</td><td>累计</td></tr>
<tr><td>35.26%</td><td>31.80%</td><td>34.17%</td><td>101.23%</td></tr>
</table>

（3）天准科技采用“上市标准三”具体情况

天准科技选择了“上市标准三”——“预计市值不低于人民币20亿元，最近一年营业收入不低于人民币3亿元，且最近三年经营活动产生的现金流量净额累计不低于人民币1亿元”。其预计市值在30亿～40亿元之间，2018年营业收入为50,828.00万元，高于3亿元，且2016～2018年三年经营活动产生的现金流量净额累计为16,541.53万元，不低于人民币1亿元，因此满足其所选择的上市标准。（见表4–35）

表 4–35　天准科技采用“上市标准三”具体情况

<table>
<tr><td>上市标准三</td><td colspan="6">预计市值不低于人民币 20 亿元
最近一年营业收入不低于人民币 3 亿元
最近三年经营活动产生的现金流量净额累计不低于人民币 1 亿元</td></tr>
<tr><td>项目</td><td>预计市值</td><td>2018 年度营业收入</td><td colspan="4">2016 ～ 2018 年度累计经营活动现金流量净额（万元）</td></tr>
<tr><td rowspan="2">天准科技</td><td rowspan="2">34 亿～ 40 亿元</td><td rowspan="2">50,828.00 万元</td><td>2016</td><td>2017</td><td>2018</td><td>累计</td></tr>
<tr><td>1557.20</td><td>5155.12</td><td>9829.21</td><td>16,541.53</td></tr>
</table>

（4）中微公司采用“上市标准四”具体情况

中微公司选择了“上市标准四”——“预计市值不低于人民币30亿元，且最近一年营业收入不低于人民币3亿元”。其预计市值不低于30亿元，且2018年营业收入为16.39亿元，高于3亿元，因此满足其所选择的上市标准。（见表4–36）

表 4–36　中微公司采用“上市标准四”具体情况

<table>
<tr><td>上市标准四</td><td colspan="2">预计市值不低于人民币 30 亿元最近一年营业收入不低于人民币 3 亿元</td></tr>
<tr><td>项目</td><td>预计市值</td><td>2018 年度营业收入</td></tr>
<tr><td>中微公司</td><td>≥ 30 亿元</td><td>16.39 亿元</td></tr>
</table>

2.注册资本

根据专用设备制造业在科创板审核通过的23家公司2018年12月31日的注册资本情况，可以看到，其中注册资本最少的为利元亨（终止），仅为6000.00万元，最高的为中微公司53,486.22万元，体现出此行业“轻资产”的特点。上述注册资本在10,000.00万元以上的仅有11家，分别为海尔生物、赛诺医疗、南微医学、三达膜、江苏北人、瀚川智能、中微公司、杭可科技、天准科技、华兴源创、博众精工。（见图4–12）

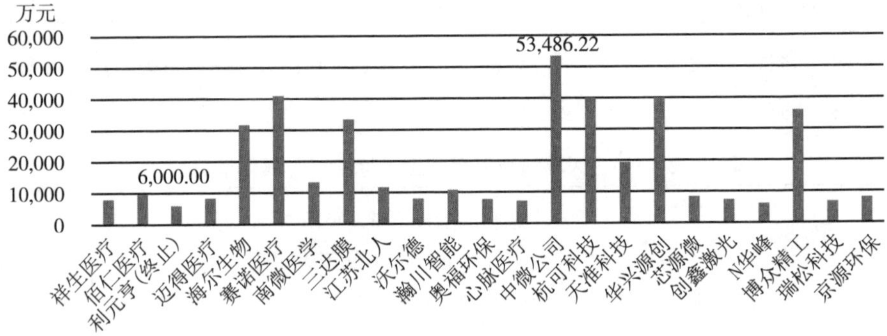

图 4-12　注册资本

3.注册地点

专用设备制造业在科创板审核通过的23家公司中，34.78%的公司注册地为江苏省、13.04%的公司注册地为广东省、13.04%的公司注册地为北京市、8.70%的公司注册地为浙江省、4.35%的公司注册地为天津市、8.70%的公司注册地为上海市、4.35%的公司注册地为陕西省、8.70%的公司注册地为山东省、4.35%的公司注册地为辽宁省，上述公司的区域分布大多数均为我国经济发达的省份或地区。（见图4-13）

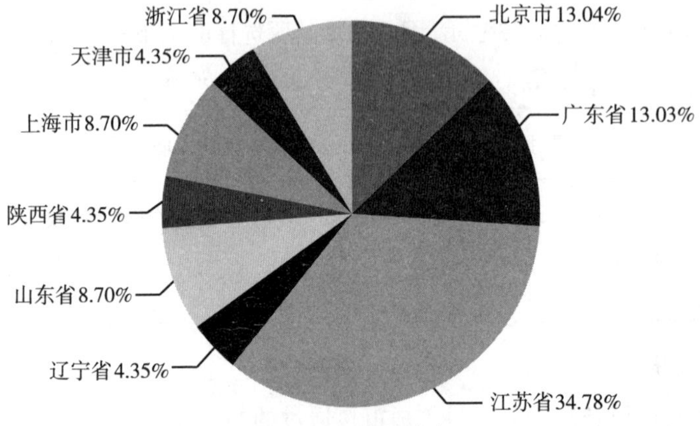

图 4-13　注册地点

4.主办券商

专用设备制造业在科创板审核通过的23家公司中，13.04%的公司主办券商为国信证券、13.04%的公司主办券商为海通证券、8.70%的公司主办券商为安信证券、8.70%的公司主办券商为广发证券、8.70%的公司主办券商为国泰君安、8.70%的公司主办券商为华泰联合，剩余公司的主办券商分别为东吴证券、国

金证券、民生证券、南京证券、平安证券、长江证券、中金、中信建投以及中信证券。（见图4-14）

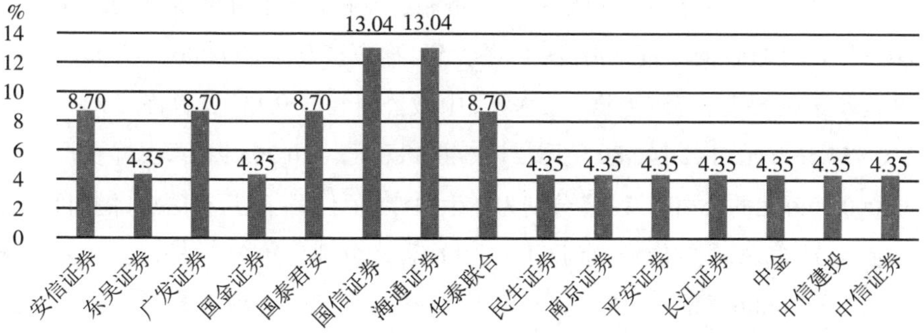

图 4-14　主办券商

5.资产总额

根据专用设备制造业在科创板审核通过的23家公司2018年12月31日的资产总额情况，可以看到，资产总额高于200,000.00万元的公司只有五家，分别为海尔生物、三达膜、中微公司、杭可科技和博众精工，其资产总额分别为222,775.18万元、239,860.71万元、353,267.90万元、230,789.49万元、298,178.15万元，除此之外，剩余公司资产总额均小于200,000.00万元，其中资产总额最少的为佰仁医疗，仅为21,004.89万元，体现出此行业“轻资产”的特点。（见图4-15）

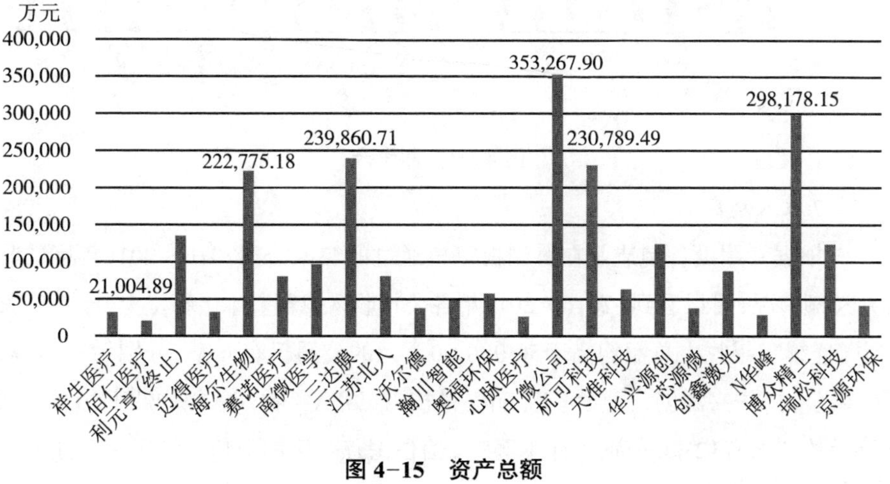

图 4-15　资产总额

6.净资产

净资产作为归属公司所有、可以由公司自由支配的资产，是所有者在公司资产中享有的经济利益。根据专用设备制造业在科创板审核通过的23家公司2018年12月31日的净资产情况，可以看到，净资产高于100,000.00万元的公司只有四家，分别为海尔生物、三达膜、中微公司和博众精工，其净资产分别为110,957.56万元、142,142.80万元、211,640.58万元、120,265.91万元；净资产低于30,000.00万元的公司有八家，分别为祥生医疗、佰仁医疗、迈得医疗、瀚川智能、心脉医疗、芯源微、N华峰、京源环保，其净资产分别为20,917.16万元、19,661.48万元、25,334.86万元、18,297.87万元、21,615.52万元、21,987.69万元、23,565.53万元、26,088.92万元；其余公司的净资产分布在30,000.00万元至100,000.00万元之间。（见图4-16）

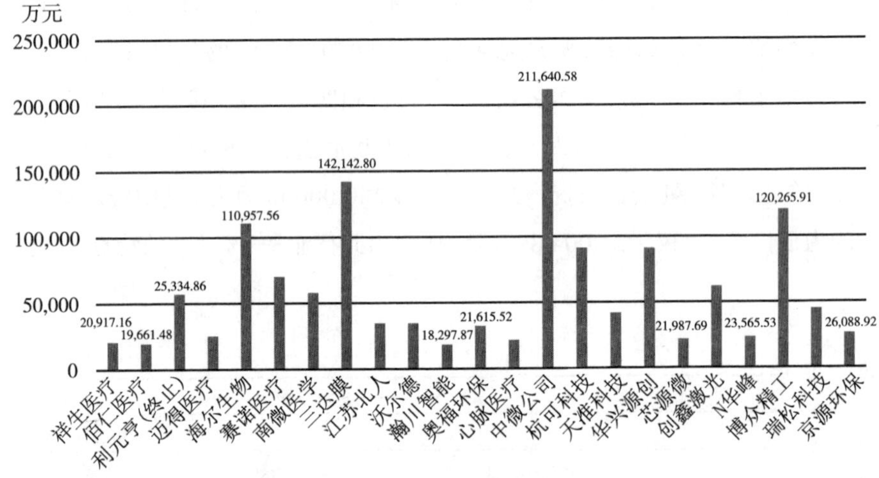

图 4-16　净资产

7.收入总额

根据专用设备制造业在科创板审核通过的23家公司2016～2018年度的收入总额情况，可以看到，2016～2018年各公司收入总额基本上都呈上升趋势，其中，连续三年收入总额均高于50,000.00万元的公司仅有五家，分别为三达膜、中微公司、华兴源创、博众精工、瑞松科技；连续三年收入总额均低于50,000.00万元的公司有12家，分别为祥生医疗、佰仁医疗、迈得医疗、赛诺医疗、江苏北人、沃尔德、瀚川智能、奥福环保、心脉医疗、芯源微、N华峰、京源环保。（见图4-17）

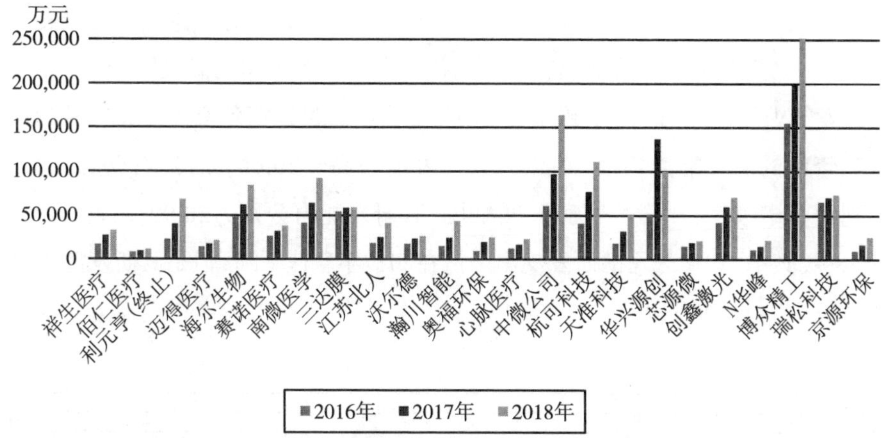

图 4-17 收入总额

8.研发能力

单从研发费用本身看，我们不难发现，从总体来看，除了赛诺医疗和中微公司的研发支出在2017年有所下降以外，其余21家公司的研发支出在2016～2018年都处于上升的趋势，其中，博众精工尤为明显，且其研发支出在2017～2018年显著高于其他公司。但是，衡量一家公司是否具备突出的研发能力时，我们不应简单地根据其历年研发支出的绝对数简单进行比较，应从相对数来进行比较，故选用下面的研发能力。（见图4-18）

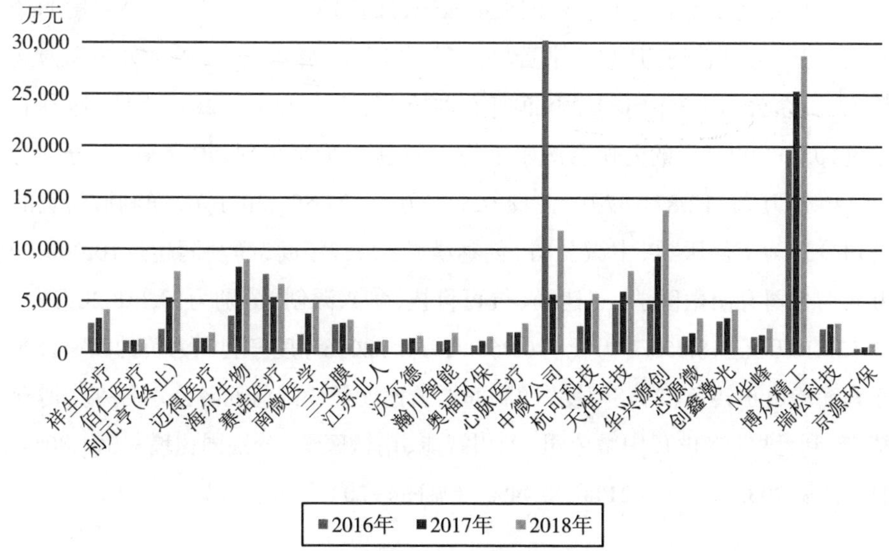

图 4-18 研发费用

我们采用各年度研发费用与当年营业收入的比值来衡量各公司的研发能力，这一比值在排除公司规模影响的前提下揭示了各公司的研发能力，而更高的研发能力往往指向更高、更持久的创新能力。通过计算各家公司2016～2018年三年度的研发能力均值，可以看到研发能力高于20.00%的公司仅有三家，分别为赛诺医疗、中微公司和天准科技，其研发能力分别为20.92%、20.89%、20.18%，其中，中微公司的研发支出虽然在2017年急速下降，但是其研发能力仍然为最高。（见图4-19）

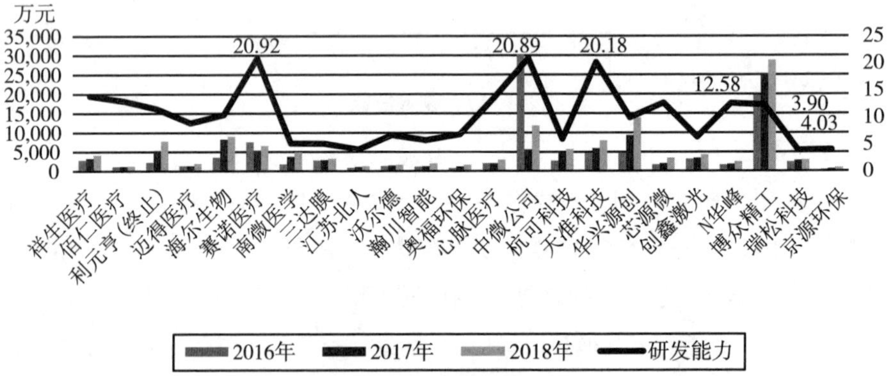

图 4-19　研发能力

9.净利润

根据专用设备制造业在科创板审核通过的23家公司2016～2018年度的净利润情况，可以看到，从总体来看，除了佰仁医疗、海尔生物、中微公司和博众精工，其余公司在3年内的净利润基本上处于上升的趋势。2016年度，净利润超过10,000.00万元的公司有海尔生物、三达膜、华兴源创、博众精工，分别为12,320.97万元、12,871.67万元、18,029.70万元、27,599.20万元，净利润为负的公司分别为南微医学、中微公司、创鑫激光；2017年度，净利润超过10,000.00万元的公司有南微医学、三达膜、杭可科技、华兴源创，分别为10,118.20万元、18,523.10万元、18,058.71万元、20,966.91万元，2016年度净利润为负的四家公司净利润均由正转负；2018年度，净利润增长速度最快的前五名公司分别为博众精工、利元亨（终止）、中微公司、瀚川智能、南微医学，分别同比增长301.80%、210.25%、203.72%、118.21%、90.44%。（见图4-20）

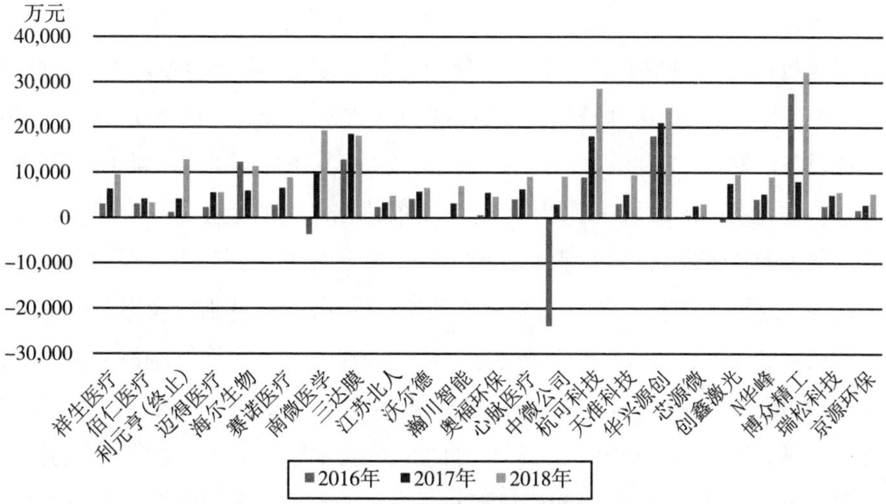

图 4-20　净利润

（二）审核问题概况

“专用设备制造业”中23家公司接受的各轮问询共涉及1574个问题，以下仅列出前十大高频审核问题及其占比：（见图4-21）

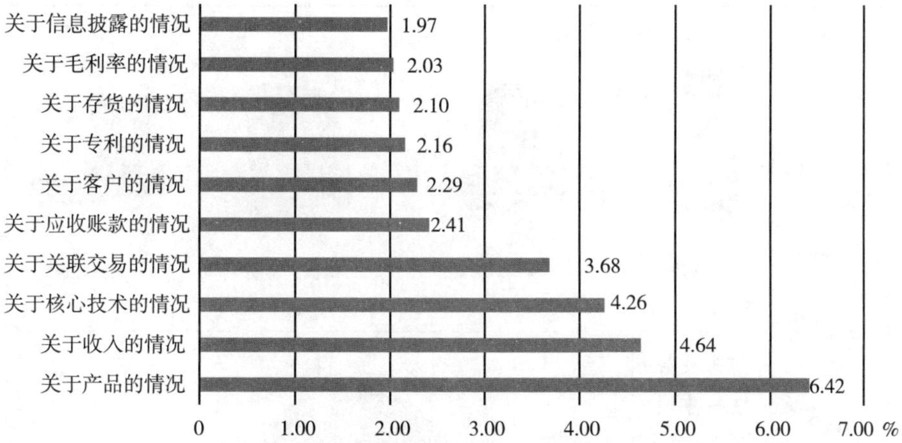

图 4-21　专用设备制造业高频问题

（三）各公司典型问题

1.无锡祥生医疗科技股份有限公司——国内专业的、具有完全自主知识产权的超声医学影像设备及相关技术提供商

（1）公司概况

祥生医疗是国内专业的、具有完全自主知识产权的超声医学影像设备及相

关技术提供商，其长期专注于超声医学影像设备的研发、制造和销售，可为国内外医疗机构、科研机构、战略合作伙伴等提供各类超声医学影像设备和专业的技术开发服务，辅助医师进行疾病检测和病情诊断。公司主营业务为超声医学影像设备研发，制造和销售，主要产品包括全数字彩超和黑白超，属于医疗器械行业。公司系国内最早从事超声医学影像技术国产化的企业之一，多年来坚持自主研发的技术理念，现已掌握了从二维超声、三维超声到四维超声，从探头核心部件、图像处理算法、图像分析软件到整机设计开发，从临床应用专科化、设备便携化到人工智能云平台解决方案在内的全套超声医学影像的核心技术。截至2019年6月，公司已获得 177 项授权专利，其中中国发明专利 42 项、境外发明专利 5 项，已获有软件著作权 63 项，自主核心技术储备丰厚。凭借丰厚的技术积累和不懈的技术创新，公司现已形成了完善的超声医学影像设备产品线，可为客户提供从高端彩超到黑白超、从全身一体机到专科超声设备、从推车式到便携式设备在内的各类超声医学影像设备。

（2）关于公司产品及主营业务构成的情况（见表4–37）

表 4–37　公司产品及主营业务构成情况

<table>
<tr><td>公司产品</td><td colspan="3">
</td></tr>
<tr><td rowspan="3">2018 年度公司主营业务构成 / 万元</td><td>主机及备件－主机</td><td>31,685.03</td><td rowspan="3">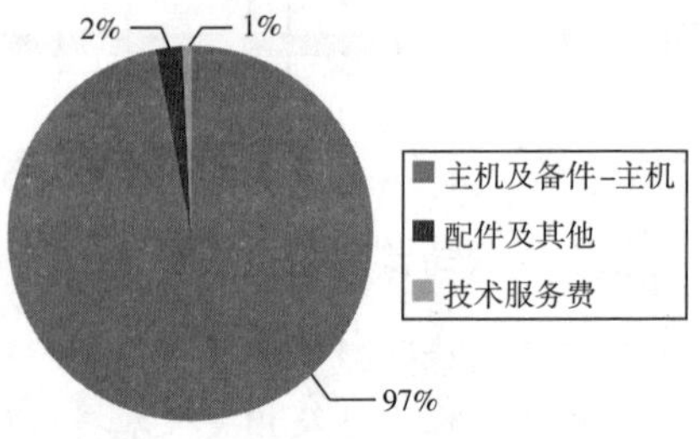
</td></tr>
<tr><td>配件及其他</td><td>745.72</td></tr>
<tr><td>技术服务费</td><td>265.82</td></tr>
</table>

（3）公司重点问询问题

1）关于销售模式【问询函1—11；问询函2—5、11；问询函3—1】关注点：经销商的具体情况（经销商管理体系，国内、国外医疗器械经营许可证，变化，考核，定价（公允性），经销地域范围，合法合规，返利，退换货，层级设置，终端销售，关联关系）；医疗器械及耗材“两票制”的影响；经销收入的真实性核查。

2）关于技术先进性【问询函1—9；问询函2—3】关注点：AI系统在超声领域应用的可靠性、成熟度；技术的先进性、技术布局的前瞻性、技术创新能力的卓越性；AI超声产品的技术壁垒以及国内外AI超声产品的市场及应用情况；SonoAI相关产品是否涉及合作研发或定制开发。

3）关于科创板定位【问询函1—10；问询函2—2】关注点：主要产品的销售价格；与同行业可比公司同类型产品的对比情况；产品的市场定位（定价情况、销售模式、终端客户）；公司的差异化优势的具体表现形式；获取市场主要是依靠技术领先还是低价策略；是否符合科创板定位；发行人未来的市场空间和成长性；是否形成有利于企业持续经营的商业模式，是否依靠核心技术形成较强成长性。

4）关于软件企业增值税即征即退【问询函1—22；问询函2—2】关注点：即征即退政策的具体情况及执行情况、范围、与销售收入的勾稽关系、是否均是与软件产品销售相关的退税；产品销售是否符合相关规定、发票开具方式；销售软件的价格确定机制；是否区分硬件和软件价格；母、子公司的内部转移定价是否可以作为软件退税的计算依据；是否存在被税务主管机关认定无法退税或被处罚的风险；软件增值税退税的核查程序、核查方法，是否取得主管税务机关提供的相关退税依据或证明。

5）关于厂房搬迁【问询函1—34；问询函2—10】关注点：原有地块的合法合规；与无锡市国土资源局土地收储相关交易的具体条款和会计处理；地块的收储进展情况，是否为主要的生产经营用地；土地置换的具体安排及进程；是否已有明确的搬迁计划；生产线是否需要调试、行业认证；新旧土地切换期间是否会对公司的生产经营造成重大不利影响；现有产房和生产设备是否均建设和安装于收储地块，相关固定资产是否会因为搬迁而获得补偿，是否已计提减值准备；新置换土地的用途和规划，未来是否会增加折旧摊销等费用；土地建设和搬迁等事项对生产经营的可能影响；厂房搬迁预计的损失及额外支出；同时持有新、老两个医疗器械生产许可证和产品注册证是否符合行业主管部门的要求。

6）关于股权争议【问询函1—2；问询函2—12】关注点：江宏等七名自然人的基本情况；莫善珏是否代持部分股份；江宏的出资入股情况，取消其股东资格是否存在违法违规情形；莫善珏是否向江宏支付转让对价；其余自然人股东的退出原因；转让价格的确定依据及其合理性和公允性；现有股东是否具备法律、法规规定的股东资格，出资来源是否合法，是否存在关联关系、委托持股、信托持股或其他利益输送安排；江宏争议股份的具体数额、占比及对控制权属清晰的具体影响；控股股东、实际控制人是否采取承诺或其他必要的合法合理措施；股权争议对本次发行上市是否构成障碍。

2.北京佰仁医疗科技股份有限公司——国内技术领先的、专注于动物源性植介入医疗器械研发与生产的高新技术企业

（1）公司概况

公司是国内技术领先的、专注于动物源性植介入医疗器械研发与生产的高新技术企业，产品应用于心脏瓣膜置换与修复、先天性心脏病植介入治疗以及外科软组织修复。公司已获准注册10个Ⅲ类医疗器械产品，其中人工生物心脏瓣膜（牛心包瓣、猪主动脉瓣）、肺动脉带瓣管道、瓣膜成形环、心胸外科生物补片等5项产品为国内首个获准注册的同类产品，填补了国内空白。公司产品已在北京安贞医院、解放军301医院、复旦大学附属中山医院、广东省人民医院、河南省人民医院、四川大学华西医院、沈阳军区总医院、上海儿童医学中心等300余家国内三甲医院里临床应用。公司具备较强的自主创新能力。公司曾先后荣获“中关村国家自主创新示范区创新型试点企业”“首届中国创新创业大赛企业组第一名”“北京市科学技术奖三等奖”等奖项及荣誉称号。公司产品肺动脉带瓣管道入选科技部《创新医疗器械产品目录（2018）》，并荣获“北京市新技术新产品（服务）证书”，公司产品心包补片、人工心脏瓣膜、瓣膜成形环、涤纶补片、封堵器（动脉导管未闭封堵器和房缺封堵器）及输送系统曾先后获得“北京市自主创新产品证书”。

（2）关于公司产品及主营业务构成的情况（见表4-38）

表 4-38　公司产品及主营业务构成情况

<table>
<tr><td>公司产品</td><td colspan="3">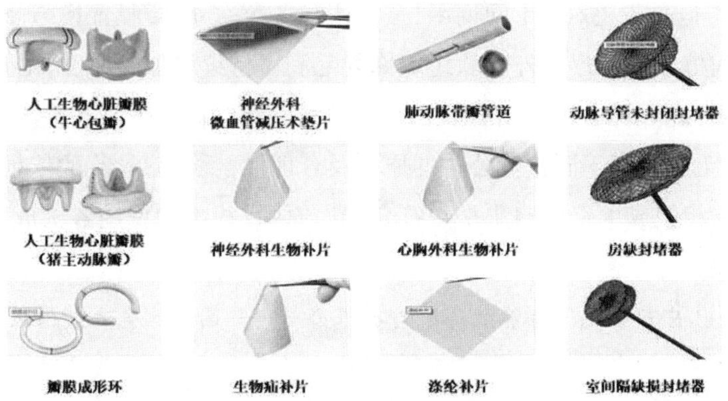
</td></tr>
<tr><td rowspan="4">2018 年度公司主营业务构成 / 万元</td><td>外科软组织修复</td><td>4299.01</td><td rowspan="4">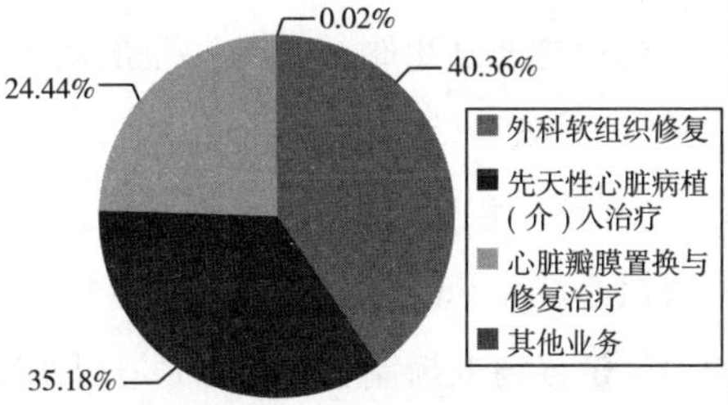
</td></tr>
<tr><td>先天性心脏病植（介）入治疗</td><td>3748.20</td></tr>
<tr><td>心脏瓣膜置换与修复治疗</td><td>2602.86</td></tr>
<tr><td>其他业务</td><td>1.83</td></tr>
</table>

（3）公司重点问询问题

1）关于经销商【问询函1—16；问询函2—2】关注点：经销商的具体情况（经销商管理体系，医疗器械经营许可证，变化、退换货、考核、层级、区域以及与终端客户的匹配性、定价（公允性）、退换货、返利、结算、库存、关联关系、合法合规、质量纠纷）；医疗器械及耗材“两票制”的影响；“款到发货”的具体执行情况；前十大经销商销售发行人产品的终端医院情况；管理层或员工是否持有发行人经销商股权；是否存在进行体外循环交易的情形；销售渠道是否存在对重要员工具有依赖；经销商核查情况。

2）关于经营资质【问询函1—22；问询函2—5】关注点：公司资质（取得、暂停、续期）；经销商是否具有医疗器械的销售资质。

3）关于两票制【问询函1—17】关注点：高值医疗器械推行“两票制”的现状及未来趋势；部分省份是否在“两票制”外采取其他改革措施；全面推行“两票制”对发行人业务模式、销售渠道、销售价格、销售收入、销售费用、回款周期、应收账款管理、税负等方面的影响；执行和落实“两票制”的相关措施；发行人是否具备足够的销售能力适应“两票制”推行。

4）关于毛利率【问询函1—19】关注点：心脏瓣膜置换与修复、先天性心脏病植介入治疗和外科软组织修复毛利率持续增加的原因；心脏瓣膜置换与修复、先天性心脏病植介入治疗和外科软组织修复毛利率差异的原因及合理性；毛利率高于同行业公司的原因及合理性；毛利率计算的依据和合规性；收入与相关成本费用归集是否符合配比原则，成本和费用各构成项目划分是否合理。

3.广东利元亨智能装备股份有限公司——国内锂电池制造装备行业领先企业之一

（1）公司概况

公司主要从事智能制造装备的研发、生产及销售，为锂电池、汽车零部件、精密电子、安防等行业提供高端装备和工厂自动化解决方案。按照应用领域划分，公司产品包括锂电池制造设备、汽车零部件制造设备和其他行业制造设备。公司核心技术包括智能控制、机器视觉与人工智能、激光加工、机电联合仿真和力与位移精准控制，核心技术是智能制造搬运、加工、组装、检测和包装等应用环节的基础。公司是国内锂电池制造装备行业领先企业之一，已与新能源科技、宁德时代、比亚迪、力神等知名厂商建立了长期稳定的合作关系。公司在专注服务锂电池行业龙头客户的同时，积极开拓汽车零部件、精密电子以及安防等行业的优质客户，提升在智能制造装备行业的地位。

（2）关于公司产品及主营业务构成的情况（见表4-39）

（3）公司重点问询问题

1）关于客户（第一大客户新能源科技）【问询函1—18；问询函2—2、5】关注点：对第一大客户新能源科技的销售情况以及销售的真实性（产品、结算方式、合同）、合作情况、定价（公允性）；二者是否存在除购销外的其他关系；客户集中是否符合行业特性；与主要客户交易的稳定性及可持续性；发行人是否主要依靠核心技术而非客户关系开展生产经营。

2）关于行业【问询函1—10；问询函2—3】关注点：锂电池制造设备中消费锂电池、动力锂电池的占比情况及变化趋势；发行人已经掌握的在研核心技术及其主要应用领域；未来持续经营能力；发行人未来是否仍以生产消费锂电池制造设备为主；是否具备生产动力锂电池制造设备的能力；是否存在重大技术门槛；是否具备获取主要客户（如宁德时代等）动力锂电池制造设备订单的能力；消费电池行业增速放缓对设备制造业的影响。

表 4-39　公司产品及主营业务构成情况

<table>
<tr><td>公司产品</td><td colspan="3">
</td></tr>
<tr><td rowspan="5">2018 年度公司主营业务构成 / 万元</td><td>锂电池制造设备</td><td>60,365.44</td><td rowspan="5">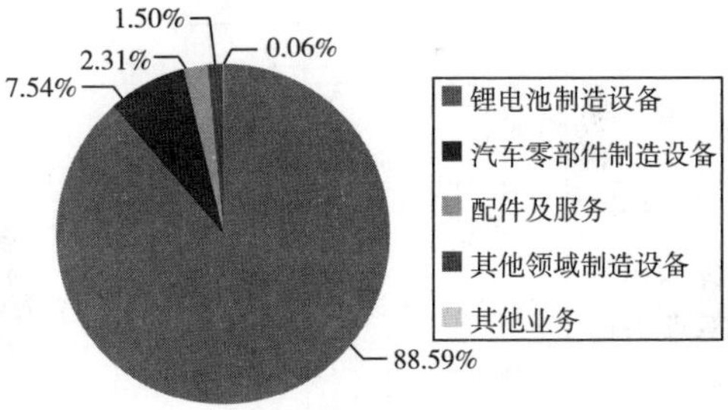
</td></tr>
<tr><td>汽车零部件制造设备</td><td>5137.51</td></tr>
<tr><td>配件及服务</td><td>1571.61</td></tr>
<tr><td>其他领域制造设备</td><td>1023.53</td></tr>
<tr><td>其他业务</td><td>39.23</td></tr>
</table>

3）关于战略合作协议【问询函1—13；问询函2—4】关注点：战略合作协议及框架协议的主要内容；协议约定的公司义务；战略供应商合作协议是否实质影响发行人拓展新能源行业其他重要客户；关联交易及其他利益输送行为。

4.迈得医疗工业设备股份有限公司——一家从事医用制品装配自动化设备的设计、开发、制造、销售为一体的国家高新技术企业

（1）公司概况

公司创建于2003年3月，座落于风景秀丽的浙江省玉环县。是一家从事医用制品装配自动化设备的设计、开发、制造、销售为一体的国家高新技术企业，

国家“双软”企业，拟上市企业。经过10多年的发展，迈得股份确立了成为“全球医用制品装配自动化的领先者”的愿景和“用心创造，推动医疗器械产业升级”的使命，明确了由单纯的“设备供应商”向“整体解决方案的供应商”过渡，成为国际一流的“智慧工厂”解决方案供应商的发展战略目标。公司以顾问式营销、定向式研发、精细化生产、设备终身服务为发展方针，强化产品技术研发投入，推动迈得股份跨越式发展，公司已成为中国医用制品装配自动化行业的领先者。

（2）关于公司产品及主营业务构成的情况（见表4-40）

表 4-40　公司产品及主营业务构成情况

<table>
<tr><td>公司产品</td><td colspan="3">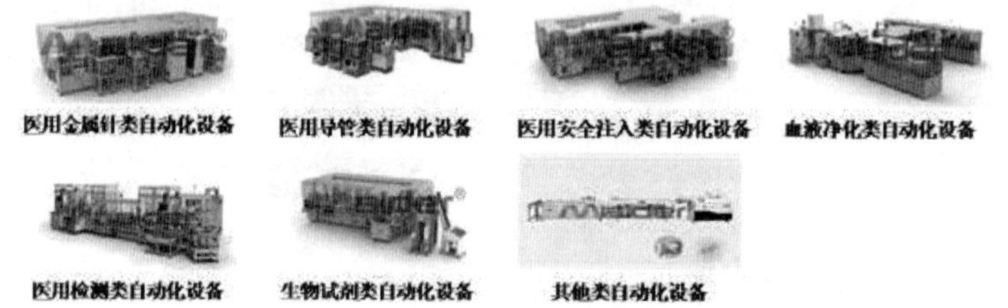
</td></tr>
<tr><td rowspan="4">2018年度公司主营业务构成/万元</td><td>连线机</td><td>17,765.86</td><td rowspan="4">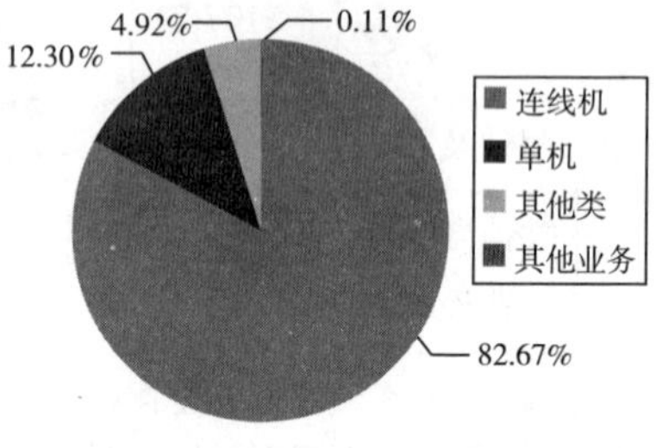
</td></tr>
<tr><td>单机</td><td>2643.77</td></tr>
<tr><td>其他类</td><td>1056.78</td></tr>
<tr><td>其他业务</td><td>23.16</td></tr>
</table>

（3）公司重点问询问题

1）关于供应商【问询函1—11；问询函2—2】关注点：主要供应商的具体情况（选择标准、采购内容、定价（公允性）、结算、合作历史、关联关系）；是否存在发行人客户同为供应商的情形；主要采购材料的数量与产品数量之间的对应关系；随采购量定不同幅度的价格是否为行业通用定价方法；外协加工费用的定价政策；外协厂商的具体情况；是否存在关联交易及其他利益输送行为。

2）关于客户【问询函1—10；问询函2—4】关注点：主要客户的具体情况（合作历史、关联关系、可持续性、定价方式、验收与结算条款、运输费用承担方式、质量保证条款、获取客户、取得订单的方式和途径）；客户集中度及销售地区集中度增加的原因；是否存在为直接或间接客户提供融资、垫资或担保行为；是否有反担保安排；担保是否与公司向对应客户的销售合同直接相关。

3）关于存货【问询函1—27；问询函2—4】关注点：存货的具体情况（明细构成、占比及合理性，变动原因，订单支持，库龄、跌价准备的计提、保管、盘点、内控、周转率、可比公司备货周期、生产周期、销售周期、验收期等与存货周转天数之间的关系）；生产周期估测的合理性。

4）关于工资代付【问询函1—13】关注点：体外支付员工工资的情况；通过个人卡向员工发放工资的情况、原因、整改具体情况；是否补交相关个人所得税、相关税款承担主体；是否构成税务重大违法违规行为，是否被税务机关处罚；相关内控制度的整改情况；是否存在现金收付款、第三方回款、个人卡代收款或其他内控不规范的情形。

5.青岛海尔生物医疗股份有限公司——是基于物联网转型的生物科技综合解决方案服务商，市场份额位居国产品牌公司首位

（1）公司概况

公司是基于物联网转型的生物科技综合解决方案服务商。公司主要为生物样本库、药品与试剂安全、血液安全、疫苗安全、生命科学实验室等五大应用场景提供低温存储解决方案。公司打破国外垄断，突破生物医疗低温技术，荣获行业内唯一的国家科技进步奖。市场份额位居国产品牌公司首位，并成为世界卫生组织（WHO）、联合国儿童基金会（UNICEF）的长期采购供应商。公司的销售模式包括经销和直销，公司盈利模式为向客户提供综合解决方案，既包括销售公司自产的低温存储设备，也会根据客户需求从第三方采购器材和用品。公司具有行业领先的技术实力与产业化经验，建立了覆盖全国的经销网络和售后服务体系。公司致力于低温存储设备制造与物联网平台的融合，在行业内具有先发优势。

（2）关于公司产品及主营业务构成的情况（见表4-41）

表 4-41　公司产品及主营业务构成情况

<table>
<tr><td>公司产品</td><td colspan="3">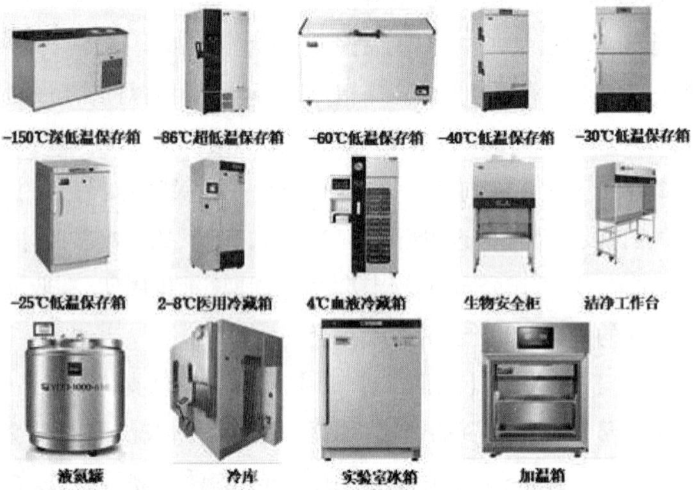
</td></tr>
<tr><td rowspan="7">2018 年度公司主营业务构成 / 万元</td><td>生物样本库</td><td>39,695.35</td><td rowspan="7">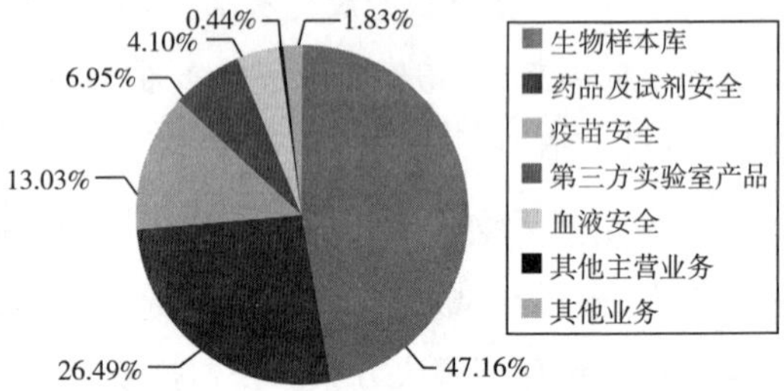
</td></tr>
<tr><td>药品及试剂安全</td><td>22,292.13</td></tr>
<tr><td>疫苗安全</td><td>10,966.50</td></tr>
<tr><td>第三方实验室产品</td><td>5850.37</td></tr>
<tr><td>血液安全</td><td>3454.73</td></tr>
<tr><td>其他主营业务</td><td>368.96</td></tr>
<tr><td>其他业务</td><td>1538.82</td></tr>
</table>

（3）公司重点问询问题

1）关于集团财务公司及独立性【问询函1—25；问询函2—1；问询函3—1；问询函5—1】关注点：集团财务公司的基本情况（设立的合法性、历史沿革、股权结构、职能划分、存款来源及投向）；是否存在将发行人闲置资金自动划入集团财务公司的要求和行为；发行人存放在集团财务公司的资金是否存在无法及时调拨、划转或收回的情形；二者之间金融服务协议；发行人和财务公司存贷款业务开展的具体情况；发行人是否通过集团财务公司发放委托贷款；资金交易的风险防范措施；存贷款利率定价的合理性、公允性；发行人的资金安全性；控股股东未来是否会存在实质占用上市公司资金的情况；财务公司是否影响发行人财务独立性；发行人利用财务公司发放员工工资工资的具体情况；利用财务公司发放员工工资、开展部分业务结算、与财务公司开展存贷款业务的原因和必要性；发行人财务管理和资本运作的具体方式和主要内容；发行人的公司治理是否存在重大缺陷，是否符合财务独立等发行条件；发行人财务独立性。

2）关于股份支付【问询函1—32；问询函2—8；问询函3—2；问询函6—1】关注点：股权变动事项是否涉及股份支付；对期权价值进行评估的原因及准确性；期权行权价格的确定原则、与最近一年经审计的净资产或评估值的差异与原因；期权激励计划的影响，涉及股份支付的会计处理；在销售费用、管理费用、研发费用等科目列示的股权激励费用金额的计算方式；股权变动的股东与发行人是否存在除了持股关系外的其他关系；股份支付事项对扣非指标的影响；股份激励使用的具体标的物；Black-Scholes模型相关参数的具体数据及合理性；股份支付费用的具体金额的计算过程；股份支付对象的适当性；股权激励所涉期权的具体条款；股权激励计划中以凯雷投资退出作为可行权日的原因及商业合理性；股份支付费用的摊销是否合理；股份支付费用是否应当一次性计入当期损益。

3）关于销售模式【问询函1—16；问询函2—9】关注点：通过全资子公司海特生物向经销商进行销售的原因及商业逻辑；经销商的具体情况[选取标准、日常管理、定价机制，(包括营销、运输费用承担和补贴等)、物流(是否直接发货给终端客户)、退换货机制、销售存货信息系统资质、变动、信用政策、回款、可比公司、终端销售、毛利率、关联关系]；经销商是否专门销售发行人产品；采取经销商模式的必要性；经销商模式下收入确认；对经销商业务的核查情况。

4）关于毛利率【问询函1—31；问询函4—2】关注点：毛利率(变动，不同产品，同类产品不同期间，可比公司，不同销售模式，进出口，计算依据及合规性)；收入与相关成本费用归集的配比性；经销模式下毛利率显著高于直销的原因及合理性。

6.赛诺医疗科学技术股份有限公司——一家专注于高端介入医疗器械的研发、生产和销售的企业，是国内目前唯一获准在美国展开大规模临床试验的本土心脏支架企业

（1）公司概况

公司是一家专注于高端介入医疗器械的研发、生产和销售的企业，主营业务涵盖心脑血管、结构性心脏病等介入治疗的重点领域。公司上市的产品包括冠状动脉支架系统和球囊扩张导管（冠脉及神经）两大类。其中具有自主知识产权的生物降解药物涂层冠脉支架BuMA是公司的主打产品，目前位居国内冠脉支架市场占有率第四名。而公司的Neuro RX产品是首款国家药监局批准上市的采用快速交换技术的颅内球囊导管。公司销售模式以经销模式为主、直销模式为辅，在个别地区实行配送模式。公司在研产品丰富，拥有多个国家和地区的多项发明专利。公司在研发方面重视与国外进行先进技术的交流和合作，是国内目前唯一获准在美国展开大规模临床试验的本土心脏支架企业。

（2）关于公司产品及主营业务构成的情况（见表4–42）

表 4–42　公司产品及主营业务构成情况

<table>
<tr><td>公司产品</td><td colspan="3">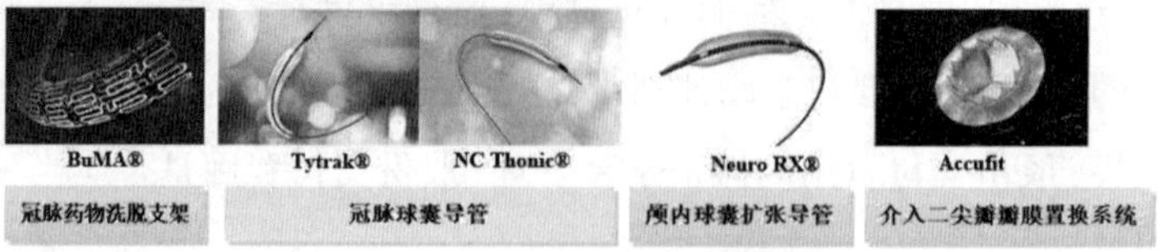</td></tr>
<tr><td rowspan="3">2018 年度公司主营业务构成 / 万元</td><td>支架</td><td>34,519.46</td><td rowspan="3">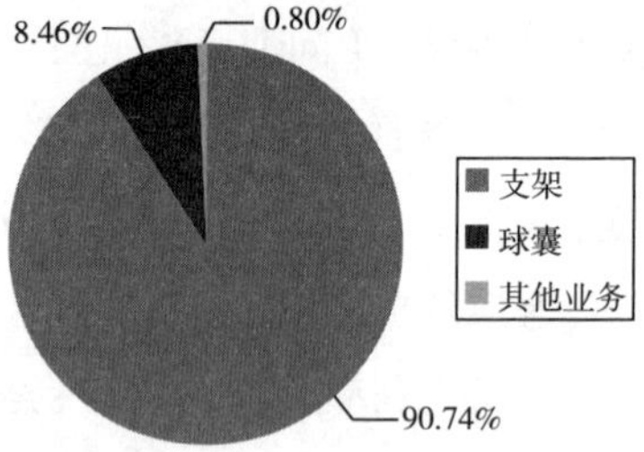</td></tr>
<tr><td>球囊</td><td>3219.67</td></tr>
<tr><td>其他业务</td><td>303.08</td></tr>
</table>

（3）公司重点问询问题

1）关于红筹架构【问询函1—1；问询函2—1】关注点：红筹架构拆除前，赛诺控股层面是否存在表决权特殊安排；红筹架构拆除前后发行人实际控制人是否变更；红筹架构拆除过程中的纳税情况；股权转让协议约定的伟信阳光受让股权价格；同次股权转让采取不同定价方式的原因及合理性；WellSun先后借款

受让认购权证、认购普通股及转让股份的原因；赛诺控股归集到个人股东账户后对福基阳光增资的原因；赛诺有限收购安华恒基的相关收购背景。

2）关于“两票制”【问询函1—14】关注点：高值医用耗材推行“两票制”的现状及未来趋势；部分省份是否在“两票制”外采取其他改革措施；已实行“两票制”省份的营业收入、销售费用、毛利率等数据；“两票制”全面推行对发行人业务模式、销售渠道、销售价格、销售收入、销售费用、回款周期、应收账款管理、税负、募投项目实施等方面可能产生的影响；拟采取的执行和落实“两票制”的相关措施；发行人是否具备足够的销售能力适应“两票制”推行。

3）关于销售模式【问询函1—20；问询函2—7】关注点：经销商的具体情况（选取标准、日常管理、定价机制（包括营销、运输费用承担和补贴等）、物流（是否直接发货给终端客户）、退换货机制、销售存货信息系统、变化、关联关系、回款、毛利率、非法人实体、信用政策、退换货、终端销售、可比公司、必要性、收入确认）；对经销商业务的真实性核查；BuMA产品通过直销与经销方式的销售情况；是否通过向经销商让利的方式扩大市场占有率；持续经营能力是否对经销商形成重大依赖。

4）关于配送模式【问询函1—18；问询函2—11；问询函3—4】关注点：配送模式的具体情况（必要性，可比公司，会计处理，定价，对应产品的实物流转和存货结转情况，开票，现金流转）；采用配送模式的前五大经销商情况；经销模式和配送模式下经销商的毛利差异，终端医院的销售单价差异；经销商售出产品后，经销商是否拥有对产品相关的控制权；配送商（子公司）存货采购、销售收入确认以及相关会计处理，业务实质；经销商是否可以决定向配送商的销售数量；经销合同约定的授权医院是否涵盖配送商（发行人子公司）对接的终端医院；配送模式下，经销商是否承担向终端销售的义务。

5）关于经营资质及产品质量【问询函1—13；问询函2—3】关注点：经营资质（取得，续期，经销商，境外经营）；浙江省中标资格被停用的具体情况、原因及其影响；产品质量是否符合国家相关规定，是否存在产品质量纠纷；发行人的飞行检查结果是否明显差于同行业可比公司，产品缺陷项数量是否明显多于同行业可比公司。

6）关于对外捐赠【问询函1—25、34；问询函2—16】关注点：向慈善机构的捐赠及向医疗机构捐赠的捐赠金额；相关捐赠协议；公司捐赠是否是业务推广或产品销售，是否存在商业贿赂的情形；向医疗机构捐赠的相关会计处理；对外捐赠的实质；捐赠模式是否符合行业惯例。

7.南京微创医学科技股份有限公司——一家主要从事微创医疗器械研发、制造和销售的企业

（1）公司概况

公司是一家主要从事微创医疗器械研发、制造和销售的企业。公司主要产品包括内镜诊疗器械和肿瘤消融设备及耗材。公司作为我国内镜诊疗器械行业的重要生产商，部分产品已经具备与国外主要竞争对手竞争的能力。公司子公司微创美国是美国最大的采购组织之一HPG的合格供应商，公司子公司康友医疗是我国领先的肿瘤消融设备及耗材制造商，产销规模占据行业突出位置。公司主要销售模式有经销、直销及贴牌销售。公司重视研发，建立了内镜诊疗、肿瘤消融、光学相干断层扫描成像（OTC）三大技术平台，形成了多项行业领先的核心技术。此外，公司建立起了覆盖国内外的营销网络，形成了广阔的市场覆盖，产品已销售至50多个国家和地区。

（2）关于公司产品及主营业务构成的情况（见表4-43）

表 4-43　公司产品及主营业务构成情况

公司产品	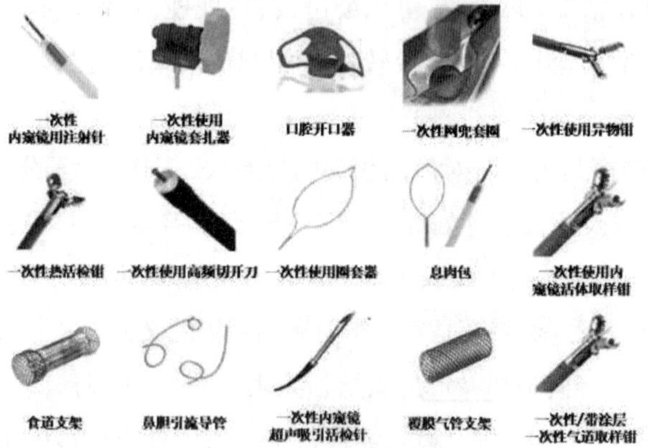		
2018年度公司主营业务构成/万元	自产产品	91,070.91	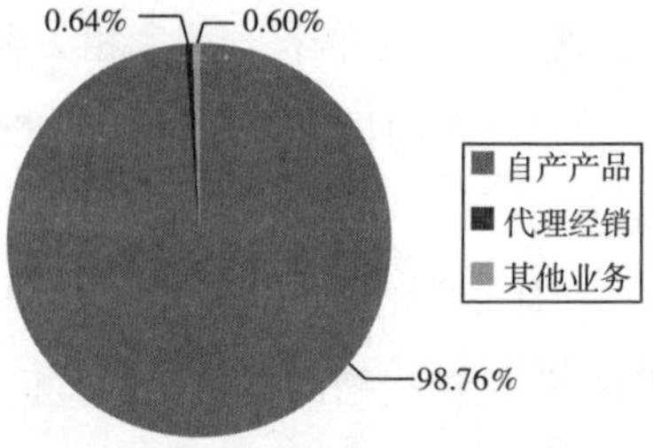
	代理经销	552.52	
	其他业务	587.50	

（3）公司重点问询问题

1）关于资质（医疗器械产品注册证书）【问询函1—14；问询函2—4；问询函3—2】关注点：业务资质（取得，年检或定期续检，续期，境外经营，经销商）。

2）关于境外经营【问询函1—20；问询函2—7】关注点：境外经营的具体情况（销售模式，销售产品，认证，客户获取方式，客户变化）；出口国政治经济环境、外汇管理、贸易政策等对发行人销售的影响；境外销售收入增长的原因，是否同客户购买能力相匹配；境外销售数据同公开数据是否一致的核查情况；出口业务的投保情况；如何控制境外销售相关风险。

3）关于"两票制"【问询函1—17；问询函2—12】关注点：医疗器械推行"两票制"的现状及未来趋势；已实行"两票制"省份的营业收入、销售费用、毛利率等数据；与尚未实行"两票制"的省份对比情况；"两票制"全面推行对发行人业务模式、销售渠道、销售价格、销售收入、销售费用、回款周期、应收账款管理、税负、募投项目实施等可能产生的影响；拟采取的执行和落实"两票制"的相关措施；是否具备足够的销售能力适应"两票制"推行；非两票制地区收入确认方法；非两票制与两票制地区毛利差异情况，配送商（两票制地区的一级经销商）与普通经销商渠道毛利率差异情况。

4）关于商誉【问询函1—37；问询函2—10；问询函3—8】关注点：商誉产生的具体过程、确认依据、收购价款的资金来源；形成商誉标的资产组或股权的公允价值计量是否合理，商誉是否合理分配到相关资产组；商誉减值测试过程、选取参数等是否合理；商誉减值准备计提是否有效；商誉确认的谨慎性、金额的准确性以及减值准备计提的充分性；合并报表确认的商誉和原持有股权按照公允价值重新计量产生的利得计算是否合理；各年商誉减值测试是否具有一致性。

5）关于关联交易（北京奔奥）【问询函1—29；问询函2—9】关注点：北京奔奥的成立时间、注册资本、股权结构、与发行人合作年限等；发行人引入经销商股东的原因、合理性和必要性，入股价格及定价公允性；经销商入股前后与发行人销售金额和单价变动情况；经销商入股是否存在对股东经销商利益输送的情形；关联交易价格的公允性；是否存在减少关联交易的措施以及可操作性；北京奔奥作为发行人的平台商，提供配送服务的定价情况，在销售环节获取的利润率，是否与行业通常情况相匹配。

8.三达膜环境技术股份有限公司——中国膜技术开发与应用领域的开拓者

（1）公司概况

公司是中国膜技术开发与应用领域的开拓者，是我国最早从事过程工业先进膜分离应用工艺开发的企业之一，也是我国最早将国外先进膜技术引入国内并进行大规模工业化应用的企业之一。公司针对中国过程工业生产企业亟须解决的产品收率低、纯度不高，分离过程资源消耗大、污染物排放多等问题，对症下药、量身定制开发了一系列适合特种分离要求的膜应用工艺及与之适配的先进膜材料，从而搭建了先进膜材料及设备与广大膜应用企业之间沟通的桥梁，进而推动了先进膜材料与设备在食品饮料、医药化工、生物发酵、石油冶金、污水处理与废水资源化等领域的应用，为国内外医药化工、食品饮料、石化冶金等行业和数百家大中型生产性制造企业提供大型化、工业化、个性化的膜应用综合解决方案，上游反向延伸至膜技术产业的基础领域——膜材料供给侧，创新研制了多种符合市场需求、功能特性优异、具有自主知识产权及国内领先水平的先进无机非金属膜材料与高性能复合膜材料。

（2）关于公司产品及主营业务构成的情况（见表4-44）

表4-44 公司产品及主营业务构成情况

<table>
<tr><td>公司产品</td><td colspan="3">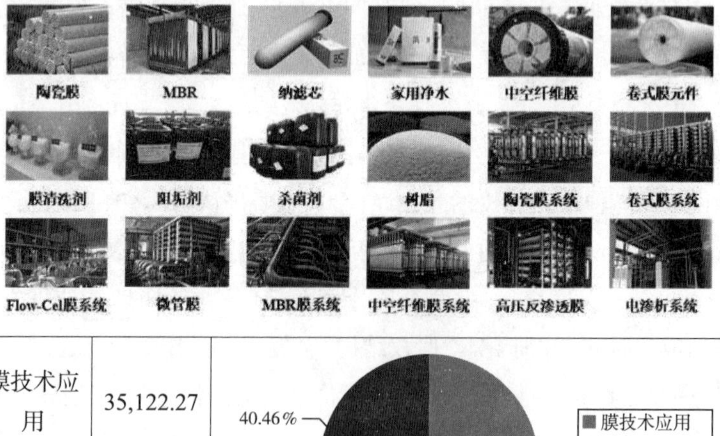
</td></tr>
<tr><td rowspan="2">2018年度公司主营业务构成/万元</td><td>膜技术应用</td><td>35,122.27</td><td rowspan="2">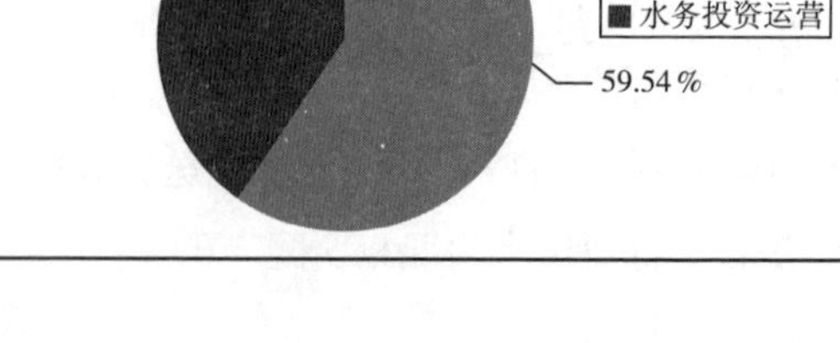
</td></tr>
<tr><td>水务投资运营</td><td>23,868.61</td></tr>
</table>

（3）公司重点问询问题

1）关于行政处罚（水污染排放超标）【问询函1—12；问询函2—1；问询函3—1】关注点：处罚（包括已撤销）的原因、结果、与特许经营权协议约定的权利义务的一致性，撤销的过程、撤销原因，金额，措施（减少）；是否均不属于重大违法违规；水处理设备是否存在重大技术缺陷；是否对进水水质及出水水质进行监测、监测方法，特许经营权协议约定的进水水质超标后的处理；关于排放的出水水质超过设计能力导致的处理后出水污染物超标的合同权利义务责任约定及实际执行情况。

2）关于核心原材料【问询函1—3；问询函2—3；问询函3—2】关注点：膜芯的主要用途，是否为膜技术应用的核心原材料；膜芯采购金额的变化情况；生产用的膜材料自产及采购比例及其变化趋势；国内膜材料市场目前的市场需求量，国产化程度，发行人膜材料的未来发展空间；膜材料核心技术的竞争力及其科技创新水平的具体表征；保持技术不断创新的机制、技术储备及技术创新的具体安排；生产领用膜材料与自产膜芯的关系；外购膜芯是否为采购后直接对外销售；自产膜芯能否实现对外购膜芯的替代；是否存在核心原材料的进口依赖、供应商依赖；在“膜硬件”方面的核心技术；自产膜产品的品类及行业内的竞争情况。

3）关于特许经营权（污水处理）【问询函1—6、7、18；问询函2—6】关注点：特许经营权的具体情况（取得情况、来源、支付价款、期限、各特许经营权的费用标准及价格调整机制，基本水量及运行期间的调整）；政府部门是否有权对基本水量提出调整或要求按照实际处理量计算；未履行招投标程序可能对相关项目未来合法运营及收费的影响；发行人水务运营项目的具体情况；污水处理费单价的定价原则、确定因素、调整周期，协商确定调价的过程等。

4）关于毛利率【问询函1—19；问询函2—9；问询函3—7】关注点：工业料液分离和膜法水处理业务主要项目收入和毛利率及变动原因、与可比公司对比；备件及其他业务毛利率较高的原因；水务投资运营业务毛利率持续高于同行业可比公司的具体原因；陶瓷膜芯的毛利率大幅高于其他产品的主要原因，定价及合理性。

9.江苏北人机器人系统股份有限公司——提供工业机器人自动化、智能化的系统集成整体解决方案

（1）公司概况

公司的主营业务为提供工业机器人自动化、智能化的系统集成整体解决方

案，主要涉及柔性自动化、智能化的工作站和生产线的研发、设计、生产、装配及销售。主要产品包括柔性自动化焊接生产线、智能化焊接装备及生产线、激光加工系统、焊接数字化车间、柔性自动化装配生产线、冲压自动化生产线以及生产管理信息化系统。产品主要应用于汽车、航空航天、军工、船舶、重工等行业。公司核心技术包括柔性精益自动化产线设计、先进制造工艺集成应用、产线虚拟设计与仿真、工业控制与信息化、生产过程智能化。公司在汽车金属零部件柔性自动化焊接和高端装备制造业智能化焊接领域拥有突出的竞争优势。依靠工业机器人系统集成技术的不断进步和项目经验积累，公司在做大、做强汽车领域的同时，还在航空航天、军工、船舶、重工等高端装备制造领域拓展业务。

（2）关于公司产品及主营业务构成的情况（见表4-45）

表 4-45　公司产品及主营业务构成情况

<table>
<tr><td>公司产品</td><td colspan="3">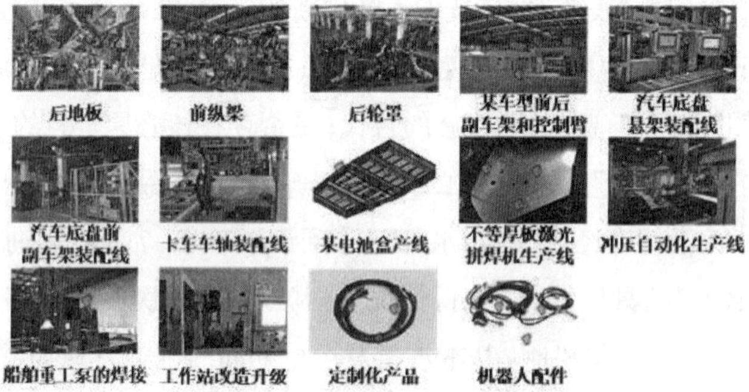
</td></tr>
<tr><td rowspan="4">2018 年度公司主营业务构成 / 万元</td><td>工业机器人</td><td>37,030.59</td><td rowspan="4">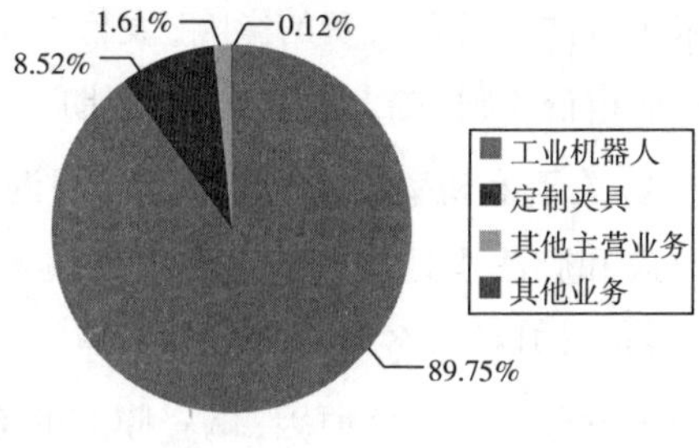
</td></tr>
<tr><td>定制夹具</td><td>3516.43</td></tr>
<tr><td>其他主营业务</td><td>665.63</td></tr>
<tr><td>其他业务</td><td>49.81</td></tr>
</table>

（3）公司重点问询问题

1）关于核心技术（“BR-WH01汽车轮罩柔性机器人焊接生产线”与“运载火箭贮箱智能焊接装备与工艺”的相关技术）【问询函1—9；问询函2—1】关注点：技术在行业内是否具有代表性；核心技术在国内或国际领先的认定依据是

否充分；核心技术的先进性；在保持技术先进性、防止技术迭代落后方面所采取的措施和安排。

2）关于应收账款及预收账款【问询函1—26、28；问询函2—12】关注点：主要客户（结算、验收、信用政策）；应收账款（变动、周转率、回款、账龄、坏账准备、真实性）；应收账款前五名客户与前五名主要销售客户的差异情况；各期应收账款发生额占当期主营业务收入的比例情况及原因；预收账款占在手订单金额比重较低的原因及合理性。

3）关于订单（总包订单和非总包订单）【问询函1—23；问询函2—4、10】关注点：两种订单模式（区别、收入金额、销售、采购、结算模式、风险和责任划分）；承接常年稳定客户的订单及其介绍的新客户订单，通过展会、网站与论坛宣传等市场推广方式获得新客户订单，主动联系目标客户获取订单下收入占比；收入是否存在区域特征。

4）关于毛利率【问询函1—25；问询函2—11】关注点：主要产品的销售收入、销售量、平均单价、毛利、毛利率及与购入主要原材料情况的匹配性；工业机器人系统集成平均毛利率低于可比公司平均毛利率的情况。

10.北京沃尔德金刚石工具股份有限公司——国内领先、国际一流的超硬刀具供应商

（1）公司概况

公司是国内领先、国际一流的超硬刀具供应商。主要从事各类高端超硬刀具和超硬材料制品的研发、生产和销售，产品广泛应用于消费电子、汽车制造、工程机械、航空航天、能源设备等行业。发行人依托技术创新和产品创新，经过多年不懈努力，已经成长为国内领先、国际一流的超硬刀具供应商。公司拥有强大的研发实力和丰富的技术储备，目前公司拥有各类国内外专利132项，其中发明专利24项。公司董事长、总经理陈继锋先生作为教授级高级工程师、中国科技部“创新人才推进计划—科技创新创业人才”、国家“万人计划”领军人才、中国材料研究学会超硬材料及制品专业委员会委员、中国硅酸盐协会电子玻璃分会第九届常务理事、国际信息显示学会（SID）北京分会专业技术委员会委员、全国人工晶体标准化技术委员会委员、中国机械工业金属切削刀具技术协会专家委员会委员，深耕超硬刀具和超硬材料制品领域20多年，积极影响行业发展，对行业做出了突出贡献。

（2）关于公司产品及主营业务构成的情况（见表4-46）

表4-46 公司产品及主营业务构成情况

<table>
<tr><td>公司产品</td><td colspan="3">
</td></tr>
<tr><td rowspan="4">2018年度公司主营业务构成/万元</td><td>超硬刀具</td><td>22,410.64</td><td rowspan="4">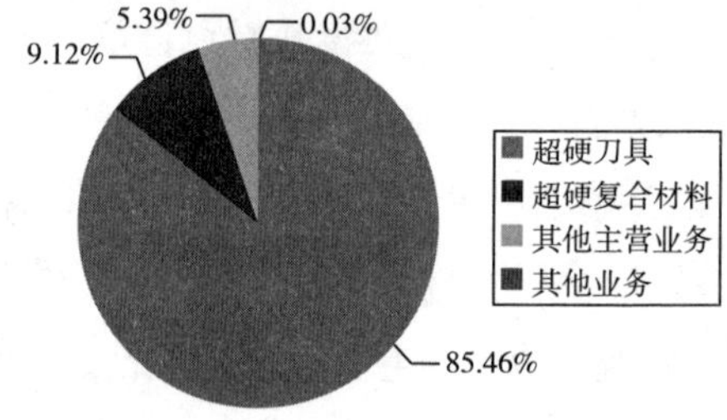
</td></tr>
<tr><td>超硬复合材料</td><td>2392.63</td></tr>
<tr><td>其他主营业务</td><td>1413.63</td></tr>
<tr><td>其他业务</td><td>8.02</td></tr>
</table>

（3）公司重点问询问题

1）关于同业竞争【问询函1—18、22；问询函2—2】关注点：控股股东、实际控制人及其亲属企业对认定同业竞争关系的影响；是否简单依据经营范围对同业竞争做出判断；是否仅以经营区域、细分产品或服务、细分市场的不同来认定不构成同业竞争；亲属企业与发行人是否存在重叠客户及供应商，是否通过重叠客户及供应商输送利益的情形；亲属企业是否与发行人存在现实和潜在的同业竞争。

2）关于子公司收购【问询函1—1；问询函2—4】关注点：收购北京希波尔和廊坊西波尔的背景和具体过程；北京希波尔历史沿革中是否曾涉及国有资产或集体资产；北京希波尔与发行人在业务、资产、技术和人员等方面的具体关联；实际控制人未将北京希波尔作为拟上市主体，而是将股权卖给发行人后注销的原因；股权转让后，北京希波尔和廊坊西波尔的股权和资产是否存在纠纷或潜在纠纷；北京希波尔注销的原因；收购后北京希波尔相关客户资源是否已经转移给发行人。

3）关于销售模式（直销模式下主要包含传统的直销模式和OEM/ODM销售

模式)【问询函1—16；问询函2—5】关注点：直销模式收入中传统的直销模式和OEM/ODM销售模式的收入及占比；OEM/ODM模式（商业逻辑，海外收入，终端客户，毛利率与其他销售模式的差异）；客户非OEM/ODM模式的产品技术与发行人产品技术的比较；海外销售依赖OEM/ODM销售模式的经营风险。

11.苏州瀚川智能科技股份有限公司——一家专业的智能制造装备整体解决方案供应商

（1）公司概况

公司是一家专业的智能制造装备整体解决方案供应商，主要从事汽车电子、医疗健康、新能源电池等行业智能制造装备的研发、设计、生产、销售及服务，助力制造行业客户实现智能制造。公司产品为涵盖装配、检测、校准、包装等单项或者一体化的柔性化、个性化的智能生产线。公司已建立了先进的模块化设计理念及平台化的技术储备，并形成了从硬件、软件及服务全方位为客户提供智能制造整体解决方案的技术实力。公司产品采用整线智能化控制，嵌入工业互联网软件，能够实现生产过程数据的实时采集、传输、分析、可视化、机器学习、预测及追溯等智能化功能；具有强大的开放与可扩展性，可高度对接企业的ERP、MES、APS等企业资源计划、生产管理、排程排产系统。

（2）关于公司产品及主营业务构成的情况（见表4-47）

表 4-47　公司产品及主营业务构成情况

公司产品	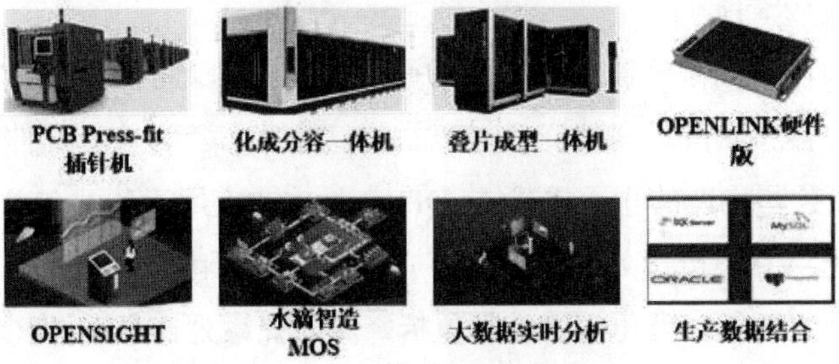		
2018年度公司主营业务构成/万元	智能制造装备	43,094.88	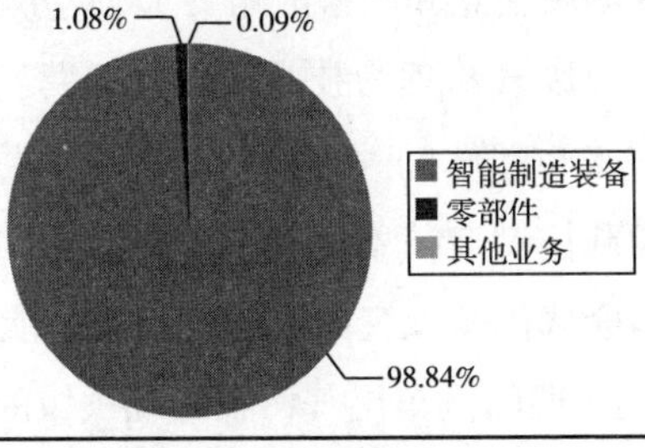
	零部件	469.07	
	其他业务	37.80	

(3)公司重点问询问题

1)关于核心技术【问询函1—8;问询函2—3、5】关注点:核心技术形成的具体知识产权成果,以及其在生产环节、主营业务及产品中的应用和贡献情况;"吸收再创新"核心技术的具体技术来源;核心技术产品收入;是否主要依靠核心技术开展生产经营;核心技术产品是否存在技术迭代风险,是否具备应对相关风险的能力。

2)关于转让、注销子公司【问询函1—4;问询函2—2】关注点:子公司设立情况,具体经营情况,转让、注销的原因,转让价格的公允性,受让方的相关情况;转让前及转让后,发行人与相关方是否存在其他业务或资金往来,是否存在关联交易非关联化的情形;子公司及参股公司是否存在为发行人承担成本或费用、调节利润的情形。

3)关于应收账款及资产质量【问询函1—35;问询函2—12】关注点:应收账款的具体情况(变化,信用政策,周转率,与收入增长的匹配关系,坏账准备,逾期);预收款项是否为公司主要的收款方式;同时存在预收款项和应收款项的原因及合理性;预收款项余额增长显著慢于收入增长的原因;公司对预收款项的使用是否受限制。

12.山东奥福环保科技股份有限公司——为客户提供蜂窝陶瓷系列产品及以蜂窝陶瓷为核心部件的工业废气处理设备

(1)公司概况

公司专注于蜂窝陶瓷技术的研发与应用,以此为基础面向大气污染治理领域为客户提供蜂窝陶瓷系列产品及以蜂窝陶瓷为核心部件的工业废气处理设备。公司生产的直通式载体、DPF产品主要应用于柴油车尤其重型柴油车尾气处理,VOCs废气处理设备主要应用于石化、印刷、医药、电子等行业挥发性有机物的处理。公司主要产品包括蜂窝陶瓷系列产品和VOCs废气处理设备。公司深刻领会党和国家战略要求,服务于国家重大战略需求,以柴油车尾气处理和工业废气治理为技术研发和经营发展方向,重点研发并产业化柴油车尾气处理核心部件——大尺寸蜂窝陶瓷载体,打破多年来国外厂商对大尺寸蜂窝陶瓷载体制造技术的垄断,填补了国内空白。公司及技术研发带头人凭借蜂窝陶瓷载体领域突出的研发与创新能力,持续承担"十一五"、"十二五"和"十三五"期间汽车尾气污染治理领域的国家"863计划"和"国家重点研发计划”中的关键课题。

（2）关于公司产品及主营业务构成的情况（见表4-48）

表 4-48　公司产品及主营业务构成情况

<table>
<tr><td>公司产品</td><td colspan="3">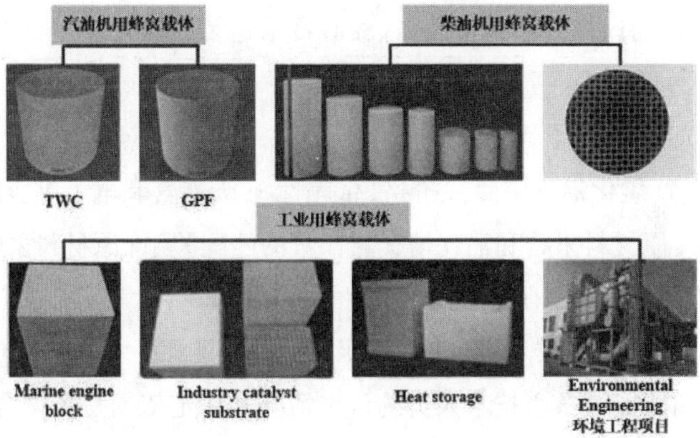
</td></tr>
<tr><td rowspan="5">2018年度公司主营业务构成/万元</td><td>蜂窝陶瓷载体</td><td>18,147.70</td><td rowspan="5">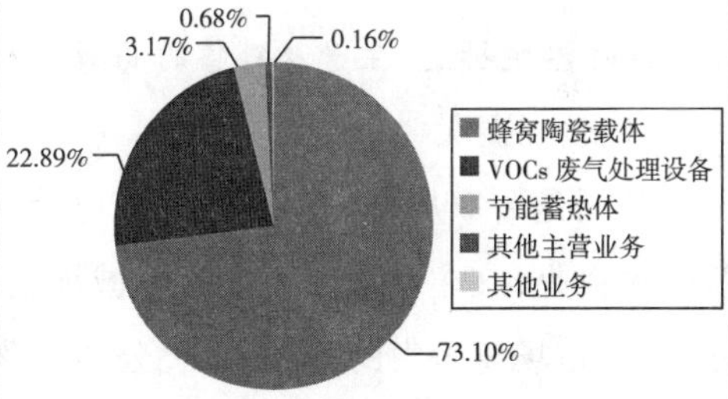
</td></tr>
<tr><td>VOCs 废气处理设备</td><td>5682.12</td></tr>
<tr><td>节能蓄热体</td><td>787.95</td></tr>
<tr><td>其他主营业务</td><td>169.13</td></tr>
<tr><td>其他业务</td><td>40.32</td></tr>
</table>

（3）公司重点问询问题

1）关于产品【问询函1—10；问询函2—1】关注点：SCR载体、DOC载体、ASC载体和DPF的载体所采用的技术原理、处理对象、应用场景及实现功能，不同载体的材料、结构、生产工艺、毛利率等差异。

2）关于客户【问询函1—19；问询函2—5、7】关注点：前五大客户的具体情况（基本情况、变化、销售收入、信用政策、回款、可持续性、新增客户的开发与合作、销售产品类型、依赖性）。

3）关于核心技术【问询函1—11、13；问询函2—2】关注点：技术先进性，在境内与境外发展水平中所处的位置；技术处于国内领先、国际先进的水平的具体依据；核心技术的认定；是否创造了公司的主要收入来源；核心技术在生产环节、主营业务及产品中的应用和贡献情况；核心技术产品的具体内容；核心技术产品收入的计算方法是否恰当；核心技术是否成熟或存在快速迭代风险；蜂窝陶瓷载体的技术水平。

4）关于采购【问询函1—20；问询函2—9】关注点：前五大供应商的具体情况［变动（氧化铝供应商）、价格、依赖性］；天然气和电力等能源消耗与产量的匹配性；原材料采购和消耗情况与产量的匹配关系；原材料采购及生产等内部控制措施是否健全有效。

5）关于核心技术人员【问询函1—4；问询函2—4】关注点：核心技术人员的认定依据；对核心技术人员的认定情况和认定依据是否符合公司实际情况；相关研发课题是否已形成知识产权成果；是否存在规避核心技术人员减持股份限制的情形。

13.上海微创心脉医疗科技股份有限公司——一家从事主动脉及外周血管介入医疗器械研发，生产及销售的高新技术企业

（1）公司概况

公司是一家从事主动脉及外周血管介入医疗器械研发，生产及销售的高新技术企业，在主动脉介入医疗器械领域，公司是国内产品种类齐全、规模领先、具有市场竞争力的企业之一，公司在该领域的主要产品为主动脉覆膜支架系统；在外周血管介入医疗器械领域，公司深耕多年，目前拥有外周血管支架系统、外周血管球囊扩张导管等产品；公司掌握了涉及治疗主动脉疾病的覆膜支架系统的核心设计及制造技术，成功开发出第一个国产腹主动脉覆膜支架、国内唯一获批上市的可在胸主动脉夹层外科手术中使用的术中支架系统，根据弗若斯特沙利文公司的相关研究报告，按照产品应用的手术量排名，公司在我国主动脉血管介入医疗器械市场份额排名第二，国产品牌中市场份额排名第一。

（2）关于公司产品及主营业务构成的情况（见表4-49）

表 4-49　公司产品及主营业务构成情况

<table>
<tr><td>公司产品</td><td colspan="3">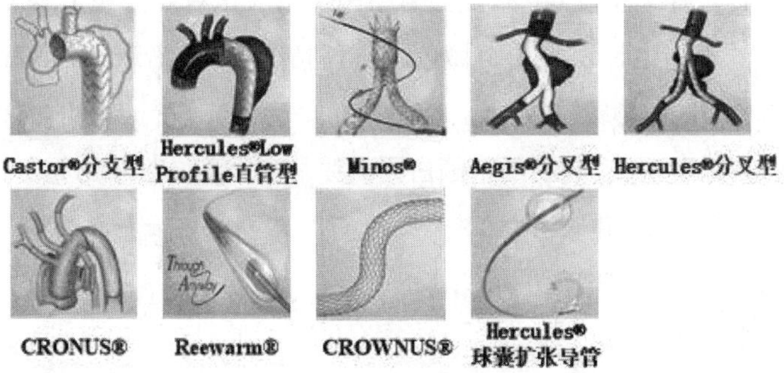
</td></tr>
<tr><td rowspan="4">2018年度公司主营业务构成/万元</td><td>主动脉支架类</td><td>18,852.08</td><td rowspan="4">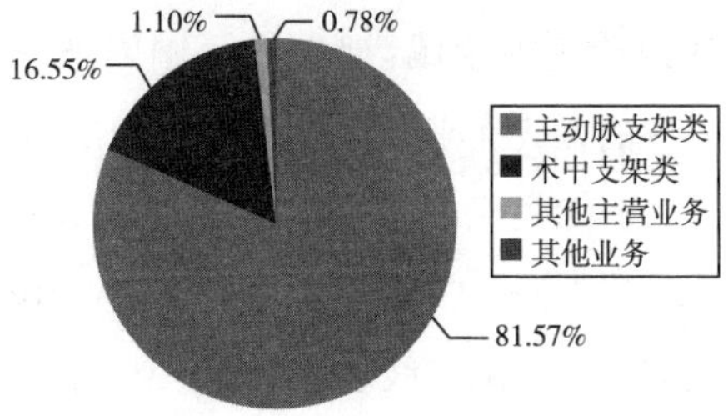
</td></tr>
<tr><td>术中支架类</td><td>3824.90</td></tr>
<tr><td>其他主营业务</td><td>254.46</td></tr>
<tr><td>其他业务</td><td>181.31</td></tr>
</table>

（3）公司重点问询问题

1）关于重组（上海微创）【问询函1—5；问询函2—8】关注点：业务重组时的决策程序；受让上海微创相关资产及承接相关人员的具体情况及资产划分原则和依据；相关资产转让的价格是否公允。

2）关于分拆上市【问询函1—8；问询函2—11】关注点：微创医疗分拆发行人在境内上市履行的法定程序；关于联交所上市公司分拆上市的相关法律法规及监管规则的要求；发行人是否存在对原股东的强制配售义务；控股股东及其董监高人员在上市期间的是否曾受到香港证监会、联交所或相关管理部门的处罚或监管措施；发行人信息披露与微创医疗在香港的信息披露是否存在重大差异；联交所关注问题的答复情况；是否曾经向创业板申报材料，是否存在发行上市的障碍及解决情况，是否对本次分拆或者发行构成重大影响。

3）关于销售模式【问询函1—14】关注点：经销模式的销售金额及占比情况；经销商的具体情况（管控措施、变化、范围、层级设置、配送、运送、返利、退换货、结算、考核、定价、合作模式、终端销售、库存、合法合规、内控、关联关系）。

4）关于关联方及关联交易【问询函1—24、29；问询函2—2；问询函3—2】关注点：上海微创、脉通医疗和MPI之间经常性的关联采购情况（定价、依赖性）；关联方资金往来情况（上海微创与中国银行股份有限公司上海市浦东开发区支行约定的现金池计划）；上海微创的具体情况（历史沿革、技术来源、同业竞争、资金拆借、关联交易的必要性、交易定价公允性）；发行人采购的独立性（发行人向关联方采购覆膜、管材的金额占同类原材料采购金额的比例在50%左右）。

14.中微半导体设备（上海）股份有限公司——世界排名前列、国内占主导地位的氮化镓基LED设备制造商

（1）公司概况

公司是一家以中国为基地、面向全球的高端半导体微观加工设备公司，深耕芯片制造刻蚀领域，研制出了国内第一台电介质刻蚀机，是我国集成电路设备行业的领先企业。公司专注于集成电路、LED关键制造设备，核心产品包括：1）用于IC集成电路领域的等离子体刻蚀设备（CCP、ICP）、深硅刻蚀设备（TSV）；2）用于LED芯片领域的MOCVD设备。目前公司等离子体刻蚀设备已被广泛应用于国际一线客户从65纳米到14纳米、7纳米和5纳米的集成电路加工制造及先进封装。公司的MOCVD设备在行业领先客户的生产线上大规模投入量产，公司已成为世界排名前列、国内占主导地位的氮化镓基LED设备制造商。

（2）关于公司产品及主营业务构成的情况（见表4-50）

表4-50　公司产品及主营业务构成情况

<table>
<tr><td>公司产品</td><td colspan="3">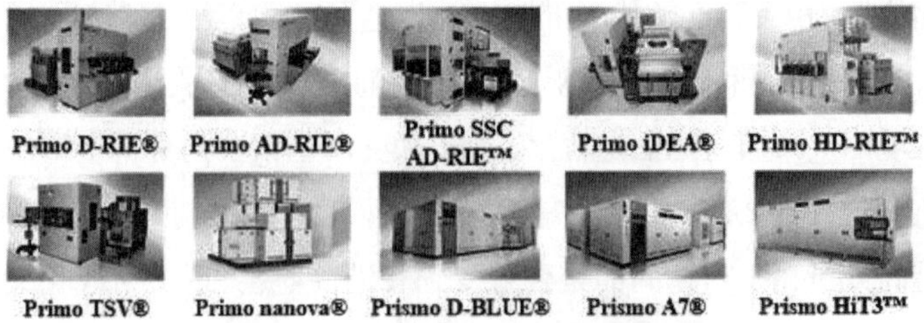
</td></tr>
<tr><td rowspan="4">2018年度公司主营业务构成/万元</td><td>专用设备</td><td>139,767.14</td><td rowspan="4">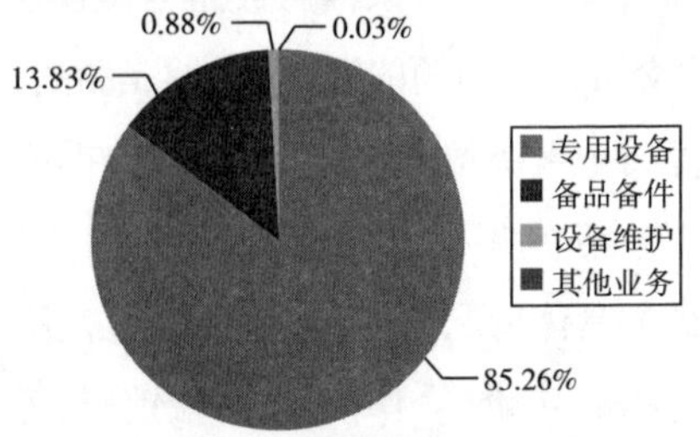
</td></tr>
<tr><td>备品备件</td><td>22,671.97</td></tr>
<tr><td>设备维护</td><td>1443.16</td></tr>
<tr><td>其他业务</td><td>46.56</td></tr>
</table>

（3）公司重点问询问题

1）关于实际控制人【问询函1—1】关注点：公司创始人尹志尧是否主导或对发行人重要决策、市场定位、战略发展等产生关键影响；尹志尧及其团队相关人员的退出、调整是否影响公司生产经营的稳定；认定无实际控制人的依据是否充分；现有股东之间是否存在一致行动协议、委托持股等相关安排；是否存在可能导致控制权变化的重大权属纠纷或潜在控制权争夺风险。

2）关于政府补助【问询函1—43；问询函2—3；问询函3—3；问询函4—1】关注点：政府补助的具体来源、补助内容及金额；政府补助的会计处理；相关补助未被计入非经常性损益的具体原因；是否对政府补助存在重大依赖；政府补助金额对公司盈利具体影响；发行人享受的政府补助是否存在明确的法律或政策依据；相关政府补贴是否合法有效、是否具有可持续；相关政府补助是否与公司正常经营业务密切相关；与科研项目相关的政府补助的具体内容；"确认计入当期损益的资产相关政府补助"的含义。

3）关于固定资产成新率【问询函2—7】关注点：固定资产折旧率较低的原因；固定资产在发行人生产中的作用；成新率较低是否影响发行人正常生产、剩余使用年限、预计更换时的资本支出金额及时点；固定资产并未显著增加是否能满足公司产能需求；是否存在固定资产更新或扩张计划。

4）关于研发支出【问询函1—26；问询函2—6；问询函4—2】关注点：研发投入（确认依据、核算方法、明细构成、同行业可比公司、投入占比下降）；与研发相关的政府补助冲减相应研发项目的研发投入的会计处理及其依据；开发支出资本化（具体项目、时点、政策及执行）。

5）关于红筹架构、股份下翻【问询函1—3、4；问询函2—9；问询函4—2】关注点：海外架构搭建是否涉及外汇使用；中微开曼历轮融资情况；中微开曼仍保留部分期权的具体原因；海外期权计划的授予对象、授予价格、授予条件、行权条件等情况；中微开曼回购股份的资金来源及资金流转情况；下翻股东对发行人增资价格存在较大差异的原因；下翻股东中巽鑫投资对发行人"债转股"形成的原因；部分中微开曼股东选择退出的原因、退出价格的确定依据；历次股东入股、退股是否按照相关法律法规履行了相应程序；国有股东是否相应取得有关主管部门对股份设置的批复文件；新进股东的资金来源；新进股东与发行人之间是否存在委托持股、信托持股或其他利益输送安排；下翻股东以及通过股权融资等新进股东作出的明确的股份锁定承诺。

15.浙江杭可科技股份有限公司——一家从事可充电电池设计、研发生产的高新技术企业

（1）公司概况

公司是一家从事可充电电池设计、研发生产的高新技术企业，在充放电机、内阻测试仪等后处理系统核心设备的研发、生产方面拥有核心技术和能力，并能提供锂离子电池生产线后处理系统整体解决方案。公司依托专业技术、精细化管理和贴身服务，公司凭借自身的研发实力及自主创新能力，在产品的功能、性能、质量和安全等方面实现自主研发，公司拥有发明专利12项，实用新型专利49项，为韩国三星、韩国LG、日本索尼（现为日本村田）、宁德新能源、比亚迪、国轩高科、比克动力、天津力神等国内外知名锂离子电池制造商配套供应各类锂离子电池生产线后处理系统设备。

（2）关于公司产品及主营业务构成的情况（见表4-51）

表 4-51　公司产品及主营业务构成情况

<table>
<tr><td>公司产品</td><td colspan="3">
</td></tr>
<tr><td rowspan="4">2018年度公司主营业务构成/万元</td><td>充放电设备</td><td>90,932.67</td><td rowspan="4">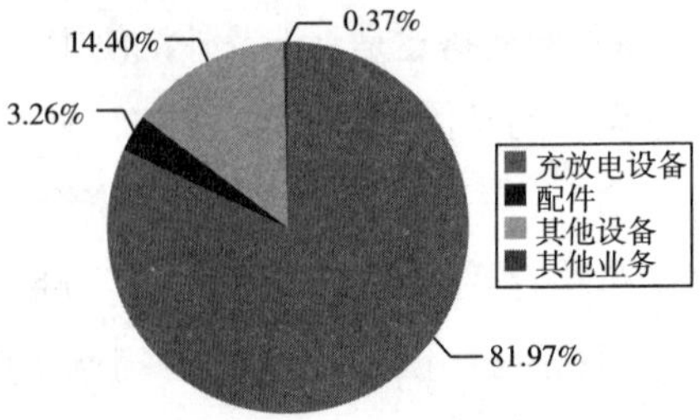
</td></tr>
<tr><td>配件</td><td>3613.32</td></tr>
<tr><td>其他设备</td><td>15,975.99</td></tr>
<tr><td>其他业务</td><td>408.64</td></tr>
</table>

（3）公司重点问询问题

1）关于业务、资产重组【问询函1—22；问询函2—2】关注点：关联方重组

前的具体情况；重组（背景、原因、资产切割、对发行人的影响）；重组交易完成后，发行人关联方的剩余资产、业务、人员、财务及其生产经营等情况，相关技术及生产设备是否共用或共通，是否与发行人构成同业竞争，关联方的主营业务情况及未来发展规划；相关资产转让是否真实转让剥离；相关资产未注入发行人体内的原因及合理性；关联交易、人员流动等是否彻底解决；发行人是否对实际控制人及其控制的企业存在依赖。

2）关于收入确认【问询函1—25；问询函2—4】关注点：变更收入确认方法的具体时点、具体原因和依据；变更收入确认方法对主要财务数据和财务指标的影响；收入确认方法变更对估值的影响；收入确认方法变更是否构成会计差错调整或会计政策变更；对发行人收入确认方法由初验法变更为终验法是否合理。

3）关于关联交易【问询函1—23；问询函2—12】关注点：关联方认定；是否存在利益安排；是否存在其他发行人客户直接或间接持有发行人股份的情形；关联交易的合理性及公允性；关联交易的交易内容、交易金额、交易背景、相关交易与发行人主营业务之间的关系；关联交易是否履行了必要的决策程序；关联交易是否影响发行人的经营独立性；发行人是否构成对关联方的依赖。

4）关于对赌协议【问询函1—5；问询函2—9】关注点：是否存在发行人、控股股东、实际控制人与其他股东的对赌协议；对赌协议的内容及执行情况；发行人是否作为对赌协议当事人，是否存在可能导致公司控制权变化的约定；对赌协议是否与市值挂钩；是否存在触发对赌协议生效的情形；对赌协议的解除过程，是否彻底解除。

5）关于同业竞争【问询函1—8；问询函2—11】关注点：关联方杭可仪的具体情况（历史沿革、集体企业改制情况；改制履行的法定程序）；杭可仪主营业务是否与发行人相同或相似，与发行人是否具有替代性、竞争性及利益冲突，是否与发行人存在人员、技术、业务或资金往来，销售渠道、主要客户及供应商是否存在重叠，是否存在同业竞争；实际控制人近亲属控制的企业是否构成同业竞争，是否存在防范利益冲突的机制。

16.苏州天准科技股份有限公司——致力于以领先的人工智能技术推动工业转型升级

（1）公司概况

公司自成立以来，始终致力于以领先的人工智能技术推动工业转型升级，以成为“全球工业视觉产业领导者”为目标，在未来将长期坚持。公司将机器视觉核心技术应用于工业领域，在机器视觉算法、工业数据平台、先进视觉传感器、精密驱控技术等前沿科技领域不断投入研发，构筑和强化技术壁垒。公司作为牵头单位承担了国家重大科学仪器设备开发专项，检测精度达到0.3微米的国际先进水平。公司拥有自主知识产权，累计申请了117项专利，其中已授权65项，软件著作权68项；起草制定了5项国家与行业标准及规范，在行业中处于领导地位。公司专注服务于工业领域客户，通过领先产品帮助工业企业实现数字化、智能化发展。公司主要产品为工业视觉装备，包括精密测量仪器、智能检测装备、智能制造系统、无人物流车等，产品功能涵盖尺寸与缺陷检测、自动化生产装配、智能仓储物流等工业领域多个环节。公司主要产品的关键性能指标均达到或超过国际优秀同行，实现进口替代，并不断开拓海外市场。

（2）关于公司产品及主营业务构成的情况（见表4-52）

表 4-52　公司产品及主营业务构成情况

公司产品			
2018年度公司主营业务构成/万元	智能检测装备	35,909.11	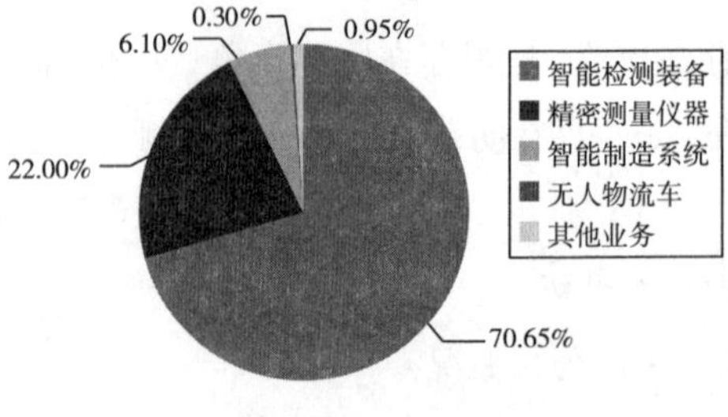
	精密测量仪器	11,181.61	
	智能制造系统	3100.01	
	无人物流车	155.20	
	其他业务	482.06	

（3）公司重点问询问题

1）关于核心技术【问询函1—6；问询函2—1】关注点：目前国际上高精度坐标测量仪器的最先进水平，研发及产业化时间；精密测量领域的范围，高精度坐标测量在其中的地位；目前0.3微米的精密测量仪器是否实现技术的工业化转换，是否能够量产；公司目前在售产品是否具备国内及国际技术先进性；项目研发过程中形成的核心技术是不是共有技术；核心技术是否较易复制；保障核心技术和核心产品被竞争对手抄袭模仿的措施及有效性；公司主要产品与海外竞争对手是否有专利重合。

2）关于供应商（基恩士）【问询函1—9；问询函2—3】关注点：从基恩士采购的原材料种类、数量，是否为核心零部件；核心零部件外采及自产的各自比例；是否存在核心原材料或核心部件的进口依赖及供应商依赖；自产对进口的产品属于可完全替代还是仅在特定产品中实现部分替代使用；核心零部件供应商采购交易的稳定性、可持续性以及价格协调机制；维护供应商稳定性所采取的具体措施。

3）关于境外经营【问询函1—18；问询函2—7】关注点：境外销售（模式及流程，具体情况，前五大客户及开发情况，交易背景，合同）；发行人与境外子公司及最终客户之间产品销售定价机制及定价差异；相关国家贸易政策变动、贸易摩擦对公司产品境外销售的影响；进口国同类产品的竞争格局；出口退税情况是否与发行人境外销售规模相匹配；境外收入的真实性。

4）关于客户（苹果公司）【问询函1—23；问询函2—4】关注点：属于苹果公司供应商的客户名称；源于苹果公司及其供应商的收入；对苹果公司及其供应商收入大幅增长的原因；发行人经营业绩是否对苹果产业链存在重大依赖；客户集中度高的原因；前五大客户的历史合作情况，以及客户选择合格供应商的标准；前五大客户变化及原因；主要产品的前五大客户；对主要客户的核查情况；经销模式下产品最终客户是否为苹果公司及其供应商；客户名称是否准确；相关产品是直接销售给境外客户还是其境内工厂，物流与资金流是否一致。

5）关于市值增长分享计划【问询函1—23；问询函2—4】关注点：由徐一华以其股份进行实施市值增长分享计划的原因，是否涉及实际控制人替发行人承担费用，是否影响发行人的财务独立性；发行人核心技术人员、研发人员、重要员工的离职率及主要离职原因，对发行人技术研发及生产经营的影响；离职员工是否为核心技术人员，最近2年是否存在核心技术人员发生重大不利变化；结合收益权的约定、实际执行与约定的差异等说明徐一华与相关人员之间是否存在潜在纠纷。

17.苏州华兴源创科技股份有限公司——国内领先的检测设备与整线检测系统解决方案提供商

（1）公司概况

公司是国内领先的检测设备与整线检测系统解决方案提供商，主要从事平板显示及集成电路的检测设备研发、生产和销售，公司主要产品分为检测设备、检测治具。公司主要产品应用于LCD与OLED平板显示、集成电路、汽车电子等行业。公司在各类数字及模拟信号高速检测板卡、基于平板显示检测的机器视觉图像算法，以及配套各类高精度自动化与精密连接组件的设计制造能力等方面，具备较强的竞争优势和自主创新能力，在信号和图像算法领域拥有多项自主研发的核心技术成果。

（2）关于公司产品及主营业务构成的情况（见表4-53）

表 4-53　公司产品及主营业务构成情况

<table>
<tr><td>公司产品</td><td colspan="3">
</td></tr>
<tr><td rowspan="3">2018 年度公司主营业务构成 / 万元</td><td>检测设备</td><td>53,477.83</td><td rowspan="3">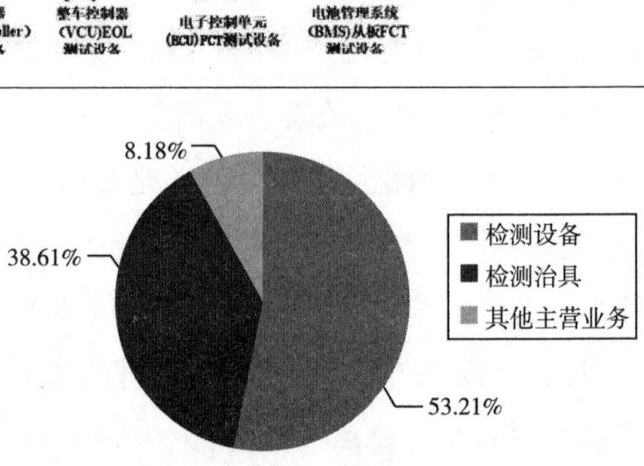
</td></tr>
<tr><td>检测治具</td><td>38,805.98</td></tr>
<tr><td>其他主营业务</td><td>8224.54</td></tr>
</table>

（3）公司重点问询问题

1）关于客户【问询函1—18；问询函2—1；问询函3—1】关注点：主要客户情况（境内境外销售、合作、依赖）；发行人向客户提供平板显示测试服务的介入时点；相关产品是直接销售给境外客户还是其境内工厂，物流与资金流是否一致，是否严格履行出口报关程序，是否依法缴纳税款；苹果公司（苹果公司及其指定各第三方向公司采购的情况，是否存在苹果产业链厂商自主决定向公司采购的情况，是否对苹果公司存在依赖，发行人与苹果公司的合作是否具有可持续性，苹果产业链厂商自主决定采购的相关产品是否最终用于苹果相关产品的检测）。

2）关于外协加工【问询函1—8、20】关注点：劳务公司的具体情况［合法合规，变化，合同，劳务费用（公允性），与经营业绩的匹配性］；劳务公司是否专门或主要为发行人服务；外协加工的具体情况［业务模式，加工环节，依赖，质量控制措施，外协费用（公允性）］。

3）关于境外经营【问询函1—32；问询函2—9】关注点：主要境外市场同类产品的竞争格局，公司产品的竞争优、劣势；相关国家贸易政策变动、贸易摩擦对公司产品境外销售的影响；发行人进出口活动的核查情况；境外子公司的经营情况和财务状况；境外子公司是否存在代发行人收取货款并滞留境外的情形，是否存在税务、外管风险。

4）关于应收账款【问询函1—40；问询函3—6】关注点：苹果公司与发行人订单对账和付款流程的具体情况；内销客户账期与外销客户账期情况；账龄超过1年的应收账款详细情况；销售内控的相关制度关于对账时间的约定；对苹果应收账款的账龄是否存在超过45天的情形；应收账款账龄逾期的金额及原因。

18.沈阳芯源微电子设备股份有限公司——从事半导体专用设备的研发、生产和销售的国家高新技术企业

（1）公司概况

公司是国家高新技术企业，主要从事半导体专用设备的研发、生产和销售，产品包括光刻工序涂胶显影设备（涂胶/显影机、喷胶机）和单片式湿法设备（清洗机、去胶机、湿法刻蚀机），产品可用于6英寸及以下单晶圆处理（如LED芯片制造环节）及8/12英寸单晶圆处理（如集成电路制造前道晶圆加工及后道先进封装环节）。作为与光刻机配合进行作业的关键处理设备，公司生产的涂胶/显

影机成功打破国外厂商垄断并填补国内空白，其中在LED芯片制造及集成电路制造后道先进封装等环节，作为国内厂商主流机型已成功实现进口替代；通过多年的技术研发、实践应用积累以及持续承担国家02重大专项，公司成功突破了应用于集成电路制造前道晶圆加工环节的涂胶显影设备技术，成型产品目前正在长江存储、上海华力等前道芯片制造厂商进行工艺验证。成立以来，公司先后荣获“国家级知识产权优势企业”“国内先进封装领域最佳设备供应商”“2018年中国半导体设备五强企业”等多项殊荣，公司产品先后获得“国家战略性创新产品”“国家重点新产品”等多项荣誉。

（2）关于公司产品及主营业务构成的情况（见表4–54）

表 4–54　公司产品及主营业务构成情况

<table>
<tr><td>公司产品</td><td colspan="3">
</td></tr>
<tr><td rowspan="3">2018 年度公司主营业务构成 / 万元</td><td>单片式湿法设备</td><td>7213.33</td><td rowspan="3">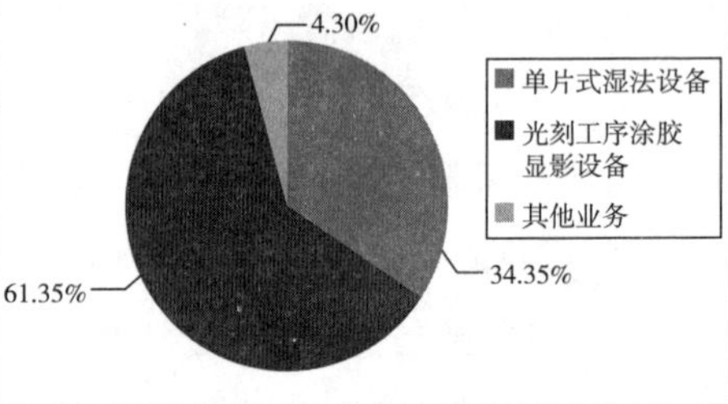
</td></tr>
<tr><td>光刻工序涂胶显影设备</td><td>12,883.64</td></tr>
<tr><td>其他业务</td><td>902.08</td></tr>
</table>

（3）公司重点问询问题

1）关于实控人认定及特殊权利安排【问询函1—1；问询函2—1】关注点：宗润福是否主导或对发行人产生关键影响；发行人认定无实际控制人的依据是否充分；是否存在通过不认定为实际控制人来规避涉及的同业竞争、股份锁定及承诺等监管要求；是否存在可能导致控制权变化的重大权属纠纷或潜在控制权争夺风险；上市后发行人在无实际控制人的情况下是否存在保持公司生产经营、管理团队持续稳定的措施或安排。

2）关于核心技术【问询函1—7；问询函2—4】关注点：干法刻蚀与湿法刻蚀在工艺、技术等方面的区别、各自应用领域、市场规模；核心技术在集成电路前道晶圆产品上预计实现量产的时间；发行人的技术指标及与高技术水平的差距；保持技术先进性、防止技术迭代落后方面所采取的措施和安排；发行人产品在集成电路前道晶圆加工领域是否存在技术壁垒。

3）关于收入确认【问询函1—21；问询函2—6】关注点：各种销售模式下收入确认的具体时点；收入时点的确定依据；是否变更收入确认的具体时点、变更原因；重大销售合同的签订、验收和确认收入的具体时间；有无安装调试后没有通过试运行或者验收的情形、原因及相关会计处理；发行人对验收后维保责任和义务计提的预计负债是否充分；退货情况及会计处理；是否存在退换货或产品质量达不到客户要求而返工的情况；发出商品至客户验收的平均时间间隔增加的原因及合理性。

4）关于资金拆借【问询函1—18；问询函2—9】关注点：拆借资金的原因；归还拆借资金的具体方式；后续资金流向及是否具备合理商业逻辑；相关资金拆借行为是否按照公允价格收取利息；是否存在变相向发行人董事提供借款的情形，是否构成资金占用；发行人及控股股东之间的资金调配及资金流转情况；发行人防范利益冲突及保持独立性的具体安排；资金往来的合法合规性；银行贷款受托支付的具体原因及合理性。

5）关于票据保证金【问询函2—13】关注点：将质押给银行的票据计入货币资金而不是计入应收票据的原因；公司是否按约定存入票据保证金；实际存入的保证金与应付票据具体对应情况。

19.深圳市创鑫激光股份有限公司——国际知名的光纤激光器及核心光学器件研发、生产和销售为一体的激光器厂商

（1）公司概况

公司是国际知名的光纤激光器及核心光学器件研发、生产和销售为一体的激光器厂商，是国内市场销售额排名第二的国产光纤激光器制造商，国内市场占有率12.3%。公司专业从事光纤激光器的研发、生产和销售，主要包括脉冲光纤激光器、连续光纤激光器和直接半导体激光器等系列产品，并实现了泵源、合束器、光纤光栅、隔离器、激光输出头、剥模器、声光调制器、模式匹配器等光学器件自主生产，下游客户主要为激光加工企业。公司产品可广泛应用于打标、雕刻、切割、钻孔、熔覆、焊接、表面处理、快速成形及增材制造等加工工艺。

（2）关于公司产品及主营业务构成的情况（见表4-55）

表 4-55　公司产品及主营业务构成情况

<table>
<tr><td>公司产品</td><td colspan="3">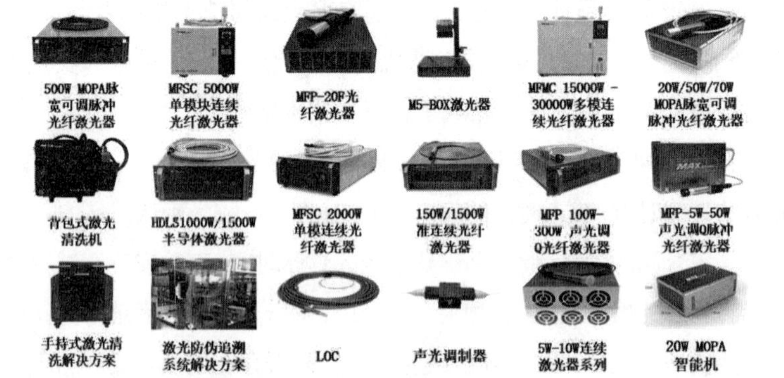
</td></tr>
<tr><td rowspan="4">2018年度公司主营业务构成/万元</td><td>连续激光器</td><td>33,067.28</td><td rowspan="4">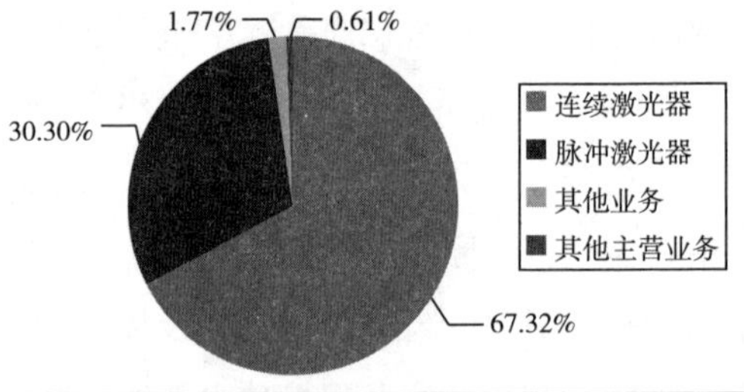
</td></tr>
<tr><td>脉冲激光器</td><td>14,882.52</td></tr>
<tr><td>其他业务</td><td>868.48</td></tr>
<tr><td>其他主营业务</td><td>300.09</td></tr>
</table>

（3）公司重点问询问题

1）关于报表差异【问询函1—49；问询函2—1；问询函3—1】关注点：原始报表和申报报表间存在多项差异调整事项的具体发生原因；申报报表是否已用于前次申报；是否存在会计基础工作不规范问题；各项调整的内容和性质；追溯调整2016年财务报表的理由，该事项性质是否属于在前次申请首次公开发行并在创业板上市时故意压低人工薪酬、虚增利润。

2）关于国有股权【问询函2—2；问询函3—2】关注点：招商科技、招科创新持有发行人的历次股权变动、整体变更等情况是否均履行了相应的国有资产管理程序；招商科技未就创鑫有限整体变更为股份有限公司取得国有股权管理的批复原因；发行人相关国有股权变动是否履行必要的评估、备案、审批、确认程序。

3）关于售后服务费【问询函1—28；问询函2—11】关注点：售后服务费会计处理；对于过保产品是否进行售后服务费的冲回；变更售后服务费计提比例属于会计估计变更而非会计差错更正的合理性；售后服务费计提比例的估计依据；将基于前期较低销售的售后服务费发生额与基于后期较高销售的售后服务

费计提额比较、以此计提充分的理由是否成立；按产品类别的售后服务费计提和发生额；产品维修费用构成、返修率；如何确定保修期内的维修费用承担人；与同行业的比较情况；未同步调整售后服务费计提的原因及合理性；基于财务部的测算维修费率来确定实际计提比例的原因及合理性。

20.北京华峰测控技术股份有限公司——国内最大的半导体测试机本土供应商

（1）公司概况

公司是国内最大的半导体测试机本土供应商，也是为数不多进入国际封测市场供应商体系的中国半导体设备厂商，主营业务为半导体自动化测试系统的研发、生产和销售，产品主要用于模拟及混合信号类集成电路的测试，产品销售区域覆盖中国大陆、中国台湾、美国、欧洲、日本、韩国等全球半导体产业发达的国家和地区，自成立以来，公司始终专注于半导体自动化测试系统领域，以其自主研发的产品实现了模拟及混合信号类集成电路自动化测试系统的进口替代。在普遍被国外设备垄断的半导体测试业，公司的测试机已占国内同类产品市场份额的50%，被国外知名IC厂商如TI，STM，Fairchild等考核通过，用于其产品在国内的量产，并已开始进入台湾、东南亚、及美国市场。目前，公司已在模拟器件测试、分立器件测试，数模混合系统测试方面，与美日测试设备公司在更高端的产品领域实现竞争。

（2）关于公司产品及主营业务构成的情况（见表4-56）

表 4-56　公司产品及主营业务构成情况

<table>
<tr><td>公司产品</td><td colspan="3">
</td></tr>
<tr><td rowspan="3">2018 年度公司主营业务构成 / 万元</td><td>测试系统</td><td>18,747.53</td><td rowspan="3">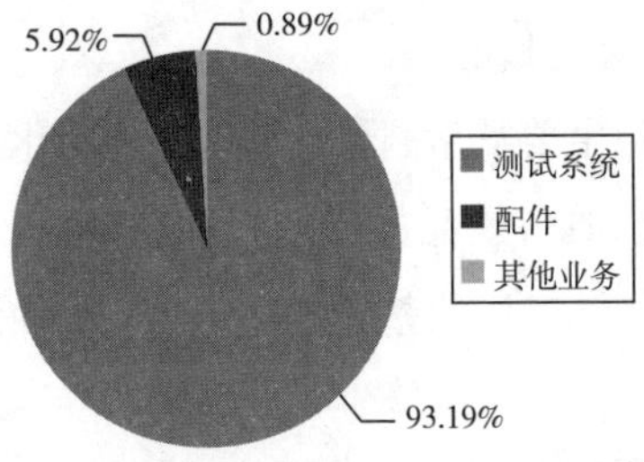
</td></tr>
<tr><td>配件</td><td>1190.72</td></tr>
<tr><td>其他业务</td><td>178.43</td></tr>
</table>

（3）公司重点问询问题

1）关于成本【问询函1—25；问询函2—1】关注点：成本的具体情况（核算流程、核算方法，构成变化，产品平均单位成本变动，成本与费用归集、分配、结转，内控）；对于经销商提供安装调试、技术服务是否作为外购服务核算成本；定制化开发成本、安装调试、校准、售后服务咨询等支出作为费用核算是否恰当；委外安装调试费是否应作为营业成本核算；委外测试程序开发费用是否应作为营业成本核算。

2）关于收入【问询函1—24；问询函2—2】关注点：不同销售模式（直销/经销）、不同贸易方式下收入的确认政策，是否符合会计准则的规定；分产品、分销售模式的营业收入的季节性波动情况及原因，是否符合行业特性；人均创造收入远高于长川科技的原因及合理性；客户验收是否区分初验、终验；经销商销售产品的安装调试；境外收入真实性核查。

3）关于对赌协议【问询函1—7；问询函2—10】关注点：是否存在发行人、控股股东、实际控制人与其他股东的对赌协议；对赌协议的内容及执行情况；是否存在触发对赌协议生效的情形；对赌各方是否存在纠纷或潜在纠纷；对赌协议是否彻底解除；发行人的实际控制权是否稳定；发行人股东中是否存在私募股权基金，是否履行登记备案程序；发行人股东穿透后的人数是否超过200人；对赌协议是否符合《审核问答》的要求；对赌协议签署后的核查情况。

4）关于关联方及关联交易【问询函1—20；问询函2—11】关注点：关联方的认定；关联交易（决策程序，必要性、合理性和公允性，交易内容、交易金额、交易背景，与发行人主营业务之间的关系，是否存在利益输送行为，是否影响发行人的经营独立性）；向关联方租赁房屋的情形；关联租赁是否对发行人资产完整和独立性构成重大不利影响。

21.博众精工科技股份有限公司——具有行业领先的产业研发设计和定制化生产、服务响应能力

（1）公司概况

公司主要从事自动化设备、自动化柔性生产线、自动化关键零部件以及工装夹（治）具等产品的研发、设计、生产、销售及技术服务，同时，公司亦可为客户提供智能工厂的整体解决方案，业务涵盖消费电子、新能源、汽车、家电、日

化等行业领域。公司竞争优势主要体现在行业领先的产业研发设计和定制化生产、服务响应能力。公司主要为客户提供个性化、定制化的自动化设备。2018年，技术及研发人员总数达1028人，占公司员工总数的29.8%。公司研发费用率分别为12.7%、12.7%、11.4%，较同行业上市公司更高。公司客户资源优质，苹果公司为第一大客户。公司与苹果、华为、格力、蔚来汽车、富士康、和硕联合、广达、纬创等建立了良好稳定的业务合作关系。

（2）关于公司产品及主营业务构成的情况（见表4–57）

表 4–57　公司产品及主营业务构成情况

<table>
<tr><td>公司产品</td><td colspan="3">
</td></tr>
<tr><td rowspan="3">2018 年度公司主营业务构成 / 万元</td><td>自动化设备（线）</td><td>67,492.92</td><td rowspan="3">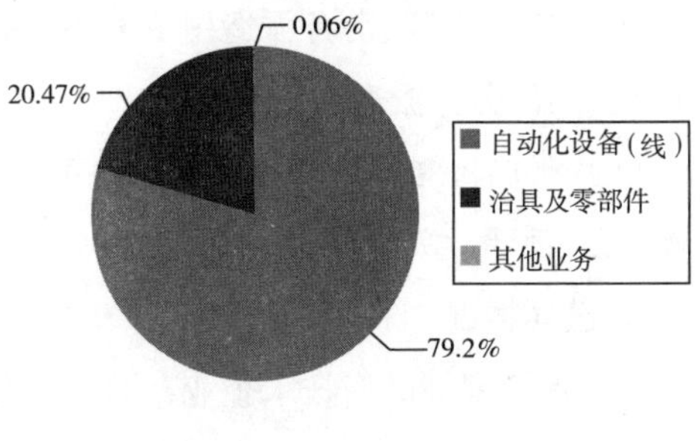
</td></tr>
<tr><td>治具及零部件</td><td>17,381.23</td></tr>
<tr><td>其他业务</td><td>47.55</td></tr>
</table>

（3）公司重点问询问题

1）关于客户（苹果公司）【问询函2—2；问询函3—1】关注点：与苹果公司之间的商业合作；向苹果公司指定代工厂销售自动化装配设备、自动化检测设备、治具及配件的金额及占比，销售的产品结构发生变化的背景和原因；与苹果公司及其指定代工厂的合作是否稳定、可持续；苹果产业链厂商自主决定向公司采购形成的收入及占比；客户集中度较高是否具有行业普遍性。

2）关于子公司【问询函1—3；问询函2—3；问询函3—2】关注点：子公司的具体情况（历史沿革，设立、存续的合法合规，定位和作用，税负差异，采购、销售，定价，部分公司存在亏损的原因）；在子公司层面设置员工持股平台的目的及商业逻辑，是否符合行业惯例；发行人取得香港乔岳分红是否应当缴纳税款；香港乔岳未向发行人分红的原因；香港乔岳费用构成，作为离岸贸易平台保留4%左右利润的必要性；香港税务局对香港乔岳离岸业务性质审查的进展。

3）关于供应商【问询函2—9；问询函3—3】关注点：供应商的经营情况及财务状况；供应商供应品类及价格的一致性；依赖国际供应商采购的关键零部件名称以及国际供应商的具体情况；对供应商的依赖性；通过苏州镒升购买国外品牌的核心零部件而非直接从其他国际供应商购买的原因及区别；是否存在关联交易非关联化的情形；苏州镒升相比于其他国际供应商与代理经销商的优越性。

4）关于劳务派遣【问询函1—14；问询函2—13；问询函3—5】关注点：劳务派遣员工（工作内容、工作岗位、所需技能、资质、技术水平、薪酬情况）；发行人生产人员的用工模式是否符合行业趋势；劳务派遣合作公司的经营情况及财务状况；对比发行人与广东利元亨智能装备股份有限公司劳务派遣用工的规模、岗位安排、工作内容、劳务派遣用工全部人员占比；从事自动化设备生产的同行业可比公司的劳务派遣用工情况。

22.广州瑞松智能科技股份有限公司——一家专注于机器人与智能制造领域的研发、设计、制造、应用、销售和服务的高新技术企业

（1）公司概况

公司是国家级高新技术企业，自成立以来，以“科技连接智造”为使命，专注于机器人与智能制造领域的研发、设计、制造、应用、销售和服务，致力于为客户提供成套智能化、柔性化制造系统解决方案，公司的产品及服务广泛应用于汽车、汽车零部件、3C、机械、电梯、摩托车、船舶等行业。在自动化程度最高、工业机器人应用最广泛的汽车行业，公司在国内汽车焊装领域处于领先地位；未来随着其他一般工业领域自动化、智能化水平的不断提高，机器人应用的

广度和深度不断提升，公司的业务发展空间也将不断拓展。凭借领先的研发能力、雄厚的技术实力、强大的工艺设计能力、丰富的项目经验、完善的技术服务和售后服务，公司在机器人和智能制造的各行业应用领域中具备显著的竞争优势。公司先后获得"广东省战略性新兴产业骨干企业（智能制造领域）"、首批"广东省机器人骨干企业"、"广东省2018改革开放40周年制造业优秀企业"等荣誉称号。

（2）关于公司产品及主营业务构成的情况（见表4-58）

表 4-58　公司产品及主营业务构成情况

<table>
<tr><td>公司产品</td><td colspan="3">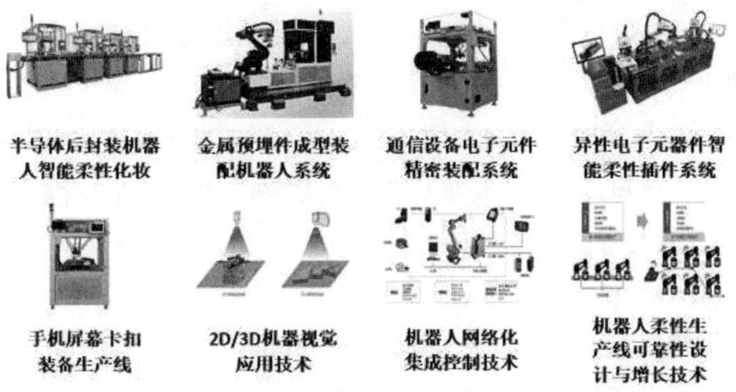
</td></tr>
<tr><td rowspan="4">2018 年度公司主营业务构成 / 万元</td><td>机器人自动化生产线</td><td>61,871.18</td><td rowspan="4">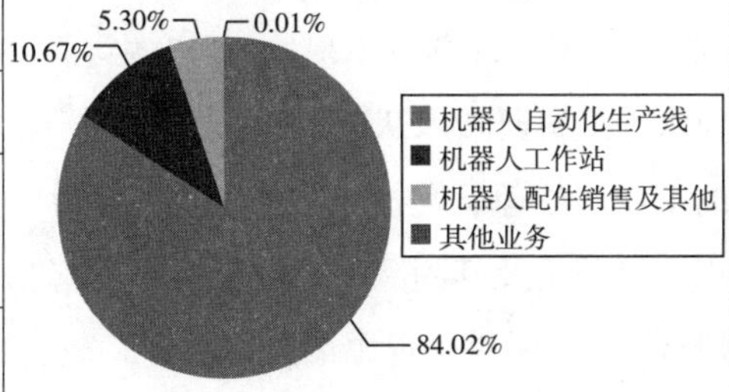
</td></tr>
<tr><td>机器人工作站</td><td>7859.27</td></tr>
<tr><td>机器人配件销售及其他</td><td>3901.19</td></tr>
<tr><td>其他业务</td><td>6.11 9</td></tr>
</table>

（3）公司重点问询问题

1）关于收入确认【问询函1—26；问询函2—6；问询函3—1；问询函4—1】

关注点：各类业务的收入确认时点、具体依据和凭证（包括软件和利息收入）、与同行业是否一致；验收后确认销售收入具体指初验还是终验；机器人工作站、机器人配件类产品无须客户调试验收即确认收入是否符合商业逻辑；完工进度百分比（以300万元作为完工百分比法确认门槛的依据，发行人是否满足采用完工百分比法确认收入的条件，是否存在随意选择工作量确认方法从而调节收入、利润的情形，内外部依据，预计总收入、预计总成本、实际发生成本、完工百分比的确认和计量方法）；相关项目的收入确认时点与客户的验收时点、安装调试完成时点是否一致。

2）关于子公司【问询函1—9；问询函2—2；问询函4—2】关注点：天津瑞北（设立背景、历史沿革，主要业务，收购和转让定价，资产评估）；发行人、天津瑞北与共同客户、供应商是否存在除业务交易外的资金往来情况；收购天津瑞北的资产评估值与计算商誉时的可辨认净资产公允价值存在较大差异的原因；上海瑞北注销后资产、人员的处置或安置情况。

23.江苏京源环保股份有限公司——一家资源环境综合服务商，能够为广大业主单位和政府部门提供从项目咨询、项目开发、项目管理、工程设计、工程建设、运营管理和投融资等一站式综合服务的高科技公司

（1）公司概况

公司是一家资源环境综合服务商，能够为广大业主单位和政府部门提供从项目咨询、项目开发、项目管理、工程设计、工程建设、运营管理和投融资等“一站式”综合服务的高科技公司。公司为高新技术企业、省文明单位、省AAA级信用企业、市十佳科技示范企业、明星企业、纳税大户。公司是高新技术企业，拥有一支以“江苏省工程技术研究中心”和“江苏省研究生工作站”为载体的工业水处理科研技术队伍，公司员工中一半以上为研发、技术人员，大多具有丰富的工业水处理研发技术工作经验。公司在关键技术自主开发的同时，也与中国工程院院士及其团队、中科院生态环境研究中心等国内权威科研机构开展产学研合作，实现科研资源最大化整合。截至目前，公司共拥有6项发明专利权、19项实用新型专利权和30项软件著作权。公司承担完成了两项国家火炬计划项目，以及两项江苏省火炬计划项目。公司8项产品被认定为江苏省高新技术产品，5项产品被授予南通市科学技术进步奖。公司是中国环保产业协会会员、中国环境科学学会理事单位、江苏省绿色环保优秀企业。

（2）关于公司产品及主营业务构成的情况（见表4–59）

表 4–59　公司产品及主营业务构成情况

<table>
<tr><td>公司产品</td><td colspan="3">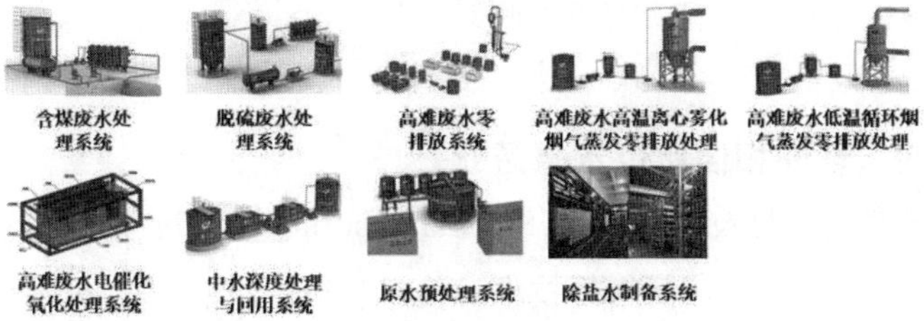
</td></tr>
<tr><td rowspan="2">2018年度公司主营业务构成/万元</td><td>设备销售</td><td>31,545.22</td><td rowspan="2">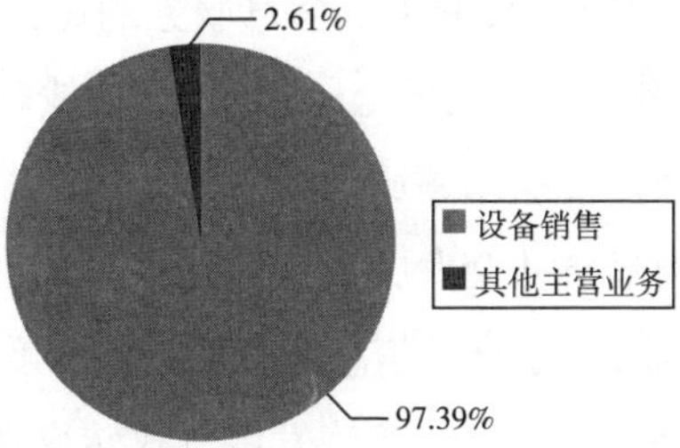
</td></tr>
<tr><td>其他主营业务</td><td>845.25</td></tr>
</table>

（3）公司重点问询问题

1）关于技术先进性【问询函1—10；问询函2—3；问询函3—1】关注点：工业废水电子絮凝处理技术智慧云服务管理平台的具体内容、应用环节及实现功能；高难废水零排放技术是否为发行人独有技术；高难废水电催化氧化技术的技术原理及技术先进性；各项核心技术涉及具体性能指标的对比情况。

2）关于外协生产【问询函1—19；问询函2—5；问询函3—3】关注点：外协厂商、协作集成厂商的基本情况［与一般外协模式的联系与区别，交易情况（内容、金额、占比），定价，是否符合行业惯例，合理性］；外协方式下发行人核心技术的输出方式。

3）关于收入确认【问询函1—29；问询函2—7；问询函3—4】关注点：收入确认（政策、时点、内控、同行业可比公司）；经济合同的签订、变动及实际执行情况与相应确认收入的勾稽关系是否一致；按进度分段收款的情况与现金流入是否勾稽一致；以完工百分比法确认收入的业务，对完工进度执行的核查程序；性能验收款及质保金是否均于验收合格时一次性确认收入。

4）关于票据池业务【问询函1—35；问询函2—16；问询函3—7】关注点：票据池业务的开展原因、合规性及未来开展规模；公司收取承兑汇票与公司向客户销售是否一致，是否存在使用无真实贸易背景的应收票据进行融资的情形；

应收票据终止确认的依据；相关票据是否具有真实的贸易背景；相关有价票证是否存在无法兑付风险的具体应对措施及影响；同行业上市公司开展票据池业务的规模及具体情况；内部控制。

四、软件和信息技术服务业

软件与信息技术服务业（Software and information technology services），是指利用计算机、通信网络等技术对信息进行生产、收集、处理、加工、存储、运输、检索和利用，并提供信息服务的业务活动。软件和信息技术服务业是关系国民经济和社会发展全局的基础性、战略性、先导性产业，具有技术更新快、产品附加值高、应用领域广、渗透能力强、资源消耗低、人力资源利用充分等突出特点，对经济社会发展具有重要的支撑和引领作用。发展和提升软件和信息技术服务业，对于推动信息化和工业化深度融合，培育和发展战略性新兴产业，建设创新型国家，加快经济发展方式转变和产业结构调整，提高国家信息安全保障能力和国际竞争力具有重要意义。

软件与信息技术服务业的国标代码是65。子行业具体包括：软件开发、信息系统集成服务、信息技术咨询服务、数据处理和存储服务、集成电路设计其他信息技术服务业、数字内容服务等。按照证监会2012年10月26日发布的《上市公司行业分类指引（2012年修订）》，其隶属于“I 65软件和信息技术服务业”。

截至2019年12月31日，软件和信息技术服务业中通过上市委员会审核的项目共22家，分别为见表4-60：

表 4-60　软件和信息技术服务业中通过上市委员会审核的项目

序号	企业名称	证券简称
1	杭州当虹科技股份有限公司	当虹科技
2	普元信息技术股份有限公司	普元信息
3	江苏卓易信息科技股份有限公司	卓易信息
4	恒安嘉新（北京）科技股份公司	恒安嘉新
5	二十一世纪空间技术应用股份有限公司	世纪空间（终止）
6	北京金山办公软件股份有限公司	金山办公
7	北京致远互联软件股份有限公司	致远互联
8	上海晶丰明源半导体股份有限公司	晶丰明源
9	上海柏楚电子科技股份有限公司	柏楚电子
10	北京安博通科技股份有限公司	安博通

续表

序号	企业名称	证券简称
11	虹软科技股份有限公司	虹软科技
12	北京航天宏图信息技术股份有限公司	航天宏图
13	北京宝兰德软件股份有限公司	宝兰德
14	山石网科通信技术股份有限公司	山石网科
15	杭州安恒信息技术股份有限公司	安恒信息
16	北京龙软科技股份有限公司	龙软科技
17	杭州光云科技股份有限公司	光云科技
18	深圳市财富趋势科技股份有限公司	财富趋势
19	开普云信息科技股份有限公司	开普云
20	中科星图股份有限公司	中科星图
21	苏州工业园区凌志软件股份有限公司	凌志软件
22	罗克佳华科技集团股份有限公司	佳华科技

对于上述22家公司，我们主要从上市标准、注册资本、注册地点、主办券商、资产总额、净资产金额、收入总额、研发能力、净利润等方面进行简要分析，具体情况如下：

（一）公司概况

1.上市标准

软件和信息技术服务业的22家公司中，除了虹软科技采用了科创板“上市标准四”以外，其余21家公司均采用了科创板“上市标准一”。

（1）关于二十一家公司采用“上市标准一”的具体情况（见表4-61）

表 4-61　二十一家公司采用“上市标准一”的具体情况

上市标准一	预计市值不低于人民币 10 亿元 最近两年净利润均为正（万元） 累计净利润不低于人民币 5000.00 万元 （万元）				预计市值不低于人民币 10 亿元 最近一年净利润为正（万元） 营业收入不低于人民币 1 亿元 （万元）		
项目	预计市值	2017 年度净利润	2018 年度净利润	上述累计净利润	预计市值	2018 年度净利润	2018 年度营业收入
当虹科技	≥ 10 亿元	4068.12	6389.81	10,457.93			
普元信息	≥ 10 亿元	4235.18	4803.14	9038.32			

续表

上市标准一	预计市值不低于人民币 10 亿元 最近两年净利润均为正（万元） 累计净利润不低于人民币 5000.00 万元（万元）				预计市值不低于人民币 10 亿元 最近一年净利润为正（万元） 营业收入不低于人民币 1 亿元（万元）		
项目	预计市值	2017 年度净利润	2018 年度净利润	上述累计净利润	预计市值	2018 年度净利润	2018 年度营业收入
卓易信息	18 ~ 27 亿元	3307.33	5157.78	8465.11			
恒安嘉新				—	24 亿～36 亿元	1837.18	48,830.25
世纪空间（终止）				—	30 亿～48 亿元	3658.19	60,384.45
金山办公	≥ 10 亿元	21,433.73	31,066.66	52,500.39			
致远互联	≥ 10 亿元	4466.02	7297.77	11,763.79			
晶丰明源	≥ 10 亿元	7611.59	8133.11	15,744.70			
柏楚电子	≥ 10 亿元	13,109.21	13,927.63	27,036.84			
安博通	≥ 10 亿元	3604.75	6154.96	9759.70			
航天宏图	≥ 10 亿元	4759.61	6359.43	11,119.05			
宝兰德	27.24 亿元	3449.85	5144.75	8594.60			
山石网科	≥ 10 亿元	6005.22	6891.17	12,896.40			
安恒信息	≥ 10 亿元	5213.53	7687.47	12,900.99			

续表

上市标准一	预计市值不低于人民币 10 亿元 最近两年净利润均为正（万元） 累计净利润不低于人民币 5000.00 万元 （万元）				预计市值不低于人民币 10 亿元 最近一年净利润为正（万元） 营业收入不低于人民币 1 亿元 （万元）		
项目	预计市值	2017 年度净利润	2018 年度净利润	上述累计净利润	预计市值	2018 年度净利润	2018 年度营业收入
龙软科技	13 亿～20 亿	2160.19	3114.73	5274.92			
光云科技	≥ 10 亿元	9918.20	10,710.91	20,629.11			
财富趋势	56 亿元	11,809.53	14,251.81	26,061.34			
开普云	≥ 10 亿元	3590.35	6277.39	9867.74			
中科星图	≥ 10 亿元	4638.47	8904.85	13,543.32			
凌志软件	≥ 10 亿元	7781.77	9134.33	16,916.11			
佳华科技	≥ 10 亿元	3576.51	6401.89	9978.40			

恒安嘉新、世纪空间（终止）两家公司选择了“上市标准一”中“预计市值不低于人民币10亿元，最近一年净利润为正且营业收入不低于人民币1亿元”的标准。两家公司的市值均大于10亿元，2018年利润均为正，且2018年营业收入均不低于1亿元，满足其所选择的上市标准。

其余19家公司选择了“上市标准一”中“预计市值不低于人民币10亿元，最近两年净利润均为正且累计净利润不低于人民币5000万元”的标准。19家公司的市值均大于10亿元，2017～2018年净利润均为正，且累计净利润均不低于人民币5,000.00万元，满足其所选择的上市标准。

（2）关于虹软科技采用“上市标准四”的具体情况

虹软科技选择了“上市标准四”——“预计市值不低于人民币30亿元，且最近一年营业收入不低于人民币3亿元”。其预计市值不低于30亿元，且2018年营业收入为45,807.13万元，高于3亿元，因此满足其所选择的上市标准。（见表4-62）

表4-62　虹软科技采用“上市标准四”的具体情况

上市标准四	预计市值不低于人民币30亿元最近一年营业收入不低于人民币3亿元	
项目	预计市值	2018年度营业收入
虹软科技	≥30亿元	45,807.13万元

2.注册资本

根据软件和信息技术服务业在科创板审核通过的22家公司2018年12月31日的注册资本情况，可以看到，其中注册资本最少的为宝蓝德，仅为4000.00万元，最高的为金山办公46,100.00万元，体现出此行业“轻资产”的特点。上述注册资本在10,000.00万元以上的仅有9家，分别为金山办公、虹软科技、光云科技、凌志软件、世纪空间（终止）、柏楚电子、航天宏图、山石网科、中科星图。（见图4-22）

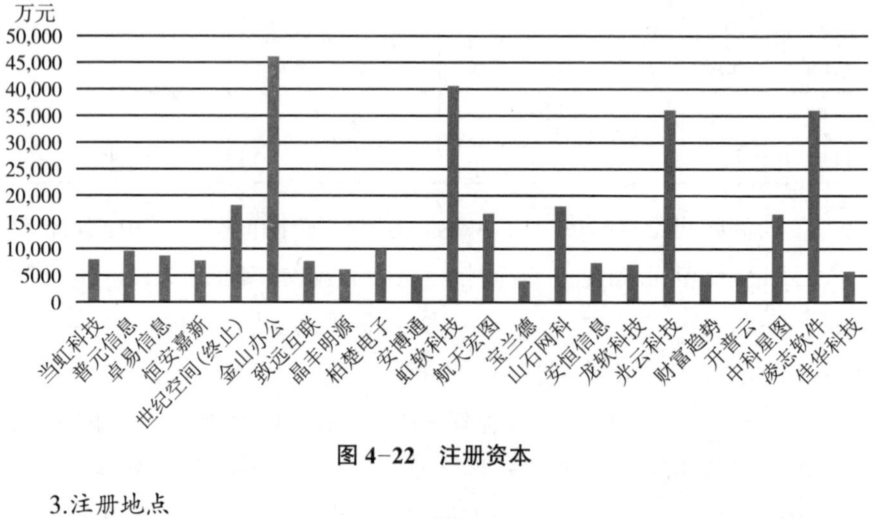

图4-22　注册资本

3.注册地点

软件和信息技术服务业在科创板审核通过的22家公司中，45.45%的公司注册地为北京市、18.18%的公司注册地为浙江省、13.64%的公司注册地为江苏省、9.09%的公司注册地为广东省、9.09%的公司注册地为上海自由贸易试验区、

4.55%的公司注册地为上海市（非自由贸易试验区），上述公司的区域分布均为我国经济发达的省份或地区。（见图4-23）

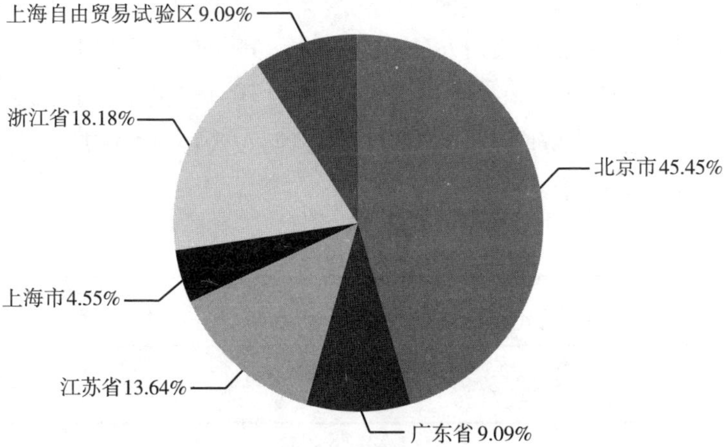

图 4-23 注册地点

4.主办券商

软件和信息技术服务业在科创板审核通过的22家公司中，18.18%的公司主办券商为中信建投、13.64%的公司主办券商为中金公司、9.09%的公司主办券商为天风证券、9.09%的公司主办券商为中信证券，剩余公司的主办券商分别为东兴证券、光大证券、广发证券、国金证券、国泰君安证券、国信证券、华泰联合证券、民生证券、中德证券、中国民族证券以及中国银河证券。（见图4-24）

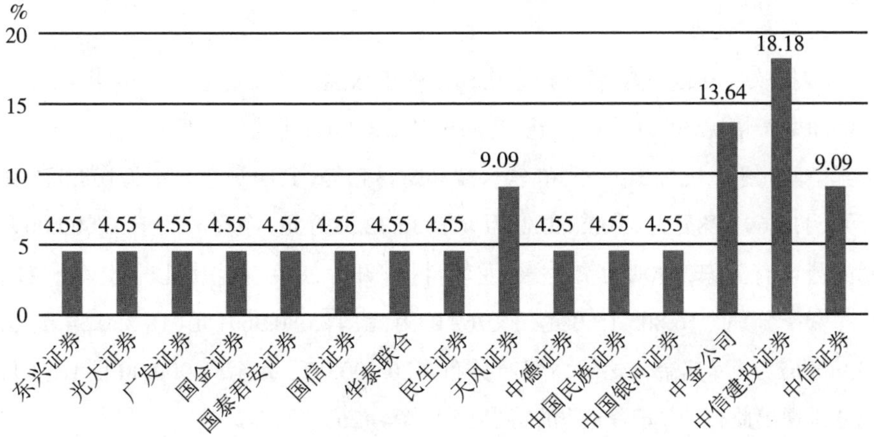

图 4-24 主办券商

5.资产总额

根据软件和信息技术服务业在科创板审核通过的22家公司2018年12月31日的资产总额情况，可以看到，资产总额高于100,000.00万元的公司只有三家，分别为世纪空间（终止）、金山办公、虹软科技，其资产总额分别为196,471.62万元、162,737.97万元、121,784.98万元，除此之外，剩余公司资产总额均小于100,000.00万元，其中资产总额最少的为宝蓝德，仅为19,097.16万元，体现出此行业"轻资产"的特点。（见图4-25）

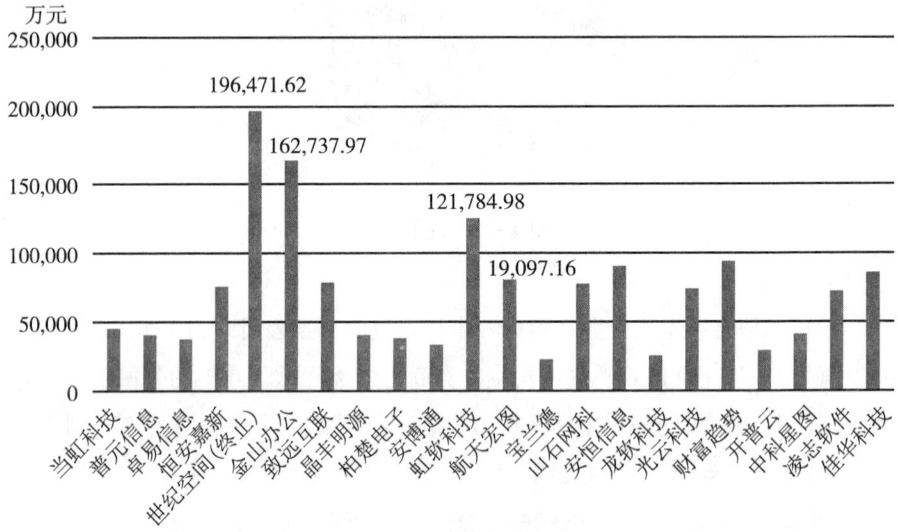

图 4-25　资产总额

6.净资产

根据软件和信息技术服务业在科创板审核通过的22家公司2018年12月31日的净资产情况，可以看到，净资产高于80,000.00万元的公司只有四家，分别为世纪空间（终止）、金山办公、虹软科技和财富趋势，其净资产分别为108,036.86万元、118,693.28万元、102,830.20万元、83,832.58万元；净资产低于20,000.00万元的公司有五家，分别为宝兰德、龙软科技、开普云、中科星图以及佳华科技，其净资产分别为16,805.15万元、15,762.03万元、17,080.96万元、18,350.54万元、19,968.67万元；其余公司的净资产分布在20,000.00万元至80,000.00万元之间，充分体现出此行业"轻资产"的特点。（见图4-26）

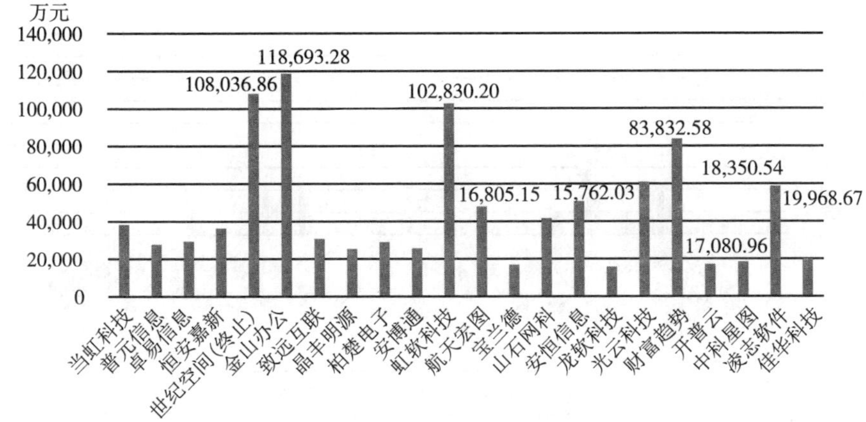

图 4-26　净资产

7.收入总额

根据软件和信息技术服务业在科创板审核通过的22家公司2016～2018年度的收入总额情况，可以看到，2016～2018年度收入总额均高于40,000.00万元的公司仅有三家，分别为恒安嘉新、金山办公和晶丰明源，当虹科技、卓易信息、柏楚电子、安博通、宝兰德、龙软科技、开普云等公司的收入相对较低。（见图4-27）

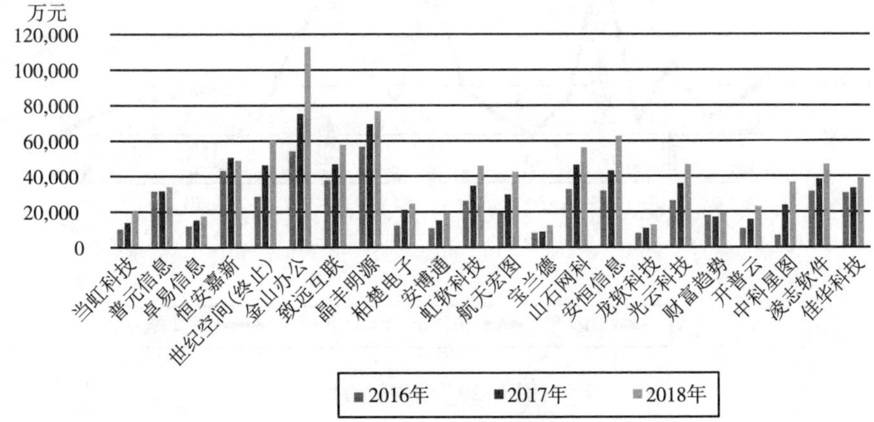

图 4-27　收入总额

8.研发能力

从研发费用支出来看，除了佳华科技外，绝大多数公司的研发支出在2016～2018年均处于上升的趋势，其中，金山办公尤为明显，且其研发支出显著高于其他公司。（见图4-28）

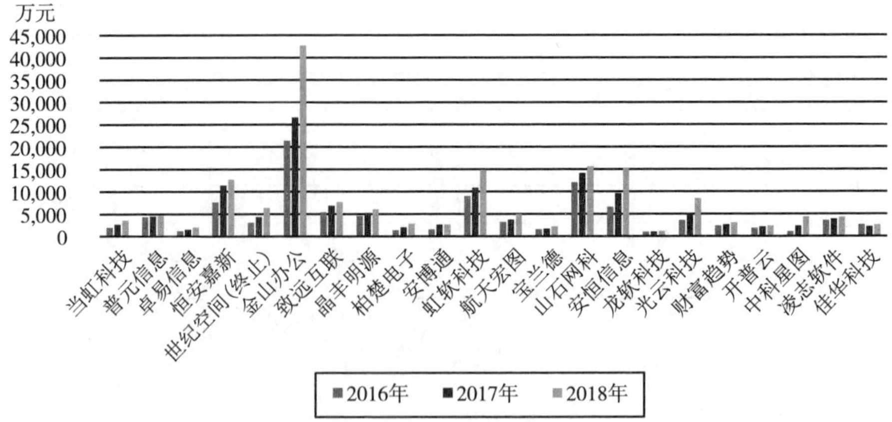

图 4-28 研发费用

通过计算各家公司2016～2018年三年的研发能力均值，可以看到研发能力高于30.00%的公司仅有三家，分别为金山办公、虹软科技和山石网科，其研发能力分别为37.53%、32.81%、31.82%，其中，金山办公的研发能力在22家公司中处于领先地位。（见图4-29）

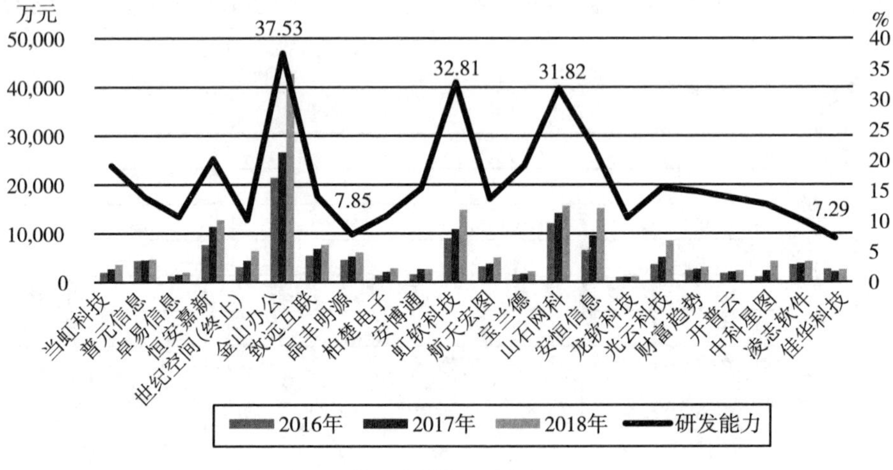

图 4-29 研发能力

9.净利润

根据软件和信息技术服务业在科创板审核通过的22家公司2016～2018年度的净利润情况，可以看到，除了普元信息、财富趋势之外，剩余的各公司在3年内的净利润都处于上升的趋势，其中金山办公一直处于领先地位。2016年度，净利润超过10,000.00万元的公司有金山办公和财富趋势，分别为12,992.74万元、13,871.06万元，净利润为负的公司分别为恒安嘉新和世纪空间（终止）；2017年度，净利润超过10,000.00万元的公司有金山办公、柏楚电子和财富趋势，恒安嘉新和世纪空间（终止）的净利润由正转负；2018年度，净利润增长速度最快的前五名公司分别为世纪空间（终止）、中科星图、虹软科技、佳华科技、开普云，分别同比增长230.13%、91.98%、82.49%、79.00%、74.84%。（见图4−30）

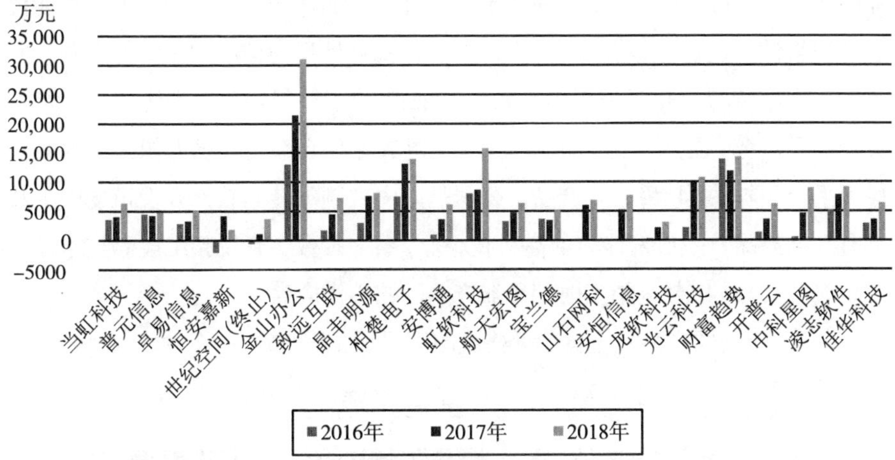

图 4−30　净利润

（二）审核问题概况

“软件和信息技术服务业”中22家公司接受的各轮问询共涉及1534个问题，以下仅列出前十大高频审核问题及其占比：（见图4−31）

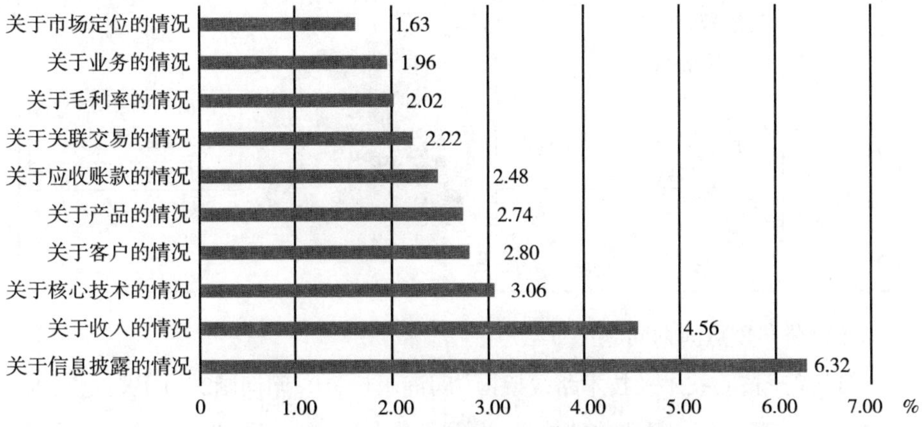

图 4−31　软件和信息技术服务业高频问题

（三）各公司典型问题

1.杭州当虹科技股份有限公司——国内视频编转码软件开发市场中少数具有高端产品自主研发能力的高科技企业

（1）公司概况

公司是一家专注于智能视频技术算法研究，面向传媒文化和公共安全等行业的国家高新技术企业。公司的经营模式主要为自主研发独立及嵌入式智能视频处理软件并进行销售，同时为客户提供以视频处理为核心的多功能视频云服务。公司在传媒文化领域提供视频内容采集、生产、传输分发和终端播放等相关产品及服务；在公共安全领域为公安、司法等政府部门提供人像大数据实战应用平台、移动视频警务等产品。公司是国内视频编转码软件开发市场中少数具有高端产品自主研发能力的高科技企业，系中国数字音视频编解码技术标准工作组会员，是4K超高清实时编码器产品的核心供应商。

（2）关于公司产品及主营业务构成的情况（见表4-63）

表 4-63　公司产品及主营业务构成情况

<table>
<tr><td>公司产品</td><td colspan="3">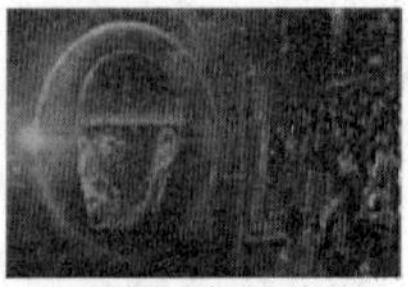
当虹鹰眼人像大数据实战平台

当虹鹰眼智慧安防小区管控系统

当虹鹰眼智慧街面巡防系统</td></tr>
<tr><td rowspan="3">2018 年度公司主营业务构成 / 万元</td><td>智能视频解决方案收入</td><td>10,902.36</td><td rowspan="3">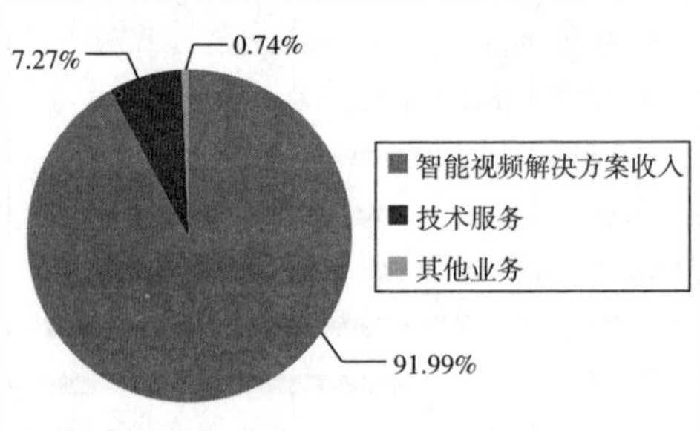</td></tr>
<tr><td>技术服务</td><td>861.12</td></tr>
<tr><td>其他业务</td><td>87.95</td></tr>
</table>

（3）公司重点问询问题

1）关于核心技术及技术路线架构【问询函1—10；问询函2—1】关注点：核心技术及来源情况；行业共性技术；公司特有技术；核心技术的独特性和突破点；视频编转码技术路线三种架构各自的优劣势；“CPU+GPU” 模式的技术先

进性、主要技术指标、技术迭代周期及技术进展方向；发行人针对目前技术差距拟采取的措施及可行性；核心技术的应用和贡献情况；发行人与境外竞争对手关于技术水平、产品系列以及客户群体等方面优劣势的比较分析；发行人主要产品与核心技术、专利、软件著作权、业务许可和资质的对应关系；发行人采用CPU+GPU架构的技术先进性及差异；ASIC、CPU和CPU+GPU三种架构的特点和优劣势；公司的核心竞争优势和技术的独特性如何体现，主要竞争对手的研发情况、技术水平、产品质量参数等。

2）关于客户【问询函1—14；问询函2—4；问询函3—1】关注点：主要客户的获取方式、合作历史；主要客户变动较大的原因及合理性；交易的可持续性；客户的稳定性；前五大客户的名称及销售情况；下游客户较为分散且变动较大是否符合行业特征；前五大客户均为新增客户的原因；2016年、2017年主要客户为发行人股东控制的企业且部分为渠道代理商；客户后续注销的原因；渠道代理商客户、后续注销客户；维护客户稳定性所采取的具体措施；销售价格的公允性；业务独立性；关联交易及其他利益输送行为。

3）关于关联方及关联交易【问询函1—22、23；问询函2—3；问询函3—2】关注点：既存在关联采购又存在关联销售的原因；关联销售、关联采购数据；关联方的认定依据；资产、技术、人员、业务及财务等方面重叠的情形；是否存在共同客户、共同供应商；是否存在共用销售渠道和供应渠道；运营独立性；非关联化后的后续交易情况；非关联化后相关资产、人员的去向；关联交易信息披露的完整性和准确性；关联交易的公允性；关联方注销的原因；注销关联方与发行人之间存在的资产、业务和资金往来情况；关联交易的定价机制、交易价格的公允性；关联交易发生的商业合理性、金额及比例情况；发行人的经营独立性；对关联方的依赖；是否存在通过关联交易调节发行人收入利润或成本费用；关联方认定。

4）关于销售模式【问询函1—12、27；问询函2—6】关注点：通过经销商或者集成商实现销售的原因及商业逻辑；非直接销售模式下客户最终实现销售的情况；定制化产品通过经销模式销售的原因；经销模式、直销模式销售情况；销售模式发生变动的原因；经销商新增、退出情况；是否存在关联关系及其他利益输送行为；是否存在大量个人等非法人经销商；经销商的退换货情况；终端销售情况及各期进销存情况；经销商回款是否存在大量现金和第三方回款；经销商的信用政策；经销和直销模式转换情况；与同行业可比上市公司的对比情况；发行人经销模式占比高、客户相对分散的经营特点；终端客户既通过直接销售又通过非直接销售向公司采购的具体交易情况；补贴或返利的制度安排；销售收入与销售返利的匹配情况分析；直销、经销模式下的关联方、非关联方销售占比。

5）关于供应商【问询函1—15；问询函2—9】关注点：向前五大供应商的采购情况；主要供应商采购金额增减变动的原因及合理性；采购价格的公允性；前五大供应商基本情况；是否存在同时为公司的客户和供应商的情况；是否存在关联关系、资金往来或其他利益安排；对主要供应商的核查情况；采购软件开发服务的具体内容；是否受下游客户或最终客户的指定；是否存在向第三方购买核心技术和产品的情形。

6）关于成本和产量的匹配关系【问询函2—10；问询函3—3】关注点：材料成本和数量的勾稽关系及差异原因；结存入存货和固定资产的服务器的具体数量与期末库存商品和固定资产的配比关系；结转入存货和固定资产的服务器的单位成本与发行人销售同类产品的单位成本之间的差异及原因；产品的销售量与结转成本的服务器数量的配比关系及差异原因。

2.普元信息技术股份有限公司——中外合资企业，国内软件基础平台、云应用基础设施、大数据基础设施的主要供应商之一

（1）公司概况

公司是国内专业的软件基础平台提供商，面向金融、政务、能源、电信、制造业等行业大中型用户，提供自主可控、安全可靠的云应用平台、大数据中台和SOA集成平台软件及技术服务。公司自成立以来长期致力于软件基础平台核心技术自主研发与创新能力的构建，打造了基于组件化的技术平台和核心技术组合，形成了体系化的技术研发能力、平台化的产品开发能力及完善的项目实施方法论。公司以上述核心技术和创新能力为基础，提供软件基础平台产品、软件基础平台定制实施服务以及基于软件基础平台的应用开发服务。公司参与了SCA/SDO两项重要的SOA国际技术规范和11项国家技术标准的制定，承担了国家发改委、工信部“国家电子信息产业振兴与技术改造专项项目—云计算软件研发及产业化”和多项上海市重要科研课题或研发产业化项目，其中“业务化SOA中间件产品研发及产业化”和“基于复杂业务架构的云计算软件研发及产

业化项目”分别获得上海市科学技术奖二等奖、三等奖。此外，公司还获得“中国软件和信息服务软件基础平台领域杰出企业”、“2018中国大数据企业50强”、“上海市明星软件企业”等多项荣誉。

（2）关于公司产品及主营业务构成的情况（见表4-64）

表 4-64 公司产品及主营业务构成情况

<table>
<tr><td>公司产品</td><td colspan="3">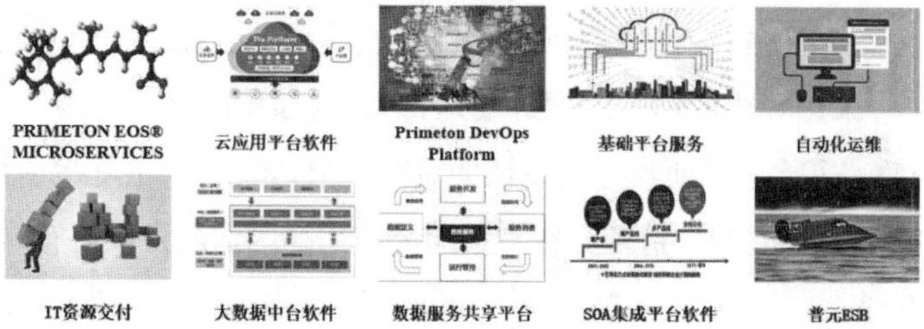
</td></tr>
<tr><td rowspan="2">2018 年度公司主营业务构成 / 万元</td><td>软件基础平台产品</td><td>24,119.53</td><td rowspan="2">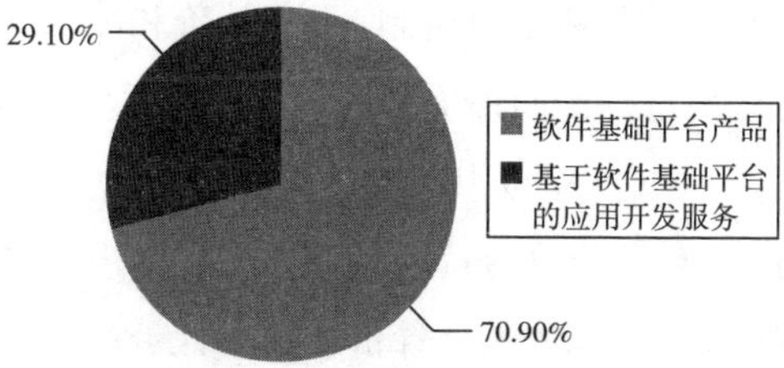
</td></tr>
<tr><td>基于软件基础平台的应用开发服务</td><td>9899.64</td></tr>
</table>

（3）公司重点问询问题

1）关于技术服务【问询函1—8】关注点：技术服务采购披露的准确性、完整性；技术采购的具体模式；用工模式是否属于劳务派遣；对外采购技术服务的成本优势；技术服务采购与具体项目的对应情况；是否存在关联关系或者其他利益输送关系；大量采购技术服务的必要性、合理性；相关股东、高管、技术人员等是否存在流向现有技术服务采购商的情形；通过新招200多名员工内部设计替代技术服务采购的真实性。

2）关于所得税优惠事项备案【问询函1—11；问询函2—2】关注点：业务开展所需的相关资质及业务资质许可的具体内容；是否存在违反相关规定超出资质规定范围开展业务的情形；相关产品和服务认证到期后的续期情况；“国家规划布局内重点软件企业”税务备案是否完成。

3）关于同业竞争【问询函1—14；问询函2—1】关注点：刘亚东及其配偶能

否实际控制阿尤卡；阿尤卡、智胜投资的主营业务或对外投资企业主营业务情况；阿尤卡、智胜投资与发行人是否存在同业竞争或潜在同业竞争；认定刘亚东及其配偶无法控制阿尤卡的依据是否充分；是否可能会导致与发行人之间的非公平竞争、利益输送、让渡商业机会等情形。

4）关于业务获取方式【问询函1—17；问询函2—6】关注点：三种不同订单获取方式下（政府招标采购、企业招标采购、集成商销售），报告期各期的收入金额及占比情况；集成商销售、政府采购、企业采购三种模式的毛利额及毛利率对比情况；采用集成商销售的原因及是否为行业惯例；集成商销售模式下，公司合同签订、收取款项、项目进度确认的具体对象是集成商还是终端客户；集成商销售模式下的终端客户是否存在直接向公司采购的情况及同时存在两种合作模式的合理性。

5）关于收入确认方式【问询函1—17；问询函2—7】关注点：人月计价与项目计价的具体定价机制；人月计价和项目计价项目的主要区别；同样性质的业务最终选择不同计价方式的主要原因；不同收入确认方式的收入占比的变化情况、变化趋势及原因；项目计价、人月计价、服务期直线法下确定的收入的季节性；人月计价是否符合行业惯例和客户习惯，人月计价模式下确认收入应满足哪些条件；采取人月计价或项目计价对公司收入确认、成本归集及财务状况有何具体影响；是否存在通过改变项目计价方式从而提前确认收入的情况；是否存在本应按项目计价而实际以人月计价以提前确认收入的情况；将报告期人月计价项目调整为按项目计价对报告期各年/期的利润表主要项目的影响；发行人对收入确认是否有合理的确认依据、确认时点是否准确、是否存在提前确认收入的情况、收入确认是否与会计政策一致。

6）关于毛利率【问询函1—19；问询函2—9】关注点：不同业务毛利率变化情况；产品、服务定价机制；影响毛利率的因素；产品价格波动的原因及合理性；员工薪酬；研发费用归集的准确性。

7）关于毛利率【问询函1—19；问询函2—9】关注点：不同业务毛利变化情况及原因；软件产品和维护服务的定价机制；与可比公司同类业务毛利率的差异情况及原因；影响毛利率的主要因素；平台定制业务和应用开发业务中云计算域、大数据域、SOA域毛利率变化的原因及合理性；毛利率异常的项目；同一业务属性、技术领域业务在不同年度毛利率变化的合理性。

3.江苏卓易信息科技股份有限公司——中国大陆唯一、全球四家之一（另外三家为AMI、Phoenix，台湾地区的Insyde）的X86架构BIOS独立供应商

（1）公司概况

公司是国内少数掌握X86、ARM、MIPS等多架构BIOS技术及BMC固件开发技术的厂商，是中国大陆唯一、全球四家之一的X86架构BIOS独立供应商，同时作为国内少数能够为国产芯片龙芯（MIPS架构）、华为（ARM架构）等提供BIOS固件技术服务的厂商，公司拥有自主知识产权的云计算设备核心固件（BIOS、BMC）技术与云平台技术。其中固件技术，主要面向CPU厂商、计算设备厂商等客户，为其提供BIOS、BMC固件定制开发及固件产品销售；云平台技术主要面向政府、企业等客户，为其提供定制化软件开发或标准化应用软件产品、软硬件整体解决方案，并提供配套计算资源租赁、运维等服务，能够满足采用自主、可控国产芯片的云计算设备的BIOS、BMC固件配套需求。公司是国家重点软件企业、国家高新技术企业、“安全可靠工作委员会”会员单位。

（2）关于公司产品及主营业务构成的情况（见表4-65）

表 4-65　公司产品及主营业务构成情况

<table>
<tr><td>公司产品</td><td colspan="3">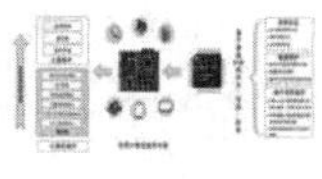 BIOS固件　 BMC固件产品　 政企云服务　 物联网云服务</td></tr>
<tr><td rowspan="3">2018 年度公司主营业务构成 / 万元</td><td>云服务</td><td>9166.74</td><td rowspan="3">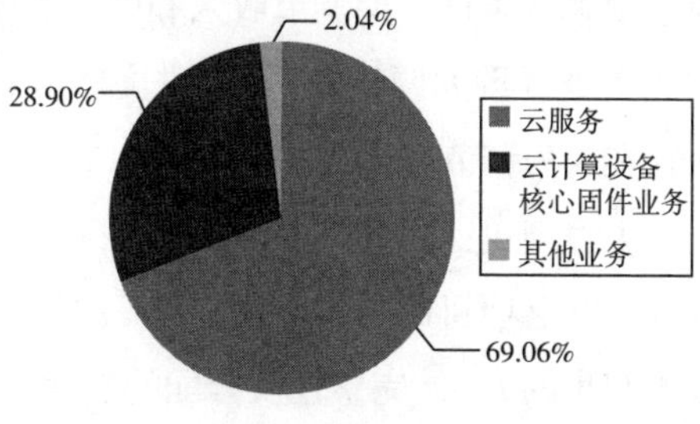
</td></tr>
<tr><td>云计算设备核心固件业务</td><td>3835.43</td></tr>
<tr><td>其他业务</td><td>270.23</td></tr>
</table>

（3）公司重点问询问题

1）关于员工持股平台及股份支付【问询函1—3；问询函2—2】关注点：员工持股平台之间的股东是否存在交叉；股东新增、退出情况；持股平台合伙人所任职务、认缴的出资额、贡献程度等具体情况；是否存在亲属关系、关联关系、委托持股、信托持股或其他利益输送安排；员工退出或减持的原因及合理性；是

否存在穿透后超过200人的情形；核心技术人员的认定；股份支付涉及的股份变更、资金缴纳、纳税情况；持股平台的历次增资和转让发生的具体原因，是否涉及股份支付及依据；股份支付的公允价值情况；股份支付的会计处理。

2）关于客户【问询函1—18；问询函2—3、4】关注点：主要客户的获取方式、合作历史；是否在存在对关联方的依赖；是否存在不正当竞争或通过不正当手段违规获取客户的情形；是否存在关联关系、委托持股或其他利益安排的情形；固件业务、云服务业务客户变动和销售金额变动的原因，与客户的出货量规模、合同规模是否匹配；客户集中在宜兴地区的原因；发行人是否存在对英特尔的重大依赖；发行人是否具有持续获客能力；发行人各期主要客户的基本情况；固件业务下来自各主要客户的收入与客户出货量规模；主要客户增减变动的原因；发行人认为不存在对英特尔重大依赖的依据及其充分性；终止与英特尔合作对公司经营的影响；解除合作协议对发行人持续经营能力不构成重大不利影响是否符合公司实际情况。

3）关于收入【问询函1—26；问询函3—6；问询函4—1】关注点：收入来源；收入确认方式；发行人收入是否源于核心技术；与核心技术相关的收入的计算口径；扣除非源于核心技术后的收入、利润情况；收入确认政策；收入确认的具体方法和依据；收入确认时点和金额是否合理；采用完工百分比法确认收入的业务范围和占比；是否存在放松信用政策增加收入的情况；是否存在利用收入、应收款确认条件跨期调节收入和应收账款的情形；是否存在对合同总收入和合同成本进行重大调整的项目；进度确认、验收、结算、收款的实际执行情况；是否存在人为调节完工进度的情况。

4）关于毛利率【问询函2—10；问询函3—8；问询函4—4】关注点：毛利率在70%以上项目的具体情况；完工百分比下的成本和收入是否配比；相关项目成本归集的方法、完整性及分配的准确性；是否存在不同期间调节项目收入、成本、利润的情况；关于成本核算的内部控制；高毛利项目涉及软件产品的具体开发周期；研究开发支出的会计处理、确认期间；是否存在通过关联方代垫成本费用的情况；是否存在跨期确认收入的情形；同行业可比公司的销售费用、管理费用、研发费用的构成情况。

5）关于应收账款【问询函2—11；问询函3—7；问询函4—5】关注点：不同客户类型对应的应收账款金额及账龄构成情况；不同类型客户的信用政策、结算周期；应收账款周转率显著低于可比公司的原因；是否存在放宽信用政策刺激销售的情形；各逾期应收账款逾期的具体原因；坏账计提；应收账款中是否含有质保金；质保金政策；各期末质保金金额及账龄分布；应收账款的期后回款情况和回款比例变动原因；超期应收款的金额和超期原因；超期应收款中不同超期账龄的金额、占比；超期应收款客户的信用政策、超期账龄；质保金的账龄计算和坏账计提方法。

6）关于供应商【问询函2—12；问询函3—9】关注点：前五大供应商的采购情况；发行人对主要供应商的重要性；采购内容及供应商频繁变动的原因；外包业务是否属于发行人的核心业务环节；外包费用占比较高的合理性；采购单价公允的依据；主要供应商的信用政策；部分主要技术服务供应商需在发行人收到其客户款项后才向发行人收款的合理性；关联交易及其他利益输送行为；2018年、2016年前五大原材料供应商集中度较低的原因。

7）关于业务协同效应【问询函2—1】关注点：业务的形成和发展历程、分工和侧重；相关客户、供应商、研发、采购、生产、销售、资产之间是否具有业务联系；固件业务与云服务业务之间协同效应的具体体现；南京固微退出南京百敖、昆山百敖的原因；子公司改制、相关国有股东转让股权时是否履行了法定审批程序，是否涉及国有资产流失。

4.恒安嘉新（北京）科技股份公司——是具有“云—网—边—端”整体解决方案的通信网安全领军企业

（1）公司概况

公司是具有“云—网—边—端”整体解决方案的通信网安全领军企业，专注于网络空间安全综合治理领域。主要采取直销模式向电信运营商、安全主管部门等政企客户提供服务。其中网络空间安全综合治理产品主要客户为电信运营商、各省通信管理局及其他安全主管部门或其下属单位；移动互联网增值产品通过电信运营商最终提供给智能终端用户；通信网网络优化产品主要客户为电信运营商。公司网络安全数据采集和分析效率位居行业前列，为电信运营商和安全主管部门提供的网络安全数据实时分析能力超过300Tbps。已连续四届入选CNCERT“网络安全应急服务支撑单位（国家级）”，先后完成“十九大”、“两会”、G20杭州峰会等国家级网络安全保卫任务。

（2）关于公司产品及主营业务构成的情况（见表4-66）

表 4-66　公司产品及主营业务构成情况

<table>
<tr><td>公司产品</td><td colspan="3">
移动互联网恶意程序防护产品
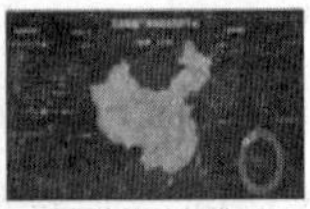
互联网僵尸木马蠕虫防护产品

IDC 安全管理产品
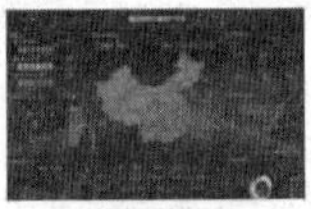
通信网络诈骗防护产品

安全感知与应急管理平台

安全服务与工具
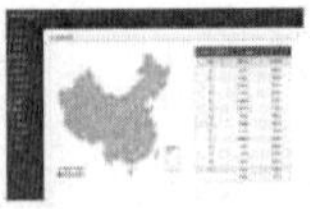
通信网网络优化</td></tr>
<tr><td rowspan="3">2018 年度公司主营业务构成 / 万元</td><td>网络空间安全综合治理</td><td>45,568.60</td><td rowspan="3">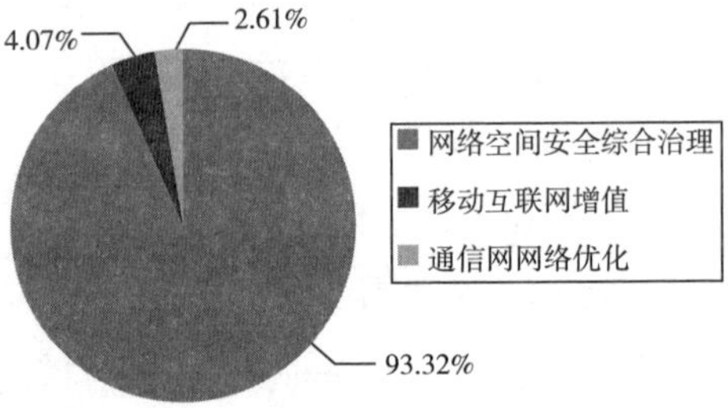
</td></tr>
<tr><td>移动互联网增值</td><td>1987.09</td></tr>
<tr><td>通信网网络优化</td><td>1274.57</td></tr>
</table>

（3）公司重点问询问题

1）关于股权代持【问询函1—2；问询函2—1；问询函3—4】关注点：股权代持的形成时间、背景、代持原因、出资资金来源；代持协议的主要内容；股权代持的真实性；股权代持是否彻底清理；是否仍存在股份代持、信托持股等情形；股份权属是否清晰；解除代持、股权转让是否适用《股份支付》准则；股权转让价格是否合理；是否缴纳个人所得税；对于股权代持认定的具体核查情况；被代持的具体身份；是否存在关联交易及利益输送行为；认定不属于股份支付、不确认股份支付费用的依据是否充分。

2）关于竞业禁止【问询函1—10；问询函2—3】关注点：西门子公司离职员工加入发行人的背景情况；与西门子公司之间是否存在竞业禁止、保密协议等约定；专利、核心技术等是否来源于西门子公司，是否为金红等人在西门子公司的职务发明；发行人的管理层团队、研发团队、主要技术等与西门子公司的具体联系；是否存在对西门子公司的重大依赖；西门子公司主营业务与发行人明显不同的依据是否准确；发行人防范和解决与西门子潜在纠纷的措施是否切实可行。

3）关于独立性【问询函1—22；问询函2—4】关注点：启明星辰的主营业务与发行人是否具有替代性、竞争性；发行人的历史沿革、资产、人员、技术、主营业务是否与启明星辰存在关系，是否存在对启明星辰的重大依赖；销售渠道、主要客户及供应商是否存在重叠；员工在发行人和启明星辰集团同时任职的情况；启明星辰对发行人核心技术、生产经营的具体作用，是否影响发行人独立性；发行人与启明星辰交易的必要性、合理性及公允性；发行人未来与启明星辰的关联交易是否存在持续增加的趋势；关联交易定价的公允性；是否存在核心技术泄露或无法有效保密的风险。

4）关于关联方及关联交易【问询函1—23；问询函2—5】关注点：中国移动、中国联通、中国电信是否应当认定为发行人的关联方；关联方入股发行人的原因及商业合理性；关联交易的合理性及公允性；关联交易的交易内容、交易金额、交易背景、相关交易与发行人主营业务之间的关系；发行人获取业务的方式，相关业务是否具有稳定性以及可持续性；相关内部控制制度是否健全有效；关联交易是否影响发行人的经营独立性。

5）关于订单【问询函2—7；问询函4—1】关注点：报告期内单一来源采购合同数量和营业收入占比逐年提升的原因及合理性；参与招标的数量、中标数量；产品市场覆盖率高的依据是否充分；单一来源的订单中扩容业务以及非扩容业务的金额及占比情况；电信运营商对于扩容项目通过单一来源方式向原供应商继续采购是否为行业惯例；合同未标明订单获取方式的原因；订单价格的差异情况；单一来源获取订单属于公开方式的具体依据；是否存在因招标而采用单一来源采购的情形；收入主要依赖客户单一来源采购方式是否存在法律风险。

6）关于毛利率【问询函2—8；问询函3—3】关注点：新建业务与扩容业务、流量增值业务与非流量增值业务、流量包销售业务与非流量包销售业务各期的收入、成本、毛利率及变化情况；技术服务业务外采成本；扩容项目毛利率显著高于同期新建项目毛利率的原因及合理性；扩容项目的定价机制；“工信部对运营商相关考核力度加大”影响毛利率变化的合理性；产品的成本具体构成及变化情况；是否存在通过不正当的方式影响客户对扩容项目订单的定价决策，从而获取高价订单的情况。

5.二十一世纪空间技术应用股份有限公司——是中国第一家与国际技术领先的卫星系统研建机构合作并自主拥有和独立运控商用遥感卫星系统的国家级高新技术企业，是国内商业卫星遥感的开拓者

（1）公司概况

公司是面向中国及全球客户的自主遥感卫星运控及地球空间信息大数据服务商。主要通过提供卫星遥感大数据产品，空间信息综合服务及其他的方式取得收入。公司主营业务为基于自主运控自有遥感卫星的数据获取，处理分析及销售和空间信息综合应用服务，覆盖上、中、下游全产业链。公司拥有自主运控的“北京二号”遥感卫星星座系统，先发优势显著。业务覆盖了空间段，地面段及服务段，具备贯通产业链的业务服务能力，能够主动响应客户对卫星遥感大数据的规模化、定制化和差异化需求。公司是中国第一家与国际技术领先的卫星系统研建机构合作并自主拥有和独立运控商用遥感卫星系统的国家级高新技术企业，是国内商业遥感卫星的开拓者。

（2）关于公司产品及主营业务构成的情况（见表4-67）

表 4-67　公司产品及主营业务构成情况

<table>
<tr><td>公司产品</td><td colspan="3">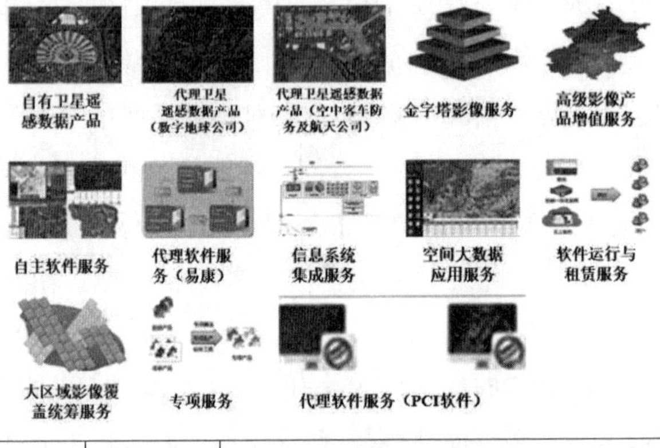
</td></tr>
<tr><td rowspan="4">2018 年度公司主营业务构成 / 万元</td><td>空间信息服务</td><td>37,334.73</td><td rowspan="4">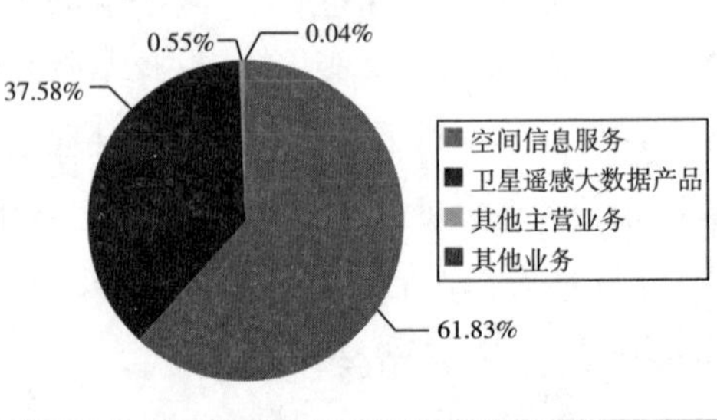
</td></tr>
<tr><td>卫星遥感大数据产品</td><td>22,692.35</td></tr>
<tr><td>其他主营业务</td><td>334.84</td></tr>
<tr><td>其他业务</td><td>22.53</td></tr>
</table>

（3）公司重点问询问题

1）关于卫星及其合作研发【问询函1—12、13；问询函2—1】关注点：关于卫星的国内外监管政策和国际公约；星座被淘汰的情况下是否能够持续发射卫星；相关商业模式；北京二号星座的实际运行情况的核查情况；是否存重大违法违规；合作建设星座系统的具体协议安排；是否具备对遥感数据源独占享有的物理环境或技术条件等；核心数据来源的安全性；购买保险的具体内容；目前在轨卫星实际运行情况；是否被对英国萨里公司存在重大依赖；在轨卫星出现故障、毁损时的救济措施；由英国萨里公司作为北京二号权属持有人的原因；发行人对卫星的使用权属是否会受到国际政治等风险的影响；发行人与萨里公司的合作模式是否会发生变化；关于卫星资产的确认；卫星资产的转固时点与发行人的业务量变动是否匹配；关于卫星系统的折旧年限和报废年限；关于卫星资产是否存在减值迹象。

2）关于客户【问询函1—14；问询函2—2】关注点：分业务的前五大客户情况；客户变动情况；销售或业务模式；获取客户的方式；客户集中度较高是否符合行业特征；对大客户的依赖；是否具有持续经营能力；主要客户的基本情况（名称、股东结构、成立时间、注册资本、主营业务、经营情况、与发行人合作期限、销售收入）；各产品或服务下主要客户的具体服务内容、实际控制人；是否存在关联关系；介绍未进入分业务前五大客户基本情况的原因；与相关客户的交易内容、规模及占比。

3）关于资金拆借及偿债能力【问询函1—16；问询函2—5】关注点：存在已超期但仍在执行的融资租赁合同的原因；债务期限情况；偿债能力；大额债务集中到期导致资金流断裂的风险；被抵押资产对应主债务合同期限情况；是否存在到期无法清偿债务导致资产被执行的风险；是否对债务作出展期等安排。

4）关于产供销模式【问询函1—17】关注点：产供销各环节的具体模式；外包业务的原因；外包业务是否属于关键业务环节；核心产品和核心环节是否依赖外包生产；对相关外包环节的控制力；相关外包业务的规模、占比、价格是否公允；向第三方大额采购数据的原因；是否存在依赖第三方关键数据的情况；是否存在外购后直接销售的情况；各主要采购项目报告期内采购金额大幅度波动的原因和合理性。

5）关于供应商【问询函1—22；问询函2—12】关注点：供应商新增、退出情况；是否与主要供应商存在长期的采购安排；指定供应商，或既为客户又为供应商的情况；发行人向北京苏瑞达大幅度增加采购的原因，是否存在对该供应商的依赖；供应商集中度较高是否符合行业特征；采购价格的公允性和价格变动的具体原因；主要供应商的基本情况；各类采购项目的供应是否充足及依据；对外采数据的依赖；关联关系及其他利益输送行为；发行人在主要供应商同类产品销售体系中所处地位。

6）关于收入确认【问询函1—22；问询函2—12】关注点：收入确认的具体政策；收入确认时点的具体依据；客户验收的具体方式；收入确认的具体方法（总额/净额）及选用相关方法的依据；分期确认收入的具体业务或产品类型；按照完工百分比法确认收入的情况；完工百分比法涉及的主要业务类型；完工百分比的具体确定方法、依据；是否存在对合同总收入和合同成本进行重大调整的项目；成本归集与分类核算方法；外销收入和经销收入的真实性。

7）关于应收账款【问询函1—43；问询函2—4】关注点：应收账款会计政策变更；关联方应收账款组合坏账计提政策的具体变化；信用风险组合范围和坏账计提政策的具体变化；应收账款坏账计提比例低于同行业可比公司的原因；应收账款余额变化、账龄变化、回款周期变化情况；应收账款信用政策；是否存在放宽信用政策增加收入的情况；超期应收账款金额、占比、超期期限及期后回款情况；存在争议的应收账款；应收账款主要客户的情况；应收账款减值是否充分；发生坏账损失具体情况；坏账计提明显异于同行业公司是否审慎；计提坏账准备的比例、金额、依据，后期回收可能等；应收账款账龄、超期应收款账龄的统计方法；质保金余额。

6.北京金山办公软件股份有限公司——香港联交所主板上市公司之分拆子公司上市

（1）公司概况

公司是国内领先的办公软件和服务提供商，主要从事WPS Office办公软件产品及服务的设计研发及销售推广。公司拥有办公软件领域30余年研发经验及技术积累，旗下主要产品及服务皆由公司自主研发，对核心技术具有自主知识产权。公司重点针对文字排版技术、电子表格计算技术、动画渲染技术、在线协同编辑、安全文档以及数据协同共享等多种关键技术进行深入研究，通过核心技术的突破，建立互联网云办公应用服务体系，创建智能办公新模式，全面提升用户体验。2018年12月，公司主要产品月度活跃用户数（MAU）超过3.10亿，其中WPS Office桌面版月度活跃用户数超过1.20亿，领先其他国产办公软件；WPSOffice移动版月度活跃用户数超过1.81亿；公司其他产品（如金山词霸等）月度活跃用户数接近0.10亿。WPS Office移动版已覆盖全球超过220个国家和地区，在全球Google Play、中国App Store的办公软件应用市场中排名前列，并持续保持领先地位。为适应客户的安全可靠需求，公司自主研发的WPS Office Linux版本已经全面支持国产整机平台（如龙芯、飞腾、兆芯、申威等芯片）和国产操作系统，并在国家“十二五”、“十三五”期间的“核高基”多项重大示范工程项目中完成系统适配和应用推广。

（2）关于公司产品及主营业务构成的情况（见表4-68）

表 4-68　公司产品及主营业务构成情况

<table>
<tr><td>公司产品</td><td colspan="3">
</td></tr>
<tr><td rowspan="4">2018 年度公司主营业务构成 / 万元</td><td>办公服务订阅</td><td>39,264.76</td><td rowspan="4">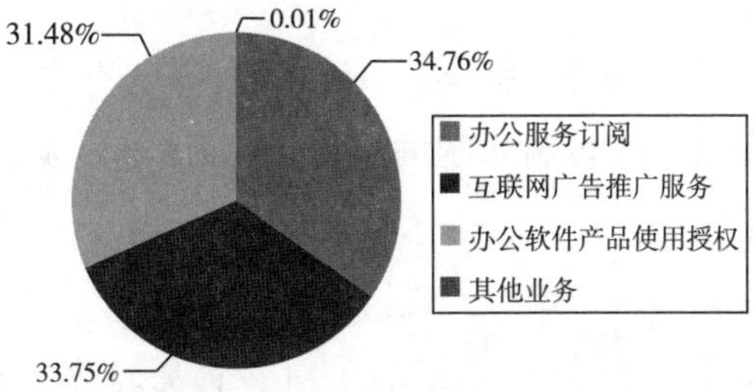
</td></tr>
<tr><td>互联网广告推广服务</td><td>38,121.31</td></tr>
<tr><td>办公软件产品使用授权</td><td>35,568.35</td></tr>
<tr><td>其他业务</td><td>13.69</td></tr>
</table>

（3）公司重点问询问题

1）关于分拆上市【问询函1—1；问询函2—1】关注点：关于分拆上市公司子公司独立上市的相关法律法规及监管规则的要求；在境内分拆上市需取得许可并履行批准程序；金山软件在香港首次公开发行股票的具体情况；是否存在违法违规行为；信息披露的一致性；分拆上市的批复及保证配额的豁免同意函。

2）关于红筹架构【问询函1—3；问询函2—3】关注点：搭建、拆除红筹过程中每一步骤的具体情况；红筹架构的拆除、搭建过程中的合法合规性；搭建、拆除红筹架构过程中所涉境外股东的基本情况；境外股东将其持有的相应权益平移至境内的过程，平移后相关股权的一一对应关系；历次“VIE协议”签署各方之间的关系及其与金山办公有限的关系；签订多次VIE协议的背景；金山办公有限在红筹架构中的定位和作用；VIE协议是否实际履行；VIE结构拆除前后发行人实际控制人是否发生变更；搭建及拆除红筹架构过程中及其后历次对员工实施股权激励的具体方案及调整原因；搭建及拆除红筹架构过程中是否存在对赌协议；拆除红筹架构过程中已履行的纳税义务。

3）关于实际控制人【问询函1—2；问询函2—2】关注点：认定雷军为发行人实际控制人的依据；实际控制人最近两年是否发生变更；雷军与求伯君的一致行动协议的主要内容；对转让股份的限制是否影响控制权稳定。

4）关于无形资产【问询函1—12；问询函2—6；问询函4—12】关注点：无形资产的类别；无形资产的登记情况；发行人与子公司间无形资产的受让情况；授权的无形资产的使用情况；无形资产是否为发行人的核心资产；尚待办理转让或无法转让的原因及具体情况；共有、共用部分无形资产的情形；发行人的资产完整性，独立性；是否存在共用业务系统、办公系统、财务系统及内部控制系统的情形；保证发行人独立的财务体系及业务体系的内控措施。

5）关于销售模式【问询函1—16】关注点：不同业务模式收入确认时点、依据和方法；前十大代理商的主要情况；直销模式、代理商代理模式下主要客户的基本情况、获取方式；与代理商的合作方式；代理商的增减变动情况；同行业可比上市公司采用代理商模式的情况；按场地面积授权模式的具体定价方式；数量授权模式下对软件使用权是否存在使用时间限制；产品直销、代理商经销模式下的价格变化；代理商是否存在大量个人等非法人实体；代理商回款是否存在大量现金和第三方回款；代理商模式和其他销售模式实现的毛利率；代理商的信用政策；代理商具体业务模式及采取代理商模式的必要性；代理商模式下收入确认；代理商选取标准、日常管理、定价机制、物流（是否直接发货给终端客户）、退换货机制；代理商模式下收入的真实性。

6）关于关联方及关联交易【问询函1—21；问询函2—15】关注点：实际控制人、一致行动人及其控制的企业的对外投资及主要业务经营情况；同业竞争的认定；关联方采购的原因及必要性、持续性；关联交易是否真实、必要、持续、公允；发行人与关联方互相代垫款项的情况；是否存在与关联员工互相派遣的情况；发行人的人员是否独立；关联资金拆借的具体情况；关联方任职情况；关联租赁房产的产权归属；关联方综合服务费各明细项目的具体情况。

7.北京致远互联软件股份有限公司——是中国领先的协同管理软件提供商，集协同管理产品的设计、研发、销售及服务为一体

（1）公司概况

公司是中国领先的协同管理软件提供商，集协同管理产品的设计、研发、销售及服务为一体，专注于企业级管理软件领域，为客户提供协同管理软件产品、解决方案、协同管理平台及云服务，公司秉持“以人为中心”的产品设计理念，基于“组织行为管理”理论，运用新一代信息技术，结合客户的成功应用实践，自主研发出了领先的协同管理平台V5。在此基础上，公司打造了面向中小企业组织的A6产品、面向中大型企业和集团性企业组织的A8产品，以及面向政府组织及事业单位的G6产品。协同管理软件是新一代企业级管理软件，能显著提高企业及政府的协同运营管理效率，助力企业、政府实现数字化转型升级，公司提供的协同管理软件产品应用于制造、建筑、能源、金融、电信、互联网及政府机构等众多行业和领域，主要客户包括中国建筑、中国医药集团、国家电力投资集团、中粮集团、中核集团、中国移动、招商银行、中信银行、星巴克、壳牌石油、今日头条、滴滴出行等国内外知名企业以及中国注册会计师协会、国家广电总局、贵州省人民政府等政府及事业单位。

（2）关于公司产品及主营业务构成的情况（见表4-69）

表 4-69　公司产品及主营业务构成情况

<table>
<tr><td>公司产品</td><td colspan="3">
</td></tr>
<tr><td rowspan="3">2018 年度公司主营业务构成 / 万元</td><td>协同管理软件</td><td>52,467.61</td><td rowspan="3">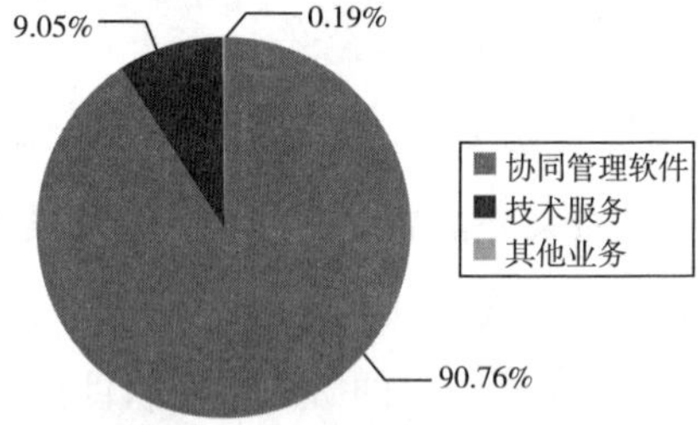
</td></tr>
<tr><td>技术服务</td><td>5232.37</td></tr>
<tr><td>其他业务</td><td>109.27</td></tr>
</table>

（3）公司重点问询问题

1）关于股东情况及股权转让【问询函1—13；问询函2—5】关注点：创始股东用友网络对公司产品研发、市场拓展、渠道销售、技术支持等方面的影响；对用友网络发生销售的具体情况；公司的主要产品、服务与用友网络的区别与联系；业务合作模式的详细内容；2015年用友网络转让发行人股份的具体原因及转让价格公允性的确定依据；用友网络的内部决策程序；是否存在产品、技术、人员等来自用友网络的情况；是否与用友网络等存在销售渠道共享等情况；是否存在关联关系或其他利益安排；是否存在由其他方代网络股份持有发行人股份的情形。

2）关于销售模式【问询函1—17；问询函2—2】关注点：经销模式下经销商的作用；经销模式的合理性；经销模式下收入确认的具体方式；经销模式与直销模式下的区别；与同行业公司可比公司的对比；经销是否为买断式经销；经销商对于获客的作用；经销模式下商品采购成本的具体内容；前五大经销商客户及

其基本情况；经销商的选择标准、管理模式、体系和层级情况；经销商进入和退出机制；经销商的变动情况及原因；经销商退货情况；经销和直销模式毛利倒挂的原因；经销商模式和直销模式下产品的销售单价；经销商产生收入的集中度情况；对经销商的销售折扣、销售折让政策；经销商的地域分布情况；对经销商持股情况。

3）关于对外担保【问询函1—21；问询函2—1；问询函3—3】关注点：是否存在现金收付款、第三方回款或其他内控不规范的情形；对经销商银行贷款进行担保是否履行了相应内部程序；接受担保经销商的基本情况；来自接受担保的经销商的收入；为经销商的银行借款提供担保的原因、是否为行业惯常做法；是否还计划为经销商借款进行担保或以其他方式提供财务资助；是否存在关联关系。

4）关于外包服务和劳务派遣【问询函2—7；问询函4—5】关注点：外包服务与劳务派遣的区别及划分依据；外包服务或者劳务派遣对成本的影响；用工制度与外包服务的合法合规性；外包服务金额较高是否为行业惯例；发行人核心技术是否依赖外包公司。

5）关于审计调整【问询函1—43】关注点：审计调整事项的原因及调整情况；分红、事后收回红利及利息的相关账务处理。

6）关于员工持股平台【问询函1—2；问询函2—8】关注点：员工持股平台的设立背景与原因；员工持股计划的主要内容和基本要求；合伙协议的主要内容，转让和退出机制安排；持股平台合伙人的具体情况；员工持股计划的制定与实施是否符合法律、法规等相关规定；员工持股平台是否为实际控制人控制；是否存在股份代持或其他形式的利益输送安排；股份锁定和减持等承诺的机制安排；是否与实际控制人存在一致行动关系。

8.上海晶丰明源半导体股份有限公司——是国内领先的电源管理驱动类芯片设计企业之一

（1）公司概况

公司是国内领先的电源管理驱动类芯片设计企业之一。公司采用Fabless模式，拥有行业领先的模拟芯片设计能力，并多次引领细分行业技术革新。主营业务为电源管理驱动类芯片的研发与销售，公司产品包括LED照明驱动芯片、电机驱动芯片等电源管理驱动类芯片。公司在高精度恒流技术等方面实现了技术突破，掌握了“寄生电容耦合及线电压补偿恒流技术”“单电阻过压保护技术”“过温闭环控制降电流技术”等LED照明驱动芯片设计的关键性技术，推出了LED照明驱动的整体解决方案。根据国家半导体照明工程研发及产业联盟（CSA）统计，公司2016年国内LED照明驱动芯片市场占有率约为28.80%，市场占有率较高。

（2）关于公司产品及主营业务构成的情况（见表4-70）

表 4-70　公司产品及主营业务构成情况

<table>
<tr><td>公司产品</td><td colspan="3">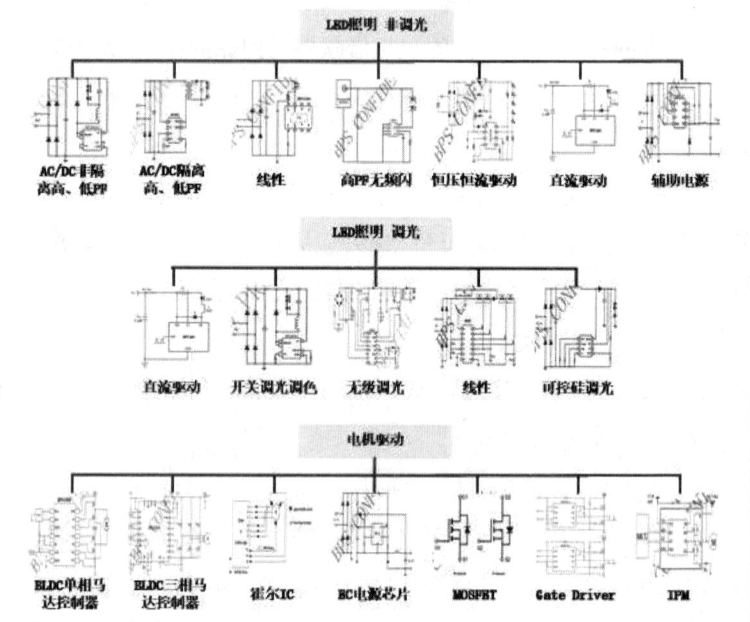
</td></tr>
<tr><td rowspan="4">2018年度公司主营业务构成/万元</td><td>通用LED照明驱动芯片</td><td>57,927.54</td><td rowspan="4">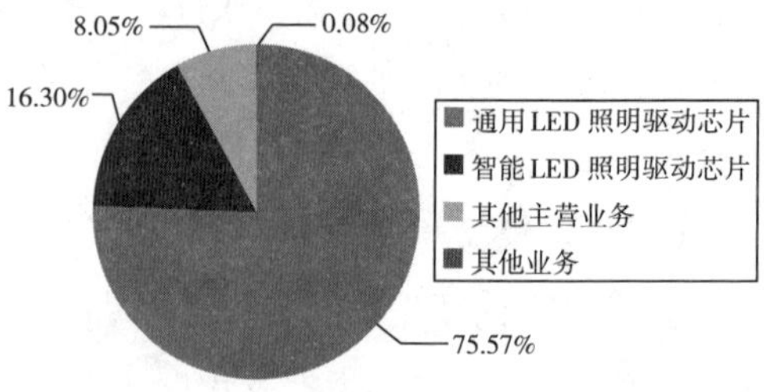
</td></tr>
<tr><td>智能LED照明驱动芯片</td><td>12,494.03</td></tr>
<tr><td>其他主营业务</td><td>6169.96</td></tr>
<tr><td>其他业务</td><td>67.59</td></tr>
</table>

(3)公司重点问询问题

1)关于销售模式【问询函1—13;问询函2—1】关注点:采用经销商模式实现销售是否符合下游目标客户采购的行业惯例;与同行业可比上市公司的对比;经销商家数的增减变动情况;直销模式和经销模式下前五大客户所采用的信用政策、结算政策和定价机制;经销模式和直接销售模式下的毛利率情况;直销和经销模式下客户存在重合的情况;是否存在第三方回款的情况;经销商客户是否专门或主要为销售发行人产品而成立;经销商选取标准、日常管理、定价机制、物流、退换货机制、销售存货信息系统;经销商的信用政策;是否存在搭建多层经销架构完成产品销售的情况;是否存在关联关系、关联交易、资金往来或其他利益安排;经销收入的真实性;向经销商指定的供应商;是否采用销量阶梯式的商业折扣政策;主要经销商的商业折扣政策;向经销商收取票据支付手续费和账期逾期费用的计算过程。

2)关于收购无形资产、固定资产【问询函1—13;问询函2—1】关注点:购买专利及非专利技术的原因、价格、定价依据;专利及非专利技术与发行人主要销售产品之间的关系;收购资产的决策程序的合规性、具体情况、所得税缴纳情况;收购的存货后续销售情况;收购固定资产的折旧计提政策及折旧年限;无形资产的减值。

3)关于本次、前次申报的信息披露差异【问询函1—9;问询函2—13】关注点:前次申报的简要过程,发审委否决意见和要求落实的主要问题,本次整改落实情况;前次申报以来相关证券服务机构及其签字人员是否发生变更;本次申报和前次申报的信息披露差异情况;公共办公平台相关的租赁费及经营分成收入的具体情况;发行人将原计入其他业务收入的票据支付手续费、账期逾期费用调整为财务费用,是否属于信息披露差异事项,相关调整是否符合企业会计准则的规定。

4)关于第一大客户【问询函1—16;问询函2—5】关注点:第一大客户广州晶丰与发行人名字相似的原因及商业合理性;广州晶丰是否专门或主要为发行人销售产品而成立;广州晶丰的基本情况;是否存在关联关系、资金往来和关联交易;是否存在为发行人代垫成本、费用或其他利益安排的情况;共用商标和商号的情况;员工是否存在重合。

5)关于供应商【问询函1—19;问询函2—8】关注点:定制化采购的定价机

制和调价机制；MOS采购价格波动的原因；向不同供应商采购价格差异的原因；与供应商签订的合同属性类别以及关于物料转移风险归属的具体规定；与技术保密相关内部控制制度；发行人向中芯国际和天水华天预付款的原因及合理性；采购价格的定价依据。

6）关于资金拆借【问询函1—23；问询函2—12】关注点：资金拆借的金额、用途、偿还过程、偿还金额与支付方式；偿还资金的来源；现金股利是否用于偿还所占用的资金；向股东按基准日持股比例提供无息贷款是否属于变相分配利润；借款股东是否需要缴纳个人所得税；拆出资金的实际流向；是否存在为发行人代垫成本费用或其他利益安排；防止资金占用的内部控制制度；对外拆借非关联企业的具体情况。

9.上海柏楚电子科技股份有限公司——推出全球首创的“CAD、CAM和NC三合一激光切割控制系统”和“网络通讯式随动系统”两项技术变革

（1）公司概况

公司是一家从事激光切割控制系统的研发、生产和销售的高新技术企业和重点软件企业，是国家首批从事光纤激光切割成套控制系统开发的民营企业，致力于为激光加工提供稳定、高效的自动化控制解决方案，推动中国工业自动化的发展，公司主营业务系为各类激光切割设备制造商提供以激光切割控制系统为核心的各类自动化产品，公司产品以自主软件开发为核心，并与板卡、总线主站、电容调高器等硬件集成后进行销售，其中部分硬件通过外协厂商加工。公司全部产品均直接销售给下游客户，不存在通过代理或经销商销售的情形。中低功率激光切割控制系统领域中，目前国产激光运动控制系统已占据中国市场的主导地位。公司通过自主研发，承担了国家技术创新基金项目、上海市创新资金项目、上海市软件和集成电路产业发展专项资金项目、闵行区科研项目与闵行区产学研项目等一系列技术项目，技术水平获得肯定。公司先后荣获“上海市小巨人企业”，上海市“专精特新”企业，“闵行区小巨人培育企业”，“闵行区研发机构”等多项企业荣誉。

（2）关于公司产品及主营业务构成的情况（见表4-71）

表 4-71　公司产品及主营业务构成情况

<table>
<tr><td>公司产品</td><td colspan="3">

FSCUT1000 小功率板卡系统

FSCUT2000 中功率板卡系统

FSCUT3000S 管材切割板卡系统

FSCUT4000 全闭环板卡系统

FSCUT5000 管材切割总线系统

FSCUT8000 超高功率总线系统
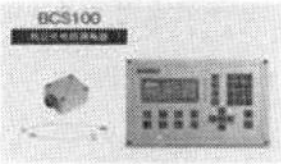
BCS100 独立式电容调高器

CypVision 高精度视觉定位系统

柏楚设备健康云

BCL4516/BCL4516E 通用扩展板

BCL1501A/BCL1501B 轴扩展板

线材配件 线材选型指南
</td></tr>
<tr><td rowspan="4">2018 年度公司主营业务构成 / 万元</td><td>随动系统</td><td>11,965.87</td><td rowspan="4">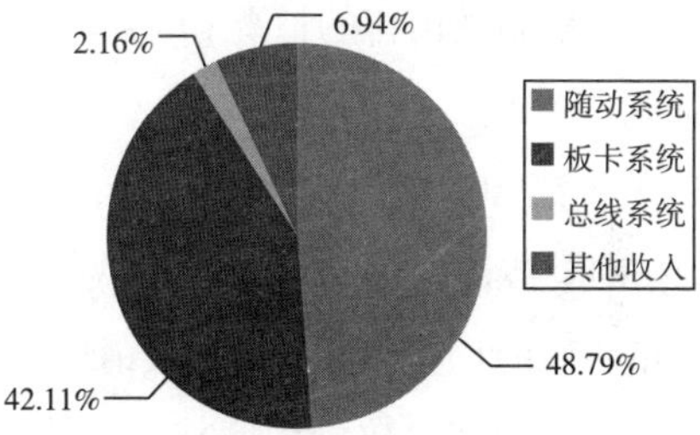
</td></tr>
<tr><td>板卡系统</td><td>10,327.71</td></tr>
<tr><td>总线系统</td><td>530.67</td></tr>
<tr><td>其他收入</td><td>1702.15</td></tr>
</table>

（3）公司重点问询问题

1）关于核心技术【问询函1—6；问询函2—8；问询函3—1】关注点：衡量核心竞争力或技术实力的关键指标、具体表征；核心技术的先进性；替代产品或更新技术；比较优势和核心竞争能力；现有研发体系的持续创新能力；技术持续创新的机制；在研项目的主要方向及应用前景；技术储备及技术创新的具体安排；新产品及技术是否有助于提升发行人的竞争力水平；发行人的核心竞争力及未来发展趋势；核心技术在国内终端客户中的应用情况和规模；发行人所处的技术阶段。

2）关于关联方资金拆借【问询函1—12、29；问询函2—9】关注点：关联方借款的原因及用途。是否收取资金占用费及其定价依据；关联方资金拆借行为的合法性；内控制度的完善性及有效性；员工借款管理制度的具体内容；员工借款的具体情况、会计处理、利息费用确认情况；资金拆借事的判断依据。

3）关于收入确认【问询函1—13；问询函2—15】关注点：嵌入式软件产品销售、其他软件产品销售、让渡资产使用权收入情况；产品验收标准、验收依据、收入确认时点；嵌入式软件产品预估折扣的具体计算过程、入账金额；客户签收且24小时未提出异议收入政策的执行情况；是否存在未严格按照收入政策进行收入确认的情况及其原因；收入确认时点的依据；将借款产生的利息收入作为主营业务收入的原因和依据。

4）关于销售政策【问询函1—17；问询函2—12】关注点："先付款后交货"合同约定情况；主要销售合同的收款时间、发货时间、验收时间、收入确认时间、金额；"先付款后发货"和其他客户的区分标准和区分原因；客户是否符合"先付款后交货"标准；预收账款全部客户情况；部分客户信用政策变化的具体情况；应收账款核销的依据和原因、账龄、履行的决策程序；预收政策；是否存在放宽信用政策刺激销售的情况；是否存在对部分客户同时放宽信用政策和调高折扣幅度的情况。

5）关于销售折扣【问询函1—18；问询函2—11；问询函3—4】关注点：预提销售折扣的具体比例、依据、折扣方式、增值税开票方式；销售折扣的会计处理；销售折扣余额的计算过程；前十大销售折扣主要客户情况；享有折扣政策和未享有折扣政策的客户数量和增减变动情况；折扣幅度的计算公式；前十大销售客户的折扣前和折扣后价格；固定折扣和比例折扣的区别；折扣幅度发生变化的客户情况；是否存在提高折扣幅度刺激销售的情况；各期前十大销售折扣客户的单位折扣金额。

6）关于外协加工【问询函1—22；问询函2—17；问询函3—6】关注点：与外协厂商的合作过程、材料采购方式、结算方式；外协厂商收入来源；外协服务发生的具体环节；与同行业可比公司外协情况的对比情况；外协加工的必要性；外协加工价格的公允性；外协厂商的具体情况；外协供应商生产经营是否存在依赖发行人的情况；外协厂商变动情况及变动原因；外协成本占总成本比例逐年升高的原因；外协仓的日常管理情况；外协仓与外协厂商自身仓库的区分情况；外协仓的存货日常保管责任归属情况；发行人设立外协仓的必要性；外协厂商的采购金额及占比、采购产品类型和采购价格；采购价格的公允性；前五名代工代料外协厂商的情况；是否存在为其他客户提供免费外协仓库的情况；关联交易及其他利益输送行为。

7）关于销售费用【问询函1—27；问询函2—18】关注点：销售费用主要项目的变动情况；销售费用中运费变动原因；2018年维修费用大幅度增加的原因；业务宣传费用的具体内容；维修人员工资；维修费用变动的原因。

10.北京安博通科技股份有限公司——是国内领先的网络安全系统平台与安全服务提供商

（1）公司概况

公司是国内领先的网络安全系统平台与安全服务提供商。公司依托于自主开发的应用层可视化网络安全原创技术，围绕核心ABT SPOS网络安全系统平台，为业界众多网络安全产品提供操作系统、业务组件、分析引擎、关键算法、特征库升级等软件支撑及相关的技术服务，是网络完全行业"厂商中的厂商"。公司主要客户包括华为、新华三、星网锐捷、卫士通、启明星辰、360网神、任子行、绿盟科技、太极股份、荣之联、中国电信系统集成、迈普通信等知名产品与解决方案厂商。

（2）关于公司产品及主营业务构成的情况（见表4–72）

表 4–72　公司产品及主营业务构成情况

<table>
<tr><td>公司产品</td><td colspan="3">
</td></tr>
<tr><td rowspan="2">2018 年度公司主营业务构成 / 万元</td><td>产品销售</td><td>18,687.60</td><td rowspan="2">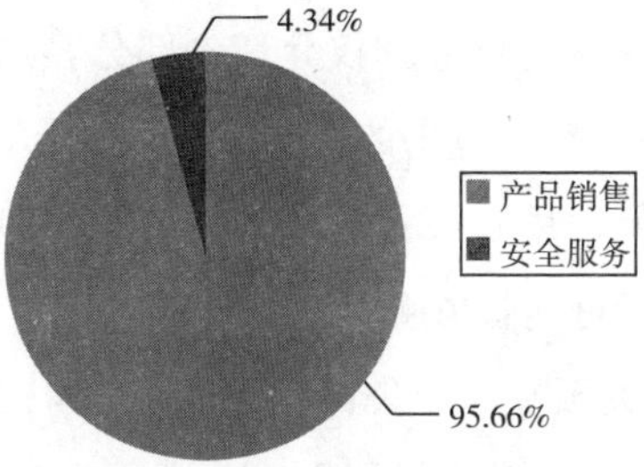
</td></tr>
<tr><td>安全服务</td><td>847.05</td></tr>
</table>

（3）公司重点问询问题

1）关于业务模式【问询函1—13；问询函2—1】关注点：业务模式不同于其他公司的原因；公司未销售给最终客户却认为属于直销模式的原因；销售给关联公司的销售属于直销的理由；销售模式与业务性质的匹配；客户选取公司产品，而不进行自主研发的原因和合理性；公司是否会因为下游客户的经营策略发生变化而带来业务的不稳定性；发行人的产品和市场定位情况。

2）关于收入确认【问询函1—23；问询函2—2；问询函3—3】关注点：收入确认政策及收入确定时点；增值税税收优惠与相关销售收入的勾稽关系；虚拟化安全网关的销售收入是否应当分网关和服务器分类确认；相关软件和硬件收入情况；硬件产品的销售收入是否应该按净额法进行确认；销售收入确认方式；是否存在未按发行人披露的收入确认方法确认收入，而在客户未验收前提前确认收入的情形；所有产品和服务的收入确认方法是否一致；是否存在分批确认收入的情况；是否存在产品发出但长时间不验收的情况。

3）关于采购合同的补充协议【问询函1—25；问询函2—4；问询函3—1】关注点：2019年签署的补充协议的背景信息、原因及商业逻辑；合同中规定的售后服务条款的具体执行情况；太极信息的回款方式是否与新的协议约定一致；销售合同的收入确认方法；与太极集团相关合同的收入确认方式的变更情况；收入确认与合同条款规定不一致的情况；销售中以客户最终销售实现为回款前提的销售收入情况；是否存在提前确认收入的情形。

4）关于应收账款【问询函1—32；问询函2—5】关注点：应收账款净额、应收账款周转率与同行业可比公司的对比情况；应收账款超过信用期的情况；应收账款的期后回款情况；应收账款的坏账准备计提的标准及充分性；对主要客户具体的信用政策；“仅允许少部分客户采用票据支付方式”的具体情况；票据的取得、转让或背书的核查情况；发行人采用直销模式是否符合行业惯例；是否存在降低信用政策获取订单的情况；应收账款对应客户的情况和实力；应收账款是否具有回收风险。

5）关于亏损子公司【问询函1—4；问询函2—6】关注点：设立、收购、注销相关子公司的背景、原因、必要性及其履行的决策程序；子公司的业务定位；母、子公司主营业务和研发体系的关系；亏损子公司存续的必要性；亏损全部纳入合并报表对净利润和净资产的影响；亏损对发行人持续经营的影响；对少数股东的依赖性。

6）关于子公司【问询函1—4；问询函2—6】关注点：设立、收购、注销相关子公司的背景、原因、必要性及其履行的决策程序；子公司的业务定位；母、子公司主营业务和研发体系的具体关系；子公司在公司销售环节担任的角色；销售子公司设立时间与销售收入变化情况的关系；通过设立非全资销售子公司是否符合行业惯例；亏损子公司净资产为负的具体原因，是否具有存续必要性；子公司少数股东的基本情况；是否存在关联关系、亲属关系或其他利益关系；子公司是否存在为发行人承担成本或代垫费用的情形；销售子公司预计处理方案及对未来销售收入的影响；少数股东是否存在代持行为。

7）关于收购子公司【问询函1—10；问询函2—8】关注点：关联交易及其他利益输送行为；收购天子公司的交易背景；发行人与子公司的历史合作情况及收购前与子公司的关系；收购子公司对发行人核心知识产权在产业链条中的作用；子公司是否存在股份代持情形；股权收购的资金来源、股权转让款支付情况；本次收购是否属于非同一控制下企业合并；本次收购是否具有商业实质；子公司在收购前的主营业务；核心无形资产的完整性；收购子公司的原因。

11.虹软科技股份有限公司——是全球领先的计算摄影解决方案提供商以及全球最大的智能手机视觉算法供应商

（1）公司概况

公司是全球领先的计算摄影解决方案提供商，计算机视觉技术领导者，属于具备底层算法能力的技术型企业。其盈利模式是将其视觉人工智能算法技术与客户特定设备深度整合，通过合约的方式授权给客户，允许客户将相关算法软件或软件包装载在约定型号的智能设备上使用，以此收取技术和软件使用授权费用。公司始终致力于视觉人工智能技术的研发和应用，在全球范围内为智能手机、智能汽车、物联网（IoT）等智能设备提供一站式视觉人工智能解决方案。公司在端计算和边缘计算以及视觉人工智能技术领域拥有积累优势。同时与产业链深度合作，经验丰富。公司在手机领域的下游客户，囊括了除苹果外的全部领先厂商，是全球最大的智能手机视觉算法供应商。

（2）关于公司产品及主营业务构成的情况（见表4-73）

表 4-73　公司产品及主营业务构成情况

<table>
<tr><td>公司产品</td><td colspan="3">
</td></tr>
<tr><td rowspan="4">2018 年度公司主营业务构成 / 万元</td><td>智能手机视觉解决方案</td><td>43,895.16</td><td rowspan="4">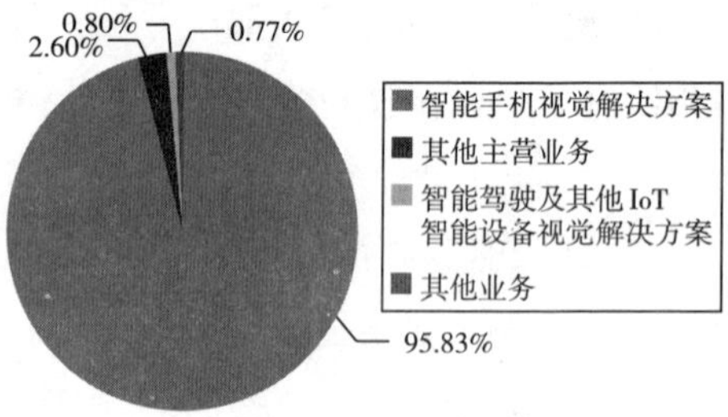
</td></tr>
<tr><td>其他主营业务</td><td>1189.27</td></tr>
<tr><td>智能驾驶及其他 IoT 智能设备视觉解决方案</td><td>367.95</td></tr>
<tr><td>其他业务</td><td>354.75</td></tr>
</table>

（3）公司重点问询问题

1）关于股权下翻及股份支付【问询函1—14；问询函2—1】关注点：股权下翻前后各境外股东持股比例的具体变动情况；股权下翻是否涉及股份支付费用的确认；股份支付费用的形成原因；是否存在股权激励计划；增资等历次股份支付权益工具的公允价值及确认方法；与股权所有权或收益权等相关的限制性条件；股份支付相关会计处理；股份支付费用摊销对各年盈利影响；股权估值报告相关估值方法、重要估值参数及依据；股份支付费用的具体计算过程；股份支付是否存在分期确认。

2）关于关联担保及对赌协议【问询函1—34；问询函2—5；问询函4—1】关注点：担保公司转让后被担保方仍然需要承担连带担保责任的原因；被担保公

司的主要经营业绩情况；触发担保义务的可能性；关联担保是否存在严重影响发行人持续经营能力或者其他严重影响投资者权益的情形；子公司上海多媒体承担杭州美帮、杭州登虹的担保义务或相关连带责任的可能性；公司股东与发行人及相关主体之间是否存在对赌协议或类似安排。

3）关于多级子公司【问询函1—16；问询函4—2】关注点：设置多级子公司的原因；通过境外子公司控制境内子公司的架构设计合理性；各层级母子公司之间的业务关联性；子公司关于分红制度的保障安排；下级子公司的经营利润是否能够逐级分配至母公司；发行人及其子公司针对货币资金的内部控制、资金管理安排及资金调拨机制；内控制度；实际控制人是否具备管理境内外多层股权框架的能力。

4）关于产品销售【问询函1—35；问询函2—7】关注点：产品销售收入增长情况；业务销售收入增长与市场主流的发展趋势的相符性；出货量与销售情况的匹配性；出货量呈下降趋势时销售收入持续大幅增长的原因及合理性；2018年韩国地区销售收入下降的原因及持续性；同行业可比公司的经营业绩变动对比情况；发行人所处行业是否出现行业衰退、产能过剩及增长停滞等情况。

5）关于收入确认【问询函1—37；问询函2—9；问询函3—3】关注点：收入确认原则下的收入构成情况及变动；一种产品同时存在两种收入确认原则的情况；收款方式（一次性收款/分期收款）；收入确认时点；与同行业可比公司对比；收入确认政策；收入确认具体原则、方法和时点是否符合会计准则；固定费用模式以收款方式与收入确认原则相联系的合理性；是否存在以人为调控不同收入确认方式的形式实现收入在不同期间调节确认的情形；固定费用模式一次性确认收入是否符合规定；固定费用模式下收入确认政策是否涉及调整；收入确认时点与收款时点是否存在较大差异；是否存在提前确认收入的情况。

6）关于核查持股5%以上【问询函1—51】关注点：持有发行人5%以上股份的股东限售期结束后两年的减持价格预期、减持股数；稳定股价的承诺；对持有发行人5%以上股份的股东、监事关于股份锁定及减持承诺的核查情况。

12.北京航天宏图信息技术股份有限公司——国内领先的遥感和北斗导航卫星应用服务商

（1）公司概况

公司是国内领先的遥感和北斗导航卫星应用服务商，致力于卫星应用软件国产化、行业应用产业化、应用服务商业化，研发并掌握了具有完全自主知识产权的基础软件平台和核心技术，为政府、军队、企业提供基础软件产品、系统设计开发和数据分析应用服务。公司拥有完全自主可控的卫星应用基础软件平台，其中遥感图像处理基础软件平台PIE于2017年入选中央国家机关软件协议供货清单，是遥感类唯一入选的产品。2019年1月中国测绘学会组织以院士专家为主的鉴定委员会对测绘科技成果进行集中评审鉴定，认为："公司研发的国产自主高分遥感处理系统研制与应用技术上整体达到了国际先进水平，在基于相位一致性的异源影像匹配、区域网平差匀色技术方面达到了国际领先水平。该成果对遥感产业的发展具有积极的推动作用，创造了重大的经济和社会效益。"

（2）关于公司产品及主营业务构成的情况（见表4–74）

表 4–74　公司产品及主营业务构成情况

公司产品	 遥感图像处理基础软件平台 PIE  北斗地图导航基础软件平台 PIE-Map 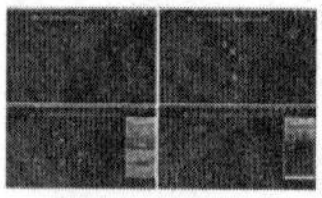 北斗应用系统  北斗全球定位导航授时服务系统		
2018年度公司主营业务构成/万元	系统设计开发	36,368.65	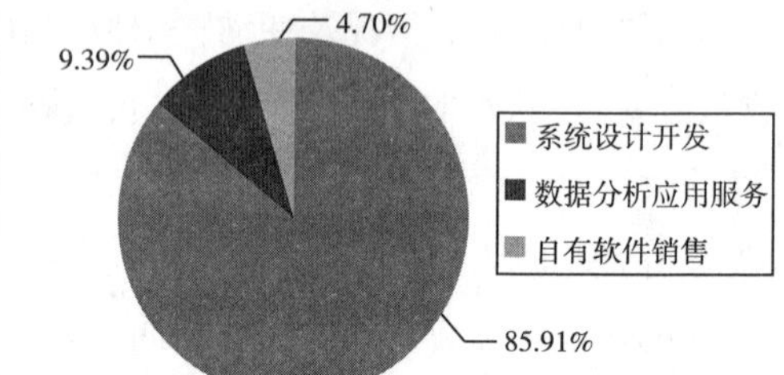
	数据分析应用服务	3973.81	
	自有软件销售	1990.57	

（3）公司重点问询问题

1）关于经营资质【问询函1—16】关注点：经营资质的基本情况（许可内容、颁发机构、有效期、年审记录）；经营资质对开展业务的作用；试验资质届满前进入第二阶段审查的条件；资质到期后无法续期或吊销资质的情形。

2）关于SaaS服务模式【问询函1—20】关注点：SaaS服务模式的全称和具体含义；SaaS服务模式的具体收费标准；SasS属于发行人的何种业务类型。

3）关于收入确认【问询函1—27、28、29；问询函2—2、16；问询函3—1】关注点：按照比例确认收入的依据；95%、5%两个比例的确定依据；完工进度与合同付款安排是否存在重大差异；收入确认政策是否符合会计准则以及是否与行业惯例一致；初验证明和终验证明的付款进度；初验和终验阶段的风险和报酬转移情况和主要权利义务归属情况；是否存在初验后终验前因质量问题被退货的情况；成本结转的具体政策和结转比例；收入回款是否存在第三方回款情况；收入确认政策是否谨慎；收入确认时点以及依据。

4）关于业务【问询函1—30】关注点：影响业务销售情况的主要因素；未来业务的稳定性和可持续性；业务的在手订单情况；前五大客户具体情况；主要财务数据；各类业务收入变动原因；各类业务收入前二十大客户的具体情况；新签订合同的具体情况。

5）关于核心技术【问询函1—8；问询函2—4；问询函3—5】关注点：核心技术为行业通用技术还是发行人独创技术；对比同行业可比公司技术；核心技术的先进性；技术竞争优势、劣势和核心技术的技术壁垒；对应专利与核心技术的关联性；核心技术归属，是否存在技术共享方；技术对技术研发和业务的影响；业务与核心技术的关联度；发行人是否依靠核心技术开展生产经营。

6）关于员工【问询函4—1】关注点：发行人员工人数大幅高于同行业竞争对手的原因；发行人是否属于劳动密集型行业；是否符合科创板定位；员工增长的真实性；各类员工的平均工资变化情况及与同行业对比情况。

13.北京宝兰德软件股份有限公司——一家专注于企业级基础软件及智能运维产品研发、推广并提供专业化运维技术服务的高新技术企业

（1）公司概况

公司是一家专注于企业级基础软件及智能运维产品研发、推广并提供专业化运维技术服务的高新技术企业。公司为客户核心信息系统提供包括应用运行支持、分布式计算、网络通信、数据传输及交换、应用调度、监控和运维管理等一系列基础软件平台及技术解决方案。推出了包括应用服务器BES Application Server、消息中间件BESMQ、交易中间件BES VBroker、云管理平台BES CloudLink Ops、容器管理平台BES CloudLink CMP、应用性能管理软件BES WebGate等多款产品。公司产品对于客户核心系统起着关键性作用，在电信、银行等对IT系统稳定性要求较高的行业，客户在采购发行人产品的同时一般均需要发行人提供配套的专业技术服务支持。发行人技术服务主要包括产品

保障服务、升级服务、系统维护服务和开发服务等四种类型。以高技术门槛的电信系统起步，公司长期深耕电信核心客户，不断提升自身研发技术水平和市场服务能力，并将业务逐步拓展到地方政府、金融、集团企业等行业客户领域。

（2）关于公司产品及主营业务构成的情况（见表4-75）

表 4-75　公司产品及主营业务构成情况

<table>
<tr><td>公司产品</td><td colspan="3">
</td></tr>
<tr><td rowspan="2">2018 年度公司主营业务构成 / 万元</td><td>技术服务</td><td>5808.96</td><td rowspan="2">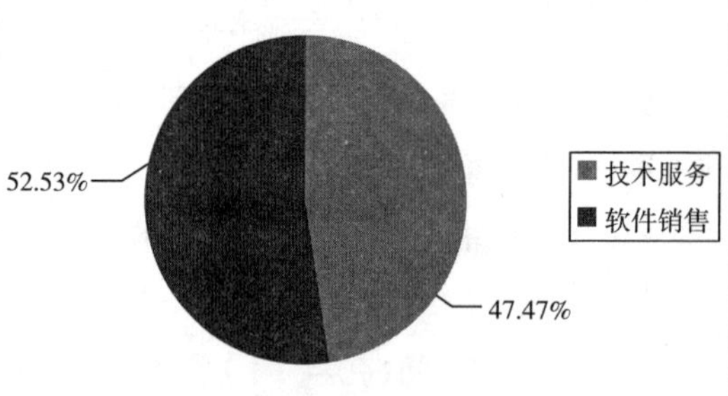
</td></tr>
<tr><td>软件销售</td><td>6428.04</td></tr>
</table>

（3）公司重点问询问题

1）关于对中国移动的依赖性【问询函1—9；问询函2—1；问询函3—1】关注点：发行人和中国移动合作所覆盖的地区以及各地区的收入；发行人与中国移动的合作是否持续深入；发行人向中国移动的销售规模是否稳定；与中国移动的合作历程；发行人对中国移动的依赖风险。

2）关于对中国移动的依赖性【问询函1—9；问询函2—1；问询函3—1】关注点：与中国移动相关的营业收入与销售情况；与中国移动合作所覆盖的地区以及各地区的收入；与中国移动的合作是否持续深入；发行人向中国移动的销售规模是否稳定；与中国移动的合作历程；发行人对中国移动的依赖风险；中国移动向发行人的采购方式（竞争性招标方式/单一来源采购方式）。

3）关于政府项目【问询函1—26；问询函2—3】关注点：政府项目的金额、毛利率、获得订单的方式和项目进展；政府项目与发行人主营业务及优势业务的关联性；政务平台建设的市场竞争情况；与同行业可比公司对比情况；发行人拓展政府业务可能存在的障碍和风险；发行人政府客户采购情况；政府项目的认定；政府业务的拓展是否对贾振华存在重大依赖。

4）关于成本【问询函1—18；问询函2—5】关注点：成本结转方式和费用核算方式与同行业可比公司对比情况；主营业务成本中外购成本和开发成本的金额和占比；开发成本的具体核算内容；成本核算是否符合会计准则；成本核算完整性的核查情况；技术服务对应的成本和销售费用的区分；成本处理是否符合权责发生制及收入和成本的配比原则；成本的拆分或分摊。

5）关于客户及经销商【问询函1—11；问询函2—7】关注点：经销和直销模式下前五大客户及客户相关情况；经销模式下软件的最终销售客户；同为经销客户和直销客户；同为客户及经销商；直销收入和经销收入的分类准确性和金额真实性；发行人与客户之前的业务关系、交易金额；直销业务的具体内容；对直销、经销客户及销售金额的划分是否准确。

14.山石网科通信技术股份有限公司——中国网络安全行业的技术创新领导厂商

（1）公司概况

公司是中国网络安全行业的技术创新领导厂商，自成立以来一直专注于网络安全领域前沿技术的创新，提供包括边界安全、云安全、数据安全、内网安全在内的网络安全产品及服务，致力于为用户提供全方位、更智能、零打扰的网络安全解决方案。公司为政府、金融、运营商、互联网、教育、医疗卫生等行业累计超过17,000家用户提供高效、稳定的安全防护。公司在苏州、北京和美国硅谷均设有研发中心，业务已经覆盖了美洲、欧洲、东南亚、中东等50多个国家和地区。公司在网络安全全方位防护的能力和市场成绩被多家国内外第三方机构认可。公司连续五年入选国际权威分析机构Gartner的企业级防火墙魔力象限‖、UTM魔力象限‖，连续两年入选Gartner的IDPS魔力象限‖。2019年公司成为中国唯一入选Gartner《网络流量分析市场指南》的网络安全厂商；公司数据中心安全防护平台获得Silicon Valley Communications出版的《信息安全产品指南》2019年全球卓越奖‖；公司数据中心防火墙、微隔离与可视化产品山石云格‖、T系列智能下一代防火墙分别获得《Cyber Defense Magazine》颁发的最具创新数据中心安全产品奖‖、下一代云安全方案奖‖、突破性安全分析解决方案奖‖。

(2)关于公司产品及主营业务构成的情况(见表4-76)

表 4-76 公司产品及主营业务构成情况

公司产品			
2018年度公司主营业务构成/万元	边界安全产品	50,750.67	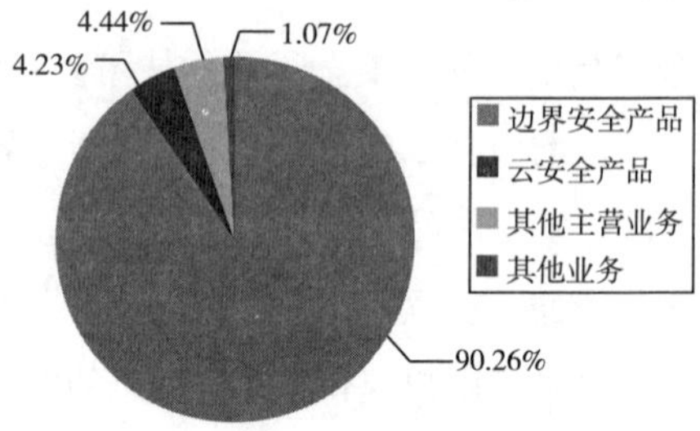
	云安全产品	2379.60	
	其他主营业务	2498.42	
	其他业务	598.99	

(3)公司重点问询问题

1)关于控制权【问询函1—2;问询函2—1;问询函3—1】关注点:是否存在关联关系或一致行动关系;股东大会和董事会的表决机制及实际运行情况;董事和高级管理人员的提名任免情况;认定发行人无控股股东、无实际控制人的依据是否充分;第一大股东的持股原因与背景,股权结构与实际控制人;是否存在可能影响公司控制权的情形;红筹架构拆除前后无实际控制人的具体状态;治理结构;是否存在股权代持情况;是否存在同业竞争;是否存在竞业禁止的行为。

2）关于红筹架构【问询函1—4；问询函2—6；问询函4—4】关注点：红筹架构搭建的过程，每层主体设立的原因与业务开展情况；VIE控制的安排及其变更情况；开曼山石、北京山石的股东及股权演变情况；境外融资资金调回境内是否符合外汇监管的规定；开曼山石员工期权计划的主要内容；开曼山石股权结构因拆除红筹而调整的情况；是否存在过桥贷款；外汇资金的境内外流转是否符合外汇监管的要求；红筹架构拆除中的纳税情况，是否存在税务风险；拆除红筹架构重组过程中的资金流转过程。

3）关于员工期权计划【问询函1—4；问询函2—2】关注点：员工期权计划的主要内容；员工期权计划终止前，预留权益及被授予员工人数的确定及变动依据；被授予人未确认补偿金确认函的原因；未签署股票期权终止协议可能存在争议的情况；对给予现金补偿的被授予人期权的授予时间、行权价格、行权条件、服务期限等；回购被授予人期权并给与补偿的具体会计处理；原境外开曼期权平移的情况；股权激励计划是否属于“替代性权益工具”。

4）关于销售模式【问询函1—11；问询函2—4；问询函3—2】关注点：采用多级渠道代理的商业理由；多级渠道代理模式是否具有行业普遍性；多级渠道代理模式与经销商模式的区别；对各级代理商的管理政策；与各级代理商的合作模式（买断式销售、委托代销等）；各级代理商的销售定价及折扣返利政策、信用政策、结算方式以及退换货政策的差异情况；代理商的地域、行业分布情况；主要代理商（总代理商、战略行业ISV）的基本情况；关联关系及其他利益输送行为；是否为独家代理；代理商进入、退出及存续情况；向代理商销售产品的最终实现情况、退换货情况以及销售回款情况；直销客户的获取方式；向同一终端客户同时采取直销和渠道代理两种销售方式的具体情况；对渠道代理业务的核查情况；渠道代理业务模式下收入确认的准确性；国内代理商与公司的合作背景；境外代理商的开发方式；渠道代理商留存率大幅下降的原因；代理商获得的商业折扣额度与渠道代理收入的匹配关系。

5）关于关联交易【问询函1—17；问询函2—3；问询函4—3】关注点：关联交易的定价公允性；关联交易定价低于标的净资产的原因；其他应收款是否为关联方对发行人资金占用；相关资金拆借是否向发行人支付利息，利率是否公允；关联交易决策程序；关联方资产转让情况。

6）关于毛利率【问询函1—22；问询函3—5】关注点：主要产品的毛利率变

化情况及原因；不同销售渠道的毛利率差异情况及原因；不同终端客户类型的销售毛利率差异情况及原因；毛利率高于行业平均水平的原因；与产品及其更迭换代直接相关的研发活动支出的归集。

7）关于应收账款【问询函1—27；问询函2—5；问询函3—4】关注点：预收账款产生的原因；应收账款周转率及预收账款逐年下降的原因；应收账款周转率显著低于可比公司平均水平的原因；应收账款的变动情况是否与信用政策相匹配；是否存在放宽信用期刺激销售的情形；应收账款前五名客户的相关情况；应收账款的期后回款情况与信用政策的一致性；坏账准备计提政策；应收票据因到期无法收回而转为应收账款的情形；应收账款的余额及账龄情况；一年以上应收账款的终端客户名称、具体内容；应收账款及相关营业收入的真实性；对终端客户未及时付款导致代理商延期付款的情况的处理原则；应收账款逾期情况。

15.杭州安恒信息技术股份有限公司——一家信息安全技术服务商，为用户提供从安全规划、安全设计、安全建设到安全运营的“一站式”专业安全服务

（1）公司概况

公司是一家信息安全技术服务商，提供应用安全、数据库安全、网站安全监测、安全管理平台等整体解决方案，公司的产品及服务涉及应用安全、大数据安全、云安全、物联网安全、工业控制安全及工业互联网安全等领域。凭借强大的研发实力和持续的产品创新，公司围绕事前、事中、事后几个维度已形成覆盖网络信息安全生命全周期的产品体系，包括网络信息安全基础产品（网络信息安全防护单品、网络信息安全检测单品）、网络信息安全平台以及网络信息安全服务，各产品线在行业中均形成了较强的竞争力。公司“新服务”方向针对网络安全形势、政企用户需求的变化以及网络安全建设模式的改变，从提供专业产品向提供专业服务模式转变，为用户提供从安全规划、安全设计、安全建设到安全运营的“一站式”专业安全服务。公司风暴中心推出的SaaS云安全服务模式是国内较早利用云计算来提供集约化安全能力的服务创新模式，实现了云监测、云WAF、云DDoS清洗以及云端威胁情报的服务能力。上述能力加上城市安全大脑、全天候“三位一体”的态势感知、国家级网络安保团队构成了智慧城市安全运营中心服务的核心能力。

（2）关于公司产品及主营业务构成的情况（见表4-77）

表 4-77　公司产品及主营业务构成情况

<table>
<tr><td>公司产品</td><td colspan="3">
</td></tr>
<tr><td rowspan="5">2018 年度公司主营业务构成 / 万元</td><td>网络信息安全基础产品</td><td>29,736.91</td><td rowspan="5">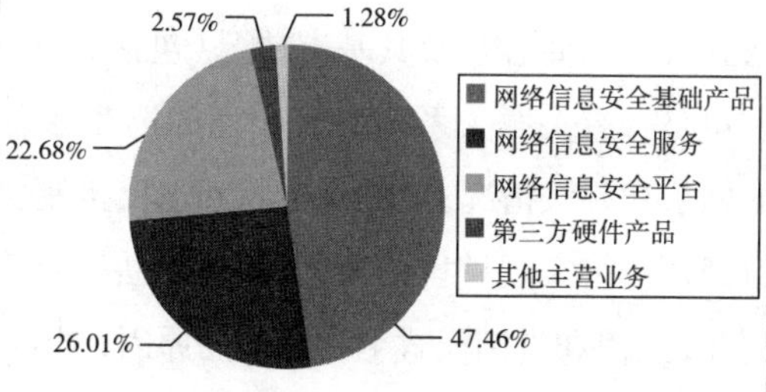
</td></tr>
<tr><td>网络信息安全服务</td><td>16,295.32</td></tr>
<tr><td>网络信息安全平台</td><td>14,211.80</td></tr>
<tr><td>第三方硬件产品</td><td>1611.42</td></tr>
<tr><td>其他主营业务</td><td>803.22</td></tr>
</table>

（3）公司重点问询问题

1）关于对弗兰科的控制权【问询函1—2；问询函2—1；问询函3—1】关注点：公司入股弗兰科的原因、详细经过；在技术、产品、业务等方面的详细合作情况；人员、资产、业务的独立性；关联关系及其他利益输送行为；发行人曾经的股东弗兰科投资与弗兰科之间的联系；发行人对弗兰科数据加密技术的依赖；将弗兰科纳入合并范围的依据；公司与弗兰科之间的联系；发行人是否能够对弗兰科的业务经营产生重大影响；发行人对弗兰科拥有的权力；弗兰科的实际控制人的认定；发行人与弗兰科的利益；发行人是否存在向弗兰科输送利益或代垫费用的情形；发行人对弗兰科是否具有实际控制权；弗兰科无实际控制人、发行人作为持股接近50%的第一大股东不对其构成控制的理由及其合理性。

2）关于财务内控【问询函1—26；问询函2—2；问询函3—4】关注点：是否存在现金收付款、第三方回款或其他内控不规范的情形；关联方借款审议程序；利用财务部人员个人卡发放员工薪酬是否涉及资金体外循环；是否涉及资金被控股股东、实际控制人占用的情况。

3）关于股权激励及委托持股【问询函1—5；问询函2—3；问询函3—2】关注点：员工持股平台设立背景与原因；股权激励的主要内容和基本要求；合伙协议的主要内容，转让和退出的机制安排；股权激励的制定与实施的合法合规性；委托持股清理；股份锁定和减持等承诺的机制安排；委托持股情形是否已彻底清理与规范；股权激励公允价值的确定；解除股权代持支付补偿金的计算依据；委托出资及清理会计差错更正对发行人的影响。

4）关于销售模式【问询函1—24；问询函2—6】关注点：渠道销售模式下经销商的作用；渠道销售模式的合理性；经销模式下收入确认的具体方式；渠道销售是否为买断式经销；经销商对于发行人获客的作用；对经销商是否存在依赖；前五大经销商客户及其基本情况（包括名称、销售数量、经销商背景、经销商与公司是否有关联关系等）；经销商的选择标准；对于经销商的管理模式；经销商的体系和层级情况；经销商进入和退出机制；重要经销商的变动情况及原因、渠道销售最终实现销售的情况；渠道销售毛利率显著高于渠道销售平均毛利率的情况；经销和直销模式毛利倒挂的原因；对渠道最终销售的核查情况。

5）关于安全网关采购【问询函1—15；问询函2—9】关注点：采购安全网关产品的数量、规格及其应用的项目场景；最终客户；采购安全网关产品的原因及必要性。

6）关于安全网关采购【问询函1—15；问询函2—9】关注点：采购安全网关产品的数量、规格及其应用的项目场景；安全网关采购对应的最终客户；安全网关产品采用黑盒供货方式+以自有品牌对外销售的模式的原因及必要性；低规格安全网关采购量大幅增加的原因；报告期内高规格、中规格、低规格、DDOS安全网关采购单价逐年大幅下降的原因。

16.北京龙软科技股份有限公司——煤炭智能开采领域龙头厂商

（1）公司概况

公司专注于煤矿基础地理信息系统和专业应用软件开发与销售，是煤炭智能开采领域龙头厂商。公司以自主研发的"龙软专业地理信息系统"为底层开发平台，向煤炭、石油天然气等能源行业以及各种政企单位客户提供全面、个性化的以空间信息管理为特点的信息化整体解决方案（智能矿山、智慧安监、智能应急等），主要产品包括LongRuan GIS、LongRuan GIS"一张图"、LongRuan安全云服务三大基础技术平台及在其基础上开发的系列专业应用软件。公司产品目前已被各矿业集团或公司及下属单位广泛使用，在中国煤炭企业50强中市场占有率达80%。

（2）关于公司产品及主营业务构成的情况（见表4-78）

表 4-78　公司产品及主营业务构成情况

<table>
<tr><td>公司产品</td><td colspan="3">
</td></tr>
<tr><td rowspan="5">2018 年度公司主营业务构成 / 万元</td><td>基于 LongRuanGIS 的专业应用软件开发</td><td>7007.24</td><td rowspan="5">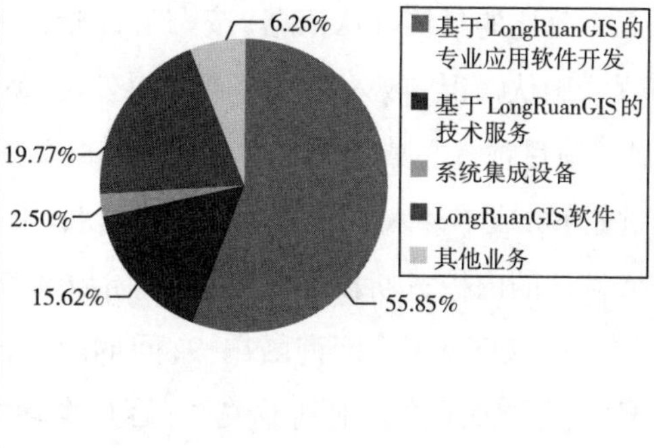
</td></tr>
<tr><td>基于 LongRuanGIS 的技术服务</td><td>1959.91</td></tr>
<tr><td>系统集成设备</td><td>314.30</td></tr>
<tr><td>LongRuanGIS 软件</td><td>2481.22</td></tr>
<tr><td>其他业务</td><td>785.07</td></tr>
</table>

（3）公司重点问询问题

1）关于应收账款【问询函1—22；问询函2—1；问询函3—2；问询函4—1】关注点：信用政策、结算方式和结算周期；应收账款长期挂账原因；应收账款增长率高于营业收入增长率的具体原因；应收账款期后回款情况、逾期情况以及逾期难以回收的情形；坏账核销以及转回情况及原因；应收票据发生情况；是否存在使用无真实贸易背景的应收票据进行融资的情形；各类票据的账龄；是否存在应收项目之间（如应收票据和应收账款）互相转换的情形；应收账款的合理性；应收账款和应收票据余额变动情况和原因；主要客户应收账款的情况；应收账款和应收票据账龄的统计方法；以汇票作为结算方式及占比与同行业可比公司的比较情况；承兑汇票的风控措施；是否存在到期无法兑付汇票的情形；应收账款、应收商业承兑汇票坏账政策及依据；客户收款的信用政策；应收账款认定；应收质保金列入逾期应收账款的标准；应收账款回收采取的具体催账措施以及催收进展情况；应收票据、应收账款变动同营业收入变动是否匹配。

2）关于合作销售模式【问询函1—16；问询函2—4】关注点：直销和合作销售的具体情况；合作销售模式下双方在招投标、承做项目、利润分成中的权利和义务；合作模式收入确认的依据；应收账款管理的内部控制措施及实施情况；合作销售模式下与发行人合作是否是核心部分分包；合作销售模式与分包模式的区别；合作销售模式下增值税发票的开具情况；合作销售模式下发行人是否需到终端客户开展业务；在发行人不与终端客户发生关系的情况下，将该模式定义为合作销售模式的合理性。

3）关于收入确认【问询函1—21；问询函3—1；问询函4—1；问询函5—1】关注点：不同业务类别和销售模式下进行收入确认的时点、依据和计量方法；完工百分比的具体确认依据；按完工百分比法或建造合同确认收入的大额合同及收入确认情况；收入确认是否取得外部确认依据；是否存在跨期调整收入的情形；项目预计总成本的估算依据；项目实际发生总成本与预计总成本的差异情况；外协成本计入实际发生成本的时点；对项目完工进度的计量及核查情况；收入确认的内控；“阶段性验收”同“阶段性收入确认”的关系；收入截止性测试。

4）关于客户【问询函1—9；问询函2—6】关注点：客户应收账款情况；是否具有关联关系或其他利益关系；客户变动情况和客户稳定性；客户的在手订单情况；获取订单的渠道和方式；客户集中现象是否有行业普遍性；前五名客户的

具体情况；客户对发行人业绩的影响；是否涉及应当履行招投标程序而未履行招投标程序的项目协议；向客户销售产品的价格的公允性；煤炭行业集中度高与发行人客户集中度高的内在联系；对客户的销售是否具有可持续性；发行人业务发展是不是对单一行业或单一客户的重大依赖。

17.杭州光云科技股份有限公司——业内领先的电商SaaS企业

（1）公司概况

公司是业内领先的电商SaaS企业，核心业务是基于电子商务平台为电商商家提供SaaS产品，在此基础上提供配套硬件、运营服务及CRM短信等增值产品及服务。公司主要产品及服务包括以超级店长，快递助手为代表的电商SaaS产品，以快麦电子面单打印机为主的配套硬件，以快麦电商为代表的运营服务及以营销目的为主的CRM短信等。公司在淘宝、天猫、1688、速卖通、京东、拼多多、饿了么、苏宁、蘑菇街、Lazada等各大电商平台上提供SaaS产品及增值服务，在行业内具有良好的口碑和品牌效应，旗下产品多次被评为阿里巴巴商家服务市场“金牌淘拍档”、京东京麦服务市场“金服务奖”、苏宁云台“宁聚合作奖”及阿里巴巴新零售“智慧商圈系统类”银牌合作伙伴。

（2）关于公司产品及主营业务构成的情况（见表4–79）

表 4–79　公司产品及主营业务构成情况

公司产品	超级店长、快递助手、旺店交易、旺店商品、旺店数据、旺店促销、超级店长–跨境版、超级快车、超级商品、超级交易、卖家网		
2018年度公司主营业务构成/万元	电商 SaaS 产品	15,254.00	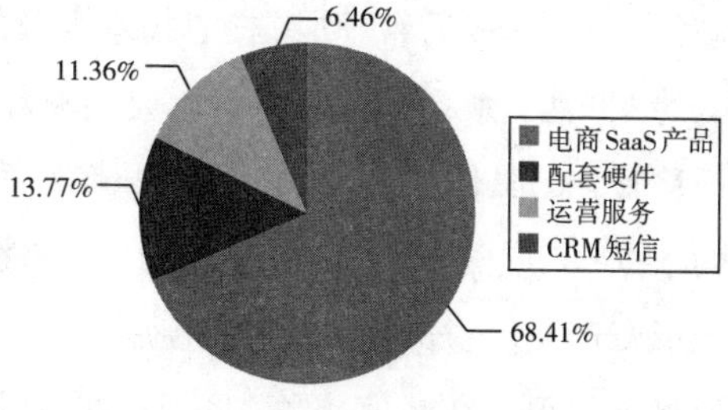
	配套硬件	3070.10	
	运营服务	2533.99	
	CRM 短信	1441.30	

（3）公司重点问询问题

1）关于关联方及关联交易【问询函1—19；问询函2—1】关注点：关联方和关联交易的披露情况；关联方的营业范围或主营业务是否与发行人相同或类似；关联交易的认定；阿里系企业是否存在为发行人获取客户提供便利、降低发行人的获客成本、为发行人研发提供基础平台或服务；对阿里系统的依赖性是否会影响发行人的独立性；是否涉及利益输送情形；发行人是否具有独立拓展市场、开拓除阿里电商平台以外的其他客户的能力；关联方注销的原因、合法合规性、资产处置情况；关联交易的必要性、公允性及对独立性的影响。

2）关于销售模式【问询函1—16；问询函2—5】关注点：具体合作模式；获客来源；获客渠道、推广经验和相应资源；可比公司采用经销商模式的情况；买断模式是否符合行业惯例；经销商的终端销售、期末存货、期后退货情况；对经销商的信用政策、结算政策；经销商的销售回款情况；主要经销商的基本情况；经销商是否专门销售发行人产品；与经销商之间的合作稳定性；经销商的选取标准、定价机制、折扣返利政策、物流、退换货政策、销售回款政策、存货管理以及相关内部控制制度；对经销业务的核查情况；经销模式下收入的真实性；是否存在向经销商压货提前确认收入的情形；直销和经销模式的差异；是否存在对同一客户同时采取直销、经销两种模式销售的情况；对经销商的耗材赠送补贴政策的会计处理；2019年经销商补贴政策调整为返利模式的具体情况；对经销模式下终端客户的核查情况。

3）关于收购子公司【问询函1—3、22；问询函2—3、23】关注点：收购子公司与发行人业务之间的关系；收购子公司的原因、合理性以及收购后的整合措施及整合效果；多次收购行为的影响；收购所履行的决策程序；收购价格的确定依据及公允性；收购价款的实际支付情况；是否存在利益输送；是否存在业绩承诺或业绩对赌情况；认定为非同一控制下企业合并的依据；商誉是否存在减值迹象；收购完成后管理层、核心技术人员的稳定性，是否存在大量流失情形；收购的“旺店”系列软件专有技术是否有相应的软件著作权；旺店系列软件业务迁移整合的具体措施及时间节点；未来商誉相关资产组可收回金额的预测基础的依据；无形资产价值评估方法的可靠性、参数的恰当性、估值结果的合理性；无形资产及商誉减值；未构成控制但纳入合并报表范围的原因及依据；长期股权投资是否存在减值迹象；是否存在业绩承诺或业绩对赌情况，收购后的整合措施及整合效果。

4）关于毛利率【问询函1—26；问询函2—6】关注点：与可比公司同类业务毛利率的比较情况；CRM短信业务毛利率逐年上升的原因；配套硬件业务毛利率上升的原因；导致昆汀科技毛利率下降至与发行人毛利率存在重大差异水平的原因；短信业务收入规模远大于可比公司的原因；股权激励费用作为管理费用核算是否恰当；成本、费用的归集、分摊是否完整、准确。

18.深圳市财富趋势科技股份有限公司——国内证券行情交易系统软件产品和证券信息服务的重要供应商

（1）公司概况

公司是国内证券行情交易系统软件产品和证券信息服务的重要供应商，主要面向证券公司等金融机构客户提供安全、稳定、可靠的金融软件解决方案，为证券公司等金融机构建设其投资者行情交易终端、终端用户信息系统以及客户服务系统等。同时为终端投资者客户提供专业、高效的证券信息服务。公司与国内大多数证券公司建立了经常业务合作关系。公司主要客户为包括中信证券股份有限公司、国泰君安证券股份有限公司、银河证券、广发证券股份有限公司、国信证券股份有限公司、华泰证券股份有限公司、申万宏源证券有限公司、招商证券股份有限公司、海通证券股份有限公司在内的国内绝大多数拥有经纪业务资质的证券公司，公司软件品牌“通达信”在证券公司等机构客户中拥有广泛的知名度和认可度。

（2）关于公司产品及主营业务构成的情况（见表4-80）

表 4-80　公司产品及主营业务构成情况

<table>
<tr><td>公司产品</td><td colspan="3">
</td></tr>
<tr><td rowspan="3">2018年度公司主营业务构成/万元</td><td>证券行情交易系统及维护服务</td><td>5306.36</td><td rowspan="3">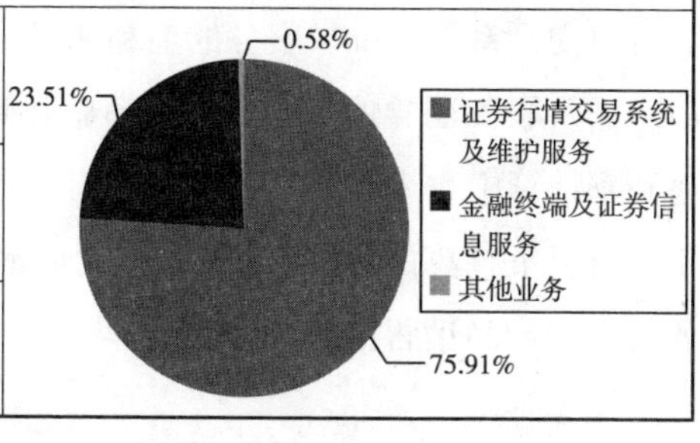
</td></tr>
<tr><td>金融终端及证券信息服务</td><td>1643.68</td></tr>
<tr><td>其他业务</td><td>40.75</td></tr>
</table>

（3）公司重点问询问题

1）关于业务资质【问询函2—1；问询函3—3；问询函4—3】关注点：发行人业务资质明显少于同行业公司的原因；现有业务及未来业务拓展是否受业务资质较少限制；取得业务资质是否存在实质性障碍；运营直播模块不需要取得直播相应业务资质的原因；证券投资咨询业务资质的取得；增值电信业务资质的取得；是否因未取得相应资质受到处罚及对发行人生产经营的影响。

2）关于核心技术【问询函1—7；问询函2—3】关注点：行业技术先进性的主要衡量指标；对核心技术的具体认定标准；核心技术的具体内容；技术为行业通用技术还是发行人特有技术；核心技术收入的金额及认定标准；发行人的收入是否主要来源于核心技术；核心技术及其特点；是否存在将第三方技术水平作为自身技术水平体现的情形；发行人是否仅是对开源技术或其他第三方技术进行二次开发。

3）关于科创板定位【问询函1—6；问询函3—1；问询函4—1】关注点：发行人业务是否符合科创板定位；发行人是否属于重点推荐的科技创新企业；是否符合科创板定位要求；发行人属于“新兴软件开发”的依据；对发行人是否符合科创板的核查情况；发行人属于国家战略性新兴产业的科技创新企业的依据及合理性。

4）关于防外挂【问询函2—2；问询函3—2；问询函4—2】关注点：证券行业外挂程序清理工作的安排、进展及具体效果；发行人软件产品是否具备有效防御外挂程序的能力；发行人防御技术；外挂清理工作的有效性；发行人防外挂程序采取的措施及其效果；是否因外挂程序而被立案调查、处罚等情形。

5）关于毛利率【问询函1—22；问询函2—6】关注点：产品在报告期内的毛利率情况；主营业务毛利率、分产品毛利率不断下降是否符合行业发展趋势；证券行情交易系统及维护服务的毛利率显著高于可比公司的原因及合理性；个人版产品及服务证券信息服务毛利率显著低于同行业可比公司的原因及合理性；毛利率计算中收入和成本是否存在错配；相同性质费用在成本和研发费用两种不同科目下核算的原因；同花顺营业成本中的信息费中核算的具体内容；可比公司软件产品销售的毛利率情况；与定制化软件服务相关的成本归集方法；软件产品收入和成本的匹配性；毛利率为100%的合理性。

6）关于研发支出【问询函1—23；问询函2—12】关注点：是否存在将技术人员薪酬计入研发费用的情形；产生委托开发费用的原因；委托开发的具体情况；委托开发是否涉及核心研发工作外包；直接投入费用发生的原因、具体支付对象及金额；研发相关内控制度的建立及执行情况；研发费用的确认依据、核算方法；是否存在应计入成本、费用项目的支出计入研发费用的情形；折旧与摊销金额逐年降低的原因及合理性；可比公司是否存在研发费用资本化的情形；研发费用占比显著低于同行业可比公司均值的具体原因；研发费用归集的准确性；成本和研发费用的划分依据和分摊方法。

19.开普云信息科技股份有限公司——致力于研发数字内容管理和大数据相关的核心技术

（1）公司概况

公司致力于研发数字内容管理和大数据相关的核心技术，为全国各级党政机关、大中型企业、媒体单位提供互联网内容服务平台的建设、运维以及大数据服务。在统筹实施网络强国战略、大数据战略、“互联网+”行动，以信息化推进国家治理体系和治理能力现代化的背景下，党政机关、大中型企业、媒体单位正积极向数字政府、数字企业和数字媒体转型升级，以充分发挥互联网对数字资源配置的优化和融合作用，提升数字内容管理和大数据服务效能。公司把握这一发展趋势，形成了覆盖互联网内容服务平台的建设、运维和运营的完整的业务生态，具有良好的发展前景和广阔的市场空间。截至目前，公司已经积累了涵盖数字内容采集、分析、存储和应用全生命周期管理的六大核心技术，尤其专注于运用人工智能前沿的自然语言处理和深度学习技术对大规模文本内容进行实时处理和分析，开发出互联网内容服务平台和大数据服务平台两大业务支撑平台。其中，互联网内容服务平台形成了互联网智慧门户、政务服务平台、融媒体平台等应用场景的解决方案，大数据服务平台形成了云监测、内容安全、云搜索等SaaS模式的大数据服务。

（2）关于公司产品及主营业务构成的情况（见表4-81）

表 4-81　公司产品及主营业务构成情况

<table>
<tr><td>公司产品</td><td colspan="3">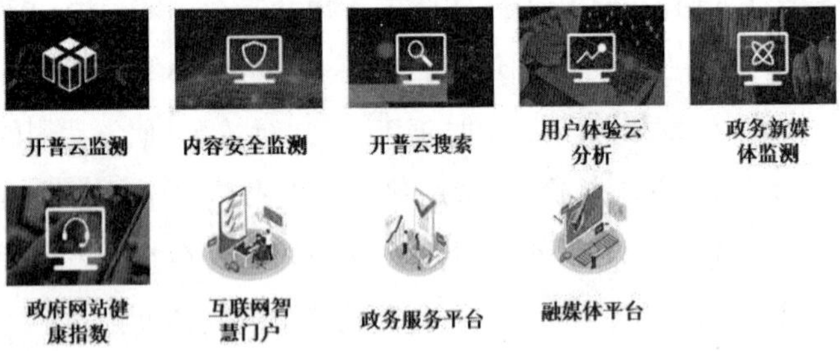
</td></tr>
<tr><td rowspan="3">2018年度公司主营业务构成/万元</td><td>互联网内容服务平台</td><td>20,172.65</td><td rowspan="3">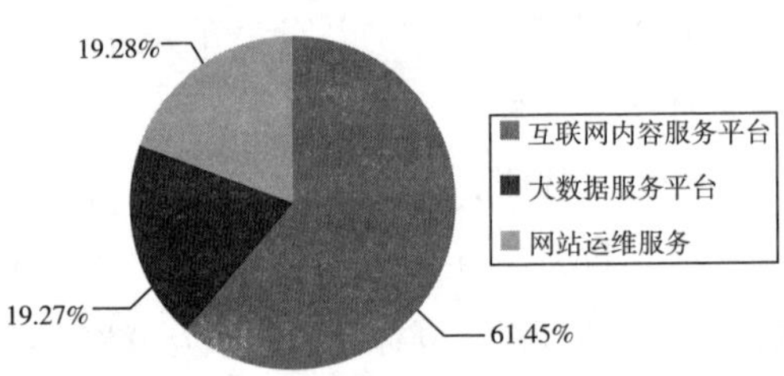
</td></tr>
<tr><td>大数据服务平台</td><td>6328.13</td></tr>
<tr><td>网站运维服务</td><td>6328.13</td></tr>
</table>

（3）公司重点问询问题

1）关于客户和业务【问询函1—18；问询函2—15】关注点：通过不同业务获取方式（公开招标方式；询价、竞争性谈判或磋商；单一来源采购）获取业务的情况、合理性；业务获取方式及履行的相关程序是否合法合规；主要系统集成商客户的基本情况；是否存在关联方及关联关系；对客户的折扣返利等管理政策；对系统集成商的定价政策、信用政策、结算政策等；是否存在第三方回款；从党政机关及事业单位（政府采购）等客户获取业务的方式主要为商务谈判是否合理；各个合同是否应当履行公开招标、邀请招标、竞争性谈判、单一来源采购等法定程序；通过商务谈判取得业务是否符合《招投标法》等相关法律法规的规定；发行人获取业务的方式是否具有商业合理性。

2）关于外协【问询函1—20；问询函2—2】关注点：外采金额逐年上升的原因；采购内容的定价原则、依据及价格的公允性；对外委托开发的具体内容、合作模式及必要性；对受托开发方的技术或其他资源的依赖；劳务外协和技术服务外协的原因及必要性；受托开发方、劳务外协和技术服务外协提供方的选择标准；对项目外采的核查情况；委托开发和采购外协服务的必要性和商业合理性；是否存在关联交易非关联化；外协服务成本的核算是否完整、准确，是否与外协服务工作量相匹配；外协开发的必要性和合理性；关联交易及其他利益输送行为；发行人与劳务和技术服务外协供应商签订合同的主要条款；采用劳务和技术服务外协是否具有成本优势；外协服务工作量占项目总工作量的比重。

3）关于毛利率【问询函1—31；问询函2—3】关注点：融媒体平台的预期毛利率水平及其毛利率较低的原因及预期变动趋势；互联网智慧门户项目、政务服务平台项目毛利率逐年上升的原因及合理性；毛利率下降的趋势是否将持续；实施周期越长的项目毛利率越低的原因及合理性；中证信息技术服务有限责任公司项目毛利率较低的原因；不同业务中，不同业务获取方式下的毛利率差异情况及合理性；与可比公司的对比；互联网内容服务平台业务毛利率位列前十位的项目情况；项目毛利率高于平均毛利率的原因；对毛利率异常项目的核查情况。

4）关于股份支付【问询函1—33；问询函2—5】关注点：历次增资及股权转让是否构成股份支付；股份支付的计算依据、方法、权益工具的公允价值及确定方法；股权激励对象的业务结构类型；将股份支付费用全部作为管理费用是否恰当；与股权所有权或收益权等相关的限制性条件；与股份支付相关会计处理；业绩变动对股份公允价值的影响；股份支付费用的计量是否完整、准确。

20.中科星图股份有限公司——国内提供数字地球产品与服务的代表企业

（1）公司概况

公司是国内提供数字地球产品与服务的代表企业。公司的技术开发服务以收取技术开发费用盈利。软件销售和数据服务以软件和相关数据的增值获取收入，软硬一体机按照销售数量盈利。公司主营业务是面向国防、政府、企业、大众等用户提供数字地球产品和技术开发服务。主要产品包括GEOVIS数字地球基础平台产品和GEOVIS数字地球应用平台产品。公司承担了科技部、工信部、北京市政府、中关村科技园区等多个重大科技攻关项目及产业化专项。中科院电子所构成了公司基础平台的数据支撑。核心管理团队技术人员大部分为数字地球相关领域专家，核心技术领先。

（2）关于公司产品及主营业务构成的情况（见表4-82）

表 4-82　公司产品及主营业务构成情况

<table>
<tr><td>公司产品</td><td colspan="3">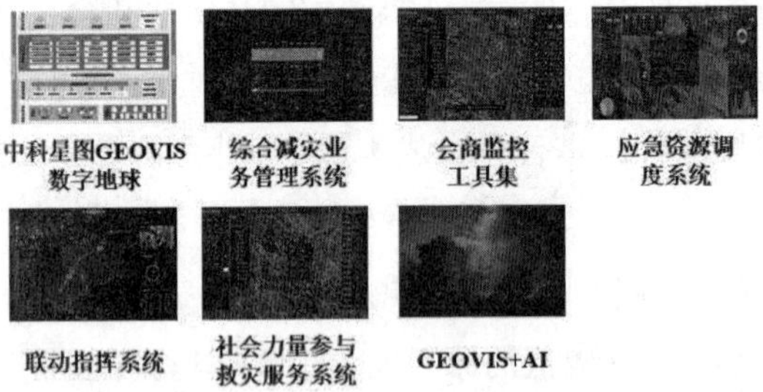
</td></tr>
<tr><td rowspan="4">2018 年度公司主营业务构成 / 万元</td><td>GEOVIS 技术开发与服务</td><td>8433.15</td><td rowspan="4">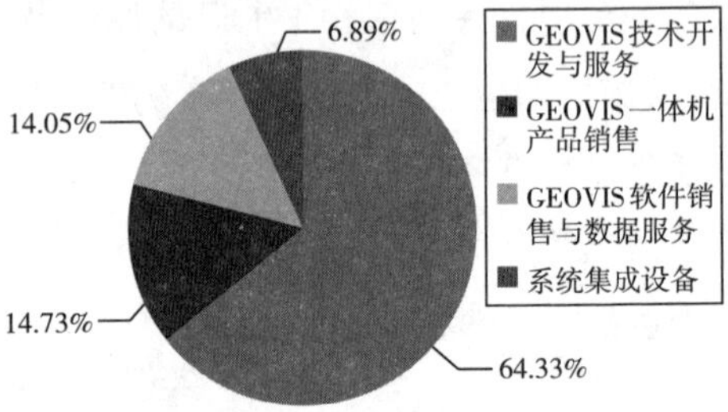
</td></tr>
<tr><td>GEOVIS 一体机产品销售</td><td>1930.93</td></tr>
<tr><td>GEOVIS 软件销售与数据服务</td><td>1842.49</td></tr>
<tr><td>系统集成设备</td><td>903.47</td></tr>
</table>

（3）公司重点问询问题

1）关于控制权【问询函1—1；问询函2—1；问询函3—1】关注点：一致行动关系；构成共同控制及依据；控制权的变更及依据；一致行动协议的原因、背景及主要条款；发行人控制权的稳定性；是否存在内部人控制的情形；是否存在同业竞争或者关联交易；解除一致行动协议的后果；在股份锁定期内是否可能解除一致行动协议；关于控制权认定的规则内容。

2）关于同业竞争及独立性【问询函1—21；问询函2—3】关注点：是否存在相互让渡业务的可能性；是否存在共同客户；是否存在同业竞争及依据；获取特种领域客户的渠道和方式；发行人的核心技术和相关数据的来源；是否在人员、知识产权方面存在共用、共有的情况；对中科院电子所、中科九度、中科曙光是否存在依赖；发行人在技术研发、客户获取、数据获取方面是否具备独立性；是否具备独立开拓市场的能力。

3）关于同为客户和供应商【问询函1—15】关注点：同为客户和供应商公司的销售和采购情况；销售和采购的定价依据、公允性；既销售又采购的原因及合理性；是否存在利益输送的情形；是否属于委托加工或购销关系；采购和销售业务的会计处理；是否存在其他同时为发行人客户和供应商的情况。

4）关于税收优惠【问询函1—42；问询函2—16】关注点：与同行业可比公司对比情况；税收优惠是否符合相关政策及可持续性；报告期内发行人享受的税收优惠逐年增多的原因；税收返还及优惠政策持续发放的可能性；发行人满足税收优惠政策的具体情况以及税务机关的回执情况。

5）关于收入确认【问询函1—25；问询函3—5】关注点：采用完工百分比法确认的依据；固定分段、固定比例的计算过程及其依据；收入确认阶段的调整原因和依据；收入确认时间和金额、收款时间和金额；收入确认时点和确认比例是否与行业惯例一致；是否存在提前确认收入的情况；初验和终验间隔较长的原因；在产品尚在试用期、终验未完成情况下确认95%收入的依据；发行人成本结转的比例与收入确认的比例是否一致；初验完成至终验阶段成本的归集情况；论证阶段、初验和终验阶段低于25%、95%和100%的具体情况；付款比例低于收入确认比例的情况；发行人收入确定比例是否谨慎。

6）关于关联方及关联交易【问询函1—22；问询函4—1、8；问询函6—1】关注点：关联销售情况；关联交易的必要性；关联交易是否具有合理商业目的；关联交易未来是否具有持续性；关联销售的定价方式、公允性；是否存在利益输送；对实际控制人的依赖及依据；是否存在关联交易非关联化的情形；关联方的认定；关联交易信息披露的完整性；关联交易是否影响发行人的独立性；分向关联方、非关联销售的收入金额及毛利率情况；关联方对相关项目的总预算、分预算情况；关联方与发行人交易额与项目预算是否匹配；关联方销售是否最终实现；关联交易毛利率水平的合理性；是否存在长期挂账的关联方应付款；是否存在关联方给予发行人较长付款账期、变相给予资金支持的情况；剔除关联交易金额后的发行人主要财务数据。

7）关于外协【问询函1—11；问询函2—8】关注点：利用外协加工的原因和必要性；前五大外协方的基本情况；外协价格的确定方式；外协方变动情况及原因；与外协方是否存在关联关系；与外协方关于产品质量责任分摊的具体安排；发行人自身提供的服务或产品与外协加工、硬件产品的交易价格是否可区分或按照合理比例分摊；外协方对发行人业务的依赖情况；外协业务报告期内的完工进度和完成情况。

21.苏州工业园区凌志软件股份有限公司——为各行业提供软件产品研发，软件外包开发及IT系统集成服务

（1）公司概况

公司致力于为各行业提供软件产品研发，软件外包开发及IT系统集成服

务。业务范围包括证券，银行，保险，电子商务，物流等。其中金融行业产品研发及软件外包服务的专业性及稳定性，已经成为企业的核心竞争力。经过多年的稳健发展，该公司已经在海内外金融软件领域形成了一定的规模，并确立了自身的核心竞争优势。基于深厚的金融行业知识和技术研发能力，该公司在进一步巩固和扩大国际软件市场的同时，加强了服务于国内金融机构的软件产品及综合解决方案的研究与开发并取得了相当的成绩，同时占有了一定的市场份额。该公司是国家高新技术企业、双软认定企业、国家规划布局内重点软件企业，先后入选“中国软件出口（外包）排行”第八名，荣获“中国软件和服务外包品牌之星”、“快速成长型企业”称号。企业管理能力不断提高，达到和国际接轨的先进水平，取得ISO/IEC27001：2005（E）国际信息安全和CMMIL5认证。

（2）关于公司产品及主营业务构成的情况（见表4-83）

表 4-83　公司产品及主营业务构成情况

<table>
<tr><td>公司产品</td><td colspan="3">
</td></tr>
<tr><td rowspan="2">2018 年度公司主营业务构成 / 万元</td><td>对日软件外包与服务</td><td>38,592.05</td><td rowspan="2">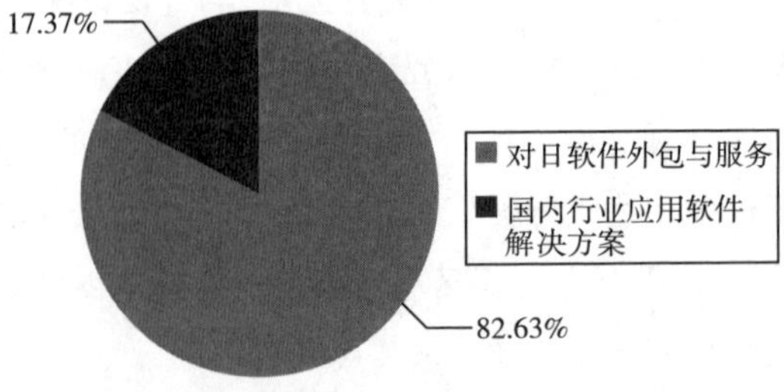
</td></tr>
<tr><td>国内行业应用软件解决方案</td><td>8113.24</td></tr>
</table>

(3)公司重点问询问题

1)关于三类股东【问询函1—1;问询函2—2】关注点:现有三类股东是否符合相关要求,是否符合资管产品杠杆、分级和嵌套的要求;过渡期安排是否已有明确时间进度安排;三类股东的存续期及存续安排;是否符合现行锁定期和减持规则要求;控股股东、实际控制人、董监高及其亲属、本次发行的中介机构及其签字人员是否直接或间接在三类股东中持有权益;部分三类股东未按《指导意见》要求报送、报备过渡期安排对发行人持续经营的影响;部分三类股东已到期,是否符合股东身份的适格性要求。

2)关于业务模式【问询函1—18;问询函2—3】关注点:业务执行的方式;离岸和在岸类业务相关情况;业务的结算方式等与发行人业务及业务模式相关的信息;汇率波动较为剧烈时,与客户协商调整销售单价的具体情况;业务的具体定价方式及标准;来自一级软件承包商和行业最终用户各自的收入占比;开展对日软件业务的全过程。

3)关于外协服务【问询函1—25;问询函2—4;问询函3—4】关注点:前五大供应商是否均为外协服务提供商;外协服务提供商的技术;外协服务采购占总采购的比重较高是否与发行人披露的业务模式相匹配;外协服务供应商的经营合法合规性;劳务公司是否专门或主要为发行人服务;外协合同的主要内容;外协费用定价是否公允,是否存在跨期核算情形;采购大量外协服务与其描述的技术水平、行业地位、业务模式是否匹配;采购的外协服务是否符合外协加工的定义,是否属于劳务派遣;项目外包的情况及会计处理方式;项目外包属于外协加工的理由、是否属于转包及合法合规性;发行人的经营活动是否依赖外协服务;采购外协服务的同时又存在派驻在客户处工作人员的原因及商业逻辑;发行人的人员派驻业务对于其客户来说是否也属于外协服务而非劳务派遣;外协企业基本情况;与外协企业计价及结算的方法;外协成本核算的完整性。

4)关于客户【问询函1—23;问询函2—5】关注点:客户与发行人及其实际控制人是否存在除购销外的任何关系;是否属于存在重大不确定性的客户;与客户合作情况;客户集中是否具有行业普遍性;客户本身是否存在重大不确定性风险;发行人是否已与其重要客户建立长期稳定的合作关系;客户对公司的依赖;发行人在客户的同类供应商中的地位;公司与主要客户交易的可持续性;

发行人下游客户与外包服务商是否存在一一对应关系；发行人拓展其他客户的难度及目前拓展情况；未来客户集中度的变化趋势；与客户交易价格公允性的情况；发行人的技术在客户中发挥的作用；拓展其他客户的难度；发行人是否主要依靠核心技术而非客户关系开展生产经营。

5）关于收入确认【问询函1—28；问询函2—6；问询函3—1】关注点：收入确认政策的变更；收入确认的会计政策变更的时点；预计合同总成本的计算方法、已发生的成本确定的具体方法；完工进度确认的方法及内外部证据；采用完工百分比法是否确实符合行业惯例；采用完工百分比法确认收入的合规性、完工进度确定的合理性、相关成本核算的规范性、相关税务处理的合规性；确认收入的时点；产品销售使用完工百分比法的依据和合理性；变更收入确认政策后追溯调整是否涉及会计差错更正；公司因跨期采用上线后完工百分比法的收入金额。

6）关于长期股权投资【问询函2—9；问询函3—1】关注点：长期股权投资的权益的计算过程、依据、会计处理；是否存在同业竞争。

22.罗克佳华科技集团股份有限公司——一家致力于科技创新，集物联网智能制造、数据采集、数据融合、智能分析为一体的物联网大数据服务企业

（1）公司概况

公司是一家致力于科技创新，集物联网智能制造、数据采集、数据融合、智能分析为一体的物联网大数据服务企业，聚焦智慧环保领域，拓展智慧城市应用。公司的主营业务包括物联网解决方案和物联网大数据服务，其中物联网大数据服务系物联网解决方案的迭代升级。公司深耕物联网领域十余年，积累了丰富的物联网解决方案项目经验，通过持续研发投入和技术创新，公司形成自主知识产权的IoT平台、云链数据库、AI算法等技术优势，成为一家覆盖物联网全产业链的物联网大数据服务企业。公司拥有国际软件能力成熟度认证评估的最高资质CMMI5资质，以及电子与智能化工程专业承包壹级（最高资质）、建筑智能化系统设计专项甲级（最高资质）、信息系统集成及服务一级、安全防范工程设计施工壹级等50余项资质和产品认证。2018年，公司被评为“环保产业协会第五届常务理事”，公司的山西太原智慧环保入围中国信息通信研究院评选的“2018年智慧城市城市治理领域十大优秀解决方案”。

（2）关于公司产品及主营业务构成的情况（见表4-84）

表 4-84　公司产品及主营业务构成情况

<table>
<tr><td>公司产品</td><td colspan="3">
环保物联网
解决方案

建筑智能化物
联网解决方案
智慧环保
智慧城市</td></tr>
<tr><td rowspan="6">2018 年度公司主营业务构成 / 万元</td><td>智慧环保大数据服务</td><td>10,369.03</td><td rowspan="6">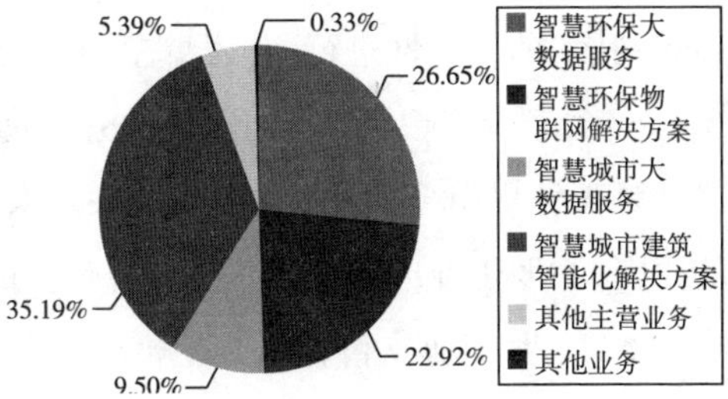</td></tr>
<tr><td>智慧环保物联网解决方案</td><td>8920.61</td></tr>
<tr><td>智慧城市大数据服务</td><td>3697.77</td></tr>
<tr><td>智慧城市建筑智能化解决方案</td><td>13,690.98</td></tr>
<tr><td>其他主营业务</td><td>2097.85</td></tr>
<tr><td>其他业务</td><td>127.27</td></tr>
</table>

（3）公司重点问询问题

1）关于规避持股5%【问询函1—5】关注点：对股权的控制情况；持股5%以上股东的认定。

2）关于业务【问询函1—10；问询函2—5；问询函3—1；问询函5—2】关注点：发行人的业务流程、采购产品及其与发行人销售产品或服务的关系；不同业务的联系与区别；业务的收入状况及占营业收入的比例；相关资质是否已取得并仍在有效期内；业务资质到期后的续期情况；业务如何给客户创造价值；原材料销售的业务模式；发行人主营业务的实质内容；业务中相关数据的来源与权属；核心技术及核心技术对应的知识产权成果在业务中的具体运用。

3）关于在建工程【问询函1—33；问询函2—18；问询函3—3；问询函4—4；问询函5—4】关注点：在建工程是否已取得项目备案、环评、用地、规划等相关许可；在建工程长期停工的原因及合理性；在建工程是自建还是外包；在建工程新增、转固情况；在建工程主要项目的建造情况；在建工程入账价值的确定依据；在建工程是否涉及借款费用资本化；在建工程结转的具体情况及依据；在建工程是否发生闲置、废弃、毁损和减值；在建工程是否存在延迟转固少计费用的情形；在建工程的造价是否符合市场行情；在建工程是否发生减值；在建工程完工进度；在建工程是否真实、准确、完整；在建工程的监盘情况；在建工程建成以后的用途；在建工程是否涉及房地产开发与销售；是否存在闲置土地、炒地以及捂盘惜售、哄抬房价等违法违规行为。

4）关于核心技术【问询函1—11；问询函2—4；问询函3—2；问询函4—1】关注点：核心技术业务的具体构成、认定依据；核心技术业务收入来源、增长原因；发行人是否主要依靠核心技术开展生产经营；核心技术在产品中的运用及体现；技术的先进性进行；技术壁垒；核心技术的优势及可持续性。

5）关于晋商银行【问询函1—36；问询函2—20；问询函3—6】关注点：预收账款是否计提财务费用；晋商银行一直未能支付《买卖合同》项下第二笔价款的原因；太罗工业向晋商银行支付补偿款的原因；因晋商银行未付款，双方未达成一致，太罗工业支付补偿款是否符合商业逻辑；与晋商银行初始合同执行进度的依据；与晋商银行相关业务形成的相关资产权利的归属。

五、医药制造业

医药制造业（Pharmaceutical Manufacturing Industry）是指原料经物理变化或化学变化后转变为新的医药类产品，包含化学药品原药制造、中药饮片加工、中成药制造、兽用药品制造、生物生化制品的制造、卫生材料及医药用品制造。按照证监会2012年10月26日发布的《上市公司行业分类指引（2012年修订）》，其隶属于“C27 医药制造业”。

（一）公司概况（见表 4-85）

表 4-85　截至 2019 年 12 月 31 日，医药制造业中通过上市委员会审核的项目共 13 家

序号	公司名称	证券简称
1	深圳普门科技股份有限公司	普门科技
2	江苏硕世生物科技股份有限公司	硕世生物
3	浙江东方基因生物制品股份有限公司	东方生物
4	北京热景生物技术股份有限公司	热景生物
5	华熙生物科技股份有限公司	华熙生物

续表

序号	公司名称	证券简称
6	上海昊海生物科技股份有限公司	昊海生科
7	深圳微芯生物科技股份有限公司	微芯生物
8	博瑞生物医药（苏州）股份有限公司	博瑞医药
9	申联生物医药（上海）股份有限公司	申联生物
10	武汉科前生物股份有限公司	科前生物
11	苏州泽璟生物制药股份有限公司	泽璟制药
12	厦门特宝生物工程股份有限公司	特宝生物
13	百奥泰生物制药股份有限公司	百奥泰

对于上述13家公司我们主要从上市标准、注册资本、注册地点、主办券商、资产总额、净资产金额、收入总额、研发能力、净利润等方面进行简要分析，具体情况如下：

1.上市标准

医药制造业的13家公司中，除了特宝生物采用“上市标准四”、泽璟制药以及百奥泰采用“上市标准五”之外，其余的10家公司均采用了科创板“上市标准一”。

（1）10家公司“上市标准一”具体情况（见表4-86）

表 4-86　10 家公司“上市标准一”具体情况

上市标准一	预计市值不低于人民币 10 亿元，最近两年净利润均为正且累计净利润不低于人民币 5000 万元				预计市值不低于人民币 10 亿元，最近一年净利润为正且营业收入不低于人民币 1 亿元		
项目	预计市值	2017 年度净利润 / 万元	2018 年度净利润 / 万元	上述累计净利润 / 万元	预计市值	2018 年度净利润	2018 年度营业收入 / 万元
普门科技	≥ 10 亿元	4758.55	8114.40	12,872.95			
硕世生物	17 亿元	4266.84	6382.46	10,649.30			
东方生物	≥ 10 亿元	3270.57	6395.60	9666.17			

续表

上市标准一	预计市值不低于人民币 10 亿元，最近两年净利润均为正且累计净利润不低于人民币 5000 万元				预计市值不低于人民币 10 亿元，最近一年净利润为正且营业收入不低于人民币 1 亿元		
项目	预计市值	2017 年度净利润 / 万元	2018 年度净利润 / 万元	上述累计净利润 / 万元	预计市值	2018 年度净利润	2018 年度营业收入 / 万元
热景生物	≥ 10 亿元	3007.23	4818.77	7826.00			
华熙生物	160 亿～240 亿元	22,226.89	42,386.00	64,612.89			
昊海生科	52.76 亿元	40,001.11	45,507.93	85,509.04			
微芯生物	≥ 10 亿元	2407.39	3116.48	5523.87			
博瑞医药	22.68 亿元	4587.64	7320.20	11,907.84			
申联生物	≥ 10 亿元	9867.80	8758.03	18,625.83			
科前生物	≥ 10 亿元	32,031.22	38,891.34	70,922.56			

“上市标准一”关注公司的市值、收入以及盈利情况。其具体要求是：“预计市值不低于人民币10亿元，最近两年净利润均为正且累计净利润不低于人民币5000万元，或者预计市值不低于人民币10亿元，最近一年净利润为正且营业收入不低于人民币1亿元”。医药制造业中有10家公司采取“上市标准一”在科创板上市，10家公司均满足“预计市值不低于人民币10亿元，最近两年净利润均为正且累计净利润不低于人民币5000万元”的基本要求。

（2）特宝生物“上市标准四”具体情况（见表4-87）

表 4-87　特宝生物“上市标准四”具体情况

上市标准四	预计市值不低于人民币 30 亿元，且最近一年营业收入不低于人民币 3 亿元	
项目	预计市值	2018 年度营业收入
特宝生物	35.45 亿元	44,828.27 万元

上市标准四关注公司的市值和收入。其具体要求是：预计市值不低于人民币30亿元，且最近一年营业收入不低于人民币3亿元。通过收益法对特宝生物预计市值进行评估，公司预计市值为 35.45 亿元，不低于人民币 30 亿元；2018年营业收入为44,828.27万元，满足上市标准四的基本要求。

（3）关于两家公司“上市标准五”具体的情况（见表4-88）

表 4-88　两家公司“上市标准五”具体情况

上市标准五	预计市值不低于人民币 40 亿元，主要业务或产品需经国家有关部门批准，市场空间大，目前已取得阶段性成果。医药行业企业需至少有一项核心产品获准开展二期临床试验，其他符合科创板定位的企业需具备明显的技术优势并满足相应条件	
项目	预计市值	研发优势
泽璟制药	≥ 40 亿元	发行人拥有多样化的产品管线，目前正在开发 11 个主要创新药物，其中甲苯磺酸多纳非尼片（泽普生®）、重组人凝血酶（泽普凝®）、盐酸杰克替尼片（泽普平®）及奥卡替尼的多种适应症已分别处于 Ⅱ/Ⅲ 期临床试验阶段；注射用重组人促甲状腺激素（赛诺璟®）及盐酸杰克替尼乳膏处于 I 期临床试验阶段；甲苯磺酸多纳非尼片与抗 PD-1 抗体联合治疗肿瘤已取得临床试验通知书；盐酸杰克替尼片治疗特发性肺纤维化、移植后抗宿主病、类风湿性关节炎、强直性脊柱炎、炎症性肠病适应症及多纳非尼与抗 PD-L1 抗体联合治疗肿瘤已递交 IND 申请；盐酸杰克替尼片治疗其他自身免疫相关疾病及 ZG5266 处于 IND 阶段。此外，发行人在研的小分子新药ZG0588、ZG170607、抗肿瘤双靶点抗体新药 ZG005 及 ZG006 处于临床前研发阶段。
百奥泰	≥ 40 亿元	公司主营业务为创新药及生物类似药的研发、生产，深耕肿瘤、自身免疫性疾病、心血管疾病以及其它危及人类生命或健康的重大疾病，并以其核心技术推动创新药物的研发。截至本上市保荐书签署日，发行人有 1 个产品获得上市批准，有 20 个主要在研产品，其中 1 个产品已经提交 NDA 申请，3 个产品处于 Ⅲ 期临床研究阶段，1 个产品处于 Ⅱ 期临床研究阶段，4 个产品处于 I 期临床研究阶段。

“上市标准五”关注公司的市值和研发情况。其具体要求是：预计市值不低于人民币40亿元，主要业务或产品需经国家有关部门批准，市场空间大，目

前已取得阶段性成果。医药行业企业需至少有一项核心产品获准开展二期临床试验，其他符合科创板定位的企业需具备明显的技术优势并满足相应条件。泽璟制药，结合报告期外部股权融资情况、可比公司估值情况，预计市值不低于人民币40亿元；百奥泰，结合报告期外部股权融资情况、可比公司估值情况，预计市值不低于人民币 40 亿元。选取"上市标准五"的两家公司均满足预计市值不低于40亿元的基本要求。除此之外，泽璟制药百奥泰都至少有一项核心产品获准开展二期临床试验。因此，两家公司均满足"上市标准五"的基本要求。

2.注册资本

根据医药制造业在科创板审核通过的13家公司2018年12月31日的注册资本情况，注册资本最少为硕世生物，仅为5862.00万元，最高的为华熙生物48,000.00万元，各公司之间注册资本差异较大。上述注册资本在10,000.00万元以下的仅有2家，分别为硕世生物和热景生物，这两家公司的注册资本分别为5862.00万元和6219.63万元。（见图4–32）

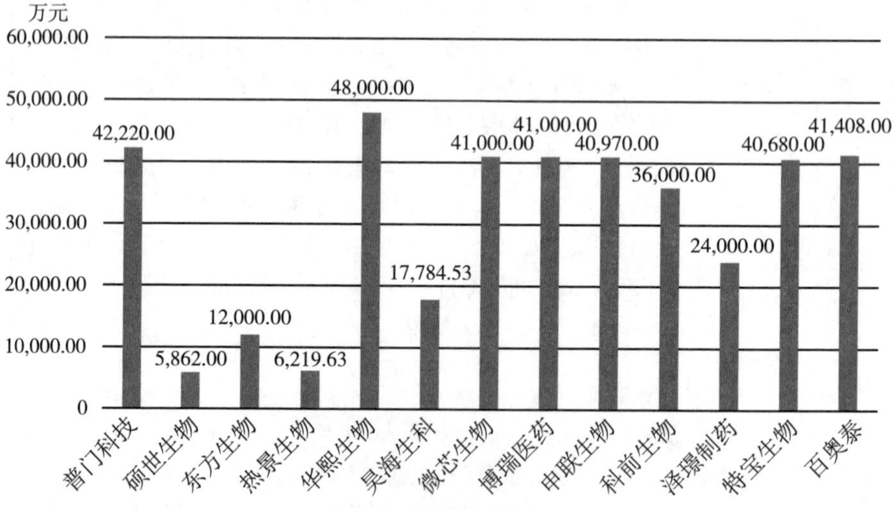

图 4–32　注册资本

3.注册地点

医药制造业在科创板审核通过的13家公司中，23.08%的公司注册地为江苏省、23.08%的公司注册地为广东省、15.38%的公司注册地为上海市、7.69%的公司注册地为浙江省、7.69%的公司注册地为湖北省、7.69%的公司注册地为山东省、7.69%的公司注册地为福建省、7.69%的公司注册地为北京市，上述公司的区域分布均为我国经济发达的省份或地区。（见图4-33）

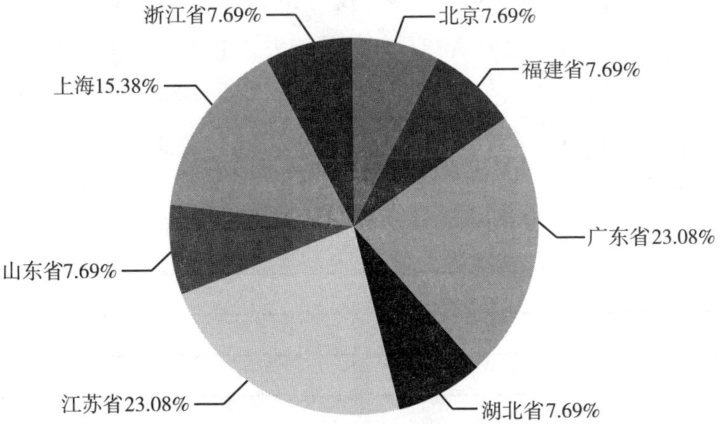

图 4-33　注册地点

4.主办券商

医药制造业在科创板审核通过的13家公司中，有15.38%的公司主办券商为中金公司、15.38%公司的主办券商为招商证券、15.38%的公司的主办券商为国信证券。占比达7.69%的券商包括瑞银证券、民生证券、华泰联合、国金证券、光大证券和安信证券。由此可见，医药制造业科创板上市公司所选择的主办券商集中于A类、AA类券商。（见图4-34）

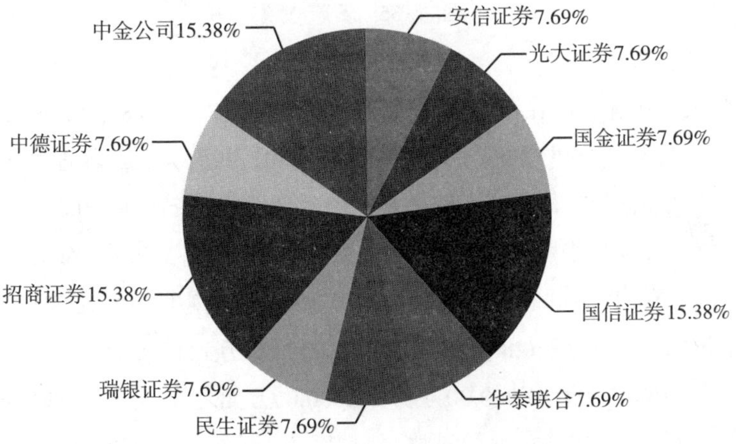

图 4-34　主办券商

5.资产总额

根据医药制造业在科创板审核通过的13家公司2018年12月31日的资产总额情况，资产总额最少为热景生物，仅为26,711.80万元，最高的为昊海生科443,635.26万元，各公司之间资产总额差异较大。上述资产总额在100,000万元以上的有5家，分别为申联生物、百奥泰、科前生物、华熙生物、昊海生科，他们的资产总额分别为101,312.15万元、102,075.95万元、122,985.22万元、207,100.41万元、443,635.26万元。（见图4-35）

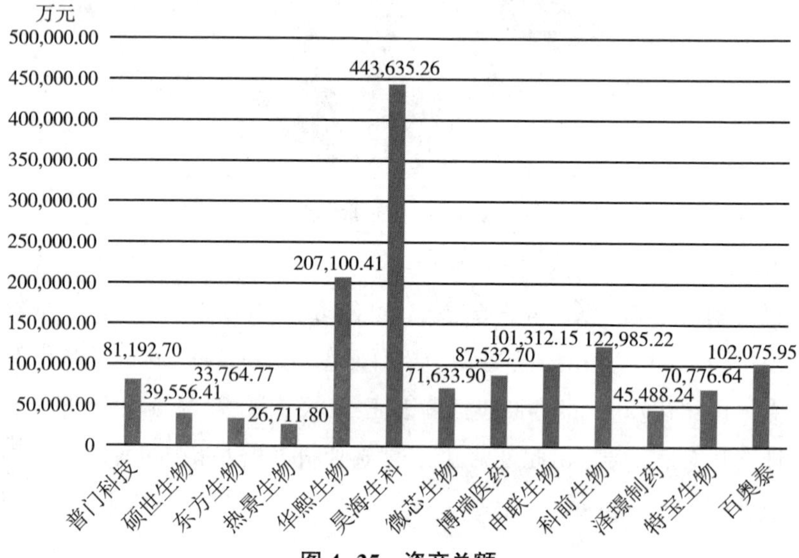

图 4-35　资产总额

6.净资产

根据医药制造业在科创板审核通过的13家公司2018年12月31日的净资产情况，净资产最少为东方生物，仅为20,802.98万元，最高的为昊海生科383,544.60万元，各公司之间净资产差异较大。上述净资产在100,000.00万元以上的有2家，分别为华熙生物171,744.27万元、昊海生科383,544.60万元。净资产在30,000万元以下的有3家，分别是东方生物、热景生物和泽璟制药，这三家公司的净资产分别为：20,802.98 万元、21,043.80 万元和28,164.04万元。其余8家公司的净资产介于30,000.00万～100,000.00万元之间，他们分别是：硕世生物、微芯生物、特宝生物、普门科技、博瑞医药、百奥泰、申联生物、科前生物，净资产分别为：32,409.98 万元、47,689.77 万元、49,925.97 万元、66,839.25万元、76,980.48万元、80,132.31万元、83,193.95万元和87,633.89万元。（见图4-36）

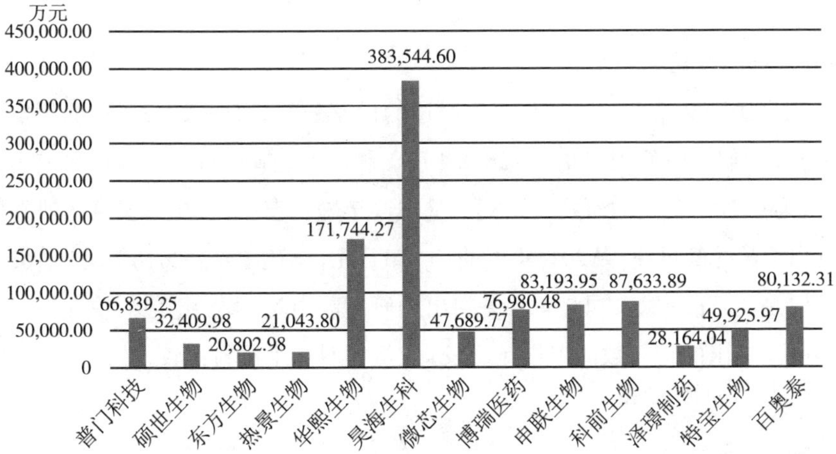

图 4-36 净资产

7.收入总额

根据医药制造业在科创板审核通过的13家公司2016～2018年的收入总额情况，我们可以发现，泽璟制药2017年度收入为0,百奥泰2018年度收入为0。总体来看，2016～2018年各家收入情况呈现逐年递增态势，华熙生物和昊海生科两家公司各年的收入总额明显高于其他公司。其中，连续三年收入总额均高于50,000.00万元的公司仅有2家，分别华熙生物和昊海生科；连续三年收入总额均低于50,000.00万元的公司有8家，分别为普门科技、硕世生物、东方生物、热景生物、微芯生物、博瑞医药、申联生物和特宝生物。（见图4-37）

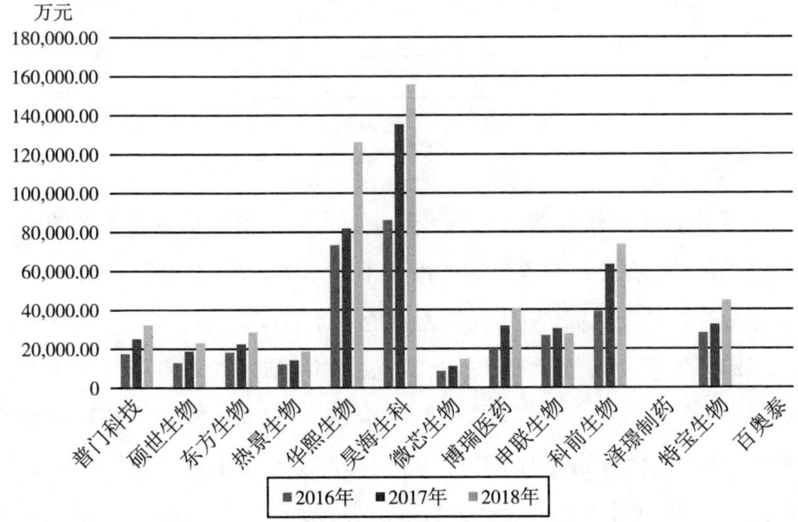

图 4-37 收入总额

8.研发能力

(1)研发支出

根据医药制造业在科创板审核通过的13家公司2016～2018年度的研发费用情况，我们可以发现，2016～2018年度，除了泽璟制药、特宝生物、科前生物之外，剩余各家公司的研发费用支出呈现逐年增长态势，其中百奥泰的研发费用支出增长尤其迅速，从2016年度的13,150万元，迅速增长到2018年的54,168万元。但是，衡量一家公司是否具备突出的研发能力时，我们不应简单地根据其历年研发支出的绝对数简单进行比较，应从相对数来进行比较，故选用下面的研发能力。(见图4-38)

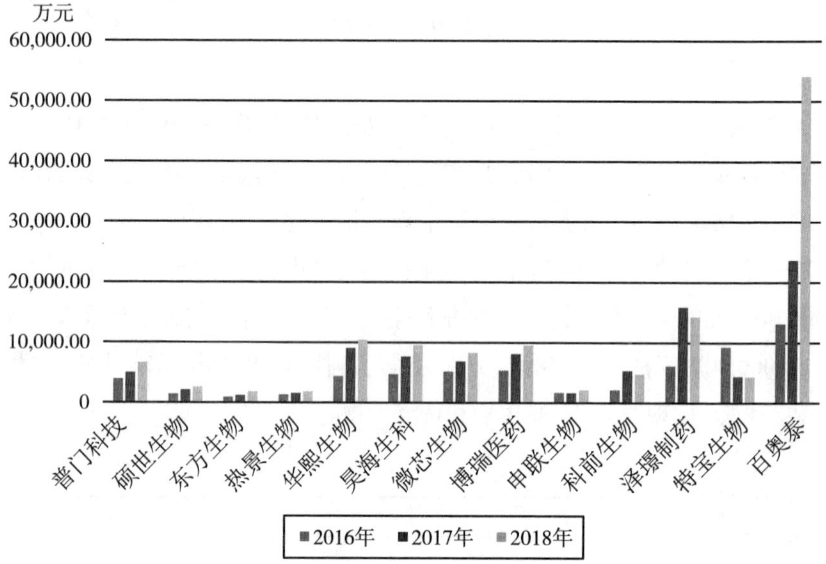

图4-38 研发费用

(2)研发能力

我们采用各年度研发费用与当年营业收入的比值来衡量各公司的研发能力，这一比值在排除公司规模影响的前提下揭示了各公司的研发能力，而更高的研发能力往往指向更高、更持久的创新能力。通过计算各家公司2016～2018年度三年的研发能力均值，可以看出，微芯生物的研发能力最高为59.46%。此外，研发能力高于20.00%的公司仅有3家，分别为普门科技、微芯生物和博瑞医药，其研发能力均值分别为21.04%、59.46%、25.25%。其中泽璟医药2017年度收入数据缺失；百奥泰2018年度收入数据缺失，故此处暂且略去。(见图4-39)

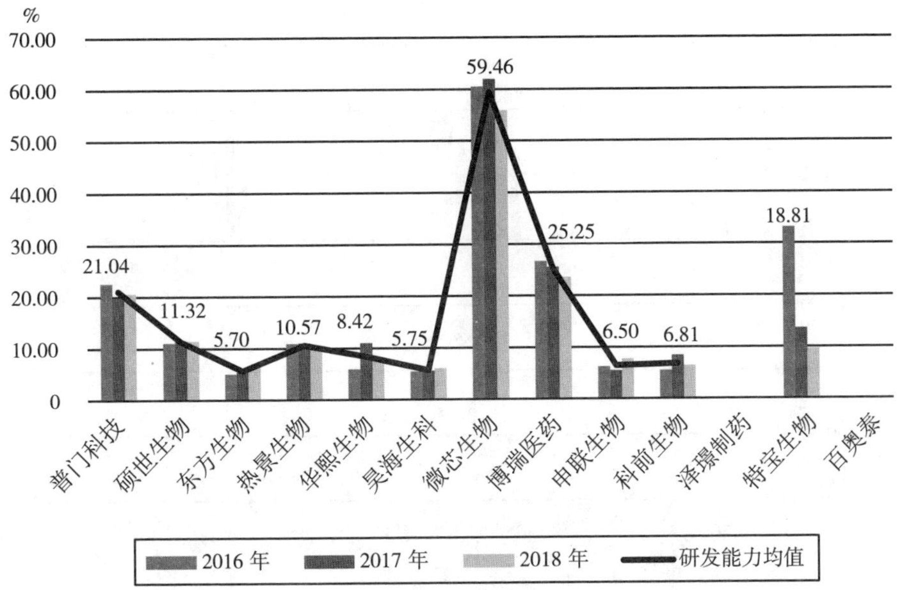

图 4-39 研发能力

9.净利润

根据医药制造业在科创板审核通过的13家公司2016～2018年度的净利润情况，可以发现，泽璟制药、百奥泰三年净利润均为负，这也是两家公司未采用“上市标准一”而采用仅衡量公司市值和研发能力的“上市标准五”进行上市的原因。除此之外，华熙生物、昊海生科、科前生物三家公司在三年中的净利润显著高于其他公司。普门科技、硕世生物、热景生物、昊海生科、微芯生物、博瑞医药、申联生物、科前生物8家公司在3年内的净利润处于上升的趋势2016年度，净利润大于10,000.00万元的公司有华熙生物、昊海生科和科前生物，分别为26,942.90万元、31,062.67万元和18616.76万元；净利润为负的公司有泽璟制药和百奥泰。2017年度，净利润大于10,000.00万元的公司有华熙生物、昊海生科和科前生物，分别为22,226.89 万元、40,001.11万元和32,031.22万元；净利润为负的公司有泽璟制药和百奥泰。2018年度，净利润大于10,000.00万元的公司有华熙生物、昊海生科和科前生物，分别为42,386.00万元、45,507.93万元和38,891.34万元；2016～2018年度净利润为负的公司有泽璟制药和百奥泰。（见图4-40）

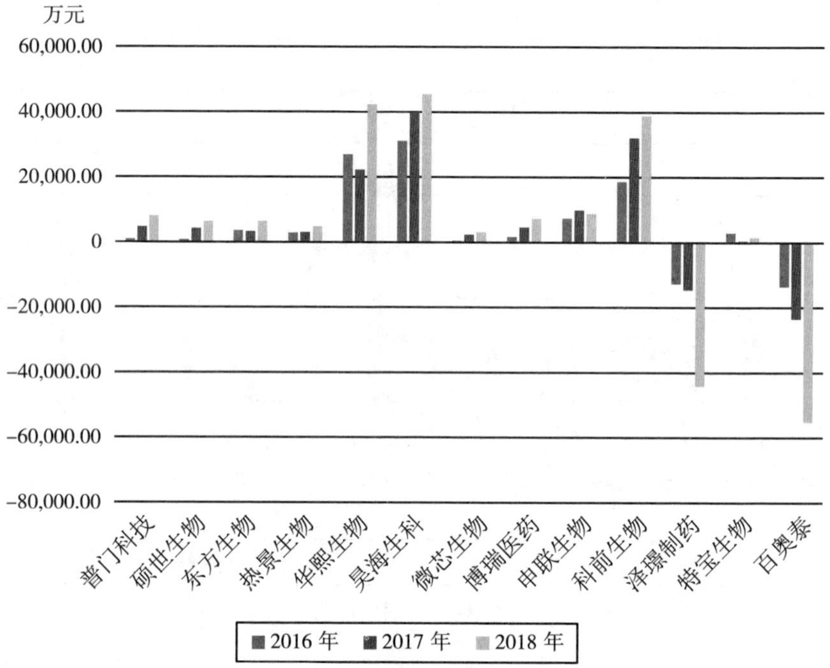

图 4-40　净利润

（二）审核问题概况

"医药制造业"的13个公司接受的各轮问询共涉及893个问题，以下仅列出前十大高频审核问题及其占比：（见图4-41）

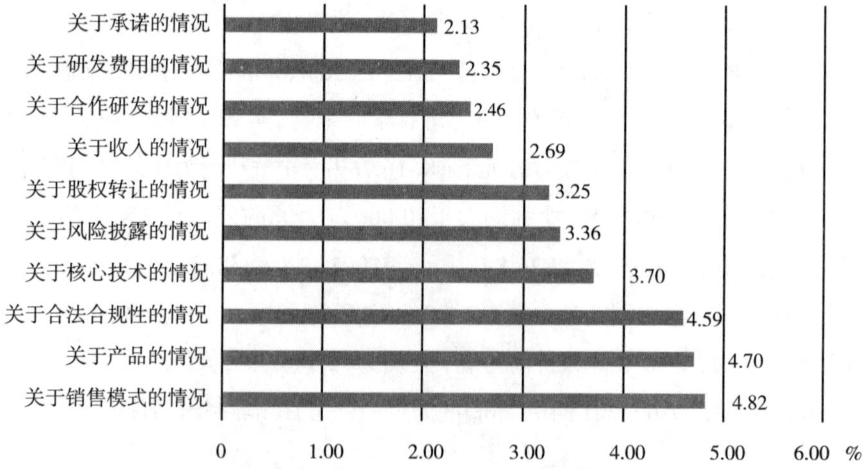

图 4-41　医药制造业高频问题

（三）各公司典型问题

1.深圳普门科技股份有限公司——研发驱动型的医疗器械企业

（1）公司概况：公司是一家研发驱动型的医疗器械企业，设立以来专注于治疗与康复解决方案和体外诊断产品线的开发及技术创新，目前主营业务为治疗与康复产品、体外诊断设备及配套试剂的研发、生产和销售。公司治疗与康复产品线按照使用场景分为医院市场和家用市场两大类，目前以医院市场为主；公司体外诊断产品线由体外诊断检测设备及配套试剂组成。目前，公司在医疗器械领域形成了8大核心技术、67项专利技术、52项软件著作权及69项二类医疗器械注册产品等核心竞争力，在创面治疗、电化学发光检测、特定蛋白分析检测等领域具备先发优势，建成了包括研究开发、生产制造、销售服务和质量管理等体系完善的医疗器械产业化平台。公司以创新研发作为业务发展的核心驱动力，具备了跨越不同医疗器械领域的研发和产业化能力。公司坚持自主研发，建成了广东省第一批“院士工作站”“广东省工程技术研究中心”“深圳市工程技术研究中心”“深圳市工程实验室”“企业技术中心”“深圳免疫分析和液相色谱体外诊断关键技术工程实验室”等医疗器械研发平台。公司先后承担国家部委级研发及产业化项目3项、省级研发及产业化项目6项和市区级研发及产业化项目15项。

（2）关于公司产品及主营业务构成的情况（见表4-89）

表 4-89　公司产品及主营业务构成情况

<table>
<tr><td>公司产品</td><td colspan="3">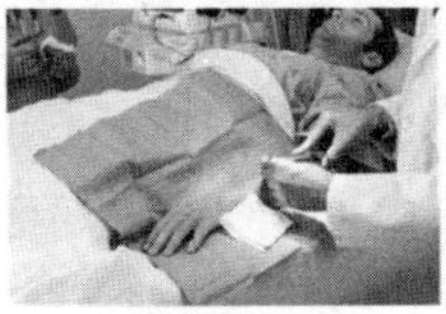
治疗康复

体外诊断

家庭医疗</td></tr>
<tr><td rowspan="3">2018年度公司主营业务构成/万元</td><td>体外诊断类</td><td>19,064.84</td><td rowspan="3">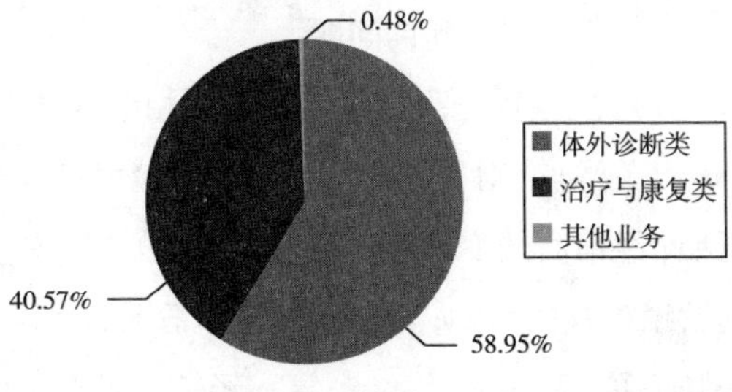</td></tr>
<tr><td>治疗与康复类</td><td>13,121.72</td></tr>
<tr><td>其他业务</td><td>156.36</td></tr>
</table>

（3）公司重点问询问题

1）关于核心技术【问询函1—5】关注点：核心技术及专利的来源与形成过程；是否存在对核心技术人员的依赖；是否与其他机构、同行业公司或研发人员存在纠纷及潜在纠纷；核心技术或产品是否存在被替代、淘汰的风险。

2）关于销售模式（间接销售为主、直接销售为辅）【问询函1—11；问询函3—3】关注点：经销商的具体情况（选取标准、管理、定价、物流、退换货、折扣、终端销售、第三方回款、信用政策、内控、分层、库存）；直销客户的具体情况（销售方式、流程）；报告期内直销、经销模式下主要客户的基本情况；经销模式下的收入确认。

3）关于在建工程【问询函1—27；问询函3—5】关注点：在建工程相关支出与费用的归集的完整性与配比性；转固时点的准确性；在建工程是否包含了与项目无关的其他支出，是否存在体外资金循环的情况。

2.江苏硕世生物科技股份有限公司——国内领先的体外诊断产品提供商

（1）公司概况：公司是国内领先的体外诊断产品提供商，专注于体外诊断试剂、配套检测仪器等体外诊断产品的研发、生产和销售，并拓展到体外检测服务领域，实现“仪器+试剂+服务”的一体化经营模式。公司主营业务为体外诊断试剂，配套检测仪器等体外诊断产品的研发，生产和销售，并拓展到体外检测服务领域，拥有完整的研发，采购，生产，销售及服务体系。公司主要产品为核酸分子诊断试剂，核酸纯化试剂，干化学诊断试剂及检测仪器。基于拥有自主知识产权的多重荧光定量PCR、干化学等现代生物学技术平台，公司研发了覆盖传染病检测、肿瘤筛查、女性生殖道微生态检测等多个领域的近五百个产品，广泛应用于传染病防控、临床检测、大规模人口筛查和优生优育管理等领域。

（2）关于公司产品及主营业务构成的情况（见表4-90）

（3）公司重点问询问题

1）关于销售模式（直销和经销相结合）【问询函1—22；问询函2—1；问询函3—1】关注点：对经销商向最终客户销售过程合法合规性的管控措施；经销商的证照；经销商的变化（销售金额、新增和退出）；“两票制”对发行人以经销为主的营销模式的影响；经销商的具体情况（考察、层级、定价、区域、退换货、返利、关联关系、毛利率、终端销售）；经销收入真实性的核查。

表 4-90　公司产品及主营业务构成情况

公司产品	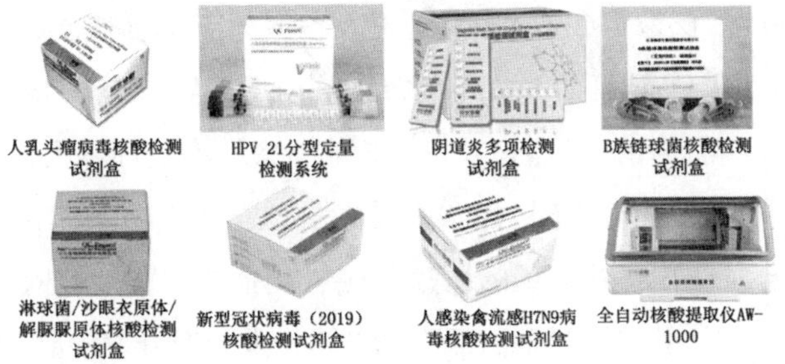		
2018年度公司主营业务构成/万元	体外诊断试剂	21,483.57	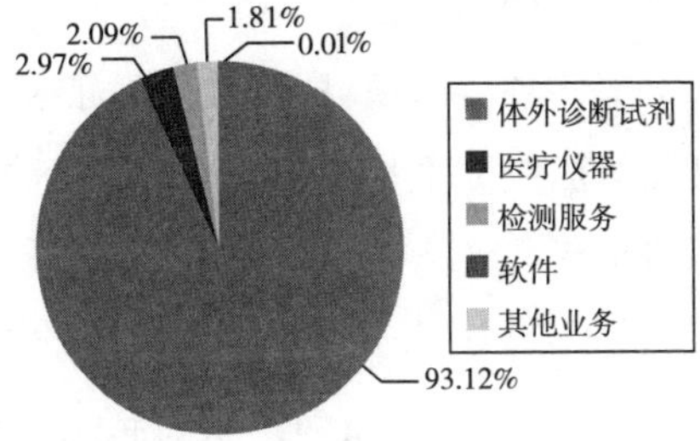
	医疗仪器	685.90	
	检测服务	482.51	
	软件	1.12	
	其他业务	416.94	

2）关于核心技术【问询函1—16；问询函2—6；问询函3—4】关注点：与发行人产品相同或类似的已获批医疗器械注册的体外诊断试剂与发行人产品的优劣对比；发行人是否形成较高专利或技术壁垒；公司HPV检测系统是全球首个商业化产品的依据；技术的先进性。

3）关于行业政策【问询函3—5】关注点：各省市医疗器械带量采购政策在公司产品范围的推行情况；医疗器械带量采购政策对公司的影响、公司相关的应对措施。

4）关于设备投放【问询函1—18、24；问询函2—9；问询函3—6】关注点：各期投放设备的具体数量；设备投放相关的内部控制（固定资产的盘点、折旧、减值、会计处理）。

3.浙江东方基因生物制品股份有限公司——布局外诊断产品全产业链的公司

（1）公司概况：公司是一家专业从事体外诊断产品研发、生产与销售的公司，目前已完成从抗原抗体等生物原料，到体外诊断试剂以及体外诊断仪器的全产业链布局，形成了以POCT即时诊断试剂为主导产品，重点发展分子诊断、生物原料、诊断仪器和液态生物芯片等产品的业务格局。发行人一直秉承全球化发展战略，已取得CFDA产品证书及备案凭证66项，FDA（510K）产品认证31项，欧盟CE产品认证225项，加拿大MDL产品认证67项，墨西哥医疗器械产品认证3项，产品远销北美洲、亚洲、非洲、欧洲、南美洲和大洋洲，客户遍布全球一百多个国家，并在美国、加拿大设立了全资子公司，外销占比约95%，是国内少有的全面打开海外市场的医疗器械生产企业。发行人依托全球化的研发团队，建立了“体外诊断试剂省级高新技术企业研究开发中心”和“院士专家工作站”，与比尔及梅琳达·盖茨基金会、上海交通大学、浙江大学、浙江省生物治疗重点实验室等国内外机构展开了合作，先后承担了国家火炬计划、湖州南太湖精英计划等多项科研项目，成功研发了多项体外诊断产品，获得了国家火炬计划产业化示范项目证书、浙江省重点高新技术产品、湖州市科学技术进步奖、浙江省级科学技术成果登记证书等多项荣誉。

（2）关于公司产品及主营业务构成的情况（见表4-91）

表 4-91　公司产品及主营业务构成情况

<table>
<tr><td>公司产品</td><td colspan="3">

幽门螺旋杆菌抗原检测试剂盒

乙型肝炎病毒表面抗原检测试剂盒
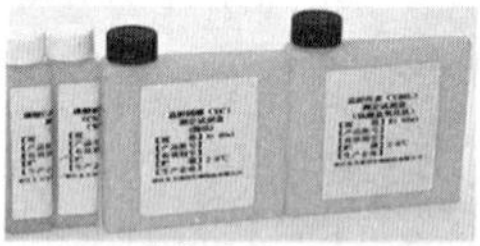
生化系列
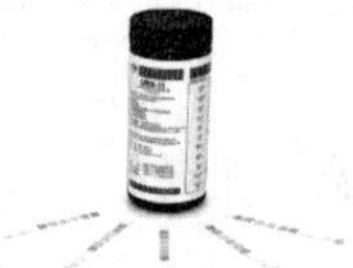
多项尿液分析试纸条—干化学法

手持式金标层析读数仪
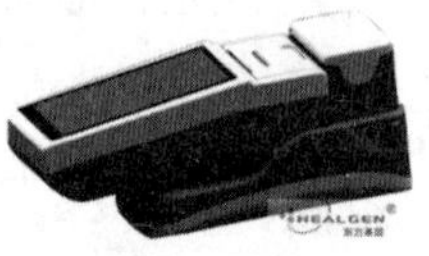
手持式唾液毒品读数仪
</td></tr>
<tr><td rowspan="3">2018 年度公司主营业务构成 / 万元</td><td>POCT 即时诊断试剂</td><td>27,557.96</td><td rowspan="3">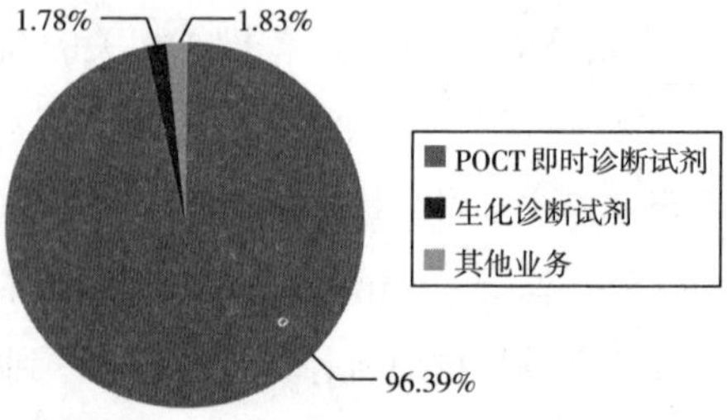
</td></tr>
<tr><td>生化诊断试剂</td><td>508.59</td></tr>
<tr><td>其他业务</td><td>522.73</td></tr>
</table>

（3）公司重点问询问题

1）关于销售合规性【问询函2—15；问询函3—5、7】关注点：报告期内发行人是否存在违反规定将相关产品向非医疗机构销售的情况；各类销售对象是否具备相应资质；发行人是否具备生产经营所需的全部资质；发行人的经销商是否具备相应资质；每款产品是否可追索，以及能否获得重复客户情况；发行人境外销售产品是否符合销售地关于医疗器械销售的资质、流程、销售对象和销售场所限制等相关规定；发行人的产品是否存在质量纠纷；终端销售的合规性；销售对象的资质；美国销售的合规性。

2）关于第三方回款【问询函1—21；问询函4—4】关注点：境内客户第三方付款的原因；第三方回款是否符合行业经营特点、同行业第三方回款对比情况；第三方回款的付款方是否存在发行人的关联方；第三方回款与相关销售收入勾稽关系；不同类别的第三方回款的相关管理措施；通过关联方代为支付、商业合作委托支付和委托金融机构付款等方式回款的具体金额，不同回款方式对应的地区分布情况，货款支付方式与当地的贸易惯例是否相符。

3）关于销售模式（ODM）【问询函1—11；问询函2—16】关注点：公司自身在产业链体系中的作用、公司的技术优势和科创属性如何体现；是否具有面向市场独立持续经营的能力。

4）关于核心技术【问询函1—7、13；问询函3—2】关注点：发行人是否具备相关产品生产的核心技术；以ODM销售模式为主的情况下如何体现发行人的核心技术；核心技术及专利的来源、形成过程，关联方拥有或使用与发行人业务相关的商标、专利等知识产权的情况；是否存在对核心技术人员的依赖、是否与其他机构或研发人员存在纠纷及潜在纠纷；核心技术或产品是否存在被替代、淘汰风险；发行人是否拥有高效的研发体系；各项核心技术对应的专利和在各产品中的具体应用情况；发行人是否具备POCT研发和生产相关的核心竞争力和技术实力。

5）关于行业政策【问询函2—18】关注点：两票制、带量采购政策对发行人生产经营的具体影响。

4.北京热景生物技术股份有限公司——提供体外诊断全场景应用的供应商

（1）公司概况：公司是一家从事体外诊断试剂及仪器研发、生产和销售的生物高新技术企业。构建了可满足不同终端用户需求的全场景（POCT现场快速检测、中心实验室自动化高通量检测）免疫诊断平台，是业内为数不多的产品涵盖全场景应用的供应商之一。试剂产品主要包括肝脏疾病、心脑血管类疾病以及感染炎症类疾病检测三大系列。其特色的上转发光免疫分析技术，荣获2015年国家技术发明二等奖，是目前国内唯一获得此奖项的免疫诊断方法学。同时拥有国内首个、国际第二个具有完全独立自主知识产权的“肝癌早诊三联检产品”，其中甲胎蛋白异质体（AFP-L3%）、异常凝血酶原（DCP），以及高尔基体蛋白73（GP73）化学发光检测产品均为国内独家产品。

（2）关于公司产品及主营业务构成的情况（见表4-92）

表 4-92　公司产品及主营业务构成情况

公司产品	 降钙素原　胎儿纤维连接蛋白　高尔基体蛋白73　N末端B型钠尿肽 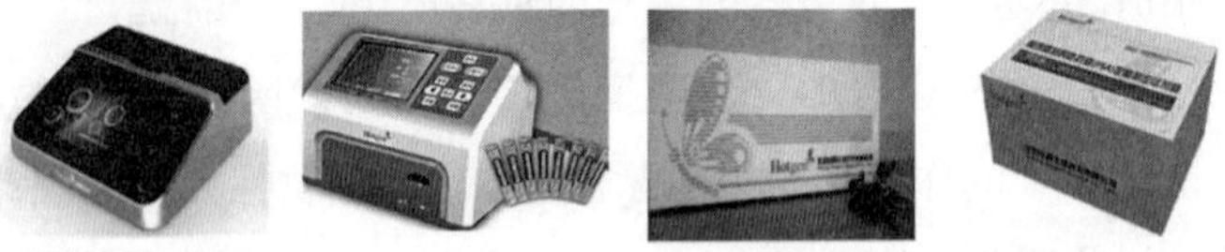 肠道微生物检测　人血浆脂蛋白磷脂酶A2（Lp-PLA2）　乙型肝炎病毒大蛋白（HBV-LP）测定试剂盒　前列腺特异性抗原（PSA）测定试剂盒		
2018年度公司主营业务构成/万元	快速检测试剂	15,947.42	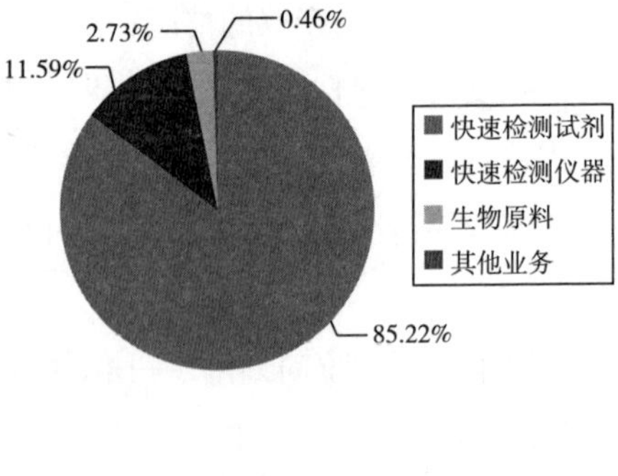
	快速检测仪器	2168.52	
	生物原料	510.86	
	其他业务	85.50	

（3）公司重点问询问题

1）关于成本（上转发光仪器：领用组件生产、领用零部件组装）【问询函2—3；问询函3—1】关注点：两种方式的单位成本构成；上转发光免疫分析仪成本完整性。

2）关于销售模式（“联动销售”模式和“买仪器赠送试剂”；经销为主，直销为辅）【问询函1—11、12、13；问询函2—2、4；问询函3—3】关注点：联动销售模式下仪器的折旧情况；“买仪器赠送试剂”是否构成捆绑销售；两种模式相关收入确认、成本结转；经销模式下的具体情况（定价模式、结算模式、信用政策、销售模式、日常管理、退换货、折让、折扣；经销商的基本情况、变动、关联关系、合作情况、终端销售、回款）；直销客户是否存在与经销商的最终客户重合的情况；经销商模式下收入的真实性核查。

3）关于行业政策【问询函1—32】关注点：与实施“两票制”地区对应的发行人的销售收入情况；“两票制”的实施对发行人经销模式、经销客户、定价、收入、销售费用等相关方面的影响；体外诊断试剂的“两票制”推广范围是否预计将逐步扩大。

5.华熙生物科技股份有限公司——以透明质酸微生物发酵生产技术为核心的高新技术企业

（1）公司概况：公司是全球领先的、以透明质酸微生物发酵生产技术为核心的高新技术企业，透明质酸产业化规模位居国际前列，公司是国内最早实现微生物发酵法生产透明质酸的企业之一，透明质酸具有良好的保水性、润滑性、黏弹性、生物降解性及生物相容性等理化性能和生物活性，在医药（骨科、眼科、普外科、泌尿外科、胃肠科、耳鼻喉科、口腔科、整形外科、皮肤科等）、化妆品及功能性食品中应用十分广泛，公司持续开展微生物发酵法生产透明质酸技术研发，国内率先实现了透明质酸微生物发酵技术产业化的突破，改变了我国以动物组织提取法生产透明质酸且主要依靠进口的落后局面。通过菌种诱变和高通量筛选、发酵代谢流调控、多尺度过程优化、动态补料控制等技术，极大提升了透明质酸的生产规模和质量，显著降低了生产成本，推动了透明质酸在各个领域的应用。凭借透明质酸发酵技术的创新成就，多次获得国家和省科技进步奖励。

（2）关于公司产品及主营业务构成的情况（见表4-93）

表 4-93　公司产品及主营业务构成情况

<table>
<tr><td>公司产品</td><td colspan="3">
润百颜-故宫口红
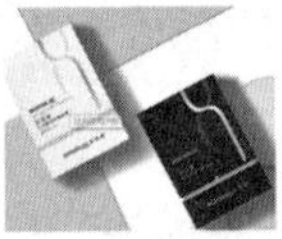
润百颜-次抛系列

润百颜-水光盈透护肤系列
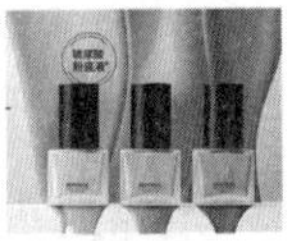
润百颜-水光盈透底妆系列

德玛润喷泉活水乳
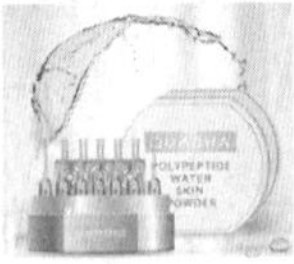
夸迪-5D高端护肤品

润熙泉
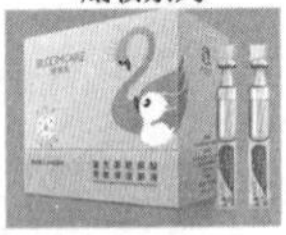
润熙禾</td></tr>
<tr><td rowspan="5">2018 年度公司主营业务构成 / 万元</td><td>原料产品</td><td>65,137.77</td><td rowspan="5">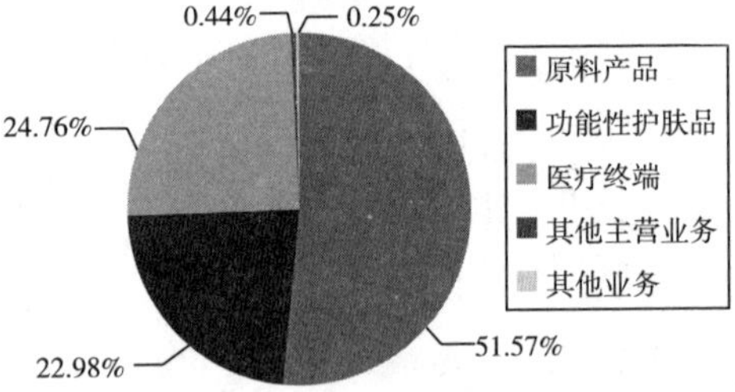
</td></tr>
<tr><td>功能性护肤品</td><td>29,029.39</td></tr>
<tr><td>医疗终端</td><td>31,270.31</td></tr>
<tr><td>其他主营业务</td><td>559.51</td></tr>
<tr><td>其他业务</td><td>317.59</td></tr>
</table>

（3）公司重点问询问题

1）关于销售合规性【问询函3—3；问询函4—1、2】关注点：相关民营医院是否具有相关医疗资质；发行人不能获取经销商对于Ⅱ、Ⅲ级以上产品组最终销售情况是否符合行业政策和监管要求、是否符合行业对于问题产品质量问题追索要求的行业惯例；发行人是否需对经销商的最终医院的医生进行培训；发行人如何保证经销商不存在串货或与发行人直销发生冲突的情形；发行人的内部管理是否有效；经销商是否存在将发行人的Ⅱ、Ⅲ级产品销售至美容院等非医疗机构的情形、是否存在将相关医疗产品作为一般产品使用的情形；Cytocare在欧洲属于医疗器械，在国内属于化妆品的原因，其产品销售过程的合法合规性；Cytocare是否属于全程可追索的范畴。

2）关于采购【问询函1—22；问询函3—1】关注点：主要供应商的简要情

况；采购内容；前五名供应商变化的原因、发行人向主要供应商采购内容的变化原因、单个供应商采购占比变化的原因；是否存在向同一家公司既有采购又有销售的情况、原因及商业合理性；采购价格的公允性；主要供应商的稳定性和可持续性；向福瑞达生物科技的采购情况。

3）关于销售模式（直销、经销）【问询函1—21；问询函2—13、14】关注点：经销模式的具体情况（关联关系、可比公司情况、专门销售、终端销售、变化、个人、回款、毛利率；经销商选取标准、日常管理、定价机制（包括营销、运输费用承担和补贴等）、物流（是否直接发货给终端客户）、退换货机制、内控）；电商销售模式（具体产品、合规性、主要第三方销售平台的流量情况、线上业务的基本运营情况等）；医用产品是否存在质量纠纷。

4）关于核心技术【问询函1—11、12】关注点：核心技术的来源；技术优势；持续创新能力；核心技术及专利的形成过程；是否存在对核心技术人员的依赖；是否存在被替代、淘汰的风险；“国内领先”等描述的佐证依据。

5）关于收购股权【问询函1—9、10】关注点：溢价收购仍在亏损的Revitacare的商业逻辑；收购定价是否合理、相关资产是否经过评估；收购的资金来源；相关税项的缴纳情况；商誉减值的测试方法、不计提减值准备的充分性；对客户关系确认无形资产的依据，是否符合无形资产的确认条件；重组企业业务与发行人主营业务的相关程度。

6.上海昊海生物科技股份有限公司——为市场提供创新医疗产品的企业

（1）公司概况：公司是一家应用生物医用材料技术和基因工程技术进行医疗器械和药品研发、生产和销售的科技创新型企业，致力于通过技术创新及转化、国内外资源整合及规模化生产，为市场提供创新医疗产品，逐步实现相关医药产品的进口替代，成为有关生物医用材料领域的领军企业。经过十余年不断自主创新和产业整合，公司完成了以医用透明质酸钠/玻璃酸钠和医用几丁糖为代表的可吸收生物医用材料的行业重组，实现了创新基因工程药物重组人表皮生长因子的产业化，进而在眼科、整形美容与创面护理、骨科和防粘连及止血四个主要业务领域取得了行业领先优势。此基础之上，公司通过一系列并购，构建了从原料制备、光学设计、创新工艺研发到规模化生产和专业市场营销的人工晶状体全产业链。

（2）关于公司产品及主营业务构成的情况（见表4–94）

表 4–94　公司产品及主营业务构成情况

<table>
<tr><td>公司产品</td><td colspan="3">
人工晶状体

医用透明质酸钠凝胶（眼科粘弹剂）

润眼液（眼舒康）
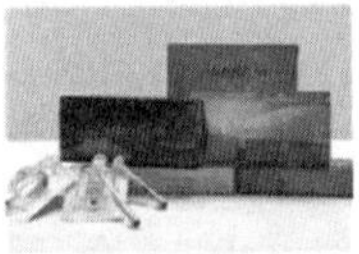
交联透明质酸钠凝胶
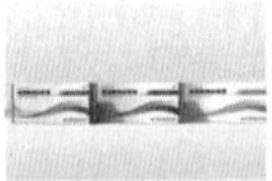
玻璃酸钠注射液

医用几丁糖

注射用修饰透明质酸钠凝胶
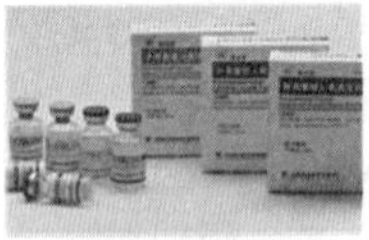
外用重组人表皮生长因子</td></tr>
<tr><td rowspan="5">2018 年度公司主营业务构成 / 万元</td><td>眼科</td><td>67,207.50</td><td rowspan="5">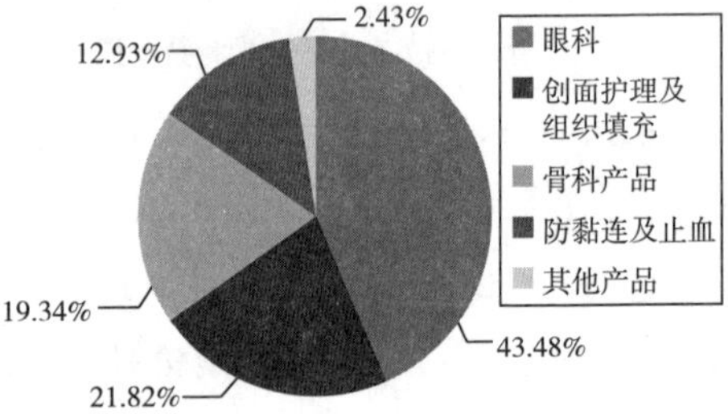
</td></tr>
<tr><td>创面护理及组织填充</td><td>33,737.50</td></tr>
<tr><td>骨科产品</td><td>29,893.30</td></tr>
<tr><td>防黏连及止血</td><td>19,994.90</td></tr>
<tr><td>其他产品</td><td>3749.20</td></tr>
</table>

（3）公司重点问询问题

1）关于销售【问询函1—1；问询函2—5】关注点：发行人不能获取经销商最终销售情况是否符合行业政策和监管要求，是否符合行业对于问题产品质量问题追溯要求的惯例；发行人是否需对经销商的最终医院的医生进行培训；如何保证经销商不存在串货或与发行人直销发生冲突的情形；发行人的内部管理是否有效；发行人的销售及销售渠道；经销商最终销售情况；每款医用产品是否可追索；是否存在质量纠纷、是否存在退货。

2）关于业务模式（自产、贸易业务）【问询函2—2；问询函3—2】关注点：贸易业务按产品或按品牌的收入构成情况；贸易业务规模在报告期内逐年大幅增长的原因；向 Lenstec 既有采购又有销售的原因、是否影响发行人自产产品业务；自产和贸易产品之间价格差异情况以及竞争情况。

3）关于采购【问询函1—13；问询函2—3】关注点：主要供应商集中的原因；向不同供应商采购人工晶状体的原因；不同业务主要供应商的简要情况；主要供应商与发行人是否存在除购销外的任何关系；主要供应商之间是否存在关

系；前五名供应商中是否存在新增的供应商；是否存在向同一家公司既有采购又有销售的情况；向主要供应商采购价格的公允性情况；向主要供应商采购的内容；主要供应商的稳定性和可持续性。

4）关于收入确认【问询函1—18】关注点："经销销售"的收入确认；"贸易商品"的收入确认。

5）关于核心技术【问询函1—6、7】关注点：核心技术及专利的形成过程；是否存在对核心技术人员的依赖；核心技术或产品是否存在被替代、淘汰的风险；技术成果使发行人具有相对竞争优势、技术成果有效转化为经营成果的具体情况。

7.深圳微芯生物科技股份有限公司——旨在提供可承受的、临床亟须的原创新分子实体药物的企业

（1）公司概况：公司是一家旨在为患者提供可承受的、临床亟须的原创新分子实体药物的国家级高新技术企业。公司主要产品均为自主研发的新分子实体且作用机制新颖的原创新药。包括已上市的国家1类原创新药西达本胺，已完成Ⅲ期临床试验的国家1类原创新药西格列他钠，以及其他正处于临床实验或临床前研究的新分子实体候选药物。公司开发的西达本胺是全球第一个获批的亚型选择性组蛋白去乙酰化酶抑制剂，目前在外周T细胞淋巴瘤治疗领域属于中国唯一的二线治疗药物，在国内没有竞争对手。公司的业务模式为新药开发并申请上市，获批后通过学术推广及销售来获得盈利。公司是国家级高新技术企业，具有实力雄厚的研发团队，在研发策略、技术应用上积累了较强的竞争优势。

（2）关于公司产品及主营业务构成的情况（见表4-95）

表 4-95　公司产品及主营业务构成情况

公司产品	 西达本胺 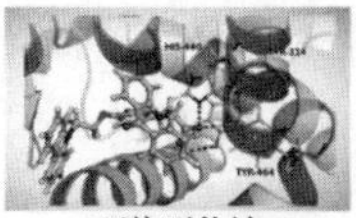 西格列他钠 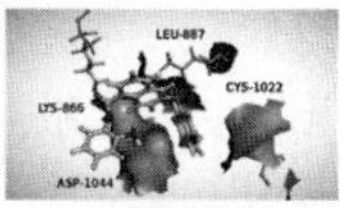 西奥罗尼		
2018 年度公司主营业务构成 / 万元	销售商品	13,790.11	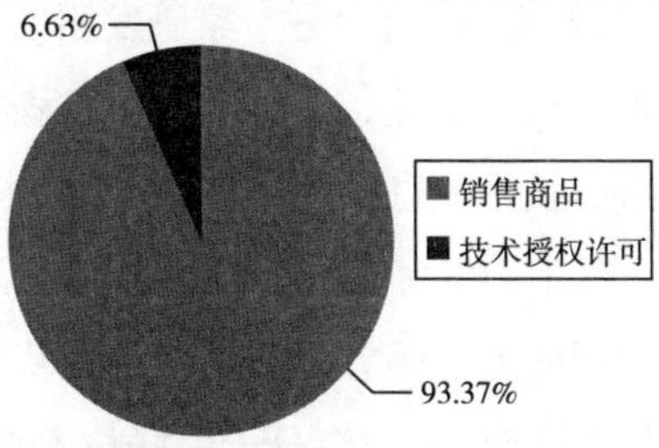
	技术授权许可	978.79	

（3）公司重点问询问题

1）关于产品【问询函1—6、8；问询函2—7、8】关注点："西达本胺是全球首个亚型选择性组蛋白去乙酰化酶（HDAC）抑制剂"的依据；针对 HDAC 靶点的抑制剂的疗效情况；西达本胺的作用原理；市场占有率；市场竞争的激烈程度；产品被替代的风险、竞争药品对发行人持续经营能力的影响。

2）关于行业政策【问询函1—13】关注点：纳入西达本胺片乙类目录的省份、医保支付状态及支付范围；报告期内纳入医保目录前后在相关省份的销售量、平均单价情况；西达本胺片在纳入医保省份和未纳入医保省份的定价政策。

3）关于委外研发（CRO、SMO）【问询函1—22；问询函2—11】关注点：委托研发合同的主要内容；是否发生过纠纷；是否存在对合同研发组织和临床机 构管理组织的依赖；委外环节的企业基本情况、委外服务的具体内容和所属研发阶段、相应的会计处理；相关 CRO、SMO 合作方未进入报告期各期前五大供应商的原因。

4）关于销售模式（经销商配送进入医院或零售药店，由经销商各自与医院或药店签署合同）【问询函1—10、26；问询函2—10】关注点：对经销商的定价模式、结算模式、信用政策、销售模式和日常管理制度；对经销商的销售模式、结算模式和信用政策是否因最终是销售给医院还是终端药房有所不同；对经销商的退换货、折让政策；主要客户的变动情况；采取学术推广营销模式的原因、具体的招投标及销售流程、相关的内部控制措施、学术推广费的具体内容；是否存在商业贿赂；是否存在与经销商分担学术推广费的情形；学术推广费占销售费用的比重是否与同行业可比公司存在重大差异；终端销售（药店/医院/患者）核查情况。

8.博瑞生物医药（苏州）股份有限公司——研发驱动型化学制药全产业链产品和技术平台型企业

（1）公司概况：公司是一家研发驱动、参与国际竞争的化学制药全产业链产品和技术平台型企业，致力于成为一家全球领先的创新型高端化学制药企业，一直从事高技术壁垒的医药中间体、原料药和制剂产品的研发和生产业务，凭借自身在微生物发酵、高难度药物合成工艺、药物合成原创路线设计、药物新晶型及药物靶向递送等方面积累的技术优势，建立了发酵半合成技术平台、多手性药物技术平台、靶向高分子偶联技术平台和非生物大分子技术平台等核心药物研发技术平台，形成了高技术附加值的医药中间体和原料药销售、药品技术转让以及利用自身技术和产品优势与其他具有品牌或销售渠道优势的医药企业合作开发并获得销售分成等多元化的盈利模式，并进一步向制剂产品领域拓展，逐步建立起原料药与制剂一体，仿制药与创新药结合，国际市场与国内市场并重的业务体系，公司产品和服务的最终客户主要为全球知名仿制药厂家。

（2）关于公司产品及主营业务构成的情况（见表4-96）

表 4-96　公司产品及主营业务构成情况

<table>
<tr><td>公司产品</td><td colspan="3">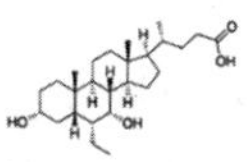 奥贝胆酸
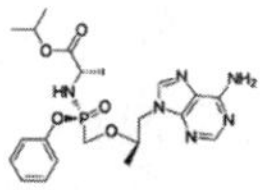 富马酸丙酚替诺福韦
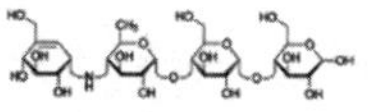 阿卡波糖
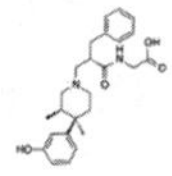 阿维莫潘
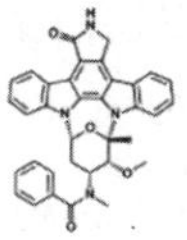 米哚妥林
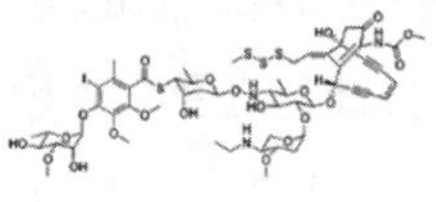 卡利奇霉素
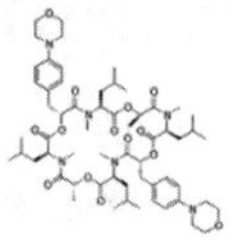 艾默德斯
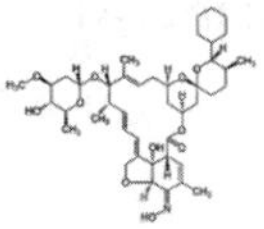 塞拉菌素
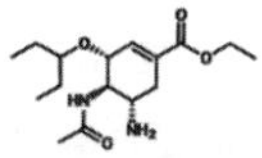 磷酸奥司他韦
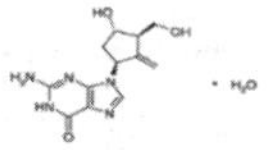 恩替卡韦
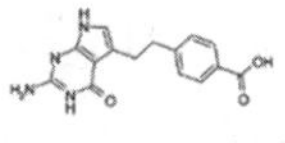 培美曲塞二钠中间体
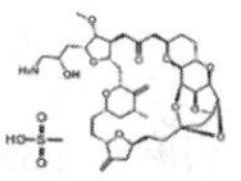 艾瑞布林</td></tr>
<tr><td rowspan="5">2018 年度公司主营业务构成 / 万元</td><td>单体提取物</td><td>2360.22</td><td rowspan="5">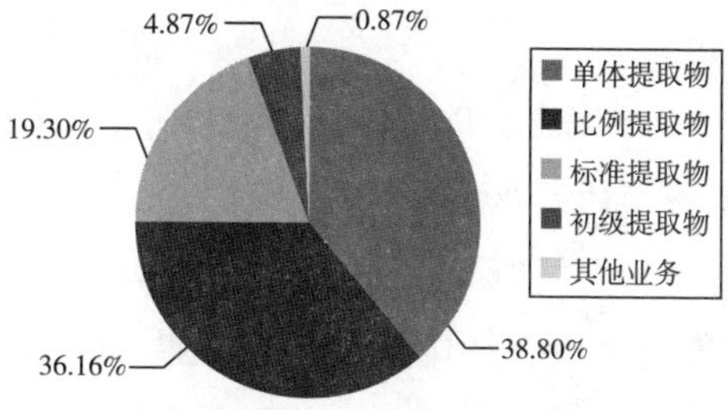</td></tr>
<tr><td>比例提取物</td><td>2199.73</td></tr>
<tr><td>标准提取物</td><td>1174.22</td></tr>
<tr><td>初级提取物</td><td>296.09</td></tr>
<tr><td>其他业务</td><td>52.77</td></tr>
</table>

（3）公司重点问询问题

1）关于行业政策【问询函1—7；问询函3—1】关注点：公司原料药及中间体销售对终端客户是否存在依赖；带量采购对公司生产经营的影响；“一致性评价”对公司生产经营的影响。

2）关于采购和供应商【问询函1—13、18；问询函2—18】关注点：日常采购、自主生产和委托加工生产的中间体产品类别、产量及占比情况；委托加工的具体情况（资质；会计处理）；委托加工生产、自主采购以及自主生产的中间体的成本（或采购）金额及占比、单位成本（或采购单价）的差异及原因；公司前五大供应商基本情况（实际控制人、业务内容及规模、向发行人提供产品及用途、与公司的交易历史、与公司是否存在实质或潜在的关联交易）；与主要供应商的交易及结算流程、采购价格形成机制；2017年前十大采购供应商的采购金额、是否与发行人存在关联关系；主要供应商的变动情况［上海锦帝九州药业（安阳）有限公司、北大医药重庆大新药业股份有限公司］。

3）关于销售模式（直销+代理商）【问询函1—14；问询函2—15】关注点：直销模式和代理商模式下的具体销售情况（产品种类、货物流转、货物保管和灭失及价格波动风险承担、销售定价权、销售产品的应收账款信用风险承担、销售金额）；代理商模式的销售收入的会计处理及收入确认条件；同行业可比公司采用代理商模式的情况；代理商模式由佣金模式改为直接销售模式的原因及具体情况。

4）关于收入确认（合作模式收入确认）【问询函2—4】关注点：合作开发模式下各项目的具体情况及会计处理；合作模式下发行人向合作方提供原料药或中间体时确认收入是否以处于商业化阶段为判断标准，是否存在确认收入时认定研发验证阶段与商业化阶段标准不一的情形，是否符合企业会计准则的规定。

9.申联生物医药（上海）股份有限公司——专业从事兽用生物制品研发、生产、销售的高新技术企业

（1）公司概况：公司是一家专业从事兽用生物制品研发、生产、销售的高新技术企业，也是国内第一家合成肽疫苗生产企业。主营产品为猪口蹄疫疫苗，分别为猪口蹄疫O型合成肽疫苗和猪口蹄疫O型、A型二价合成肽疫苗。疫苗产品的销售方式为以政府招标采购为主，向终端养殖户直接销售为辅。历年政府采购比重高达95%左右。公司已成功研发出国内外首个猪口蹄疫O型、A型二价灭活疫苗，而国内口蹄疫疫苗领域仅有4项国家一类新兽药注册证书，其中公司拥有2项。2017年，在国内猪用生物制品行业市场占有率排名第三；2016～2017年，在国内口蹄疫合成肽疫苗市场占有率均位居第一，其中2017年市场占有占有率达到62%。

（2）关于公司产品及主营业务构成的情况（见表4-97）

表 4-97　公司产品及主营业务构成情况

<table>
<tr><td>公司产品</td><td colspan="3">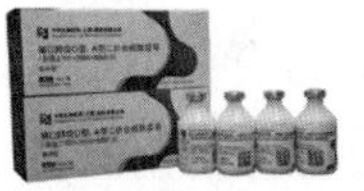
猪口蹄疫O型、A型二价合成肽疫苗（多肽2700+2800+MM13）</td><td>
猪口蹄疫O型合成肽疫苗（多肽2600+2700+2800）</td><td>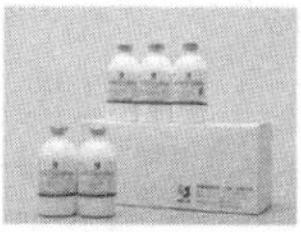
猪口蹄疫O型合成肽疫苗（多肽2570+7309）</td><td>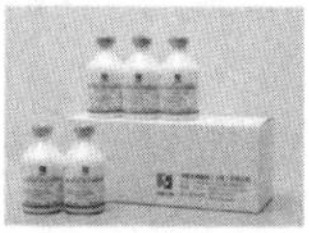
猪口蹄疫O型合成肽疫苗</td></tr>
<tr><td rowspan="2">2018 年度公司主营业务构成 / 万元</td><td>兽用生物制品</td><td>27,506.36</td><td colspan="4" rowspan="2">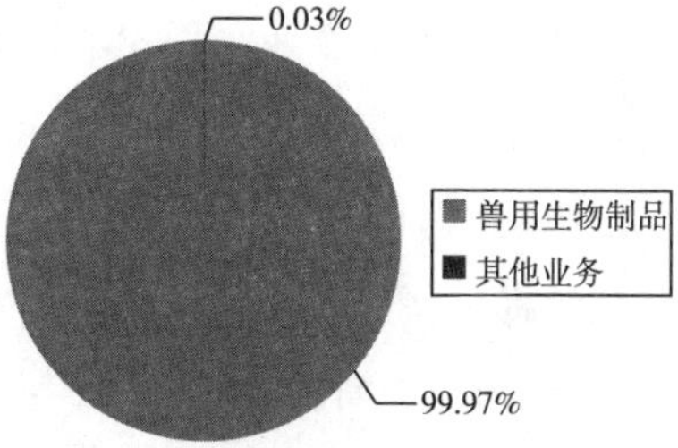
</td></tr>
<tr><td>其他业务</td><td>7.38</td></tr>
</table>

（3）公司重点问询问题

1）关于合作研发【问询函1—5、12；问询函2—6；问询函3—1；问询函5—1】关注点：通过合作研发取得的核心技术具体内容、合作研发单位、合作研发方式、技术成果权利归属和收益分成的约定；与兰研所合作的情况；新产品、新技术的研发进度、研发投入、合作期限、研发人员构成、具体任务分工、费用支付方式及会计处理、费用支付的公允性；发行人与合作方研发的主要协议安排、专利及证书的权属情况及各方主要权利义务、技术成果分配方式、费用承担方式及会计处理；发行人是否独立掌握完整的核心技术，是否对其他方存在重大依赖；共有专利和合作研发事项是否存在纠纷或潜在纠纷。

2）关于销售模式（政府强制采购+直销）【问询函1—13】关注点：获取政府及事业单位客户的方式，是否履行了严格的招投标程序；直接销售模式下主要客户情况（客户名称、销售金额、数量和占比）；直接销售规模在行业内的水平以及公司的优劣势。

3）关于市场风险【问询函1—10；问询函2—1；问询函3—5；问询函5—2】关注点：2018 年下半年暴发的“非洲猪瘟”对发行人业务开展、销售金额、账款回收等方面的具体影响；近十年我国生猪价格变化情况及对公司业绩的具体影响，目前及可预见未来所处“猪周期”阶段对发行人生产经营的影响。

4）关于科创属性【问询函3—7；问询函5—6】关注点：研发投入占比；研发人员占比；所获发明专利或新兽药证书等情况；所获重大奖项情况；核心技术收入占比；营收复合增长率、毛利率、市占率及排名；突破关键核心技术或技术“瓶颈”、进口替代、国内首创技术；发行人业务是否符合科创板定位。

10.武汉科前生物股份有限公司——专注于兽用生物制品产销研及动物防疫技术的生物医药企业

（1）公司概况：公司是一家专注于兽用生物制品研发、生产、销售及动物防疫技术服务的生物医药企业。构建了兽用生物制品的完整产业链，完成了涵盖畜用疫苗、禽用疫苗、宠物疫苗等产品布局。目前可生产47个兽用生物制品类产品，也是国内少有的能同时提供猪伪狂犬病活疫苗和灭活疫苗的企业，能为生猪养殖企业提供猪伪狂犬病整套净化方案。以创始股东陈焕春院士、金梅林教授为首的160人自主研发技术团队，与华中农大、哈兽研等高校进行产学研合作。下游畜牧业发展带动疫苗需求增长，或使公司成为生猪产业生物安全防疫产品和技术服务的重要服务商。2017年销售收入在国内非国家强制免疫兽用生物制品、非国家强制免疫猪用生物制品市场中排名第二和第一。

（2）关于公司产品及主营业务构成的情况（见表4-98）

表4-98　公司产品及主营业务构成情况

<table>
<tr><td>公司产品</td><td colspan="3">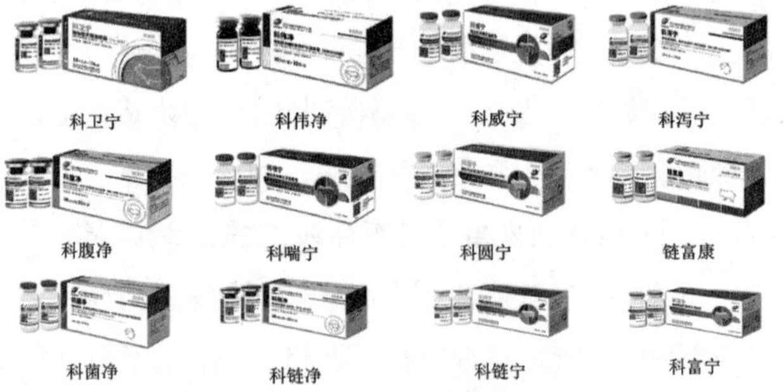
</td></tr>
<tr><td rowspan="4">2018年度公司主营业务构成/万元</td><td>猪用疫苗</td><td>70,461.83</td><td rowspan="4">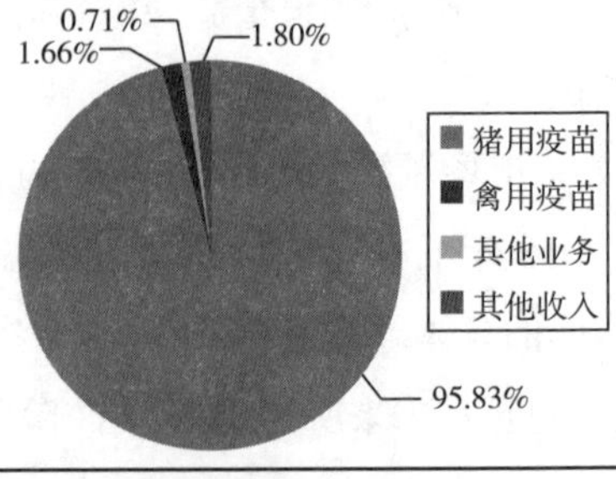
</td></tr>
<tr><td>禽用疫苗</td><td>1220.00</td></tr>
<tr><td>其他业务</td><td>522.61</td></tr>
<tr><td>其他收入</td><td>1325.57</td></tr>
</table>

(3)公司重点问询问题

1)关于合作研发【问询函1—15;问询函2—4;问询函3—1、2;】关注点:合同重要条款内容、费用承担方式、费用支付的会计处理、主要技术的费用支付情况;相关合作模式是否会对发行人生产经营产生影响;公司与华中农大的技术成果归属合同及其影响(华中农大对发行人做出非排他许可安排);发行人是否对华中农大存在依赖;合作研发模式的可持续性及价格公允性,是否存在纠纷或潜在纠纷,是否影响持续经营能力。

2)关于销售模式(直销+经销)【问询函1—22、23、25、40】关注点:同行业可比公司的主要销售模式;发行人销售模式占比与可比公司的差异;直销客户内部的选取标准;直销模式下主要客户销售情况;经销的具体情况(经销商的地域、数量、变动,定价,资质,管理措施,结算安排,退换货,返利,最终销售、库存、关联关系)。

3)关于共有技术【问询函2—6;问询函3—5】关注点:相应产品产生的收入、利润等占整体收入、利润的比例;发行人是否具有能够保持持续经营的完整资产权利;共用方享受的权利是否可能严重影响经营成果或产生重大风险;共用方业务开展具体情况、是否达到发行人的规模;剔除华中农大对应的影响后,发行人最近两年的营业收入及扣非归母净利润情况。

11.苏州泽璟生物制药股份有限公司——专注于肿瘤及血液疾病等领域的创新驱动型新药研发企业

(1)公司概况:公司是一家专注于肿瘤、出血及血液疾病、肝胆疾病等多个治疗领域的创新驱动型新药研发企业。公司的目标是成为中国上述领域新药研发的领军企业之一。公司的市场策略是面向全球,聚焦中国,研发和生产具有自主知识产权、安全、有效、患者可负担的创新药物,满足国内外巨大的医药市场需求。凭借多年的新药研发经验,公司成功建立了两大核心技术平台,即精准小分子药物研发及产业化平台和复杂重组蛋白新药研发及产业化平台。依托这两个技术平台,公司开发了丰富的小分子新药与重组蛋白新药的产品管线,覆盖肝癌、非小细胞肺癌、结直肠癌、甲状腺癌、鼻咽癌、骨髓增殖性疾病等多种癌症和血液肿瘤以及出血、肝胆疾病等多个治疗领域。专注于自身研发管线开发的同时,公司正与国内知名药企积极推进其小分子靶向新药与抗PD-1/PD-L1抗体对肿瘤的联合治疗研究。

（2）关于公司产品及主营业务构成的情况（见表4-99）

表 4-99　公司产品及主营业务构成情况

公司产品	 口服固体制剂  重组蛋白质药物

（3）公司重点问询问题

1）关于收购GENSUN（泽璟有限通过增资和受让GENSUN51%的股权）【问询函1—2；问询函2—1、3；问询函3—1、2】关注点：GENSUN的业务情况；发行人没有全资收购GENSUN的商业合理性；发行人向GENSUN增资、受让JACKIE ZEGI SHENG（盛泽琪）所持GENSUN股份，GENSUN股份回购、JACKIE ZEGI SHENG（盛泽琪）入股发行人并在发行人任职，是否构成收购GENSUN的"一揽子"安排；未将2000万美元等归入收购对价的合理性（发行人支付2000万美元获取4个大分子药物，定价的公允性和依据）；收购GENSUN后业务整合情况；GENSUN在五年内是否有独立的境外上市计划或安排；GENSUN与其大分子药物的估值情况。

2）关于行业政策【问询函1—19】关注点：公司是否已明确新药注册申请获批后进入医保目录的具体实施计划。

3）关于研发外包【问询函1—21】关注点：各期CRO采购情况；CRO企业的选择、确定及管理机制；研发外包机构身份、背景和运营规模；公司未来是否考虑继续聘用该等研发外包机构；对研发外包机构的依赖性；部分在研候选药品的知识产权是否归属研发外包机构、相应安排是否符合行业惯例。

12.厦门特宝生物工程股份有限公司——专业从事重组蛋白质及其长效修饰药物产销研的企业

（1）公司概况：公司是专业从事重组蛋白质及其长效修饰药物研发、生产及销售的创新型生物医药企业。围绕病毒性肝炎、恶性肿瘤等重大疾病和免疫治疗领域，布局涵盖多种蛋白质药物的创新平台，拥有从基础研究到产业化的生物医药体系化创新能力。主打四大重组蛋白商业化产品——派格宾、特尔立、特尔津、特尔康，用于慢性肝炎、中性粒细胞减少、白细胞减少和血小板减少。旗下创新药物研发团队，入选国家科技部"重点领域创新团队"，共计承担了9项"重大新药创制"国家科技重大专项，已有5个聚乙二醇蛋白质长效药物获准开展临床研究，其中1个药物获准上市。作为国产长效干扰素龙头，有望受益于进口替代，2018年公司产品已占据接近30%市场份额。

（2）关于公司产品及主营业务构成的情况（见表4–100）

表 4–100　公司产品及主营业务构成情况

公司产品	派格宾® PEG-IFNα-2b 聚乙二醇干扰素α-2b注射液	特尔津® rhG-CSF 重组人粒细胞刺激因子注射液	特尔立® rhGM-CSF 注射用重组人粒细胞巨噬细胞刺激因子	特尔康® rhIL-11 注射用重组人白介素-11
2018年度公司主营业务构成/万元	派格宾	18,736.55		
	特尔津	12,741.22		
	特尔康	8386.88		
	特尔立	4751.45		
	其他业务	212.16		

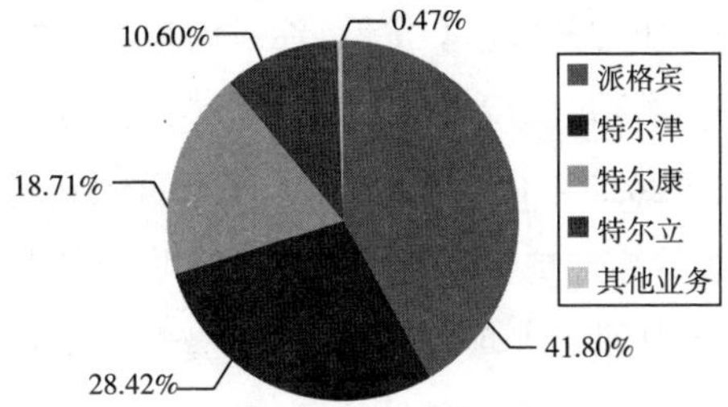

（3）公司重点问询问题

1）关于无形资产【问询函1—41、42；问询函2—5；问询函3—1】关注点：无形资产中的专利技术和非专利技术的具体情况；各期末开发支出的金额变动与无形资产的匹配关系；各项开发支出结转为无形资产的具体时点及相关金额；无形资产和开发支出的减值测试的情况；无形资产资本化。

2）关于行业政策【问询函1—16、17；问询函2—3】关注点：发行人主要产品是否已参与或将参与“带量采购”；主要产品进入医保目录的情况（报销比例、招标流程和招标政策）；主要产品目前在各个省医保招标的进展情况；产品通过医保招标方式销售的比例；相关产品是否存在被调出医保目录的风险；两票制、一致性评价、辅助用药制度等对公司可能产生的影响；4+7带量采购对发行人未来经营的具体影响。

3）关于市场前景【问询函2—9】关注点：市场前景情况（市场份额、副作用、产品差异以及替代性）是否存在业绩下滑的风险。

4）关于捐款捐赠【问询函1—14、36；问询函2—4；问询函3—2】关注点：发行人与中国肝炎防治基金会签订的相关捐赠协议的主要内容，相关约定是否合法合规；对外捐赠的实质，是否确实与业务无关及与非经常性损益相关核算的合理性；未来需要承担的捐赠金额；公益性捐赠的情况；关于捐赠支出的内部控制制度、决策程序。

13.百奥泰生物制药股份有限公司——以创新药和生物类似药研发为核心的创新型生物制药企业

（1）公司概况：公司成立于2003年，是一家以创新药和生物类似药研发为核心的创新型生物制药企业。公司秉承“创新只为生命”的理念，坚持创新驱动发展战略，致力于开发新一代创新药和生物类似药，用于治疗肿瘤、自身免疫性疾病、心血管疾病以及其它危及人类生命或健康的重大疾病。公司始终以患者的福祉作为首要核心价值，通过创新研发为患者提供安全、有效、可负担的优质药物，以满足亟待解决的治疗需求。公司“百奥泰人源抗体创新药物孵化基地”课题于2013年获得“十二五”国家重大新药创制科技重大专项立项支持；公司“肿瘤治疗性抗体药物研发及全球临床Ⅲ期试验”课题于2018年获得重大新药创制科技重大专项立项支持；百奥泰生物科技研究院（承担单位为百奥泰有限）2016年度被广东省科学技术厅认定为广东省新型研发机构，广东省抗体偶联药物工程技术研究中心（依托单位为百奥泰有限）2016年度被广东省科学技术厅认定为广东省工程技术研究中心；2018年7月被广东省发展和改革委员会认定为广东省抗体药物偶联生物医药工程实验室（广东省工程实验室）。

（2）关于公司产品及主营业务构成的情况（见表4-101）

表 4-101　公司产品及主营业务构成情况

公司产品	 阿达木单抗注射液

（3）公司重点问询问题

1）关于行业政策【问询函1—30】关注点：公司是否已明确新药注册申请获批后进入医保目录的具体实施计划。

2）关于采购【问询函2—12；问询函3—4】关注点：报告期内采购的原材料的主要情况；采购价格的公允性；原材料的来源是否合法合规。

3）关于核心技术【问询函1—15】关注点：核心技术对应的专利和在各产品

中的具体应用情况；核心技术的先进性；核心技术及专利的形成过程；是否存在对核心技术人员的依赖；核心技术或产品是否存在被替代、淘汰的风险；发行人的技术储备、人员配备、资金筹措是否能够支撑所有在研管线的顺利推进。

4）关于研发外包（CRO：医药研发合同外包服务机构）【问询函1—32；问询函2—11】关注点：各期CRO采购的具体情况；CRO企业的选择、确定及管理机制；研发外包机构身份、背景和运营规模；公司未来是否考虑继续聘用该等研发外包机构；公司对于研发外包机构是否存在依赖性；研发外包机构对储备产品研发的贡献程度；公司是否有部分在研候选药品的知识产权归属研发外包机构，相应安排是否符合行业惯例。

5）关于产品（目前尚无产品上市）【问询函1—21、33、34；问询函2—1】关注点：发行人作为以生物类似药研发为主的企业，与生物药原研药企业之间在研发能力和核心技术方面存在的差异；发行人在研产品管线中每个产品的市场竞争情况；在研产品对应的原研药的竞争药品在国内的研发和上市情况；在研产品的市场竞争情况、原研药的竞争药品在国内市场的竞争情况；公司核心产品现有临床结果的重大沟通与反馈情况；临床试验中免疫相关不良反应情况；阿达木单抗的市场前景和空间情况（目前进展最快）。

六、化学原料和化学制品制造业

化学原料和化学制品制造业，习惯上称为“化学工业”（Chemical Industry），是指利用化学工艺生产经济社会所需的各种化学产品的社会生产部门的总称。化学原料及化学制品制造业的国标代码是26,在国民经济中具有举足轻重的地位和作用。子行业具体包括：基础化学原料制造、肥料制造、农药制造、涂料、油墨、颜料及类似产品制造、合成材料制造、专用化学产品制造、日用化学产品制造等。按照证监会2012年10月26日发布的《上市公司行业分类指引（2012年修订）》，其隶属于“C26 化学原料和化学制品制造业”。

截至2019年12月31日，化学原料和化学制品制造业中通过上市委员会审核的项目共4家，分别为洛阳建龙微纳新材料股份有限公司（以下简称“建龙微纳”）、天津久日新材料股份有限公司（以下简称久日新材）、江苏天奈科技股份有限公司（以下简称天奈科技）、广东华特气体股份有限公司（以下简称华特气体），具体情况如下：

（一）关于 4 家公司的概况（见表 4-102）

表 4-102　4 家公司概况

项目		建龙微纳［688357.SH］	久日新材［688199.SH］	天奈科技［688116.SH］	华特气体［688268.SH］
公司相关情况	上市标准	上市标准一	上市标准一	上市标准一	上市标准一
	注册资本（万元）	5782.00	11,122.68	23,185.81	12,000.00
	注册地点	河南省	天津市	江苏省	广东省
	主办券商	中天国富	招商证券	民生证券	中信建投
	公司产品	分子筛原粉，分子筛活化粉和成型分子筛等	光引发剂、单体、精细化学品、米醛、选择性氟试剂等	碳纳米管粉体、碳纳米管导电浆料、石墨烯复合导电浆料等	特种气体、普通工业气体等
2018 年 12 月 31 日资产总额（万元）		60,568.08	123,164.54	85,076.41	75,201.75
2018 年 12 月 31 日净资产（万元）		21,547.15	87,526.85	64,281.12	55,349.82
收入总额（万元）	2018 年度	37,821.33	100,515.88	32,759.49	81,754.37
	2017 年度	24,448.23	73,977.96	30,795.67	78,682.96
	2016 年度	13,000.90	63,859.03	13,380.69	65,728.76
	小计	75,270.46	238,352.87	76,935.85	226,166.09
研发费用（万元）	2018 年度	1241.02	4320.09	1640.29	2161.74
	2017 年度	802.23	2895.93	1395.31	1907.52
	2016 年度	606.14	2535.43	777.27	1618.96
	小计	2649.39	9751.45	3812.87	5688.22
研发能力	2018 年度	3.28%	4.30%	5.01%	2.64%
	2017 年度	3.28%	3.91%	4.53%	2.42%
	2016 年度	4.66%	3.97%	5.81%	2.46%
	平均值	3.74%	4.06%	5.12%	2.51%
净利润（万元）	2018 年度	4707.25	17,592.76	6745.31	6784.84
	2017 年度	−1018.82	5059.23	−1479.97	4851.03
	2016 年度	1039.57	4140.94	975.12	3837.17

1.上市标准

注册制试点下的科创板对科技创新型公司有更高的包容性，往往更加看重公司未来的成长性，这与主板IPO常以盈利论高低有较大差异。科创板试点注册制精简优化了以往的发行条件，兼顾科创公司的多样性，针对普通同股同权企业设立了以市值为核心的5套上市标准，又针对红筹企业和特殊表决权企业设立另外两套上市标准。如此更灵活的上市标准设计，使一大批原本与资本市场无缘的科创公司加入了直接融资的快车道，为其后期凭借其较高成长性实现跨越式发展提供了可能。（见表4-103）

表 4-103 科创板股票发行上市适用的全部上市标准

公司类型	标准类型	内容
同股同权企业	上市标准一	市值 + 收入 + 盈利标准。预计市值不低于人民币 10 亿元，最近两年净利润均为正且累计净利润不低于人民币 5000 万元，或者预计市值不低于人民币 10 亿元，最近一年净利润为正且营业收入不低于人民币 1 亿元。
	上市标准二	市值 + 收入 + 研发标准。预计市值不低于人民币 15 亿元，最近一年营业收入不低于人民币 2 亿元，且最近三年累计研发投入占最近三年累计营业收入的比例不低于 15%。
	上市标准三	市值 + 收入 + 现金流量标准。预计市值不低于人民币 20 亿元，最近一年营业收入不低于人民币 3 亿元，且最近三年经营活动产生的现金流量净额累计不低于人民币 1 亿元。
	上市标准四	市值 + 收入标准。预计市值不低于人民币 30 亿元，且最近一年营业收入不低于人民币 3 亿元。
	上市标准五	市值 + 研发标准。预计市值不低于人民币 40 亿元，主要业务或产品需经国家有关部门批准，市场空间大，目前已取得阶段性成果。医药行业企业需至少有一项核心产品获准开展二期临床试验，其他符合科创板定位的企业需具备明显的技术优势并满足相应条件。
特殊表决权企业	上市标准一	市值标准。预计市值不低于人民币 100 亿元。
	上市标准二	市值 + 收入标准。预计市值不低于人民币 50 亿元，且最近一年营业收入不低于人民币 5 亿元。
红筹企业	上市标准一	市值标准。预计市值不低于人民币 100 亿元。
	上市标准二	市值 + 收入标准。预计市值不低于人民币 50 亿元，且最近一年营业收入不低于人民币 5 亿元。

化学原料和化学制品制造业的四家公司均集中于2019年3月和4月在科创板申报上市，其中天奈科技的受理时间最早，为2019年3月22日。四家公司均采用了科创板“上市标准一”。同股同权企业“上市标准一”的考察要点是公司的市值、收入和盈利情况。如果按照最近一年3000.00万利润来考虑，满足该标准的公司的市盈率将达到33倍以上；同时该标准下的市销率也将达到10倍以上。（见表4-104）

表 4-104　四家公司采用“上市标准一”具体情况

上市标准一	项目	建龙微纳	久日新材	天奈科技	华特气体
预计市值不低于人民币10 亿元，最近两年净利润均为正且累计净利润不低于人民币 5000 万元	预计市值		≥ 20 亿元		15.60 亿～27.20 亿元
	2017 年度净利润（万元）		5059.23		4851.03
	2018 年度净利润（万元）		17,592.76		6784.84
	上述累计净利润（万元）		22,651.99		11,635.87
预计市值不低于人民币10 亿元，最近一年净利润为正且营业收入不低于人民币 1亿元	预计市值	≥ 10 亿元		27.03-33.79 亿元	
	2018 年度净利润（万元）	4707.25		6745.31	
	2018 年度营业收入（万元）	37,821.33		32,759.49	

针对同股同权公司，“上市标准一”主要关注公司的市值、收入和盈利水平。公司只要满足“预计市值不低于人民币10亿元，最近两年净利润均为正且累计净利润不低于人民币5000万元”或者“预计市值不低于人民币10亿元，最近一年净利润为正且营业收入不低于人民币1亿元”两项中任意一项即可。化学原料和化学制品制造业在科创板上市的四家公司中久日新材和华特气体满足“上市标准一”的前款规定，建龙微纳和天奈科技则满足后者。

（1）市值

针对同股同权公司的“上市标准一”对公司市值的要求是“不低于人民币

10亿元”。建龙微纳预计市值≥10亿元；天奈科技按照历史估值情况、市盈率法估值情况以及估值与业绩成长性匹配情况，预计市值区间为27.03亿～33.79亿元，高于10亿元；华特气体采用PB和PE综合估值方法，上市后预计市值在15.6亿～27.2亿元之间，满足预计市值不小于10亿元的要求；久日新材于2019年2月20日停牌，参照停牌前1个交易日收盘价格、前5个交易日、前10个交易日平均转让价格，预计市值不低于20亿元，满足预计市值不低于10亿元的基本要求。

因此，化学原料和化学制品制造业选取“上市标准一”的4家公司，均满足预计市值不低于10亿元的基本要求。

（2）净利润

华特气体2017年度净利润为4851.03万元，2018年度净利润为6784.84万元，两年度累计净利润11,635.87万元；久日新材2017年度净利润为5059.23万元，2018度年净利润为17,592.76万元，两年度累计净利润为22,651.99万元。二者均满足最近两年净利润均为正且累计净利润不低于人民币5000万元的要求。（见图4-42）

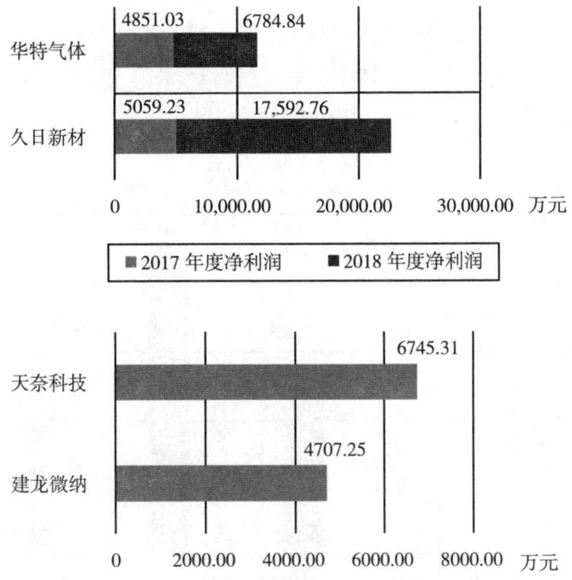

图 4-42　净利润

天奈科技2018年度净利润为6745.31万元，建龙微纳2018年度净利润为4707.25万元，二者均满足最近一年净利润为正的要求。

（3）营业收入

天奈科技2018年度营业收入为32,759.49万元，建龙微纳2018年营业收入为37,821.33万元，结合净利润指标，二者均满足最近一年净利润为正且营业收入不低于人民币1亿元的要求。（见图4-43）

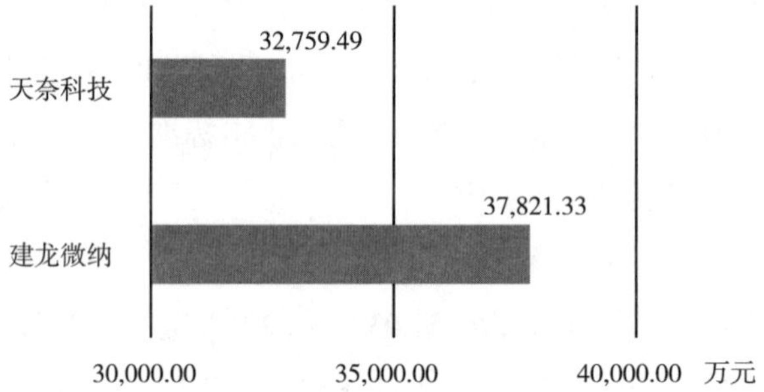

图 4-43　2018 年度营业收入

2.注册资本

化学原料和化学制品制造业在科创板上市的四家公司2018年12月31日的注册资本情况如上图所示，其中天奈科技注册资本最高，为23,185.81万元。华特气体、久日新材、建龙微纳位居其后，注册资本依次为12,000.00万元、11,122.68万元、5,782.00万元。其中，天奈科技体量最大，注册资本为同行业公司建龙微纳的四倍有余。（见图4-44）

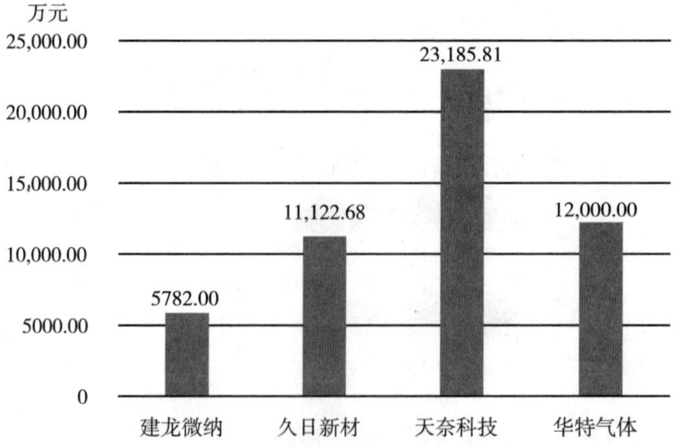

图 4-44　注册资本

3.注册地点

建龙微纳、久日新材、天奈科技和华特气体的注册地分别位于河南、天津、江苏和广东。

4.主办券商

建龙微纳、久日新材、天奈科技和华特气体的主办券商分别为中天国富证券有限公司、招商证券股份有限公司、民生证券股份有限公司和中信建投证券股份有限公司。

5.资产总额

化学原料和化学制品制造业在科创板上市的四家公司2018年12月31日的资产总额情况，其中久日新材的资产总额最高，为123,164.54万元。天奈科技、华特气体、建龙微纳位居其后，资产总额依次为85,076.41万元、75,201.75万元、60,568.08万元。其中，久日新材的资产总额达到同行业公司建龙微纳的二倍有余。（见图4-45）

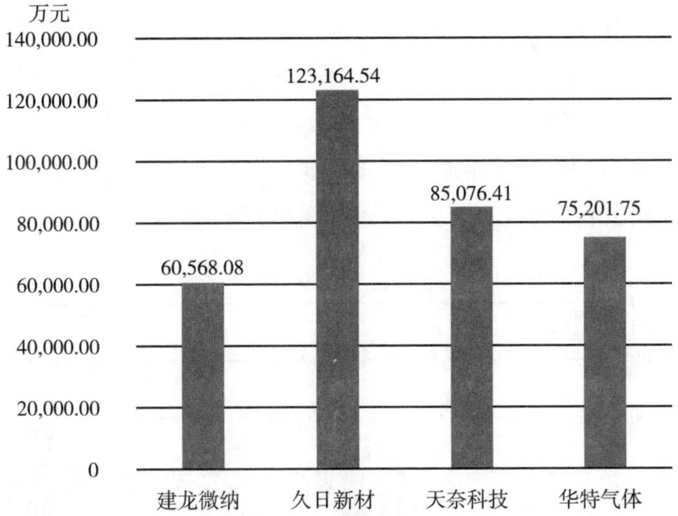

图 4-45　资产总额

6.净资产

化学原料和化学制品制造业在科创板上市的四家公司2018年12月31日的净资产情况，其中久日新材的净资产最高，为87,526.85万元。天奈科技、华特气体、建龙微纳位居其后，净资产依次为64,281.12万元、55,349.82万元、21,547.15万元。其中，久日新材的净资产达到同行业公司建龙微纳的四倍有余，净资产规模较大。（见图4-46）

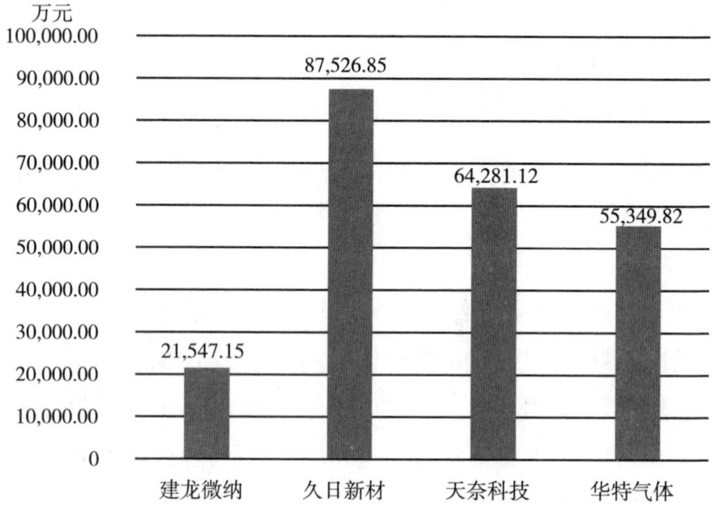

图 4-46　净资产

7.收入总额

化学原料和化学制品制造业在科创板上市的四家公司2016～2018年度的收入总额情况，总体来看，四家公司三年度营业收入均逐年递增；仅就单个年度进行比较，2016年度和2017年度收入由低到高依次是建龙微纳、天奈科技、久日新材、华特气体；2018年度久日新材超越华特气体，营业收入位居第一。（见图4-47）

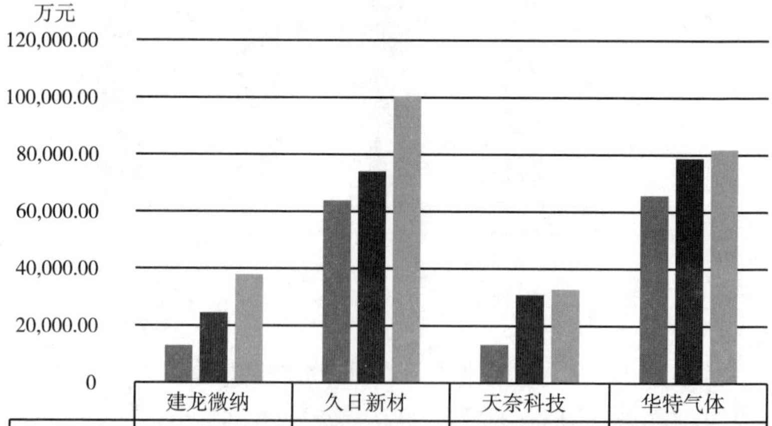

	建龙微纳	久日新材	天奈科技	华特气体
2016 年度	13,000.90	63,859.03	13,380.69	65,728.76
2017 年度	24,448.23	73,977.96	30,795.67	78,682.96
2018 年度	37,821.33	100,515.88	32,759.49	81,754.37

图 4-47　收入总额

8.研发能力

（1）研发费用

从研发费用支出来看，可以看出，三年间，四家公司的研发费用由高到低依次是久日新材、华特气体、天奈科技、建龙维纳，其中久日新材的研发支出显著高于另外三家公司；建龙维纳的研发费用偏低，这一情况在证监会第一轮问询中也有提及。（见图4–48）

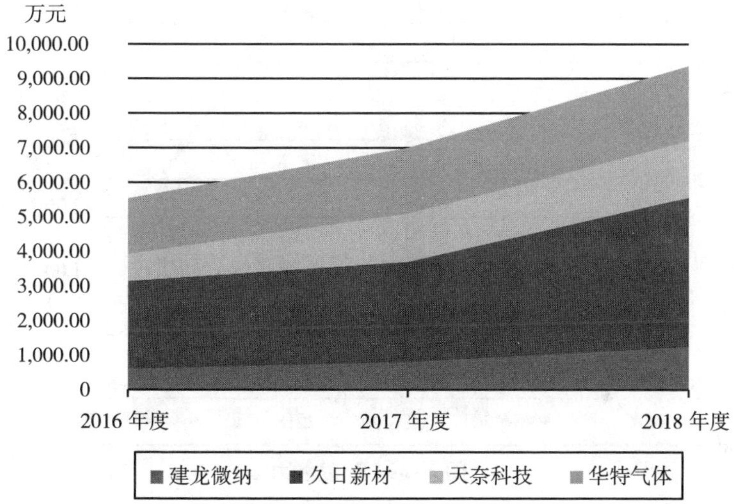

图 4–48 研发费用

（2）研发能力

我们采用各年份研发费用与当年营业收入的比值来衡量各公司的研发能力，这一比值在排除公司规模影响的前提下揭示了各公司的研发能力，而更高的研发能力往往指向更高、更持久的创新能力。通过计算各家公司2016～2018年三年度的研发能力均值，不难发现，华特气体、建龙微纳、久日新材、天奈科技的研发能力依次递增，其中天奈科技虽然历年研发支出不及久日新材和华特气体，但是其相对支出却遥遥领先，体现出天奈科技较强的研发能力。（见图4–49）

9.净利润

化学原料和化学制品制造业在科创板上市的四家公司2016～2018年度的净利润情况。2016年度四家公司净利润由低到高依次是天奈科技、建龙微纳、华特气体、久日新材，分别为975.12万元、1039.57万元、3837.17万元和4140.94万元；2017年度，建龙微纳和天奈科技两家公司净利润由正转负，分别为–1018.82万元和-1479.97万元，另外两家公司净利润仍为正，久日新材仍保持领先地位，净利润为5059.23万元，华特气体位居第二，净利润为4851.03万元；2018年度，久日新材净利润飙升至17,592.76万元，位列第一，华特气体、天奈科技、建龙微纳净利润分别为6784.84万元、6745.31万元、4707.25万元。（见图4-50）

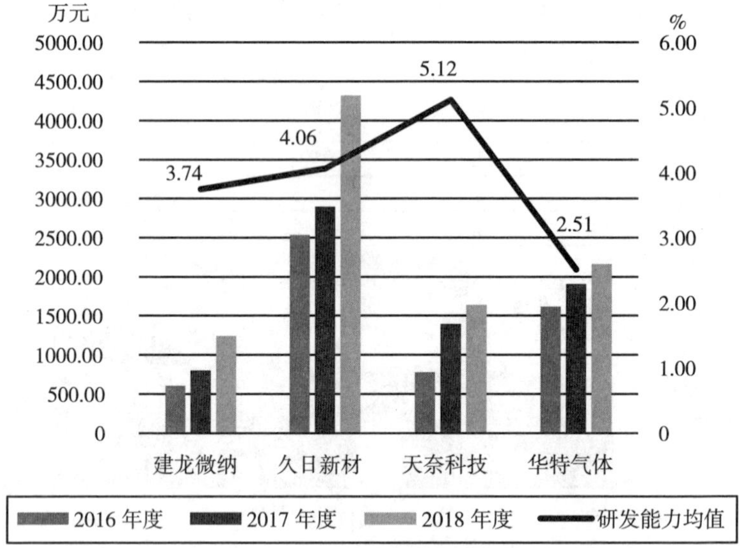

图 4-49 研发能力

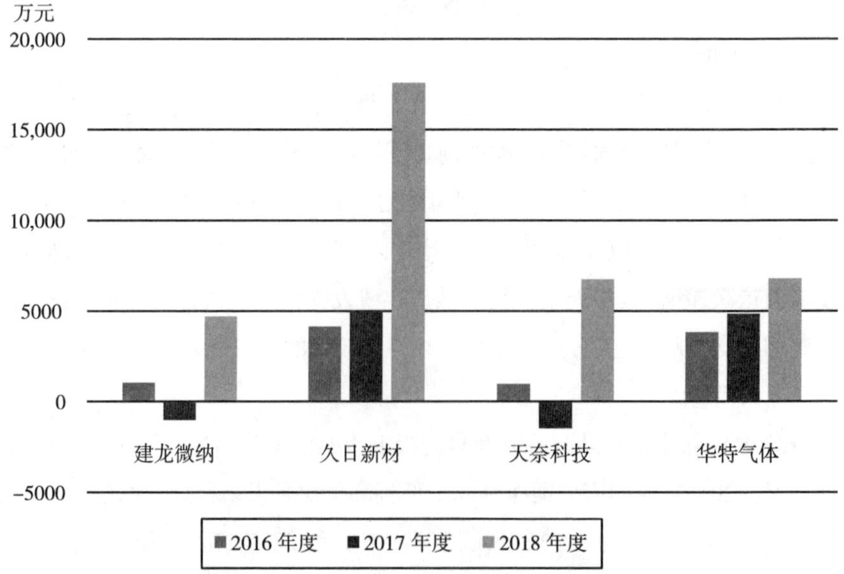

图 4-50 净利润

（二）审核问题概况

“化学原料和化学制品制造业”的四个公司接受的各轮问询共涉及321个问题，以下仅列出前十大高频审核问题及其占比：（见图4-51）

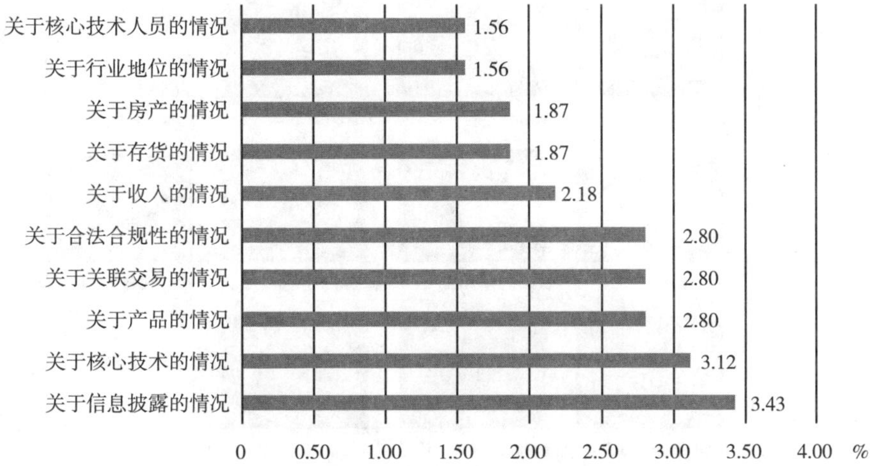

图 4-51　化学原料和化学制品制造业高频问题

（三）各公司典型问题

1.洛阳建龙微纳新材料股份有限公司——国内吸附类分子筛行业引领者

（1）公司概况：公司成立于1998年，是国内吸附类分子筛产品研发、生产、销售、服务的综合型领军企业，是以国家新标准认定的“高新技术企业”“河南省创新型企业”“洛阳市知识产权重点保护企业”。主要从事无机非金属多孔晶体材料分子筛吸附剂相关产品研发、生产、销售及技术服务的业务，主要产品为分子筛原粉，分子筛活化粉和成型分子筛三大类，所属行业为无机非金属吸附材料，产品广泛用于石油加工、建筑材料、空气制造、环保节能，是国家着力发展的七大战略性新兴产业之一。发行人获得主要荣誉如下：1）2018年8月，获得了中共河南省委、河南省人民政府联合授予的河南省“成长创新型”优秀非公有制企业称号。2）2016年12月，发行人的“硅谷”商标被河南省工商行政管理局认定为河南省著名商标。3）2016年4月，获得了河南省国家税务局、河南省地方税务局联合授予的“最美纳税人”称号。4）2015年，获得了河南省科技厅、河南省国资委、河南省总工会、河南省发改委、河南省财政厅、河南省国家税务局、河南省地方税务局、河南省知识产权局联合授予的“河南省创新型企业”称号。

（2）关于公司产品及主营业务构成的情况（见表4–105）

表 4–105　公司产品及主营业务构成情况

<table>
<tr><td>公司产品</td><td colspan="3">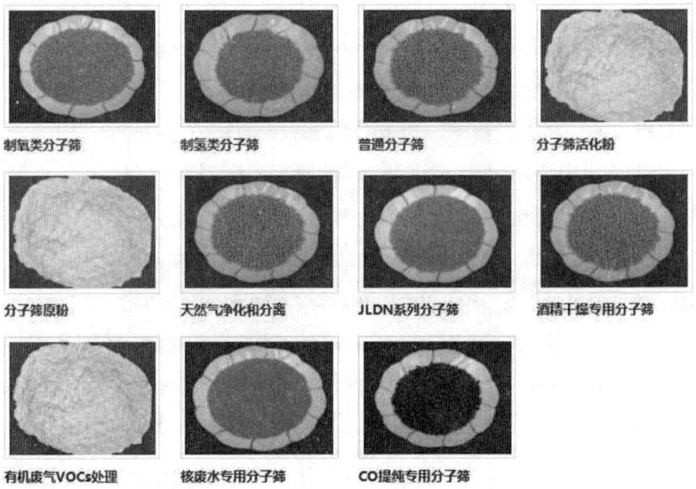
</td></tr>
<tr><td rowspan="4">2018 年度公司主营业务构成 / 万元</td><td>成型分子筛</td><td>25,774.40</td><td rowspan="4">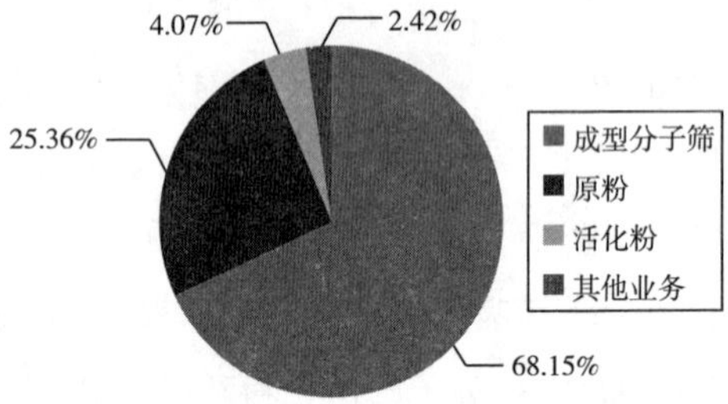
</td></tr>
<tr><td>原粉</td><td>9590.39</td></tr>
<tr><td>活化粉</td><td>1538.43</td></tr>
<tr><td>其他业务</td><td>915.11</td></tr>
</table>

（3）公司重点问询问题

1）关于抵押、担保【问询函1—30、31；问询函2—4；问询函3—1】关注点：抵押、担保的具体情况；四家公司与发行人存在互相担保的情况（四家公司基本情况以及取得借款的资金具体用途，对外担保程序，担保后续解除的具体措施）；四家公司为发行人担保贷款的有关情况；互保损失与内部控制的情况（发行人与海龙精铸）。

2）关于核心技术【问询函1—9；问询函2—2；问询函3—2】关注点：分析分子筛作为吸附剂的核心技术环节、主要衡量指标；国际及国内竞争对手的比较情况；研发费用投入能否使主要产品保持技术先进性；是否存在以个体先进性论证整体先进性的情况。

3）关于销售模式（OEM）【问询函1—22、26；问询函2—5；问询函3—4】关注点：OEM销售模式具体情况；直销、经销模式的前五大客户、销售金额及占比；外销的具体情况；经销商的具体情况（定价方式、销售任务、折扣返利、产品权利义务、结算方式、费用承担方式）；OEM的业务模式的主要客户、销售内容、销售金额及占比。

4）关于采购和供应商【问询函1—27；问询函2—6；问询函3—5】关注点：主要采购情况；是否存在直接对外采购成品或半成品用于继续生产或销售；主要供应商情况（选择标准、定价、合作、变动）；采购金额与营业成本中直接材料成本之间的勾稽关系；客户与供应商重复的情况。

2.天津久日新材料股份有限公司——国内最早生产ITX光引发剂的企业

（1）公司概况：公司是国内最早生产ITX光引发剂的企业，在该产品细分市场处于垄断地位，TPO、DETX、TPO-L等产品亦已成为国内主要厂家，公司经过近年来快速的发展，已经成为国内产品系列齐全、规模较大、技术实力和营销能力突出的行业领先企业。公司主要从事系列光引发剂的研发、生产和销售，所处行业为《战略性新兴产业分类（2018）》之“先进石化化工新材料”，是全国产量最大、品种最全的光引发剂生产供应商，光引发剂业务市场占有率约30%，在光固化领域具有全球影响力。公司共拥有3项发明专利，另有11项发明专利正在申请过程中，其中4项在申请发明专利为国际专利，TPO-L精制工艺为公司独有技术，核心技术为：采用“一锅法”合成，工艺简单、操作方便、成本低、收益率高、副产物少，其中采用的催化氧化技术，工艺参数较复杂，不易被模仿。产品提纯方法先进，成品率高。

(2)关于公司产品及主营业务构成的情况(见表4-106)

表 4-106　公司产品及主营业务构成情况

<table>
<tr><td>公司产品</td><td colspan="3">
光引发剂184应用：纸上光油、汽车大灯、木器清漆

光引发剂TPO应用：UV平板打印、白色木器家具、光纤
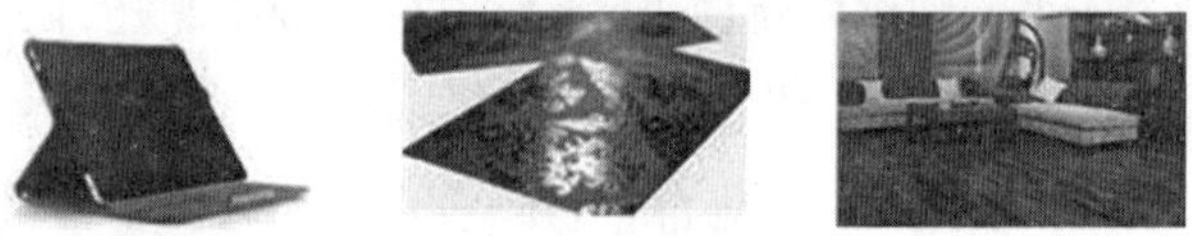
光引发剂1173应用：电子产品、实木地板、纸上光油</td></tr>
<tr><td rowspan="5">2018 年度公司主营业务构成 / 万元</td><td>光引发剂</td><td>95,894.29</td><td rowspan="5">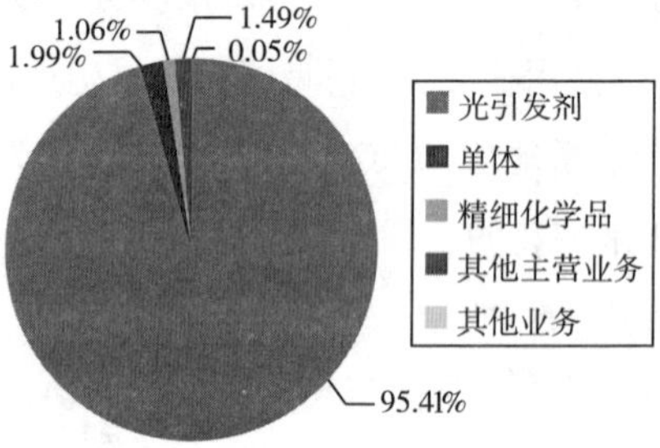
</td></tr>
<tr><td>单体</td><td>2004.77</td></tr>
<tr><td>精细化学品</td><td>1060.84</td></tr>
<tr><td>其他主营业务</td><td>1501.01</td></tr>
<tr><td>其他业务</td><td>54.96</td></tr>
</table>

(3)公司重点问询问题

1)关于核心技术【问询函1—8;问询函2—1;问询函3—1】关注点:公司的业务起源和技术来源;核心技术对第三方是否存在依赖;公司是否具备持续创新能力;核心技术是否存在技术壁垒;主要依靠核心技术开展生产经营的实际情况;公司净利润率、加权平均净资产收益率低于同行业可比公司的原因,进一步说明公司核心技术是否具有先进性。

2)关于关联交易(发行人与发行人独立董事任职的公司;公司控股股东、实际控制人所投资企业与公司交易;与实控人亲属投资企业的交易;与亲属、供应商的交易)【问询函1—24;问询函2—1、6;问询函3—2、3】关注点:是否依照相关规定披露完整的关联方及关联交易；关联交易发生的必要性及商业逻辑、定价依据及公允性、是否均已履行必要、规范的决策程序；公司是否已制定并实施减少关联交易的有效措施；报告期内关联企业注销后资产、业务、人员的去向；报告期内是否存在关联交易非关联化的情形。

3）关于采购和供应商【问询函1—11、12；问询函2—3、5；问询函3—4、5】关注点：主要供应商的具体情况（变动、价格、关联关系）；公司与天骄辐射交易的具体情况（战略合作的背景，采购内容，采购价格以及公允性，从天骄辐射进行委托加工的原因及商业逻辑）。

4）关于三类股东【问询函1—3；问询函2—7；问询函3—7】关注点：发行人的"三类股东"是否依法设立并有效存续；"三类股东"相关过渡期安排；"三类股东"的信息披露；"三类股东"是否已作出合理安排、确保符合现行锁定期和减持规则要求；是否符合"资管新规"的规定（联合基金3号新三板基金）。

5）关于收购【问询函2—2；问询函3—3】关注点：收购常州久日100%股权所履行的审批决策程序，交易对价及其定价依据、公允性，价款支付情况（资金来源），是否存在纠纷或潜在纠纷，股权转让及整体变更为有限公司所履行的程序是否完备、合规。

3.江苏天奈科技股份有限公司——国内最大的碳纳米管生产企业

（1）公司概况：公司是一家从事纳米级材料及相关产品的研发、生产及销售的高新技术企业。公司主要通过研发、制造与销售三元正极材料及其前驱体实现盈利。公司产品包括碳纳米管粉体、碳纳米管导电浆料、石墨烯复合导电浆料、碳纳米管导电母粒等，产品广泛应用于锂电池领域，并有望在导电塑料领域有所突破。公司目前是国内最大的碳纳米管生产企业，在碳纳米管及其相关复合材料领域处于全球领先水平。公司掌握的碳纳米管制备技术已通过技术授权的方式授予SABIC公司使用相关技术并收取技术授权费。公司的产品目前主要应用于锂电池领域，公司客户为比亚迪、ATL、CATL等锂电池生产企业。公司拥有较强的自主创新能力，在所在行业领域已经形成了丰富的产品体系和技术储备，公司的碳纳米管导电浆料在多个核心指标均处于行业领先水平。

（2）关于公司产品及主营业务构成的情况（见表4-107）

表 4-107　公司产品及主营业务构成情况

公司产品	 碳纳米管母粒　水系浆料　NMP系浆料　多壁碳纳米管/粉碎后碳管		
2018年度公司主营业务构成/万元	碳纳米管导电浆料	32,534.16	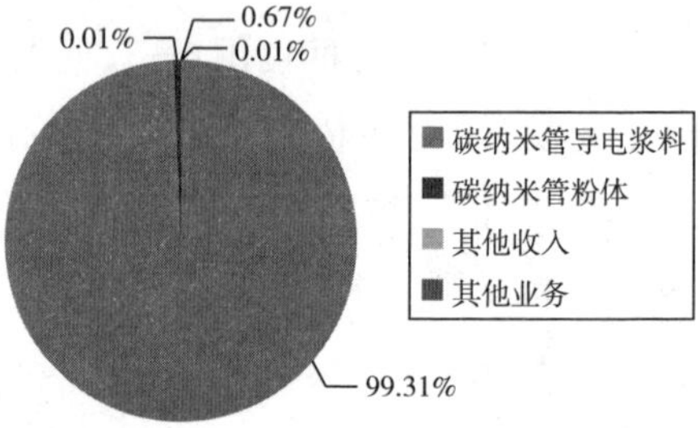
	碳纳米管粉体	218.96	
	其他收入	4.14	
	其他业务	2.24	

（3）公司重点问询问题

1）关于实际控制人【问询函1—1；问询函2—1；问询函3—1】关注点：实际控制人的认定依据；新增加一名共同实际控制人的原因；新增实际控制人是否导致发行人最近2年实际控制人发生变更；一致行动协议的主要内容；叶亚文是否符合“证券期货法律适用意见第1号”中“每人都必须直接持有公司股份和/或者间接支配公司股份的表决权”的条件。

2）关于坏账损失、债务危机（客户）【问询函1—35；问询函2—5；问询函3—3】关注点：沃特玛坏账准备（与沃特玛的历史交易详情，是否存在放宽信用政策等情况，知悉沃特玛债务风险的具体时间和采取的应对措施，计提专项坏账准备的影响，相关内控制度是否健全并有效执行）；坚瑞沃能债务危机（交易情况，期后退货，收入确认，内控及内控追责机制）。

3）关于客户和收入【问询函1—22；问询函2—15；问询函3—4】关注点：与前五大客户的历史合作情况；客户集中度高的原因、是否符合行业惯例；报告期内前五大客户变化及原因；2018年对客户比亚迪收入大幅增长（信用政策、单价）。

4.广东华特气体股份有限公司——中国特种气体国产化的先行者

（1）公司概况：公司是一家致力于特种气体国产化，并率先打破极大规模集成电路、新型显示面板等尖端领域气体材料进口制约的民族气体厂商，主营业务以特种气体的研发、生产及销售为核心，辅以普通工业气体和相关气体设备与工程业务，提供气体“一站式”综合应用解决方案。经过近二十年的发展，公司的技术积累日益深厚，已获授权专利87项、参与制定28项国家标准，承担了国家重大科技专项（02专项）中的《高纯三氟甲烷的研发与中试》课题、广东省教育厅产学研结合项目《半导体材料用氟碳系列气体产品的开发与应用》、广东省战略性新兴产业区域集聚发展试点重点项目《平板显示器用特种气体》等重点科研项目，并于2017年作为唯一的气体公司入选“中国电子化工材料专业十强”。

（2）关于公司产品及主营业务构成的情况（见表4-108）

表 4-108　公司产品及主营业务构成情况

公司产品	 乙炔　液氧　氩气　氢气  卤素气　氘气　四氯化锗　三甲基硼		
2018 年度公司主营业务构成 / 万元	特种气体	38,999.22	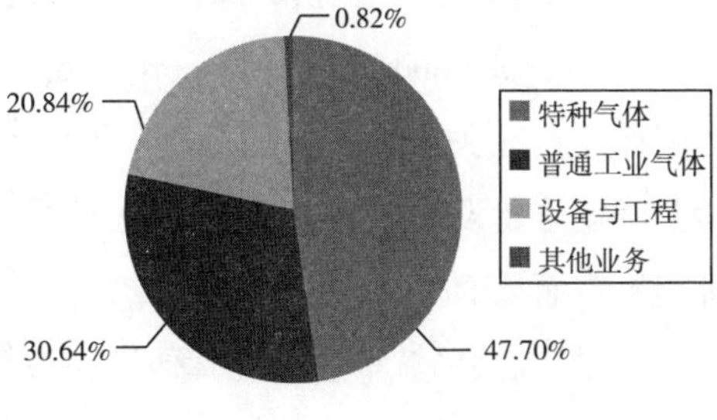
	普通工业气体	25,051.64	
	设备与工程	17,033.59	
	其他业务	669.93	

（3）公司重点问询问题

1）关于第三方配送（产品配送采取自主配送与有资质的第三方配送结合的方式）【问询函2—8；问询函3—5】关注点：第三方配送主体是否具备相应业务资质；第三方主体是否受到相应行政处罚、是否会对发行人持续经营产生不利影响；与不具备相应业务资质的第三方配送主体合作的原因与合作时段。

2）关于收入【问询函1—32；问询函2—11；问询函4—1】关注点：主营业务收入各业务类型的变动情况；公司各主要产品的销售单价的变动原因、与市场价格是否存在差异；特种气体收入变动的原因；按销售区域的收入变化原因；不同季节的收入占比差异较大的原因；对于跨年的工程施工项目，在资产负债表日均未确认收入成本的原因，收入确认是否符合《企业会计准则》的规定；对“煤改气”客户的销售是否具有可持续性。

3）关于经营资质【问询函1—17】关注点：所在行业的行业标准及从事相关业务所需的业务资质和许可；发行人及各子公司实际业务范围、是否存在未取得有关业务许可和资质但从事相应业务的情形；是否存在业务资质和许可期满后无法续期的情形。

4）关于采购和供应商【问询函1—24；问询函2—12；问询函4—3】关注点：采购的具体情况（采购类型、单价、数量、金额及占比）；主要原材料采购价格变动的原因、是否符合材料市场价格变动趋势；采购金额与营业成本中直接材料成本之间的勾稽关系；采购材料的数量变化与对应产品产销量之间的关系；公司与大成（广州）气体签订长期供应合同中关于采购价格的执行情况；公司客户与供应商重合的具体情况，相关交易是否具有商业实质，定价是否独立、公允。

七、铁路、船舶、航空航天和其他运输设备制造业

铁路、船舶、航空航天和其他运输设备制造业（Manufacturing of railways, ships, aerospace and other transport equipment）是指为保障城市交通系统的安全运营而生产相关运输设备的行业。铁路、船舶、航空航天和其他运输项目是国际基础设施建设的重要组成部分，无论是陆运、海运、空运在国民经济中的作用都是不言而喻的。

铁路、船舶、航空航天和其他运输设备制造业的国标代码是37。子行业具体包括：铁路运输设备制造，城市轨道交通设备制造，船舶及相关装置制造，航空、航天器及设备制造，摩托车制造，自行车制造，非公路休闲车及零配件制造，潜水救捞及其他未列明运输设备制造。按照证监会2012年10月26日发布的《上市公司行业分类指引（2012年修订）》，其隶属于“C37铁路、船舶、航空航天和其他运输设备制造业”。

表 4-109　截至 2019 年 12 月 31 日，铁路、船舶、航空航天和其他运输设备制造业中通过上市委员会审核的项目共 3 家

企业名称	证券简称
北京天宜上佳高新材料股份有限公司	天宜上佳
交控科技股份有限公司	交控科技
中国铁路通信信号股份有限公司	中国通号

（一）关于公司的概况

表 4-110　公司概况

单位：万元

项目		天宜上佳［688033.SH］	交控科技［688015.SH］	中国通号［688009.SH］
公司相关情况	上市标准	上市标准一	上市标准一	上市标准四
	注册资本	44,873.72	16,000.00	1,058,981.90
	注册地点	北京市	北京市	北京市
	主办券商	中信建投	中金公司	中金公司
	公司产品	粉末冶金闸片、其他粉末冶金产品、合成闸片、合成闸瓦	地铁线、零星销售、维保服务	市政等相关工程、铁路控制系统、铁路及城轨列控系统、信号系统、城市轨道交通控制系统
2018 年 12 月 31 日资产总额		135,806.54	209,975.98	7,967,853.76
2018 年 12 月 31 日净资产		123,008.97	39,916.59	2,890,839.67
收入总额	2018 年度	55,789.62	116,252.05	4,001,260.13
	2017 年度	50,713.40	87,961.98	3,458,593.36
	2016 年度	46,842.18	88,650.20	2,977,019.66
	小计	153,345.20	292,864.22	10,436,873.15
研发费用	2018 年度	3223.45	7745.14	132,350.32
	2017 年度	3578.57	8155.34	118,016.50
	2016 年度	2436.61	7817.29	105,042.93
	小计	9238.63	23,717.77	355,409.75

续表

项目		天宜上佳［688033.SH］	交控科技［688015.SH］	中国通号［688009.SH］
研发能力	2018 年度	5.78	6.66	3.45
	2017 年度	7.06	9.27	3.41
	2016 年度	5.20	8.82	3.53
	平均值	6.01	8.25	3.46
净利润	2018 年度	26,311.03	6639.52	340,854.55
	2017 年度	22,193.09	4487.42	322,248.36
	2016 年度	19,454.23	5369.67	304,500.03

1.上市标准

铁路、船舶、航空航天和其他运输设备制造业的三家公司中，其中天宜上佳和交控科技采用了科创板“上市标准一”，中国通号采用了科创板“上市标准四”。

（1）天宜上佳和交控科技采用“上市标准一”的具体情况

天宜上佳、交控科技两家公司选择了“上市标准一”中“预计市值不低于人民币10亿元，最近一年净利润为正且营业收入不低于人民币1亿元”的标准。两家公司的市值均大于10亿元，2018年利润均为正，且2018年营业收入分别为48,504,12万元、9688.10万元，均不低于1亿元，因此满足其所选择的上市标准。（见表4–111）

表 4–111 上市标准

上市标准一	预计市值不低于人民币 10 亿元 最近两年净利润均为正（万元） 累计净利润不低于人民币 5000 万元				预计市值不低于人民币 10 亿元 最近一年净利润为正（万元） 营业收入不低于人民币 1 亿元		
项目	预计市值	2017 年度净利润	2018 年度净利润	上述累计净利润	预计市值	2018 年度净利润	2018 年度营业收入
天宜上佳	50～79 亿元	22,193.09	26,311.03	48,504,12			
交控科技	≥ 10 亿元	4487.42	6639.52	9688.10			

（2）中国通号采用“上市标准四”的具体情况

中国通号选择了“上市标准四”——“预计市值不低于人民币30亿元，且最近一年营业收入不低于人民币3亿元”。其预计市值不低于30亿元，且2018年营业收入为400.13亿元，高于3亿元，因此满足其所选择的上市标准。（见表4-112）

表 4-112　中国通号采用“上市标准四”的具体情况

上市标准四	预计市值不低于人民币 30 亿元 最近一年营业收入不低于人民币 3 亿元	
项目	预计市值	2018 年度营业收入
中国通号	≥ 30 亿元	400.13 亿元

2.注册资本

根据铁路、船舶、航空航天和其他运输设备制造业在科创板上市的三家公司2018年12月31日的注册资本情况，可以看到，中国通号的注册资本显著高于其他两家公司，为10,589,81.90万元，天宜上佳和交控科技的注册资本依次为44,873.72万元、16,000.00万元，中国通号在3家公司中体量最大，注册资本为同行业公司天宜上佳的二十四倍。（见图4-52）

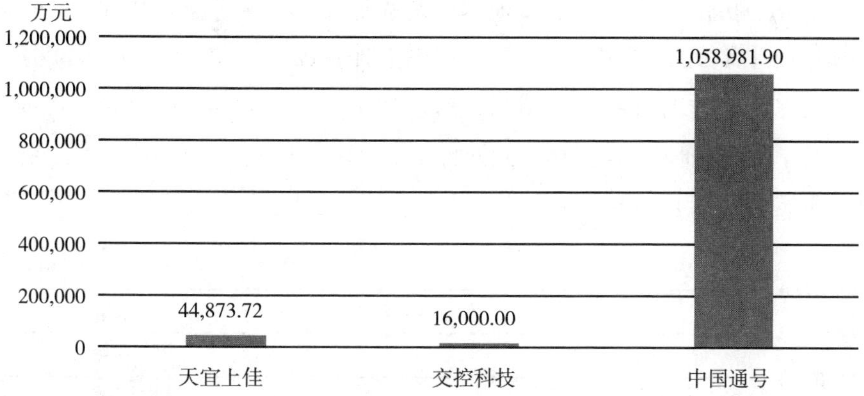

图 4-52　注册资本

3.注册地点

天宜上佳、交控科技和中国通号的注册地均在北京市。

4.主办券商

天宜上佳的主办券商为中信建投证券股份有限公司，交控科技和中国通号的主办券商均为中国国际金融股份有限公司。

5.资产总额

根据铁路、船舶、航空航天和其他运输设备制造业在科创板上市的三家公司2018年12月31日的资产总额情况，可以看到，中国通号的资产总额显著高于其他两家公司，为7,967,853.76万元，天宜上佳和交控科技的资产总额依次为135,806.54万元、209,975.98万元。（见图4-53）

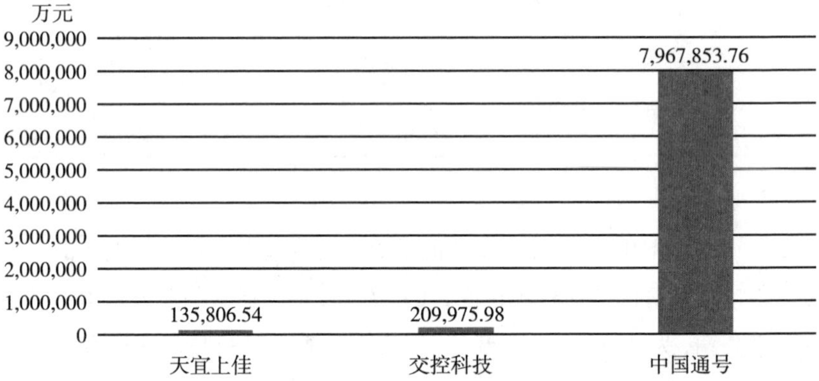

图 4-53　资产总额

6.净资产

铁路、船舶、航空航天和其他运输设备制造业在科创板上市的三家公司2018年12月31日的净资产情况，其中中国通号的净资产最高，为2,890,839.67万元。天宜上佳和交控科技位居其后，净资产依次为123,008.97万元、39,916.59万元。其中，中国通号的净资产达到同行业公司天宜上佳的二十三倍有余，领先地位明显。（见图4-54）

图 4-54　净资产

7.收入总额

根据铁路、船舶、航空航天和其他运输设备制造业在科创板上市的三家公司2016～2018年的收入总额情况，除交控科技之外，中国通号、天宜上佳2016～2018年度的收入总额均呈现出增长的趋势。2016～2018年度收入总额由低到高依次为天宜上佳、交控科技和中国通号；中国通号的营业收入显著高于其他两家公司。（见图4-55）

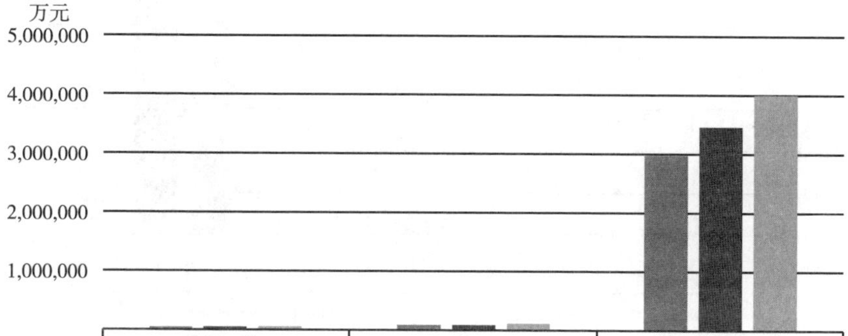

	天宜上佳	交控科技	中国通号
2016	46,842.18	88,650.20	2,977,019.66
2017	50,713.40	87,961.98	3,458,593.36
2018	55,789.62	116,252.05	4,001,260.13

图 4-55　收入总额

8.研发能力

从研发费用支出来看，三年间，三家公司的研发费用由高到低依次是中国通号、交控科技和天宜上佳，其中中国通号的研发支出显著高于另外两家公司；天宜上佳的研发费用支出偏低，且2018年度的研发费用低于2017年度的，这一情况在交易所第一轮问询中也有提及。（见图4-56）

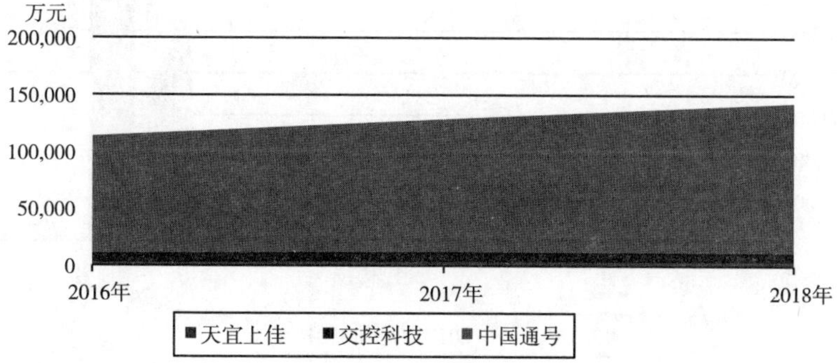

图 4-56　研发费用

通过计算各家公司2016～2018年三年的研发能力均值，可以看出，中国通号、天宜上佳、交控科技的研发能力依次递增，分别为3.46%、6.01%、8.25%，虽然在研发支出方面，天宜上佳、交控科技远远低于中国通号，但二者在研发能力方面，呈现相反的表现。（见图4–57）

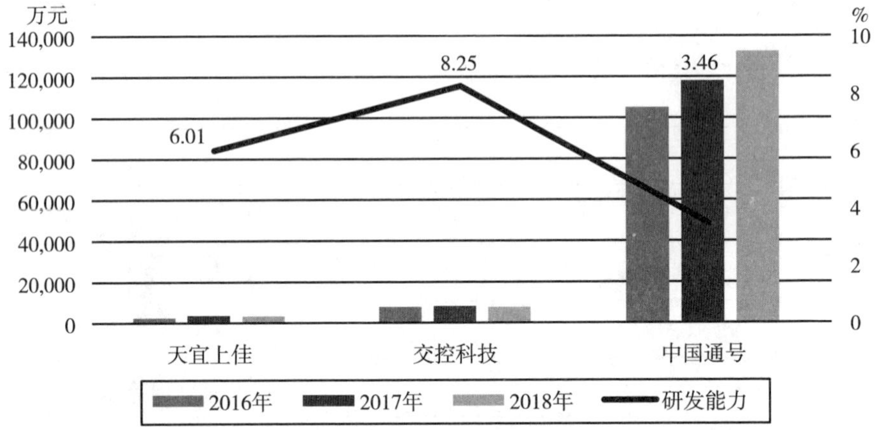

图 4–57　研发能力

9.净利润

根据铁路、船舶、航空航天和其他运输设备制造业在科创板上市的三家公司2016～2018年度的净利润情况，可以看到，2016～2018年度三家公司净利润由低到高依次为交控科技、天宜上佳、中国通号，其中，中国通号的净利润在三个年度中一直显著高于其余两家公司。（见图4–58）

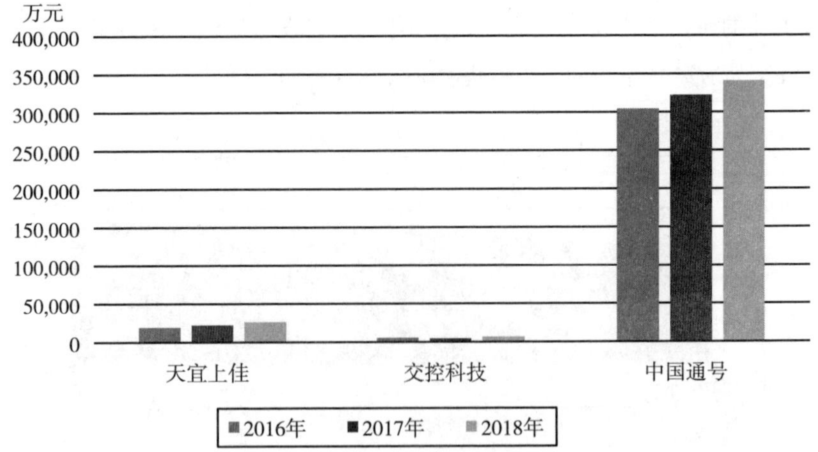

图 4–58　净利润

（二）审核问题概况

“铁路、船舶、航空航天和其他运输设备制造业”中的3个公司接受的各轮问询共涉及189个问题，以下仅列出前十大高频审核问题及其占比：（见图4-59）

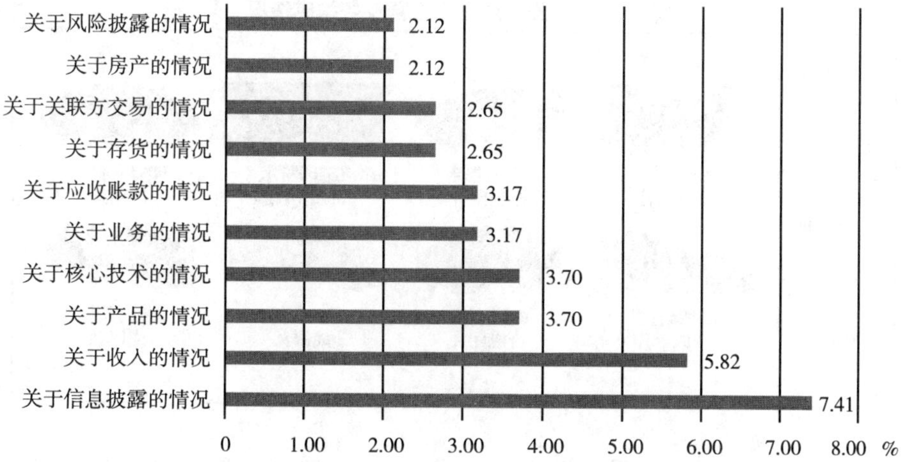

图 4-59　铁路、船舶、航空航天和其他运输设备制造业高频问题

（三）各公司典型问题

1.北京天宜上佳高新材料股份有限公司——国内领先高铁组用粉末冶金闸片供应商

（1）公司概况

公司是国内领先的高铁动车组用粉末冶金闸片供应商，主要从事高铁动车组用粉末冶金闸片及机车、城轨车辆闸片、闸瓦系列产品的研发、生产和销售。公司自设立以来，依靠自主研发，在高铁动车组用粉末冶金闸片的材料配方、工艺路线、生产装备等方面陆续取得重大突破，2013年成功实现进口替代，有力推动了我国高铁动车组核心零部件的国产化进程。2016年3月，公司与北京科技大学、北京有色金属研究总院等研究机构共同承担国家“十三五”重点研发计划“高铁制动系统铜合金闸片的制备和应用”课题，建立400km/h速度等级闸片企业标准并通过1：1制动台架试验；2017年8月，公司全资子公司天仁道和组织的《高速列车基础制动材料研发及智能制造示范生产线》项目中标工信部“2017年工业强基工程”；2018年1月，公司全资子公司天仁道和《时速400公里及以上高速列车动车组制动闸片研制》项目入选2018年度“北京市科技计划”

课题项目；2018年9月，公司《时速350公里中国标准动车组“复兴号”制动闸片》项目荣获2018世界粉末冶金大会“粉末冶金产品奖”。

（2）关于公司产品及主营业务构成的情况（见表4-113）

表 4-113　公司产品及主营业务构成情况

<table>
<tr><td>公司产品</td><td colspan="3">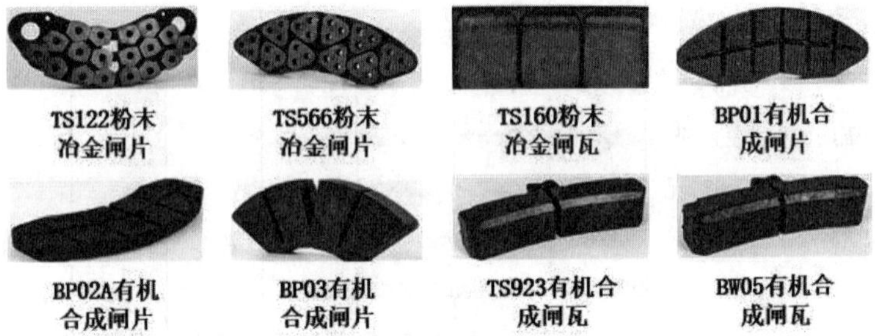
</td></tr>
<tr><td rowspan="3">2018年度公司主营业务构成/万元</td><td>粉末冶金闸片</td><td>55,322.26</td><td rowspan="3">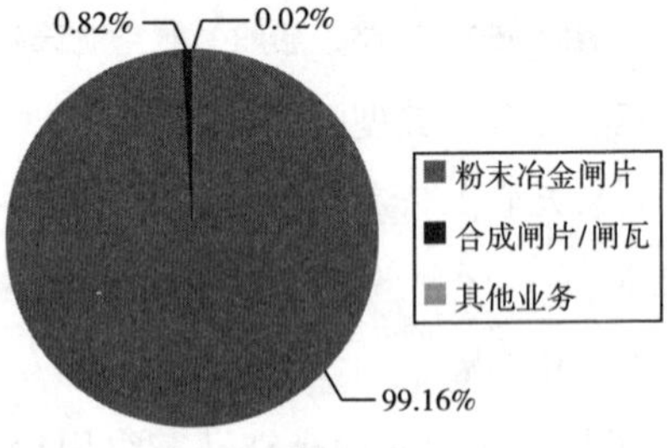
</td></tr>
<tr><td>合成闸片/闸瓦</td><td>459.30</td></tr>
<tr><td>其他业务</td><td>8.06</td></tr>
</table>

（3）公司重点问询问题

1）关于出资、减资【问询函1—2、6】关注点：延迟和变更出资期限是否合规、是否履行了必要程序；知识产权出资与货币实缴出资互换的原因；天宜上佳2014年6月减资的原因；增资的非专利技术（高速列车制动闸片的生产制造技术）的来源、形成过程、权利人；相关人员是否存在违反与原单位的竞业禁止的协议或承诺；上述非专利技术在发行人生产经营中的作用，减资原因，减资后相关技术的归属。

2）关于核心技术【问询函1—7；问询函2—1；问询函3—1】关注点：核心技术（来源、研发过程、对应专利、对应产品）、是否自主研发、是否存在外包；公司对TS355/TS399型闸片技术是否存在独占使用权；关于技术使用费的确认、结算、会计处理；是否向铁科院或纵横机电支付技术使用费；是否对铁科院或其他第三方存在依赖；研究成果归天宜上佳和纵横机电共享的原因；公司是否存在既向铁科院机辆所支付技术服务费又向纵横机电支付技术使用费的情形。

3）关于铁路产品认证（首次取得《铁路产品认证证书》的时间以及每12个月接受监督检查和有效期届满后重新认证审核的情况）【问询函1—14】关注点：对发行人未来产品销售、技术资格认证、行业地位的影响；是否存在需要补充认证、补充提交资料等情况。

4）关于扩项及环评【问询函1—50；问询函2—3】关注点：截至目前办理环评报批手续的进展；相关部门的确认函是否足以消除该处扩建项目未能办理环评批复的障碍；公司产品认证证书增加天津武清的扩项是否存在实质性障碍；募投项目取得环评批复是否存在实质性障碍。

5）关于销售模式【问询函2—6；问询函2—3】关注点：铁总联采、检修模式、系统集成下交易对手方及其销售数量、金额发生较大变化的原因；对产品方向和结构的影响程度；通过系统集成获取的业务是否已处于放缓状态，检修模式的增长情况；对发行人经营策略的影响。

2.交控科技股份有限公司——行业内国产厂商的龙头企业、国内自主化城市轨道交通信号系统技术的领跑者

（1）公司概况

公司的主营业务是以具有自主知识产权的CBTC技术为核心，专业从事城市轨道交通信号系统的研发、关键设备的研制、系统集成以及信号系统总承包。公司的CBTC技术为城市轨道交通安全、高效、可靠、准点、舒适、低碳、人性化的发展目标奠定了基础。公司主要产品包括三种：基础CBTC系统、CBTC互联互通列车运行控制系统（I-CBTC系统）、全自动运行系统（FAO系统）。公司从产品的应用市场包括新建线路市场、既有线路改造市场和重载铁路市场。作为行业内国产厂商的龙头企业，公司也是多项行业标准制定的重要参与者，推动了全自动运行、互联互通、车车通信等行业技术的发展和进步，是国内自主化城市轨道交通信号系统技术的领跑者。

（2）关于公司产品及主营业务构成的情况（见表4-114）

表 4-114　公司产品及主营业务构成情况

公司产品	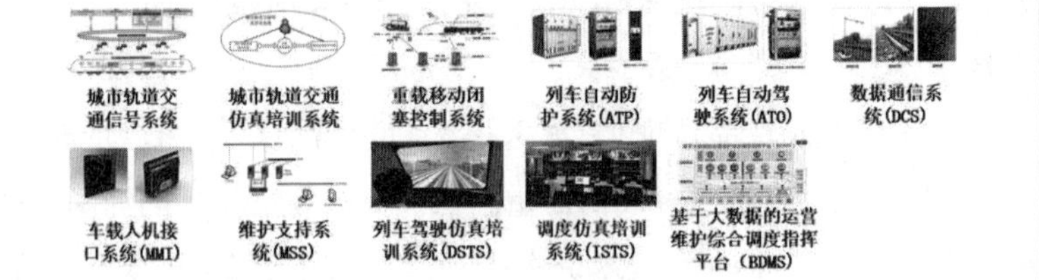		
2018年度公司主营业务构成/万元	信号系统项目总承包	109,882.51	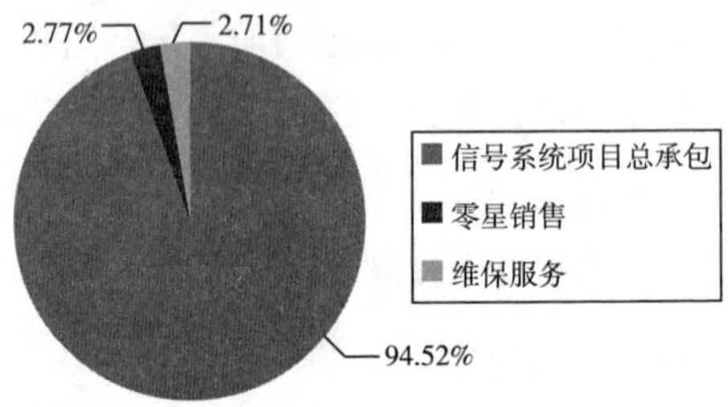
	零星销售	3214.68	
	维保服务	3154.85	

（3）公司重点问询问题

1）关于核心技术【问询函1—4；问询函3—1】关注点：自主CBTC技术的类型、技术水平、技术来源；I-CBTC、FAO是否是城市轨道交通信号系统领域主流发展趋势；是否有更先进的技术发展路线；其他国内外竞争对手I-CBTC、FAO研发情况；披露I-CBTC技术在全球范围内是否为公司首家突破；发行人的核心竞争力；发行人核心技术或产品是否存在被近年国际、国内市场上其他技术替代、淘汰的风险；核心技术贡献的毛利率的算方式。

2）关于业务【问询函1—10】关注点：主要销售区域集中在西南地区的原因；发行人所在市场未来的市场容量；发行人在城市轨道交通领域未来的业务发展空间；既有线路升级改造市场的市场容量；发行人进军的重载铁路市场的大概市场容量；发行人与市场既有供应商相比较是否具备竞争优势；发行人的未来发展战略，未来业务重点，以及毛利率的预计变动趋势。

3）关于销售模式【问询函1—13】关注点：招投标、非招投标模式下各自的收入金额及占比；不同地区主要客户招标的具体模式、程序、招标主体层级、签约主体范围；是否存在内部邀请招标；发行人中标所占比例，与主要竞争对手中标率的差异及原因；是否存在依赖于少数客户的情形；报告期内中标率大幅度增长的原因；中标率较高的情形是否可持续；招投标程序是否合法合规。

4）关于收入确认【问询函1—24；问询函2—3】关注点：完工进度百分比法（项目预算管理制度及运行情况，与行业是否存在差异，完工进度与收款进度、结算进度是否存在重大差异，是否存在对合同收入、预计合同总成本进行重大调整的情形，是否存在最终决算金额与前期累计确认收入金额存在重大差异的情况）。

5）关于采购【问询函1—16、23】关注点：重要子系统中分包或采购的情况；分包采购的子系统是否均为非关键技术及系统，对发行人独立性的影响，采购的付款周期与整体项目的收款周期之间是否匹配，价格与总包合同列示的子系统中标价格基本一致的原因，是否存在客户招标要求指定核心子系统的供应商范围等情况；发行人是否具备自主生产CBTC系统全部子系统及辅助系统的技术和能力，自行生产关键设备的主要生产流程。

6）关于关联方及关联交易【问询函1—21；问询函2—4；问询函3—3】关注点：关联采购的金额；发行人是否具备自主生产CBTC系统全部子系统及辅助系统的技术，是否具备相应的生产能力，生产成本与外购成本的差异；关联交易的必要性；关联交易作价的公允性及证据；关联交易是否均已履行了必要、规范的决策程序；减少关联交易的有效措施；是否存在关联交易非关联化的情况；2018年向关联方提供维保服务大幅增加的原因、必要性及合理性，定价公允性；发行人业务开展是否独立。

3.中国铁路通信信号股份有限公司——全球领先的轨道交通控制系统解决方案提供商

（1）公司概况

公司自成立以来始终专注于轨道交通控制系统技术的研究与探索，致力于为国家轨道交通运营提供安全与高效的核心支撑，已成为全球领先的轨道交通控制系统解决方案提供商，拥有行业领先的研发与集成能力，为客户提供轨道交通控制系统全产业链一体化服务。公司提供轨道交通控制系统全产业链上的产品及服务，主要业务包括：1）设计集成，主要包括提供轨道交通控制系统相关产品的系统集成服务及为轨道交通工程为主的项目建设提供设计和咨询服务；2）设备制造，主要包括生产和销售信号系统、通信信息系统产品及其他相关产品；3）系统交付，主要包括轨道交通控制系统项目施工、设备安装及维护服务。截至2018年年底，公司获得的各项技术荣誉奖项主要包括：中国铁道学会科学技术奖一等奖，北京市科学技术奖二等奖，中国专利奖银奖等。

（2）关于公司产品及主营业务构成的情况（见表4-115）

表 4-115　公司产品及主营业务构成情况

<table>
<tr><td>公司产品</td><td colspan="3">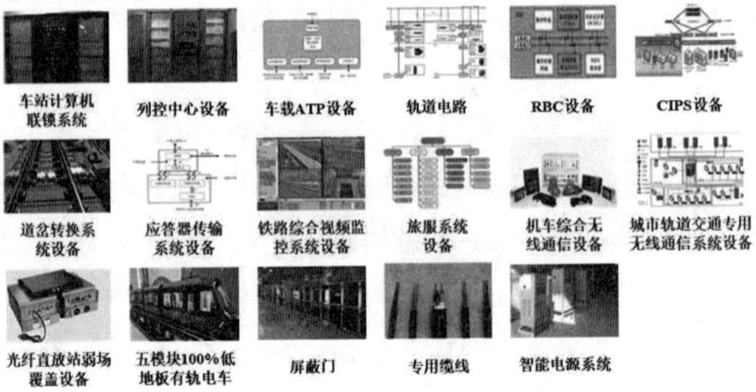
</td></tr>
<tr><td rowspan="3">2018 年度公司主营业务构成 / 万元</td><td>轨道交通</td><td>2,826,724.80</td><td rowspan="3">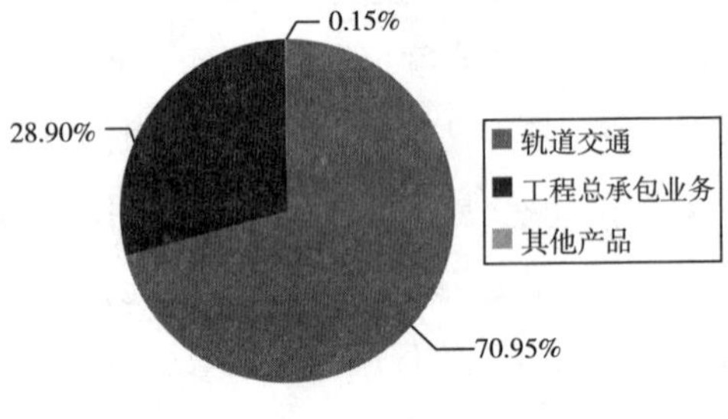
</td></tr>
<tr><td>工程总承包业务</td><td>1,151,688.60</td></tr>
<tr><td>其他产品</td><td>5987.20</td></tr>
</table>

（3）公司重点问询问题

1）关于资质【问询函1—2】关注点：公司不具备电气化工程资质是否会影响公司参与招投标；历史上是否存在因不具备资质或未寻求到相关资质企业组成联合体而导致发行人最终未能参与投标的情况；与公司组建联合体共同参与投标的主要电气化工程资质企业的基本情况；公司是否与固定的电气化工程资质的企业组成联合体或者签订合作协议、是否存在依赖其开展投标业务的情况；公司有无自行申请电气化工程资质的必要及计划，资质申请是否存在障碍。

2）关于更新升级【问询函1—10】关注点：原有项目下的系统更新升级需求是否需要履行招投标程序；目前更新升级市场的容量及竞争情况；报告期公司

更新升级相关的业务收入。

3）关于收入确认【问询函1—22】关注点：收入确认的具体方法、确认时点、成本结转方式、相关的内部控制、是否符合会计准则、合规性；按照履约进度确认收入的过程、依据以及审慎性；新旧收入确认准则对收入确认时点的影响。

4）关于房地产业务【问询函1—1；问询函2—1、2；问询函3—1】关注点：公司及其各级子公司是否从事或拟从事房地产开发、销售；房地产项目基本情况、开发进度、可售面积、待售面积；参股公司是否存在投资房地产企业、类金融企业的情形；公司是否存在闲置土地等违法违规行为；后续房地产开发子公司开发资质是否保留；房产项目中土地的来源情况；对参股房地产开发企业的解决方案及后续安排。

5）关于存货及合同资产【问询函1—26；问询函2—10】关注点：存货及合同资产大幅上升且增长率远高于收入增长率的原因及合理性；合同资产未来交付情况及结算安排；存货及合同资产减值情况（低于同行业的合理性）；存货构成以及盘点情况；订单支持情况；合同履约是否正常。

第五章

科创板首次公开发行股票估值定价及上市交易

在第二章我们已经系统的介绍了科创板首次公开发行股票并上市的整体流程，本章我们将重点介绍科创板公司获得证监会注册之后，发行上市及二级市场交易环节所涉的内容，我们将从发行上市流程、发行定价、投资者适当性、科创板交易规则等方面展开。

第一节　科创板首次公开发行股票估值定价及上市

一、科创板发行上市流程

（一）关于上市流程（见图 5-1）

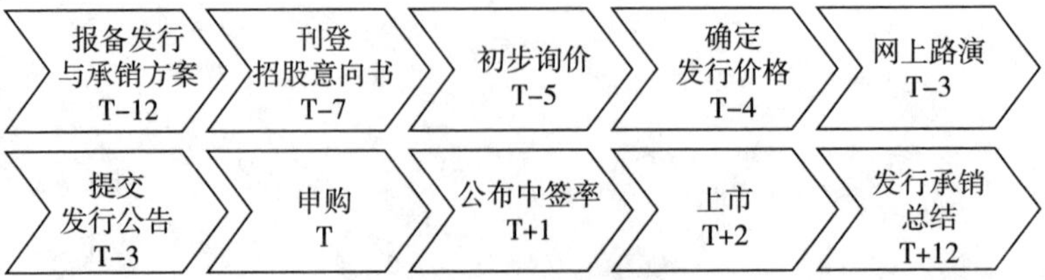

图 5−1　上市流程

（二）关于上市的流程（见表 5-1）

表 5-1　上市流程

发行流程	具体内容	参考时间
报备发行与承销方案	发行人和主承销商向交易所报备发行与承销方案，应当包括发行方案、初步询价公告、投资价值研究报告、战略配售方案（如有）、超额配售选择权实施方案（如有）等内容。	T-12
刊登招股意向书，启动发行工作	交易所在收到发行与承销方案后5个工作日内表示无异议的，发行人和主承销商可依法刊登招股意向书，启动发行工作。 发行人和主承销商报送的发行与承销方案不符合本指引规定，或者所披露事项不符合相关信息披露要求的，应当按照交易所要求予以补正，补正时间不计入前款规定的5个工作日内。	T-7
初步询价	初步询价时，同一网下投资者填报的拟申购价格中，最高价格与最低价格的差额不得超过最低价格的 20%。 初步询价结束后，发行人和主承销商应当剔除拟申购总量中报价最高的部分，剔除部分不得低于所有网下投资者拟申购总量的 10%；当拟剔除的最高申报价格部分中的最低价格与确定的发行价格（或者发行价格区间上限）相同时，对该价格的申报可不再剔除，剔除比例可低于 10%。剔除部分不得参与网下申购。	T-5
披露信息	网下申购前，发行人和主承销商应当披露下列信息： （1）剔除最高报价部分后所有网下投资者及各类网下投资者剩余报价的中位数和加权平均数； （2）剔除最高报价部分后公募产品、社保基金、养老金剩余报价的中位数和加权平均数； （3）剔除最高报价部分后公募产品、社保基金、养老金、企业年金基金、保险资金和合格境外机构投资者资金剩余报价的中位数和加权平均数； （4）网下投资者详细报价情况，具体包括投资者名称、配售对象信息、申购价格及对应的拟申购数量、发行价格或发行价格区间确定的主要依据，以及发行价格或发行价格区间的中值所对应的网下投资者超额认购倍数。	T-4

续表

发行流程	具体内容	参考时间
确定发行价格	初步询价结束后，发行人和主承销商应当根据规定的各项中位数和加权平均数，并重点参照剔除最高报价部分后公募产品、社保基金、养老金、企业年金基金、保险资金和合格境外机构投资者资金等配售对象剩余报价中位数和加权平均数的孰低值，审慎合理确定发行价格（或者发行价格区间中值）。发行人和主承销商确定发行价格区间的，区间上限与下限的差额不得超过区间下限的 20%。	T-4
网上路演	发行人可通过网上路演展示所发行证券的价值，使各类投资者了解企业的内在价值和市场定位，加深投资者的认知程度。	T-3
提交发行公告	股票发行价格或发行价格区间确定后，发行人和主承销商应当在 T-2 日 15：30 前向交易所提交发行公告，并在公告中说明发行人预计发行后总市值是否满足在招股说明书中明确选择的市值与财务指标上市标准。	T-3
申购	网下投资者在初步询价时为其配售对象账户填报的拟申购价格，属于有效报价的，网下投资者应当根据相关规定按照发行价格申购，或者在发行价格区间内进行累计投标询价报价和申购。发行人和主承销商通过累计投标询价确定发行价格的，应当根据网下投资者为其配售对象账户填写的申购价格和申购数量，审慎合理确定超额配售认购倍数及发行价格。	T
公布中签率	发行人和主承销商通过累计投标询价确定发行价格的，应当在 T 日 21：00 前向交易所提交发行价格及网上中签率公告。	T+1
上市	签署股票上市协议，股票正式上市。	T+2
主承销商提交发行承销总结	股票上市之日起 10 个工作日内，主承销商应当将验资报告、专项法律意见书、承销总结报告等文件一并向上海证券交易所报备。	T+12

注：T日为网上网下申购日

二、发行前股票估值与定价原理

（一）科创板估值定价规则

为了帮助读者更加直观的了解科创板股票定价原理，本节先用流程图的方式展示定价过程，并根据流程图对股票定价原理做详细说明。（见图5-2）

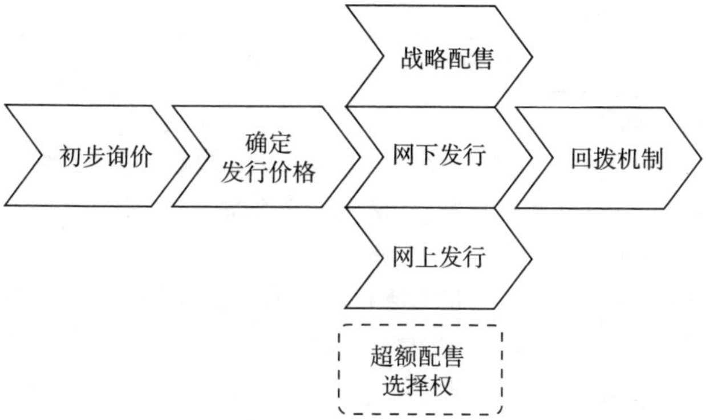

图 5-2　股票定价原理

1. 关于定价的规则（见表5-2）

表 5-2　定价规则

定价流程		定价规则
初步询价		首次公开发行股票应当向证券公司、基金管理公司、信托公司、财务公司、保险公司、合格境外机构投资者和私募基金管理人等专业机构投资者（网下投资者）以询价的方式确定股票发行价格。或者在初步询价确定发行价格区间后，通过累计投标询价确定发行价格。
确定发行价格	披露价格	发行人和主承销商应当在申购前，披露网下投资者剔除最高报价部分后有效报价的中位数和加权平均数，以及公开募集方式设立的证券投资基金和其他偏股型资产管理产品、全国社会保障基金和基本养老保险基金的报价中位数和加权平均数等信息。
	定价	初步询价结束后，发行人和主承销商确定的发行价格（或者发行价格区间中值）超过披露价格的中位数、加权平均数的孰低值的，发行人和主承销商应当在申购前至少一周发布包含以下内容的投资风险特别公告： （一）说明确定的发行价格（或者发行价格区间中值）超过第九条规定的中位数、加权平均数的孰低值的理由及定价依据； （二）提请投资者关注发行价格（或者发行价格区间）与网下投资者报价之间的差异； （三）提请投资者关注投资风险，审慎研判发行定价的合理性，理性作出投资决策； （四）交易所认为应当披露的其他内容。
	市值	发行人预计发行后总市值不满足其在招股说明书中明确选择的市值与财务指标上市标准的，应当中止发行。 中止发行后，在中国证监会同意注册决定的有效期内，且满足会后事项监管要求的前提下，经向交易所备案，可重新启动发行。

续表

定价流程		定价规则
申购	战略配售	（1）战略配售占比 首次公开发行股票数量在1亿股以上的，战略投资者获得配售的股票总量原则上不得超过本次公开发行股票数量的30%，超过的应当在发行方案中充分说明理由。 首次公开发行股票数量不足1亿股的，战略投资者获得配售的股票总量不得超过本次公开发行股票数量的20%。 （2）战略投资者参与配售 发行人应当与战略投资者事先签署配售协议。发行人和主承销商应当在发行公告中披露战略投资者的选择标准、向战略投资者配售的股票总量、占本次发行股票的比例以及持有期限等。 战略投资者参与股票配售，应当使用自有资金，不得接受他人委托或者委托他人参与，但依法设立并符合特定投资目的的证券投资基金等主体除外。发行人和主承销商应当对战略投资者配售资格进行核查。 （3）限售 战略投资者应当承诺获得本次配售的股票持有期限不少于12个月，持有期自本次公开发行的股票上市之日起计算。 （4）发行人的高级管理人员与核心员工参与配售 发行人的高级管理人员与核心员工可以设立专项资产管理计划参与本次发行战略配售。前述专项资产管理计划获配的股票数量不得超过首次公开发行股票数量的10%，且应当承诺获得本次配售的股票持有期限不少于12个月。 发行人的高级管理人员与核心员工按照前款规定参与战略配售的，应当经发行人董事会审议通过，并在招股说明书中披露参与的人员姓名、担任职务、参与比例等事宜。
	网下发行	在科创板首次公开发行股票，网下发行比例应当遵守以下规定： （1）公开发行后总股本不超过4亿股的，网下初始发行比例不低于本次公开发行股票数量的70%。 （2）公开发行后总股本超过4亿股或者发行人尚未盈利的，网下初始发行比例不低于本次公开发行股票数量的80%。 （3）应当安排不低于本次网下发行股票数量的50%优先向公募产品（包括为满足不符合科创板投资者适当性要求的投资者投资需求而设立的公募产品）、社保基金、养老金、根据《企业年金基金管理办法》设立的企业年金基金和符合《保险资金运用管理办法》等相关规定的保险资金配售。

续表

定价流程		定价规则
		（4）公募产品、社保基金、养老金、企业年金基金和保险资金有效申购不足安排数量的，发行人和主承销商可以向其他符合条件的网下投资者配售剩余部分。 （5）对网下投资者进行分类配售的，同类投资者获得配售的比例应当相同。公募产品、社保基金、养老金、企业年金基金和保险资金的配售比例应当不低于其他投资者。 （6）安排向战略投资者配售股票的，应当扣除向战略投资者配售部分后确定网下网上发行比例。
申购	网上发行	根据投资者持有的市值确定其网上可申购额度，符合科创板投资者适当性条件且持有市值达到10,000元以上的投资者方可参与网上申购。每5000元市值可申购一个申购单位，不足5000元的部分不计入申购额度。 每一个新股申购单位为500股，申购数量应当为500股或其整数倍，但最高申购数量不得超过当次网上初始发行数量的千分之一，且不得超过9999.95万股，如超过则该笔申购无效。 网上申购总量大于网上发行总量时，交易所按照每500股配一个号的规则对有效申购进行统一连续配号。 有效申购总量大于网上发行总量时，主承销商在公证机构监督下根据总配号量和中签率组织摇号抽签，每一个中签号可认购500股新股。
申购	超额配售选择权	（1）超额配售选择权发行股票数量和要求 发行人和主承销商可以在发行方案中采用超额配售选择权。 采用超额配售选择权发行股票数量不得超过首次公开发行股票数量的15%。 主承销商采用超额配售选择权，应当与参与本次配售并同意作出延期交付股份安排的投资者达成协议。 （2）超额配售选择权行使情况 发行人股票上市之日起30个自然日内，主承销商有权使用超额配售股票募集的资金，从二级市场购买发行人股票，但每次申报的买入价不得高于本次发行的发行价。 主承销商可以根据超额配售选择权行使情况，要求发行人按照超额配售选择权方案发行相应数量股票。 主承销商应当在超额配售选择权行使期届满或者累计行使数额达到采用超额配售选择权发行股票数量限额的5个工作日内，根据超额配售选择权行使情况，向发行人支付超额配售股票募集的资金，向同意延期交付股票的投资者交付股票。

续表

定价流程	定价规则
回拨制度	首次公开发行股票网下投资者申购数量低于网下初始发行量的，发行人和主承销商应当中止发行，不得将网下发行部分向网上回拨。网上投资者申购数量不足网上初始发行量的，可以回拨给网下投资者。 首次公开发行股票，网上投资者有效申购倍数超过 50 倍且不超过 100 倍的，应当从网下向网上回拨，回拨比例为本次公开发行股票数量的 5%；网上投资者有效申购倍数超过 100 倍的，回拨比例为本次公开发行股票数量的 10%；回拨后无限售期的网下发行数量原则上不超过本次公开发行股票数量的 80%。

2. 案例分析

为了更加具体的说明科创板股票定价流程和原理，本节选取2020年1月在科创板上市的赛特新材［688398］作为案例，分析该股票的定价流程和原理。

赛特新材［688398］发行定价流程

（1）发行方式

本次发行采用向战略投资者定向配售（以下简称战略配售）、网下向符合条件的网下投资者询价配售（以下简称网下发行）、网上向持有上海市场非限售 A 股股份和非限售存托凭证市值的社会公众投资者定价发行（以下简称网上发行）相结合的方式进行。

本次发行的战略配售由保荐机构相关子公司跟投组成，跟投机构为兴证投资管理有限公司，无高管核心员工专项资产管理计划及其他战略投资者安排。

（2）初步询价结果及定价依据

①初步询价

2020年1月17日（T−3日，周五）9：30−15：00为本次发行初步询价期间。截至2020 年1月17日（T−3日，周五）下午15：00，主承销商通过申购平台系统收到361家网下投资者管理的4553个配售对象的初步询价报价信息，报价区间为14.99元/股−27.91元/股，申报总量为2,800,470万股。

②投资者核查情况

保荐机构（主承销商）对投资者进行了核查。经核查，5家网下投资者管理的7个配售对象未按照《发行安排及初步询价公告》的要求提交核查材料，2家网下投资者管理的3个配售对象属于《发行安排及初步询价公告》规定中禁止配售的情形，以上共7家投资者管理的10个配售对象的报价已被确定为无效报价予以剔除，对应的申报数量为6390万股。

剔除无效报价后，共有360家网下投资者管理的4543个配售对象符合《发行安排及初步询价公告》规定的条件，对应的申报数量为2,794,080万股，报价区间为14.99元/股-27.91元/股，申购倍数为2100.81倍（申购倍数=申报数量÷战投向网下回拨后的网下发行数量）。

③剔除最高报价有关情况

剔除上述无效报价后，发行人和保荐机构（主承销商）根据初步询价结果，对所有符合条件的配售对象的有效报价按照拟申购价格由高到低、同一拟申购价格上按配售对象的拟申购数量由小到大、同一拟申购价格同一拟申购数量上按申购时间由后到先、同一拟申购价格同一拟申购数量同一申购时间上按申购平台自动生成的配售对象顺序从前到后，剔除报价最高部分配售对象的申报，剔除部分不低于所有网下投资者拟申购总量的10%。

其中，将拟申购价格高于24.15元/股（不含24.15元/股）的配售对象全部剔除；拟申购价格为24.15元/股，申购数量小于490万股（不含 490万股）的配售对象全部剔除；拟申购价格为24.15元/股，申购数量等于490万股，且申购时间同为2020年1月22日14：37：56.476的配售对象中，按照申购平台自动生成的配售对象顺序从前到后，将配售对象“富国基金中国太平洋人寿股票红利型（万能险财富管家）单一资产管理计划”予以剔除。以上共高价剔除139家网下投资者管理的543个配售对象，累计剔除的申购总量为279,680 万股，占本次初步询价有效拟申购总量2,794,080万股的10.0097%。剔除部分不得参与网下申购。

剔除最高报价部分后，网下投资者报价信息统计如表5-3所示。

表 5-3　剔除最高报价部分后，网下投资者报价信息统计

类别	报价中位数 / 元 · 股	报价加权平均数 / 元 · 股
网下全部投资者	24.1500	24.1249
公募产品、社保基金、养老金	24.1500	24.1455
公募产品、社保基金、养老金、企业年金基金、保险资金和合格境外投资者资金	24.1500	24.1435
基金管理公司	24.1500	24.1458

续表

类别	报价中位数 / 元 · 股	报价加权平均数 / 元 · 股
保险公司	24.1500	24.1344
证券公司	24.1500	24.1182
财务公司	24.1500	24.1500
信托公司	24.1400	24.1111
合格境外机构投资者	24.1500	24.1484
私募基金	24.1400	24.0419

④发行价格确定

发行人和保荐机构（主承销商）根据剔除最高报价部分后的剩余报价及申购情况，综合考虑发行人基本面、市场情况、所处行业、可比上市公司估值水平、募集资金需求及承销风险等因素，协商确定本次发行价格为 24.12 元/股，网下发行不再进行累计投标。

本次发行价格不高于网下投资者剔除最高报价部分后有效报价的中位数和加权平均数，以及公开募集方式设立的证券投资基金和其他偏股型资产管理产品、全国社会保障基金和基本养老保险基金的报价中位数和加权平均数四个数中的孰低值。

本次发行价格确定后发行人上市时市值为 19.296 亿元，发行人最近一年净利润（注：2018 年度经审计的扣除非经常性损益前后孰低的净利润）为4066.25万元，营业收入为 30,788.27 万元，满足在招股说明书中明确选择的市值标准与财务指标上市标准，即《上海证券交易所科创板股票上市规则》第2.1.2条的第一项标准：

"（一）预计市值不低于人民币 10 亿元，最近一年净利润为正且营业收入不低于人民币 1 亿元"。

确定的发行价格对应的市盈率为：

a.31.88 倍（每股收益按照 2018 年度经会计师事务所依据中国会计准则审计的扣除非经常性损益后归属于母公司股东净利润除以本次发行前总股本计算）；

b.35.59 倍（每股收益按照 2018 年度经会计师事务所依据中国会计准则审计的扣除非经常性损益前归属于母公司股东净利润除以本次发行前总股本计算）；

c.42.51 倍（每股收益按照 2018 年度经会计师事务所依据中国会计准则审计的扣除非经常性损益后归属于母公司股东净利润除以本次发行后总股本计算）；

d.47.45 倍（每股收益按照 2018 年度经会计师事务所依据中国会计准则审计的扣除非经常性损益前归属于母公司股东净利润除以本次发行后总股本计算）。

⑤有效报价投资者的确定

根据《发行安排及初步询价公告》中规定的有效报价确定方式，在按剔除原则剔除之后，报价不低于发行价24.12元/股的291家网下投资者管理的3950个配售对象为本次网下发行的有效报价配售对象，对应的有效申报拟申购数量2,485,210万股，申购倍数为 1,868.58 倍。有效报价的配售对象均可且必须按照本次发行价格参与网下申购。

本次初步询价中，19家网下投资者管理5个配售对象申报价格低于本次发行价格24.12元/股，对应的拟申购数量为29,190万股，未入围本次网下发行的有效报价配售对象。

⑥与行业市盈率和可比上市公司估值水平比较

根据中国证监会《上市公司行业分类指引》（2012 年修订），公司所属行业为非金属矿物制品业（C30）。截至2020年1月17日（T−3日，周五），中证指数有限公司发布的非金属矿物制品业（C30）最近一个月平均静态市盈率为14.91倍。主营业务与发行人相近的可比上市公司市盈率水平具体情况如下（每股收益按最新股本摊薄计算）：（见表5−4）

表 5−4　与行业市盈率和可比上市公司估值水平比较

代码	公司名称	2018 年扣非前 EPS（元/股）	2018 年扣非后 EPS（元/股）	T−3 日股票收盘价（元/股）	对应的静态市盈率－扣非前	对应的静态市盈率－扣非后
603601	再升科技	0.2262	0.1734	8.66	38.28	49.94
002165	红宝丽	0.0483	0.0284	4.83	100.00	170.07
可比上市公司平均静态市盈率					69.14	110.01
赛特新材					47.45	42.51

数据来源：Wind 资讯。

本次发行价格24.12元/股对应的发行人2018年扣除非经常性损益前摊薄后市盈率为47.45倍，高于中证指数有限公司发布的行业最近一个月平均静态市盈率14.91倍，低于可比上市公司扣非前平均静态市盈率69.14倍，存在未来发行人股价下跌给投资者带来损失的风险。发行人和保荐机构（主承销商）提请投资者关注投资风险，审慎研判发行定价的合理性，理性做出投资。

（3）战略配售

保荐机构相关子公司兴证投资管理有限公司将进行跟投。发行人和保荐机构（主承销商）根据初步询价情况，协商确定本次发行价格为24.12元/股，对应本次公开发行的总规模为4.824亿元。根据《业务指引》“发行规模不足10亿元的，跟投比例为5%，但不超过人民币4000万元”，本次发行确定的最终跟投比例为5%，最终跟投股数为100万股，等于初始跟投股数100万股。

战略投资者承诺的认购资金已于规定时间内汇至保荐机构（主承销商）指定的银行账户，本次发行最终战略配售数量为100万股，占发行总量的5%。本次发行的战略投资者名称、承诺认购的股票数量以及限售期安排如表5–5所示：

表5–5　本次发行的战略投资者名称、承诺认购的股票数量以及限售期安排

战略投资者名称	应跟投的股票数量／股	应跟投的金额／元	限售期
兴证投资管理有限公司	1,000,000	24,120,000.00	24个月

本次发行的战略配售由保荐机构相关子公司跟投组成，跟投机构为兴证投资管理有限公司，无高管核心员工专项资产管理计划及其他战略投资者安排。保荐机构（主承销商）兴业证券和聘请的上海市锦天城律师事务所已对战略投资者的选取标准、配售资格及是否存在《业务指引》第九条规定的禁止性情形进行核查，并要求发行人就核查事项出具承诺函。

（4）网下发行

①参与对象

经发行人和保荐机构（主承销商）确认，本次发行中提交有效报价的投资者数量为291家，可参与本次网下申购的有效报价配售对象为3950个，其对应的有效申购量为2,485,210万股，对应的有效申购倍数为1868.58倍。

②申购时间及数量

本次网下申购时间为2020年1月22日（T日）9：30–15：00。参与网下申购的配售对象必须在上述时间内通过申购平台录入申购单信息，包括申购价格和申购数量，其中申购价格为本次发行价格24.12元/股，申购数量应为配售对象在初步询价阶段提交的有效报价所对应的拟申购数量。

③网下初步配售

发行人和保荐机构（主承销商）将根据2020年1月14日（T−6日）刊登的《发行安排及初步询价公告》中确定的网下配售原则，将网下发行股票初步配售给提供有效报价并参与网下申购的配售对象，并将在2020年1月31日（T+2日）刊登的《网下初步配售结果及网上中签结果公告》中披露初步配售情况。

④认购资金和新股配售经纪佣金的缴付

《网下初步配售结果及网上中签结果公告》中获得初步配售的全部网下有效配售对象，须在2020年1月31日（T+2日）16：00 前，足额缴纳认购资金及对应的新股配售经纪佣金。

⑤网下发行限售期安排

网下投资者2020年1月31日（T+2日）缴款后，发行人和保荐机构（主承销商）将对网下获配投资者进行配号，通过摇号抽签确定公募产品、社保基金、养老金、企业年金基金、保险资金和合格境外机构投资者资金等配售对象中的10%账户（向上取整计算），中签账户应当承诺获得本次配售的股票持有期限为自发行人首次公开发行并上市之日起 6 个月。摇号未中签的网下投资者管理的获配股票将可以在上市首日进行交易、开展其他业务。

（5）网上发行

①网上发行对象

持有上交所证券账户卡且已开通科创板交易权限的境内自然人、法人及其他机构（国家法律、法规禁止购买者除外）。本次发行的保荐机构（主承销商）的证券自营账户不得参与本次发行的申购。

2020年1月22日（T日）前在中国结算上海分公司开立已开通科创板交易权限的证券账户，且在2020年1月20日（T−2日，含当日）前20个交易日持有上海市场非限售 A 股股份和非限售存托凭证的日均市值在10,000元（含10,000元）以上的投资者方可参与申购。

②网上申购时间

本次网上发行申购时间为2020年1月22日（T日）9：30−11：30、13：00−15：00。

网上投资者应当自主表达申购意向，不得全权委托证券公司代其进行新股申购。如遇重大突发事件或不可抗力因素影响本次发行，则按申购当日通知办理。

③投资者认购股票数量

网上投资者认购股票数量的确定方法为：

a.如网上有效申购数量小于或等于本次最终网上发行数量（回拨后），则无须进行摇号抽签，所有配号都是中签号码，投资者按其有效申购量认购股票；

b.如网上有效申购数量大于本次最终网上发行数量（回拨后），则由上交所按每 500 股确定为一个申购配号，顺序排号，然后通过摇号抽签确定有效申购中签号码，每一中签号码认购 500 股。

④网上申购价格

本次发行的发行价格为 24.12 元/股。网上申购投资者须按照本次发行价格进行申购。

⑤申购简称和代码

本次网上发行申购简称为“赛特申购”；申购代码为“787398”。

⑥网上发行方式

本次网上发行通过上交所交易系统进行，保荐机构（主承销商）在2020年1月22日（T日）9：30–11：30,13：00–15：00将 570 万股“赛特新材”股票输入其在上交所的专用证券账户，作为该股票唯一“卖方”。

⑦限售期

本次发行的股票中，网上发行的股票无流通限制及限售期安排，自本次公开发行的股票在上交所上市之日起即可流通。

（6）回拨机制

本次发行网上网下申购于2020年1月22 日（T日）15：00 同时截至。申购结束后，发行人和保荐机构（主承销商）将根据网上申购情况于 T日决定是否启动回拨机制，对网下、网上发行的规模进行调节。回拨机制的启动将根据网上发行初步有效申购倍数来确定：

网上投资者初步有效认购倍数＝网上有效申购数量 ÷ 回拨前网上发行数量。

有关回拨机制的具体安排如下：

①最终战略配售数量与初始战略配售数量的差额部分首先回拨至网下发行。

②网上、网下均获得足额认购的情况下，若网上投资者初步有效申购倍数未超过50倍的，将不启动回拨机制；若网上投资者初步有效申购倍数超过50倍但低于100倍（含）的，应从网下向网上回拨，回拨比例为本次公开发行股票数量的5%；网上投资者初步有效申购倍数超过100倍的，回拨比例为本次公开发行股票数量的10%；回拨后无限售期的网下发行数量原则上不超过本次公开发行股票数量的80%。

③若网上申购不足，可以回拨给网下投资者，向网下回拨后，有效报价投资者仍未能足额申购的情况下，则中止发行。

④在网下发行未获得足额申购的情况下，不足部分不向网上回拨，中止发行。

在发生回拨的情形下，发行人和主承销商将及时启动回拨机制，并于2020年1月23日（T+1日）《福建赛特新材股份有限公司首次公开发行股票并在科创板上市网上发行申购情况及中签率公告》(以下简称《网上中签率公告》)中披露。

（二）成熟证券市场 IPO 发行定价规则

1.香港IPO发行定价规则

（1）发售对象及比例

香港IPO销售分为两部分：香港公开发售和国际配售。

上市条例规定香港公开发售以散户为对象的至少10%。国际配售部分，对象是基石投资者、机构投资人。这部分占比90%。国际配售通常只开放给承销投行的客户，通常是基金和高净值人士，一般散户没有途径参与。市值大（超过100亿港元）的公司可以申请豁免，把比例降至5%～20%，以保证散户有足够的机会参与。

（2）回拨机制

港股另设回拨机制。如果公开发售部分（10%）的股票认购热情非常高涨，承销商会酌情将分配给大客户的货按照一定比例回拨给二级市场，这个比例和实际超购的倍数有关，最多占IPO的50%。

（3）定价

香港IPO定价由上市公司和承销商（投行）决定，香港公开发售只占整IPO

的一小部分，而且香港公开发售部分不能限价下单，因此对整个IPO的定价并无参考价值。

对IPO定价有决定性影响的是国际配售部分，这部分的路演会做一至两星期，其间投行会进行建档，收集世界各地投资者的订单。与香港公开发售部分不同，国际配售的投资者是可以指定价格的，可以落限价订单，建档完毕后投行会综合所有订单的价格敏感度和投资者类型来定价。

2.案例分析

为了更加具体的说明香港IPO发行定价规则，本节选取阿里巴巴［09988］百威亚太［01876］作为案例进行分析。

阿里巴巴［09988］

阿里巴巴于2019年11月15日递交全球发售招股说明，并成功上市。

（1）关于招股说明（见表5-6）

表 5-6　招股说明

项目	具体内容
发售股份	全球共发售股份 500,000,000 股 香港公开发售 12,500,000 股（2.5%） 国际发售 487,500,000 股（97.5%）
超额配股权	超额配股权额外发售股份不超过 75,000,000 股，占全球发售股份数目 15%
发售价范围	不超过 188 港元

香港公开发售重新分配：

香港公开发售有效申请的认购股份数目相当于香港公开发售初步可供认购股份数目的（a）10倍或以上但少于15倍；（b）15倍或以上但少于20倍；（c）20倍或以上，则发售股份将由国际发售重新分配至香港公开发售。香港公开发售股份总数将增加至25,000,000股（5.0%）［在（a）的情况下］；37,500,000股（7.5%）［在（b）的情况下］；50,000,000股（10.0%）［在（c）的情况下］。

国际发售：

根据超额配股权，国际包销商将有权要求公司按国际发售价最多发行75,000,000股的股份（占全球发售初步可供认购发售股份总数的15%），用于补足国际发售的超额分配（如有）等用途。

稳定价格行动：

包销商在若干市场采用稳定价格行动以促进证券分销。为稳定价格，包销商可于特定时期在二级市场竞投或购买证券，以减慢并防止证券的初步公开市价跌至低于发售价。交易可在允许进行相关交易的所有国家和地区进行，任何情况下均须遵守所有（包括香港的）法律及监管规定。

在香港，稳定价格操作人可竞标或购买证券的价格不得高于公开发售价。就全球发售而言，稳定价格操作人（或代其行事的任何人士）可代表包销商超额分配或进行交易，以在上市日期后一段时间将股票市价稳定或维持在高于原本水平。

借股协议

为覆盖与全球发售相关的任何股份超额分配，稳定价格操作人（或代其行事的任何人士）可选择根据借股协议从PCIP I借入最多75,000,000股股份（行使超额配股权可予发行的最高股份数目），预期借股协议将由稳定价格操作人（或代其行事的任何人士）与PCIP I于定价日或前后订立。

（2）发行结果

发行价：176.00港元

筹集资金净额

按发售价每股股份176.00港元计算，估计公司将收取全球发售募集资金净额约8,755,700万港元（经扣除就全球发售应付的包销费用及其他估计开支，且假设超额配股权未获行使）。公司将就超额配股权获行使后将予发行的75,000,000股股份获得额外募集资金净额约1,316,600万港元。

香港公开发售重新分配

香港公开发售中初步可供认购股份获超额认购。共接获215,598份有效申请，认购530,465,900股，相当于初步可供认购股份（12,500,000股）的42.44倍。

由于香港公开发售的超额认购相当于初步可供认购股份的20倍或以上，故招股章程内的重新分配程序已获采用，37,500,000股发售股份已由国际发售重新分配至香港公开发售。香港公开发售股份的最终数目增加至50,000,000股，占全球发售股份总数的10%（于任何超额配股权获行使前）。

国际发售

国际发售项下初步提呈发售的发售股份获超额认购。国际发售项下分配予承配人的发售股份最终数目为450,000,000股，相当于全球发售项下初步可供认购发售股份总数的90%（于任何超额配股权获行使前）。

稳定价格行动及稳定价格期

与全球发售有关的稳定价格期于2019年12月20日（递交香港公开发售申请截止日期后第30日）结束。瑞士信贷（香港）有限公司（作为稳定价格操作人）或任何代其行事的人士已于稳定价格期内进行以下稳定价格行动：

1）国际发售中超额分配合共75,000,000股股份，占全球发售股份15%（行使超额配股权前）；

2）根据借股协议自PCIP I借入75,000,000股股份，用于补足国际发售的超额分配；

3）由联席代表（代表国际包销商）于2019年12月3日悉数行使超额配股权，涉及75,000,000股股份，占全球发售股份15%（行使超额配股权前），以向PCIP I退还借股协议下先前用于补足国际发售中超额分配的所有借入股份。

稳定价格操作人于稳定价格期内概无就稳定价格而在市场上买卖任何股份。

百威亚太［01876］

百威亚太于2019年7月5日第一次递交全球发售招股说明，但由于股价等因素，公司与联席代表磋商后，于7月14日宣布全球发售及其在香港联合交易所有限公司主板上市的计划在此刻不予进行。百威亚太于2019年9月18日第二次递交全球发售招股说明，并发售成功。

（1）关于百威亚太两次IPO的区别（见表5-7）

表 5-7　百威亚太两次 IPO 区别

区别	7月	9月
发售股份	共 1,626,526,000 股 香港公开发售 81,327,000 股（5%） 国际发售 1,545,199,000 股（95%）	1,262,350,000 股 香港公开发售 63,118,000 股（5%） 国际发售 1,199,232,000 股（95%）
超额配股权	超额配股权额外发售股份不超过 243,978,000 股，占全球发售股份数目 15%	超额配股权额外发售股份不超过 189,352,000 股，占全球发售股份数目 15%（假设发售量调整权未获行使）；超额配股权额外发售股份不超过 259,095,000 股，占全球发售股份数目 15%（假设发售量调整权获悉数行使）

续表

区别	7月	9月
发售量调整权	—	最多额外发售股份464,952,000股（占全球初始发售股份数目36.8%），以补足额外市场需求（如有）
发售价范围	40～47港元	27～30港元
市值	预期介于42,398,100万港元（按最低发售价计算）及49,817,770万港元（按最高发售价计算）	预期介于35,245,920万港元（按最低发售价计算）及39,162,140万港元（按最高发售价计算）（假设发售量调整权及超额配股权未获行使）；或预期介于35,057,620万港元（按最低发售价计算）及38,952,910万港元（按最高发售价计算）（假设发售量调整权获悉数行使及超额配股权未获行使）

第一次失败原因

百威亚太第一次发行失败主要由于国际配售出现问题，机构投资者热度不高，原因包括：

1）机构投资者认为百威亚太定价过高，要求降低集资额；

2）百威亚太没有引入基石投资者；

3）全球发售所得款项净额将全部即时用于偿还应付百威集团附属公司的贷款以完成重组，公司未来增长并不算吸引人。

（2）发行结果

每股发售价27.00港元，部分行使发售量调整权，全球发售规模由初始1,262,350,000股扩大至1,451,704,000股。

联席代表（代表国际包销商）行使超额配股权，涉及股份217,755,000股，占行使超额配股权前全球发售规模的15%，超额配股股份每股价格27.00港元。（见表5-8）

表 5-8　股票发行后股权架构

项目	超额配售前		超额配售后	
	股份数目（股）	占比 /%	股份数目（股）	占比 /%
APAC HoldCo 2	11,550,938,000	88.68	11,550,938,000	87.22
受托人	23,000,000	0.18	23,000,000	0.17
公众股东	1,451,704,000	11.14	1,669,459,000	12.61
合计	13,025,642,000	100.00	13,243,397,000	100.00

第二节　科创板投资者及交易规则

一、科创板投资者相关规则

（一）一级市场投资者

1. 网下投资者门槛

（1）证券公司、基金管理公司、信托公司、财务公司、保险公司、合格境外机构投资者以及符合一定条件的私募基金管理人等专业机构投资者，在中国证券业协会注册后，可以参与科创板首发股票网下询价。

（2）私募基金管理人注册为科创板首发股票网下投资者，应符合以下条件：

1）已在中国证券投资基金业协会完成登记。

2）具备一定的证券投资经验。依法设立并持续经营时间达到两年（含）以上，从事证券交易时间达到两年（含）以上。

3）具有良好的信用记录。最近12个月未受到相关监管部门的行政处罚、行政监管措施或相关自律组织的纪律处分。

4）具备必要的定价能力。具有相应的研究力量、有效的估值定价模型、科学的定价决策制度和完善的合规风控制度。

5）具备一定的资产管理实力。私募基金管理人管理的在中国证券投资基金业协会备案的产品总规模最近两个季度均为10亿元（含）以上，且近三年管理的产品中至少有一只存续期两年（含）以上的产品；申请注册的私募基金产品规模应为6000万元（含）以上、已在中国证券投资基金业协会完成备案，且委托第三方托管人独立托管基金资产。其中，私募基金产品规模是指基金产品资产净值。

6）符合监管部门、协会要求的其他条件。

私募基金管理人参与科创板首发股票网下询价和申购业务，还应当符合相关监管部门及自律组织的规定。私募基金管理人已注销登记或其产品已清盘的，推荐该投资者注册的证券公司应及时向协会申请注销其科创板网下投资者资格或科创板配售对象资格。

2. 网下投资者参与规则

（1）网下投资者参与科创板首发股票网下询价和申购业务的，应建立完善的内部控制制度和业务操作流程。

（2）网下投资者在参与科创板首发股票网下询价和申购业务前，应认真阅读相关业务规则、操作指引，熟悉操作流程，并对询价前准备工作进行自查，确保在协会注册的信息真实、准确、完整，在网下询价和申购过程中相关配售对象处于注册有效期、缴款渠道畅通，且上海证券交易所网下申购平台CA证书、备案银行卡等申购和缴款必备工具可正常使用。

（3）网下投资者在参与科创板首发股票网下询价和申购期间，不得随意变更名称、银行卡号、证券账户号等注册信息，并应做好停电、网络故障等突发事件的应急预案，避免询价后无法申购或缴款。因未做好询价准备工作或未做好应急预案导致发生违规情形的，协会将按有关规定采取自律措施。

（4）网下投资者在参与科创板首发股票网下询价时，应审慎选择参与项目，认真研读招股资料，深入分析发行人信息，发挥专业定价能力，在充分研究并严格履行定价决策程序的基础上理性报价，不得存在不独立、不客观、不诚信、不廉洁的行为。网下投资者应对每次报价的定价依据、定价决策过程相关材料存档备查。

（5）同一配售对象只能使用一个证券账户参与科创板首发股票网下询价，其他关联账户不得参与。已参与网下询价的配售对象及其关联账户不得参与网上申购。根据上海证券交易所市值计算有关规则，市值合并计算的证券账户视为关联账户。

（6）在科创板首发股票初步询价环节，参与询价的网下投资者可以为其管理的不同配售对象账户分别填报一个报价，每个报价应当包含配售对象信息、每股价格和该价格对应的拟申购股数。同一网下投资者全部报价中的不同拟申购价格不超过3个，且最高价格与最低价格的差额不得超过最低价格的20%。

（7）提供有效报价的网下投资者，应按照公告要求在申购时间内进行申购。初步询价确定发行价格区间的，网下投资者应在发行价格区间内为提供有效报价的配售对象填报一个申购价格及申购数量，同一网下投资者全部报价中的不同申购价格不超过3个。配售对象填报的申购数量，不得低于初步询价时有效报价对应的拟申购数量。

3. 网上投资者

持有上交所证券账户卡且已开通科创板交易权限的境内自然人、法人及其他机构（国家法律、法规禁止购买者除外）。

T日（申购日）前在中国结算上海分公司开立已开通科创板交易权限的证券账户，T-2日（含当日）前20个交易日持有上海市场非限售 A 股股份和非限售存托凭证的日均市值在10,000元（含10,000元）以上的投资者方可参与申购。

（二）二级市场投资者

1. 适当性管理制度

科创板股票交易实行投资者适当性管理制度。会员应当制定科创板股票投资者适当性管理的相关工作制度，对投资者进行适当性管理。参与科创板股票交易的投资者应当符合上海证券交易所规定的适当性管理要求，个人投资者还应当通过会员组织的科创板股票投资者适当性综合评估。

2. 个人投资者门槛

个人投资者参与科创板股票交易，应当符合下列条件：

（1）申请权限开通前20个交易日证券账户及资金账户内的资产日均不低于人民币50万元（不包括该投资者通过融资融券融入的资金和证券）；

（2）参与证券交易24个月以上；

（3）交易所规定的其他条件。

3. 签署科创板股票交易风险揭示书

会员应当要求首次委托买入科创板股票的客户，以纸面或电子形式签署科创板股票交易风险揭示书，风险揭示书应当充分揭示科创板的主要风险特征。

客户未签署风险揭示书的，会员不得接受其申购或者买入委托。

投资者应当充分知悉和了解科创板股票交易风险事项、法律法规和本所业务规则，结合自身风险认知和承受能力，审慎判断是否参与科创板股票交易。

二、科创板交易规则（见表 5-9）

表 5-9　科创板和沪市主板交易规则差异

业务类型		科创板	沪市主板
新股申购	资格与市值	（1）具有沪市证券账户且指定交易，同时须开通科创板证券权限。 （2）T-2 日前 20 个交易日（含 T-日）的日均持有沪市证券市值达 10,000 元（含）以上。 （3）每 5000 元市值可申购一个申购单位，不足 5000 元的部分不计入申购额度。	（1）具有沪市证券账户且指定交易即可。 （2）T-2 日前 20 个交易日（含 T- 日）的日均持有沪市证券市值达 10,000 元（含）以上。 （3）每 1 万元市值可申购一个申购单位，不足 1 万元的部分不计入申购额度。
	额度与单位	500 股一个申购单位，申购数量应为 500 股或其整数倍，最高不超过网上初始发行数量的千分之一，且不得超过 9999.95 万股。	1000 股一个申购单位，申购数量应为 1000 股或其整数倍，最高不超过网上初始发行数量的千分之一，且不得超过 9999.9 万股。
竞价限价交易	单笔申报数量	单笔申报数量应当不小于 200 股，且不超过 10 万股； 卖出时，余额不足 200 股的部分，应当一次性申报卖出。	单笔申报数量应当不小于 100 股，且不超过 100 万股，申报数量应当为 100 股或其整数倍； 卖出时，余额不足 100 股的部分，应当一次性申报卖出。
	涨跌幅度限制	20%；首次公开发行上市股票，前 5 个交易日无涨跌幅度限制。	10%；首次公开发行上市股票，第 1 个交易日无涨跌幅度限制。
	有效申报价格	买入申报价格不得高于买入基准价格的 102%。 卖出申报价格不得低于卖出基准价格的 98%。	—

续表

<table>
<tr><th colspan="2">业务类型</th><th>科创板</th><th>沪市主板</th></tr>
<tr><td rowspan="2">竞价市价交易</td><td>申报类型</td><td>（1）最优五档即时成交剩余撤销申报；
（2）最优五档即时成交剩余转限价申报；
（3）本方最优价格申报，即该申报以其进入交易主机时，集中申报簿中本方最优报价为其申报价格；
（4）对手方最优价格申报，即该申报以其进入交易主机时，集中申报簿中对手方最优报价为其申报价格。</td><td>（1）最优五档即时成交剩余撤销申报；
（2）最优五档即时成交剩余转限价申报。</td></tr>
<tr><td>保护限价</td><td>买入申报的成交价格和转为限价申报的申报价格不高于买入保护限价；
卖出申报的成交价格和转为限价申报的申报价格不低于卖出保护限价。</td><td>—</td></tr>
<tr><td rowspan="4">盘后固定价格交易</td><td>交易时间</td><td>每个交易日的15：05至15：30
当日15：00仍处于停盘状态的股票不进行盘后固定价格交易。</td><td rowspan="4">—</td></tr>
<tr><td>申报价格</td><td>盘后固定价格申报为限价申报。若收盘价高于收盘定价买入申报指令的限价，则该笔买入申报无效；若收盘价低于收盘定价卖出申报指令的限价，则该笔卖出申报无效。</td></tr>
<tr><td>申报数量</td><td>单笔申报数量应当不小于200股，且不超过100万股；
卖出时，余额不足200股的部分，应当一次性申报卖出。</td></tr>
<tr><td>撮合原则</td><td>以收盘价为成交价，按时间优先原则进行逐笔连续撮合。</td></tr>
</table>

续表

业务类型		科创板	沪市主板
大宗交易	申报类型	意向申报、成交申报	意向申报、成交申报、固定价格申报
	申报时间	每个交易日 9：30-11：30 13：00-15：30	（1）意向申报每个交易日 9：30-11：30 13：00-15：30 （2）成交申报每个交易日 15：00-15：30
临停机制	临停幅度	（1）无价格涨跌幅限制的股票盘中交易价格较当日开盘价格首次上涨或下跌达到或超过30%的； （2）无价格涨跌幅限制的股票盘中交易价格较当日开盘价格首次上涨或下跌达到或超过60%的。	新股上市首日连续竞价阶段，盘中交易价格较当日开盘价格首次上涨或下跌达到或超过10%的，交易所对其实施盘中临时停牌； 盘中成交价格较当日开盘价上涨或下跌超过20%的，交易所不再对其实施盘中临时停牌。
	临停时间	单次盘中临时停牌的持续时间为10分钟； 停牌时间跨越14：57的，于当日14：57复牌。	停牌持续时间为30分钟，如停牌持续时间达到或超过14 ：57, 当日14 ：57复牌，进入收盘集合竞价阶段。

图书在版编目（CIP）数据

科创板股票发行上市审核实务手册 / 行之主编. --北京：法律出版社, 2021
ISBN 978-7-5197-5133-3

Ⅰ. ①科… Ⅱ. ①行… Ⅲ. ①创业板市场—股票发行—检查—中国—手册 Ⅳ. ①F832.51-62

中国版本图书馆CIP数据核字(2020)第226792号

科创板股票发行上市审核实务手册
KECHUANGBAN GUPIAO FAXING SHANGSHI SHENHE SHIWU SHOUCE

行 之 主编

责任编辑 田 浩 薛 晗
装帧设计 汪奇峰

出版 法律出版社
总发行 中国法律图书有限公司
经销 新华书店
印刷 三河市龙大印装有限公司
责任校对 杨锦华
责任印制 胡晓雅
编辑统筹 法商出版分社
开本 710毫米×1000毫米 1/16
印张 30.5
字数 491千
版本 2021年1月第1版
印次 2021年1月第1次印刷

法律出版社/北京市丰台区莲花池西里7号（100073）
网址/www.lawpress.com.cn
投稿邮箱/info@lawpress.com.cn
举报维权邮箱/jbwq@lawpress.com.cn
销售热线/400-660-8393
咨询电话/010-63939796

中国法律图书有限公司/北京市丰台区莲花池西里7号（100073）
全国各地中法图分、子公司销售电话：
统一销售客服/400-660-8393/6393
第一法律书店/010-83938432/8433 西安分公司/029-85330678 重庆分公司/023-67453036
上海分公司/021-62071639/1636 深圳分公司/0755-83072995

书号：ISBN 978-7-5197-5133-3
定价：126.00元
（如有缺页或倒装，中国法律图书有限公司负责退换）